Die Blütenpflanzen Mitteleuropas

4

Band 1 Einführung

Band 2 Nacktsamer (Nadelhölzer)
Magnolienähnliche
Hahnenfußähnliche
Nelkenähnliche
Zaubernußähnliche
Rosenähnliche
(Stachelbeerengewächse –
Schmetterlingsblütengewächse)

Band 3 Rosenähnliche
(Nachtkerzengewächse – Doldengewächse)
Dillenienähnliche
Lippenblütlerähnliche
(Holundergewächse – Rötegewächse)

Band 4 Lippenblütlerähnliche
(Nachtschattengewächse – Wassersterngewächse)
Korbblütlerähnliche

Band 5 Einkeimblättrige:
Froschlöffelähnliche
Lilienähnliche
Palmenähnliche

Dietmar Aichele · Heinz-Werner Schwegler

Die Blütenpflanzen Mitteleuropas

4

KOSMOS

616 Farbillustrationen auf 152 Tafeln von Marianne Golte-Bechtle (258), Sigrid Haag (171), Reinhild Hofmann (123), Gerhard Kohnle (52) und Walter Söllner (12)

852 Schwarzweißzeichnungen im Bestimmungsschlüssel von Wolfgang Lang

Umschlaggestaltung von eStudio Calamar, Pau (Spanien)

Bibliografische Information Der Deutschen Bibliothek
Die Deutsche Bibliothek verzeichnet diese Publikation in der Deutschen Nationalbibliografie; detaillierte bibliografische Daten sind im Internet über http:\\dnb.ddb.de abrufbar.

Gedruckt auf chlorfrei gebleichtem Papier

Unveränderte Sonderausgabe
der 2. überarbeiteten Auflage 2000

ISBN 3-440-09277-1
Lektorat: Rainer Gerstle und Doris Engelhardt
Herstellung: Siegfried Fischer, Stuttgart
Printed in Czech Republic /
Imprimé en République tchèque

Die Blütenpflanzen Mitteleuropas

Einführung

Band 4 schließt im Rahmen der Vorstellung mitteleuropäischer Blütenpflanzen in Bild (Tafeln) und Text (Diagnosen) die Gruppe der Zweikeimblättrigen Bedecktsamer *(Dicotyledoneae)* ab. Er enthält, ausgerichtet am System nach F. EHRENDORFER (in: STRASBURGER, Lehrbuch der Botanik, 3. Aufl., 1991; Fischer, Stuttgart), vor allem den großen Rest der früheren Gruppe „Verwachsenkronblättrige" *(Sympetalae)*: die Ordnungen Nachtschatten-, Borretsch-, Braunwurz-, Lippenblütler-, Glockenblumen- und Korbblütlerartige. Die Familien der Tannenwedel- und Wassersterngewächse, früher den „Freikronblättrigen" *(Dialypetalae)* zugeordnet, wurden ebenfalls aufgenommen, da nach neueren Erkenntnissen deren systematischer Platz eher unter dieser neuen Verwandtschaft zu suchen ist.

Alle in Band 4 aufgeführten Familien können aus dem Verzeichnis S. 8 ersehen werden, das ihre deutschen und wissenschaftlichen Namen in alphabetischer Reihenfolge auflistet.

Zu jeder ganzseitigen Farbtafel, auf der gewöhnlich vier Arten abgebildet sind, gehören zwei Seiten Text. Eine Darstellungseinheit umfaßt also insgesamt drei Seiten. Da ein aufgeschlagenes Buch nur Doppelseiten bietet, mußte die Schrift so verteilt werden, daß, in regelmäßigem Wechsel, die eine Tafel zwischen ihren zugehörigen Textseiten steht und die nächste an ihre beiden Textseiten anschließt:
| Text 1a – Tafel 1 | Text 1b – Text 2a | Text 2b – Tafel 2 |.

Alle Tafeln stehen somit auf ihrer Doppelseite rechts; links davon befindet sich die Hälfte des zugehörigen Textes. Ein Pfeil am Textseiten-Kopf weist die Richtung, in der der andere Textteil (und, falls nicht aufgeschlagen, auch die passende Tafel) zu finden ist. In jeder Kopfleiste sind zudem stets (zumindest) die Familiennamen der dargestellten Arten verzeichnet.

Die Abbildungen auf den Tafeln wurden zum großen Teil nach wildlebendem Material angefertigt, oder nach Pflanzen, die im Botanischen Garten der Universität Tübingen aus Samen herangezogen worden sind. Wo nicht anders möglich, vor allem bei seltenen oder geschützten Arten, mußte auf Herbarstücke zurückgegriffen werden; die meisten davon stellten in dankenswerter Weise die Botanische Staatssammlung, München und das Staatliche Museum für Naturkunde, Stuttgart, zur Verfügung.

Zur rascheren Orientierung wurden die Einzel-Abbildungen auf den Tafeln mit den deutschen und wissenschaftlichen Namen beschriftet, die auch den jeweiligen Artbeschreibungen im Text vorangestellt sind. Dort wird – außer den Familiennamen – für jede Art nur der wissenschaftliche Name genannt, der, nach unseren Erkenntnissen, derzeit gültig ist. Auf eine Synonymik (Aufzählung weiterer Namen) wurde verzichtet. Eine Übersicht über Namen, die früher häufig gebraucht wurden, wird in Band 5 gegeben. Auch bei den deutschen Namen wird in der Regel nur einer genannt (s. a. Band 1, S. 9).

Die Texte sind jeweils gegliedert in:
Beschreibung: Hier werden teils allgemeine, vor allem aber kennzeichnende Gestaltmerkmale der Art erwähnt, ausgehend von Blüte und Blütenstand (eventuell auch der Frucht) bis zu Stengel und Blatt. Angaben zur (durchschnittlichen) Größe und (allgemeinen) Blühzeit beschließen diesen Abschnitt. (s. Band 1, S. 10).
Vorkommen: Dieser Teil enthält Anmerkungen über Standort und Verbreitung der Art, also über ihre Ansprüche an Klima und Boden und das daraus resultierende Auftreten in bestimmten Biotopen und Landstrichen (s. Band 1, S. 10).
Wissenswertes: Mit den üblichen Symbolen (s. u.) wird am Beginn auf die gestalteigentümliche Lebensweise (Kraut; Staude; Baum und Strauch), eine (soweit bekannt) eventuell vorhandene stärkere oder geringere Giftigkeit und auf die Schutzwürdigkeit hingewiesen. Dann folgen, je nach Art, sehr unterschiedliche Hinweise auf Verwandtschaftsbeziehungen (auch Klein-

arten), ähnliche Arten, bemerkenswerte Inhaltsstoffe, Verwendung in der Heilkunde, Eigentümlichkeiten im Bau, bei der Bestäubung oder im Vorkommen, wissenschaftshistorische Besonderheiten, dazu oft Erläuterungen zu den Namen und vieles andere, was uns gerade im speziellen Fall von besonderem Interesse zu sein schien. Meist war hier, wie auch in den anderen Abschnitten, der zur Verfügung stehende Raum das Begrenzungskriterium für weitergehende Aussagen (s. a. Band 1, S. 10 f.).

Zeichenerklärung:

Textteil

- ⊙ Kraut; krautige Pflanze, einmal blühend: im selben Jahr, im nächsten Jahr oder, selten, erst nach mehreren Jahren; danach vollständig absterbend
- ♃ Staude; krautige Pflanze, oberirdische Teile sterben im Herbst weitgehend ab; die Pflanze treibt aber jedes Jahr neu aus und blüht
- ♄ Holzgewächs (Baum oder Strauch); die Triebe verholzen, bleiben oberirdisch erhalten und treiben im nächsten Jahr neue Sprosse aus
- ☠ Pflanze (oder Teile von ihr) giftig
- (☠) Pflanze schwach giftig oder giftverdächtig
- ▽ Pflanze schutzwürdig

Bestimmungsschlüssel

- ⚥ zwittrig
- ♀ weiblich
- ♂ männlich

Pflanzenfamilien in Band 4

Das alphabetische Verzeichnis der Familiennamen (S. 8) gibt einen Überblick über die in Band 4 aufgenommenen Pflanzenfamilien und soll den Zugriff auf jede einzelne der 19 Familien erleichtern, die über die 49 Seiten des Bestimmungsschlüssels verteilt sind. Die zusätzliche Nennung der Bildtafelseiten ermöglicht die oft bevorzugte Identifikationsmethode des „Suchblätterns". Geübte werden oft auf den Schlüssel von Band 1 verzichten, wenn eine Pflanze schon eindeutig ihre Familienzugehörigkeit (z. B. Korbblütengewächs) zu erkennen gibt. Falls dann noch die berühmte „Ahnung von der Richtung" da ist, gelangen sie mit Suchblättern rascher zum Ziel. Wenn der Versuch scheitert, bleibt immer noch der mühsamere lange Marsch durch den Schlüssel. Dort werden allerdings auch noch einige „ausgefallene" Arten vorgestellt, die in Mitteleuropa nur gelegentlich auftreten (s. u.).

Bestimmungsschlüssel

Der Zugang zu der Artenfülle dieses Bandes soll durch den nachfolgenden Schlüssel erleichtert werden. In ihm sind alle Familien aufgeführt, die in den Vorschlüsseln (Band 1) dem Band 4 zugeordnet wurden. Über das Verzeichnis: **Die Pflanzenfamilien von Band 4** (S. 8) gelangt man zur einschlägigen Seite. Der Schlüssel ist am EHRENDORFERschen System (s. o.) ausgerichtet; aufgeführt sind Ordnungen und die Familien. Deren Durchnumerierung hat keinerlei wissenschaftliche Bedeutung, sondern nur Buchungscharakter, da nicht alle Gruppen genannt sind, sondern nur die im begrenzten Raum Mitteleuropas vertretenen. Jeder Familie ist eine Kurzbeschreibung beigegeben, die sich hauptsächlich auf die Eigenschaften der bei uns vorkommenden Vertreter bezieht. Falls mehr als eine Gattung in Mitteleuropa zu finden ist, untergliedert ein Schlüssel in die Gattungen. Die bei uns stark vertretenen Familien der Braunwurz-, Lippenblüten- und Korbblütengewächse (um 30, bzw. über 90 Gattungen) trennt ein „Vorschlüssel" zunächst in kleinere, überschaubarere Gruppen; er ist gestaltet wie ein „normaler Gattungsschlüssel". Dieser beginnt, bei jeder Familie (und jeder Teilgruppe) neu, d. h., mit Ziffer 1 und ist nach dem in Band 1 (S. 402) erläuterten „multiple-choice-Verfahren" aufgebaut: Bei jeder Ziffer muß von zwei bis mehreren Alternativen (gekennzeichnet durch Kleinbuchstaben: a, b, c usf.) eine ausgewählt werden, die entweder zu einer neuen Ziffer oder einer der Gattungen führt (eventuell auch zu einer Teil- oder einer Sammelgattung). Unter den dort angegebenen Seitenzahlen findet man dann die Arten abgebildet. Großen Gattungen, deren Arten-Abbildungen sich über mehr als vier Tafeln erstrecken, ist noch eine „Grobeinteilung“ beigegeben, die unter Großbuchstaben (A, B, C usf. – manchmal noch weiter untergliedert) leicht kenntliche Merkmale aufzählt, die eine Aufteilung in kleinere (nicht systematische!) Gruppen möglich machen.

Sämtliche Sonder- und Bastardformen lassen sich indes nicht trennen. Dies gelingt in keinem Schlüssel, denn immer wieder treten einzelne abstruse Formen auf. Man ist gut beraten, wenn man versucht, sich am Standort ein Gesamtbild aller dort wachsenden Exemplare derselben Art zu verschaffen, denn manche Einzelpflanze zeigt oft sehr individuelle, von der Norm abweichende „Züge“.

Wir haben versucht, häufig auftretende Abweichungen zu berücksichtigen. Dazuhin haben wir unsere Erfahrungen aus vielen Pflanzenbestimmungsübungen in der Jugend- und Erwachsenenbildung genutzt, um die Wege im Schlüssel möglichst „sicher“ zu machen. Wir wissen, daß der unvoreingenommene Beobachter manches anders sieht als der theoriefeste Fachspezialist. Für diesen haben wir, z. B., die dicht belaubten Arten von Beifuß *(Artemisia)* korrekt den Wechselblättrigen zugeteilt, für ersteren sie aber auch als Quirlblättrige aufgeführt. Daraus folgt jedoch, daß der Schlüssel **nicht** als Ersatz für die Artbeschreibungen im Bild/Text-Teil dienen kann. Die „Beschreibungen“ im Schlüssel sind eben nicht in jedem Fall an den Erkenntnissen der Gestaltlehre (Morphologie) ausgerichtet, sondern oft an dem, was ohne intensives vergleichendes Studium „gesehen wird“.

Eingestreut im Schlüssel findet man Hinweise auf Arten, die in Mitteleuropa nicht heimisch sind, jedoch hie und da eingeschleppt werden, vorübergehend verwildert auftreten oder bis hart vor die Grenzen (s. Band 1, S. 288) gelangt sind. Meist sind solche lokal gemeldeten Vorkommen schon in Jahresfrist, zumindest nach wenigen Jahren, wieder erloschen. Ein erneutes vorübergehendes Auftreten an anderer Stelle ist aber nicht auszuschließen. Mittels der Strichzeichnungen im Schlüssel mag die Identifikation mancher dieser unbeständigen „Irrgäste“ gelingen. Botanische Museen und Institute, Naturschutz- und vor allem die Regionalstellen für die Pflanzenkartierung sind dankbar für jede Fundmeldung solcher Neuankömmlinge.

Die Pflanzenfamilien von Band 4

Nr.	Name (deutsch und wissenschaftlich)	Schlüssel Seite	Tafel(n) Seite
122	*Asteraceae*	28	303–513
109	*Boraginaceae*	11	77–101
111	Braunwurzgewächse	14	105–177
110	*Buddlejaceae*	14	197
119	*Callitrichaceae*	26	207
120	*Campanulaceae*	26	275–299
105	*Convolvulaceae*	10	75
106	*Cuscutaceae*	10	69–71
117	Eisenkrautgewächse	20	209
112	*Globulariaceae*	19	197
120	Glockenblumengewächse	26	275–299
116	*Hippuridaceae*	20	207
108	*Hydrophyllaceae*	11	77
122	Korbblütengewächse	28	303–513
112	Kugelblumengewächse	19	197
118	*Lamiaceae*	20	209–273
115	*Lentibulariaceae*	20	191–195
118	Lippenblütengewächse	20	209–273
121	*Lobeliaceae*	28	299–303
121	Lobeliengewächse	28	299–303
104	Nachtschattengewächse	9	59–65
113	*Orobanchaceae*	19	177–191
114	*Plantaginaceae*	19	201–207
107	*Polemoniaceae*	10	75–77
109	Rauhblattgewächse	11	77–101
111	*Scrophulariaceae*	14	105–177
106	Seidengewächse	10	69–71
104	*Solanaceae*	9	59–65
110	Sommerfliedergewächse	14	197
113	Sommerwurzgewächse	19	177–191
107	Sperrkrautgewächse	10	75–77
116	Tannenwedelgewächse	20	207
117	*Verbenaceae*	20	209
108	Wasserblattgewächse	11	77
115	Wasserschlauchgewächse	20	191–195
119	Wassersterngewächse	26	207
114	Wegerichgewächse	19	201–207
105	Windengewächse	10	75

Ordnung Nachtschattenartige, *Solanales*

104

104. Familie Nachtschattengewächse, *Solanaceae*

Kraut- und (seltener) Holzgewächse; Blätter meist wechselständig, einfach oder zusammengesetzt; Blütenhülle doppelt, Blütenblätter oft stark verwachsen, in der Knospe gefaltet; Krone in der Regel 5strahlig; Blüten einzeln oder in Wickeln. 1 oberständiger Fruchtknoten mit 2narbigem Griffel, 5 Staubblätter; Beeren oder Kapseln. Wichtige Nähr- und Heilpflanzen, auch Gewürz- und Genußpflanzen; dazu viele sehr gefährliche Giftpflanzen

1a Strauch mit überhängenden, oft dornigen Zweigen; Blüte kurztrichterig, ± flach 5zipflig, (purpur)violett **Bocksdorn,** *Lycium* S. 63

1b Krautige Pflanze oder (Winde-) Halbstrauch; Blüte radförmig oder breit becherförmig; Kronzipfel tief geteilt bis fast völlig verwachsen 2

1c Krautige Pflanze; Blüte bauchig-glockig, Kronzipfel vorgestreckt bis ausgebreitet, breitlappig 3

1d Krautige Pflanze, Blüten trichterig-stieltellerförmig, oft einige cm lang 4

2a Blüten in blattachselständigen Rispentrauben, ihre Staubblätter kegelförmig zusammengeneigt **Nachtschatten** (Tomate, u. a.), *Solanum* S. 63+65

2b Blüten kurzgestielt zu 1–3 in den Blattachseln, ihre Staubblätter getrennt, Kelch klein, kurzzähnig; Frucht groß, schotenartig, festfleischig, ± hohl **Paprika,** *Capsicum* S. 65

2c Blüten meist einzeln in den Blattachseln, flachtrichterig, ihre Staubblätter getrennt; Kelch glokkig, 5zipflig, später lampionartig aufgeblasen, die kugelige Beere sehr weiträumig umhüllend **Judenkirsche,** *Physalis* S. 59

3a Blüten überhängend nickend, außen braunviolett; Kelch tief 5zipflig; Blätter eiförmig, ganzrandig, fast gegenständig, die Blätter jeden (Schein)Paares deutlich größenverschieden **Tollkirsche,** *Atropa* S. 59

3b Blüten überhängend nickend, außen meist braunglänzend; Kelch mit 5 kurzen, breiten Zähnen; Blätter verkehrt-eiförmig, ganzrandig bis schwach gebuchtet **Tollkraut,** *Scopolia carniolica* JACQ. Südosteuropäische (giftige!) Laubwaldpflanze. In Kärnten und Steiermark vielleicht heimisch; früher ab und zu aus Kulturen (Heilpflanze!) verwildert. Heute kaum mehr in Gärten, daher praktisch im übrigen Gebiet erloschen (s. a. S. 60, linke Spalte)

3c Blüten überhängend nickend, hellblau bis weißlich; Kelch glockig, 5rippig, zur Fruchtzeit vergrößert; Blätter ei-elliptisch, buchtig gelappt bis gezähnt **Giftbeere,** *Nicandra* S. 59

3d Blüten aufrecht, Krone breitlappig, schmutzig- bis hellgelb, oft violett geadert; Blätter zottig (klebrig), buchtig fiederlappig bis grob fiederzähnig **Bilsenkraut,** *Hyoscyamus* S. 59

3e →

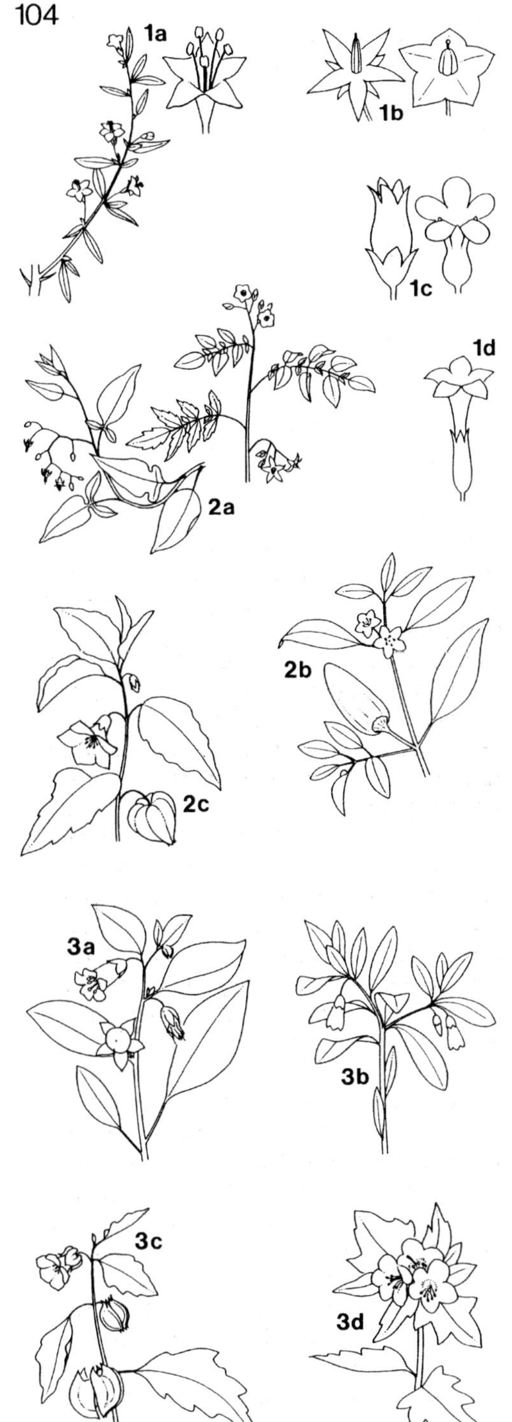

3e Vgl.: Blüten ± aufrecht, in Rispen; Krone breitlappig, (grünlich) gelb; Blätter kurzhaarig (klebrig), eiförmig, ganzrandig, untere über 20 cm lang
Bauern-Tabak, *Nicotiana rustica* L.
Heimat: Mittel- und Südamerika; nur noch selten angebaut oder in Ziergärten; kaum verwildernd

4a Blätter grob buchtig gezähnt, untere 10–25 cm lang; Blüten über 5 cm lang, einzeln blattachselständig, weiß, mit langem, röhrigem, 5zähnigem Kelch
Stechapfel, *Datura* S. 65

4b Blätter ganzrandig, die unteren halbstengelumfassend, über 30 cm lang; Blüten in Rispen, meist rot, 4–6 cm lang, mit glockigem, 5zipfligem Kelch
Tabak, *Nicotiana* (s. a. 3 e) S. 66, rechte Spalte

4c Blätter ganzrandig, herz-eiförmig, unter 10 cm lang, drüsig-klebrig; Blüten einzeln, blattachselständig, am Sproßende traubig gehäuft, rot, blau oder weiß, um 5 cm lang; Kelch kurztrichterig, 5zipflig
Petunie, *Petunia* Juss. (s. a. S. 66, rechte Spalte)
Heimat: Südamerika; bei uns in mehreren Arten, doch meist in Bastardsorten; beliebte einjährige Garten- und Balkonpflanze; zuweilen unbeständig und meist nur ortsnah verwildert

105. Familie Windengewächse, *Convolvulaceae*

Windende Kräuter und Stauden, auch (nicht bei uns) Sträucher, seltener Bäume (oft mit windenden Ästen). Blätter meist einfach, wechselständig; Blütenhülle doppelt; Blütenblätter stark trichterig oder radförmig verwachsen, in der Knospe zusammengedreht, selten fast verkümmert (nicht bei unseren Arten); Blüten 5zählig, strahlig, oft einzeln; 1 oberständiger, 1–2griffliger Fruchtknoten, 5 Staubblätter; meist (Fach-)Kapseln

105

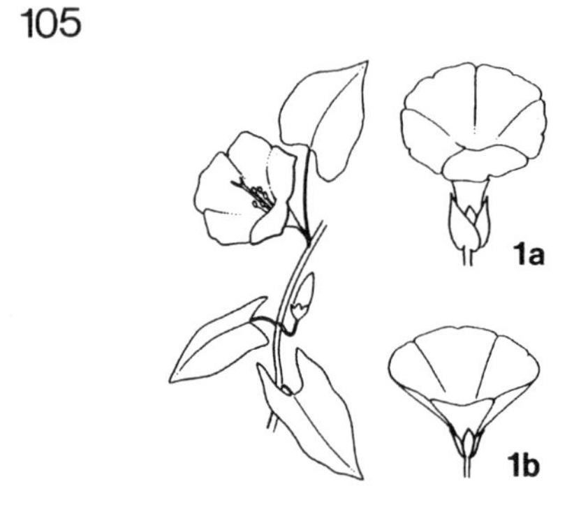

1a Blütenkelch von 2 zusätzlichen, großen Tragblättern umstellt; Blüten 3–7 cm lang
Zaunwinde, *Calystegia* S. 75

1b Kelch ohne Tragblätter; Blüten kaum 3 cm lang
Winde, *Convolvulus* S. 75

106. Familie Seidengewächse, *Cuscutaceae*

Krautige, blattgrünfreie, wurzellose Vollschmarotzer mit wenigen Schuppen am windenden, oft rot oder gelb getönten Sproß; dieser mit warzenartigen Saugorganen (Haustorien); Blüten sehr klein, doppelt, 4–5strahlig, meist in Knäueln; Blütenblätter verwachsen, an der Innenseite mit fransiger Schuppe; 1 oberständiger Fruchtknoten, 4–5 Staubblätter; Kapseln, diese selten ± fleischig-beerenartig. Nur 1 Gattung (viele Arten)
Seide, *Cuscuta* S. 69+71

106

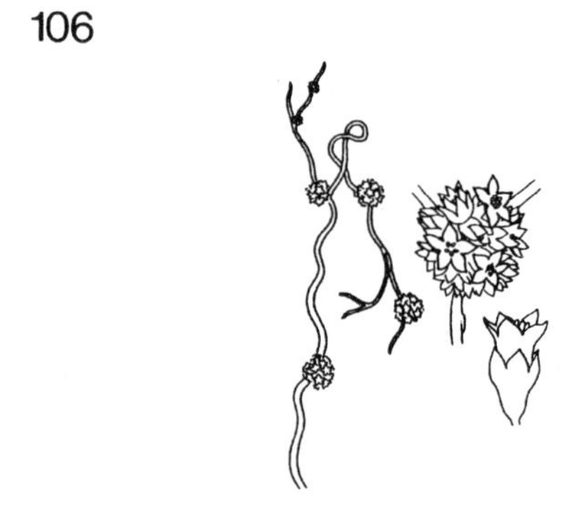

107. Familie Sperrkrautgewächse, *Polemoniaceae*

Krautgewächse und (nicht bei uns) Sträucher; Blätter einfach oder zusammengesetzt, wechselständig. Blüten doppelt, 5strahlig,; Blütenblätter rad-, trichter- oder stieltellerförmig verwachsen; 1 oberständiger Fruchtknoten mit 3narbigem Griffel, 5 Staubblätter; 3fächrige Kapseln; bei uns nur 1 Art wirklich heimisch (s. 1 a →)

1a Blätter gefiedert; Krone breitglockig
Himmelsleiter, *Polemonium* S. 75

1b Blätter ungeteilt; Krone stieltellerförmig mit herausragenden Staubblättern; Blüten am Stengel in vielen Büscheln, jeweils von Hüllblättern umstellt
Leimsaat, *Collomia* S. 77

1c Blätter ungeteilt; Krone stieltellerförmig; Staubblätter nicht hervorragend; Blüten ohne Hüllblätter
Phlox, *Phlox* S. 77

107

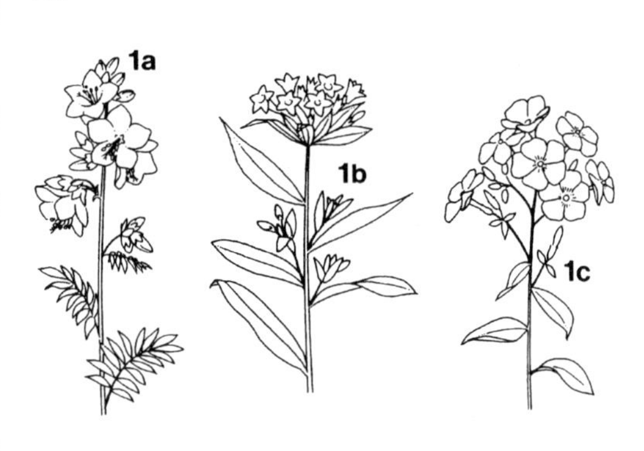

Ordnung Borretschartige, *Boraginales*

108. Familie Wasserblattgewächse, *Hydrophyllaceae*

Krautige, meist stark behaarte Pflanzen, selten Sträucher; Blätter einfach bis fiedrig zerteilt, wechsel- oder gegenständig. Blüten doppelt, meist 5zählig, ± strahlig; in Wickeln; Blütenblätter glockig bis radförmig verwachsen. 1 oberständiger, 1-2griffliger Fruchtknoten; 5(-10) oft lange Staubblätter; 2klappig aufreißende Kapsel; bei uns nur 1 Art (aus Kalifornien) kultiviert (Gründüngung, Bienenweide) und gelegentlich verwildert
Büschelschön, *Phacelia* S. 77

108

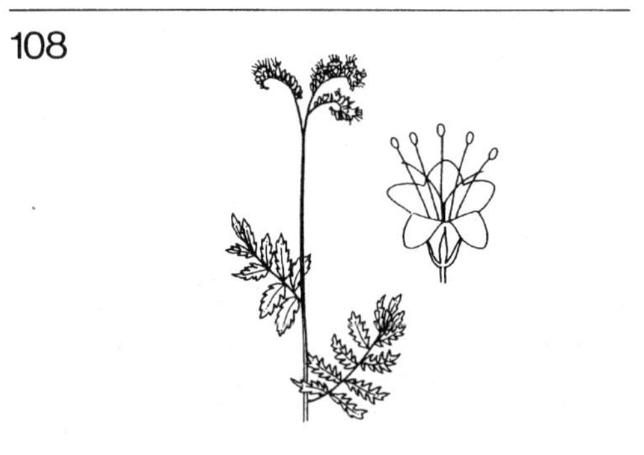

109. Familie Rauhblattgewächse, *Boraginaceae*

Kraut- und (nicht bei uns) Holzgewächse mit einfachen, oft ganzrandigen, meist wechselständigen Blättern. In der Regel ± dicht bedeckt von starren, borstenförmigen Haaren, die jeweils einem kleinen Höckerchen entspringen. Blüten meist in Wickeln, 5 (-4) strahlig, doppelt; die Krone ± stark stieltellerförmig, kurzröhrig-radförmig oder glockig-röhrig verwachsen, innen oft mit (Schlund)-Schuppen; 1 oberständiger, 4teiliger Fruchtknoten, 1 Griffel; 5 Staubblätter; (Bruch-)Frucht in 4 (selten nur 2) Nüßchen („Klausen") zerfallend

1a Blüten schiefglockig, fast 2lippig; Staubblätter und Griffel ragen aus dem weit offenen Kronsaum hervor
Natternkopf, *Echium* S. 83

1b Blüten glockig bis keulenförmig mit kleinen, zahnartigen oder schmalen, vorgestreckten Kronzipfeln, meist deutlich nickend 2

1c Blüten samt Kelch flachbecherig bis radförmig ausgebreitet, mit kurzer, ringartiger Kronröhre 3

1d Blüten mit aufrechtem Kelch und schmaltrichterig verwachsener Kronröhre; Kronzipfel ± ausgebreitet, am Röhrenschlund oft Haarbüschel, Wülste oder Falten, doch keine auffällige Schuppen (diese höchstens tief in der Röhre, klein und schmal - sich nicht gegenseitig berührend) 4

1e Blüten mit aufrechtem Kelch, die Kronröhre zumindest so lang wie dieser (meist gerade, selten knickig); Kronzipfel ± ausgebreitet; am Röhrenschlund auffällige, oft weiße oder gelbe, zuweilen haarige, stets sehr breite Schuppen 5

2a Pflanze kahl, bläulich bereift; Blätter glatt oder weiß bekörnelt, obere herzförmig stengelumfassend ansitzend
Wachsblume, *Cerinthe* S. 81

2b, 2c →

109

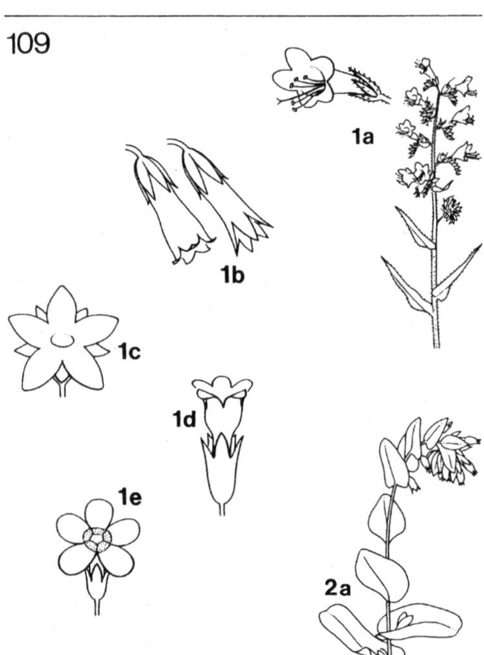

2b Pflanze rauhhaarig; Blätter eiförmig, zumindest die unteren gestielt, über 1 cm breit
Beinwell, *Symphytum* S. 101
2c Pflanze rauhhaarig; alle Blätter ungestielt, lineal
Lotwurz, *Onosma* S. 77

3a Kronzipfel eiförmig, spitz; Schlundschuppen aufgerichtet, von den ± senkrecht abstehenden Staubbeuteln weit überragt; Blüten ± nickend
Borretsch, *Borago* S. 101
3b Kronzipfel vorn gerundet; Blüten ± aufrecht . . . **5**

4a Blüten klein, weiß mit trichterigem Saum, dessen Zipfel spitz, am Rand gefältelt und oft gezähnt; Kelch tief geteilt; Blütenstand ohne Tragblätter; Laubblätter gestielt, elliptisch bis ei-lanzettlich
Sonnenwende, *Heliotropium* S. 81
4b Blüten klein, gelblich(-orange), mit langer, den tief geteilten Kelch weit überragender Röhre;
Amsinckie, *Amsinckia* LEHM.
Nordamerikanische Gattung, vor allem im pazifischen und atlantischen Klimabereich; einige Arten in West- und Nordwesteuropa eingeschleppt, bzw. kultiviert und verwildert. Zwischen Genfer See und Niederrhein, sowie im Tiefland (bis zur Lausitz) treten selten 1jährige Arten der Gattung unbeständig auf. In unserem Klima reifen aber meist die Früchte nicht aus, die zur Artbestimmung unerläßlich sind
4c Blüten klein oder bis 1,5 cm lang, mit stumpfen bis gerundeten Zipfeln, weiß(gelblich), blau oder rot; die Kronröhre überragt den tiefgeteilten Kelch kaum oder nur sehr wenig; Laubblätter schmal eilanzettlich, ungestielt
Steinsame (2 Gattungen) S. 83
Buglossoides; Blüte weiß und 6–9 mm, oder rot aufbrechend und blau verblühend, 12–18 mm lang
Lithospermum; Blüte gelblich- bis grünlich-weiß, um 5 mm lang, im Schlund mit kleinen Flaumwülsten
4d Blüten 7–15 mm lang, gelb oder schwarz-purpurn bis hellbraun, Kelch kaum bis zur Mitte geteilt; Grundblätter höchstens stielartig verschmälert
Mönchskraut, *Nonea* S. 95
4e Blüten 10–20 (25) mm lang, erst rot, dann blau; Kelch kaum auf 1/3 geteilt. Grundblätter gestielt, doch meist erst nach der Blüte erscheinend
Lungenkraut, *Pulmonaria* S. 95

5: In dieser Gruppe mit (größeren oder kleineren) vergißmeinnichtähnlichen Blüten lassen sich manche Arten nur über die Früchtchen ganz sicher identifizieren; deren Merkmale sind in ( ) beigegeben
5a ± stark (oft rauh) behaarte Pflanze; Blätter über 1 cm lang; Blüten blattachselständig oder in durchblätterten traubigen Wickeln **6**
5b ± stark (oft rauh) behaarte Pflanze; Blätter über 1 cm lang, falls (ausnahmsweise) kürzer: zumindest deutlich sichtbar 1nervig; Blüten in traubigen Wickeln, aber höchstens die untersten (1–3) mit Tragblättchen **7**

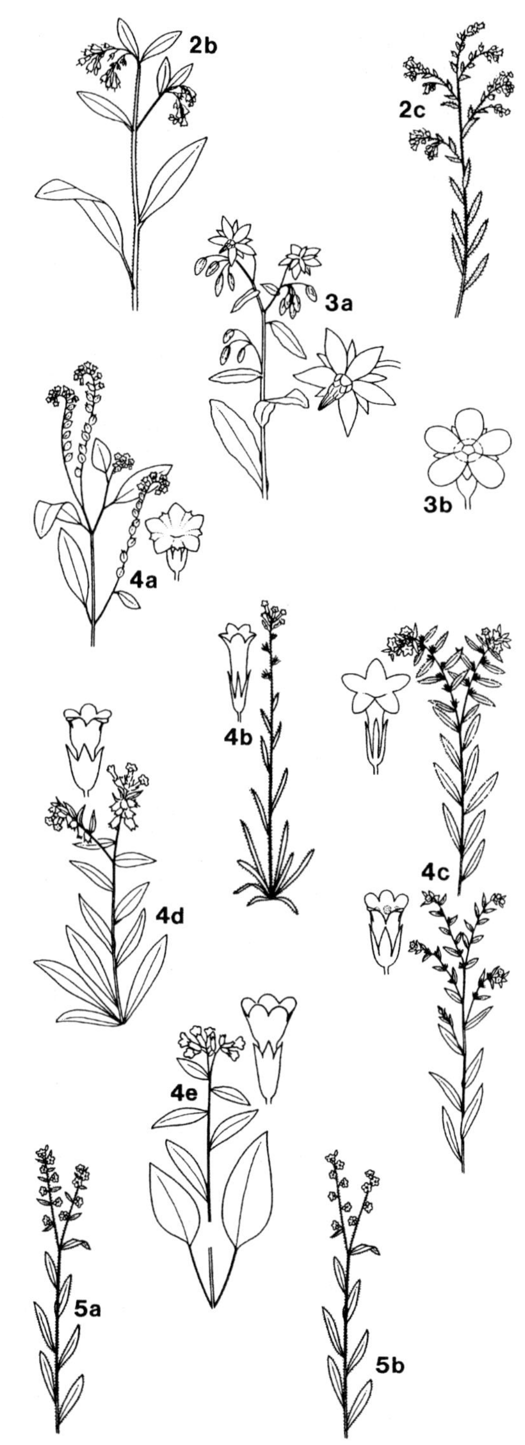

5c Hochalpine Polsterstaude (nur über 2000 m Höhe) mit ei-spatelförmigen, dicht behaarten, 1/2–1 cm langen, undeutlich geaderten Blättern; Polster kaum 5 cm hoch, dicht; Blüten erst rot dann blau, mit gelben Schlundschuppen, zu wenigen am 2–3 cm langen Stengel – (Nüßchen braunglänzend, eiförmig-3kantig, Seitenkanten vorspringend, gewimpert bis gezähnt)

Himmelsherold, *Eritrichum* S. 81

5d Niederliegend-aufsteigende Pflanze der Meeresküste, ± fleischig, bläulich bereift, kahl, doch mit winzigen Wärzchen; Blätter breit ei-löffelförmig, untere gestielt, bis 6 cm lang; Blüten erst rot dann blau (violett), mit weißer Röhre – (Nüßchen schwarz, ei-kugelig aufgeblasen = Schwimmfrüchte)

Austernkraut, *Mertensia maritima* (L.) S. F. GRAY
Verbreitet auf Sand und Kies der Küsten im kaltgemäßigten bis kalten Klimabereich der Nordhalbkugel; (bislang) südlichste Vorposten wurden an der Skagerrak-Küste Nordjütlands gefunden. In Nordeuropa sollen die (im Geschmack an Austern erinnernden) fleischigen Blätter als Salat Verwendung finden

6a Stengel schlaff, mit abstehenden, hakig rückwärts gebogenen Borsten; Blüten (! nicht Früchte) kaum 1 mm lang gestielt, zu 1–2 in den Blattachseln – (Nüßchen flach eiförmig, feinwarzig und kurz behaart; im (beim Verblühen gewachsenen) ± flach 2klappigen, grob gezähnten, deutlich gestielten Kelch)

Scharfkraut, *Asperugo* S. 93

6b Stengel schlaff, mit angedrückten, aus Wärzchen entspringenden, geraden Borsten; Blüten deutlich gestielt, zu 1–2 in den Blattachseln – (Nüßchen becherartig mit breitwulstigem Saum; im weit spreizenden, tief 5zipfligen Kelch)

Nabelnüßchen, *Omphalodes* S. 93(+89)

6c Stengel aufrecht; Blüten (knapp) 1–1,5 cm lang (Kronröhre gerade bis S-förmig gebogen), meist hell- bis dunkelblau oder blauviolett, Schlundschuppen weiß – (Nüßchen schief eiförmig, warzig, schwach runzelig, mit seitlichem, oval-ringwulstigem Ansatz; im schmalen, becherförmigen Kelch)

Ochsenzunge, *Anchusa* S. 99+101

6d Stengel (aufsteigend-) aufrecht, Blüten um 5 mm lang, meist hellblau, Schlundschuppen gelblich – (Nüßchen ei-pyramidenförmig, die Kanten geflügelt und mit widerhakigen Klettstacheln besetzt; Kelch zur Fruchtzeit vergrößert und abspreizend)

Igelsame, *Lappula* S. 93

7a Grundblätter breit ei-(herz)-förmig mit langem, deutlich abgesetztem Stiel; Blüten (meist) blau, mit weißen, oft rot getüpfelten Schlundschuppen – (Nüßchen schlüsselartig mit wulstigem Rand, zart flaumig behaart; im spreizenden, tief 5zipfligen Kelch)

Nabelnüßchen, *Omphalodes* S. 89(+93)

7b, 7c →

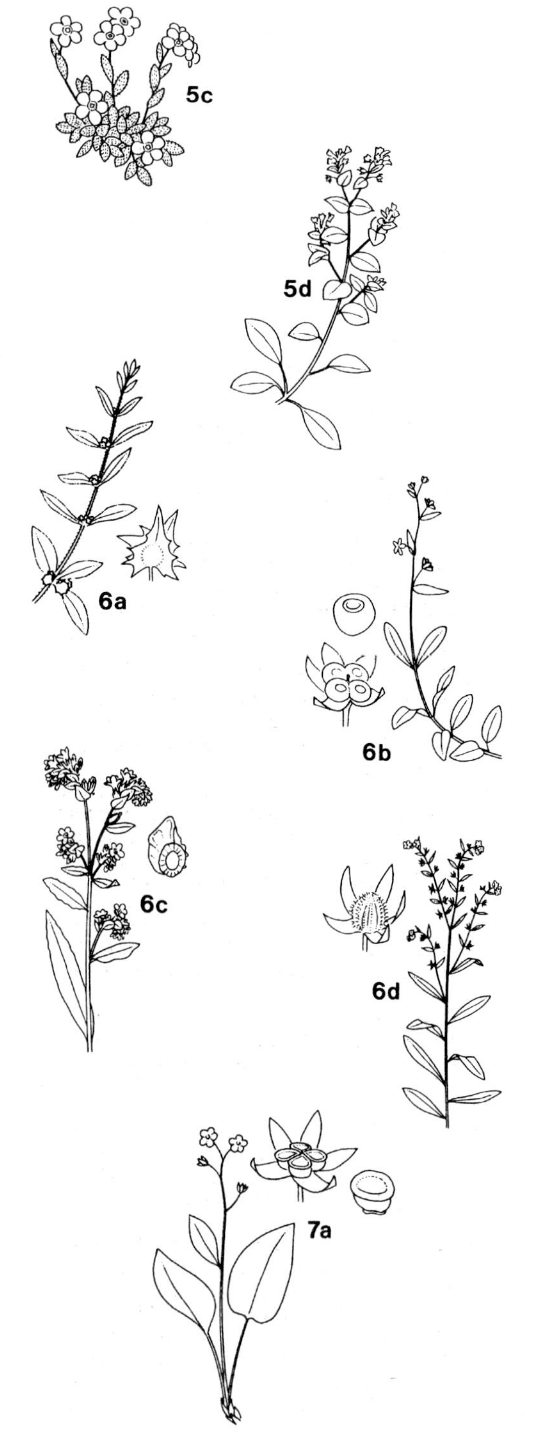

7b Grundblätter spatelig-lanzettlich, zum Stiel verschmälert; Blüten meist rotviolett bis braunrot, mit hell- bis dunkelroten Schlundschuppen – (Nüßchen rundum mit widerhakigen Stächelchen; am Mittelsäulchen des oft nickenden, abstehenden bis zurückgeschlagenen Kelches)
Hundszunge, *Cynoglossum* S. 99

7c Grundblätter spatelig bis lineal, ungestielt oder zum Stiel verschmälert (kaum über 15 cm lang); Blüten blau, selten rosa, weiß oder gelb, mit gelben, ganz selten weißen Schlundschuppen – (Nüßchen ± eiförmig, glatt; im aufrechten, schmal becherförmigen Kelch)
Vergißmeinnicht, *Myosotis* S. 87+89

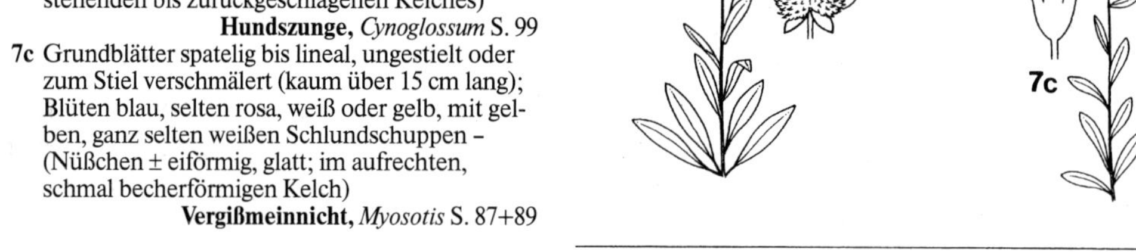

Ordnung Braunwurzartige, *Scrophulariales*

110. Familie Sommerfliedergewächse, *Buddlejaceae*

Holzgewächse (Sträucher) und einige Stauden; Blätter oft gegenständig; Blüten 4(-5)zählig, doppelt, meist klein aber in reichen Rispen(trauben), Kelch- wie Blütenblätter unten verwachsen; Staubblätter 4(-5) - bei Zierarten auch 0; 1 oberständiger Fruchtknoten, 1 Griffel; 2klappige Kapsel. Kaum 20 Gattungen (in frostarmen Klimaten). Bei uns Sträucher aus Ostasien: heute selten ortsnah verwildert, in der „Trümmerflora" 1945–1955 häufig
Sommerflieder, *Buddleja* S. 197

111. Familie Braunwurzgewächse, *Scrophulariaceae*

Meist Krautgewächse, öfters (grüne) Halbschmarotzer, selten Vollparasiten; Blätter gegen –, seltener quirl- oder wechselständig; Blüten doppelt, ± verwachsen, (4–)5zipflig strahlig oder 2lippig; meist 2–4(-5) Staubblätter und 1 oberständiger, 1(–0)griffliger Fruchtknoten; Narben 2lappig bis kopfig; Kapselfrucht, meist 2klappig, selten (nicht bei uns) beerenartig. Verbreitungsschwerpunkt in den gemäßigten Klimazonen; bei uns mehr als 25, recht unterschiedlich gestaltete Gattungen.

Vorschlüssel

1a Pflanze ohne Blattgrün, fleischrot, weißlich, blaßviolett; Blüten ± glockig, in einseitswendiger Traube
Schuppenwurz, *Lathraea* S. 177

1b Kaum 7 cm hohe Schlammpflanze; oft mit Ausläufern; Blätter grün, schmal spatelig, gestielt, wie die kürzer gestielten, rosa-weißen Blüten, grundständig
Schlammling, *Limosella* S. 125

1c Pflanze mit grünen Blättern; Blüten zu mehreren an (meist) beblättertem, aufrechtem oder kriechendem Stengel, wenn (seltene Ausnahme) grundständig, dann Blätter doppelt fiederschnittig 2

2a 5 Blütenzipfel, nur am Grund ganz kurz verwachsen, oft etwas größenverschieden, radförmig ausgebreitet, meist gelb, selten violett oder weiß; 5, oft wollig behaarte Staubblätter
Königskerze, *Verbascum* S. 105–111

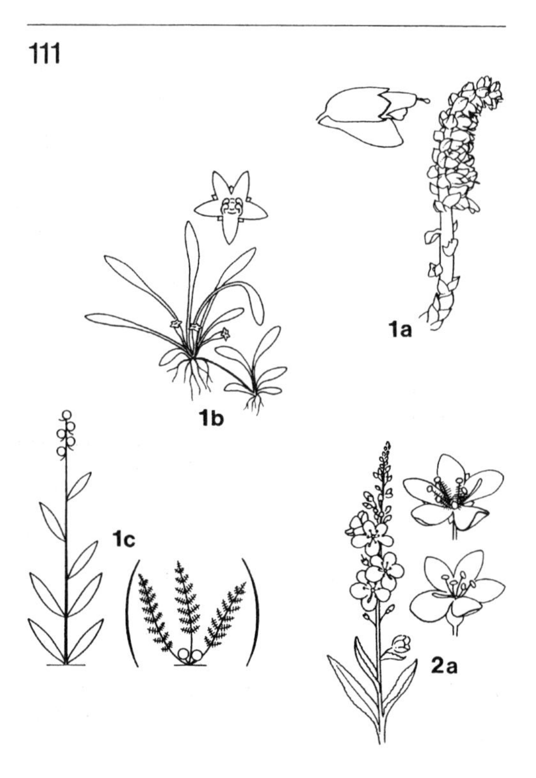

2b 4 Blütenzipfel, nur am Grund ganz kurz verwachsen, oft etwas größenverschieden, radförmig ausgebreitet, meist blau(-violett), selten weiß; nur 2 Staubblätter, vorstehend . . . . **BR 1**, S. 15
2c Trichterig-bauchig verwachsene Kronröhre mit 5 (fast) gleich großen Zipfeln . . . . **BR 2**, S. 15
2d Blüte schief trichterig-bauchig verwachsen mit 5 Zipfeln, die oberen (oft mehrmals) kürzer als der untere . . . . **BR 3**, S. 16
2e Blüte verwachsen, deutlich 2lippig, unten mit Sporn oder Höcker, der zwischen den Kelchzipfeln vorragt; Kronröhre oft durch Aufwölbung der Unterlippe („Gaumen") verschlossen . . . . . **BR 4**, S. 16
2f Blüte verwachsen, deutlich 2lippig, ohne Sporn oder Höcker, Oberlippe breit 2lappig . . . **BR 5**, S. 17
2g Blüte verwachsen, deutlich 2lippig, ohne Sporn oder Höcker, Oberlippe höchstens kurz 2- bis mehrzähnig, oft gewölbt . . . . **BR 6**, S. 17

BR 1: Braunwurzgewächs mit 4 tief getrennten, ± radförmig ausgebreiteten Zipfeln

1a (Vgl.:) Kronröhre fast so lang wie die Kronzipfel; Kelch tief 5zipflig (Alpenpflanze)
Mänderle, *Paederota* S. 131
1b Kronröhre viel kürzer als die Kronzipfel (oft kaum 1 mm lang); Kelch 4- oder 5zipflig
Ehrenpreis, *Veronica* S. 131–153
Artenreiche Gattung Grobeinteilung:

A Blüten fast 2lippig, Kronröhre so lang wie, oder knapp länger als breit, Kelch stets nur 4zipflig; dichte, lange, endständige Trauben(-Ähren) S. 131
- Blüten 4strahlig, Krone leicht abfallend, ihre Röhre kürzer als breit und:
B Blüten einzeln blattachselständig, dabei die oberen Laubblätter nur wenig kleiner als die unteren und auch in der Form wenig verschieden; Stengel oft niederliegend-aufsteigend S. 141+143
C Blüten in (scheinbar) endständiger (Dolden) Traube auf blattlosem Stiel (Grundblattrosette) S. 149
D Blüten in endständigen Trauben, zumindest die oberen in den Achseln deutlich kleinerer, einfacher gestalteter Tragblättchen S. 135–141
D 1 Blütenstiele mindestens so lang wie ihr Kelch, Blätter gezähnt bis ganzrandig S. 135+137
D 2 Blütenstiele kürzer als ihr Kelch oder Blätter tief handförmig gelappt S. 137+141
E Blüten in (oft langen, meist gestielten) blattachselständigen Trauben: Der Hauptsproß endet mit einem Blattschopf S. 147–153
E 1 Pflanzen des (±) trockenen Bodens S. 147+149
E 2 Ufer- und Sumpfpflanzen S. 153

BR 2: Braunwurzgewächs mit deutlicher Kronröhre und 5 nahezu gleich großen Zipfeln

1a Blüten hell rotviolett, selten weiß, schmalröhrig mit ausgebreiteten, verkehrt ei-herzförmigen Zipfeln – (Kelch aus 5 freien, lang-eiförmigen Blättchen)
Steinbalsam, *Erinus* S. 125

1b, 1c →

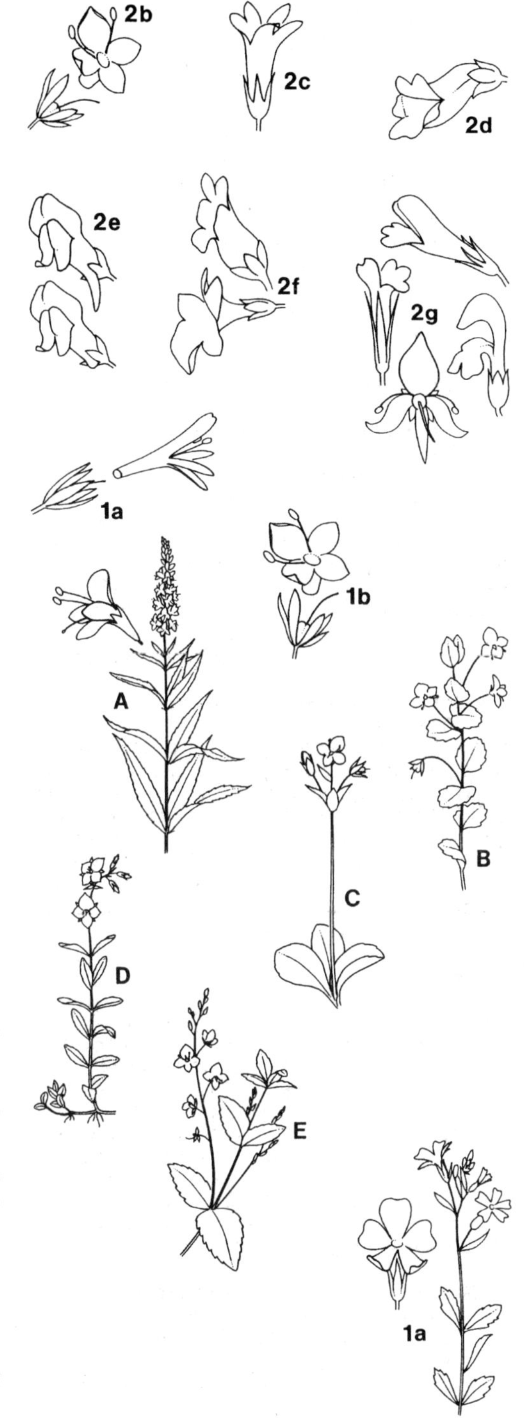

1b Blüten gelb, bauchig, mit aufrechten, rundlichen Zipfeln; Kelch aus 5 freien, eiförmigen Blättchen
Braunwurz, *Scrophularia* S. 119

1c Blüten gelb, trichterig, mit zungenförmigen, bogig ausgebreiteten Zipfeln; Kelch kurz, glockig, 5zähnig
Alpenrachen, *Tozzia* S. 159

BR 3: Braunwurzgewächs mit schiefer, trichterig-bauchiger Kronröhre, 5zipflig, unterer Zipfel verlängert

1a Blüten rot, weiß, gelb bis bräunlich, über 2 cm lang. Allgemein vom Tiefland bis zur Baumgrenze
Fingerhut, *Digitalis* S. 129

1b Blüten blauviolett, 1-2 cm lang. Grundrosette aus (gut 10 cm langen) verkehrt-eiförmigen, grob doppelt-gekerbten Blättern, am Blütensproß nur kleine Schuppenblättchen. Einzig im Nordosten der Karnischen Alpen, zwischen Wald- und Baumgrenze
Kühtritt, *Wulfenia* S. 129

BR 4: Braunwurzgewächs mit weit verwachsener, 2lippiger Blüte, diese am Grund mit Höcker oder Sporn

1a Blüten mit offenem Schlund, ± 5 mm lang, hellviolett, Sporn nach vorn gebogen; Pflanze aufrecht, kahl
Lochschlund, *Anarrhinum* S. 117

1b Blütenschlund durch Aufwölbung der Unterlippe nicht einsehbar; am Röhrengrund ein Höcker
Löwenmäulchen (2 Gattungen) S. 117
Misopates; Krone bis 1 cm lang, kürzer als ihr Tragblatt, kaum länger als der Kelch
Antirrhinum; Krone über 2 cm lang, viel länger als ihr Tragblatt und der Kelch
Hierher auch:
Asarine, *Asarina procumbens* MILL.
Kriechend-aufsteigende, ± klebrig behaarte, westeuropäische Bergpflanze. Blüten löwenmäulchenartig, gelb; alle Blätter gegenständig, gestielt, mit handnerviger, nierenförmiger Spreite. Heute bei uns selten, früher häufiger in Gärten angepflanzt und in Sachsen sowie in der Westschweiz verwildert (ob noch ?)

1c Blütenschlund durch Aufwölbung der Unterlippe ganz oder bis auf einen schmalen Querspalt verschlossen; Blüten gespornt 2

2a Stengel aufrecht oder kurzbogig aufsteigend
Leinkraut (2 Gattungen) S. 113+117
Linaria; Oft kahl und bläulich bereift; Blüte deutlich länger als der Kelch, ihr Schlund meist völlig geschlossen S. 113
Chaenarrhinum; Meist kurz klebrig-drüsig behaart; Blüte kaum länger als der Kelch, ihr Schlund oft einen schmalen Spalt offen S. 117

2b Stengel kriechend-hängend, Blüten hell violett mit gelblichem Gaumen; Blätter 5(-7)lappig
Zimbelkraut, *Cymbalaria* S. 111

2c Stengel kriechend-(aufsteigend); Blüten gelb, innen schwarzviolett; Blätter ei- oder spießförmig
Tännelkraut, *Kickxia* S. 111

2d Stengel niederliegend-aufsteigend; Blüten violett, Gaumen gelb; Blätter schmal-lanzettlich, ± bereift
Leinkraut, *Linaria (alpina)* S. 113

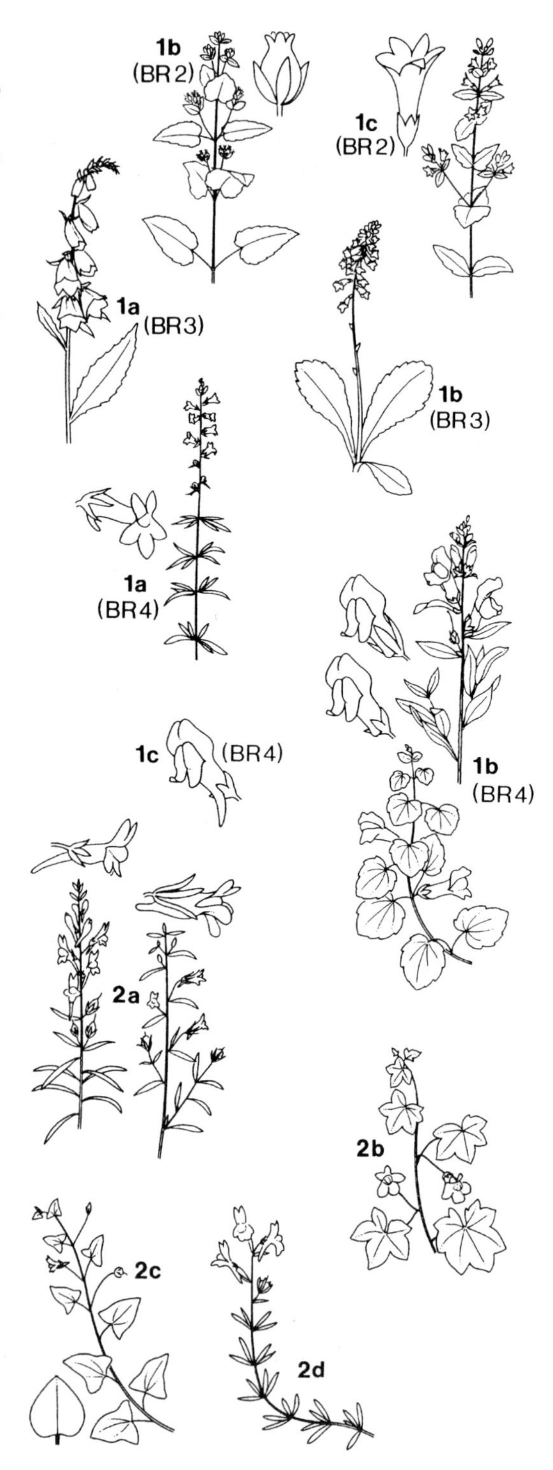

BR 5: Braunwurzgewächs mit weit verwachsener, 2lippiger Blüte, ohne Sporn oder Höcker, Oberlippe deutlich 2lappig

1a Blüten weiß bis rosa, ihr Kelch kürzer als die Kronröhre; einzeln gestielt aus den Achseln gewöhnlicher Laubblätter am Hauptsproß
Gnadenkraut, *Gratiola* S. 125

1b Vgl.: Wie 1a, aber Kelch (fast) so lang wie die Kronröhre, Oberlippe nur schwach ausgerandet
Büchsenkraut, *Lindernia* S. 125

1c Blüten blauviolett, in endständiger Traube auf unten blattlosem, oben mit grünen, wechselständigen Schuppenblättchen besetztem Schaft. Eigentliche Laubblätter als Grundrosette, grob gekerbt, 10–15 cm lang, oberseits glänzend
Kühtritt, *Wulfenia* S. 129

1d Blüten grün-rotbraun oder gelb (dann oft rot gepunktet); in endständigen (z. T. armblütigen) Trauben oder Rispen; obere Blüten oft büschelig gedrängt, mit einfacheren Tragblättchen 2

2a Blüten goldgelb (Unterlippe oft purpurn punktiert), unter 1 cm lang, mit trichterig-glockiger Röhre; Alpenpflanze mit kahlen, fettig glänzenden Blättern (Blattrand gewimpert)
Alpenrachen, *Tozzia* S. 159

2b Blüten gelb (öfters mit einigen roten Flecken), meist 2–4 cm lang, mit trichterig-glockiger Röhre; wenn Blüten nur 1–2 cm lang, dann Pflanze klebrig-zottig behaart; in Bach- und Flußauen
Gauklerblume, *Mimulus* S. 123

2c Blüten (blaßgelblich-)grün bis rotbraun, unter 1 cm lang, mit kugelig-bauchiger Röhre; in endständigen, meist reichblütigen, gabeligen oder aus Wikkeln zusammengesetzten Rispen
Braunwurz, *Scrophularia* S. 119+123

BR 6: Braunwurzgewächs mit weit verwachsener, 2lippiger Blüte, ohne Sporn oder Höcker, Oberlippe ungelappt, höchstens an der Spitze gezähnelt

1a Oberlippe ± flach, schräg abstehend oder vorgestreckt; Blütenkelch (fast) bis zum Grund zerteilt; Laubblätter ganzrandig bis gezähnt 2

1b Oberlippe gewölbt, helm- bis lang löffelförmig; Blütenkelch mindestens auf 1/4, meist über die Hälfte verwachsen; Laubblätter (! nicht Blüten-Tragblätter) ganzrandig bis gezähnt 3

1c Oberlippe gewölbt, helm- bis löffelförmig, oft seitlich schmalflügelig verflacht; Blütenkelch mindestens auf 1/2 verwachsen; Laubblätter tief fiederlappig bis doppelt fiederschnittig
Läusekraut, *Pedicularis* S. 167–177

Artenreiche Gattung Grobeinteilung:

A Oberlippe vorn deutlich geschnäbelt S. 167+171
B Oberlippe kaum geschnäbelt, 2zähnig S. 171+173
C Oberlippe vorn gerundet, ganzrandig S. 171–177
C1 Stengelblätter z. T. quirlständig S. 171+173
C2 Stengelblätter wechselständig oder fehlend (bzw. Pflanze stengellos) S. 173+177

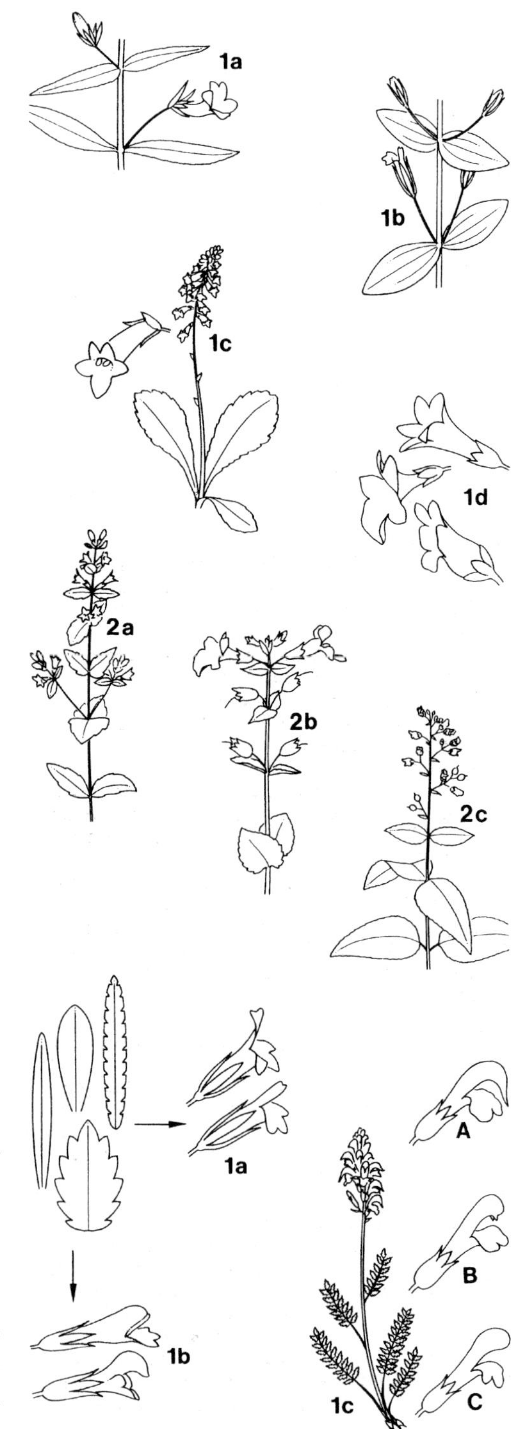

2a Kelch 5teilig (fast) so lang wie die Kronröhre; Blüten weißlich(-rosa oder -violett); Feuchtpflanze tieferer Lagen (unter 1000 m Meereshöhe)
Büchsenkraut, *Lindernia* S. 125

2b Kelch 5teilig (1 Zipfel kleiner) Blüten gelb oder blau; endständige Trauben; hochalpine Felspflanze
Mänderle, *Paederota* S. 131

2c Kelch 4teilig, Blüten blau bis blaulila, in langen, dichten endständigen Trauben
Ehrenpreis, *Veronica* S. 131

3a Kelch breit glockenförmig, seitlich abgeflacht; Oberlippe der Krone ± gewölbt, oft helmförmig; Laubblätter grob gekerbt, länger und schmaler als die stark gezähnten Tragblätter der Blüten
Klappertopf, *Rhinanthus* S. 165+167

3b Kelch kurztrichterig mit schmalen Zipfeln; Oberlippe der Krone gerade bis schwach gewölbt, ringsum mit schmal aufgebogenem Randwulst; Laubblätter schmal, (fast) ganzrandig; Tragblätter gezähnt, oft auffällig gefärbt (gelb, blau, rot)
Wachtelweizen, *Melampyrum* S. 155 + 159

3c Kelch trichterig mit kurzen Zipfeln; Oberlippe der Krone oft gezähnt, gerade, nur vorn aufgebogen, Unterlippe 6zähnig; Laub- und Tragblätter kaum verschieden (nach oben hin allmählich kleiner werdend), schmal-eiförmig bis rundlich, gezähnt
Augentrost, *Euphrasia* S. 161

3d Kelch trichterig mit kurzen, breiten Zähnen; Oberlippe der Krone gerade, ± vorgestreckt, höchstens gekerbt, ihr Rand nicht umgebogen 4

4a Blüten 5–14 mm lang, fleischrot oder gelb, filzig bis zottig (! aber nicht klebrig) behaart; Laubblätter lineal-lanzettlich, ganzrandig oder entfernt stumpflich gesägt
Zahntrost, *Odontites* S. 155

4b Blüten 16–22 mm lang, trüb dunkelviolett (Tragblätter oft auch), Oberlippe deutlich länger als die Unterlippe; zumindest der Kelch klebrig behaart; Laubblätter eiförmig, grobzähnig, klebrig
Alpenhelm, *Bartsia* S. 165

4c Blüten 16–25 mm lang, gelb, klebrig behaart, Oberlippe kürzer als die Unterlippe; Laubblätter lanzettlich, gezähnt, ebenfalls klebrig behaart
Bartschie, *Parentucellia* Viv.
Die Gelbe Bartschie (*P. viscosa* (L.) Caruel) aus Westeuropa (Frankreich bis Schottland) wurde bei uns schon mehrmals eingeschleppt (nordwestliches Tiefland, Rheingebiet, westliches Donaugebiet); sie besiedelt Gräben und Feuchtstellen; ihre wirkliche Einbürgerung ist derzeit noch fraglich. Fundmeldungen vom Südwestalpenfuß beziehen sich fast stets auf einen westmittelmeerischen Zahntrost *(Odontites)*, der immer wieder (fälschlicherweise) mit dem wissenschaftlichen Namen unserer Art belegt wird. Schon eher könnte dort die Breitblättrige Bartschie (*P. latifolia* (L.) Caruel) auftreten. Sie kommt im ganzen Mittelmeerraum vor; sie ist ebenfalls dicht klebrig behaart, doch sind ihre Blüten (meist) purpurn (mit weißlicher Röhre und Unterlippe)

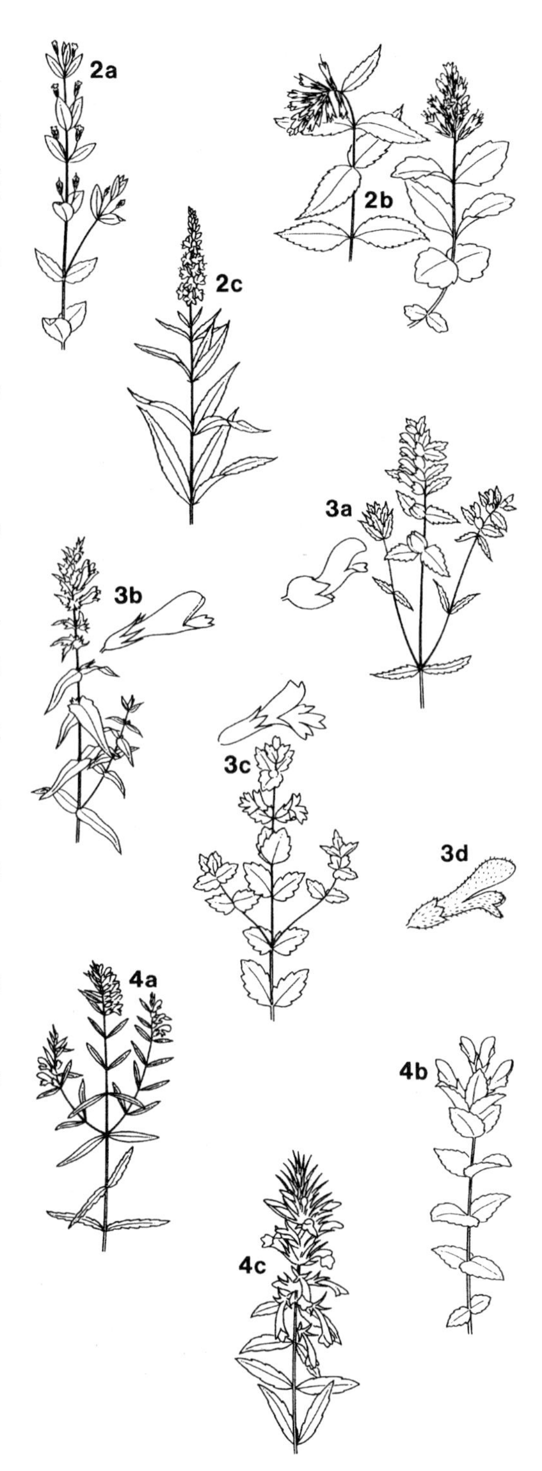

112. Familie Kugelblumengewächse, *Globulariaceae*

Rosetten- und Polsterstauden, Kriech- und (nicht bei uns) aufrechte Hartlaubsträucher; Blätter grund- oder wechselständig, einfach, oft ganzrandig; Blüten doppelt, in gestielten Köpfchen mit Hochblattkranz; Blüten unten röhrig verwachsen, 1-2lippig: Unterlippe stets 3-, Oberlippe 2zipflig oder verkümmert; 4 Staubblätter; 1 oberständiger, 1griffliger Fruchtknoten. Scheinfrucht: Nüßchen vom Kelch (Flughilfe) umschlossen; nur 1 Gattung (weltweit kaum 25 Arten)

Kugelblume, *Globularia* S. 197

113. Familie Sommerwurzgewächse, *Orobanchaceae*

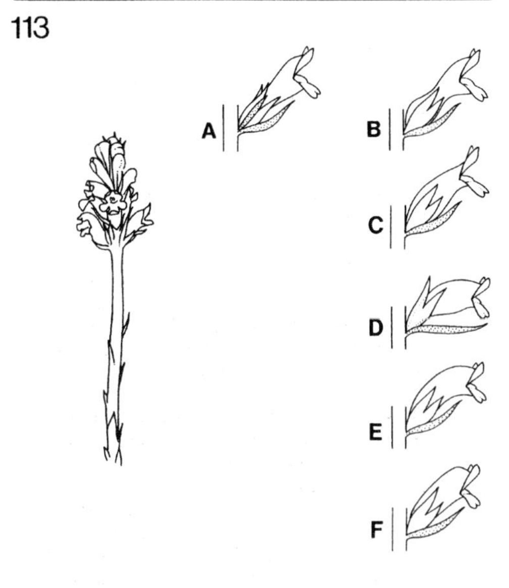

Krautige, blattgrünlose Vollschmarotzer mit wechselständigen Schuppenblättern; Blüten doppelt, verwachsen, 2seitig (meist mit Ober- und Unterlippe), in Ähren oder Trauben, selten einzeln (nicht bei uns); Kelch 2-5-, Krone 4-5zipflig; 4 Staubblätter, 1 oberständiger, 1griffliger Fruchtknoten (neben ⚥-Blüten zuweilen auch 1geschlechtige); Kapselfrucht; weltweit nur etwa 15 Gattungen mit ca. 200 Arten, 3/4 davon in der einzigen, auch bei uns heimischen Gattung

Sommerwurz, *Orobanche* S. 177+191

Artenreiche Gattung Grobeinteilung:

A 3 Tragblätter je Blüte; Kelch glockig S. 177+179
- nur 1 Tragblatt, Kelchrücken meist geschlitzt und:
B Krone hellblau bis violett, in der Mitte bauchig eingeschnürt, darüber trichterig erweitert S. 189
C Krone erst am Schlund erweitert S. 185+191
D Krone ± keulig und bogig abgeknickt S. 189
E Kronenrücken gleichmäßig geschwungen S. 185-191
F Kronenrücken gerade bis schwach gebogen, oben ganz plötzlich ± rechtwinklig abgeknickt S. 179-185

114. Familie Wegerichgewächse, *Plantaginaceae*

Kräuter und Stauden, selten auch Halbsträucher; Blätter meist grund-, vereinzelt wechsel- oder gegenständig, einfach, ganzrandig (dann oft bogennervig) bis tief gelappt; kleine, unscheinbare ⚥, gelegentlich auch 1geschlechtige (Wind-)Blüten, doppelt, 4strahlig (Krone meist häutig, unten röhrig-trichterig verwachsen); in gestielten, ± kolbigen Ähren, selten scheinbar (s. unten: 1b) einzeln, lang gestielt; (2-) 4 Staubblätter; 1 oberständiger, 1griffliger Fruchtknoten; vielsamige (doch meist sehr kleine) Dekkelkapsel; weltweit nur 3(-6) Gattungen (doch mit etwa 300, z. T. fast kosmopolitischen Arten)

1a Blüten in gestielten, dichten, langwalzlichen bis ± eirundlich-köpfchenartigen Ähren

Wegerich, *Plantago* S. 201-207

1b Blüten (scheinbar) einzeln, gestielt, grundständig, mit weit vorstehenden Staubblättern (♂ !): am Stielgrund jedoch 2-4(-10) meist schon verblühte ♀; kaum 10 cm hohe Sumpfpflanze (meist mit Ausläufern - vor allem bei wasserbedeckten Exemplaren)

Strandling, *Littorella* S. 207

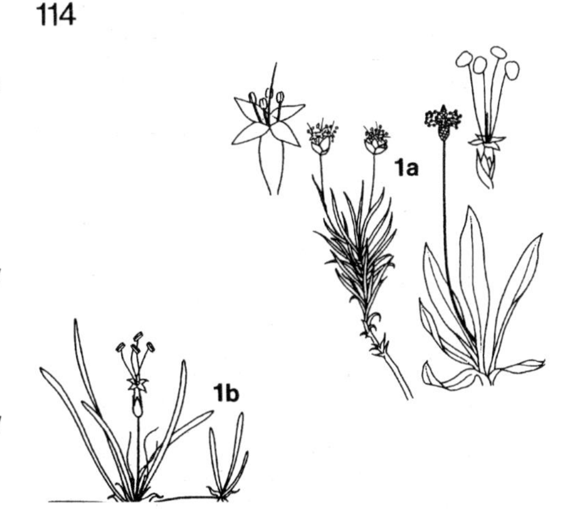

115. Familie Wasserschlauchgewächse, *Lentibulariaceae*

Stauden, selten 1jährige Kräuter, oft Sumpf- und Wasserpflanzen; Blätter wechsel-, (schein)quirl-, oder rosettig grundständig, zum Tierfang eingerichtet (klebrig oder mit Fangbläschen); Blüten doppelt, einzeln (oft lang gestielt) oder in lockeren Trauben; Krone verwachsen, 2lippig und meist gespornt; 2 Staubblätter (zusätzlich oft 2 Staubfäden ohne Staubbeutel); 1 oberständiger Fruchtknoten, 1grifflig oder mit 2lappiger, direkt aufsitzender Narbe; Kapselfrucht (selten 1samig, nüßchenartig); artenarme Familie

1a Landpflanze mit Grundrosette aus ganzrandigen, länglichen, oben klebrigen Blättern; Blüten weiß, gelbfleckig oder blau, grundständig, einzeln gestielt
Fettkraut, *Pinguicula* S. 191+195

1b Untergetauchte, freischwimmende oder verankerte Wasserpflanze mit vielzipflig zerteilten Blättern; an den Zipfeln eirundliche, 0,5–5 mm lange Fangbläschen; Blüten gelb, in Trauben (auf ± langen Stielen über das Wasser gehoben)
Wasserschlauch, *Utricularia* S. 195

115

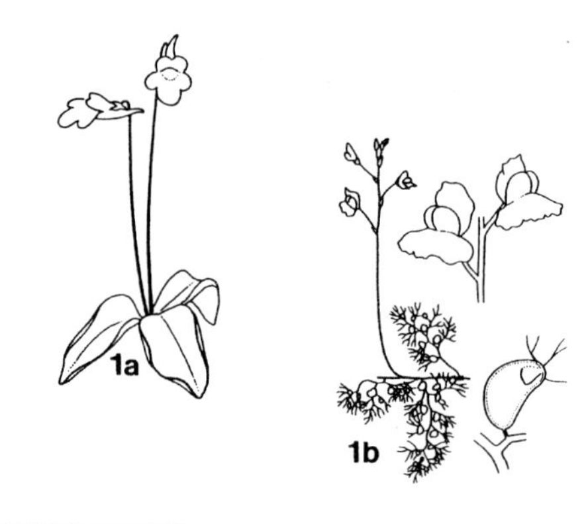

Ordnung Tannenwedelartige, *Hippuridales*

116. Familie Tannenwedelgewächse, *Hippuridaceae*

Wasser- oder Uferstauden mit quirlständigen, schmalen, ganzrandigen Blättern (Unterwasserblätter sehr schmal, pro Quirl meist in größerer Zahl als die etwas breiteren Luftblätter, nicht selten beide Modifikationen am selben Sproß). Blüten klein, unscheinbar, einfach (stets ohne Blütenblätter) oder nackt (auch der Kelch verkümmert), einzeln in den Blattachseln sitzend, ⚥; nur 1 Staubblatt; 1 unterständiger Fruchtknoten, kein Griffel, aber Narbe fädlich; nüßchenartige Steinfrucht. Die Familie umfaßt lediglich 1 Gattung mit praktisch einer einzigen (Sammel-)Art, doch die ist fast weltweit verbreitet
Tannenwedel, *Hippuris* S. 207

116

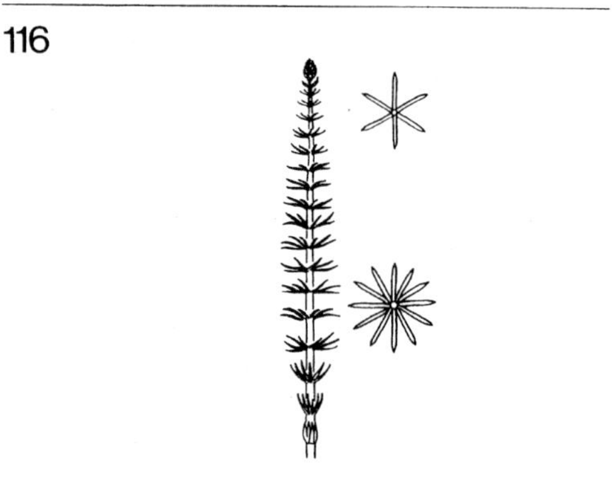

Ordnung Lippenblütlerartige, *Lamiales*

117. Familie Eisenkrautgewächse, *Verbenaceae*

Kraut- und (nicht einheimisch) Holzgewächse; Blätter oft gegen- oder quirlständig; Blüten doppelt, 4–5zählig, selten strahlig, meist ± zweilippig; end- und seitenständige Dolden, Rispen und Trauben(ähren); Staubblätter (2–)4, selten mehr; 1 oberständiger, 1griffliger Fruchtknoten. Stein- oder Kapselfrucht, letztere oft in Teilfrüchtchen zerfallend. Hauptareal der Familie in den wärmeren Zonen; bei uns nur 1 Art heimisch
Eisenkraut, *Verbena* S. 209

117

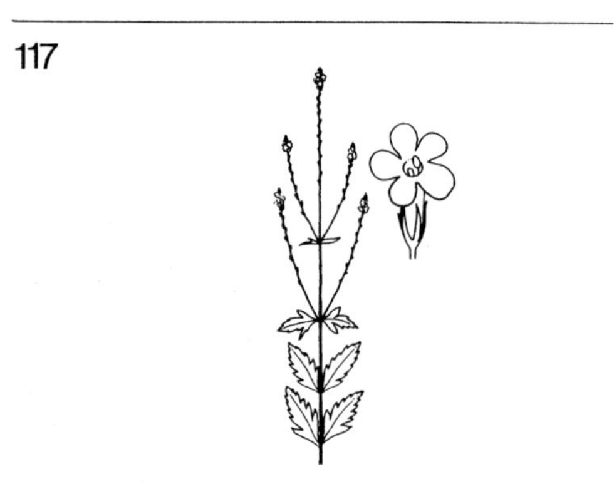

118. Familie Lippenblütengewächse, *Lamiaceae*

Kräuter, Stauden, Halbsträucher und Sträucher, oft sehr aromatisch riechend; Blätter meist kreuzgegenständig an 4kantigem Stengel, einfach, ganzrandig bis tief gelappt; Blüten doppelt, meist in etagenartig übereinander stehenden Scheinquirlen; Krone oft weit verwachsen, in

118

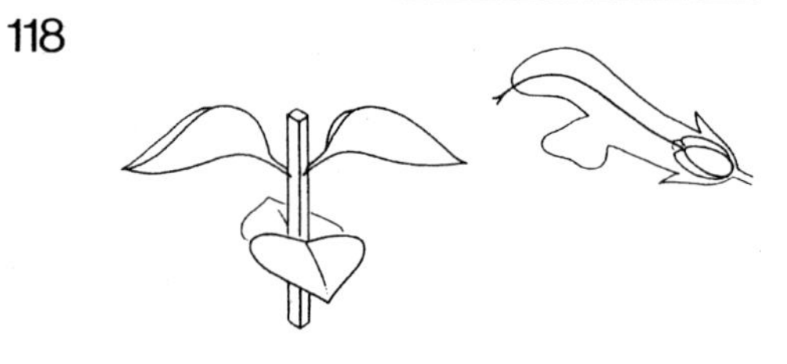

der Regel 2lippig, seltener nur mit Unterlippe, ganz selten ± 4–5strahlig. Üblicherweise 4 Staubblätter (oft 2 lange und 2 kurze), selten nur 2, sehr selten 5; 1 oberständiger Fruchtknoten, ± länglich, 4wulstig; 1 Griffel mit 2teiliger Narbe; Frucht in 4 Nüßchen zerfallend, selten (nicht bei uns) eine Steinfrucht. Viele Gewürz-, Tee- und Heilpflanzen. Bei uns über 35 Gattungen

Vorschlüssel

1a Blüten (klein) trichterig, 4zipflig, fast strahlig-symmetrisch: Zipfel wenig verschieden 2
1b Blüten deutlich 2seitig-symmetrisch, mit 3–5lappiger Unterlippe, Oberlippe fehlt oder zu 2 winzigen Zähnchen verkümmert 3
1c Blüten deutlich 2lippig: Oberlippe 1–2(–3)lappig, Unterlippe meist 3lappig 4
1d Blüten deutlich 2lippig: Oberlippe 4lappig, Unterlippe einfach, höchstens ringsum schwach gekerbt; Kelch (!) mit rundlicher, einfacher Ober- und 4zipfliger Unterlippe; Pflanze kahl; Blüten (gelblich)weiß bis rötlich, gut 1 cm lang.
Basilikum, *Ocimum basilicum* L. (s. S. 247, re. Spalte)
Einjähriges Würzkraut, derzeit häufiger angebaut, doch nur selten und unbeständig verwildernd

2a Blüten weiß, innen rot gepünktelt oder gefleckt; allseitswendige Büschel in den Achseln der Laubblätter; diese grob gezähnt bis fiederschnittig; Kelchzipfel starr, spitz – (nur 2 Staubbeutel)
Wolfstrapp, *Lycopus* S. 261
2b Blüten rötlich-lila; endständige, einseitswendige Ähren mit eiförmigen, dachig gestellten Tragblättern; Kelch mit 5 kurzen Zipfeln
Kamminze, *Elsholtzia* S. 273
2c Blüten blaßrötlich-weiß (nicht rot getüpfelt); 3–9 Blüten, jede mit 1 1blättrigem Kelch, bilden zusammen ein dichtes, ± kugeliges, grauhaariges Köpfchen; Gesamtblütenstand rispig, aus vielen geknäuelt-doldig zusammenstehenden Köpfchen. Alle Teile der Pflanze riechen stark aromatisch (nach Majoran)
Majoran, *Majorana* S. 263
2d Blüten rosa bis violett, selten weißlich (nie rot getüpfelt); dichte, blattachselständige Quirle oder endständige Ähren; Kelch trichterig-röhrig, mit 5, oft etwas verschieden langen, aufrechten Zipfeln; Pflanze mit Pfefferminzgeruch
Minze, *Mentha* S. 267–273
2e Blüten hell purpurviolett, selten weiß (dann nicht rot getüpfelt) in trugdoldigen Rispen; Kelch mit 5 kurzen Zähnen; Blätter breit-eiförmig, zerrieben aromatisch duftend (± Minze/Oreganogeruch)
Dost, *Origanum* S. 263
2f Blüten hell- bis dunkelpurpurn, selten weiß (dann nicht rot getüpfelt); blattachselständige Quirle in endständige Ähren übergehend; Kelch deutlich 2lippig (oben 3 kurze Zähne, unten 2 lange Zipfel); Blätter kaum 1 cm lang, ganzrandig, sehr stark herb aromatisch duftend (± deutlicher Thymian- (=Quendel-)geruch)
Thymian, *Thymus* S. 263+267

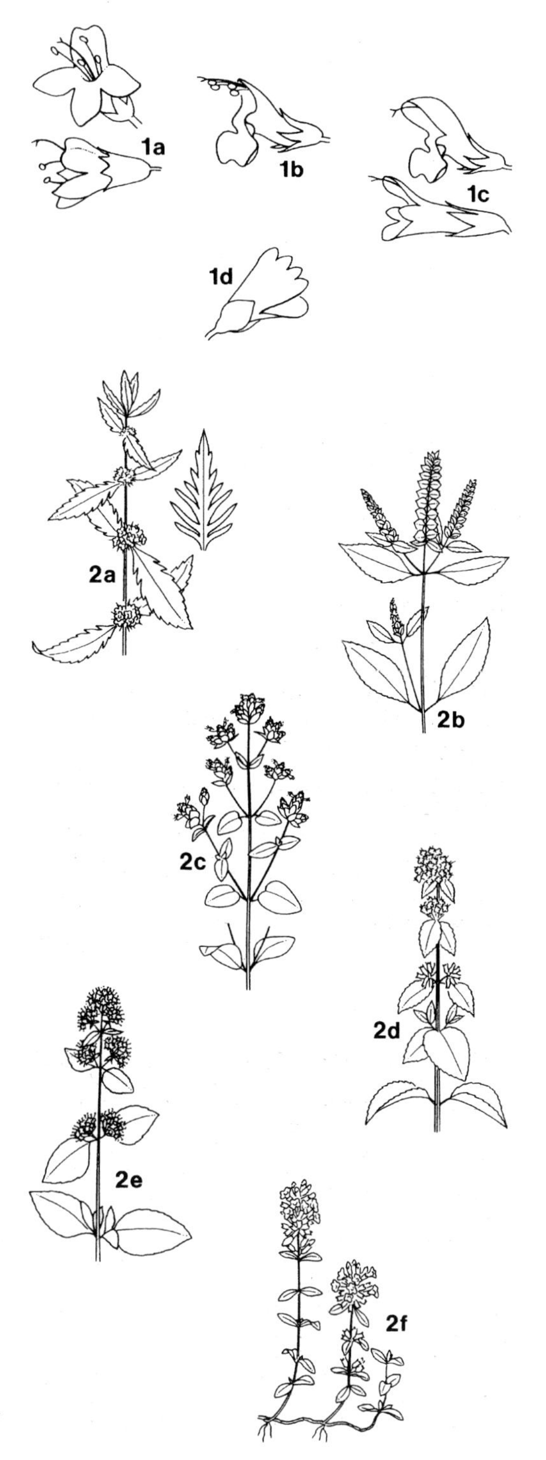

3a Unterlippe 3lappig, der breite Mittellappen oft herzförmig gerandet; Oberlippe durch 2 (kurze) Zähnchen angedeutet; Kronröhre mit Haarring
Günsel, *Ajuga* S. 227
3b Unterlippe 5lappig (Oberlippe gespalten, der 3lappigen Unterlippe aufliegend)
Gamander, *Teucrium* S. 221+225

4a Sträucher, Kleinsträucher, Kriechsträucher: Unterbau aus holzigen Stengelteilen **5**
4b Kräuter und Stauden (höchstens der Hauptsproß am Grund 1-2 cm weit verholzt) **6**

5a Blüten 17-30 mm lang, hellviolett; Laubblätter derb, gestielt, länglich-elliptisch - (unter der vorgestreckten Oberlippe nur 2 Staubbeutel)
Salbei, *Salvia* S. 249
5b Blüten 3-6 mm lang, hell bis dunkel purpurn (selten weiß), die oberen kopfig gehäuft - (Kelch 2lippig: oben 3zähnig, unten schmal 2zipflig)
Thymian, *Thymus* S. 263+267
5c Blüten 7-14 mm lang, meist blau, mit 2lappiger Oberlippe und 2 überstehenden Staubblättern; gehäuft an Nebenästchen in den Achseln der am Rand eingerollten, derben, oben kahlen Blätter
Rosmarin, *Rosmarinus* S. 221
5d Blüten 7-14 mm lang, meist blau, mit 1kerbiger Oberlippe und 4 überstehenden Staubblättern; gebüschelt, in endständigen, beblätterten Trauben; Blätter meist flach, derb, porig, ± flaumig
Ysop, *Hyssopus* S. 261
5e Blüten 7-14 mm lang, meist blauviolett; Oberlippe 2lappig, Staubblätter (4) bedeckt; lang gestielte, endständige Scheinähren mit kleinen Tragblättchen; Blätter schmal, ± dicht graufilzig
Lavendel, *Lavandula* S. 221
5f Blüten 7-14 mm lang, weiß-lila-rosa; Oberlippe ± 1kerbig, Staubblätter (4) bedeckt; durchblätterte Rispe (end- und blattachselständige Trauben); Blätter schmal, kahl oder am Rand gewimpert
Bohnenkraut, *Satureja* S. 261

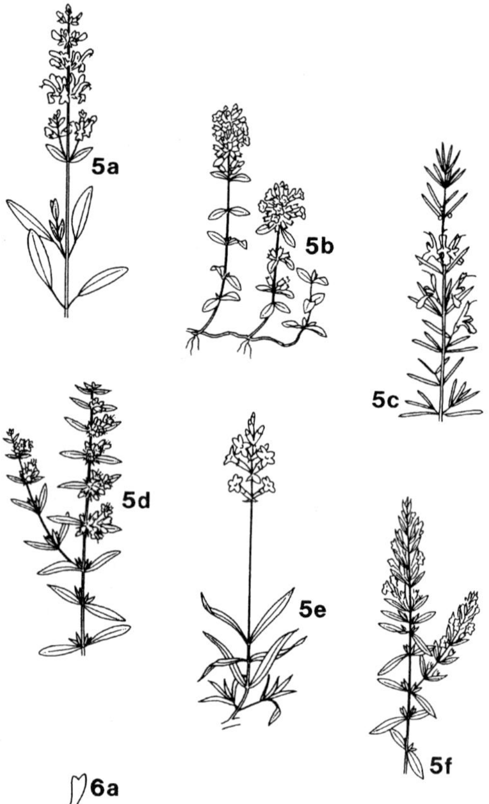

6a Oberlippe flach, gerade oder aufgereckt **7**
6b Oberlippe löffel- bis helmartig gewölbt **8**

7a Kelch glockig-trichterig mit 5 (oder 10), etwa gleichgroßen und gleichgestalteten Zähnen; sein Saum gerade bis wenig schief . . **Ll 1,** S. 23
7b Kelch deutlich 2lippig, mit 1-3 kurzen Zähnen und tief 2zipfliger Unterlippe . . . . . **Ll 2,** S. 23
7c Kelch (scheinbar) 1blättrig (=1lippig); Blüten weiß-blaßlila; je 3-9 Blüten bilden eines der vielen kugeligen, grauhaarigen Köpfchen
Majoran, *Majorana* S. 263

8a Kelch glockig-trichterig mit 5 etwa gleich großen, ± gleichartigen Zähnen . . . . . . **Ll 3,** S. 25
8b Kelch deutlich 2lippig mit 4 oder 5 ungleich großen Zipfeln . . . . **Ll 4,** S. 26
8c Kelch deutlich 2lippig, Lippen ungezähnt, Rükken der Oberlippe mit Höcker
Helmkraut, *Scutellaria* S. 219

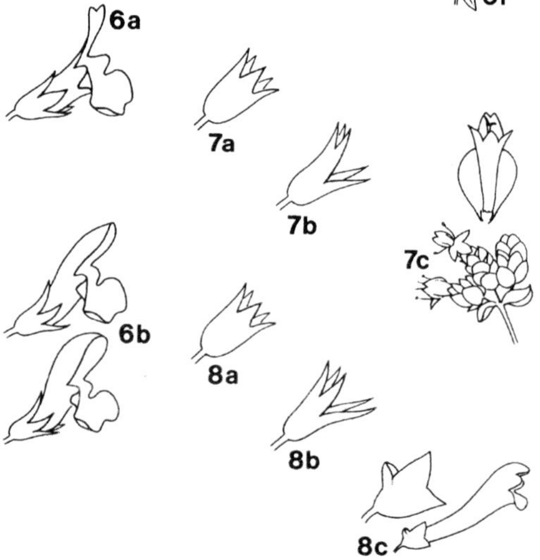

3a
3b
5a
5b
5c
5d
5e
5f
6a
6b
7a
7b
7c
8a
8b
8c

Ll 1 Lippenblütengewächs mit flacher Kronoberlippe und trichterig-glockigem 5-(oder 10-)zähnigem Kelch

1a Staubbeutel deutlich über die Oberlippe ragend . . 2
1b Staubbeutel unter der Oberlippe liegend 3
1c Staubbeutel reichen nur bis zum Röhrenschlund . 5

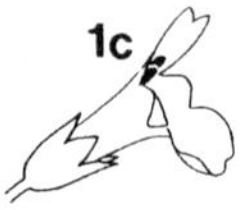

2a Blätter rundlich-eiförmig, die unteren gestielt; Blüten 4–7 mm lang, meist rotviolett, ± doldig gebüschelt in rispigem Gesamtblütenstand
Dost, *Origanum* S. 263
2b Blätter lineal-lanzettlich; Blüten um 1 cm lang, meist blauviolett, viele blattachselständige Quirle bilden eine endständige (Schein-)Ähre
Ysop, *Hyssopus* S. 261

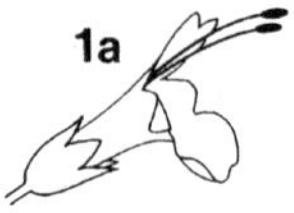

3a Blätter lineal(-lanzettlich), ganzrandig
Bohnenkraut, *Satureja* S. 261
3b Blätter rundlich-nierenförmig, am Rand gekerbt; Pflanze weit kriechend bis aufsteigend
Gundelrebe, *Glechoma* S. 213
3c Blätter breit-eiförmig bis zungenförmig (am Grund zuweilen herzförmig), oft gekerbt; Pflanze aufsteigend-aufrecht 4
3d Blätter grob gezähnt, zumindest die unteren ± schmalzipflig hand- bis fiederlappig
Herzgespann, *Leonurus* S. 231

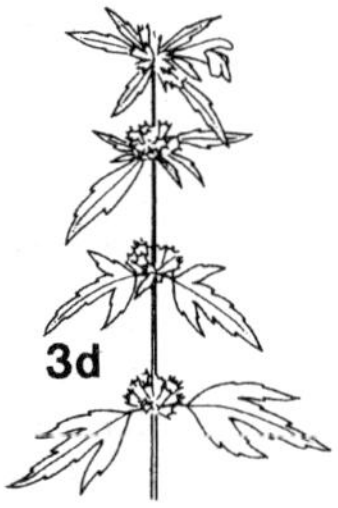

4a Zumindest untere Blütenquirle (deutlich) kurz gestielt; Blütenstand ährig-rispig; Unterlippe der Blüte länger oder breiter als die Oberlippe
Katzenminze, *Nepeta* S. 215
4b Zumindest untere Blütenquirle (deutlich) kurz gestielt; Blüten in blattachselständigen Quirlen, ihre Unterlippe kaum größer als die Oberlippe
Schwarznessel, *Ballota* S. 231
4c Alle Blütenquirle ± sitzend, kaum gestielt
Ziest (2 Gattungen) S. 243–249
Stachys; Stengelblätter überwiegen S. 243–249
Betonica; Grundblätter überwiegen S. 243

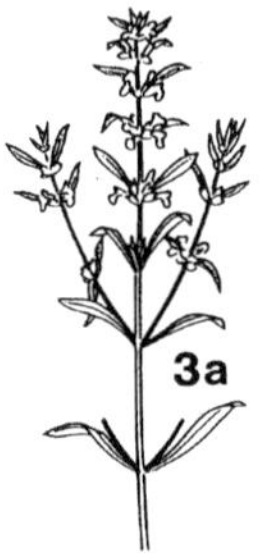

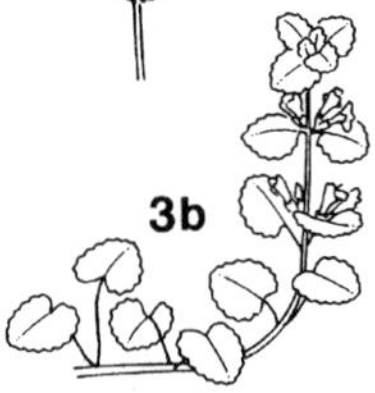

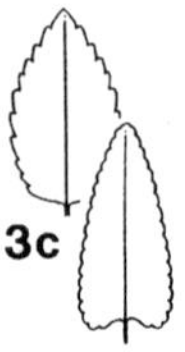

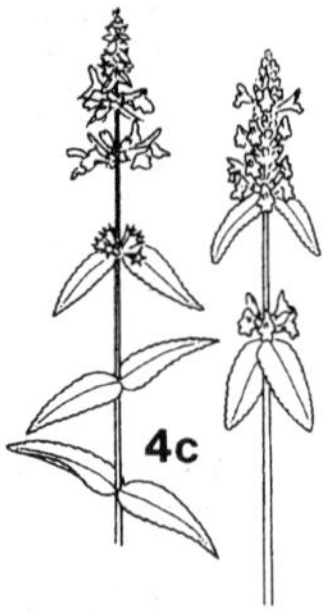

5a Blätter lineal-lanzettlich, ganzrandig; Blüten meist blaßlila (selten weiß)
Bohnenkraut, *Satureja* S. 261
5b Blätter eiförmig, grob gezähnt bis tief gelappt; Blüten meist rosa (selten weiß oder rot)
Herzgespann, *Leonurus* S. 231
5c Blätter eiförmig, flach kerbzähnig, oft runzelig, Blüten weißlich (zuweilen schmutzigweiß)
Andorn, *Marrubium* S. 215
5d Blätter (Tragblättchen) spatelig-elliptisch, (durch austretende Nerven) dornig gezähnt; Blüten gelb, kaum länger als der Kelch
Gliedkraut, *Sideritis* S. 221

Ll 2 Lippenblütengewächs mit flacher Kronoberlippe und deutlich 2lippigem Kelch

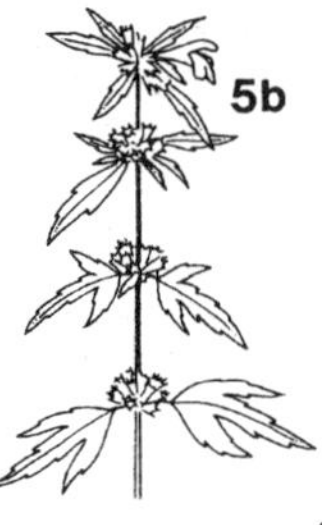

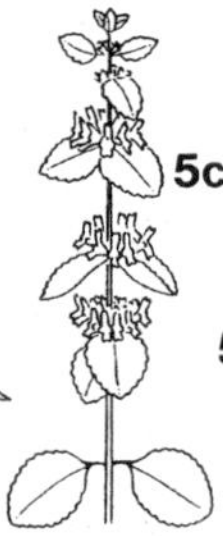

1a Krone klein, 3–7, höchstens 10 mm lang, dann aber weiß oder kaum länger als die Kelchzähne 2
1b, 1c →

1a 1b 1c 2a 2b 3a 3b 3c 3d 4a 4b 4c 5a 5b 5c 5d 1a

1b Krone um 10-30 mm lang, wenn etwas kürzer (8-9 mm), den Kelch weit überragend; die 4 Staubbeutel unter der Oberlippe oder überstehend 4

1c Krone 10-30 mm lang, den Kelch weit überragend; nur 2 (lange, oft in der Mitte quer eingeschnürte) Staubbeutel, von der Oberlippe bedeckt
Salbei, *Salvia* S. 251+255

2a Zumindest die unteren Stengelblätter tief 3-7zipflig, gestielt; Blüten meist hellpurpurn
Herzgespann, *Leonurus* S. 231

2b Stengelblätter spatelig bis elliptisch, wenig gestielt, am Rand bedornte Zähnchen; Blüten gelb
Gliedkraut, *Sideritis* S. 221

2c Stengelblätter gestielt, eiförmig, grob gekerbt-gezähnt, nicht bedornt; Blüten weiß 3

2d Stengelblätter schmal-lineal, ganzrandig, 1-4 cm lang, die achselständigen Blüten weit überragend
Bohnenkraut, *Satureja* S. 261

2e Vgl.: Stengelblätter sehr kurz, 0,5-2 cm lang, rundlich-schmalelliptisch, unterseits mit vortretenden Seitennerven; endständig-ährige Trauben; obere Tragblätter kaum so lang wie ihre Blüten
Thymian, *Thymus* S. 263+267

3a Oberlippe rundlich, gestutzt; Blätter ringsum grob gezähnt, mit deutlichem Zitronenduft
Melisse, *Melissa* S. 249

3b Oberlippe tief 2lappig, langgestreckt; Blätter vorn gezähnt, zum Grund hin ganzrandig, weißfilzig, ohne besonderen Duft (± herb aromatisch)
Andorn, *Marrubium* S. 215

4a Blüten gut 1,5 cm lang, satt blauviolett, selten weiß; endständige, einseitswendige Scheinähre auf langem Schaft, mit sitzenden Trag- und Laubblättchen. Grundrosette aus breit-elliptischen, grob kerbzähnigen, gestielten Blättern
Drachenmaul, *Horminum* S. 249

4b Blüten 3-4 cm lang, oft rot-weiß-scheckig, seltener rein weiß oder rot; zu 1-3, einzeln kurz gestielt, in den Achseln gestielter, eiförmiger, ringsum gezähnter Stengelblätter; keine Grundblattrosette
Immenblatt, *Melittis* S. 213

4c Blüten um 1-2 cm lang (auch bis 4 cm: Südalpen- oder verwilderte Zierpflanze), hellrot, rosa, lila, selten weiß; zu 2-20, jede kurz gestielt, in wiederum gestielten, blattachselständigen Büscheln
Bergminze, *Calamintha* S. 255+257

4d Blüten 0,8-2 cm, ihre Stiele 1-6 mm lang; in den Blattachseln zu 2-20 gebüschelt; Büschel nicht deutlich sichtbar gestielt 5

5a Blätter mit Zitronenduft; Blüten weißlich; 3-6 je Blattachsel - ohne gemeinsamen Stiel; Kelchröhre fast ebenmäßig glockig
Melisse, *Melissa* S. 249

5b Blätter (±) mit Minzeduft; Blüten rosa, lila, violett, selten weiß; meist 3 (1-6) je Blattachsel - ohne gemeinsamen Stiel; Kelchröhre unten einseitig gebaucht, vorne eingeschnürt
Steinquendel, *Acinos* S. 257

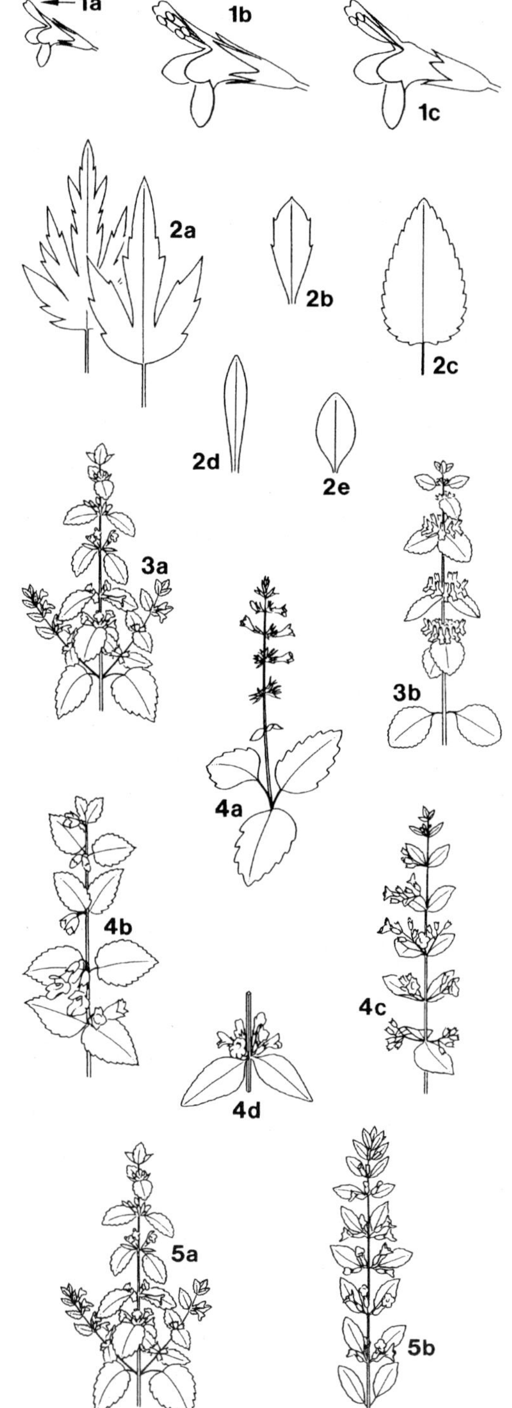

5c Blätter nur schwach minzeduftend; Blüten karminrot, selten weiß; zu 10–20 je Blattachsel, zwar auf kurzem, gemeinsamen Stielchen, doch mit den borstlichen Tragblättchen ein dichtes (undurchschaubares!) Polster bildend; Kelchröhre nur schwach gebogen
Wirbeldost, *Clinopodium* S. 257

LI 3 Lippenblütengewächs mit gewölbter Kronoberlippe und trichterig-glockigem, 5zähnigem Kelch

1a Krone nur 5–8 mm lang, kaum länger als die Kelchzipfel; untere Laubblätter oft tief gelappt
Herzgespann, *Leonurus* S. 231
1b Krone um 1–3 cm lang; 4 Staubblätter bis unter die Oberlippe reichend – ! zuweilen rein ♀ Blüten (ohne Staubblätter) zwischen den ⚥ 2
1c Krone 1–4 cm lang; 2 Staubblätter, bis unter die Oberlippe reichend (! auf Staubfäden achten: Staubbeutel oft lang und eingeschnürt: 2 vortäuschend)
Salbei, *Salvia* S. (249+)251+255
1d Krone 3–6 cm lang; wie die Hochblätter scharlachrot (bei selteneren Zuchtformen weiß oder lachsfarben); 2 Staubblätter, über die Oberlippe hinausragend
Monarde, *Monarda* S. 237

2a Unterlippe der Blüte breit 1lappig bis 1lappig-ausgerandet, ohne oder mit zu schmalen Spitzchen reduzierten Seitenlappen 3
2b Unterlippe der Blüte beidseits mit einem stumpfen, höchstens ± gewellten Seitenlappen 4
2c Unterlippe der Blüte beidseits mit 1 Seitenlappen, der gegen den Schlund zu einen aufgewölbten, (von unten) hohlen Höcker trägt
Hohlzahn, *Galeopsis* S. 237+239

3a Blüte gelb – öfters mit bräunlichen bis fast rotbraunen Flecken, Hauptfarbe jedoch stets gelb
Goldnessel, *Lamiastrum* S. 231
3b Blüte weiß oder rot (auch weiß/rot gefleckt oder bräunlich-purpurn) – nie lebhaft gelb, höchstens ins Schmutzigweiße bis blaß Rahmfarbene spielend (höchstens im Verblühen hellbraun)
Taubnessel, *Lamium* S. 233+237

4a Hauptmenge der Laubblätter grundständig; Blütentragblätter 3–7 cm lang; Blüten hellrot, außen weißfilzig. Sehr seltene (östliche) Pflanze
Brandkraut, *Phlomis* S. 213
4b Hauptmenge der Laubblätter grundständig, Blütentragblätter unter 2 cm lang; Blüten rot oder gelb (bis fast weißlich)
Ziest *(Betonica)* S. 243
4c Hauptmenge der Laubblätter stengelständig; Blütenquirle sitzend; Kelch glockig, mit 5–10 schwach ausgeprägten Nerven
Ziest *(Stachys)* S. 243–249
4d Hauptmenge der Laubblätter stengelständig; Blütenquirle deutlich gestielt; Kelch trichterig mit 10 (Nerven-)Rippen; Kelchzähne gekielt: halb zusammengefaltet mit scharfer Mittelrippe
Schwarznessel, *Ballota* S. 231

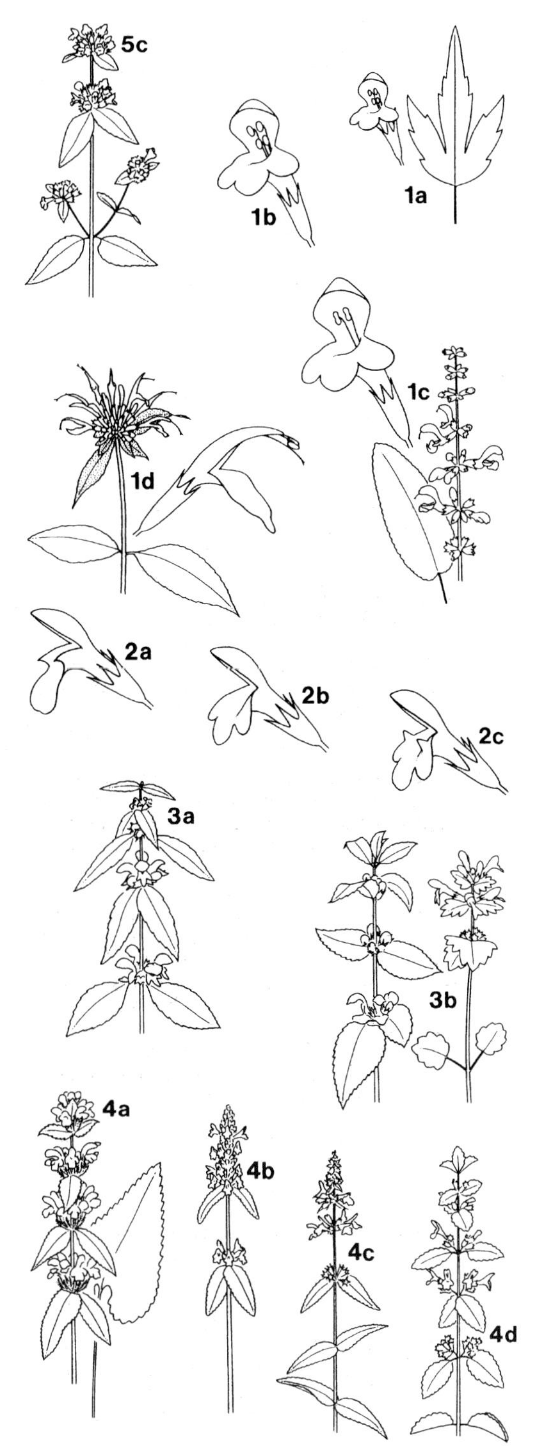

LI 4 Lippenblütengewächs mit gewölbter Kronoberlippe und deutlich 2lippigem Kelch

1a Blüten quirlig in den Achseln von Tragblättern (diese in Form und Größe von den Laubblättern deutlich verschieden); die Quirle zu endständigen (Schein-) Trauben oder Ähren gehäuft **2**

1b Je 3–6 Blüten in den Achseln gewöhnlicher Laubblätter um 1(-1,5) cm lang, weiß, blaßgelb, lila; Kelch trichterig, spitzzähnig; die Laubblätter mit deutlichem Zitronenduft (eventuell etwas reiben)
Melisse, *Melissa* S. 249

1c Je 1–3 Blüten in den Achseln gewöhnlicher Laubblätter, 2–4 cm lang, rosarot, selten weiß oder nur Unterlippe rot; Kelch bauchig, stumpfzähnig; Pflanze höchstens mit schwachem Duft nach Honig
Immenblatt, *Melittis* S. 213

2a Blätter lineal-lanzettlich oder in lineale Zipfel zerteilt; Blütenquirle dichtstehend, ährig gehäuft; 4 Staubbeutel unter der Oberlippe; Tragblätter der Blüten nur kleiner als die sonst sehr ähnlichen Laubblätter (fließender Übergang)
Drachenkopf, *Dracocephalum* S. 213

2b Blätter ei-elliptisch, ganzrandig bis fiederlappig, gestielt; Blütenquirle dichtstehend, ährig gehäuft; 4 Staubbeutel unter der Oberlippe; eigentliche Tragblätter der Blüten in der Form deutlich von den Laubblättern unter der Ähre verschieden
Braunelle, *Prunella* S. 209

2c Blätter ± eilänglich, am Grund zuweilen spieß- oder herzförmig gelappt, gestielt; Blütenquirle in lockeren, langen, oft verzweigten Traubenrispen; 2 Staubbeutel unter der Oberlippe (! auf die Staubfäden achten: Staubbeutel oft lang, quer geschnürt, 2 hintereinander stehende vortäuschend)
Salbei, *Salvia* S. 249–255

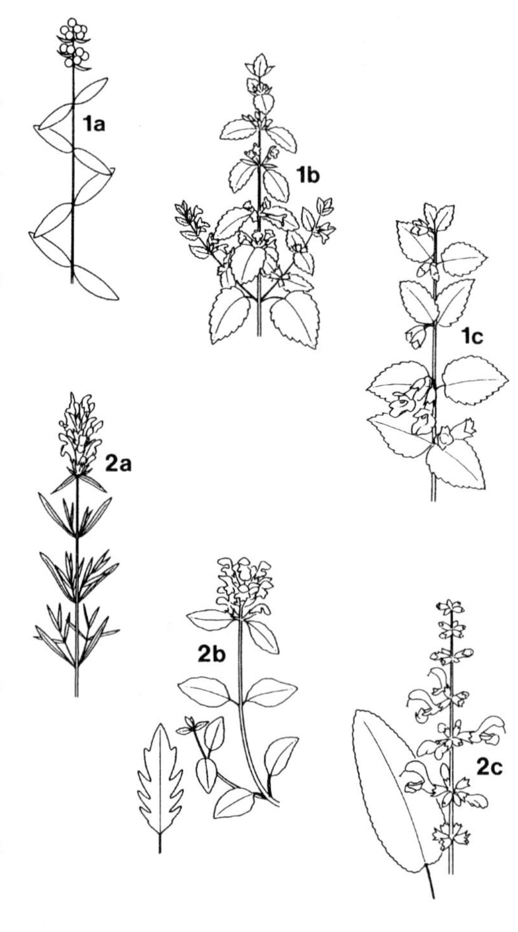

119. Familie Wassersterngewächse, *Callitrichaceae*

Krautige Wasser- und Sumpfpflanzen mit kleinen, einfachen, ganzrandigen, gegenständigen Blättern; Blüten klein, nackt, 1geschlechtig (1häusig), meist mit 2 winzigen Tragblättchen, blattachselständig; ♂ Blüten = 1 Staubblatt, ♀ = 2wulstiger Fruchtknoten, 2narbig; Frucht in 4 nüßchenartige Steinfrüchtchen zerfallend. Nur 1 Gattung (fast weltweit verbreitet); die systematische Stellung der Familie ist noch sehr unsicher
Wasserstern, *Callitriche* S. 207

119

Ordnung Glockenblumenartige, *Campanulales*

120. Familie Glockenblumengewächse, *Campanulaceae*

Kraut-, selten Holzgewächse (nicht bei uns); oft mit Milchsaft; Blätter meist wechsel-, selten gegenständig, einfach, ganzrandig bis gelappt; Blüten doppelt, verwachsen, meist 5zipflig, strahlig, seltener schwach 2seitig; einzeln, in Rispen, Trauben, Ähren oder Köpfchen; meist 5 Staubblätter; 1 unter-, selten halbunterständiger Fruchtknoten, 1 Griffel; Kapselfrucht

1a Blüten vor dem Aufgehen zu einer schmalen, geraden bis bogig gekrümmten Röhre verwachsen, dann von unten her in lineale Zipfel aufbrechend; in langen Ähren oder ± kugeligen Köpfchen **2**

1b Blüten mit eiförmigen, radförmig ausgebreiteten Zipfeln; Fruchtknoten stielartig, länger als die Krone **Frauenspiegel,** *Legousia* S. 291

1c Krone mindestens zur Hälfte trichterig bis bauchig-glockig verwachsen; über einem becher- bis kegelförmigen Fruchtknoten; dieser höchstens 1/4 so lang wie die Krone **3**

2a Blüten kurz gestielt, in hüllblattumgebenen Köpfchen; Narbe keulig; Staubbeutel röhrig verwachsen; Knospe ± geradröhrig; Pflanze meist behaart **Sandglöckchen,** *Jasione* S. 299

2b Blüten meist sitzend, in Ähren oder Köpfchen; 2–3 fädliche, umgebogene Narben, Staubblätter frei; Knospe gekrümmt, unten oft aufgeplustert; Pflanze kahl bis spärlich behaart: **Teufelskralle** (2 Gattungen) S. 293–299
Phyteuma; Blüten ungestielt, blau, violett oder (gelblich) weiß; mehrere Arten, teils alpin, teils allgemein verbreitet S. 293–299
Physoplexis; Blüten (± 2 cm lang), 2–5 mm lang gestielt, unten aufgeplustert, oben röhrig verwachsen bleibend, hell rötlich-lila bis dunkelviolett; nur in den Südostalpen um 1000–1700 m; eine Art: Schopfige Teufelskralle, *Physoplexis comosa;* s. S. 296, rechte Spalte

3a Blüten kaum 1 cm lang, hellblau mit dunklen Adern, einzeln, lang gestielt, am fädlichen, schlaff niederliegenden Stengel; Blätter rundlich, 5lappig **Moorglöckchen,** *Wahlenbergia* S. 291

3b Blüten über 1 cm lang, hell blauviolett, duftend; in Trauben am steif-aufrechten Stengel; der 3narbige Griffel ragt aus der Kronröhre (am Griffelgrund ein drüsiger Ringwulst); Kelchzipfel gesägt **Becherglocke,** *Adenophora* S. 291

3c Blüten über 1 cm lang; der Griffel überragt die Kronröhre nicht oder kaum (am Griffelgrund kein Ringwulst); Kelchzipfel höchstens feinst gezähnelt **Glockenblume,** *Campanula* S. 275–291
Artenreiche Gattung Grobeinteilung:

A Zwischen den Kelchzipfeln zurückgeschlagene, lappenartige Anhängsel oder/und Kronzipfel innen (!) bärtig behaart S. 275+279
- keine Anhängsel in den Kelchzipfelbuchten, Krone innen kahl oder nur schütter behaart und:
B Blüten ungestielt, in endständigen Köpfchen oder (± kolbigen) Ähren S. 275+279
C Blüten einzeln, endständig, an langen (beblätterten) Stielen S. 281+285+291
D Blüten gestielt, in Trauben oder Rispen; zumindest mittlere Stengelblätter:
D1 schmal-lanzettlich, ganzrandig S. 279–285
D2 breit ei-lanzettlich, ganzrandig oder gezähnt bis gesägt S. 281–287

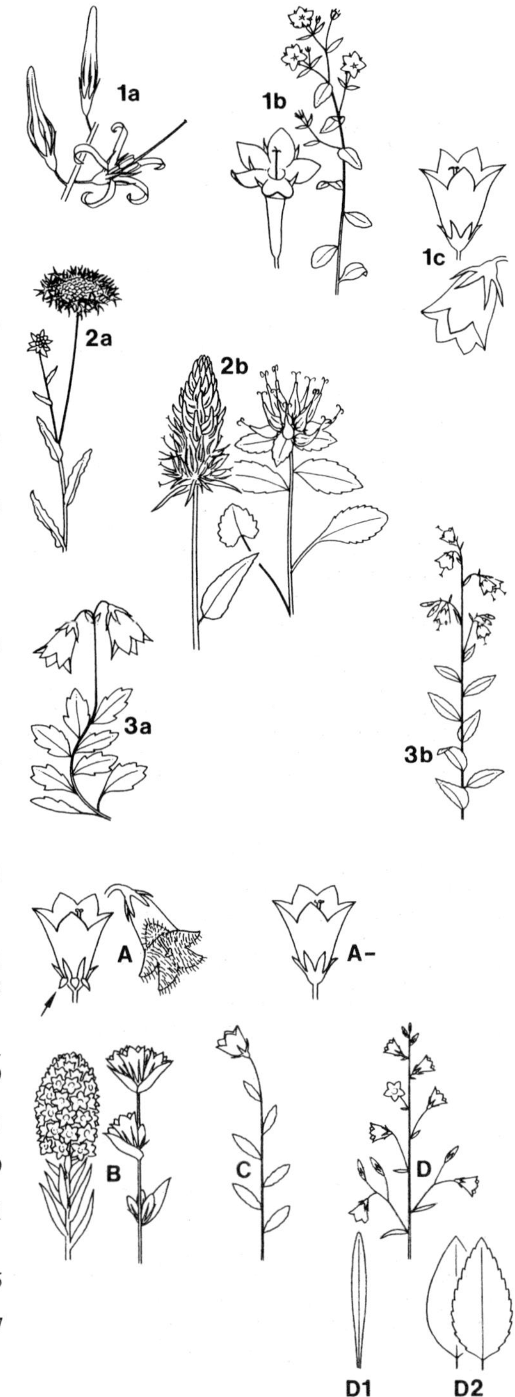

121. Familie Lobeliengewächse, *Lobeliaceae*
Kraut- und Holzgewächse mit Milchsaft; Blätter wechselständig, einfach, oft ganzrandig; Blüten doppelt, 2seitig, ± deutlich 2lippig, 5lappig, Kronröhre mit tiefem Rückenschlitz; meist in Trauben; 5 Staubblätter, Staubbeutel stets, Staubfäden oft röhrig verwachsen; 1 unterständiger, 1griffliger Fruchtknoten; Kapselfrucht, selten (nicht bei uns) Beere; in Mitteleuropa nur 1 einheimische Art (mehrere fremde als Zierpflanzen eingeführt)
Lobelie, *Lobelia* S. 299+303
! Zu achten wäre auf die Land-Lobelie, *Lobelia urens* L.; westeuropäische Art, bis Belgien vorgedrungen; wächst auf sauren, grasigen Heiden; Stengel kantig, bis 60 cm hoch; Blüten blauviolett, 1-1,5 cm lang, in lockeren Trauben; Blätter dunkelgrün, glänzend, ei- bis löffelförmig, unregelmäßig gezähnt bis gesägt, obere schmal

Ordnung Korbblütlerartige, *Asterales*

122. Familie Korbblütengewächse, *Asteraceae*
Krautpflanzen, selten (nicht bei uns) Sträucher und Bäume; mit oder ohne Milchsaft; Blätter meist wechselständig, oft einfach, ganzrandig bis tief zerteilt, seltener zusammengesetzt. Blüten klein, einfach oder (oft) doppelt (Kelch aus unscheinbaren Schuppenblättchen oder als Haarreihe), meist ⚥, selten 1geschlechtig; öfters ein Teil steril („Schauapparat"); Form zungenförmig, 2seitig = Zungenblüten, oder (oft5-)strahlig, röhrig = Röhrenblüten, selten dünn-fädlich = Fadenblüten. Fruchtknoten unterständig, 1 Griffel mit 2spaltiger Narbe; 5 Staubblätter, deren Staubbeutel röhrig verwachsen sind. Familientypisch ist der Blütenstand: Körbchen aus mehreren bis vielen kelchartigen Tragblättern, die zahlreiche (äußerst selten 1, selten nur 3-10) gedrängt stehende Blüten umgeben; diese entweder alle röhrig (bis fädlich), alle zungenförmig oder die röhrigen Blüten von einem Kranz zungenförmiger umgeben. Die Einzelblüten mit oder ohne Tragblatt, das (oft häutig) dem Körbchenboden als „Spreublatt" ansitzt; Nüßchen (Achänen), oft mit anhaftenden Kelchhaaren (Flughilfe); viele Heil- und Öl-, mehrere Gewürz-, Nahrungs- und sonstige Nutzpflanzen, sehr viele Zierpflanzen; artenreichste Familie der Blütenpflanzen (je nach Auslegung 15000-25000 Arten); bei uns mindestens 90, z. T. sehr große Gattungen

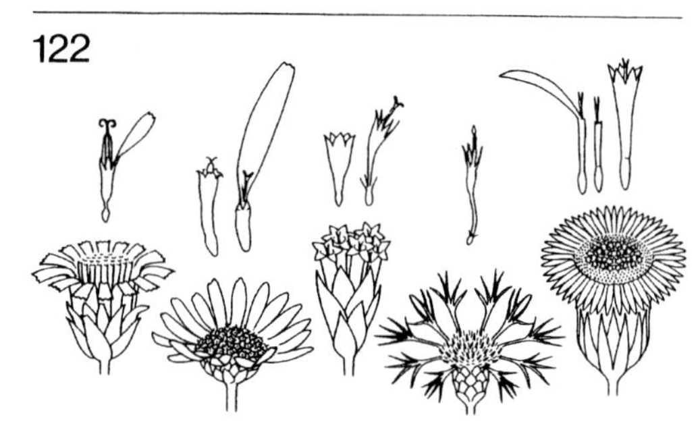

Blüten und Körbchen

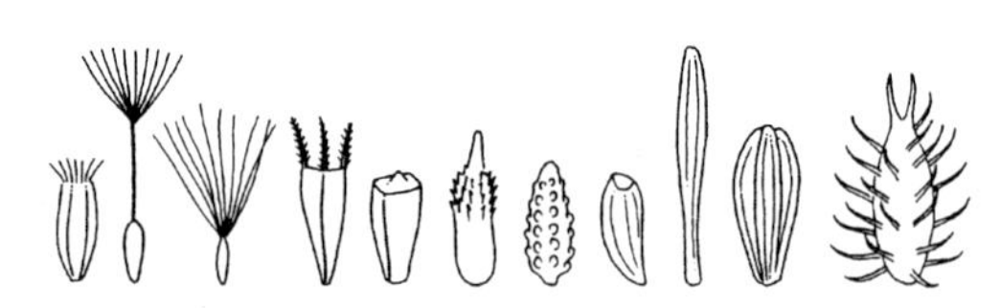
Nüßchen (Achänen)

Vorschlüssel

1a Laubblätter alle grundständig (zur Blüte zuweilen noch nicht entfaltet), am Stengel höchstens ungestielte Schuppen; manchmal auch kein Stengel vorhanden: Körbchen sitzen der Grundblattrosette unmittelbar auf . . . . **KO 1**, S. 29
1b Laubblätter am Stengel gegen- oder quirlständig, zumindest 1 Paar vorhanden (! gelegentlich zum Blütenstand hin ± wechselständige Blätter) 2
1c Laubblätter am Stengel wechselständig, zumindest 1 (gut ausgebildetes) vorhanden 3

2a Im Körbchen nur Röhrenblüten (randständige zuweilen zum „Schauapparat" vergrößert, doch deutlich 5zipflig) . . . . **KO 2**, S. 32

Vorschlüssel:

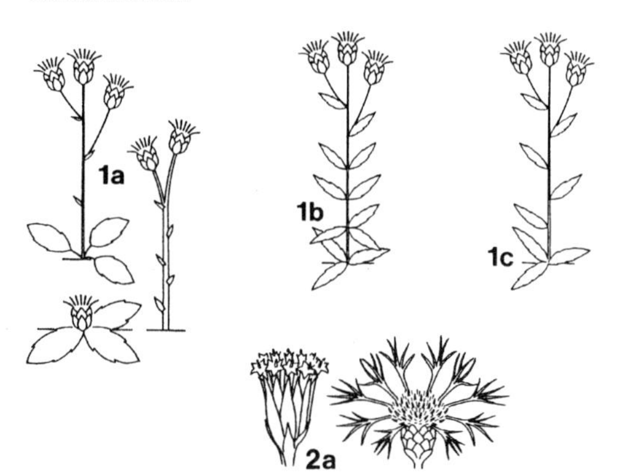

2b Im Körbchen 1zipflige, höchstens vorn gezähnelte Zungenblüten - Röhrenblüten im Zentrum oder völlig fehlend . . . . **KO 3**, S. 33

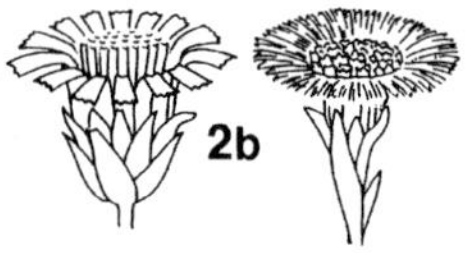

3a Laubblätter völlig ganzrandig 4
3b Laubblätter am Rand mit stechenden Dornen oder starren Borsten besetzt . . . . **KO 4**, S. 35
3c Laubblätter am Rand gekerbt bis tief geteilt, doch nicht stachelig 5

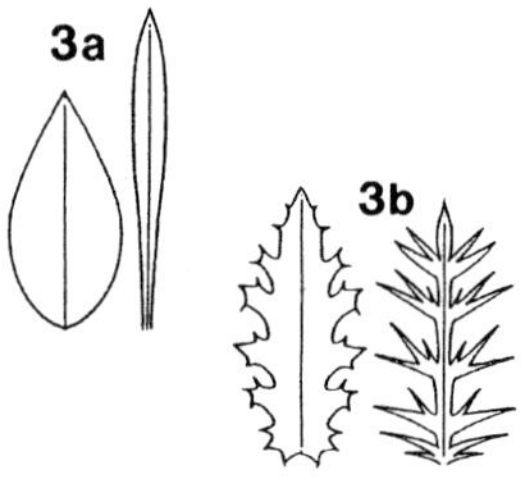

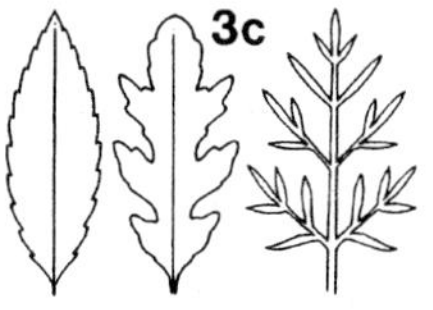

4a Körbchen meist klein, Hülle die Blüten fast ganz umschließend, so daß deren Form nicht eindeutig feststellbar ist . . . . **KO 5**, S. 37
4b Alle Körbchenblüten deutlich röhrig, 3- bis vielzipflig (Randblüten oft vergrößert) . . . **KO 6**, S. 39
4c Alle Körbchenblüten zungenförmig-1zipflig (Zipfel vorn oft gezähnt) - ! noch nicht aufgeblühte (innere) zylindrisch-röhrig, aber oben verschlossen und bogig zu einem flach abgestutzten Kegel zusammengeneigt . . . . **KO 7**, S. 40
4d In der Körbchenmitte ein Polster (zur Blühzeit oben offener) Röhrenblüten; am Rand Zungenblüten (1- oder mehrreihig) . . . . **KO 8**, S. 43

5a Alle Körbchenblüten röhrig, mehrzipflig - hierher auch alle Pflanzen mit kleinen Körbchen, deren Blüten nicht klar zuordenbar sind 6
5b Körbchen mit Röhrenblüten, von einem Kranz 1zipfliger Zungenblüten umstellt 7
5c Alle Körbchenblüten zungenförmig (manchmal innere noch geschlossen (!), ± zylindrisch, bogig zusammenneigend) . . . . **KO 9**, S. 45

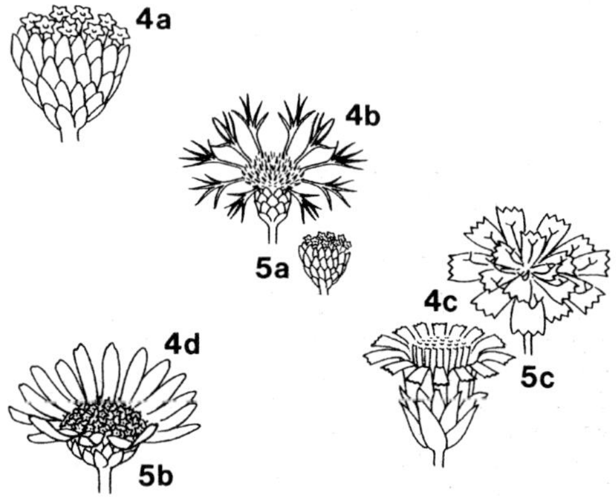

6a Blätter nur gekerbt bis gesägt . . . . **KO 10**, S. 48
6b (Untere) Blätter tief gelappt bis geteilt (die tiefsten Einschnitte reichen über die Mitte der jeweiligen Spreitenhälfte) . . . . **KO 11**, S. 50

7a Blätter nur gekerbt bis gesägt . . . . **KO 12**, S. 52
7b (Untere) Blätter tief gelappt bis geteilt (die tiefsten Einschnitte reichen über die Mitte der jeweiligen Spreitenhälfte) . . . . **KO 13**, S. 55

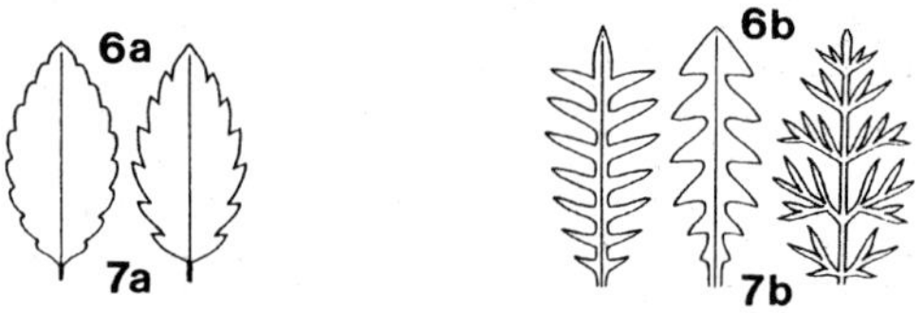

KO 1 Korbblütengewächs, am Stengel höchstens Blattschuppen (grün oder bleich) - oder Stengel fehlend

1a Körbchen (fast) ungestielt auf dorniger Grundblattrosette sitzend 2
1b Stengel vorhanden, meist mit nichtgrünen, oft großen Blattschuppen; Grundblätter zur Blüte nicht vorhanden (noch nicht entfaltet) 3
1c Stengel und Grundblätter vorhanden, selten zur Blüte (Sommer/Herbst) schon verwelkt 4

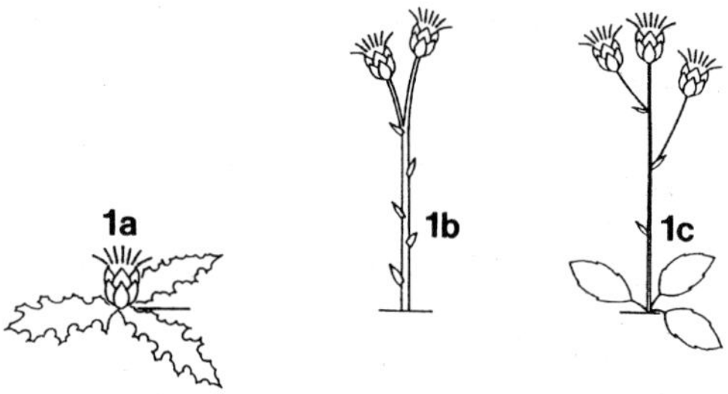

2a Körbchenhülle länglich, bauchig-krugförmig, 2–5 cm lang, von den meist lilaroten (selten weiß- bis matt-gelblichen) Röhrenblüten überragt
Kratzdistel, *Cirsium (acaule)* S. 435
2b Körbchenhülle flachschalig, 5–15 cm breit; innen ± silberweiß glänzend, länger als die blaßgelb bis -bräunlichen (selten rosafarbenen) Röhrenblüten
Eberwurz (Silberdistel), *Carlina* S. 417

3a Körbchen einzeln auf grundständigen Stielen; Randblüten zungenförmig, sattgelb (bis dottergelb) **Huflattich,** *Tussilago* S. 387
3b Körbchen in ährigen oder rispigen Trauben; schmal, nur mit blaßgelben, weißlichen oder rötlichen Röhrenblüten (oft alle 5zipflig) **Pestwurz,** *Petasites* S. 389
3c Vgl.: Körbchen in (Dolden-)Rispen, Randblüten zungenförmig, hellgelb; Stengel klebrig-drüsig **Greiskraut,** *Senecio (congestus)* S. 399

4a Blüten hellrot bis schmutzig-violett, röhrig-5zipflig (! randliche, von den Hüllblättern verdeckt, nur mit 1 fädlichen Zipfel); Grundblätter rundlich-nierenförmig, lang gestielt **Alpenlattich,** *Homogyne* S. 387
4b Gelbe (bis schmutziggelbe) Röhrenblüten von weißen oder rötlichen Zungenblüten umgeben **5**
4c Zungen- und Röhrenblüten ± gleichfarbig (gelbbräunlich-rötlich) **Greiskraut,** *Senecio* (Sonderformen) s. S. 57, 7b
4d Körbchen nur mit Zungenblüten; alle gleichfarbig gelb, seltener orange oder rot (wenn rot, meist mehrere Körbchen am Stengel) **6**
4e Vgl.: Körbchen nur mit Zungenblüten, diese weiß bis purpurn; Pflanze stets ohne Milchsaft; Körbchen auf blattlosem Stiel, einzeln grundständig; sehr selten verwilderte Zierformen von: **Gänseblümchen,** *Bellis* S. 311

5a Blätter tief fiedrig gezähnt **Wucherblume,** *Tanacetum (alpinum)* S. 371
5b Blätter ganzrandig oder entfernt flachzähnig, verkehrt eiförmig-spatelig, in einen kurzen, geflügelten Stiel zusammengezogen; häufige Pflanze; - Früchtchen ohne Flughaare **Gänseblümchen,** *Bellis* S. 311
5c Blätter ganzrandig oder (meist) mit einigen kurzen Zähnen, eiförmig-elliptisch, mit längerem, rundlichem Stiel; nur in den Alpen und im weiteren Vorland (bis zum Jura); - Früchtchen mit einem Schopf aus Flughaaren **Alpen-Maßliebchen,** *Aster bellidiastrum* S. 311

6: Arten verschiedener Gattungen dieser Gruppe sind einander sehr ähnlich; sie können nur über die Früchtchen (Achänen) mit letzter Sicherheit unterschieden werden. Deren Merkmale, die oft auch schon am Fruchtknoten ausgebildet sind, werden bei den Nummern 7 und 8 in Klammern ( ) angeführt.
6a Körbchenhülle aus 1 Kreis ± aufrechter, nebeneinanderstehender Blättchen; meist außen (unten) eine 2. Reihe oft deutlich kleinerer oder (und) öfters locker abstehender bis zurückgeschlagener Blättchen **7**
6b Körbchenhülle von mehreren Kreisen sich dachziegelig deckender Blättchen gebildet; die von außen nach innen meist nur allmählich an Größe (Länge) zunehmen **8**

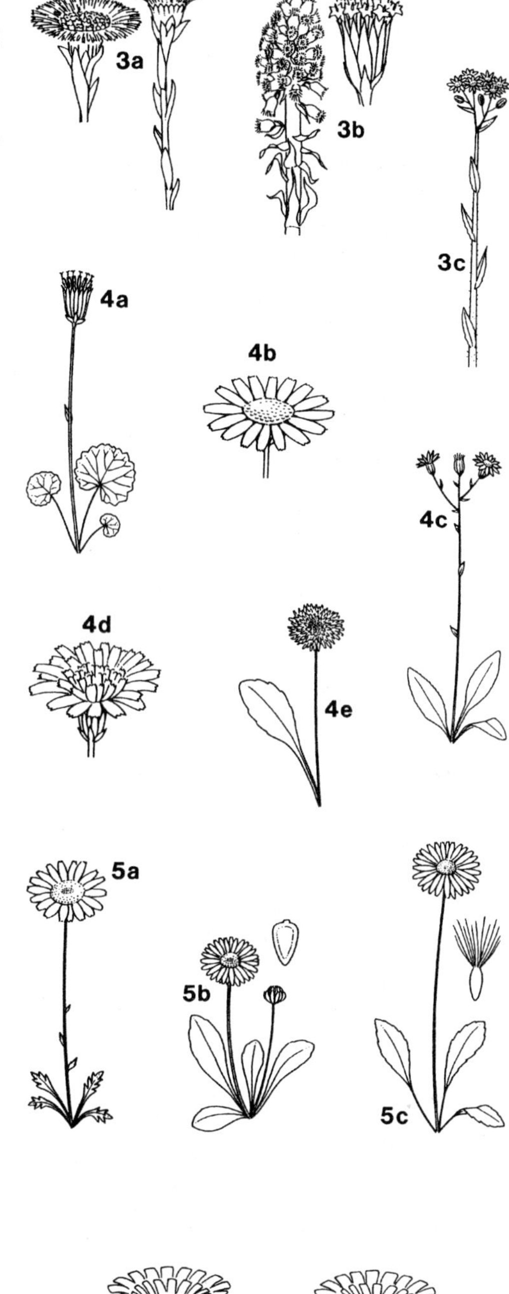

7a Stengel stets unverzweigt, ohne Blattschuppen, kahl bis lückig zartflaumig, röhrig hohl; Blätter ganzrandig bis (meist) schrotsägeförmig – (Frucht 3–7 mm lang, oben warzig, in einen langen Schnabel ausgezogen, der einen Schopf steifer, gezähnelter Flughaare trägt)
Löwenzahn, *Taraxacum* S. 471

7b Stengel stets unverzweigt, ohne Blattschuppen, völlig kahl (oben ± mehlig bestäubt), nicht röhrig; Blätter schrotsägeförmig-fiederschnittig – (Frucht bis 5 mm lang, abgeflacht, eilänglich, ± kurzflaumig, ohne Haarschopf)
Hainlattich, *Aposeris* S. 455

7c Stengel mit (0) 1–4 Zweigchen und höchstens Tragschuppen an den Abzweigungen, völlig kahl, unten rötlich, kompakt, oben lang keulig verdickt und hohl; Blätter meist spärlich stumpfzähnig – (Frucht um 1,5 mm lang, ± flach, gitternervig, ohne Haarschopf)
Lämmersalat, *Arnoseris* S. 455

7d Stengel mit (0) 1–4 Zweigchen und wenigen Schuppen(blättchen), unten kahl, oben schwarzborstig; Blätter gezähnt bis schwach gebuchtet – (Frucht – samt Spitze – 1–1,2 cm lang, eiförmig, oben abgestutzt (und kleinschuppig), mit aufgesetztem Schnabel, der einen Schopf glatter Flughaare trägt)
Kronenlattich, *Calycocorsus* S. 471

7e Stengel mit (0) 1–4 Zweigchen, unten ± kahl, oben grauflockig flaumig; Blätter blaugrün, lineal, stumpf, ganzrandig bis gezähnt – (Frucht 3–4 mm lang, ungeschnäbelt, mit einem Schopf glatter Flughaare)
Habichtskraut, *Hieracium* S. 513

7f Stengel reich gabelig verzweigt, kahl, bläulich bereift; Blätter ± lanzettlich, ganzrandig bis schwach gezähnt – (Frucht kaum 1 cm lang, oben gestutzt und kleinschuppig, mit aufgesetztem, dünnem Schnabel, der einen (langen) Schopf glatter Flughaare trägt)
Knorpellattich, *Chondrilla* S. 467

7g Stengel einfach bis reichverzweigt, unten flaumig-borstig – wenn kahl oder schwarz-zottig, Blüten rot – (Frucht 2–5 mm lang, nach oben ± verschmälert (undeutlich geschnäbelt), mit einem Schopf glatter Flughaare)
Pippau, *Crepis* s. S. 46/47, 7f

8a Stengel röhrig (± hohl), ohne Schuppen, stets unverzweigt; Blätter ganzrandig bis (oft) schrotsägeförmig – (Frucht ± spindelförmig, 3–7 mm lang, lang geschnäbelt, mit einem Schopf aus ± gezähnelten Flughaaren)
Löwenzahn, *Taraxacum* S. 471

8b Blätter schmal-lineal bis ei-lanzettlich (dann gestielt und fast parallelbogig fiedernervig), ganzrandig, lang zugespitzt, meist kahl – (Frucht 4–12 mm lang, walzlich, nach oben ± verschmälert, abgestutzt, mit einem Schopf aus gefiederten Flughaaren)
Schwarzwurzel, *Scorzonera* S. 465+467

8c–8g →

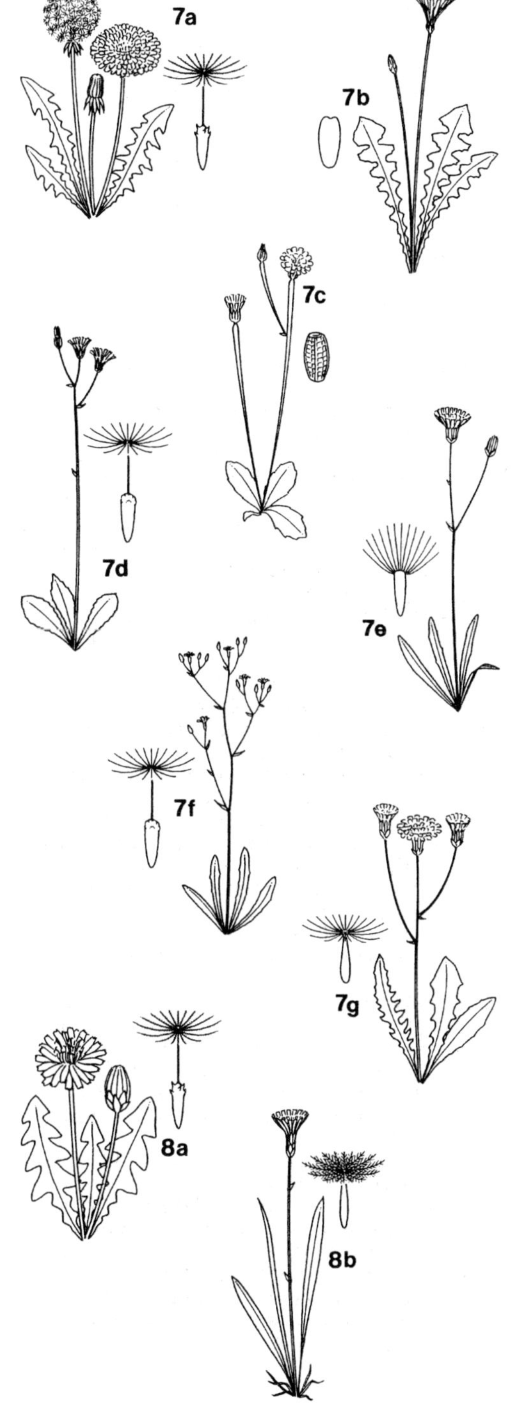

8c Blätter tief und breitbuchtig fiederschnittig, ihre Spindel (Mittelachse) kaum 4 mm breit - (Frucht 7–10 mm lang, schmalwalzlich, etwas gebogen, unten mit breiterem (andersfarbigem) Stielchen, oben gestutzt, mit einem Schopf aus gefiederten Flughaaren)
Stielsamenkraut, *Podospermum* S. 467

8d Pflanze mit Ausläufern oder dicht behaart und (oder) mit gestielten Köpfchendrüsen; Stengel einfach oder ± kurzgabelig verzweigt - (Frucht 1-6 mm lang, kurzwalzlich, oben gestutzt, mit einem Schopf aus glatten, ± schmutzigweißen, spröd-brüchigen Flughaaren)
Habichtskraut, *Hieracium* s. S. 41, 7e

8e Stengel einfach oder mit 2-3 langen Nebenästen, flaumig oder schwarzborstig, ohne Stieldrüsen; Blätter länglich, ganzrandig bis grob schrotsägezähnig - (Frucht 4–14 mm lang, walzlich, oben etwas verschmälert, mit einem Schopf aus glatten, reinweißen, elastisch-biegsamen Flughaaren)
Pippau, *Crepis* s. S. 46/47, 7f

8f Stengel einfach oder langgabelig verzweigt, kahl bis borstig; Blätter (± seicht) buchtig gezähnt - (Früchte 1-2 cm lang, zumindest die inneren mit langem, dünnen Schnabel; stets mit einem Schopf aus zumindest teilweise fiedrigen Flughaaren; jede Frucht in der Achsel eines schmal-lanzettlichen, zur Reife leicht abfallenden Tragblattes)
Ferkelkraut, *Hypochoeris* S. 453

8g Stengel kahl, weichhaarig oder durch Sternhaare rauh; meist einfach, wenn gegabelt, Blätter ± tief und breit gebuchtet, ihre Spindel (Mittelachse) über 5 mm breit - (Frucht 3–10 mm lang; walzlich, nach oben nicht oder nur wenig verjüngt, mit einem Schopf aus gefiederten Flughaaren; Blütenboden ohne Tragblätter = Spreublätter)
Löwenzahn, *Leontodon* S. 455+459

KO 2 Korbblütengewächs, Stengelblätter gegen- oder quirlständig; Körbchen nur mit Röhrenblüten

1a Blätter in sehr dicht stehenden (Schein-)Quirlen, stark fiedrig zerteilt; Körbchen ± eikugelig, klein
Beifuß, *Artemisia* S. 377–383

1b Blätter deutlich gegenständig, handförmig 3–5teilig; Körbchen trichterig-napfförmig (in Scheindolden), von den trüb rosaroten bis weißlichen (selten karminroten) Blüten deutlich überragt
Wasserdost, *Eupatorium* S. 303

1c Blätter deutlich gegenständig (im Blütenstand gelegentlich wechselständig), einfach; Körbchen kugelig-napfförmig, von den blauen, roten oder weißen Blütenkronen kaum überragt (! jedoch von den gleichfarbigen, länglich-keuligen Griffeln)
Leberbalsam, *Ageratum* S. 303

1d Blätter deutlich gegenständig (im Blütenstand gelegentlich wechselständig); Körbchen kugelig-napfförmig, von den grünlich- bis braungelben oder schmutzigweißen Blüten kaum überragt **2**

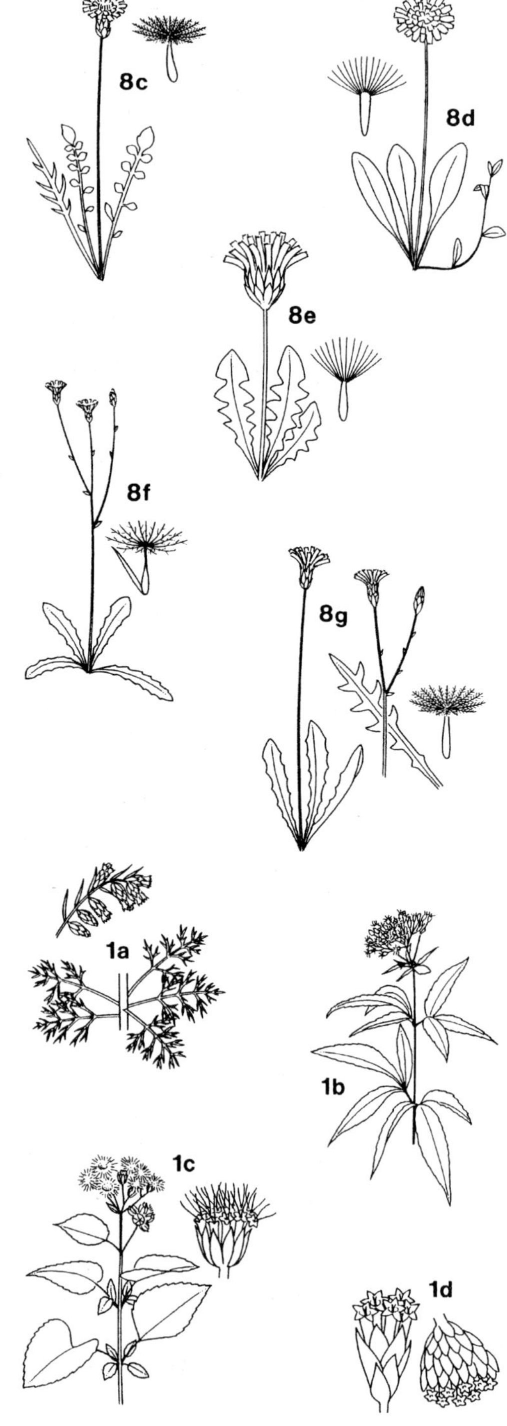

2a Körbchen kurzgestielt, ± nickend, in endständigen dichten (± ährigen) Trauben oder Rispen; Blätter (herz-)eiförmig, seicht gebuchtet bis gesägt
Rispenkraut, *Iva* S. 341

2b Körbchen kurz gestielt, ± nickend, in endständigen dichten (± ährigen) Trauben oder Rispen; Blätter tief 3–5lappig oder 1–3fach fiederteilig
Traubenkraut, *Ambrosia* S. 339+341

2c Körbchen oft sehr lang gestielt, ± aufrecht, locker gabelästig gestellt, um 1(–2) cm breit, meist mit einigen sehr langen Außenhüllblättern
Zweizahn, *Bidens* S. 353+357

2d Körbchen gestielt, ± aufrecht, gabelästig gestellt, um 0,5 cm breit, ohne auffällige Hüllblätter
Franzosenkraut, *Galinsoga* S. 357+359

KO 3 Korbblütengewächs, Stengelblätter gegen- oder quirlständig; Körbchen (auch) mit Zungenblüten

1a Zungenblüten (Randblüten) weiß, rot oder violett (selten blauviolett) **2**

1b Zungenblüten gelb bis gelbbraun (höchstens rötlich gestreift oder gepünktelt); Laubblätter einfach, ganzrandig **3**

1c Zungenblüten gelb bis gelbbraun (höchstens rötlich gestreift oder gepünktelt); Laubblätter einfach, gesägt bis gezähnt **4**

1d Zungenblüten gelb bis gelbbraun (höchstens rötlich gestreift oder gepünktelt); Laubblätter tief 3- oder fiederteilig bis gefiedert **5**

2a Laubblätter lang- und schmalzipflig 1–3fach fiederschnittig; Körbchen gestielt, 2–8 cm breit; wenigblättrige Außenhülle, die an der Knospe ± waagrecht absteht. Pflanze 1jährig, 0,5–3 m hoch
Kosmee, Schmuckkörbchen, *Cosmos* CAVAN
Heimat: südliche USA, Mittel- und Südamerika; bei uns Sorten von 2 Arten seit längerer Zeit häufig (gelbblühende Art seltener) in Gärten gesät; selten ortsnah und (bislang) stets unbeständig verwildert

2b Laubblätter breitlappig 1–2fach fiederschnittig; Körbchen (±) lang gestielt, 3–20 cm breit; wenigblättrige Außenhülle, an der Knospe meist zurückgeschlagen; Wurzelknollen-Staude, 0,5–2 m hoch
Dahlie (Georgine), *Dahlia* CAVAN
Heimat: Mittelamerika; seit 200 Jahren in Europa; beliebte Gartenpflanzen (viele Tausende von Sorten), doch nicht frosthart; darum bei uns kaum oder äußerst unbeständig verwildert

2c Laubblätter einfach, ± gesägt, zumindest die unteren gestielt; Körbchen nur um 5 mm breit
Franzosenkraut, *Galinsoga* S. 357+359

2d Laubblätter einfach, ± ganzrandig, sitzend bis kaum gestielt; Körbchen 2–15 cm breit, auf meist langem, kräftigen und wenig verzweigtem Hauptsproß (zum Körbchen keulig erweitert)
Zinnie, *Zinnia* L.
Heimat: Westliches (Mittel-)Amerika; 1jährige Kräuter; bei uns seit langem beliebte Zierpflanzen; in einigen Arten (und vielen Sorten) häufig in Gärten; doch nur selten und sehr unbeständig verwildert (wenig frostverträglich)

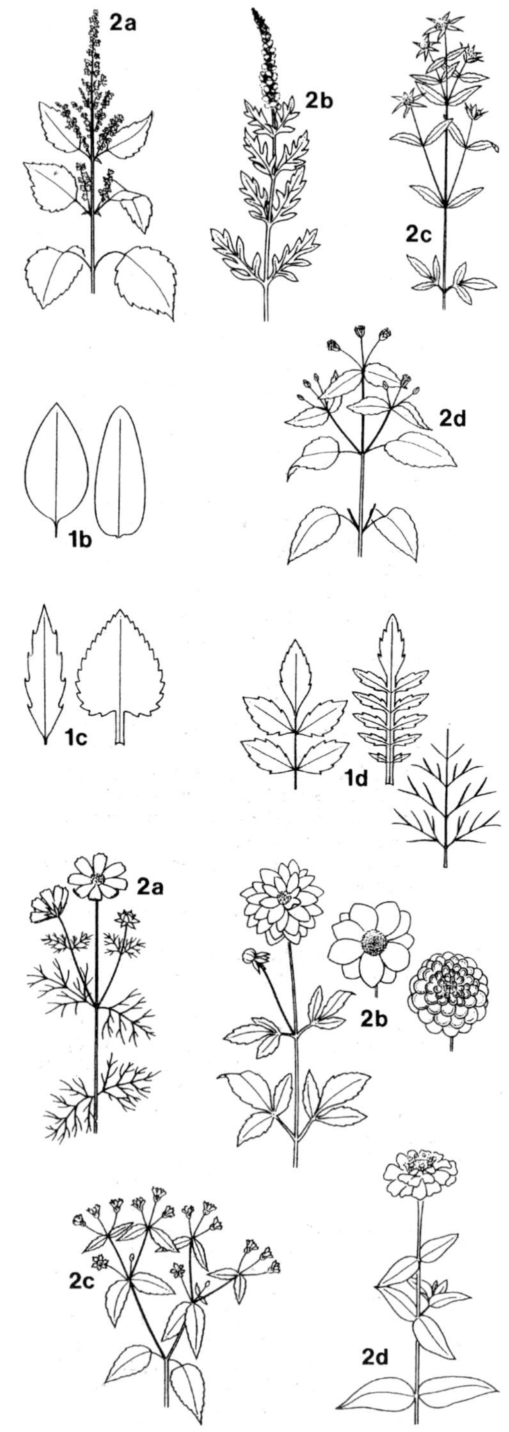

3a Mit Grundblattrosette; am Stengel nur 1-3 (sitzende) Blattpaare (selten 3teilige Quirle); Zungenblüten ± lineal - (Früchtchen mit Haarschopf)
Wohlverleih (Arnika), *Arnica* S. 395

3b Ohne Grundblattrosette; Stengelblätter sitzend; Zungenblüten ± verkehrt-eiförmig; Hüllblättchen vorn ± abgestutzt, oft häutig - (Früchtchen ohne Haarschopf, selten mit 1-2 Grannen, die äußeren mit ihrer Zungenblüte verwachsen)
Zinnie, s. S. 33, 2d

3c Ohne Grundblattrosette; Stengelblätter deutlich gestielt; Zungenblüten lang-lanzettlich; Hüllblättchen zugespitzt - (Früchtchen ohne Haarschopf)
Sonnenblume (u.a.), *Helianthus* S. 351+353

4a ± 5 abstehende, klebrig-drüsige Außenhüllblätter (länger als das klebrige Körbchen); Laubblätter 3eckig-eiförmig mit breit geflügeltem Stiel
Siegesbeckie, *Sigesbeckia* S. 345

4b Mehrere schmale Außenhüllblätter überragen das Körbchen; Laubblätter ei-lanzettlich, sitzend oder zu einem kurzen Stiel verschmälert
Zweizahn, *Bidens* S. 353+357

4c Außenhüllblätter eiförmig, groß, fast blattartig, doch kürzer als das Körbchen; Laubblätter länglich-eiförmig, halbstengelumfassend sitzend
Ramtillkraut, *Guizotia* S. 345

4d Außenhüllblätter wenig auffällig, ± ei-rundlich; obere Laubblätter am Grund gegenseitig verwachsen (bilden einen „Becher" um den 4kantigen Stengel)
Becherpflanze, *Silphium* S. 345

4e Außenhüllblätter wenig auffällig, schmal ei-lanzettlich, lang gespitzt; Laubblätter gestielt
Sonnenblume (u.a.), *Helianthus* S. 351+353

5a Hüllblätter des Körbchens 1reihig, zu einer ± kantig gefurchten Röhre verwachsen
Studentenblume, *Tagetes* S. 345

5b Hüllblätter des Körbchens 2reihig, die größten äußeren länger als das (blühende) Körbchen
Zweizahn, *Bidens* S. 353+357

5c Hüllblätter des Körbchens 2reihig, die äußeren breit-eiförmig bis spatelig, kurz, zurückgeschlagen; Laubblätter mit breiten Fiederlappen
Dahlie, s. S. 33, 2b

5d Hüllblätter des Körbchens 2reihig, die äußeren eiförmig, lang zugespitzt, ± waagrecht abstehend, wenig länger als die inneren. Laubblätter mit schmal-linealen Fiederzipfeln; Röhrenblüten gelb
Kosmee, Schmuckkörbchen, s. S. 33, 2a

5e Hüllblätter des Körbchens 2reihig, die äußeren schmal, klein, kaum halb so lang wie die inneren. Laubblätter mit schmal-linealen Fiederzipfeln; Röhrenblüten tief schwarz(-rot)
Mädchenauge, Schönauge, *Coreopsis* L.
Heimat: Nordamerika; bei uns viele Zierpflanzen; vor allem *C. tinctoria* NUTT., das Echte M., auf das die Schlüsselbeschreibung ausgerichtet ist. Obwohl das 1jährige Kraut bei uns immer häufiger in Gärten ausgesät wird, verwildert es nur selten und unbeständig (vor allem auf Schuttplätzen)

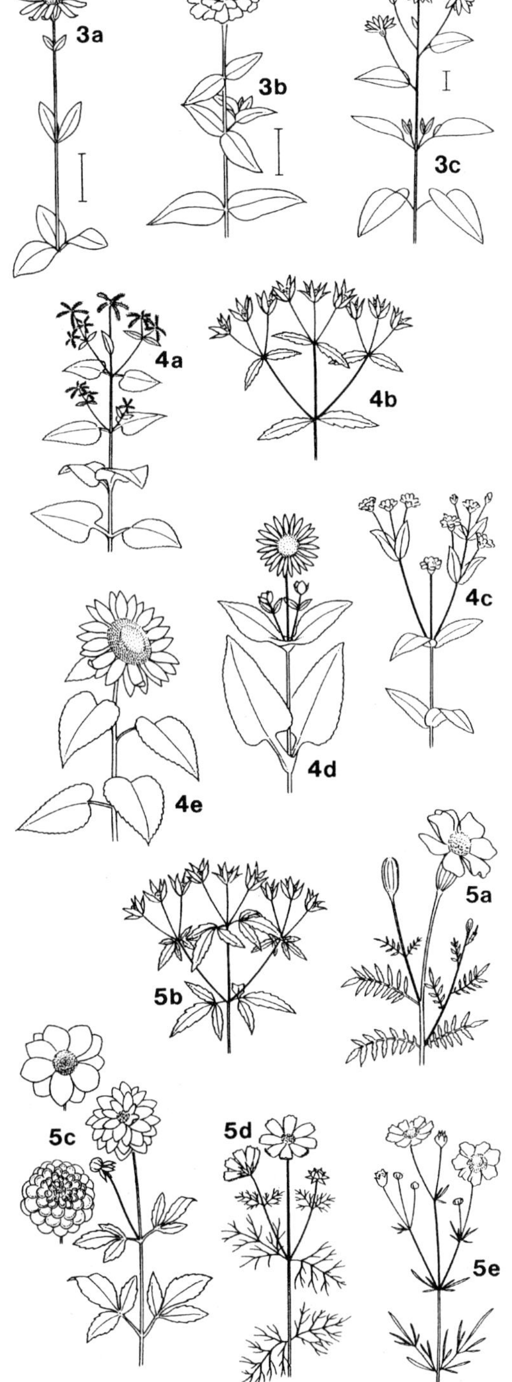

KO 4 Korbblütengewächs, Stengelblätter wechselständig, dornig oder stechend borstig

1a Blütenstand igelig-kugelig, „Körbchenhülle" scheinbar nur aus wenigen kleinen, schmalen oder fransig zerschlitzten, weit abstehenden Hüllblättchen, die von den kugelig-strahlig gestellten „Blüten" verdeckt sind (die „Blüten" sind jedoch 1blütige Körbchen, jedes mit schmaler, mehrreihiger Hülle)
Kugeldistel, *Echinops* S. 413

1b Pflanze mit 2 Sorten von (kleinen) Körbchen: oben mehrblütige, mit lockerer Hülle, ausgebreitet, meist einige geknäuelt (♂), unten 2blütige ♀ mit länglicher, meist fest verwachsener Stachelhülle
Spitzklette, *Xanthium* S. 347+351

1c Körbchen mit deutlicher, walzlich-krugförmiger Hülle, nur mit (gut sichtbaren) Zungenblüten (Pflanze führt meist reichlich Milchsaft) 2

1d Körbchen mit deutlicher, becher-schalenförmiger Hülle; die Hüllblätter sind innen braungolden bis silberweiß gefärbt (täuschen so Zungenblüten vor) und überragen das innere Polster aus (nur) Röhrenblüten
Eberwurz (Golddistel, Silberdistel), *Carlina* S. 417

1e Körbchen mit deutlicher, becher-krugförmiger Hülle, nur mit Röhrenblüten; Blüten länger als die Hülle; die randlichen oftmals vergrößert 6

2a Stengel kahl oder spärlich spinnwebflockig, oben zuweilen (klebrig) drüsenborstig 3

2b Stengel zumindest unten stachelborstig, Blätter der Körbchenhülle kahl oder flaumig 4

2c Stengel zumindest unten stachelborstig, Blätter der Körbchenhülle borstig-wimperig 5

3a Laubblätter nur auf der Unterseite der Mittelrippe bedornt (Blattrand eher stumpfborstig)
Lattich, *Lactuca* S. 479

3b Laubblätter am Rand oder auf der ganzen Spreitenfläche (meist oberseits) spitz bedornt
Gänsedistel, *Sonchus* S. 473

4a Stengelblätter breit, schrotsägig-fiedrig zerteilt
Lattich, *Lactuca* S. 477+479

4b Stengelblätter schmal-lineal
Knorpellattich, *Chondrilla* S. 467

5a Untere und mittlere Stengelblätter tief fiederlappig; alle Borsten einfach; Hüllblätter des Körbchens wenig verschieden, ± anliegend
Pippau, *Crepis* S. 491+495

5b Zumindest mittlere Stengelblätter höchstens seichtbuchtig gezähnt; Borsten oft spitz 2hakig; Äußere Hüllblätter des Körbchens oft abstehend (bis umgebogen) oder auffällig verbreitert
Bitterkraut, *Picris* S. 461

6a Innere Hüllblätter mit (± geknickt abstehendem) Fiederdorn; äußere Hüllblätter laubblattartig, fiederlappig, dornig gezähnt, wie die Laubblätter zottig-klebrig behaart; Blüten gelb bis orangegelb
Benediktenkraut, *Cnicus* s. S. 448, linke Spalte

6b–6d →

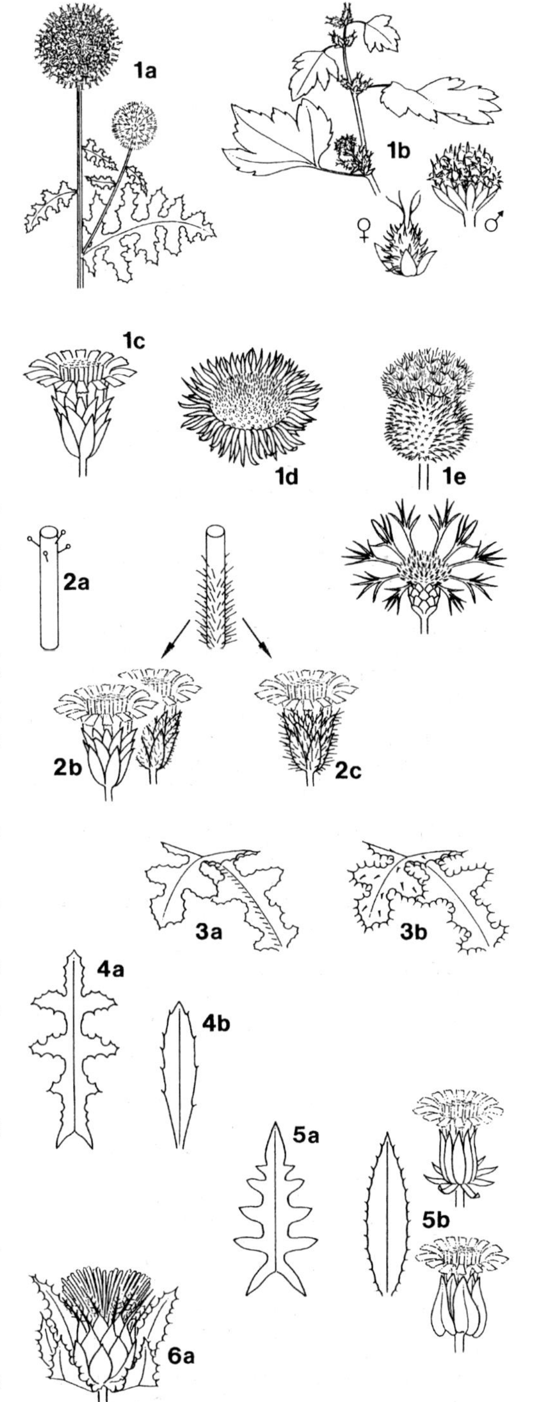

6b Dorn der Hüllblätter ± handförmig 3–5teilig (Mitteldorn viel größer als die andern); Laubblätter stets unbewehrt; Blüten gelb oder purpurn
Flockenblume, *Centaurea* S. 447+449

6c Innere Hüllblätter eiförmig, vorn verschmälert, dann gestutzt und mit aufgesetztem, ± 3eckigem, dornig gewimpertem Anhängsel, das in einen langen Enddorn ausläuft; Blätter grün und weiß marmoriert, glänzend, mit gelben Dornen; Blüten purpurrot (sehr selten rosa oder weiß)
Mariendistel, *Silybum* S. 437

6d (Innere) Hüllblätter unbedornt oder (gleichmäßig) in einen einfachen Dorn auslaufend **7**

7a Blüten satt gelb- bis rotorange; die endständigen Körbchen in einem Laubblattkranz, der allmählich in die Hüllblätter übergeht
Saflor, Färberdistel, *Carthamus tinctorius* L. Heimat: Orient. Früher als Färberpflanze auch bei uns hie und da kultiviert, selten verwildert. Heute zur Ölgewinnung (Distelöl) vor allem in Nordamerika großflächig angebaut (Zuchtsorten). (Zaghafte) Anbauversuche auch in wärmeren Gebieten von Mitteleuropa

7b Blüten lila bis purpurrot, Stengel bis unter die Körbchen breit dornig geflügelt - (Körbchenboden wabig-grubig, ohne Spreuschuppen)
Eselsdistel, *Onopordum* S. 437

7c Blüten lila, hellviolett oder hell- bis purpurrot, selten blaßgelb bis weißlich; Stengel ungeflügelt oder schmal dornig geflügelt, die Flügelfläche geht schon unterhalb der Körbchen in getrennte, bedornte Lappen oder einzelne Dornen über (bzw. verschwindet ganz) **8**

8: Zwei schwer zu trennende Gattungen;
Distel, Kratzdistel, S. 423–437
Die sichere Unterscheidung gelingt über die (abstehenden) Flughaare reifer Früchtchen (falls nur blühende Körbchen vorhanden sind, könnte von dem ältesten etwa 1/3 längs (sorgsam!) abgeschnitten werden: nach 1 Tag Trocknung sind die Flughaare reif)

8a Alle Flughaare einfach
Distel, *Carduus* S. 423+425

8b Zumindest ein Teil der Flughaare gefiedert
Kratzdistel, *Cirsium* S. 425–437
Artenreiche Gattung Grobeinteilung:

A Blüten blaßgelb, Körbchen frei oder von bläßlichen Laubblättern umstellt S. 429
- Blüten hellviolett bis purpurrot, selten reinweiß (nur gelegentliche Bastarde mit Pflanzen von A gelblich-weiß) und:
B Stengelblätter oberseits mit dornigen Borsten S. 437
C Stengelblätter oberseits kahl bis kurzhaarig, zumindest die unteren am Stengel krausflügelig herablaufend S. 435

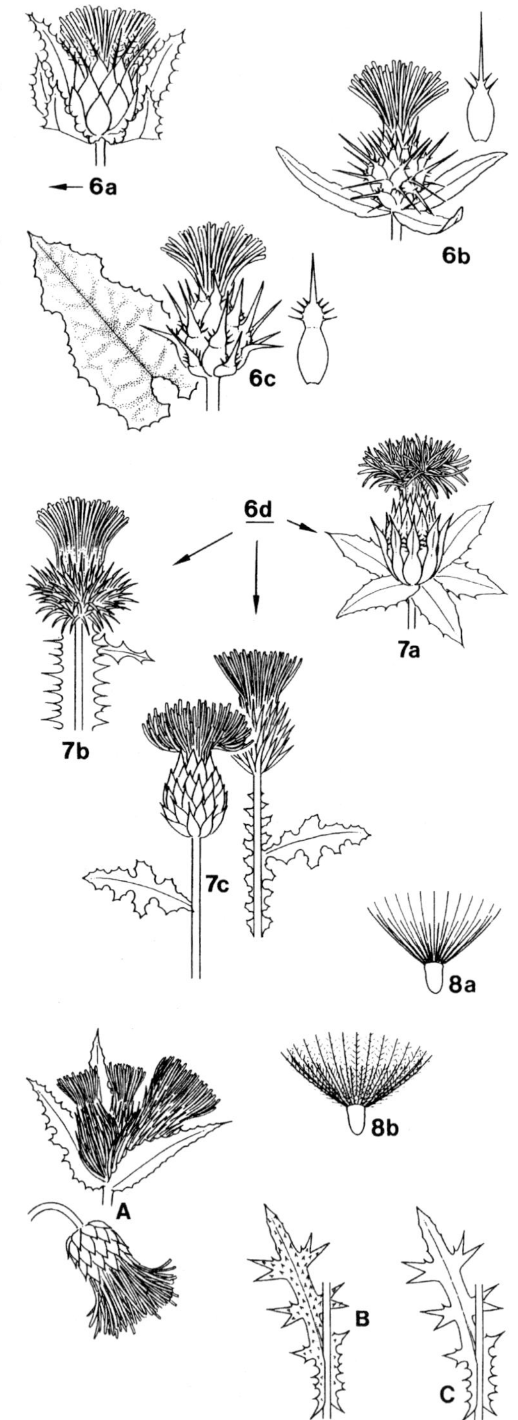

D Stengelblätter oberseits kahl bis kurzhaarig, nicht oder nur kurz (2–3 mm) herablaufend
D1 Stengel lang, reich traubig-rispig verzweigt und bis oben beblättert S. 425
D2 Stengel fehlend bis kaum 20 cm lang; Grundblattrosette vorhanden S. 435
D3 Stengel lang, Körbchen einzeln oder zu 2–5 kopfig gehäuft auf langen, fast blattlosen Stielen S. 431

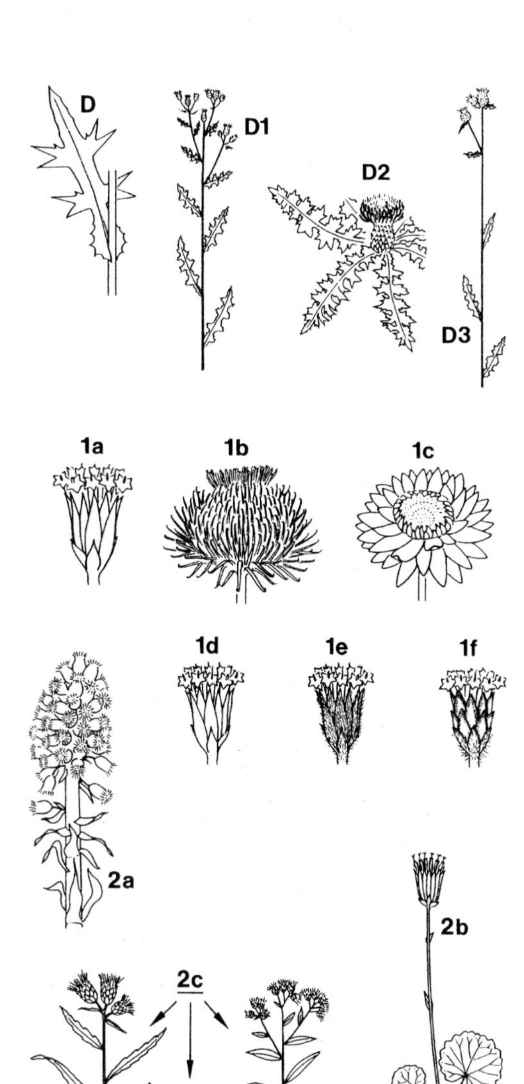

KO 5 Korbblütengewächs, Stengelblätter wechselständig, ganzrandig; Körbchen oft klein, Blüten undeutlich

1a Körbchen gut 1 cm lang, Hüllblätter krautig-weich, behaart oder kahl, aufrecht bis abstehend **2**
1b Körbchen gut 1 cm lang, Hüllblätter krautig-derb, widerhakig (klettend) zugespitzt, zuweilen spinnwebflockig, am Grund dicht zusammenstehend, nach oben zu ± ausladend abgespreizt
Klette, *Arctium* S. 417+419
1c Körbchen gut 1 cm lang, Hüllblätter derb trockenhäutig, abspreizend, innen gefärbt, gelb, braun, rot, violett oder weiß (Zungenblüten vortäuschend!)
Strohblume, *Helichrysum (bracteatum)* s. S. 40, 5e, A
1d Körbchen unter 1 cm lang, Hüllblätter krautig, kahl oder nur schwach behaart (Pflanze ebenfalls mäßig behaart bis kahl) **4**
1e Körbchen unter 1 cm lang, Hüllblätter krautig, aber stark wollig-filzig behaart (junge Pflanze ebenfalls stark filzig, im Alter wenigstens noch die Unterseite der Blätter) **6**
1f Körbchen unter 1 cm lang, Hüllblätter trockenhäutig, innen oft gefärbt, ± zungenblütenartig (Pflanze stark behaart bis filzig) **9**

2a Am Stengel viele lang-lanzettliche, blaßgelbe, weißlich-grüne oder rötlich-violette Schuppen, oben viele Körbchen; Grundblätter zur Blüte meist fehlend oder noch kaum entwickelt
Pestwurz, *Petasites* S. 389
2b Am Stengel 2–3 grüne Schuppenblättchen, oben 1(–2) Körbchen; Grundblätter zur Blüte entfaltet, lang gestielt mit ± rundlicher Spreite
Alpenlattich, *Homogyne* S. 387
2c Stengel mit wohlausgebildeten grünen Laubblättern (lineal, grasartig, breit-eiförmig) **3**

3a Blüten rosa bis rot- oder blauviolett, Körbchen endständig, einzeln, kopfig oder doldig gehäuft
Alpenscharte, *Saussurea* S. 419+423
3b Blüten (bräunlich)gelb, Laubblätter lanzettlich bis elliptisch, zumindest untere oft gezähnelt
Alant, *Inula* S. 335
3c Blüten gelb; Laubblätter fast nadelartig, 1–3 mm breit, 3–6 cm lang, am Rand rauh
Aster, *Aster (linosyris)* S. 311

4a Laubblätter schwach fleischig, lang-lanzettlich bis fiederzipflig; stets mit scheidenartigem Grund stengelumfassend; Körbchen einzeln endständig
Laugenblume, *Cotula* S. 387

4b, 4c →

4b Stengelblätter lang-lanzettlich, schuppenartig, blaß(grün)gelblich bis rötlich-violett, am Grund gestutzt bis halb stengelumfassend; viele kurzstielige, längliche Körbchen auf gemeinsamem Schaft
Pestwurz, *Petasites* S. 389

4c Laubblätter mit verschmälertem Grund dem Stengel ansitzend, durchaus grün 5

5a Körbchen ei-länglich, Blüten sattgelb; Blätter breit- bis schmal-lanzettlich, höchstens gesägt, kahl bis (sehr) kurzhaarig; Staude
Goldrute, *Solidago* S. 315

5b Blüten weiß, rötlich oder gelblich; Blätter oft fiedrig gelappt bis geteilt oder Körbchen kugelig; meist (mehrstengelige) Stauden
Beifuß, *Artemisia* S. 377–383

5c Körbchen ei-länglich, (Rand)Blüten weiß bis grau-weiß (wenige innere gelblich); Blätter schmal-lanzettlich, locker langhaarig (selten graugrün), Rand lang gewimpert; 1jähriges Kraut (meist nur 1stengelig)
Berufkraut, *Conyza* S. 321

6a Körbchen am Stengelende gehäuft, von großen, filzig behaarten Tragblättern sternförmig umstellt
Edelweiß, *Leontopodium* S. 327

6b Kurzstielige Körbchen am Stengelende doldig gehäuft, keine oder nur kleine Tragblättchen
Katzenpfötchen, *Antennaria* S. 327

6c Körbchen in von Blättern durchsetzten Rispen, Trauben oder Ähren(-knäueln) 7

7a Körbchen 5–10 mm lang, rundlich, ± lang gestielt, locker stehend; Hülle graugrün
Flohkraut, *Pulicaria* S. 347

7b Körbchen kaum 5 mm lang; Hülle grün-goldbraun oder schwarzscheckig durch den ± lockeren Haarfilz schimmernd
Ruhrkraut, *Gnaphalium* S. 329+333

7c Körbchen kaum 5 mm lang, in Knäueln; Hülle von grauem Filz völlig verdeckt 8

8a Stengel unten unverzweigt oder mit schräg aufrecht abstehenden Ästen (Hüllblätter in 3–5 Reihen, ± flach, zwischen diesen einzelne Blüten); Randfrüchte ohne, innere mit (leicht abbrechendem) Haarschopf
Filzkraut, *Filago* S. 323

8b Stengel oft mit fast grundständigen, liegend-aufsteigenden Ästen (Hüllblätter in 2 Reihen, die inneren gefalzt und je 1 Blüte sowie die haarschopflose Frucht fest umschließend); ohne Lupenpräparation der Blüte kaum von 8a unterscheidbar! Vereinzelt am Südwest- und Südostrand Mitteleuropas aufgetreten
Falzblume, *Micropus* s. S. 324, linke Spalte

9a Schuppen der Körbchenhülle gelb bis orange, kahl (höchstens der Körbchenstiel wollig); Körbchen in endständiger Doldenrispe, diese von wenigen Blättchen durchsetzt
Strohblume, *Helichrysum* S. 333

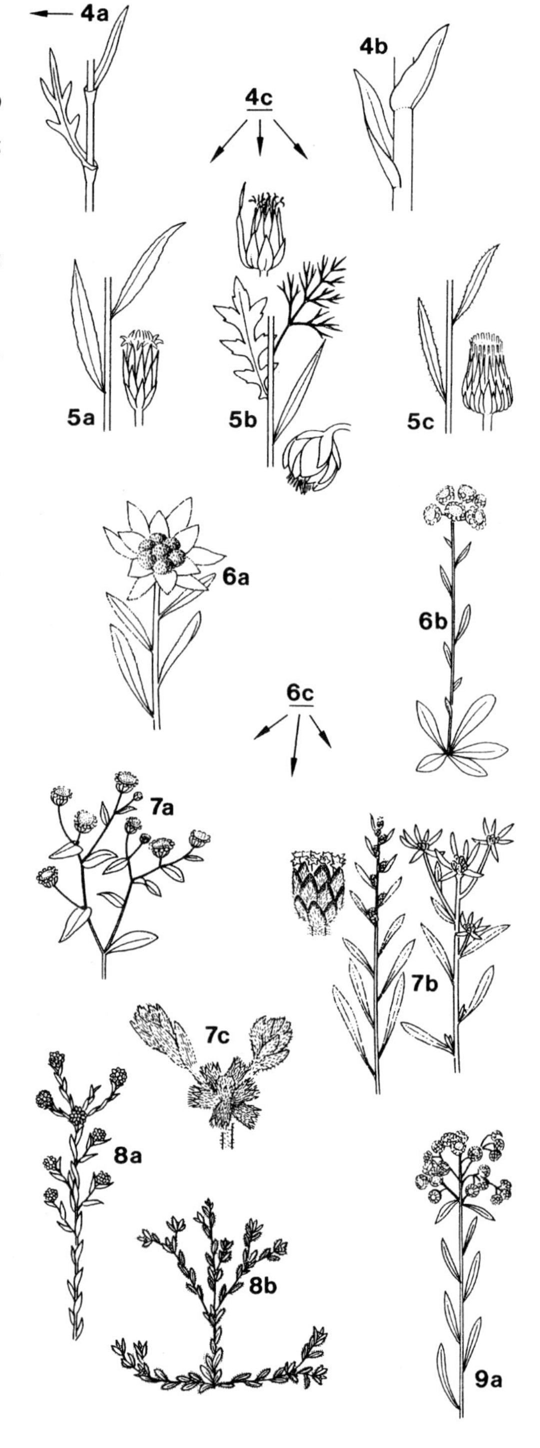

9b Schuppen der Körbchenhülle gelb bis rotbraun gescheckt, die äußeren zumindest am Grund wollig; Körbchen in Ähren, Trauben oder Knäueln, die meisten in den Achseln von Tragblättchen
Ruhrkraut, *Gnaphalium* S. 329+333

9c Schuppen der Körbchenhülle einfarbig weiß oder rosa; die äußeren wollig; Körbchen in endständiger, kurzstielig-einfacher Dolde; darunter 0–3 Tragblättchen
Katzenpfötchen, *Antennaria* S. 327

KO 6 Korbblütengewächs, Stengelblätter wechselständig, ganzrandig; alle Körbchenblüten röhrig

1a Hüllblätter des Körbchens ± schuppenförmig, krautig, höchstens mit ± schmalem, weißlichem Hautrand; ohne Anhängsel oder Dornfortsatz **2**

1b Hüllblätter des Körbchens krautig, in eine sehr lange, vorn oft hakig gebogene Spitze ausgezogen
Klette, *Arctium* S. 417+419

1c Hüllblätter des Körbchens krautig, schuppenförmig, vorn mit größerem trockenhäutigen (meist dunklem) Anhängsel oder mit mehrteiligem Dorn; Anhängsel nicht zungenblütenartig weiß oder farbig
Flockenblumen-Gruppe (S. 441-449),
weitere Aufteilung s. S. 49, 7:

1d Zumindest innere Hüllblätter des Körbchens sehr kurz, mit langen trockenhäutig-spelzigen, ± pergamentartigen, weißen oder bunt gefärbten Anhängseln, die Zungenblüten vortäuschen **5**

2a Blüten gelb (höchstens außen schwach rötlich überhaucht) **3**

2b Blüten purpurfarben bis violett, zuweilen etwas bleichfarben, selten weiß **4**

3a Laubblätter eiförmig, deutlich fiedernervig, wenn schmal-lanzettlich, dann drüsig klebrig
Alant, *Inula* S. 335

3b Laubblätter schmal-lanzettlich, mit 3 fast parallelbogig verlaufenden Hauptnerven, nie klebrig
Goldrute, *Solidago* S. 315

3c Laubblätter lang-lineal, fast nadelartig dünn (unter 5 mm breit), 1nervig
Aster, *Aster (linosyris)* S. 311

4a Stengelblätter lang und schmal, durchaus laubblattartig, von den unteren kaum verschieden
Alpenscharte, *Saussurea* S. 419+423

4b Stengelblätter 1-5, krautig-schuppenartig; Grundblätter lang gestielt, ± rundlich
Alpenlattich, *Homogyne* S. 387

4c Stengelblätter ± fleischig-schuppig, etwas scheidig, höchstens blaßgrünlich getönt; Grundblätter noch nicht entfaltet; viele Köpfchen am Stengel
Pestwurz, *Petasites* S. 389

5: Immortellen-(=Strohblumen-)Gruppe; Wild- und verwandte (häufig oder selten verwildernde) Zierpflanzen in verschiedenen Farbsorten (der Körbchenhüllblätter!)

5a–5d →

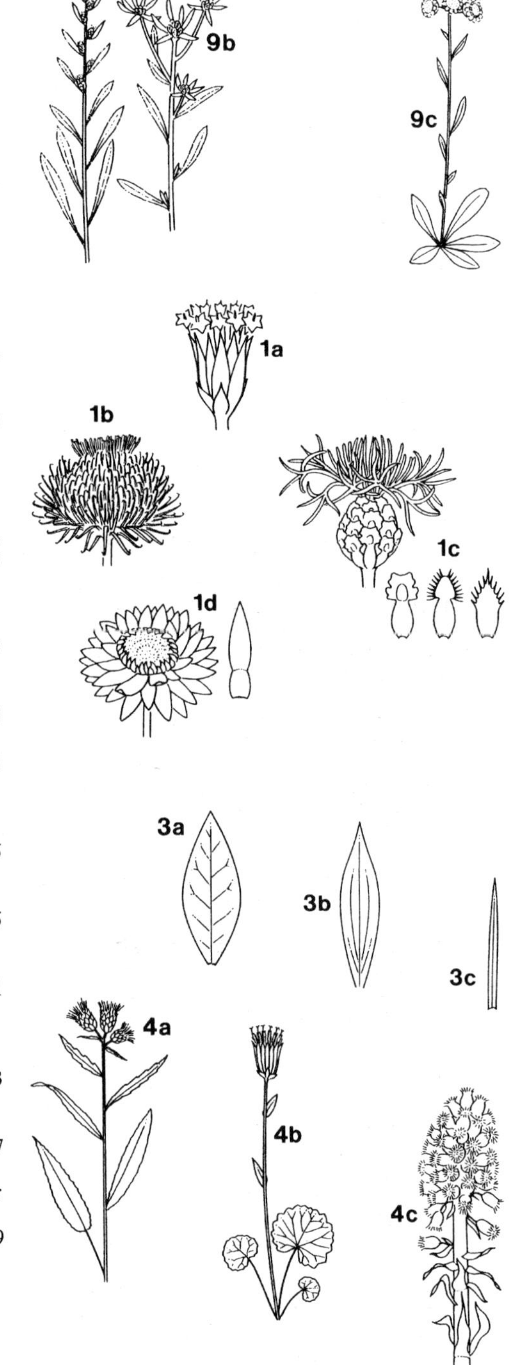

5a Hüllblätter perlweiß, breit eiförmig; alle Sprosse geflügelt; Körbchen einzeln an den Zweigenden
Papierknöpfchen, *Ammobium alatum* R. BROWN
Heimat: Australien. Bei uns in 1jährigen Sorten kultiviert (meist für Trockenbuketts), auch in Gärten; selten und unbeständig ortsnah verwildert

5b Hüllblätter perlweiß, breit-eiförmig; Sprosse ungeflügelt; Körbchen in reichen Doldenrispen
Perlkörbchen, *Anaphalis* S. 327

5c Hüllblätter weißlich, bräunlich oder rot, klein, lanzettlich-spatelförmig; Stengel rundlich, 5–25 cm hoch, mit Grundblattrosette (oft auch Ausläufer); Körbchen kurz gestielt, endständig einfach-doldig
Katzenpfötchen, *Antennaria* S. 327

5d Hüllblätter gelb oder orangefarben, klein, breit-eiförmig; Körbchen in dichter Doldentraube
Strohblume, *Helichrysum* S. 333

5e Hüllblätter ei-lanzettlich, sehr lang, gelb, rot, braun, violett oder weiß; öfters „gefüllte" Körbchen (nur noch Hüllblätter, keine Blüten); Körbchen einzeln an den Zweigenden. Sehr unbeständig verwildernde 1jährige Zierpflanzen:
A **Garten-Strohblume,**
Helichrysum bracteatum (VENT.) WILLD.
Heimat: Australien; Blätter lineal bis lanzettlich, wie der Stengel kahl bis etwas rauhhaarig; Früchte mit einem Schopf aus rauhen Borstenhaaren
B **Spreublume,** *Xeranthemum (annuum)* L.
Heimat: Weiteres Mittelmeergebiet (dort noch andere Arten); Blätter lang-lanzettlich, zugespitzt, am Rand etwas eingebogen, wie der Stengel angedrückt grauhaarig; Früchte mit einem (meist 5zähligen) Kranz aus trockenhäutigen Schuppen

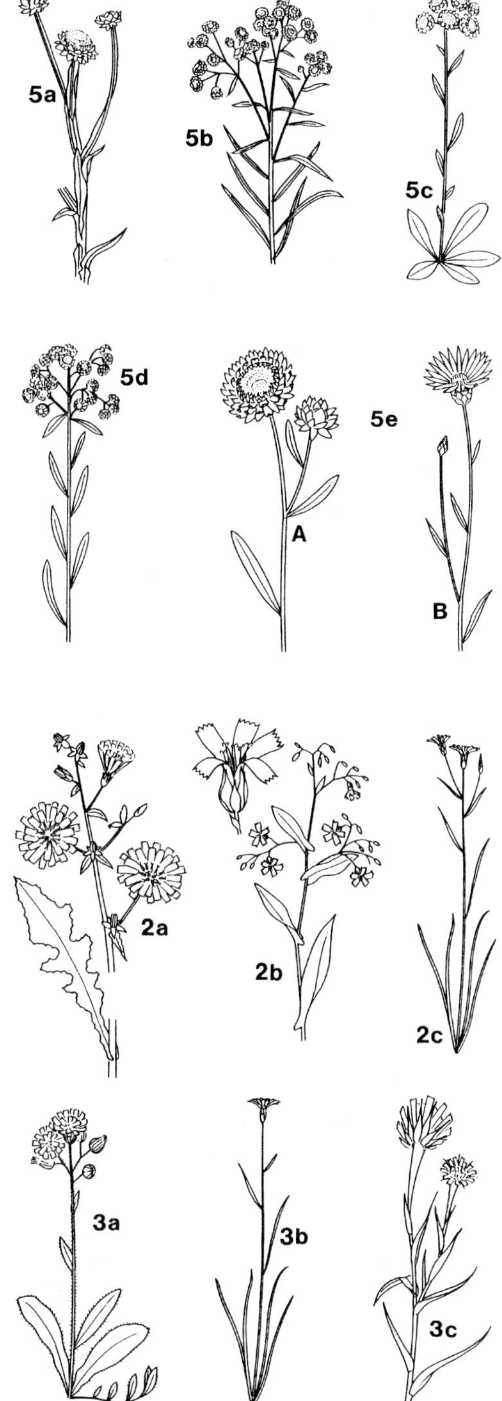

KO 7 Korbblütengewächs, Stengelblätter wechselständig, ganzrandig; alle Körbchenblüten zungenförmig

1a Blüten blau, purpurviolett, lila oder weiß 2
1b Blüten hellrosa bis braunrot 3
1c Blüten gelb bis rotorange 4

2a Blüten blau bis hellblau, selten weiß; über 10 pro Körbchen; Zungen 1–2 cm lang; Blätter beborstet, herz-eiförmig, am Grund breit, stengelumfassend
Wegwarte, *Cichorium* S. 449

2b Blüten satt purpurviolett, 5–8 pro Körbchen; Zungen kaum 1 cm lang; Blätter blaugrün, kahl, breit-lanzettlich, gegen den Grund zu verschmälert, doch stengelumfassend
Hasenlattich, *Prenanthes* S. 495

2c Blüten hellviolett, selten ausgeblaßt; Blätter schmal, grasartig, kahl
Schwarzwurzel, *Scorzonera* S. 465

3a Stengel stark behaart; Blätter ± eiförmig
Habichtskraut, *Hieracium* S. 497

3b Stengel kahl bis spinnwebflockig; Blätter schmal-lineal, grasartig, am Grund nicht erweitert
Schwarzwurzel, *Scorzonera* S. 465

3c Stengel kahl, unter dem Körbchen auffällig verdickt; Blätter aus breitem Grund lang zugespitzt
Bocksbart, *Tragopogon* s. S. 463, linke Spalte

4a Stengel beblättert, Grundblätter fehlend bzw. zur Blütezeit schon verwelkend; Körbchen nur mit 5–15 Blüten 5
4b Stengel beblättert, Grundblätter fehlend bzw. zur Blütezeit schon verwelkend; Körbchen mit mehr als 15 Blüten 6
4c Mit schmalen, grasartigen, kahlen bis spärlich spinnwebflockigen Grund- und Stengelblättern **Bocksbart,** *Tragopogon* S. 461
4d Pflanze mit Grundblattrosette aus breiten, meist stark behaarten Blättern; Stengelblätter oft klein, fast schuppenförmig 7

5a Blätter schmal-lineal **Knorpellattich,** *Chondrilla* S. 467
5b Blätter breit, mit herzförmigem Grund **Lattich,** *Lactuca* S. 477+479

6a Blätter und Stengel deutlich behaart **Habichtskraut,** *Hieracium* s. 7e, unten
6b Blätter und Stengel kahl bis schwach spinnwebflockig; Körbchen mit dachziegelig übereinanderstehenden Hüllblättchen **Schwarzwurzel,** *Scorzonera* S. 465+467
6c Blätter und Stengel kahl bis schwach spinnwebflockig; Körbchen mit 1 Reihe längerer, nebeneinanderstehender Hüllblättchen **Bocksbart,** *Tragopogon* S. 461

7: Gruppe der gelben, zungenblütigen, milchsaftführenden Korbblütengewächse; eine sichere Identifikation gelingt in der Regel nur über die reifen Früchtchen
7a Flughaare gefiedert, die inneren Früchte lang geschnäbelt (Haarschopf „gestielt"); Blütenboden mit (leicht abgehenden) Spreublättern **Ferkelkraut,** *Hypochoeris* S. 453
7b Flughaare gefiedert, alle Früchte nur kurzspitzig; Blütenboden ohne Spreublätter **Löwenzahn,** *Leontodon* S. 455+459
7c Flughaare glatt bis rauhzähnig; Früchte sehr lang geschnäbelt (Haarschopf „gestielt") **Kronenlattich,** *Calycocorsus* S. 471
7d Flughaare glatt bis rauhzähnig, meist weiß und geschmeidig; Früchte spitz zulaufend oder kurz geschnäbelt (± keulig) **Pippau,** *Crepis* s. S. 46/47, 7 f
7e Flughaare glatt bis rauhzähnig, meist schmutzigweiß und spröde (brüchig); Früchte oben gestutzt, nicht schnabelartig verjüngt **Habichtskraut,** *Hieracium* S. 495–513
Artenreich, mit vielen Klein- und Zwischenformen bei uns 3 Untergattungen:
1. **Stenotheca**; Körbchenhülle gut 10 mm lang, streng 2reihig (Außenreihe sehr kurz); Blätter lineal-lanzettlich, ± kahl, grundständig; Stengel mit 0–3 kleinen, fast schuppenartigen Blättchen und 1–5 Körbchen; mit unterirdischen Ausläufern (Wurzelschößlinge). Flughaare der um 4 mm langen Früchtchen ± gleich groß, 1reihig, sehr geschmeidig (biegsam) S. 513
2., 3. →

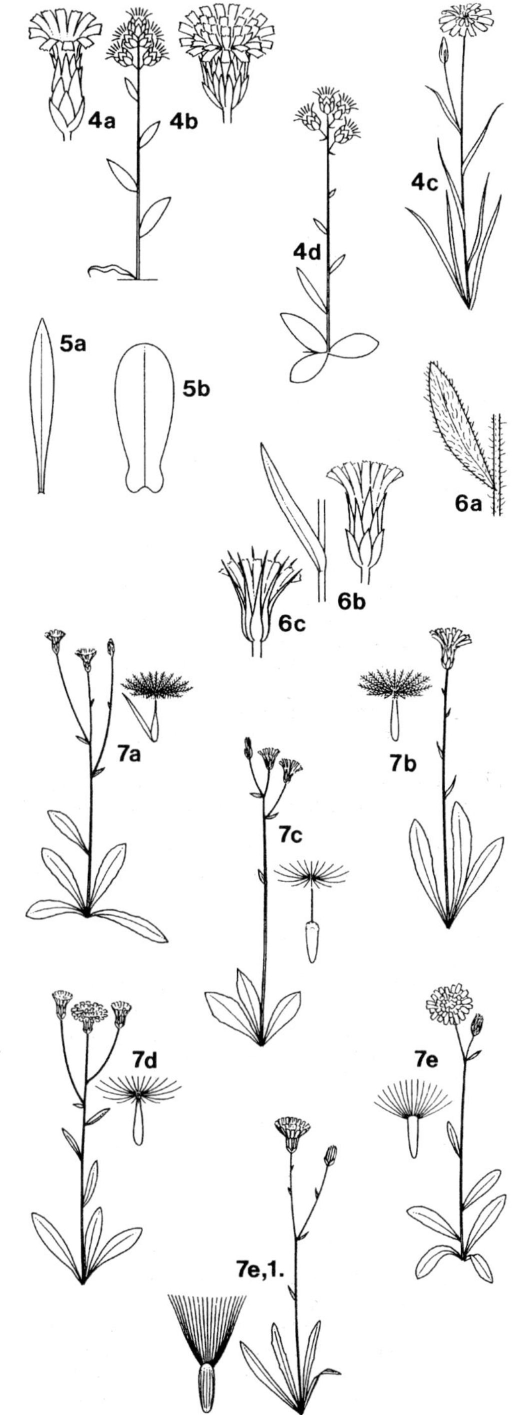

2. **Euhieracium**; Körbchenhülle meist 9–15 mm lang, unregelmäßig mehrreihig bis dachziegelig; Blätter meist behaart, oft breit-eiförmig, deutlich gezähnt oder mit abgesetztem Stiel; Grundblätter zur Blüte öfters fehlend; stets ohne Ausläufer. Flughaare der 3–5 mm langen, oben glattwulstigen Früchte ungleich, ± 2reihig S. 501–513

Grobeinteilung:

A Ganze Pflanze (Stengel und Blätter) klebrig-drüsig S. 509

B Blätter und unterer Stengelteil nicht klebrig, Stengelblätter mehr als 10 S. 507–513

B1 Blütenstand reichdrüsig S. 509

B2 Pflanze höchstens spärlich drüsig; 0–5 Grundblätter; Hochsommerpflanze; Körbchenhülle nur unregelmäßig dachziegelig S. 507

B3 Pflanze höchstens spärlich drüsig; Grundblätter zur Blüte (spätsommers) verwelkt; Körbchenhülle dicht dachziegelig S. 513

C Blätter nicht klebrig, doch reichlich stieldrüsig; Grundblätter stets vorhanden, Stengelblätter 0–10 S. 503+509

C1 Stengel weit hinab stark verästelt; Blätter buchtig gezähnt S. 503

C2 Stengel kaum verzweigt, 1(–5)körbig; Blätter ganzrandig bis kleinzähnig S. 509

D Blätter nicht klebrig, wenig stieldrüsig; Grundblätter stets vorhanden, Stengelblätter 0–6(–10); Körbchenhülle ± zylindrisch (schwarz-grün) fast 2reihig, äußere Hüllblätter sehr kurz, innere lang S. 513

E Blätter nicht klebrig, wenig stieldrüsig; Grundblätter stets vorhanden, Stengelblätter 0–6(–10); Körbchenhülle ± ei-kugelig, Hüllblätter unregelmäßig dachig gestellt, oft stark größenverschieden S. 503+507

E1 3 oder mehr Stengelblätter S. 507

E2 (0) 1–2 Stengelblätter blau- oder hellgrün, selten dunkelgrün, dann aber Körbchen nicht stieldrüsig S. 507

E3 (0) 1–2 Stengelblätter, (dunkel)grün (selten unterseits ± violett gefleckt); Körbchen mit Stieldrüsen; häufige Waldpflanze S. 503

F Blätter nicht klebrig, wenig stieldrüsig; Grundblätter stets vorhanden, Stengelblätter 0–6(–10); Körbchenhülle ± ei-kugelig, Hüllblätter regelmäßig dachig gestellt, gleitend größenverschieden S. 501+502

F1 Blätter wenig behaart, oft (unten) violett gescheckt S. 501

F2 Blätter lang weißhaarig S. 502

3. **Pilosella**; Körbchenhülle meist nur 4–8 mm lang, unregelmäßig mehrreihig bis dachziegelig; Blätter meist behaart, oft ei-spatelförmig, nie mit deutlich abgesetztem Stiel, oft ganzrandig; Grundblätter stets, oberirdische Ausläufer oft vorhanden; Stengel oft wenigblättrig, mit 1–10, selten vielen (doldig gehäuften) Körbchen. Flughaare der 1–2,5 mm langen, oben kurz 10zähnigen Früchte ± gleich lang, 1reihig S. 495–501

Grobeinteilung →

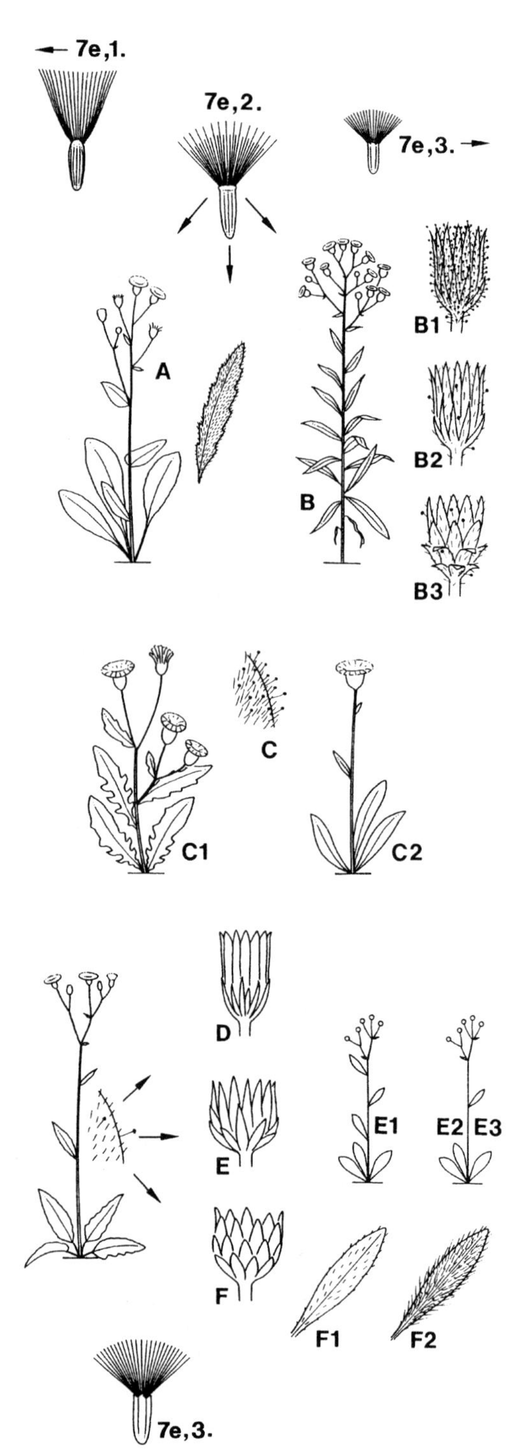

Grobeinteilung:

A Stengel blattlos, unverzweigt, 1körbig; Pflanze stets mit Ausläufern S. 495

B Stengel 0- bis armblättrig, mehrkörbig, wenn über 25 cm lang, dann Grundblätter ± weich, gelb- bis grasgrün oder die Blüten rotorange S. 497

C Stengel beblättert, mehrkörbig, oft über 25 cm lang; Blätter grau- bis blaugrün S. 501

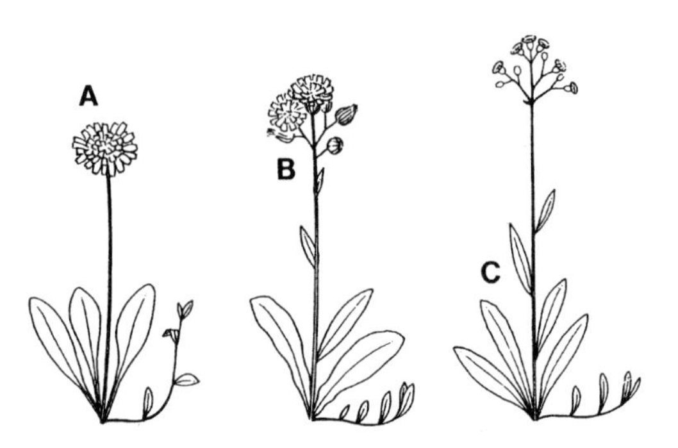

KO 8 Korbblütengewächs, Stengelblätter wechselständig, ganzrandig; innere Körbchenblüten röhrig, die randlichen zungenförmig

1a „Zungenblüten" trockenhäutig-spelzig (oft durchaus farbig, doch ohne Fruchtknoten), in Wirklichkeit nur vorgetäuscht durch innere Hüllblätter des Körbchens: Immortellengruppe s. S. 39, 5:

1b Zungenblüten krautig-weich, weiß, rot, rotorange, violett oder bläulich (Röhrenblüten sehr oft gelb!), ohne Übergänge zu den deutlich andersartigen Hüllblättchen 2

1c Zungenblüten krautig-weich, hell- bis dunkelgelb (auch braungelb), ohne Übergänge zu den deutlich andersartigen Hüllblättchen und diese deutlich überragend 5

1d Zungenblüten krautig-weich, hell bis dunkelgelb, ohne Übergänge zu den deutlich andersartigen Hüllblättchen, die nach außen in grüne, laubblattähnliche Tragblättchen übergehen, die zumindest so lang sind wie die Zungenblüten

Strandstern, *Asteriscus aquaticus* (L.) LESS.

Heimat: Mittelmeerraum; oft gabelig verzweigte 1jährige Pflanze mit anliegend behaarten, lang spateligen Blättern; fand sich schon einige Male unbeständig auf Schuttplätzen und Anlagen von Binnenhäfen der Schweiz und Deutschlands (nördlich bis Berlin). Bevorzugt sandige, feuchte Böden

2a Fruchtknoten der Röhrenblüten (wie die Frucht) ohne Haarkranz; Körbchen groß, über 1 cm breit (verwilderte Gartenpflanzen) 3

2b Fruchtknoten der Röhrenblüten (wie die Frucht) mit Haarkranz; hierher sämtliche Pflanzen mit kleinen Körbchen (unter 1 cm breit) 4

3a Blütenboden ± flach oder leicht vertieft

Ringelblume, *Calendula* S. 413

3b Blütenboden kolbenartig hochgewölbt

Sonnenhut, *Rudbeckia* S. 351

3c Vgl.: Blütenboden nur kugelig emporgewölbt, Zungenblüten länglich-keilförmig, vorn gezähnelt; 2 Reihen Hüllblätter, abstehend, später zurückgebogen; Stengel durch herablaufende Blätter (schmal) geflügelt

Sonnenbraut, *Helenium autumnale* L.

Heimat: Nordamerika; 50–150 cm hohe Staude; bei uns in vielen Ziersorten (! auch gelbblütige); ab und zu ortsnah (an Schuttplätzen und auf stickstoffsalzreichem Ödland) verwildert, hält sich aber kaum über längere Zeit

3d →

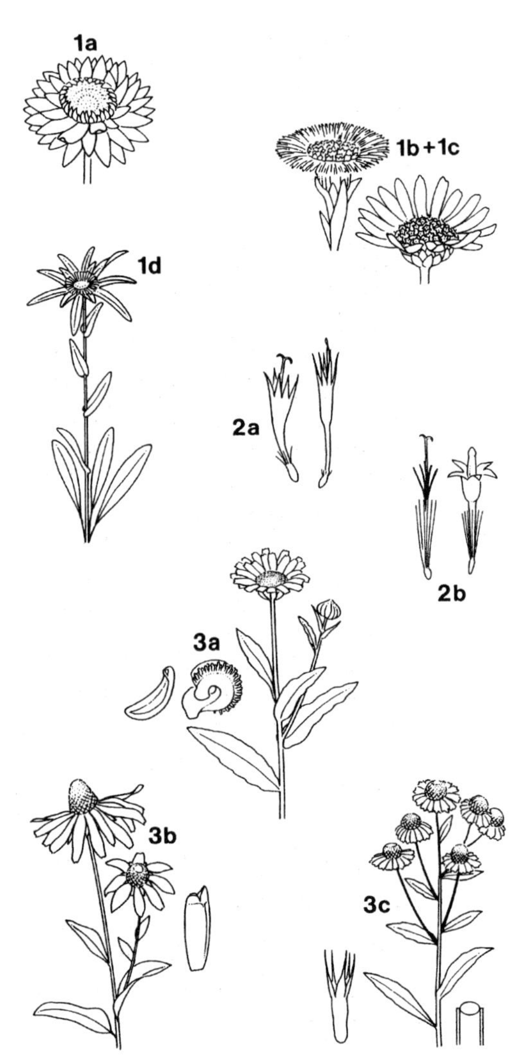

3d Vgl. Blütenboden halbkugelig gewölbt; Zungenblüten rot mit gelber Spitze oder gelb mit rotem Grund, Röhrenblüten (meist) dunkelrot; 2–3 Reihen Hüllblätter; Stengel nicht geflügelt
Kokardenblume, *Gaillardia × grandiflorum* hort.
Bastard nordamerikanischer Arten; 20–80 cm hoch; untere Blätter (zur Blüte oft verwelkt) meist ± fiederzipflig. In vielen Sorten neuerdings häufig gepflanzt; nur selten verwildert, doch dann öfters einige Jahre lang beständig

4a Zungenblüten hinter der Hülle versteckt, wenig von den Röhrenblüten verschieden; Stengel mit blattgrünfreien Schuppenblättern
Pestwurz, *Petasites* S. 389
4b Zungenblüten fädlich dünn, in mehreren Reihen hintereinander, ± aufrecht, kaum länger bis deutlich länger als die Hülle
Berufkraut, *Erigeron, Conyza* S. 317+321
4c Zungenblüten schmal, aber deutlich flächig, ± ausgebreitet, länger als die Hülle; Röhrenblüten gelb (grün- bis bräunlichgelb)
Aster, *Aster* S. 305–311
4d Zungenblüten schmal, aber deutlich flächig, ± ausgebreitet, länger als die Hülle; Röhrenblüten zumindest vorn (wie die Zungenblüten auf der ganzen Länge) rötlich gefärbt (oder getönt)
Berufkraut, *Erigeron* S. 317+321

5a Am Stengel nur blattgrünarme Schuppenblätter und 1 endständiges, goldgelbes Körbchen
Huflattich, *Tussilago* S. 387
5b Am Stengel nur blattgrünarme Schuppenblätter und einige bis mehrere blaßgelbe Körbchen
Pestwurz, *Petasites* S. 389
5c Blätter grün, wohlentwickelt; Fruchtknoten und Frucht ohne Haarkranz; Körbchen stets über 1 cm (zuweilen 5–15 cm) breit **6**
5d Blätter grün, wohlentwickelt; Fruchtknoten und Frucht mit Haarkranz; hierher alle Pflanzen mit kleinen Körbchen (bei denen dieses Merkmal schwer feststellbar ist) s. S. 54, 12

6a Blütenboden kegelig bis kolbenartig vorgewölbt, Röhrenblüten oft dunkelbraun (vgl. a. 3c, S. 43)
Sonnenhut, *Rudbeckia* S. 351
6b Blütenboden flach bis schwach kissenartig, Stengelblätter hoch hinauf gestielt, mit (breit) eiförmiger Spreite; Körbchen 5–15 (bis über 30) cm breit; Hüllblätter mehrreihig, dachziegelig
Sonnenblume (u. a.), *Helianthus* S. 351+353
6c Blütenboden flach bis schwach kissenartig, obere Stengelblätter sitzend oder in den breiten Stiel verschmälert, stets mit breit gestutztem bis herzförmigem Stengelansatz; Früchtchen stark gekrümmt, am Rücken höckerig bis stachelig
Ringelblume, *Calendula* S. 413
6d Blütenboden flach bis schwach kissenartig, obere Stengelblätter (schmal-)lanzettlich, zugespitzt ansitzend; Früchtchen ± gerade, oben mit winzigem Borstensaum, selten oder mit 1 Granne
Ochsenauge, *Buphthalmum* S. 333

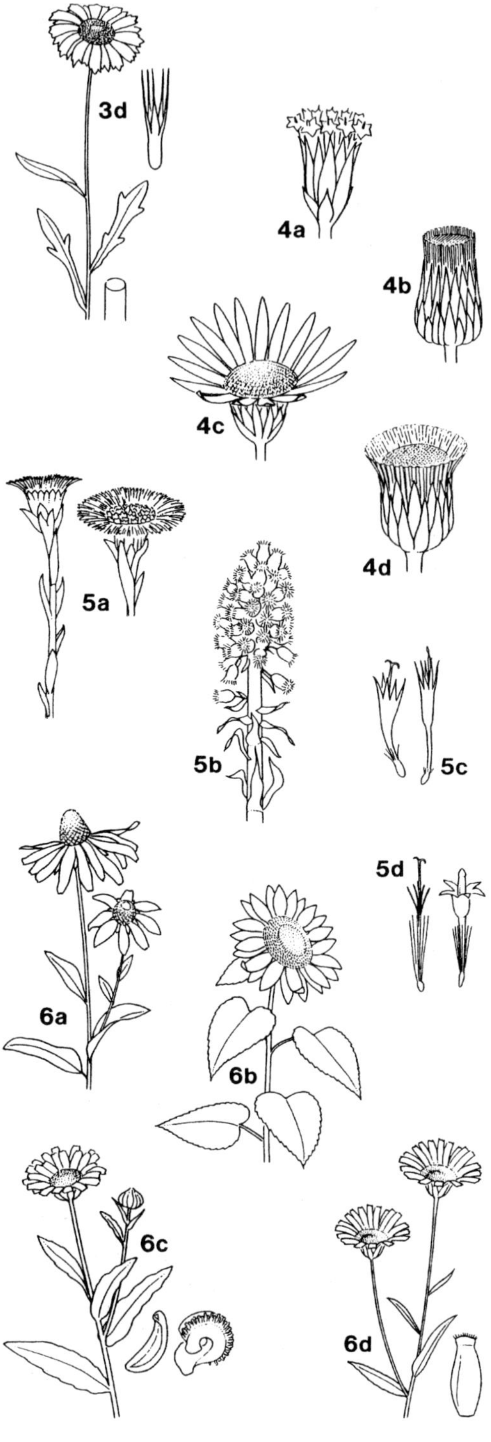

3d 4a 4b 4c 4d 5a 5b 5c 5d 6a 6b 6c 6d

KO 9 Korbblütengewächs, Stengelblätter wechselständig, gekerbt bis geteilt; alle Blüten zungenförmig

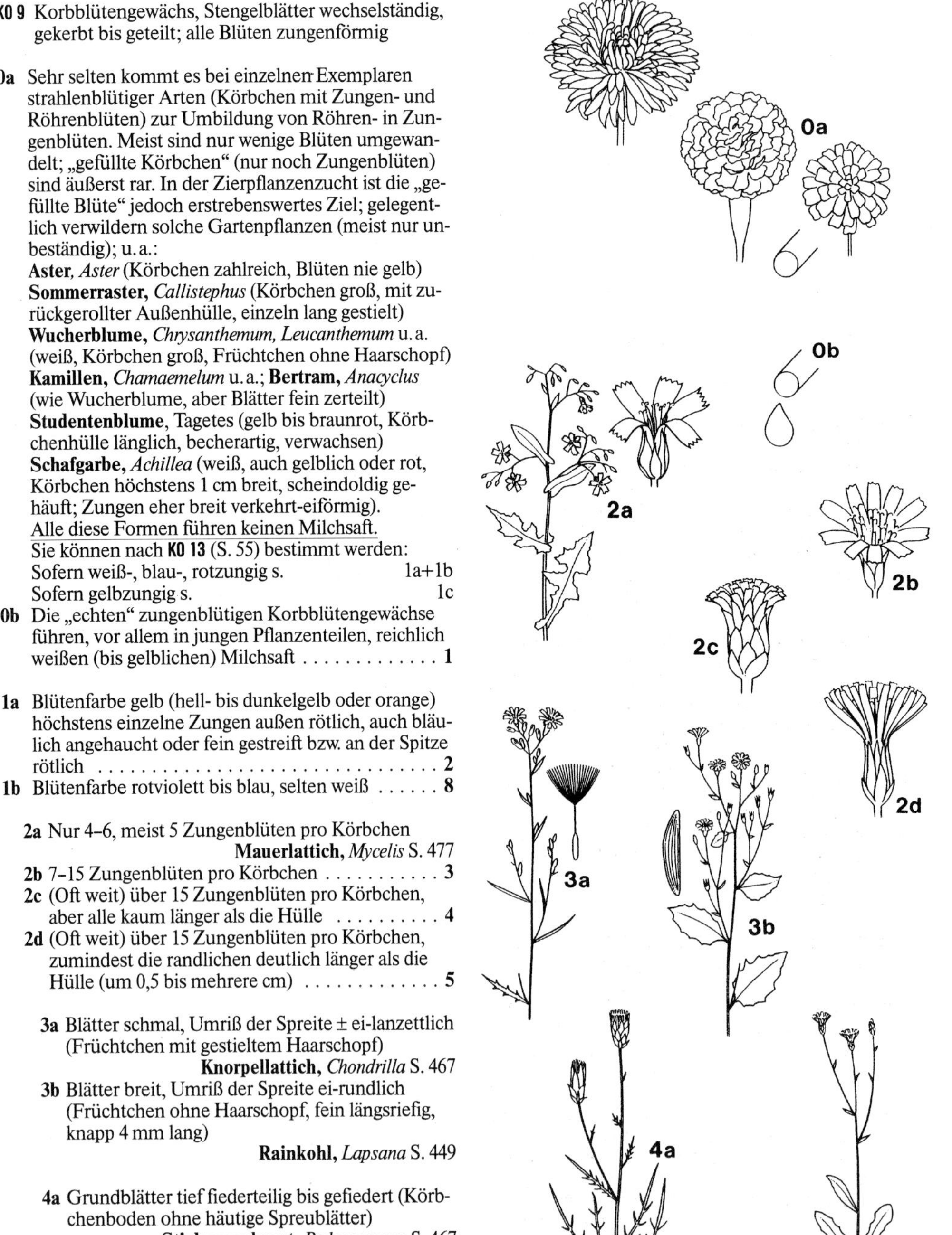

0a Sehr selten kommt es bei einzelnen Exemplaren strahlenblütiger Arten (Körbchen mit Zungen- und Röhrenblüten) zur Umbildung von Röhren- in Zungenblüten. Meist sind nur wenige Blüten umgewandelt; „gefüllte Körbchen" (nur noch Zungenblüten) sind äußerst rar. In der Zierpflanzenzucht ist die „gefüllte Blüte" jedoch erstrebenswertes Ziel; gelegentlich verwildern solche Gartenpflanzen (meist nur unbeständig); u. a.:
Aster, *Aster* (Körbchen zahlreich, Blüten nie gelb)
Sommerraster, *Callistephus* (Körbchen groß, mit zurückgerollter Außenhülle, einzeln lang gestielt)
Wucherblume, *Chrysanthemum, Leucanthemum* u. a. (weiß, Körbchen groß, Früchtchen ohne Haarschopf)
Kamillen, *Chamaemelum* u. a.; **Bertram,** *Anacyclus* (wie Wucherblume, aber Blätter fein zerteilt)
Studentenblume, Tagetes (gelb bis braunrot, Körbchenhülle länglich, becherartig, verwachsen)
Schafgarbe, *Achillea* (weiß, auch gelblich oder rot, Körbchen höchstens 1 cm breit, scheindoldig gehäuft; Zungen eher breit verkehrt-eiförmig).
Alle diese Formen führen keinen Milchsaft.
Sie können nach **KO 13** (S. 55) bestimmt werden:
Sofern weiß-, blau-, rotzungig s. 1a+1b
Sofern gelbzungig s. 1c

0b Die „echten" zungenblütigen Korbblütengewächse führen, vor allem in jungen Pflanzenteilen, reichlich weißen (bis gelblichen) Milchsaft **1**

1a Blütenfarbe gelb (hell- bis dunkelgelb oder orange) höchstens einzelne Zungen außen rötlich, auch bläulich angehaucht oder fein gestreift bzw. an der Spitze rötlich **2**

1b Blütenfarbe rotviolett bis blau, selten weiß **8**

2a Nur 4–6, meist 5 Zungenblüten pro Körbchen
Mauerlattich, *Mycelis* S. 477

2b 7–15 Zungenblüten pro Körbchen **3**

2c (Oft weit) über 15 Zungenblüten pro Körbchen, aber alle kaum länger als die Hülle **4**

2d (Oft weit) über 15 Zungenblüten pro Körbchen, zumindest die randlichen deutlich länger als die Hülle (um 0,5 bis mehrere cm) **5**

3a Blätter schmal, Umriß der Spreite ± ei-lanzettlich (Früchtchen mit gestieltem Haarschopf)
Knorpellattich, *Chondrilla* S. 467

3b Blätter breit, Umriß der Spreite ei-rundlich (Früchtchen ohne Haarschopf, fein längsriefig, knapp 4 mm lang)
Rainkohl, *Lapsana* S. 449

4a Grundblätter tief fiederteilig bis gefiedert (Körbchenboden ohne häutige Spreublätter)
Stielsamenkraut, *Podospermum* S. 467

4b Grundblätter höchstens grob gezähnt (am Körbchenboden leicht abbrechende Spreublätter)
Ferkelkraut, *Hypochoeris* S. 453

5: Die Arten der anschließenden Nummern 6 und 7 weisen im Blatt- und Blütenbau so viele Zwischenformen auf, daß die sichere Identifikation oft nur über die (reifen) Früchtchen gelingt

5a Hauptteil der Blätter in Grundrosetten, Stengel nicht oder sehr dürftig beblättert **6**

5b Stengelblätter zahlreich (mehr als 3 je 30 cm), Grundblätter vorhanden oder fehlend **7**

6a Stengelblätter ganzrandig bis gezähnt, oberseits kahl oder zerstreut kurzborstig; Früchtchen in den Achseln (leicht abbrechender) Spreublätter, zumindest die inneren des Körbchens lang geschnäbelt, am Schnabelende ein Schopf (z. T.) gefiederter Haare
Ferkelkraut, *Hypochoeris* S. 453

6b Vgl. Stengelblätter schuppenartig klein, Grundblätter ganzrandig bis gezähnt und rauh behaart oder breitbuchtig gefiedert und kahl; Früchtchen ohne Spreublätter, oben gestutzt bis zugespitzt (nicht wirklich geschnäbelt!), mit einem Schopf gefiederter Haare
Löwenzahn, *Leontodon* S. 455+459

6c Stengelblätter stark gezähnt bis fiederspaltig, behaart; Früchtchen oben zugespitzt mit einem Schopf einfacher, reinweißer Haare
Pippau, *Crepis* s. 7f, unten

6d Stengelblätter gezähnt, stark behaart; Früchtchen oben abgestutzt mit einem Schopf einfacher, schmutzigweißer, ± brüchiger Haare
Habichtskraut, *Hieracium* s. S. 41, 7e

7a Blätter ganzrandig bis schwach buchtig gezähnt, (widerhakig) borstig behaart; Früchtchen mit einem Schopf gefiederter Haare
Bitterkraut, *Picris* S. 461

7b Blätter ganzrandig bis feinst gezähnelt (Lupe!), kahl (schütter flaumflockig); Früchtchen mit einem Schopf gefiederter Haare
Schwarzwurzel, *Scorzonera* S. 465+467

7c Blätter fein bis grob gesägt, kahl oder ± stachelig; Früchtchen abgeflacht, lang zugespitzt oder geschnäbelt, mit einem Schopf aus einfachen (ungefiederten) Haaren
Lattich, *Lactuca* S. 477+479

7d Blätter sehr spitzzähnig (bis ± stachelig) gesägt, kahl oder abstehend beborstet; Früchtchen abgeflacht, oben gestutzt, mit einem Schopf aus einfachen (ungefiederten) Haaren
Gänsedistel, *Sonchus* S. 473

7e Blätter wenig gesägt, behaart; Früchtchen riefig-stielrund, oben gestutzt, mit einem Schopf einfacher, höchstens gezähnelter, meist schmutzig-weißer, brüchiger Haare (stets nur in 1 Kreis angeordnet)
Habichtskraut, *Hieracium* s. S. 41, 7e

7f Blätter stark gesägt, behaart; Früchtchen kantig-stielrund, spitzlich bis geschnäbelt, mit einem Schopf höchstens gezähnelter, meist schneeweißer, biegsamer Haare (oft 2 Kreise)
Pippau, *Crepis* S. 483–495

Grobeinteilung →

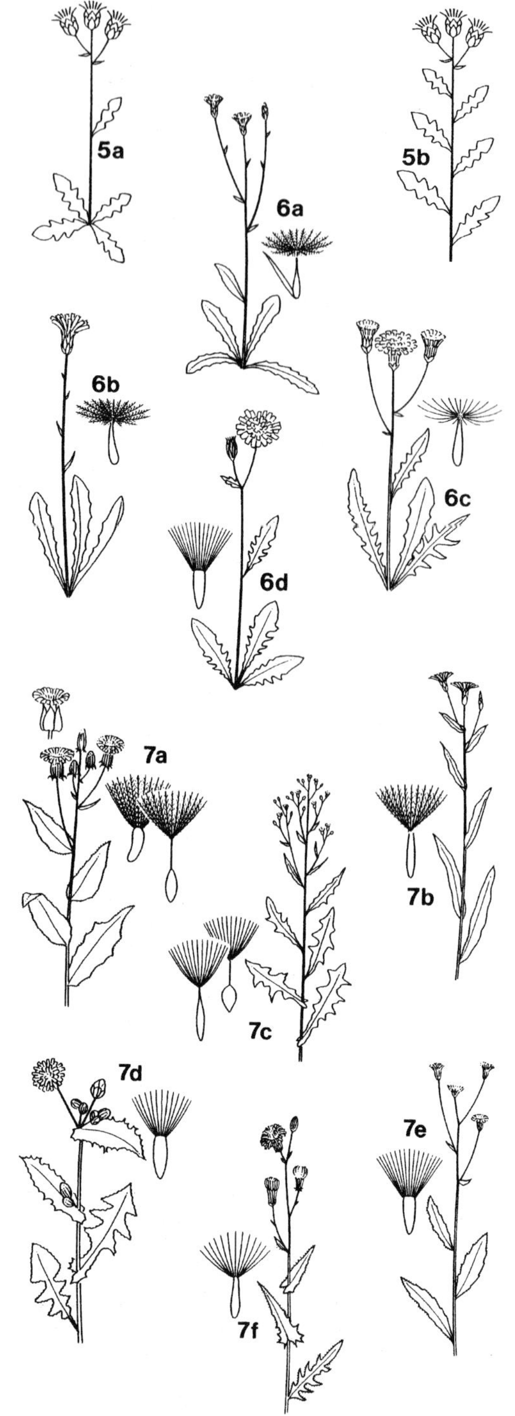

Artenreiche Gattung Grobeinteilung:

A Nur 1-2(3) Körbchen am Stengel; Blüten orange bis tiefrot; Pflanze der höheren Gebirgslagen S. 483(+485)
B Nur 1-2(3) Körbchen am Stengel; Blüten hell- bis sattgelb; Pflanze der höheren Gebirgslagen S. 485(+489)
C Viele Körbchen am Stengel, ihre Hüllblättchen mehrreihig, dachziegelig S. 485–491
C1 Körbchenhülle um 1 cm lang S. 489+491
C2 Körbchenhülle um 1,5 cm lang S. 485
D Viele Körbchen am Stengel, ihre Hüllblättchen 2reihig, die äußeren höchstens halb so lang wie die inneren S. 483+489–495
D1 Blütensproß blattlos S. 489
D2 Reife (!) Früchtchen deutlich geschnäbelt S. 483
D3 Früchtchen kaum geschnäbelt S. 491+495
E Viele Körbchen am Stengel, Hüllblättchen mehrreihig, fast gleich lang S. 483+489

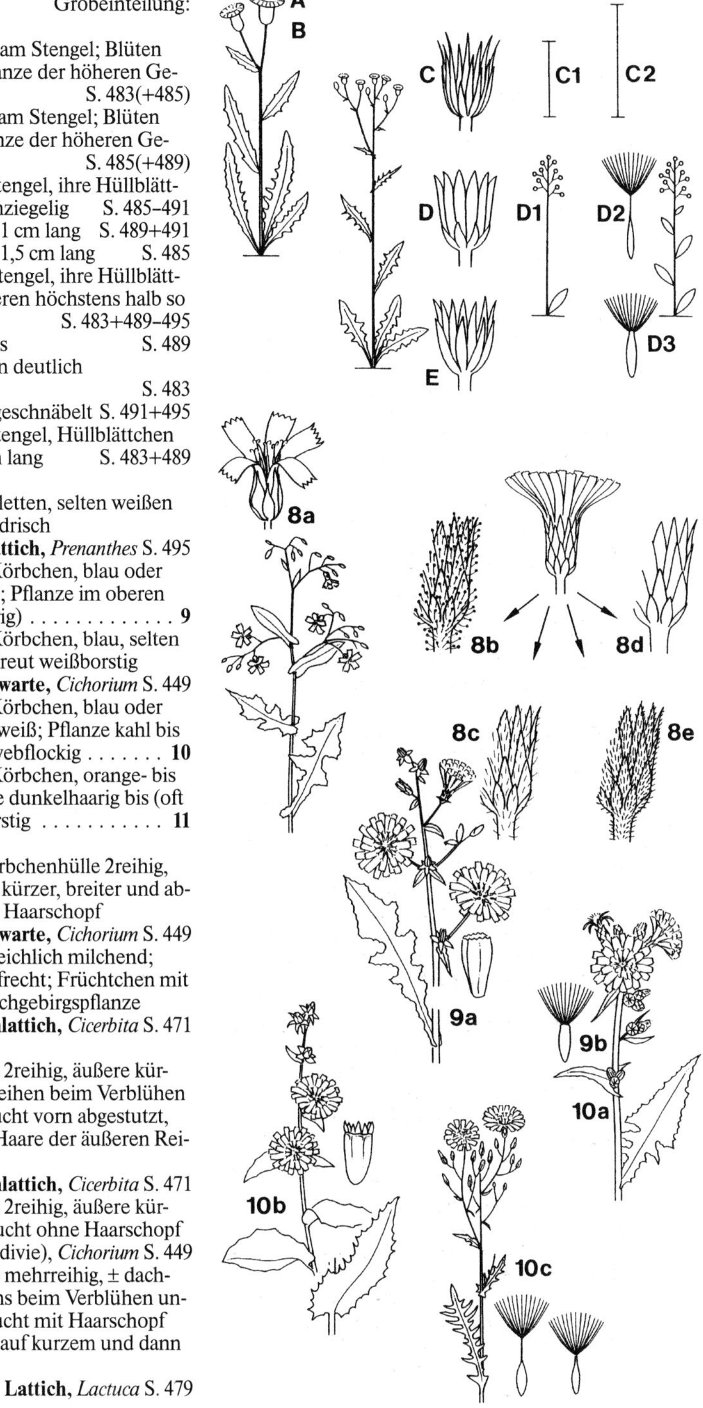

8a Körbchen mit 4–7 purpurvioletten, selten weißen Zungenblüten; Hülle ± zylindrisch
Hasenlattich, *Prenanthes* S. 495
8b Über 10 Zungenblüten pro Körbchen, blau oder violett, selten rosa oder weiß; Pflanze im oberen Bereich braundrüsig (± klebrig) **9**
8c Über 10 Zungenblüten pro Körbchen, blau, selten rosa oder weiß; Pflanze zerstreut weißborstig
Wegwarte, *Cichorium* S. 449
8d Über 10 Zungenblüten pro Körbchen, blau oder violett, selten blaßrosa oder weiß; Pflanze kahl bis schütter weißflaumig-spinnwebflockig **10**
8e Über 10 Zungenblüten pro Körbchen, orange- bis braun- oder feuerrot; Pflanze dunkelhaarig bis (oft schwach klebrig) schwarzborstig **11**

9a Stengel derb, sehr zäh; Körbchenhülle 2reihig, die äußeren Hüllblättchen kürzer, breiter und abstehend; Früchtchen ohne Haarschopf
Wegwarte, *Cichorium* S. 449
9b Stengel dick, aber weich, reichlich milchend; Körbchenhülle 2reihig, aufrecht; Früchtchen mit Haarschopf; Berg- und Hochgebirgspflanze
Milchlattich, *Cicerbita* S. 471

10a Hüllblätter des Körbchens 2reihig, äußere kürzer, aber aufrecht, beide Reihen beim Verblühen ± trichterig abstehend; Frucht vorn abgestutzt, mit dichtem Haarschopf (Haare der äußeren Reihe kurz wimperig)
Milchlattich, *Cicerbita* S. 471
10b Hüllblätter des Körbchens 2reihig, äußere kürzer, breiter, abstehend; Frucht ohne Haarschopf
Wegwarte (Endivie), *Cichorium* S. 449
10c Hüllblätter des Körbchens mehrreihig, ± dachziegelartig, Hülle spätestens beim Verblühen unten bauchig gedunsen; Frucht mit Haarschopf auf langem, dünnem oder auf kurzem und dann dickem Schnabel
Lattich, *Lactuca* S. 479

11a Körbchen zu 2–10 am Stengelende, kurz gestielt und dicht gedrängt; Grundblätter schwach gezähnt, zuweilen nahezu ganzrandig
Habichtskraut, *Hieracium* S. 497

11b Körbchen zu 1–4, deutlich gestielt, einzeln am unverzweigten Stengel oder am Ende der wenigen Ästchen des locker verzweigten Stengels; Grundblätter grob gezähnt bis schrotsägezähnig
Pippau, *Crepis* S. 483+485

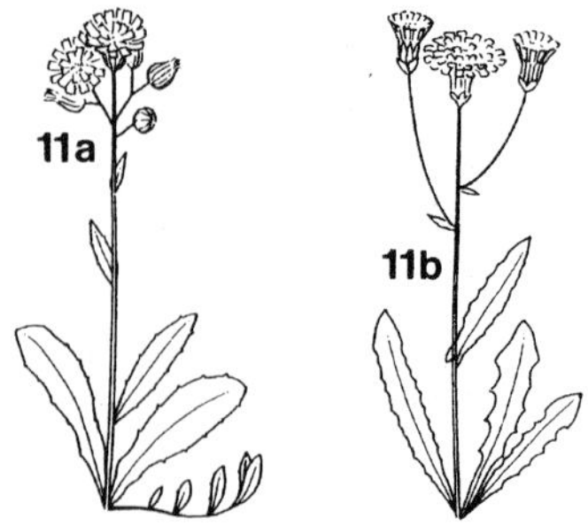

KO 10 Korbblütengewächs, Stengelblätter wechselständig, gekerbt bis gesägt; alle Körbchenblüten röhrig

1a Blüten kaum (0–2 mm) die Hülle des Körbchens überragend, Hülle nur 2–8 mm lang 2

1b Blüten kaum (0–3 mm) die Hülle des Körbchens überragend, Hülle um 1 cm lang 4

1c Zumindest die Randblüten deutlich länger (mindestens 5 mm) als die Hülle, diese ausgebreitet oder bauchig bis zylindrisch 5

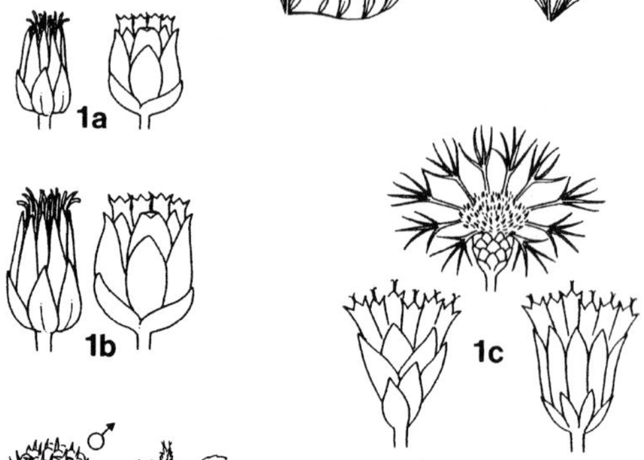

2a Laubblätter (und Zweige) deutlich wechselständig, gestielt; Spreite rundlich-rautenförmig, oft gelappt; Körbchen 1geschlechtig(-1häusig), zu wenigen blattachselständig, die ♀ 2blütig mit verwachsener Hülle (bilden widerhakige Scheinfrüchte)
Spitzklette, *Xanthium* S. 347+(351)

2b Laubblätter (und Blütenstandzweige) ± gegenständig genähert, gestielt; Spreite ei(herz)förmig, (± doppelt) gesägt; Körbchen ⚥ (Blüten 1geschlechtig), in endständigen, oft verzweigten Trauben; die Hüllen ± flachschalig-trichterig, kaum verwachsen
Rispenkraut, *Iva* S. 341

2c Laubblätter länglich-lanzettlich bis schmal-lineal, alle ungestielt; Körbchen in reich verzweigten Trauben oder Rispen 3

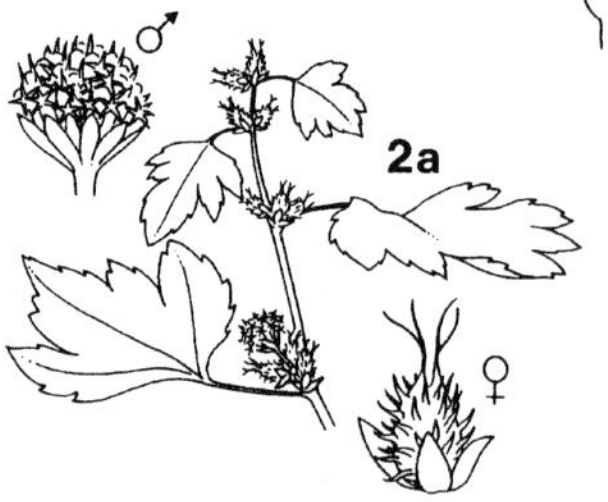

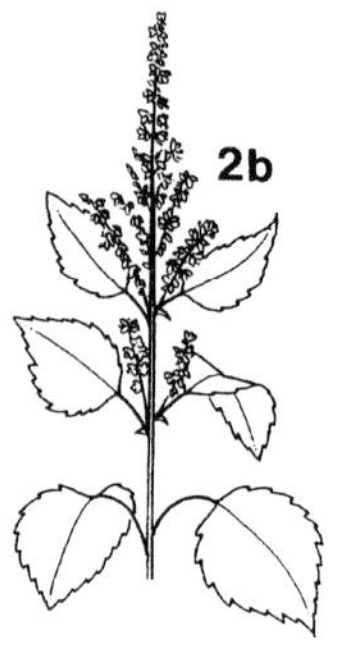

3a Körbchen 2–3 mm lang, Blüten weißlich, rötlich oder gelblich; Blätter kahl, glänzend, meist stachelspitzig; Staude, 0,5 bis 1,5 m hoch (zuweilen unten auch etwas verholzt)
Beifuß, *Artemisia* S. 377–383

3b Körbchen 3–5 mm lang, Blüten weißlich bis rötlich, innere schmutzigweiß bis gelb; Blätter weich behaart; 1jähriges Kraut, 15–100 cm hoch
Berufkraut, *Erigeron, Conyza* S. 317+321

3c Körbchen 5–6 mm lang, oft dicht beieinander und einseitswendig aufrecht; alle Blüten (satt) gelb; Staude, oft vielstengelig, 0,5–2,5 m hoch
Goldrute, *Solidago* S. 315

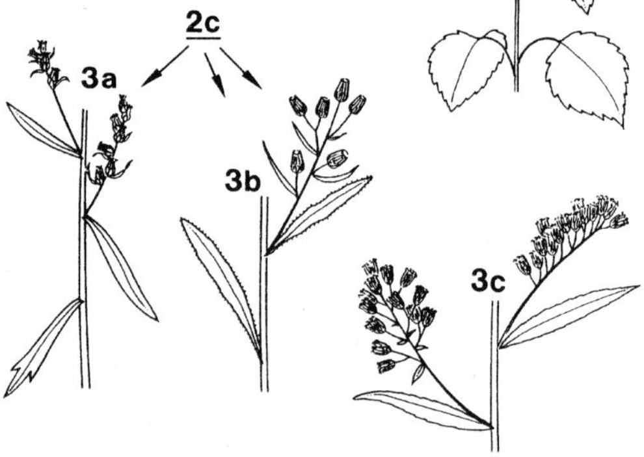

4a Hüllblätter des Körbchens lang, 1reihig (zuweilen an Körbchengrund und -stiel noch einige schuppenartige); Blüten schwefelgelb; Früchtchen mit dichtem, weißseidig glänzendem Haarschopf
Scheingreiskraut, *Erechtites* S. 393

4b Hüllblätter des Körbchens mehrreihig, ± dachziegelig, die äußeren etwas breiter und kürzer, oft mit abspreizender Spitze (selten alle klebrig-drüsig); Blüten gelb, äußere oft bräunlich-rötlich; Früchtchen (und Fruchtknoten) mit Haarschopf
Alant, *Inula* S. 335

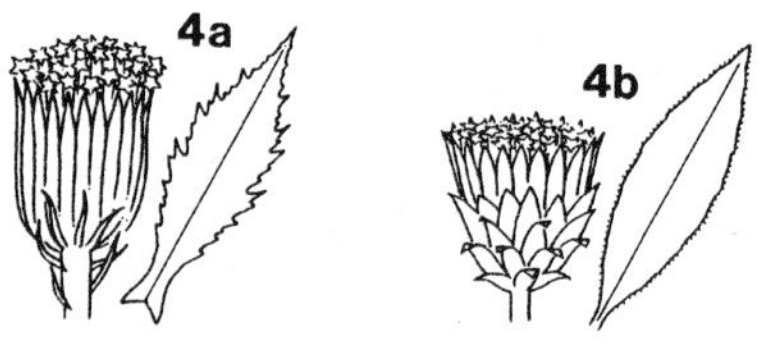

11a 11b 1a 1b 1c ♂ 2a ♀ 2b 2c 3a 3b 3c 4a 4b

4c Hüllblätter des Körbchens mehrreihig, die äußeren laubig verlängert und in längliche Tragblätter übergehend; Körbchen nickend, einzeln an den Zweigenden; Blüten hell gelblich(-grün), äußere fast fadendünn; Früchtchen ohne Haarschopf
Kragenblume, *Carpesium cernuum* L.
Heimat: Süd(ost)europa, Asien. Einzelne Vorposten (viele davon seit langem erloschen) wurden aus Bayern, Ober- und Niederösterreich, Kärnten, Steiermark, Norditalien und aus der (Süd)Schweiz gemeldet. In Kroatien eine 2., kleinkörbige Art.

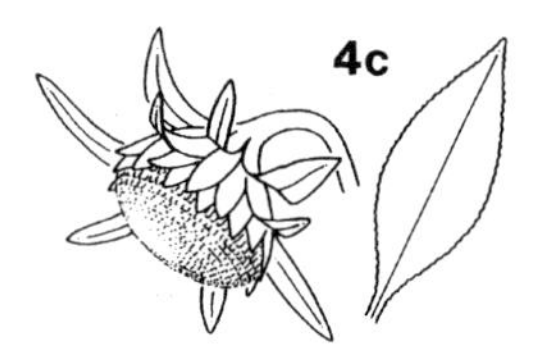

5a Hülle des Körbchens krugförmig (unten bauchig, oben verengt); Hüllblätter zugespitzt oder stumpf, ohne Anhängsel, nicht widerhakig **6**
5b Hülle des Körbchens krugförmig (unten bauchig, oben verengt); Hüllblätter mit trockenhäutigem, oft fransigem Anhängsel, breitem, ± zerschlissenem Hautrand oder aufgesetztem, mehrspitzigem Dorn (ohne Widerhaken) **7**
5c Hülle des Körbchens kugelig-krugförmig, oft spinnwebflockig; Hüllblättchen in lange, widerhakige (klettende) Fortsätze ausgezogen
Klette, *Arctium* S. 417+419
5d Hülle des Körbchens walzlich-kegelig, erst zur Fruchtreife auseinanderklaffend; Hüllblätter ohne Anhängsel, Dornen oder Widerhaken **8**

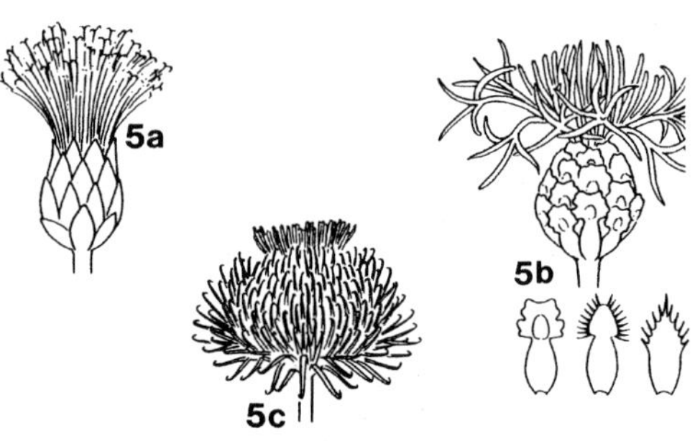

6a Laubblätter zumindest unterseits grau- oder weißwollig; Blüten blau- bis rotviolett (auch rosa); Hochgebirgspflanze, 5–40 cm hoch; Früchtchen mit einem Schopf gefiederter Haare
Alpenscharte, *Saussurea* S. 419+423
6b Laubblätter ± kahl; Körbchenhülle weniger als 2 cm lang, doch länger als ihr Tragblatt; Blüten selten weiß, meist wie die Spitze der Hüllblättchen purpurrot; Früchtchen mit einem Schopf einfacher, gezähnter, einzeln abfallender Haare
Färberscharte, *Serratula* S. 441
6c Laubblätter kahl; Körbchen 2,5–4 cm lang, von bleichen Tragblättern überragt; Blüten bleichgelb, selten ± blaß purpurn; Früchtchen mit einem verwachsenen Schopf gefiederter Haare
Kratzdistel (Kohldistel), *Cirsium* S. 429(+435)

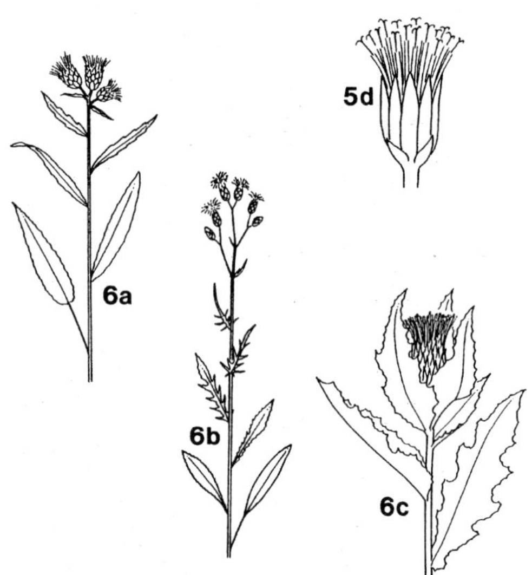

7: Flockenblumengruppe
7a Körbchen 1–3 cm breit; zu vielen an stark verzweigtem Sproß; äußere Hüllblätter mit breitem, häutigen, die innersten mit schmalem, stark behaartem Anhängsel; Randblüten nicht vergrößert; Blätter ungestielt, ei-länglich, 1–4 cm lang, untere meist gezähnt; Früchtchen mit einem Schopf ± borstiger, leicht abbrechender Haare
Federblume, *Acroptilon repens* (L.) DC
Pflanze aus Mittel- und Vorderasien, einheimisch bis in die Ukraine; verschleppt nach Amerika und Australien. Bei uns erstmals 1918 bei Hannover entdeckt. Zwischenzeitlich um Hamburg und nach 1950 auch an einigen Orten in der damaligen DDR recht beständig. Die Frage der Einbürgerung ist derzeit noch ungeklärt
7b, 7c →

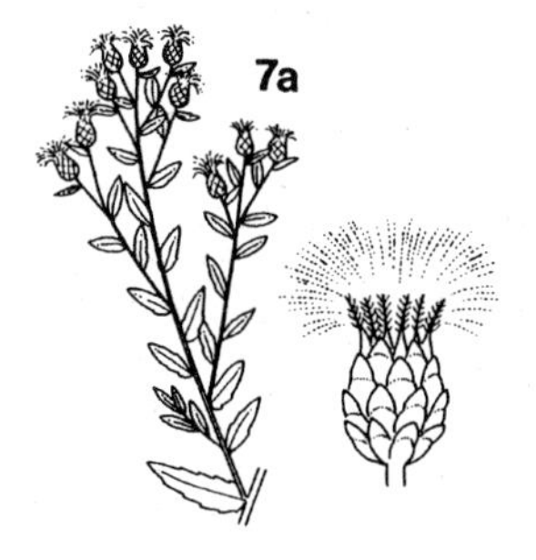

7b Körbchen 5–10 cm breit, meist einzeln auf langem, oben erweitertem und hohlem Stengel; Anhängsel der Hüllblätter breit, oft etwas geschlitzt; Randblüten nicht vergrößert; Gebirgspflanze; Früchtchen mit 2reihigem Haarschopf
Bergscharte, *Rhaponticum* S. 449

7c Körbchen 1–4(5) cm breit; Hüllblätter mit ganzrandigem bis fransig zerteiltem (oder dornartigem) Anhängsel, am einzelnen Körbchen wenig verschieden; Randblüten öfters vergrößert, dann Früchtchen zuweilen ohne Haare; sonst mit einem 2reihigen Schopf oft kurzer, aber robuster Haare, die äußeren länger als die inneren
Flockenblume, *Centaurea* S. 441–449
Artenreiche Gattung Grobeinteilung:

A Blüten gelb; Anhängsel der Hüllblätter dornig, stechend spitz S. 449
B Blüten weiß, rosa oder purpurn; Anhängsel der Hüllblätter dornig spitz S. 447
C Randblüten vergrößert, blau, selten weiß, innere violett; Hüllblattanhängsel die Spitze umrandend, zuweilen schwärzlich oder lang und schmal gezähnt S. 443
D Alle Blüten (trüb) purpurn, Randblüten vergrößert; Hüllblattanhängsel die Spitze umrandend, schmal gezähnt bis wimperig, zuweilen schwärzlich S. 447
E Blüten purpurrot, Randblüten vergrößert; Hüllblattanhängsel der Spitze aufgesetzt, ± rundlich, hellbraun, kaum, grob oder (selten) fein zerschlitzt S. 443
F Blüten purpurrot, Randblüten oft nicht vergrößert; Hüllblattanhängsel der Spitze aufgesetzt, fast alle (innerste weniger) fransig gefiedert oder gefingert S. 441

8a Blüten purpurviolett bis blaßrot, selten weiß; Körbchen in reichen Trugdolden; Stengelblätter ei-, herz- bis nierenförmig, untere gestielt, allmählich zu den Grundblättern überleitend
Alpendost, *Adenostyles* S. 393

8b Blüten hellpurpurn oder blaßviolett, selten weiß; nur 1(–2) Körbchen am Stengel; Stengelblätter wenige, eiförmig, obere fast schuppenartig; Grundblätter gestielt, ± rundlich-nierenförmig
Alpenlattich, *Homogyne* S. 387

8c Blüten (hell) schwefelgelb; Körbchen in doldiger Traube; Stengelblätter zahlreich, länglich-lanzettlich; Grundblätter zur Blüte meist verdorrt
Scheingreiskraut, *Erechtites* S. 393

KO 11 Korbblütengewächs, Stengelblätter wechselständig, gelappt bis geteilt; alle Körbchenblüten röhrig

1a (Untere) Stengelblätter schmal 3teilig bis handförmig in ± lange, nur 1–2 mm breite Zipfel zerschnitten
Beifuß, *Artemisia* S. 377+381

1b (Untere) Stengelblätter breit-handförmig gelappt
Spitzklette, *Xanthium* S. 347+351

1c Zumindest die unteren Stengelblätter fiedrig zerteilt oder fiederlappig 2

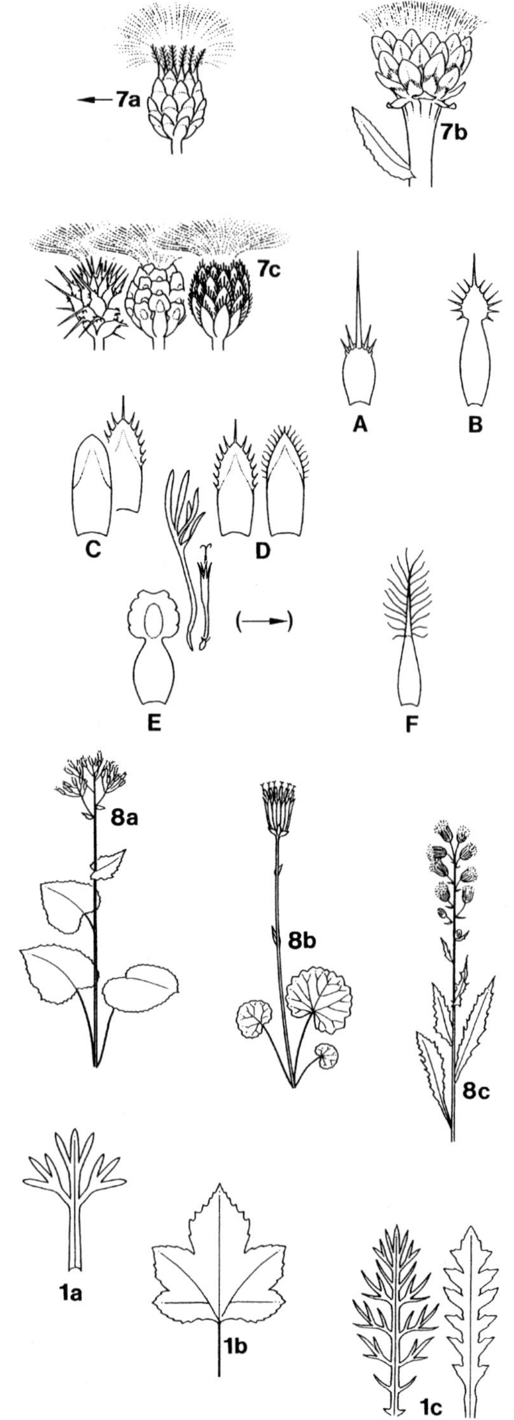

2a Hülle des Körbchens fast so lang wie die Blüten – hier auch alle Pflanzen mit kleinen Körbchen: unter oder um 5 mm breit (lang) **3**
2b Hülle des Körbchens von den kurzzipfligen Blüten halbkugelig überwölbt **5**
2c Hülle des Körbchens von den langzipfligen Blüten deutlich überragt **6**

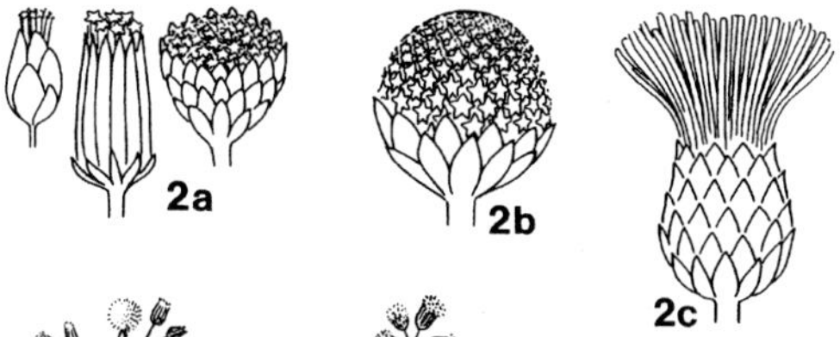

3a Hülle walzlich, um 1 cm hoch; Fruchtknoten und Früchtchen mit Haarschopf
Greiskraut, *Senecio* S. (399+)411
3b Vgl. auch: Körbchen am Rand mit 2–4 Reihen fadenförmiger Blüten; Haarschopf der Früchtchen schütter; Blüten schwefelgelb; Hüllblätter braunrötlich; sehr seltene Pflanze
Scheingreiskraut, *Erechtites* S. 393
3c Hülle ei-kugelig; Körbchen in endständigen Trugdolden
Wucherblume (u. a.), *Tanacetum* (u. a.) S. 371+375
3d Hülle ei-kugelig; Körbchen in end- oder blattachselständigen Knäueln oder Trauben **4**

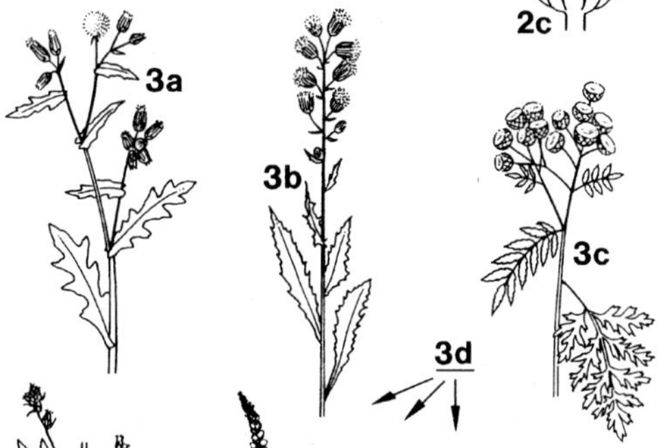

4a Alle Körbchen gleichgestaltet, höchstens in der Größe etwas verschieden
Beifuß, *Artemisia* S. 377–383
4b Körbchen 1geschlechtig-1häusig, die ♂ größer, nickend, breitglockig; in Trauben(-Ähren); an deren Grund geknäuelte ♀ Körbchen mit meist einfacher Blüte, zur ± eiförmigen Scheinfrucht mit geraden Borsten auswachsend
Traubenkraut, *Ambrosia* S. 339+341
4c Körbchen 1geschlechtig-1häusig, ♂ ± kugelig, geknäuelt am oberen Stengelteil, ♀ darunter, ebenfalls geknäuelt, eher eiförmig, mit hakenborstiger Hülle, 2blütig; zu einer 2hörnigen, hakig bedornten Scheinfrucht auswachsend
Spitzklette, *Xanthium* S. 347+351

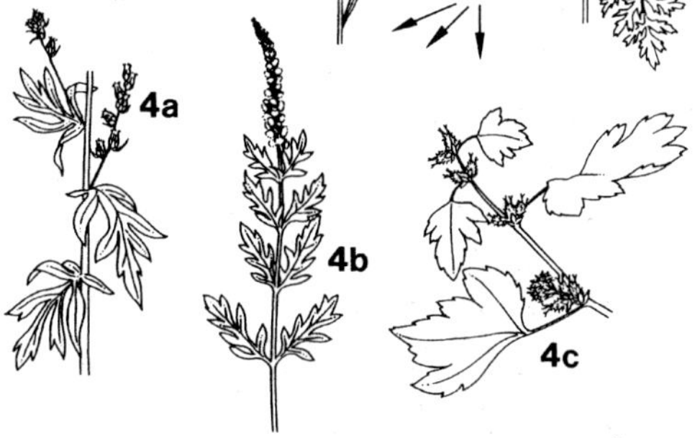

5a Laubblätter mehrfach fiederteilig mit sehr feinen, schmalen Zipfeln
Kamille, *Matricaria* (u. a.) S. 369
5b Laubblätter doppelt gefiedert mit breiten Zipfeln
Wucherblume (u. a.), *Tanacetum* (u. a.) S. 371+375
5c Laubblätter einfach gefiedert
Laugenblume, *Cotula* S. 387

6a Hüllblätter ± spitz bis 1dornig ausgezogen, vorn höchstens leicht verfärbt **7**
6b Hüllblätter mit trockenem Hautrand oder Anhängsel, das mehrspitzig dornig sein kann
Flockenblumen-Gruppe s. S. 49, 7:

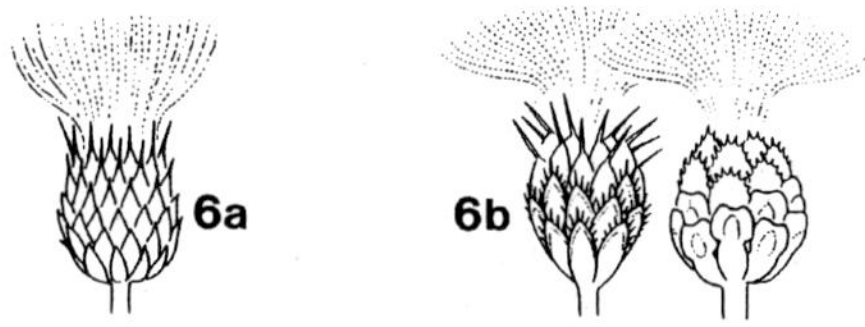

7a Fiederlappen weichdornig-borstig bewimpert; Blätter kahl bis zerstreut behaart
Kratzdistel, *Cirsium* S. 425–431
7b Fiederlappen scharf und klein gesägt (nicht stachelspitzig); Blätter fast kahl
Färberscharte, *Serratula* S. 441
7c Fiederlappen fast ganzrandig; Blätter unterseits weiß- bis graufilzig
Silberscharte, *Jurinea* S. 423
7d, 7e →

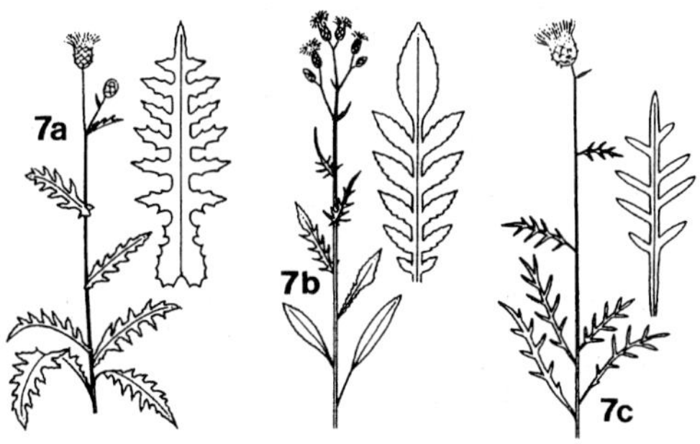

2a 2b 2c 3a 3b 3c 3d 4a 4b 4c 5a 5b 5c 6a 6b 7a 7b 7c

7d Fiederlappen sehr lang und schmal (1-2 mm), seicht gezähnt und ringsum dicht drüsig; Blätter oberseits kahl, unterseits behaart
Schlupfsame, *Crupina vulgaris* CASS.
1jähriges Kraut aus Südeuropa (bis Asien); selten aber beständig in Südalpentälern (Wallis, Südtirol); sehr vereinzelt und unbeständig im Vorland der Nordalpen (eine 2., eng verwandte Art aus Südeuropa wurde vor Jahrzehnten je 1mal bei Erfurt und Mannheim, sowie im Vorland des Schweizer (bei Orbe) und des Französischen Juras (bei Ardon) gefunden - Blattmitte oberseits weißwollig)

7e Fiederlappen klein, stumpflich, ganzrandig, sehr regelmäßig; Blätter kaum 5 mm breit, dicklich, immergrün, beidseits graufilzig; aromatisch duftender (Polster-)Halbstrauch
Zypressenkraut, *Santolina chamaecyparissus* L.
Heimat: (westliches) Mittelmeergebiet; bei uns Zier- (früher auch Heil-)Pflanze; am Südalpenfuß beständig, sonst nur selten und unbeständig verwildert (nicht sehr frosthart und in unserem Klima auch nicht blühfreudig)

KO 12 Korbblütengewächs, Stengelblätter wechselständig, gekerbt bis gesägt; innere Körbchenblüten röhrig, randliche zungenförmig

1a Randblüten alle fädlich dünn, kaum über die Körbchenhülle reichend 2
1b Randblüten alle fädlich dünn, die Körbchenhülle deutlich überragend 3
1c Randblüten schmal aber durchaus flächig, länglich, weiß, rot oder blau 4
1d Randblüten schmal aber durchaus flächig, länglich, gelb (außen oft ± rötlich getönt) 8
1e Randblüten rundlich-keilförmig (oft breiter als lang)
Schafgarbe, *Achillea* S. 363–369

2a (Rand-)Blüten weißlich oder rötlich; am Körbchengrund höchstens schuppenartige Blättchen
Berufkraut, *Erigeron, Conyza* S. 317+321
2b Blüten gelblich, Körbchenhülle von einem Kragen langer, abstehender Blätter umgeben
Kragenblume, *Carpesium* s. S. 49, 4c

3a Stengelblätter ungestielt oder ihre Spreite in den Stiel verschmälert; Früchtchen mit Haarschopf
Alant, *Inula* S. 335+339
3b Stengelblätter mit herzförmiger Spreite in den Stiel übergehend; Früchtchen ohne Haarschopf (oben mit kurzem, zerschlitzten Hauttrichter)
Telekie, *Telekia* S. 341

4a Fruchtknoten (Röhrenblüten sanft auseinander drücken!) und Frucht ohne Haarschopf, höchstens mit 1-2(-5) hinfälligen Börstchen; Körbchen stets über 1 cm breit 5
4b Fruchtknoten (s. 4a) und Frucht mit Haarschopf - hierher (ohne Prüfung) auch alle Pflanzen mit Körbchen unter 1 cm Breite 6

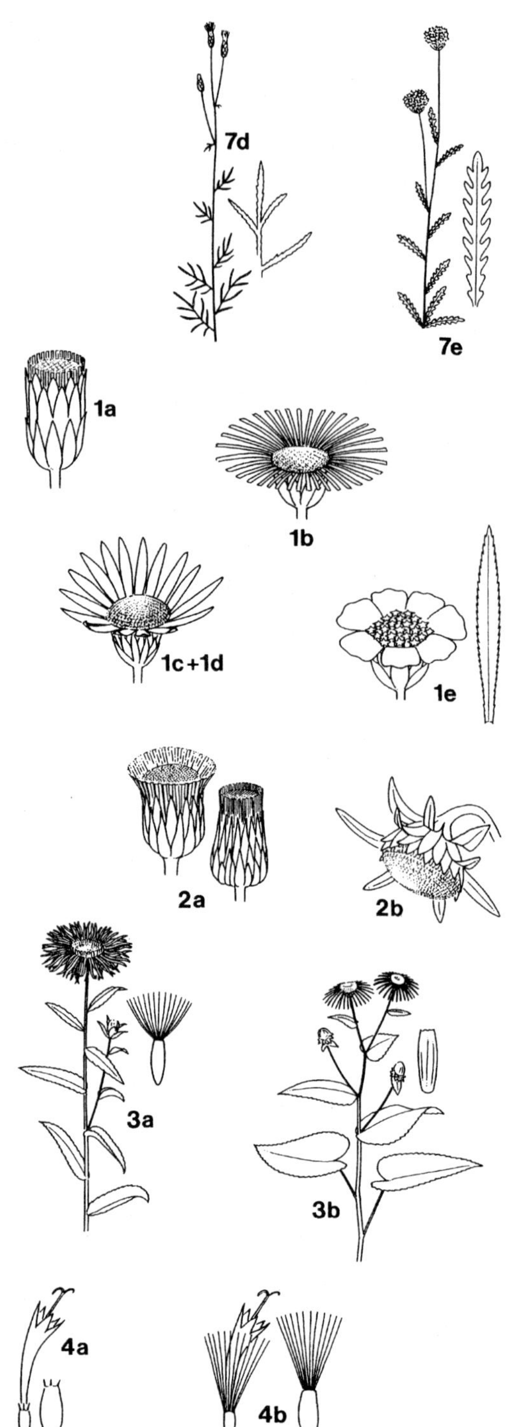

5a Zungenblüten weiß, Röhrenblüten meist gelb, in flacher bis ± gewölbter Scheibe
Wucherblume (u. a.), *Tanacetum* (u. a.) S. 371+375
5b Zungenblüten rot(orange), Röhrenblüten gelblich oder gleichfarben, in flacher Scheibe
Ringelblume, *Calendula* S. 413
5c Zungenblüten rot(violett-bräunlich), Röhrenblüten oft dunkelbraun, in hochgewölbtem Kolben
Sonnenhut (Gartenformen), *Rudbeckia* S. 351

6a Körbchen 5–10 cm breit, lang gestielt; Blätter der Körbchenhülle ± laubig, z. T. zurückgerollt
Sommeraster, *Callistephus* S. 303
6b Körbchen 0,5–4 cm breit, in reichen Blütenständen, wenn größer und auf sehr langen Stielen, dann die Hüllblättchen des Körbchens dachziegelig, ± aufrecht **7**

7a Zungenblüten 1reihig, andersfarbig (blau, rot, weiß) als die unmittelbar anschließenden gelben bis grünlichgelben Röhrenblüten
Aster, *Aster* S. 305–311
7b Zungenblüten 1reihig, ± gleich (rot-orange-gelb) gefärbt wie die unmittelbar anschließenden Röhrenblüten (Zungenblüten selten fein braunstreifig - vor allem außen)
Greiskraut, *Senecio* S. 401–407
7c Zungenblüten mehrreihig oder 1reihig, dann aber zwischen ihnen und den strahligen Röhrenblüten noch mehrere Reihen fadenförmiger Blüten; Hüllblätter des Körbchens schmal, krautig, höchstens der Rand oder die Spitze weißlich-häutig;
Berufkraut, *Erigeron, Conyza* S. 317+321
7d Zungenblüten mehrreihig, keine Fadenblüten; Hüllblätter des Körbchens dachziegelig, meist eiförmig, spitz; zumindest die inneren ledrig oder häutig, oft mit krautiger Spitze oder grünem Mittelstreif: verwilderte, „halbgefüllte" Ziersorten (mehrerer Arten) von
Aster, *Aster* (s. oben: 7a)

8a Fruchtknoten und Frucht ohne Haarschopf, höchstens mit 1–2(–5) hinfälligen Börstchen (Röhrenblüten sanft auseinanderdrücken:) Körbchen stets über 1 cm breit **9**
8b Fruchtknoten und Frucht mit Haarschopf (s. 8a) – hierher (ohne Prüfung) auch alle Pflanzen mit Körbchen unter 1 cm Breite **12**

9a Röhrenblüten deutlich dunkler gefärbt als die Zungenblüten **10**
9b Farbtönung der Blüten im Körbchen ± gleich; Zungen um 1 mm breit (2–2,5 cm (!) lang)
Telekie, *Telekia* S. 341
9c Farbtönung der Blüten im Körbchen ± gleich, Zungen 2–5 mm breit (0,5–3 cm lang) **11**
9d Farbtönung der Blüten im Körbchen ± gleich, Zungen 5–20 mm breit (2 bis über 10 cm lang)
Sonnenblume (u. a.), *Helianthus* S. 351+353

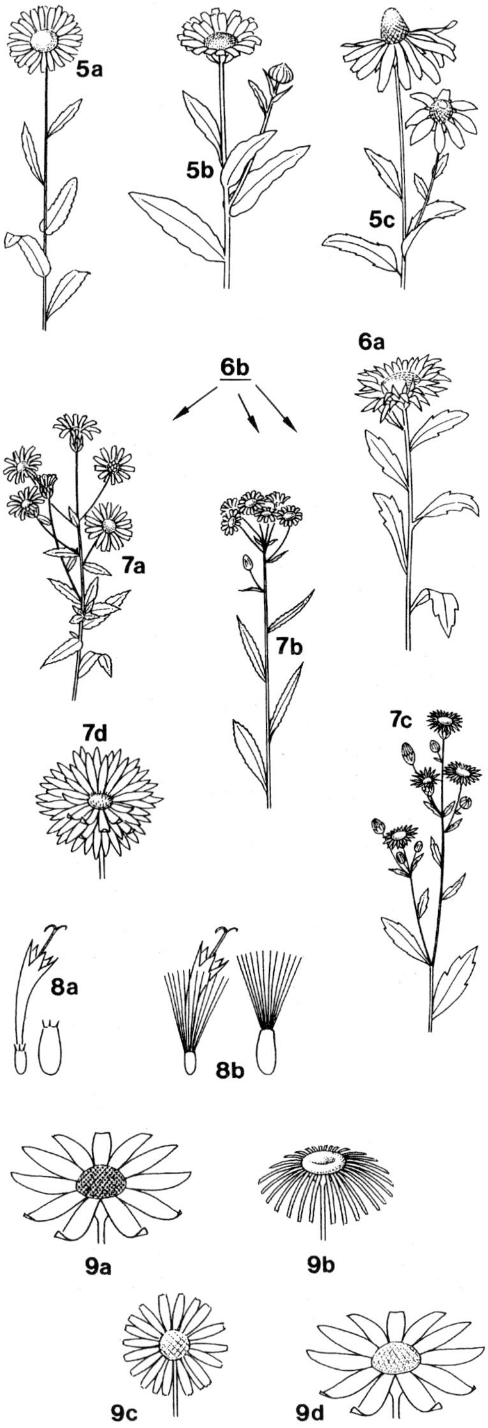

5a 5b 5c 6a 6b 7a 7b 7c 7d 8a 8b 9a 9b 9c 9d

10a Blütenboden (mit den Röhrenblüten) ± flach
Sonnenblume, *Helianthus* S. 351+353
10b Blütenboden (mit den Röhrenblüten) kegelförmig hoch gewölbt
Sonnenhut, *Rudbeckia* S. 351

11a Blätter grob gezähnt, ± kahl
Wucherblume, *Chrysanthemum* S. 371
11b Blätter grob gezähnt-gelappt, oberseits flaumig, unten dicht graufilzig
Verbesine, *Verbesina* L.
Verbesina encelioides (CAV.) BENTH. et HOOK. f. Heimat: Mittel- und Nordamerika; 1jähriges Kraut mit oft stark verzweigtem, weißfilzigem Sproß. Im nördlichen Afrika eingebürgert, bei uns nur selten eingeschleppt und (da wärmebedürftig) sehr unbeständig. 2 weitere, sehr ähnliche Arten vereinzelt (± unbeständig) im Elsaß bzw. in der südlichen Steiermark
11c Blätter seicht gezähnt, ± behaart, die oberen zum Grund hin verschmälert; am Körbchenboden 1 Spreuschuppe bei jeder Blüte
Ochsenauge, *Buphthalmum* S. 333
11d Blätter seicht gezähnt, ± behaart, die oberen mit abgestutztem bis herzförmig stengelumfassenden Grund. - Keine Spreuschuppen
Ringelblume, *Calendula* S. 413

12a Körbchenhülle lang walzlich, aus 1 Reihe schmaler Hüllblätter, zuweilen unten noch einige höchstens halb so lange, aufrechte oder zurückgebogene in dichtem oder aufgelockertem 2. Kreis
Greiskraut, *Senecio* s. S. 57, 7b
12b Körbchenhülle becherartig, nach außen in sehr lange, laubige Tragblätter übergehend
Strandstern, *Asteriscus* s. S. 43, 1d
12c Körbchenhülle becherartig, Hüllblätter in 1-3 Reihen, wenig größenverschieden, alle kürzer als die Blüten **13**
12d Körbchenhülle becherartig bis kurzwalzlich, mit regelmäßig dachziegelig gestellten Hüllblättern, die von außen nach innen gleichmäßig an Größe zunehmen **14**

13a Über 40 Zungenblüten pro Körbchen, alle sehr schmal (unter 2 mm breit); sicheres Kennzeichen: Narben des Griffels glatt (Lupe!)
Alant, *Inula* S. 335+339
13b 10-40, 2-4 mm breite Zungenblüten pro Körbchen (Narben behaart); voll erblühte Körbchen über 4 cm breit oder 3-4 cm, dann aber Körbchen lang gestielt bzw. einzeln endständig
Gemswurz, *Doronicum* S. 395+399
13c 10-40, 2-4 mm breite Zungenblüten pro Körbchen (Narben behaart); voll erblühte Körbchen unter 3 cm breit oder 3-4 cm, dann aber kurzgestielt und zu mehreren einander genähert
Greiskraut, *Senecio* s. S. 57, 7b

14a Nur 5-10 lange oder auch kaum die Hülle überragende Zungenblüten pro Körbchen
Goldrute, *Solidago* S. 315

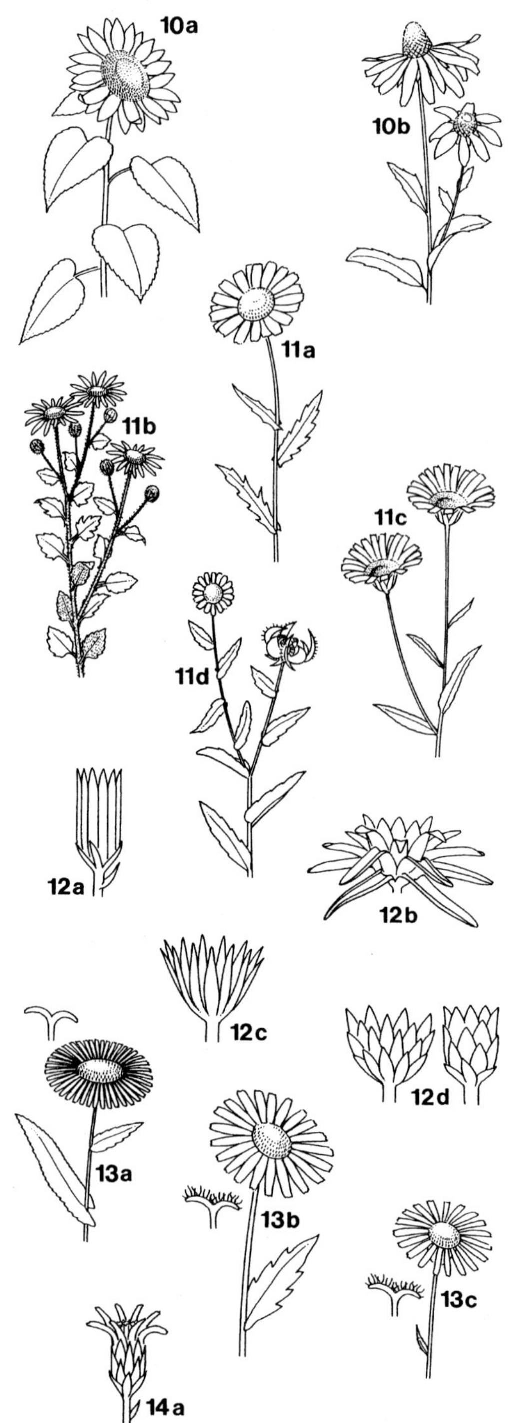

14b Über 15 Zungenblüten pro Körbchen, entweder wenig länger als die Körbchenhülle oder länger, dann Hüllblätter schmal und in eine fadendünne Spitze ausgezogen (Haarschopf der Früchtchen 2reihig: außen 1 Kreis Borsten)
Flohkraut, *Pulicaria* S. 347

14c Über 15 Zungenblüten pro Körbchen, stets deutlich länger als die Körbchenhülle aus spatelig-zungenförmigen, ± zugespitzten Blättern (Früchtchen mit 1reihigem Haarschopf)
Alant, *Inula* S. 335+339

KO 13 Korbblütengewächs, Stengelblätter wechselständig, gelappt bis geteilt; innere Körbchenblüten röhrig, randliche zungenförmig

1a Zungenblüten weiß, selten außen rötlich (in der Form verkehrt-eiförmig bis rundlich), Röhrenblüten weiß bis grauweiß 2
1b Zungenblüten weiß oder (selten) rosa bis rotviolett (in der Form eher länglich zungenförmig-lanzettlich) Röhrenblüten gelb bis olivgrün 3
1c Zungenblüten gelb, braungelb oder gelborange (nur unterseits zuweilen rötlich oder blauviolett angelaufen bzw. fein gestreift) 6

2a Laubblätter stark gefiedert, Fiedern tief gesägt bis gefiedert (Körbchenboden mit Spreublättchen)
Schafgarbe, *Achillea* S. 363+365

2b Laubblätter fiederlappig, Lappen gezähnt, ± 3eckig (Körbchenboden ohne Spreublättchen)
Wucherblume (u. a.), *Tanacetum* (u. a.) S. 371+375

3a Laubblätter wenig geteilt: gezähnt, tief fiedrig gesägt bis einfach fiederschnittig
Wucherblume (u. a.), *Leucanthemum* (u. a.) S. 371

3b Laubblätter doppelt bis mehrfach fiederschnittig, mit (oft noch gezähnt-gesägten) lanzettlichen bis breit-eiförmigen Zipfeln 4
3c Laubblätter (doppelt bis meist) mehrfach fiederschnittig bis gefiedert, mit langen, sehr schmalen (0,5–2 mm breiten) Zipfeln 5

4a 1–2jähriges, 1stengeliges, meist von unten an verästeltes Kraut; Körbchenboden mit Spreuschuppen (Blüten sanft auseinanderdrücken)
Hundskamille, *Anthemis* S. 359+363

4b Mehrjährige Staude, oft mehrere Stengel (oder zusätzliche Grundblattrosetten) treibend; Stengel erst etwa ab der Mitte verästelt; Körbchenboden ohne Spreuschuppen
Wucherblume (u. a.) *Tanacetum* (u. a.) S. 371+375

5: Kamillen-Gruppe, S. 359+363+369+ Gartenpflanzen. Zur sicheren erstmaligen Identifikation sollte eines (möglichst alt) der meist vielen Körbchen senkrecht bis zum Stiel durchgeschnitten werden; so kann auch erkannt werden, ob auf dem Körbchenboden kleine (häutige) Spreuschuppen stehen (im Zweifelsfall: Lupe!)
5a–5e →

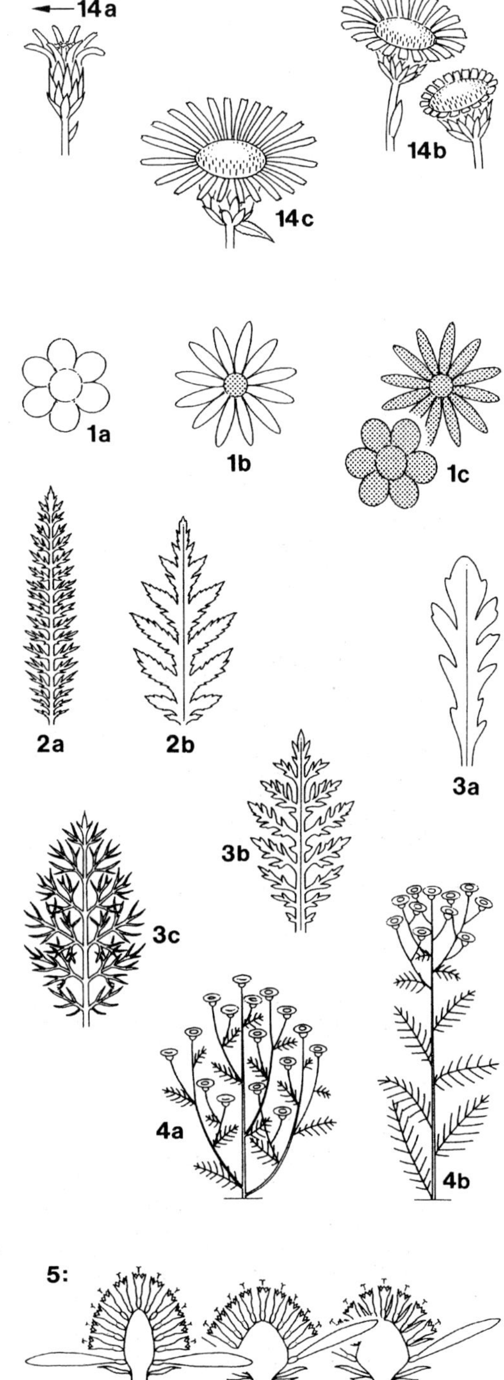

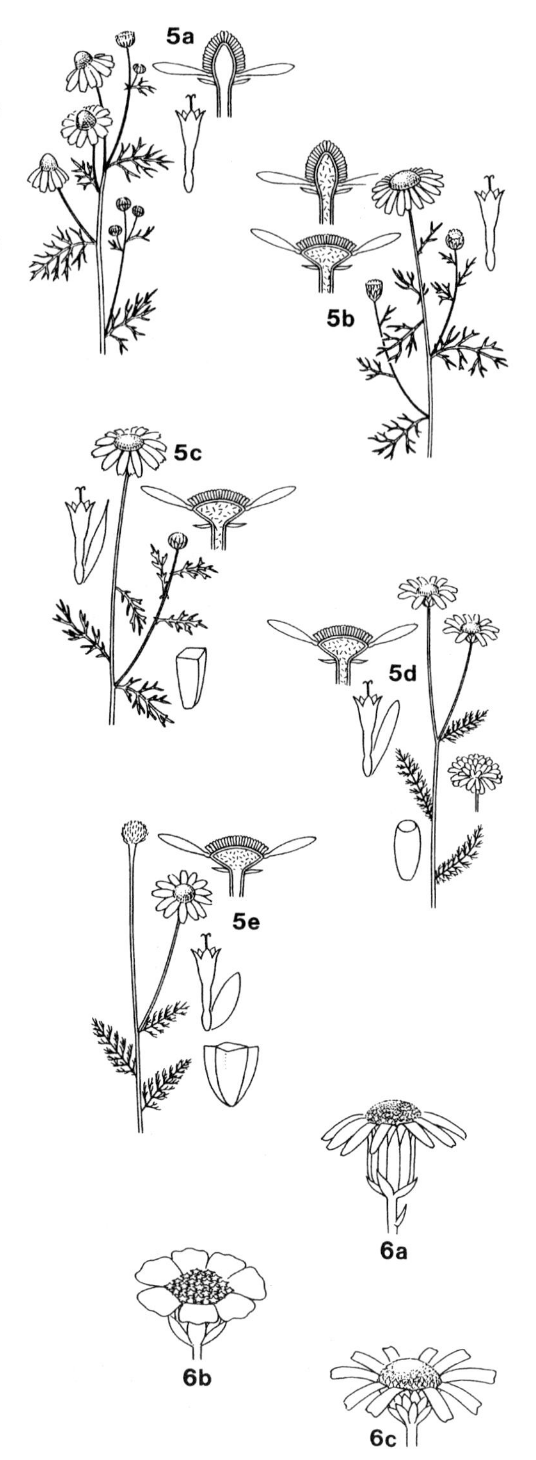

5a Körbchenboden kegelig emporgewölbt, hohl, ohne Spreublätter; Laubblattzipfel sehr fein und lang (Kamillenduft stets deutlich)
Kamille, *Matricaria* S. 369

5b Körbchenboden wenig bis kegelig gewölbt, stets mit weißem Mark erfüllt, ohne Spreublätter; Laubblattzipfel sehr fein und lang - nur über Salzböden gröber und ± fleischig, dann aber Körbchen mit 15-30 Zungenblüten
Kamille, *Tripleurospermum* S. 369

5c Körbchenboden flach bis wenig gewölbt, stets mit weißem Mark erfüllt, mit lanzettlich spitzen bis borstlichen Spreublättern; Blattzipfel um 1 mm breit - nur über Magerböden feiner, dann jedoch Körbchen mit nur 7-10 Zungenblüten; Früchtchen schwach abgeflacht, rautenförmig-4kantig - (mit oder ohne Kamillenduft)
Hundskamille, *Anthemis* S. 359+363

5d Körbchenboden wenig gewölbt, markerfüllt, mit abgestumpften, zungenförmigen Spreublättern; Blattzipfel fein, linealisch-pfriemlich; Körbchen lang gestielt, oft mit vielen Reihen von Zungenblüten oder „gefüllt" (nur Zungenblüten); Früchtchen fast stielrundlich, nicht kantig
Römerkamille, *Chamaemelum nobile* (L.) ALL
Heilpflanze aus West- und Südwesteuropa; dort auch wild (bis Belgien); bei uns früher vor allem im „Bauerngarten" vertreten; heute eher selten und (meist in der „gefüllten" Form) reine Zierpflanze; äußerst selten unbeständig verwildert

5e Körbchenboden wenig gewölbt, markerfüllt, aber der anschließende Stiel kurz erweitert und hohl; Spreublätter vorhanden, breit-eiförmig; Körbchen lang gestielt, Zungenblüten unterseits oft rötlich; Früchtchen flach zusammengedrückt, zumindest die randlichen 2kantig-geflügelt
Bertram, *Anacyclus* L.
Mit ca. 15 Arten im Mittelmeergebiet. Die Kulturform Deutscher Bertram, *A. officinarum* HAYNE, früher als Heilpflanze bei uns angebaut, vor allem in Thüringen, Sachsen und Sachsen-Anhalt. Dort auch gelegentlich verwildert, heute wohl überall erloschen (?). Unter gleichem Namen wurden nach dem 2. Weltkrieg Zierformen der Hundskamillen (*Anthemis*; s.o. 5c) von Pflanzenzüchtereien vertrieben.
Ganz vereinzelt treten in der Umgebung von Umschlagplätzen für Südfrüchte (Häfen, Güterbahnhöfe) einige südländische Arten, besonders gern der Keulen-Bertram, *A. clavatus* (DESF.) PERS., vorübergehend auf. Alle sind durch die flachen Früchtchen gut ausgewiesen, die genaue Artbestimmung ist indes schwierig und gelingt meist nur dem Spezialisten

6a Körbchenhülle lang glockig-walzlich, Zungenblüten lang und schmal 7

6b Körbchenhülle kugelig-becherförmig, Zungenblüten rundlich bis breit keilförmig (oft hellgelb)
Schafgarbe, *Achillea* S. 363+365

6c Körbchenhülle becherförmig, Zungenblüten lang und schmal 8

7a Körbchenhülle zu einem länglichen, oben gezähnten Becher verwachsen; an der Frucht oben nur 3–6 Schuppen, ± 1/3 so lang wie die Frucht
Studentenblume, *Tagetes* S. 345

7b Körbchenhülle 1reihig, aus schmalen Blättchen, am Grund 0 bis viele deutlich kürzere „Außenhüllblättchen"; Früchtchen mit Haarschopf
Greiskraut, *Senecio* S. 399–413
Artenreiche Gattung Grobeinteilung:

A Am Grund der Körbchenhülle keine kleinen Schuppen S. 399–405
- A1 Blätter lanzettlich, alle halb stengelumfassend am klebrig-drüsigen Stengel S. 399
- A2 Grundblätter gestielt, Spreite herzförmig, gezähnt; Stengelblätter mit breit geflügeltem Stiel S. 405
- A3 Grundblätter schmalflügelig gestielt, Spreite am Grund gestutzt bis verschmälert, ± so lang wie ihr Stiel S. 399
- A4 Grundblätter breitflügelig gestielt, Spreite eiförmig bis lanzettlich, deutlich länger als der Stiel S. 401

B Am Grund der Körbchenhülle einige bis viele Schuppen; Blätter höchstens gezähnt (Blattstiel zuweilen fiederzipflig) S. 401–407
- B1 Blätter ± lanzettlich, über 5 mm breit; 0–8 Zungenblüten je Körbchen S. 405+407
- B2 Blätter ± lanzettlich, über 5 mm breit; 10–20 Zungenblüten je Körbchen S. 401
- B3 Blätter lineal-lanzettlich, unter 5 mm breit; 10–15 Zungenblüten je Körbchen S. 405
- B4 Grundblätter breit-herzförmig, grob gezähnt, gestielt S. 401

C (Stengel-)Blätter fiedrig zerlappt; am Grund der Körbchenhülle Schuppen S. 405–413
- C1 Zungenblüten fehlend oder kürzer als die Hülle und zurückgerollt S. 411+413
- C2 Zungenblüten lang, ausgebreitet (höchstens im Verblühen zurückrollend) S. 405–411
- /1 alle Blätter ohne Öhrchen am Grund, entweder fiederlappig und stark filzig behaart oder kahl, schmalzipflig doppelt fiedrig (nur in den Alpen) S. 407
- /2 Blätter buchtig fiederlappig, kahl, Lappen ringsum fein gezähnt S. 411
- /3 Blätter fiederlappig, mit mäßig großem, seicht gelapptem Endzipfel S. 407+411
- /4 Blätter fiederlappig, mit auffälligem, nur gezähntem Endzipfel S. 405

8a Mittlere Stengelblätter 2–3fach fiederschnittig
Färberkamille, *Anthemis* S. 359

8b Mittlere Stengelblätter ± handförmig 3–7lappig
Sonnenhut, *Rudbeckia* S. 351

8c Mittlere Stengelblätter länglich bis breit spatelförmig, schmal ansitzend bis stengelumfassend, tief gezähnt bis fiedrig gelappt
Wucherblume, *Chrysanthemum (segetum)* S. 371

8d Mittlere Stengelblätter 3eckig-eiförmig, gestielt, gezähnt bis fiedrig gelappt, unterseits dicht filzig
Verbesine, *Verbesina* s. S. 54, 11b

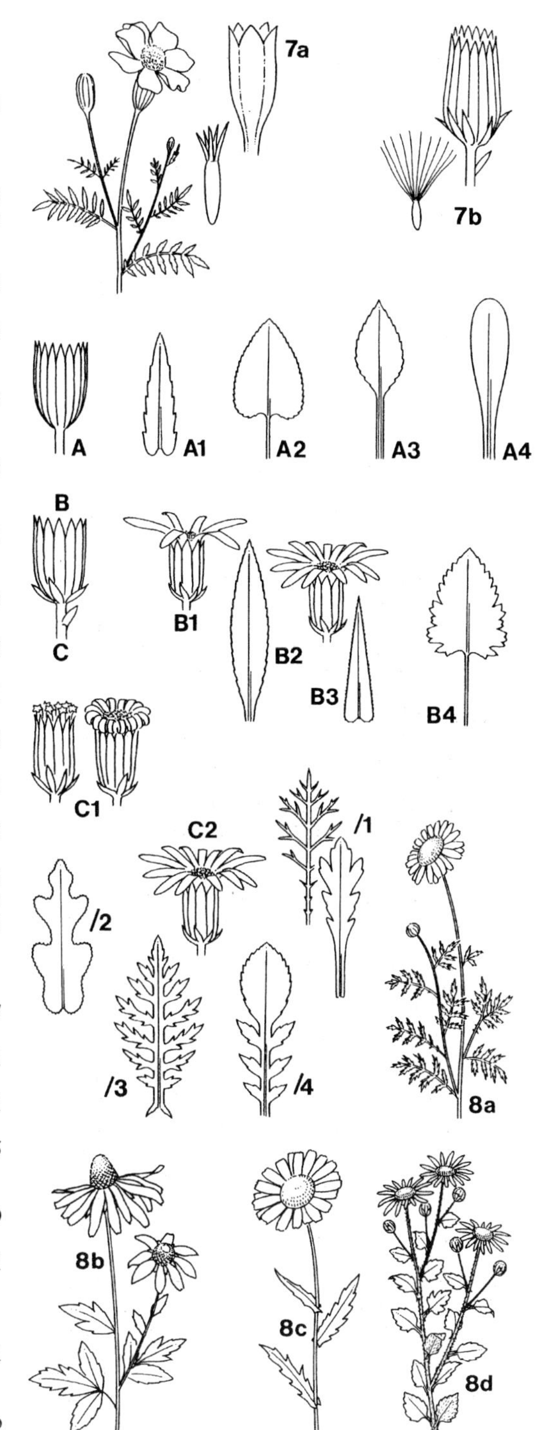

Giftbeere *Nicandra*
Judenkirsche *Physalis*
Tollkirsche *Atropa*
Bilsenkraut *Hyoscyamus*

Giftbeere

Nicandra physalodes (L.) GAERTN.
Nachtschattengewächse *Solanaceae*

Beschreibung: Die Blüten stehen einzeln und überhängend an ziemlich kurzen, stark nach unten gebogenen Stielen in den Achseln der oberen, zuweilen auch schon der mittleren Blätter. Kelch 1–2 cm lang, 5kantig, 5zähnig, am Grunde mit 5 rückwärts gerichteten Zipfeln (gutes Kennzeichen!); zur Fruchtzeit wird er bis 3,5 cm lang, ist dann stark aufgeblasen und umhüllt die ziemlich trockene, braune Beere. Krone glockig-trichterig, mit 5teiligem, ausgebreitetem Rand, 1,5–3 cm lang, weiß, mit hellblauem Rand, kahl. Stengel aufrecht, verzweigt, mehr oder weniger deutlich kantig. Blätter wechselständig, eiförmig, vorne spitzlich zulaufend oder deutlich abgestumpft, am Grunde leicht keilförmig in den Stiel verschmälert, am Rand stark buchtig und ziemlich stumpf gezähnt, obere zuweilen fast eingeschnitten oder fiederteilig; Spreiten 3–12 cm lang, 2–9 cm breit (selten noch länger und breiter), oberseits sehr schütter behaart. Juli–September. 0,3–1 m.

Vorkommen: Braucht stickstoffsalzreichen, locker-steinigen Lehmboden in Lagen mit warmem Klima. Heimat: Peru. Bei uns gelegentlich als Zierpflanze in Gärten kultiviert und da und dort – oft ziemlich unbeständig – verwildert, z. B. am Unterlauf der großen Ströme und in den Weinbaugebieten. Besiedelt dann vor allem gartennahe Schutt- und Ödflächen, seltener Äcker oder Bahnschotter.

Wissenswertes: ⊙; ☠. Die Pflanze enthält ein hyoscyaminhaltiges Alkaloid (Tropinon), das Alkaloid Hygrin, dazu weitere Tropinalkaloide. Besonders große Giftmengen sollen die Wurzeln enthalten, u. a. Pyrrolizidin-Alkaloide; giftfrei sind wohl keine Pflanzenteile.

Gewöhnliche Judenkirsche

Physalis alkekengi L.
Nachtschattengewächse *Solanaceae*

Beschreibung: Blüten einzeln und überhängend an ziemlich kurzen, nach unten gebogenen Stielen in den Achseln der oberen und der mittleren Blätter. Kelch zur Blütezeit grün, glockig behaart, mit 5 breit 3eckig-spitzen Zipfeln, zur Fruchtzeit stark kugelig aufgeblasen, lampionähnlich, orangerot, bis 4 cm lang. Krone radförmig-glockig, mit 5 spitz-3eckigen Lappen, 1–1,5 cm lang, 1,5–2,5 cm im Durchmesser (ausgebreitet gemessen), grünlich-weiß, behaart. Stengel aufrecht, stumpfkantig, einfach oder spärlich verzweigt, kurz und abstehend behaart. Blätter wechselständig, eiförmig, spitz zulaufend, am Rande oft buchtig geschweift, am Grund abgestutzt oder in den Stiel verschmälert, sehr schütter behaart. Mai–August. 20–50 cm.

Vorkommen: Braucht stickstoffsalz- und kalkhaltigen Lehmboden in Lagen mit Weinbauklima. Besiedelt lichte Gebüsche und Auenwälder. Zierpflanze; Heimat: Östliches Mittelmeergebiet, Vorderasien; bei uns gelegentlich beständig verwildert, so z. B. im Harz, in den Weinbaugebieten vom Bodensee bis zum Mittelrhein, in Baden-Württemberg und Franken sowie im Fränkischen Jura. In der Schweiz und in Österreich vereinzelt im Weinbaugebiet auf Kalk.

Wissenswertes: ♃; (☠). Es ist noch nicht geklärt, ob die Judenkirsche giftig ist; alle Organe, außer der reifen Frucht, enthalten den Bitterstoff Physalin, der über Haare der Kelchwand auch auf die Frucht kommen kann. – Ähnlich: Laternen-Judenkirsche (*P. franchetii* MAST.: Fruchtkelch ei-länglich; Zierpflanze) und Peruanische Judenkirsche (*P. peruviana* L.: Blüten gelb; Fruchtkelch eiförmig, grüngelb; vereinzelt eingeschleppt und unbeständig).

Tollkirsche
Atropa bella-donna
Giftbeere
Nicandra physalodes
Gewöhnliche Judenkirsche
Physalis alkekengi
Schwarzes Bilsenkraut
Hyoscyamus niger

Tollkirsche

Atropa bella-donna L.
Nachtschattengewächse *Solanaceae*

Beschreibung: Blüten einzeln auf kurzem, leicht nach unten gebogenem Stiel in den Achseln der mittleren und oberen Blätter. Kelch 5teilig, grün, zur Fruchtzeit ausgebreitet. Krone engglockig, mit kurzem, 5zipfligem, zurückgeschlagenem Rand, 2,5–3,5 cm lang, außen in der Vorderhälfte braunviolett, innen Zipfel ebenfalls braunviolett, von der Mitte bis zum Grund grünlich-gelb mit violetten Adern. Frucht eine saftige, tiefschwarz glänzende, kugelige Beere, die 1–1,5 cm im Durchmesser erreicht. Stengel aufrecht, stumpfkantig, ab dem unteren Drittel - oft weitausladend - sparrig verzweigt, kurz abstehend behaart. Blätter wechselständig, in der Blütenregion scheinbar gegenständig (1 großes, an der Stielbasis mit dem Stengel verwachsenes Blatt und 1 kleines Blatt; aus den Achseln dieser Blätter entspringt je 1 gestielte Blüte); Blätter breit-lanzettlich bis eiförmig-zugespitzt, 10–15 cm lang, 3–8 cm breit, drüsig behaart, ganzrandig, unterseits etwas heller und mit deutlicher Nervatur. Juni–August. 0,6–1,5 m.

Vorkommen: Braucht mullreichen, stickstoffsalzhaltigen Lehm- oder Tonboden. Besiedelt lichte Stellen und Schlagflächen in Wäldern. Fehlt im Tiefland, in den Mittelgebirgen und Alpen mit Silikatgestein oder kommt dort nur vereinzelt vor. Steigt nicht ganz bis zur Laubwaldgrenze. Sonst häufig, aber meist in individuenarmen, lockeren Beständen.

Wissenswertes: ♃; ☠. Enthält sehr giftige Alkaloide, u. a. L-Hyoscyamin, Atropin und Scopolamin. - Ähnlich: Tollkraut (*Scopolia carniolica* JACQ.): Kelch glockig, Krone mit nur undeutlichen Zipfeln; Frucht eine Kapsel, 30–50 cm; Steiermark; giftig.

Schwarzes Bilsenkraut

Hyoscyamus niger L.
Nachtschattengewächse *Solanaceae*

Beschreibung: Blüten einzeln - waagrecht bis schräg aufrecht - einseitswendig in den Achseln der mittleren und oberen Blätter. Kelch engglockig, zur Blütezeit 1–1,5 cm, zur Fruchtzeit stark vergrößert und die Frucht einschließend, mit 5 stechenden Zähnen, drüsig behaart, mit hervortretenden, netzartig verbundenen Nerven. Krone undeutlich 2lippig (auf den ersten Blick gleichmäßig 5zipflig); 1–3 cm lang, 2–5 cm im Durchmesser (ausgebreitet gemessen); hellgelb, violett geadert, im Schlund dunkelviolett, trichterförmig, mit wenig ausgebreitetem Saum, außen behaart. Frucht eine Kapsel. Stengel aufrecht, stumpfkantig, einfach oder verzweigt, zottig-drüsig behaart. Blätter wechselständig, eiförmig, buchtig gezähnt bis fiederteilig, die unteren gestielt, die oberen sitzend und den Stengel leicht umfassend, am Rand und auf den Nerven kurz behaart. Juni–September. 20–80 cm.

Vorkommen: Braucht stickstoffsalzreichen, schuttig-sandigen Lehmboden. Besiedelt in klimabegünstigten Gebieten ortsnahes Ödland, gelegentlich auch Mauerfüße und ortsnahe Gebüsche. Steigt im Gebirge kaum bis zur Laubwaldgrenze. In den letzten Jahrzehnten sehr selten geworden und gebietsweise fehlend.

Wissenswertes: ⊙; ☠. Enthält stark giftige Alkaloide, u. a. L-Hyoscyamin, Scopolamin und - relativ wenig - Atropin. Ob Bilsenkrautsaft - wie von SHAKESPEARE in Hamlet angegeben - ins Ohr eingeträufelt, eine tödliche Vergiftung bewirkt, ist trotz der starken Giftigkeit des Saftes eher fraglich. - Ähnlich: Helles Bilsenkraut (*H. albus* L.): Blüten hellgelb, Schlund violett, nicht geadert; Blätter rundlich; Alpensüdfuß, selten; giftig!

Nachtschattengewächse *Solanaceae* ▶

Bocksdorn *Lycium*
Nachtschattten *Solanum*

Gewöhnlicher Bocksdorn

Lycium barbarum L.
Nachtschattengewächse *Solanaceae*

Beschreibung: Blüten zu 1–3 in den Achseln der Blätter, die in der Spitzenregion der Zweige stehen, gestielt. Kelch um 4 mm lang, 2lippig; Oberlippe kurz 2zähnig; Unterlippe 3zipflig. Krone mit engglockiger, etwa 3 mm langer Röhre und 5teiligem, trichterförmig ausgebreitetem Rand; Zipfel des Trichters um 8 mm lang, oft etwas zurückgeschlagen oder um ihre Längsachse gerollt. Krone 1,5–1,8 cm im Durchmesser (ausgebreitet gemessen), lilaviolett bis blaßpurpurn. Frucht eine saftige, scharlachrote, selten orangegelbe Beere. Kahler Strauch mit dünnen, rutenförmigen, anfangs aufrechten, später bogig überhängenden, hellgrauen, spärlich bedornten Ästen. Blätter einzeln, wechselständig oder zu 2–3 büschelig am Stengel angeordnet, 2–10 cm lang, 0,5–2 cm breit, lanzettlich, allmählich in den kurzen Stiel verschmälert, kahl, graugrün. Juni–September. 1–3 m.

Vorkommen: Zierstrauch, der gelegentlich angepflanzt wird und oft beständig verwildert. Braucht stickstoffsalzhaltigen Untergrund, der sandig-steinig oder locker-lehmig sein kann. Besiedelt Wegränder, Raine, Steinbrüche und Mauern in warmen Lagen. Heimat: Südosteuropa und Vorderasien. In den Weinbaugebieten, in den nord- und mitteldeutschen Lößgebieten sowie am Unterlauf der großen Ströme eingebürgert, vermutlich auch in den östlichen Bundesländern von Österreich; nirgendwo ursprünglich.

Wissenswertes: ♄; ☠. Bei den giftigen Inhaltsstoffen soll es sich um stickstoffhaltige Glykoside handeln. – Ähnlich: Chinesischer Bocksdorn (*L. chinense* MILL.): kaum dornig, Blätter breit-lanzettlich, grün; gepflanzt, selten verwildert, giftig.

Bittersüßer Nachtschatten

Solanum dulcamara L.
Nachtschattengewächse *Solanaceae*

Beschreibung: Die Blüten sitzen in rispenähnlichen, etwas schlaffen, gestielten Teilblütenständen in den Achseln der mittleren und oberen Blätter; in jedem Teilblütenstand befinden sich 8–24 (selten noch mehr) Blüten. Kelch um 3 mm lang, 5zähnig. Krone auf etwa 1/10 ihrer Länge in 5 weitglockig abstehende, oft an der Spitze zurückgeschlagene Zipfel zerteilt, 1,2–2 cm im Durchmesser (ausgebreitet gemessen), tief blauviolett. Staubbeutel auffallend gelb. Frucht eine eiförmige, scharlachrote, 0,7–1 cm lange Beere. Stengel niederliegend, aufgebogen oder kletternd, im unteren Viertel – mindestens aber an der Basis – verholzt, verzweigt, oft ziemlich dick, rundlich oder oft undeutlich kantig. Blätter wechselständig, am Grunde oft herzförmig oder mit 1–2 fiedernartig-teilblättchenähnlichen Abschnitten, sonst ganzrandig, im Umriß lanzettlich, 5–9 cm lang, 2–5 cm breit, gestielt, kahl, auch auf der Oberseite mit gut erkennbaren Nerven. Juni–August. 0,3–2 m.

Vorkommen: Braucht feuchten, ja nassen, stickstoffsalzreichen, oft steinigen Lehm- oder Tonboden. Bevorzugt leicht beschattete Standorte. Besiedelt Ufer, Lichtungen in bodenfeuchten Wäldern, geht auch in lichte Gebüsche auf feuchtem Untergrund. Fehlt in Gegenden mit Sandböden kleineren Gebieten. Sonst zerstreut. Steigt im Gebirge kaum bis zur Laubwaldgrenze (in den Südalpen vereinzelt bis 1700 m).

Wissenswertes: ♄; ☠. Es gibt offenbar 3 Rassen, die sich in ihrem Alkaloidgehalt unterscheiden (Soladulcidin-, Tomatidenol- und Solasodin-Rasse). Den höchsten Giftgehalt weisen unreife, den geringsten reife Beeren auf. Dennoch sollte man sie nicht essen.

Schwarzer Nachtschatten

Solanum nigrum L. emend. MILL.
Nachtschattengewächse *Solanaceae*

Beschreibung: Die Blüten sitzen in rispenähnlichen, mäßig straffen, kurz gestielten Teilblütenständen in den Achseln der mittleren und oberen Blätter; in jedem Teilblütenstand befinden sich 5–10 (selten mehr oder weniger) Blüten. Kelch um 2 mm lang, 5zähnig; Zähne abgestumpft. Krone bis auf etwa 1/10 ihrer Länge in 5 weitglockig abstehende, an der Spitze allenfalls angedeutet zurückgeschlagene Zipfel zerteilt, 1,2–1,8 cm im Durchmesser (ausgebreitet gemessen), weiß, an der Spitze bzw. über der Mittelader zuweilen blauviolett überlaufen. Staubbeutel goldgelb. Frucht eine meist kugelige, tiefschwarze Beere von 0,7–1 cm Durchmesser. Stengel aufrecht, nicht oder wenig kantig, verzweigt, auch an der Basis nicht verholzt, oft schwärzlich überlaufen. Blätter wechselständig, 3–7 cm lang, 2–5 cm breit, eiförmig bis breit-lanzettlich, zuweilen fast 3eckig, ganzrandig oder buchtig gezähnt, in den Stiel verschmälert oder abgestutzt, meist auffallend dunkelgrün. Juni–Oktober. 10–80 cm.

Vorkommen: Braucht stickstoffsalzreichen Lehm- oder Tonboden in eher warmen Lagen. Besiedelt Hackfruchtäcker, Brachen und ortsnahes Ödland. Fehlt in Gegenden mit rauhem Klima und geht in den Alpen nur selten über etwa 1000 m; sonst zerstreut und oft in lockeren, individuenreichen Beständen.

Wissenswertes: ⊙; ☠. Mehrere Sippen, die sich offenbar auch in ihrem Alkaloidgehalt unterscheiden. Als besonders giftig sind unreife Früchte anzusehen. – Ähnlich: Saracha-Nachtschatten (*S. sarachoides* SENDTN.): Pflanze klebrig; Frucht grün; vereinzelt im Tiefland, am unteren Main und Neckar.

Gelbfrüchtiger Nachtschatten

Solanum luteum MILL.
Nachtschattengewächse *Solanaceae*

Beschreibung: Die Blüten sitzen in rispenähnlichen, mäßig straffen, 0,5–1,5 cm lang gestielten Teilblütenständen in den Achseln der mittleren und oberen Blätter; in jedem Teilblütenstand befinden sich 3–5 (selten mehr oder weniger) Blüten. Kelch um 2 mm lang, 5zähnig; Zähne 3eckig. Krone bis auf etwa 1/10 ihrer Länge in 5 weitglockig abstehende, an der Spitze allenfalls angedeutet zurückgeschlagene Zipfel zerteilt, 0,8–1,5 cm im Durchmesser (ausgebreitet gemessen), weiß, sehr selten lila oder violett überlaufen. Staubbeutel goldgelb. Frucht eine eiförmige, goldgelbe bis orangerote Beere, 0,7–1 cm lang. Stengel aufrecht, leicht kantig, verzweigt, dicht und meist drüsig behaart, an der Basis nicht verholzt, gelegentlich dunkel überlaufen. Blätter wechselständig, 3–7 cm lang, 2–5 cm breit, eiförmig bis breit-lanzettlich, zuweilen fast 3eckig, ganzrandig oder buchtig gezähnt, in den Stiel verschmälert oder abgestutzt, dunkelgrün. Juni–Oktober. 10–50 cm.

Vorkommen: Braucht stickstoffsalzreichen, sandigen oder humosen Lehmboden in klimabegünstigten Gegenden. Besiedelt Ödland und Wegränder. Im Weinbaugebiet selten, sonst nur vereinzelt, wohl überall nur eingeschleppt und meist unbeständig.

Wissenswertes: ⊙; ☠. Der Giftgehalt dürfte ähnlich wie bei *S. nigrum* zu beurteilen sein. *S. luteum* wird mit dem Rotfrüchtigen Nachtschatten (*S. alatum* MOENCH: Früchte rot; Stengel schmal geflügelt, rauh, schütter behaart), zur Sammelart *S. luteum* agg. zusammengefaßt. Der Rotfrüchtige Nachtschatten kommt in denselben Gebieten vor, ist aber noch seltener als der Gelbfrüchtige Nachtschatten.

Bittersüßer Nachtschatten
Solanum dulcamara
Gewöhnlicher Bocksdorn
Lycium barbarum
Gelbfrüchtiger Nachtschatten
Solanum luteum
Schwarzer Nachtschatten
Solanum nigrum

Kartoffel, Tomate *Solanum*
Paprika *Capsicum*
Stechapfel *Datura*

Kartoffel

Solanum tuberosum L.
Nachtschattengewächse *Solanaceae*

Beschreibung: Blüten in meist 2ästigem, doldenrispenartigem Blütenstand am Ende des Stengels. Kelch 0,5–1 cm, 5–6zähnig, lanzettlich, zugespitzt. Krone auf etwa 4/5 ihrer Länge in 5 flach ausgebreitete, zuletzt leicht zurückgebogene Zipfel zerteilt, 2–3 cm im Durchmesser (ausgebreitet gemessen), weiß, rötlich, bläulich, rosa oder violett. Staubbeutel zu einer kegeligen Säule zusammenneigend, hell goldgelb. Frucht eine kugelige, gelbgrüne Beere von 2–4 cm im Durchmesser. Stengel aufrecht, verzweigt, schütter anliegend behaart bis kahl. Blätter wechselständig, unregelmäßig gefiedert, gestielt; Teilblättchen breit-lanzettlich bis eiförmig, meist ganzrandig, von unterschiedlicher Größe (größere und kleinere stehen abwechselnd), oberseits runzelig, unterseits mit hervortretenden Nerven. Treibt lange, unterirdische Ausläufer mit Knollen (Kartoffeln). Juni–Juli. 30–70 cm.

Vorkommen: Braucht stickstoffsalzhaltige, lockere, sandig-lehmige Böden an nicht zu trokkenen Standorten. Kulturpflanze aus Südamerika (Anden), selten garten- und feldflurnah unbeständig verwildert.

Wissenswertes: ⊙; (☠). Kraut, Beeren und grün verfärbte Stellen der Knollen durch Solanin mäßig giftig. Die Kartoffel gelangte um 1555 nach Spanien. 1585 wurde sie von TABERNAEMONTANUS erstmals beschrieben. Nachdem sie in England und Irland angebaut und ihre Knollen als Nahrungsmittel von der Bevölkerung angenommen worden waren, setzte FRIEDRICH DER GROSSE den feldmäßigen Anbau in Preußen mit Gewalt durch. Die Hungersnot während der schlesischen Kriege erleichterte die Akzeptanz. Heute sind etwa 1000 Sorten bekannt.

Tomate

Solanum lycopersicum L.
Nachtschattengewächse *Solanaceae*

Beschreibung: Blüten in rispigen Teilblütenständen in den Achseln schon der unteren Blätter; Teilblütenstände mit 3–20 Blüten. Kelch bis fast zum Grund in 5–6 lineal-zungenförmige Zipfel zerteilt. Krone bis zu 2,5 cm im Durchmesser (ausgebreitet gemessen), gelb, 5–6zipflig; Zipfel weitglockig bis leicht nach rückwärts gebogen. Stengel niederliegend, kletternd oder aufrecht, schlaff (in Kultur aufgebunden). Blätter wechselständig, unpaarig gefiedert; Fiedern eiförmig, gezähnt-gelappt; Endfieder 3–8 cm lang, 1–4 cm breit. Mai–Oktober. 0,5–1,8 m.

Vorkommen: Braucht stickstoffsalzreichen, frischen bis feuchten Lehmboden, geht auch auf humosen Sand. Kulturpflanze; öfters an abwasserbelasteten Gewässern, um Kläranlagen und Müllkippen verwildert. Heimat: Mittel- und (nordwestliches) Südamerika.

Wissenswertes: ⊙; (☠). Im Stengel und in den Blättern Solanin, in Früchten und Samen jedoch nur in kleinsten, unschädlichen Mengen; im Kraut außerdem ätherisches Öl, das die Haut bei dafür empfindlichen Menschen stark reizt und Dermatiden hervorrufen kann. – Die Tomate ist – vor allem im 20. Jahrhundert – zu einer weltwirtschaftlich bedeutenden Gemüsepflanze geworden, die in zahlreichen Sorten vor allem in Ländern mit ausreichend warmem Klima oder in Gewächshäusern angebaut wird. Die Zuchtsorten enthalten die Vitamine A und C; der eigentliche rote Farbstoff in reifen Tomaten, das Karotin Lycopin, liefert – entgegen der landläufigen Vorstellung – kein Vitamin A. – Ähnlich: Stachel-Nachtschatten (*Solanum cornutum* LAM.): Stengel mit gelben Stacheln; in Wärmegebieten eingeschleppt und unbeständig verwildert.

Tomate
Solanum lycopersicum
Kartoffel
Solanum tuberosum
Paprika
Capsicum annuum
Stechapfel
Datura stramonium

Paprika

Capsicum annuum L.
Nachtschattengewächse *Solanaceae*

Beschreibung: Die Blüten stehen einzeln oder (selten) zu 2 in den Achseln der mittleren (selten schon der unteren) und oberen Blätter. Kelch glockig-röhrig, 5–6zähnig, fleischig. Krone radförmig, 5zipflig, weiß bis hell gelblich-grün, selten purpurviolett. 5 Staubblätter, Staubbeutel violett. Frucht eine wenig saftige, aufgeblasene Beere („Paprikaschote"), die meist rot, gelb oder grün ist. Stengel aufrecht, sparrig verzweigt, kahl. Blätter wechselständig, lanzettlich bis eiförmig, gestielt, ganzrandig oder wenig deutlich weitbuchtig geschweift. Mai–Juli. 20–80 cm.

Vorkommen: Braucht stickstoffsalzreichen, lockeren sandig-lehmigen Boden in Lagen mit luftfeuchtem, sommerwarmem Klima. Kulturpflanze aus dem tropischen Amerika, bei uns selten angebaut und nur vereinzelt gartennah unbeständig verwildert.

Wissenswertes: ☉; (☠). Enthält den scharf schmeckenden Stoff Capsaicin (in der Frucht vor allem in den Samen und in dem Gewebe, dem die Samen ansitzen), der schon in kleinen Mengen Brennen, Hitzegefühl und Schmerzen, in größeren sogar Blasen an den Schleimhäuten hervorruft. In sehr hohen Dosen führt er innerlich zu heftigen Entzündungen im Magen-Darm-Trakt; in den Mengen, in denen Paprika als Würze Speisen beigemischt oder als Gemüse verzehrt wird, regt er den Appetit an, fördert die Absonderung von Verdauungssäften und unterstützt dadurch die Verdauungsvorgänge. Rotfrüchtiger Paprika enthält sowohl Provitamin A als auch Vitamin C in sehr großen Mengen. – Bestimmte Sorten werden zur Herstellung von Paprikapulver verwendet, andere Arten der Gattung liefern Cayenne-Pfeffer bzw. Chillies.

Stechapfel

Datura stramonium L.
Nachtschattengewächse *Solanaceae*

Beschreibung: Blüten einzeln, gestielt und aufrecht in den Astgabeln und an der Spitze der Äste. Kelch 3–5 cm lang, röhrig, 5kantig, am Grunde ringförmig, vorne mit 5 Zähnen, die ungleich lang sind (0,5–1 cm). Krone 6–10 cm lang, weiß, hellpurpurn oder bläulich überlaufen, zunächst engtrichterig, gegen den Rand erweitert, dieser waagrecht oder leicht zurückgebogen, relativ kurz und weitbuchtig 5zipflig; Zipfel abrupt fein zugespitzt. Frucht eine eiförmige, derbstachelige Kapsel, die 4–5 cm lang wird. Stengel aufrecht, selten einfach, meist sparrig gabelästig, kahl. Blätter wechselständig, gestielt; Blätter oft sehr ungleich groß; Spreite 5–18 cm lang, 4–15 cm breit, eiförmig bis rundlich-eiförmig, am Grund – oft unsymmetrisch – keilförmig, am Rand grob, buchtig und unregelmäßig gezähnt. Juni–Oktober. 0,3–1,2 m.

Vorkommen: Braucht stickstoffsalzreichen, sandig-steinigen, lockeren Lehmboden in Lagen mit sommerwarmem Klima. Besiedelt Randgebiete von Gartenanlagen, Komposthaufen und ortsnahes Ödland, seltener Wegränder. Im Tiefland am Unterlauf der großen Flüsse und küstennah selten, desgleichen im Weinbaugebiet und in anderen klimabegünstigten Gegenden; fehlt sonst. Heimat: Mexiko. In Mitteleuropa eingeschleppt und unbeständig auftretend.

Wissenswertes: ☉; ☠. Enthält – wie die Tollkirsche – Tropanalkaloide, z. B. Scopolamin und Hyoscyamin. Besonders gifthaltig sind Frucht und Samen. Giftig sind auch Arten der Gattung, die gelegentlich als Zierpflanzen gezogen werden. – Entfernt in der Blütenform ähnlich: Tabak (*Nicotiana tabacum* L.: gepflanzt; giftig) und Petunie (*Petunia hybrida* hort.).

Pappel-Seide

Cuscuta lupuliformis KROCK.
Seidengewächse *Cuscutaceae*

Beschreibung: Wenige (1–4) unscheinbare Blüten stehen bzw. sitzen in traubig-ährigen, kurzen Knäueln vom mittleren Bereich des Stengels bis gegen seine Spitze. Kelch höchstens halb so lang wie die Blütenkrone (2 mm), bis fast zum Grund in 5 eiförmig-stumpfliche Lappen zerteilt, die die Blütenkrone glockig umgeben. Blütenkrone weißlich oder rötlich, 3–4 mm lang, auf etwa 1/3 ihrer Länge in 5 aufrechte, stumpfe Zipfel zerteilt, die an ihrem Vorderrand fein gezähnelt oder aber ganzrandig und mehr oder weniger deutlich purpurrot gepunktet sein können. Kronröhre weitglockig-zylindrisch. Fruchtknoten eiförmig, mit nur 1 Griffel (Lupe!). Staubbeutel unter dem Schlund sitzend (mit Pinzette oder Nadel Lappen ablösen! Lupe!). Reife Kapsel beerenähnlich, um 5 mm im Durchmesser, oben meist mit Resten der Blütenkrone. Stengel bindfadendick, gelblich oder purpurrot, mit purpurroten Pünktchen oder Strichen, blattlos, praktisch blattgrünfrei. August–September. 1–2 m.

Vorkommen: Vollschmarotzer. Bevorzugt Weiden-Arten *(Salix)*, geht aber auch auf andere Gehölze, die im Ufergebüsch wachsen, so z. B. Ulmen, Pappeln, Holunder und Ahorn; gelegentlich auch auf krautigen Pflanzen, wie Gewöhnliche Zaunwinde *(Calystegia sepium)*, Schwarze Königskerze *(Verbascum nigrum)* oder Hopfen *(Humulus lupulus)*. Am Rhein – etwa von der Mündung des Mains stromab – und am Mittel- und Unterlauf der größeren Fließgewässer östlich der Elbe selten; an der Unterelbe und am mittleren Main vereinzelt, desgleichen an Flüssen in Niederösterreich. Fehlt in der Schweiz.

Wissenswertes: ⊙. Das Hauptareal der Art liegt in Südosteuropa.

Quendel-Seide

Cuscuta epithymum (L.) L.
Seidengewächse *Cuscutaceae*

Beschreibung: Mehrere (5 – etwa 15) Blüten sitzen in kugeligen Knäueln, die 0,5–1 cm im Durchmesser erreichen können, im mittleren Bereich des Stengels bis gegen seine Spitze. Kelch viel kürzer als die Blütenkrone, mindestens aber 1/2 ihrer Länge erreichend, bis fast zum Grund in 5 eiförmig-3eckige Zipfel zerteilt, die die Blütenkrone locker-glockig umgeben. Blütenkrone rot, rosa oder fast weißlich, 3–4 mm lang, auf etwa 1/2 ihrer Länge in 5 Zipfel zerteilt, die vorne etwas nach außen zurückgeschlagen sind. Kronröhre weitglockig-zylindrisch. Fruchtknoten kugelig, mit meist 2, gelegentlich bis zu 4 Griffeln (Lupe!). Staubbeutel zuweilen purpurn überlaufen. Reife Kapseln kugelig, um 5 mm im Durchmesser, oben in der Regel mit Resten der Blütenkrone. Stengel kaum bindfadendick, hellrötlich oder purpurrot, blattlos, praktisch blattgrünfrei. Juli–August. 10–30 cm.

Vorkommen: Vollschmarotzer. Bevorzugt Thymian- *(Thymus)* und Ginster-Arten *(Genista, Cytisus scoparius)*, geht auch auf Besen-Heide *(Calluna vulgaris)* und – in wenig gepflegten Weinbergen – auf Reben *(Vitis vinifera)*. Fehlt in Gebieten, in denen Halbtrockenrasen wenig verbreitet sind; im übrigen Gebiet sehr selten; steigt in den Alpen bis etwa 2000 m.

Wissenswertes: ⊙. Innerhalb der Art werden mehrere Sippen unterschieden, die sowohl als Unterarten als auch als Kleinarten aufgefaßt werden. Diese Sippen kommen indessen in Mitteleuropa nicht vor. Sie sind in Südeuropa beheimatet und bei uns nur gelegentlich in klimabegünstigte Gegenden unbeständig eingeschleppt worden. Bezieht man diese Sippen ein, muß man von *C. epithymum* agg. sprechen.

Nessel-Seide

Cuscuta europaea L.
Seidengewächse *Cuscutaceae*

Beschreibung: Viele Blüten (10 bis mehr als 30) sitzen in kugeligen Knäueln, die 1–1,8 cm im Durchmesser erreichen, vom mittleren Bereich des Stengels bis gegen seine Spitze. Kelch etwa halb so lang wie die Blütenkrone (2 mm), bis fast zum Grund in meist 5 schmal eiförmig-stumpfliche Zipfel zerteilt, die die Blütenkrone glockig umgeben und oft purpurrot überlaufen sind. Blütenkrone weißlich-rosa bis weinrot, 3–4 mm lang, auf etwa 1/3 ihrer Länge in meist 4 aufrechte, spitzlich zulaufende Zipfel zerteilt; Spitze der Kronzipfel oft etwas nach innen gebogen. Kronröhre weitglockig. Fruchtknoten kugelig, mit 2 Griffeln (Lupe!). Staubbeutel bräunlich. Kapsel eiförmig, etwa 3 mm lang, an der Spitze mit Resten der vertrockneten Blütenkrone. Stengel gut bindfadenstark (um oder etwas über 1 mm im Durchmesser), verzweigt, grünlich-gelblich und bei älteren Pflanzen bzw. an Stellen, die der Sonne zugänglich sind, mehr oder weniger intensiv weinrot überlaufen, praktisch blattgrünfrei. Juni–September. 0,2–1 m.

Vorkommen: Vollschmarotzer. Bevorzugt Brennesseln, geht aber auch auf andere Arten, wie Gewöhnliche Zaunwinde *(Calystegia sepium)* oder Gewöhnlichen Beifuß *(Artemisia vulgaris)*. Gedeiht auf wohlgenährten Wirten, die auf feuchten Standorten wachsen, besonders gut. Fehlt in Gegenden, in denen im Sommer längere Zeit klimabedingt schlechte Wuchsbedingungen herrschen. Geht im Bergland oder in den Alpen kaum irgendwo über etwa 900 m.

Wissenswertes: ☉. Bei der Nessel-Seide kann die Zahl der Kronzipfel wechseln. Man findet gelegentlich 4zipflige Blüten, noch seltener 3zipflige, und zwar oft am selben Exemplar.

Flachs-Seide

Cuscuta epilinum WEIHE
Seidengewächse *Cuscutaceae*

Beschreibung: Mehrere (5 bis etwa 15) Blüten sitzen in kugeligen Knäueln, die 0,5–1 cm im Durchmesser erreichen können, im mittleren Bereich des Stengels bis gegen seine Spitze. Kelch viel kürzer als die Blütenkrone, mindestens aber 1/2 ihrer Länge erreichend, bis fast zum Grund in 5 breit-3eckige Zipfel zerteilt, die sich plötzlich in eine kleine Spitze verschmälern und die die Blütenkrone locker-glockig umgeben. Blütenkrone gelblich-weiß, 3–4 mm lang, auf etwa 1/3 ihrer Länge in 5 spitzliche Zipfel zerteilt, die oft vorne etwas nach außen zurückgeschlagen sind. Kronröhre bauchig-glockig. Fruchtknoten abgeflacht-kugelig, mit 2 Griffeln (Lupe!). Reife Kapsel dicker als hoch. Stengel kaum bindfadendick, einfach oder nur in der oberen Hälfte 1- oder 2mal verzweigt, grünlich-gelb. Juni–August. 30–50 cm.

Vorkommen: Vollschmarotzer. Bevorzugt Flachs-Lein *(Linum usitatissimum)* als Wirtspflanze, geht aber auch selten z. B. auf Lolch-Arten, Brennesseln, Hanf oder Hopfen. Bevorzugt Lagen mit sommerwarmem Klima. Aus Mitteleuropa weitgehend verschwunden.

Wissenswertes: ☉. Als der Anbau von Flachs-Lein in Mitteleuropa noch großflächig erfolgte, galt die Flachs-Seide als Schädling auf den Leinäckern. Durch bessere Saatgutreinigung ging sie seit Beginn des 20. Jahrhunderts zurück. Als der Anbau von Flachs-Lein nach dem 2. Weltkrieg aufgegeben wurde, verschwand die Art, weil sie sich auf anderen Wirtspflanzen nicht längerfristig halten konnte. Obschon Leinkulturen in den letzten Jahren örtlich wieder in Mode gekommen sind, ist die Flachs-Seide unseres Wissens nirgendwo wieder aufgetreten.

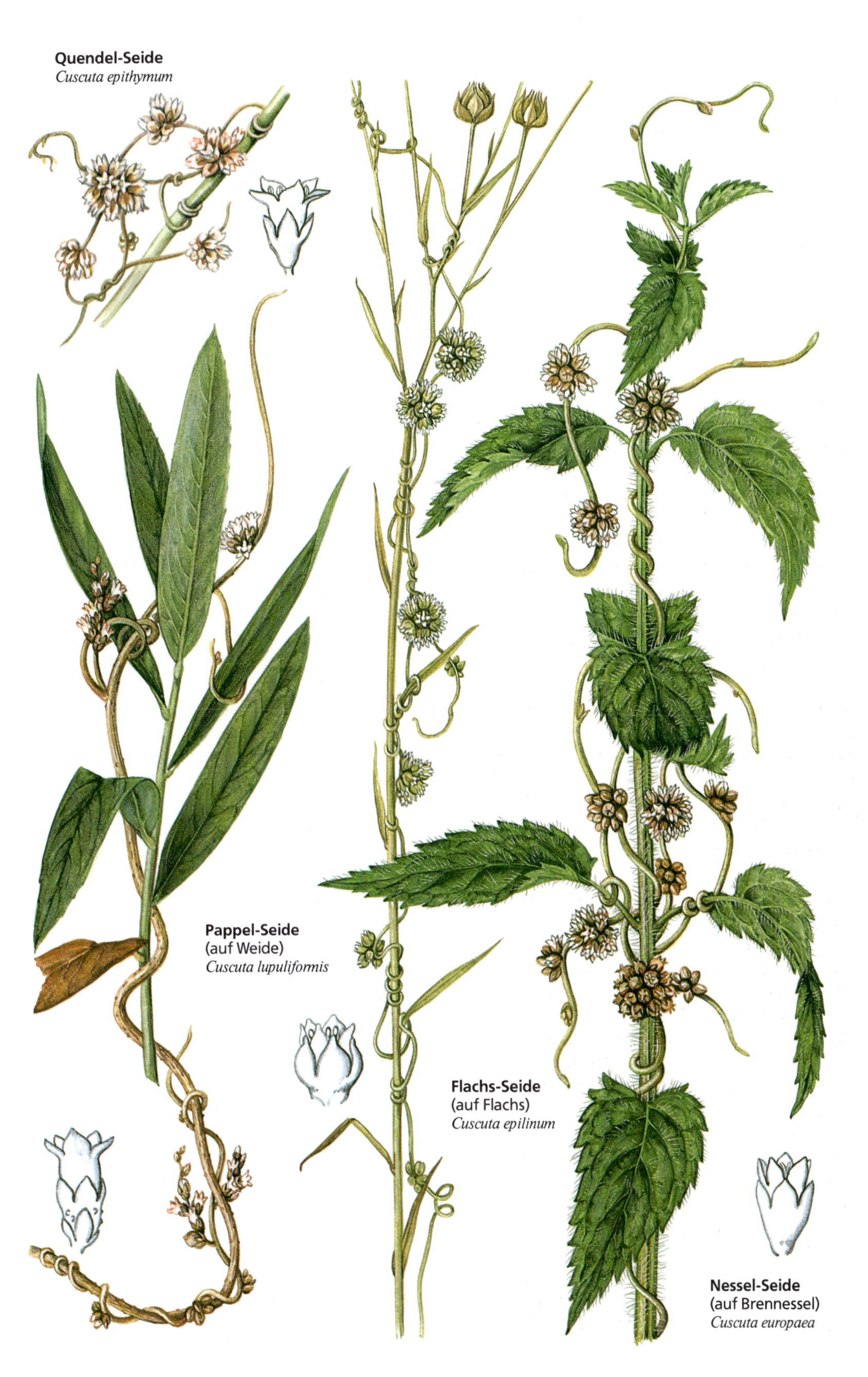
Quendel-Seide
Cuscuta epithymum
Pappel-Seide
(auf Weide)
Cuscuta lupuliformis
Flachs-Seide
(auf Flachs)
Cuscuta epilinum
Nessel-Seide
(auf Brennessel)
Cuscuta europaea

Seide *Cuscuta*

Chilenische Seide

Cuscuta suaveolens SER.
Seidengewächse *Cuscutaceae*

Beschreibung: Mehrere unscheinbare Blüten stehen - kaum 1 mm lang gestielt - in traubigen, verlängerten Knäueln vom mittleren Bereich des Stengels bis gegen seine Spitze. Kelch etwa halb so lang wie die Blütenkrone (1,5 mm), bis etwa 1/2 seiner Länge in 5 breit eiförmig-stumpfliche Lappen zerteilt, die die Blütenkrone glockig umgeben. Blütenkrone weißlich bis grün-gelblich, 3–4 mm lang, auf etwa 1/3 ihrer Länge in 5 aufrechte, oft etwas nach innen, gelegentlich auch nach außen gebogene Zipfel zerteilt, die kurz-3eckig sind. Kronröhre bauchig-weitglockig, durch Schlundschuppen (Lupe!) ziemlich verschlossen. Fruchtknoten eiförmig. Griffel 2, Narben kopfig. Reife Kapsel von den vertrockneten Resten der Krone umschlossen. Stengel dünn (0,5–0,8 mm), gelblich (wie Haferstroh) mit einem grünlichen Einschlag, reichlich verästelt, praktisch blattgrünfrei. August–September. 20–70 cm.

Vorkommen: Vollschmarotzer. Bevorzugt Klee-Arten und Luzerne *(Medicago sativa)* in klimabegünstigten Gegenden. Tritt nur vereinzelt und überwiegend unbeständig auf.

Wissenswertes: ⊙. Die Chilenische Seide soll ab 1842 am Oberrhein immer wieder in heißen Sommern beobachtet worden sein. Von da an wurde die Art da und dort gesehen, hat sich indessen kaum irgendwo wirklich über Jahre hinweg gehalten. Neuerdings scheint sie bei alternativ wirtschaftenden Bauern mit Kleesaat aus dem Mittelmeergebiet vermehrt eingeschleppt zu werden. Jungpflanzen übersieht man leicht. Erwachsene Pflanzen bilden Nester von mehreren Quadratmetern Ausdehnung und fallen durch ihre gelbe Farbe schon von weitem auf.

Südliche Seide

Cuscuta australis R. BR.
Seidengewächse *Cuscutaceae*

Beschreibung: 4–8 unscheinbare Blüten stehen - auf kaum 1 mm langen, im Verhältnis zur Länge dick wirkenden Stielen - in traubigen, verlängerten Knäueln vom mittleren Bereich des Stengels bis gegen seine Spitze. Kelch etwa halb so lang wie die Blütenkrone (um 1 mm), bis etwa 1/2 seiner Länge in meist 5 breit eiförmig-stumpfliche Lappen zerteilt, die die Blütenkrone glockig umgeben. Blütenkrone weißlich bis gelblich-grün, 2–3 mm lang, auf etwa 1/2 ihrer Länge in meist 5 (s. Unterarten, unten) aufrechte und nach außen geschlagene Zipfel zerteilt, die kurz-3eckig sind. Kronröhre bauchig-weitglockig, nicht durch die sehr kleinen, am Rand zerschlitzten Schlundschuppen verschlossen, sondern deutlich offen (Lupe!). Fruchtknoten kugelig. Griffel 2, Narben kopfig. Reife Kapsel oft mit vertrockneten Resten der Krone. Stengel ziemlich dünn (kaum 1 mm), meist reichlich verästelt, gelblich-orange, praktisch blattgrünfrei. Juni–September. 20–50 cm.

Vorkommen: Vollschmarotzer. Bevorzugt Knöterich-Arten (z. B. *Polygonum hydropiper* und *P. mite*), die in uferbegleitenden Gebüschen und Staudenfluren wachsen, geht gelegentlich aber auch auf andere Arten in diesen Pflanzengesellschaften, selten auch auf Spitzkletten-Arten *(Xanthium)*. Tritt in Mitteleuropa nur unbeständig auf (z. B. am Rhein zwischen Bonn und Köln). Heimat: Asien, Australien, Südeuropa.

Wissenswertes: ⊙. Innerhalb der Art werden 2 Unterarten unterschieden: Ssp. *tinei* (INS.) FEINBR.: Kelch und Krone meist 4zipflig, vereinzelt und unbeständig in Österreich; ssp. *cesatiana* (BERTOL.) FEINBR.: Kelch und Krone 5zipflig.

Chilenische Seide
Cuscuta suaveolens
Weiden-Seide
Cuscuta gronovii
Südliche Seide
(auf Springkraut)
Cuscuta australis
Amerikanische Seide
(auf Knöterich)
Cuscuta campestris

Amerikanische Seide

Cuscuta campestris YUNCKER
Seidengewächse *Cuscutaceae*

Beschreibung: 5–15 unscheinbare Blüten stehen - kaum 1 mm lang gestielt - in kugeligen Knäueln, die 1–1,5 cm im Durchmesser erreichen, vom mittleren Bereich des Stengels bis gegen seine Spitze. Kelch etwa halb so lang wie die Blütenkrone (um 1 mm), bis etwa 1/2 seiner Länge in 5 breit-eiförmige Lappen zerteilt, die die Blütenkrone glockig umgeben. Blütenkrone weißlich bis gelblich-grün, 2–3 mm lang, auf etwa 1/2 ihrer Länge in 5 aufrechte und oft nach innen geschlagene Zipfel zerteilt, die kurz-3eckig sind. Kronröhre bauchig-weitglockig, durch die sehr großen, fast die Spitzen der Kronzipfel erreichenden und vorne gefransten Schlundschuppen verschlossen (Lupe!). Fruchtknoten kugelig, 2 Griffel, ziemlich dünn; Narben fädlich. Reife Kapsel deutlich dicker als hoch, deutlich von oben nach unten abgeplattet. Stengel ziemlich (1–1,5 mm) dick, meist reichlich verästelt, eindeutig glatt (Lupe!), orange-rötlich, praktisch blattgrünfrei. Juli–September. 20–50 cm.

Vorkommen: Vollschmarotzer, der häufig feldmäßig angebaute Nutzpflanzen befällt. Kommt in Klee- und Luzerneäckern vor, und zwar vorzugsweise in Gegenden mit sommerwarmem und luftfeuchtem Klima. Tritt vereinzelt am Ober- und Mittelrhein und selten in der Südwestschweiz (in der Gegend um den Genfer See) mit einiger Regelmäßigkeit auf, sonst nur gelegentlich und unbeständig eingeschleppt.

Wissenswertes: ⊙. Die Heimat der Amerikanischen Seide liegt in den USA sowie in Mittelamerika. Die Art wurde 1898 nach Mitteleuropa eingeschleppt. Obschon sie immer wieder beobachtet wird, hat sie sich bei uns nicht wirklich eingebürgert.

Weiden-Seide

Cuscuta gronovii WILLD. ex. SCHULT.
Seidengewächse *Cuscutaceae*

Beschreibung: 5–15 Blüten stehen - um 1 mm lang gestielt - in kugeligen Knäueln, die 1–1,5 cm im Durchmesser erreichen, vom mittleren Bereich des Stengels bis gegen seine Spitze. Kelch etwa 1/3 so lang wie die Kronröhre (kaum 1 mm), bis etwa 1/2 seiner Länge in 5 eiförmige, stumpfe, einander etwas überdeckende Lappen zerteilt, die die Blütenkrone glockig umgeben. Blütenkrone weißlich-gelblich, 3–4 mm lang, auf etwa 1/3 ihrer Länge in 5 stumpfe, ziemlich flach abstehende Zipfel zerteilt, die breit-3eckig halbeiförmig sind. Kronröhre bauchig, weitglockig. Schlundschuppen kürzer als die Blütenröhre, diese daher nicht verschließend (Lupe!). Fruchtknoten eiförmig, d. h. eindeutig länger als dick. 2 Griffel, Narbe dick, eingeschnürt. Reife Kapsel beerenartig-kugelig, um 5 mm im Durchmesser. Stengel dicklich (1–1,8 mm im Durchmesser), lebhaft orangegelb, meist reichlich verästelt und deutlich rauh (durch die Fingerkuppe ziehen oder - besser - mit einer starken Lupe betrachten!). August–September. 0,5–2 m.

Vorkommen: Vollschmarotzer. Kommt in Ufergebüschen und Uferstaudenfluren auf Brennessel- und Weiden-Arten vor, geht aber auch auf eine Reihe anderer Arten in diesen Gesellschaften. Heimat: Nordamerika. Im Maintal, am Mittel- und Niederrhein selten, aber örtlich meist beständig eingebürgert, vereinzelt im südlichen Fränkischen Jura. Fehlt in der Schweiz und anscheinend auch in Österreich.

Wissenswertes: ⊙. Die Art wurde um 1880 erstmals im Maintal beobachtet und hat sich seitdem - relativ beständig - in frostärmeren, vom atlantischen Klima beeinflußten Flußlandschaften immer wieder gezeigt.

Windengewächse *Convolvulaceae* ▶

Zaunwinde *Calystegia*
Winde *Convolvulus*

Sperrkrautgewächse *Polemoniaceae* ▶

Himmelsleiter *Polemonium*

Gewöhnliche Zaunwinde

Calystegia sepium (L.) R. BR.
Windengewächse *Convolvulaceae*

Beschreibung: Die Blüten sitzen einzeln auf 5–12 cm langen, rundlichen oder undeutlich stumpfkantigen Stielen in den Achseln der mittleren und oberen Blätter. Unterhalb des Kelchs stehen 2 breit-lanzettliche bis eiförmige, oft rötlich geaderte Vorblätter, die sich meist nicht überlappen. Kelchblätter nur am Grunde leicht verwachsen, etwa 1 cm lang, aus breit-eiförmigem Grund in eine kurze Spitze verschmälert. Krone 3,5–4 cm lang, weittrichterig, 3,5–5 cm im Durchmesser (ausgebreitet gemessen), weiß. Rhizom weißlich, fleischig, 1,5–3 mm dick, unterirdisch kriechend, bis über 1,5 m lang. Stengel kriechend (selten) oder windend. Blätter wechselständig, herz- oder pfeilförmig; Spreiten 4–12 cm lang, etwa halb so breit, vorn spitz zulaufend oder abgestumpft; Blattstiel meist kürzer als die Spreite. Juni–September. 1–3 m.

Vorkommen: Braucht nährstoffreichen und zumindest zeitweise feuchten Lehm- oder Tonboden. Besiedelt Röhrichtbestände, Ufergebüsche, siedlungsnahes Ödland und Gärten. Häufig. Steigt im Bergland nur örtlich über etwa 1000 m.

Wissenswertes: ♃. Frühere Heilpflanze. Enthält Harzglykoside und Gerbstoffe. – *C. sepium* (L.) R. BR. wird mit der Schönen Zaunwinde (*C. pulchra* BRUMM. & HEYW.: Krone 4–6 cm lang, rosa, weiß gestreift; Stengel behaart; Tiefland, nördliche Mittelmeergebirge, Alpenvorland, sehr selten) sowie mit der Wald-Zaunwinde (*C. silvatica* (KIT.) GRISEB.: Krone 6–7 cm lang, weiß; Stengel kahl; Mecklenburg, vereinzelt; Alpensüdfuß, sehr selten) zur Sammelart *C. sepium* agg. zusammengefaßt. – Lästiges Gartenunkraut, weil Rhizomstücke immer wieder austreiben.

Strand-Zaunwinde

Calystegia soldanella (L.) R. BR.
Windengewächse *Convolvulaceae*

Beschreibung: Die Blüten stehen einzeln oder – sehr selten – zu 2 auf 2–5 cm langen Stielen, die unten rundlich und unterhalb der Blüte meist deutlich 4kantig sind; die Stiele entspringen in den Achseln der mittleren und oberen Blätter. Unterhalb des Kelches stehen 2 eiförmige Vorblätter, die vorne abgerundet sind und sich – mindestens basisnah – randlich etwas überlappen, wodurch sie den Kelch weitgehend verdekken. Kelchblätter nur am Grunde wenig verwachsen, etwa 1 cm lang, abgerundet, mit aufgesetztem Stachelspitzchen. Krone 3,5–5 cm lang, hell blauviolett bis hell purpurviolett, mit 5 weißen Streifen, weittrichterig-flach, 4–6 cm im Durchmesser (ausgebreitet gemessen). Rhizom weißlich, fleischig (1,5–3 mm dick), tief in den Boden eindringend. Stengel niederliegend, an der Spitze aufsteigend, verästelt. Blätter wechselständig, breit-nierenförmig; Spreiten 1,5–2,5 cm lang und 3–4 cm breit, am Rand undeutlich geschweift oder ganzrandig, bläulich-grün oder meergrün. Juni–August. 10–50 cm.

Vorkommen: Braucht sandig-lockeren Boden, der kochsalzhaltig sein sollte; bevorzugt Lagen mit luftfeuchtem, frostfreiem oder frostarmem Klima. Vereinzelt auf den Ostfriesischen Inseln und auf Sylt. Besiedelt dort strandnahe Dünen.

Wissenswertes: ♃. Die Strand-Zaunwinde stammt wahrscheinlich aus dem Mittelmeergebiet. Möglicherweise hat sie sich erstmals im 18. Jahrhundert an der Nordseeküste dauerhaft eingefunden. Jedenfalls wird sie aus dieser Zeit von Wangerooge erwähnt. Ihre Standorte sind an der Nordseeküste durch den Badebetrieb bedroht. Ob sich die Art halten kann, ist fraglich.

Acker-Winde

Convolvulus arvensis L.
Windengewächse *Convolvulaceae*

Beschreibung: Die Blüten stehen einzeln auf 1-4 cm langen, undeutlich kantigen Stielen in den Achseln der mittleren und oberen Blätter; sehr selten entspringen eine 2. oder 3. Blüte aus den Achseln eines - unscheinbaren - Vorblatts. Vorblätter fadenförmig, kaum 5 mm lang, meist in der Mitte des Blütenstiels oder leicht darüber. Kelch am Grunde verwachsen, in 5 ungleich lange Zipfel zerteilt: 3 längere, schmal-eiförmige und 2 kürzere, breit-eiförmige. Krone 1,5–2,5 cm lang und 2,5–4 cm im Durchmesser (ausgebreitet gemessen), weittrichterig-flach, rot oder rosa, häufig mit 5 oder mehr weißen, unregelmäßigen und randlich ausgefransten Längsstreifen oder ganz weiß. Rhizom weißlich, mäßig fleischig (0,8–2 mm dick), unterirdisch kriechend, tief in den Untergrund eindringend und auch bei oberflächlicher Verfestigung lange überdauernd. Stengel meist kriechend, seltener windend. Blätter wechselständig, pfeil- bis spießförmig; Spreiten 1-4 cm lang, ihr Rand im Mittelteil fast parallel; Blattstiel kürzer als die Spreite. Mai–September. 20-80 cm.

Vorkommen: Braucht nährstoffreichen Lehm- oder Tonboden, der aber ziemlich humusarm sein kann. Besiedelt Äcker und Gärten sowie Ödland und Brachen. Fehlt in Gegenden mit ausgesprochenen Sandböden oder ist dort selten. Sonst häufig. Steigt in den Alpen bis etwa zur Waldgrenze.

Wissenswertes: ♃. Enthält Harzglykoside und Gerbstoffe. Alte Heilpflanze; ihre getrockneten Blätter sind noch heute in manchen Abführtees enthalten. Die Acker-Winde kam wahrscheinlich erst mit dem Ackerbau aus dem Mittelmeergebiet nach Mitteleuropa.

Himmelsleiter

Polemonium caeruleum L.
Sperrkrautgewächse *Polemoniaceae*

Beschreibung: Mehrere, seltener viele Blüten stehen in einem traubig-rispigen Blütenstand, der 10–30 cm lang werden kann. Blütenstiele stark drüsenhaarig, Kelch spärlicher drüsenhaarig. Kelch bis auf etwa 1/2 seiner Länge in 5 schmal-eiförmige Zipfel zerteilt. Blüte leuchtend blau, 2–3,5 cm im Durchmesser (ausgebreitet gemessen); Krone nur am Grunde in einer kurzen, sehr weiten Röhre verwachsen; stets mit 5, fast stieltellerartig flach oder doch sehr weittrichterig abstehenden Zipfeln, die breit-eiförmig und vorne meist deutlich stumpflich sind. 5 Staubgefäße, mit orangegelben Staubbeuteln. Stengel aufrecht, einfach oder erst im Bereich des Blütenstandes verzweigt, kantig, gefurcht, hohl, unten kahl oder nur sehr schütter behaart, in der oberen Hälfte meist schütter drüsig-flaumig. Blätter wechselständig, unpaarig gefiedert, 7-12 cm lang, die unteren lang, die mittleren kurz gestielt, die obersten sitzend; Teilblättchen schmal-eiförmig bis lanzettlich, spitz zulaufend, 1,5-2 cm lang und 0,5–1 cm breit, flaumig behaart. Juni–September. 0,6–1,2 m.

Vorkommen: Braucht steinigen, feuchten, kalkhaltigen, nährstoffreichen Lehmboden. Besiedelt Hochstaudenfluren, Viehläger, lichte Wälder und Gebüsche. Vereinzelt in den Mittelgebirgen mit kalkhaltigen Gesteinen und im Alpenvorland; in den östlichen Kalkalpen selten; örtlich aus Bauerngärten verwildert. Steigt in den Alpen bis über 2200 m.

Wissenswertes: ♃. Die Art besitzt ein ausgedehntes Areal, das sich von Einzelvorkommen in Westeuropa (Französischer Jura, Zentralmassiv) über Osteuropa bis nach Sibirien, Japan und Nordamerika erstreckt.

Acker-Winde
Convolvulus arvensis
Himmelsleiter
Polemonium caeruleum
Gewöhnliche Zaunwinde
Calystegia sepium
Strand-Zaunwinde
Calystegia soldanella

Sperrkrautgewächse *Polemoniaceae* ▸

Leimsaat *Collomia*
Phlox *Phlox*

Wasserblattgewächse *Hydrophyllaceae* ▸

Büschelschön *Phacelia*

Rauhblattgewächse *Boraginaceae* ▸

Lotwurz *Onosma*

Leimsaat

Collomia grandiflora DOUGL.
Sperrkrautgewächse *Polemoniaceae*

Beschreibung: Zahlreiche Blüten stehen in einem ziemlich großen, halbkugeligen bis kugeligen, kopfartigen Blütenstand am Ende des Stengels; der Blütenstand ist am Grunde von mehreren, schmal-eiförmigen bis lanzettlichen Hüllblättern umgeben, die sternförmig-sparrig abstehen. Kelch 1/4–1/2 so lang wie die verwachsene Kronröhre, bis auf gut die halbe Länge in 5 Zipfel zerteilt, die dicht drüsig behaart sind. Blütenkrone 1,5–3 cm lang, gelb und gegen Ende der Blütezeit rötlich werdend, mit engtrichteriger Kronröhre und mit 5, mehr oder weniger abstehenden, stumpfen Kronzipfeln (neben den „normalen" (chasmogamen) Blüten gibt es oftmals auch kleistogame, die geschlossen bleiben); Kronzipfel 0,5–1 cm lang. Stengel einfach, dicht beblättert, in der oberen Hälfte mehr oder weniger dicht behaart. Blätter wechselständig, schmal-lanzettlich, 4–5 cm lang, 5–7 mm breit, sitzend, sowohl gegen den Grund als auch zur Spitze hin verschmälert, ganzrandig oder nur sehr undeutlich und flach gezähnt. Juni–Juli. 15–70 cm.

Vorkommen: Braucht nährstoffreichen, frischen, steinigen Lehmboden, der ziemlich kalkarm sein kann. Zierpflanze, die örtlich verwildert und eingebürgert ist (z. B. im Weinbaugebiet von Rheinland-Pfalz, im nördlichen Hessen, in Brandenburg und Berlin). Besiedelt Weinberge und Waldränder, seltener ortsnahes, buschbestandenes, steiniges Ödland.

Wissenswertes: ⊙. Die Art ist in Kalifornien beheimatet. Von dort kam sie in der ersten Hälfte des 19. Jahrhunderts nach Europa. Um 1840 wurde sie erstmals bei Erfurt, um 1850 im Rheinland und schließlich um 1900 mehrfach in Süddeutschland verwildert beobachtet.

Stauden-Phlox

Phlox paniculata L.
Sperrkrautgewächse *Polemoniaceae*

Beschreibung: Zahlreiche Blüten stehen in einem traubigen, zuweilen etwas doldig verebneten und dann gewölbten oder – häufiger – kurzwalzlich-pyramidenförmigen Blütenstand am Ende des Stengels und – falls vorhanden – seiner Zweige. Kelch glockenförmig, tief geteilt, mit 5 pfriemlichen Zipfeln. Blütenkrone stieltellerförmig flach; Kronröhre um 2 cm lang; 5 breit verkehrt-eiförmige, vorne flach abgerundete Kronzipfel, die 5–8 mm lang werden, so daß die Blüten 1,5–2 cm im Durchmesser erreichen. Die Wildform des Stauden-Phlox blüht hellrot, die Gartenformen blühen rosa, lachsfarben, weinrot, purpurviolett oder weiß; auch Formen mit gescheckten Blüten wurden gezüchtet. Stengel aufrecht, einfach oder in der oberen Hälfte spärlich verzweigt, meist kahl oder höchstens oberwärts rauh; untere Blätter kreuzgegenständig, obere meist wechselständig, breit-eiförmig bis breitlanzettlich, 6–12 cm lang, 1,5–3,5 cm breit, kurz und undeutlich gestielt oder sitzend. Juni–Oktober. 0,5–1,2 m.

Vorkommen: Gedeiht sowohl auf sandiglehmigem als auch auf lehmig-tonigem Boden, der recht humusarm sein kann. Zierpflanze aus Nordamerika, die seit der Mitte des 18. Jahrhunderts in Europa gezogen wird. Selten und meist ortsnah oder in der Umgebung von Friedhöfen unbeständig verwildert.

Wissenswertes: ♃. Aus der Gattung werden weitere Arten als Zierpflanzen gehalten. Der völlig kahle Einjährige Phlox (*Phlox drummondii* HOOK.) ähnelt dem Stauden-Phlox. Andere Arten, wie z. B. der nordamerikanische Polster-Phlox (*Phlox subulata* L.) mit sparrig-spreizenden, pfriemlichen Blättern und blaulila Blüten, sind beliebte Steingartenpflanzen.

Leimsaat
Collomia grandiflora
Sand-Lotwurz
Onosma arenarium
Büschelschön
Phacelia tanacetifolia
Stauden-Phlox
Phlox paniculata

Büschelschön

Phacelia tanacetifolia BENTH.
Wasserblattgewächse *Hydrophyllaceae*

Beschreibung: Zahlreiche Blüten stehen - jeweils einseitswendig - in einem scheinbar aus mehreren „eingerollten Trauben" (= Wickeln) bestehenden Gesamtblütenstand am Ende des Stengels. Kelch tief in 5 schmale Zipfel geteilt, die dicht, borstig abstehend und silbrigweiß-glänzend behaart sind. Kronröhre 0,7-1 cm lang, schmalröhrig, weißlich-lila bis hell stahlblau; Blütenkrone hellila, 5-9 mm lang, bis über 1/2 ihrer Länge in 5 verkehrt-eiförmige bis zungenförmige Kronzipfel zerteilt, die vorn ziemlich flach abgerundet sind, weittrichterig, 1-1,8 cm im Durchmesser (ausgebreitet gemessen). 5 Staubblätter mit dunkel stahlblau-violetten Staubbeuteln, die gut doppelt so lang wie die gesamte Blütenkrone werden und auffällig aus der Blütenkrone herausragen. Stengel aufrecht, rauh weißborstig behaart, nur im Blütenstandsbereich verzweigt. Blätter wechselständig, 2-10 cm lang, etwa 2/3 so breit wie lang, kurz, aber meist deutlich gestielt, einfach unpaarig gefiedert; Fiederchen wiederum fiederschnittig oder fiederig tief gezähnt. Mai-November. 40-70 cm.

Vorkommen: Braucht zumindest mäßig stickstoffsalzreichen, lehmigen Boden in sommerwarmen Lagen. Nutzpflanze aus Kalifornien, die feldmäßig zur Gründüngung oder als Bienenweide angebaut wird; sie ist örtlich mehr oder weniger beständig verwildert und besiedelt ortsnahes Ödland, Wegränder, Weinberge, seltener lichte Stellen in wärmeliebenden Wäldern.

Wissenswertes: ⊙. Das Büschelschön ist vermutlich in der zweiten Hälfte des 19. Jahrhunderts nach Mitteleuropa gekommen. Um 1870 wurde es bei Potsdam beobachtet. In jüngster Zeit wurde der Anbau stark ausgeweitet.

Sand-Lotwurz

Onosma arenarium W. & K.
Rauhblattgewächse *Boraginaceae*

Beschreibung: Mehrere bis viele Blüten sitzen in einem - im Umriß pyramidenförmigen - Blütenstand, wobei die Blüten an den einzelnen Ästen scheintraubig angeordnet sind. Die Blüten sitzen bzw. stehen auf sehr kurzen Stielen in den Achseln von Hochblättern. Kelch bis fast zum Grund in 5 Zipfel zerspalten, an der Blüte kaum 8 mm lang, an der Frucht fast doppelt so lang. Blütenkrone hellgelb, aus enger, zylindrischer Röhre vorn abgesetzt bauchig-glockig erweitert und gegen die Mündung wieder verengt, mit 5 3eckigen, kleinen, nach außen gebogenen Zipfeln, ohne Schlundschuppen. Wurzelstock verholzt, meist dicker als 5 mm. Stengel aufrecht, wie die Blätter dicht mit borstigen Haaren bestanden, die 1-4 mm lang werden; sie entspringen einer scheibenförmigen Basis, auf der sich nie weitere - auch nicht sehr kurze - Härchen (um 0,1 mm lang; Lupe!) befinden. Blätter wechselständig, dicht am Stengel stehend, lineal bis sehr schmal lanzettlich-spatelig, 5-15 cm lang und 0,5-1,5 cm breit. Juni-Juli. 30-50 cm.

Vorkommen: Braucht sandigen, kalkreichen, humosen Boden in klimabegünstigten Gegenden. Kommt vereinzelt im Mainzer Becken, in Niederösterreich, im Wallis und im Kanton Waadt sowie am Alpensüdfuß vor.

Wissenswertes: ⊙. Ähnlich: Schweizer Lotwurz (*O. helveticum* BOISS.): Blüten 2-2,5 cm lang, gelb; Basisscheibe der Borstenhaare sternförmig behaart; Wallis, Südalpenfuß, selten. - Visianis Lotwurz (*O. visianii* CLEMENTI): Blütenstand vielästig; Basisscheibe der Borstenhaare kahl; Stengel oft schon vom Grund an verzweigt; Niederösterreich (Wiener Becken und Ostabhang des Wienerwalds), selten.

Sonnenwende *Heliotropium*
Wachsblume *Cerinthe*
Himmelsherold *Eritrichum*

Sonnenwende

Heliotropium europaeum L.
Rauhblattgewächse *Boraginaceae*

Beschreibung: Viele Blüten sitzen in einem locker-sparrigen, blattlosen Blütenstand, wobei die Blüten an den einzelnen Ästen scheintraubig angeordnet sind. Die unscheinbaren Blüten sitzen sehr dicht und auffallend einseitswendig beisammen. Kelch bis fast zum Grund in 5 kelchblattähnliche Zipfel zerteilt, die sehr schmal eiförmig sind und nur 2-3 mm lang werden. Blütenkrone weiß oder gelblich, 3-4 mm lang, nur am Grund zu einer angedeuteten, sehr kurzen Kronröhre verwachsen, mit 5 weittrichterig-flach ausgebreiteten Zipfeln (Durchmesser der Krone um 4 mm, ausgebreitet gemessen). Griffel lang, an der Spitze 2geteilt (Lupe!). Keine Schlundschuppen. Stengel aufrecht, verzweigt, wie die Blätter dicht und anliegend weichhaarig. Blätter wechselständig, 3-6 cm lang und 1,5-3 cm breit, eiförmig, am Blattgrund abgerundet oder leicht keilförmig in den Blattstiel verschmälert, die untersten Blätter ziemlich lang gestielt, die oberen mit wesentlich kürzeren Stielen. Juli-August. 15-30 cm.

Vorkommen: Braucht nährstoffreichen, neutral bis basisch reagierenden Lehm- oder Lößboden, der meist kalkhaltig ist, in Gegenden mit frühfrostarmem, sommerwarmem Klima. Besiedelt Hackfruchtäcker und Weinberge, geht selten auch in Gärten. Vereinzelt am Ober- und Mittelrhein und in der Pfalz, im Wallis und in Niederösterreich sowie am Alpensüdfuß.

Wissenswertes: ☉; ☠. Das ursprüngliche Areal der Sonnenwende liegt wahrscheinlich im östlichen Mittelmeergebiet und in Vorderasien. Enthält leberschädigende, giftige Pyrrolizidin-Alkaloide, die zudem als Karzinogene anzusehen sind.

Kleine Wachsblume

Cerinthe minor L.
Rauhblattgewächse *Boraginaceae*

Beschreibung: 5-25 Blüten stehen - kurz gestielt - in überhängend-eingerollten, beblätterten Blütenständen am Ende des Stengels und der Äste. Kelch bis zum Grund in 5 eiförmige, vorne stumpfliche Zipfel zerteilt, die am Rand deutlich borstig behaart sind (Lupe!). Krone hell- bis schwefelgelb, röhrenförmig, 1-1,5 cm lang, fast bis auf 1/2 ihrer Länge in 5 schmal-lanzettliche, spitze Zipfel zerteilt, die vorne meist zusammenneigen, so daß die Blüte knospenartig geschlossen wirkt; Zipfel innen an der Basis mit einem kleinen, bräunlich-roten, punktartigen Fleck. Stengel aufrecht oder aufsteigend, vom Grund an, seltener nur in der oberen Hälfte verzweigt, undeutlich kantig, an der Ansatzstelle der Blattstiele auch undeutlich geflügelt, kahl, bläulich bereift. Grundständige Blätter verkehrt-eiförmig bis spatelig, bis 15 cm lang, zur Blütezeit meist abgestorben. Untere Stengelblätter länglich-spatelig, mit pfeilförmigem Grund dem Stengel ansitzend, die oberen eiförmig und mit herzförmigem Grund sitzend, oft weißlich gefleckt, kahl, am Rand und an den Stielen - oft allerdings nur schütter - borstig behaart. Mai-Juli. 15-50 cm.

Vorkommen: Braucht nährstoffreichen, kalkhaltigen Lehmboden in sommerwarmen Lagen. Besiedelt Trockengebüsche und Weg- bzw. Ackerränder. Vereinzelt bei Göttingen, in der Rhön und in der Fränkischen Schweiz; im südlichen Fränkischen Jura, im Alpenvorland (vor allem im Einzugsgebiet der mittleren Isar), in Ober- und Niederösterreich, in Tirol, im Burgenland und am Alpensüdfuß selten.

Wissenswertes: ☉. Das Hauptverbreitungsgebiet der Kleinen Wachsblume liegt in Südosteuropa.

Alpen-Wachsblume

Cerinthe glabra MILL.
Rauhblattgewächse *Boraginaceae*

Beschreibung: 5–25 Blüten stehen - kurz gestielt - in überhängend-eingerollten, beblätterten Blütenständen am Ende des Stengels und der Äste. Kelch bis zum Grund in 5 schmal-eiförmige, vorne stumpfliche Zipfel zerteilt, die meist kahl oder - am Rand - sehr schütter mit kurzen Börstchen bestanden sind (Lupe!). Krone hellgelb, mit dunkel weinroten Flecken am Übergang von der Kronröhre zu den Kronzipfeln, außen oft bläulich überlaufen, röhrenförmig, 1–1,5 cm lang, auf etwa 1/3–1/4 ihrer Länge in 5 stumpfe Zipfel zerteilt, deren Vorderteil nach außen umgebogen ist. Aus dem dicken Rhizom entspringen meist mehrere Stengel, die aufrecht wachsen, dicht beblättert und kahl sind. Sie sind - wie die Blätter - dunkelgrün und meist bläulich überlaufen. Rosettenblätter langstielig (mit Spreite bis 30 cm lang), schmal-eiförmig, Spreite bis 4 cm breit und allmählich in den geflügelten Stiel verschmälert. Stengelblätter eiförmig, mit herzförmigem Grund dem Stengel ansitzend, vorne abgestumpft. Juni–September. 15–50 cm.

Vorkommen: Braucht stickstoffsalzhaltigen, meist auch kalkführenden, steinig-lockeren Lehmboden. Besiedelt Viehläger und mäßig intensiv bewirtschaftete, nicht zu trockene Weiden in mittleren Lagen der Alpen, kommt aber auch (vor allem im Einzugsgebiet der Iller) in ihrem Vorland (nach Norden bis zur Donau) herabgeschwemmt vor. Südlicher Schweizer Jura, Nördliche Kalkalpen, südöstliche Kalkalpen (bis in die Dolomiten) und Zentralalpen: selten, gebietsweise fehlend. Steigt bis etwa 2000 m.

Wissenswertes: ♃. Die Blüten werden von langrüsseligen Hummeln bestäubt, da nur sie den Nektar erreichen.

Himmelsherold

Eritrichum nanum (L.) SCHRAD. & GAUDIN
Rauhblattgewächse *Boraginaceae*

Beschreibung: 3–6 Blüten (selten auch weniger oder nur 1 Blüte) stehen - kurz gestielt - in beblätterten, scheintraubigen Blütenständen, in denen jede Blüte ihr eigenes Tragblatt besitzt. Kelch bis fast zum Grund in 5 lineale, stumpfe Zipfel zerteilt, die etwa 3 mm lang werden und seidig behaart sind. Krone mit kurzer, weißlicher Röhre, von der stieltellerartig flach 5 verkehrt-eiförmige Kronzipfel abstehen, die nach dem Aufblühen rötlich bis violett sind, alsbald aber tief himmelblau werden. Im Schlund der Kronröhre befindet sich ein leuchtend gelber Schlundring; Durchmesser der Blütenkrone 5–9 mm. Rand der Teilfrüchtchen geflügelt und gezähnt (sicheres Kennzeichen gegen das Alpen-Vergißmeinnicht, bei dem der Rand der Teilfrüchtchen glatt ist). Der Himmelsherold wächst in dichten Polstern. Stengel und Blätter sind von 1–2 mm langen, oft gekräuselten Haaren bedeckt. Neben blühenden Rosetten gibt es viele nichtblühende. Rosettenblätter spatelförmig bis verkehrt-eiförmig; Stengelblätter in der Form wie die Rosettenblätter, aber etwas kleiner. Juli–August. 2–5 cm.

Vorkommen: Braucht offenen Stand. Besiedelt Felsspalten, feinen, ruhenden Schutt, alte Moränen, geht aber auch in lückige, hochalpine Rasen und felsdurchsetzte Matten. Vorzugsweise auf sauren Gesteinen, in den Südostalpen aber auch auf Kalk und Dolomit. Bevorzugt Höhen zwischen etwa 2500 und 3000 m. Fehlt in den Nördlichen Kalkalpen.

Wissenswertes: ♃. Der Himmelsherold gehört zu den alpinen Arten, die in den Vereisungsperioden aus asiatischen Gebirgen in die Alpen eingewandert sind.

Sonnenwende
Heliotropium europaeum
Kleine Wachsblume
Cerinthe minor
Himmelsherold
Eritrichum nanum
Alpen-Wachsblume
Cerinthe glabra

Steinsame *Buglossoides, Lithospermum*
Natternkopf *Echium*

Blauroter Steinsame

Buglossoides purpurocaerulea (L.) I. M. JOHNST.
Rauhblattgewächse *Boraginaceae*

Beschreibung: 2–12 Blüten stehen auf sehr kurzen Stielen (zumindest die obersten scheinen fast zu sitzen) in scheintraubigen, beblätterten Blütenständen. Kelch bis fast zum Grund in 5 lineal bis schmal-lanzettliche Zipfel zerspalten, die am Rand langwimperig behaart sind. Blüte mit einer 1,2–2 cm langen Kronröhre, von der 5 eiförmige, an der Basis innerseits etwas faltige Zipfel mäßig weittrichterig abstehen. Krone 1,5–2,5 cm im Durchmesser (ausgebreitet gemessen), erst braun-rotviolett, dann violett und zuletzt blauviolett bis lila; im Schlund der Krone befinden sich 5 kurzhaarige Streifen; auf den Kronzipfeln fällt auf der Innenseite meist der dunklere Mittelnerv auf. Stengel einfach, aufrecht; neben den blühenden Stengeln gibt es häufig sterile, die dem Boden aufliegen und Wurzeln schlagen können. Blätter wechselständig, schmal-lanzettlich, bis 8 cm lang und bis 1,5 cm breit, zur Spitze und Basis verschmälert, dem Stengel ansitzend, die untersten auch kurz gestielt, ganzrandig, dicht und kurz anliegend behaart, am Rande mit ungleich langen, wimperigen Borstenhaaren. April–Mai. 20–70 cm.

Vorkommen: Braucht basenreichen, oft kalkhaltigen, lockeren Lehm- oder Tonboden mit guter Mullbeimischung, der Stickstoffsalze indessen in nur mäßiger Konzentration enthalten sollte. Besiedelt Trockenwälder und Trockengebüsche. Fehlt im Tiefland und in fast allen Gebieten mit basenarmem Gestein. In den Mittelgebirgen mit kalkhaltigem Gestein selten, aber oft bestandsbildend. In den Alpen nur vereinzelt; steigt bis etwa 1000 m.

Wissenswertes: ♃. Buglossos, griech. = Ochsenzunge, verweist auf die Form der Blätter.

Acker-Steinsame

Buglossoides arvensis (L.) I. M. JOHNST.
Rauhblattgewächse *Boraginaceae*

Beschreibung: 3–7 Blüten stehen auf sehr kurzen Stielen in scheintraubigen, beblätterten Blütenständen. Kelch bis fast zum Grund in 5 lineale bis schmal-lanzettliche Zipfel zerspalten, die am Rand kurzwimperig behaart sind. Blüte mit einer 6–8 mm langen Kronröhre, von der 5 eiförmig-zungenförmige Zipfel weitglockig abstehen. Krone 3–5 mm im Durchmesser (ausgebreitet gemessen), weiß oder – selten – sehr hell bläulich; im Schlund der Krone befinden sich 5 kurzhaarige Streifen (Lupe!). Stengel einfach, oberwärts oder – seltener – vom Grunde an verzweigt. Blätter wechselständig, unterste spatelförmig, zur Blütezeit meist schon verwelkt; mittlere Blätter lanzettlich, bis 6 cm lang und kaum 8 mm breit, zur Spitze und Basis verschmälert, dem Stengel ansitzend, unterseits nur mit deutlichem Mittelnerv, ganzrandig, dicht und kurz anliegend behaart, am Rande mit ungleich langen, seidigen Wimperhaaren. April–Juni. 10–50 cm.

Vorkommen: Braucht nährstoffreichen, aber nicht unbedingt kalkhaltigen und meist eher humusarmen Lehm- oder Tonboden. Besiedelt Getreideäcker, geht aber auch in Trockenrasen und in lichte Trockengebüsche. Im Tiefland selten, in den Mittelgebirgen mit Lehmböden zerstreut; fehlt im Alpenvorland und in den Alpen zumindest kleineren Gebieten und geht kaum irgendwo über etwa 1500 m.

Wissenswertes: ⨀. In den Wurzeln des Acker-Steinsamens ist der rote Farbstoff Lithospermin enthalten, ein Chinonfarbstoff, der mit Alkannin verwandt ist. Früher wurde er als Schminke benutzt. Hierauf bezieht sich der – heutzutage nur noch wenig gebrauchte – Volksname „Bauernschminke“.

Acker-Steinsame
Buglossoides arvensis
Echter Steinsame
Lithospermum officinale
Blauroter Steinsame
Buglossoides purpurocaerulea
Gewöhnlicher Natternkopf
Echium vulgare

Echter Steinsame

Lithospermum officinale L.
Rauhblattgewächse *Boraginaceae*

Beschreibung: 3–7 Blüten stehen auf sehr kurzen Stielen in scheintraubigen, beblätterten Blütenständen. Kelch bis fast zum Grund in 5 schmal-eiförmige bis schmal-zungenförmige Zipfel zerspalten, die am Rand und in der vorderen Hälfte seidig-kurzwimperig behaart sind. Blüte mit einer 3–5 mm langen Kronröhre, von der 5 eiförmig-zungenförmige Zipfel weittrichterig bis fast stieltellerartig flach abstehen. Krone 2–4 mm im Durchmesser (ausgebreitet gemessen), weiß oder gelblich-weiß; im Schlund der Krone befinden sich 5 kurzhaarige Falten (Lupe! Evtl. mit Nadel aufdrücken!). Meist entspringen dem Wurzelstock mehrere Stengel, die steif aufrecht wachsen und in der Regel reich verzweigt sind; sie sind nur sehr kurz behaart. Blätter wechselständig, Grundblätter zur Blütezeit meist schon verwelkt; Stengelblätter lanzettlich, bis zu 10 cm lang und bis zu 1,5 cm breit, zur Spitze und zur Basis verschmälert, dem Stengel ansitzend, nicht nur mit einem einzelnen, deutlichen Mittelnerv, sondern deutlich fiedernervig, ganzrandig, am Rand mit nur sehr kurzen, schütter stehenden Wimperhaaren (die auch fehlen können), unterseits deutlicher und angedrückt behaart. Mai–Juni. 30–70 cm.

Vorkommen: Braucht mull- und kalkhaltigen, lockeren Lehm- oder Tonboden. Besiedelt lichte, warme, doch nicht zu trockene Laubwälder und Waldsäume. Im Tiefland nur vereinzelt östlich der Elbe; in den Mittelgebirgen mit Kalkgestein nur in milden Lagen; im Jura und im Alpenvorland fast erloschen, in den Alpen nur in warmen Tälern. Fehlt sonst weithin.

Wissenswertes: ♃. Enthält in der Wurzel Lithospermin (s. S. 82).

Gewöhnlicher Natternkopf

Echium vulgare L.
Rauhblattgewächse *Boraginaceae*

Beschreibung: Zahlreiche Blüten sitzen knäuelig etwa von der Mitte des Stengels bis zu seiner Spitze. Kelch bis fast zum Grund in 5 lineal bis schmal-lanzettliche Zipfel zerspalten, die wie die Blätter im Blütenstand und die Stiele der Teilblütenstände langwimperig-borstig behaart sind. Blütenkrone deutlich 2lippig: die zunächst enge Blütenröhre weitet sich allmählich engglokkig-trichterig, wobei die 3lappige Oberlippe die 2lappige Unterlippe um mehrere mm überragt; die Lappen sind wenig tief eingekerbt. Krone im Knospenstadium deutlich rot, bei aufgehenden Blüten violett und bei geöffneten hellblau mit einer leicht violetten Beimischung. Die Staubblätter stehen weit aus der Blüte hervor. Griffel vorn deutlich 2spaltig. Stengel einfach, aufrecht, oft mehrere aus einer Rosette, dicht borstig behaart und dunkelviolett punktiert. Blätter wechselständig, schmal-lanzettlich, die grundständigen bis zu 30 cm lang und bis über 3 cm breit, mit geflügeltem Stiel, die mittleren und oberen viel kürzer und dem Stengel ansitzend, borstig behaart. Juni–August. 30–80 cm.

Vorkommen: Braucht nährstoffreichen, trockenen Lehm- oder Tonboden, der humusarm sein kann; besiedelt auch groben Steinschutt (z. B. Bahnschotter), Wegränder, Dämme, Steinbrüche. Fehlt im Tiefland gebietsweise; sonst zerstreut und oft in lockeren Beständen. Geht in den Alpen bis etwa 2000 m.

Wissenswertes: ♃; (☠). Die Blüte soll an den Kopf einer Natter erinnern, der gespaltene Griffel an die „Natternzunge". – Die Natternzunge enthält geringe Mengen von Pyrrolizidin-Alkaloiden, die Lebergifte sind und überdies als krebserregend gelten.

Sumpf-Vergißmeinnicht

Myosotis scorpioides L.
Rauhblattgewächse *Boraginaceae*

Beschreibung: 5–20 Blüten stehen in scheintraubigen oder scheinrispigen Blütenständen; Blütenstände blattlos. Kelch angedrückt behaart (Haare an der Spitze nicht hakig), 2–3 mm lang, bis 2/3 der Länge in 5 3eckige Zipfel zerteilt. Kronröhre 2,5–4 mm lang, Krone anfangs rötlich, dann himmelblau, 5–8 mm im Durchmesser, in 5 breit verkehrt-eiförmige Zipfel zerteilt, die stieltellerartig flach von der Kronröhre abstehen; Schlundschuppen an den Kronzipfeln gelb (die 5 Schlundschuppen bilden am Eingang zur Kronröhre einen gelben Ring). Stengel bogig aufsteigend, dicht beblättert, schräg aufwärts gerichtet oder abstehend behaart. Blätter wechselständig, eiförmig, 2–10 cm lang, 0,5–2 cm breit, abstehend oder anliegend behaart, am Rande zuweilen wimperig, oft fast kahl. Mai– Juni, oft nochmals September–Oktober. 20–80 cm.

Vorkommen: Braucht feuchten Boden. Besiedelt Gräben, Sumpfwiesen und lichte Wälder. Häufig. Steigt in den Alpen bis etwa 2000 m.

Wissenswertes: ♃. *M. scorpioides* L. wird mit dem Bodensee-Vergißmeinnicht (*M. rehsteineri* WARTM.: Blüten 0,8–1,2 cm im Durchmesser, 2–8 cm hoch; Ufer; vereinzelt am Bodensee und an der mittleren Isar), dem Hain-Vergißmeinnicht (*M. nemorosa* BESS.: Blüten 4–6 mm im Durchmesser, Stengel undeutlich kantig, meist kahl; lichte Sumpfwälder und Naßwiesen; auf Silikatböden, selten) und mit dem Schlaffen Vergißmeinnicht (*M. laxa* LEHM.: Blütenstände unten beblättert, Blüten 2–5 mm im Durchmesser, Stengel rund, oft an der Basis verzweigt; Ufer und Röhricht; im Tiefland zerstreut, sonst selten) zur Sammelart *M. palustris* agg. zusammengefaßt.

Wald-Vergißmeinnicht

Myosotis sylvatica EHRH. ex HOFFM.
Rauhblattgewächse *Boraginaceae*

Beschreibung: 7–25 Blüten stehen in scheinrispigen, unbeblätterten Blütenständen. Kelch dicht abstehend behaart. 3–5 mm lang, bis auf 1/3 der Länge in 5 lineale Zipfel zerteilt, im verwachsenen Teil – neben geraden – auch einige Haare, die an der Spitze hakig gekrümmt sind (starke Lupe!). Kronröhre 3–4 mm lang; Krone anfangs violett überhaucht, dann himmelblau, 0,6–1 cm Durchmesser, in 5 breit verkehrt-eiförmige Zipfel zerteilt, die stieltellerartig flach abstehen; Schlundschuppen an den Kronzipfeln gelb (die 5 Schlundschuppen bilden am Eingang zur Kronröhre einen gelben Ring). Stengel aufrecht, beblättert, schräg abstehend behaart. Spreite der Rosettenblätter schmal-eiförmig, bis 8 cm lang, bis 3 cm breit; Stiel halb bis doppelt so lang wie die Spreite. Stengelblätter wechselständig, schmal-eiförmig bis zungenförmig, 2–6 cm lang und etwa 1/3 so breit, die unteren länger als die oberen, die unteren kurz gestielt, die anderen sitzend, meist abgerundet, mäßig dicht und kurz behaart. April–September. 15–50 cm.

Vorkommen: Braucht nährstoffreichen, feuchten Lehmboden. Wälder, Wege, Viehläger. Im Tiefland westlich der Elbe sehr selten, fehlt dort gebietsweise, ebenso in Gegenden, in denen Sandböden überwiegen. Sonst zerstreut. Steigt in den Alpen bis über 2500 m.

Wissenswertes: ☉–♃. *M. sylvatica* EHRH. ex HOFFM. wird u. a. mit dem Alpen-Vergißmeinnicht (*M. alpestris* F. W. SCHMIDT: Kelch anliegend behaart, Haare hakenlos; Krone dunkelblau; Alpen) und dem Niederliegenden Vergißmeinnicht (*M. decumbens* HOST: Kelchzipfel 3eckig; alpine Weiden) zur Sammelart *M. sylvatica* agg. zusammengefaßt.

Acker-Vergißmeinnicht

Myosotis arvensis (L.) HILL
Rauhblattgewächse *Boraginaceae*

Beschreibung: 5–25 Blüten stehen in zusammengesetzt scheintraubigen, gegen Ende der Blütezeit langgestreckten Blütenständen; die unteren Äste des Blütenstands entspringen in den Achseln der oberen Stengelblätter; Blütenstandsbereich selbst blattlos. Kelch abstehend behaart, 1–2 mm lang, auf 1/3 der Länge in lanzettliche Zipfel zerteilt; im verwachsenen Teil stehen – neben geraden Haaren – einige mit hakig gekrümmter Spitze (starke Lupe!). Kronröhre kaum 2 mm lang; Krone hellblau, zuweilen weißlich-blau, 2–3 mm im Durchmesser, in 5 verkehrt-eiförmige Zipfel zerteilt, die weittrichterig von der Kronröhre abstehen; Schlundschuppen an den Kronzipfeln gelb, zusammen einen Ring bildend. Stengel aufrecht, meist schon vom Grunde an verzweigt (selbst die untersten Äste tragen meist Blüten! Gutes Kennzeichen!), dicht behaart, Haare im oberen Drittel des Stengels ziemlich kurz. Untere Blätter rosettig, Stengelblätter wechselständig, alle spatelig-zungenförmig, 1–5 cm lang, 0,5–1 cm breit, mehr oder weniger dicht kurzhaarig. April–Oktober. 10–40 cm.

Vorkommen: Braucht nährstoffreiche Lehmböden. Besiedelt Getreidefelder (dort besonders nach der Ernte auffallend), Hackfruchtäcker und Ödland, geht auch auf Waldschläge und an Waldränder, gelegentlich selbst in Wiesen und extensiv genutzte alpine Weiden. Häufig; steigt in den Alpen bis etwa 2000 m.

Wissenswertes: ⨀. Innerhalb der Art werden 2 Unterarten unterschieden: Ssp. *arvensis* ist die in Mitteleuropa vorkommende Form; ssp. *umbrata* (ROUY) O. SCHWARZ (Kelch zur Fruchtzeit bis 7 mm lang; hakige Haare 2–6 mm lang) herrscht in Westeuropa vor.

Zerstreutblütiges Vergißmeinnicht

Myosotis sparsiflora MIKAN f. ex POHL
Rauhblattgewächse *Boraginaceae*

Beschreibung: Je 7–13 Blüten stehen in dem meist aus 2 Scheintrauben bestehenden, lockerblütigen Blütenstand; an den Blütenstandsachsen sitzen 2–3 Tragblätter, die den Stengelblättern gleichen, jedoch nur 1–3 cm lang werden und damit deutlich kürzer als diese sind. Kelch um 2 mm lang, bei der Fruchtreife kräftig in die Länge wachsend, schütter angedrückt behaart, bis etwa 2/3 seiner Länge in 5 lineale, abstehende Zipfel zerteilt. Kronröhre kaum 2 mm lang, weißlich; Krone zuerst rosa, dann himmelblau, 2–3 mm im Durchmesser, in 5 schmal verkehrt-eiförmige Zipfel zerteilt, die ziemlich engtrichterig von der Kronröhre abstehen; Schlundschuppen an den Kronzipfeln gelb, zusammen einen gelben Ring am Eingang der Kronröhre bildend. Stengel niederliegend, aufsteigend oder aufrecht, schlaff und leicht abbrechend, kantig, schütter abstehend behaart. Untere Blätter rosettenartig gehäuft, meist deutlich kleiner als die unteren und mittleren Stengelblätter. Stengelblätter wechselständig, alle schmal eiförmig-spatelig, die unteren in einen Stiel verschmälert, die mittleren und oberen sitzend, nur schütter behaart. April–Juni. 10–40 cm.

Vorkommen: Braucht nährstoffreichen, feuchten, mullhaltigen Lehm- oder Tonboden. Besiedelt lichte Auenwälder und Ufergebüsche. Kommt nur im Tiefland und in den Mittelgebirgen östlich der Elbe selten vor, ebenso in Niederösterreich, dem Burgenland und in der Steiermark; vereinzelt im Bayerischen Wald.

Wissenswertes: ⨀. Das Hauptareal des Zerstreutblütigen Vergißmeinnichts liegt in Osteuropa und Asien.

Sumpf-Vergißmeinnicht
Myosotis scorpioides
Acker-Vergißmeinnicht
Myosotis arvensis
Zerstreutblütiges Vergißmeinnicht
Myosotis sparsiflora
Wald-Vergißmeinnicht
Myosotis sylvatica

Vergißmeinnicht *Myosotis*
Nabelnüßchen *Omphalodes*

Buntes Vergißmeinnicht

Myosotis discolor PERS.
Rauhblattgewächse *Boraginaceae*

Beschreibung: Viele Blüten stehen in einem zusammengesetzt scheintraubigen Blütenstand; Blütenstandsachsen unbeblättert. Kelch 2–3 mm lang, bei der Fruchtreife etwa auf das Doppelte anwachsend, locker abstehend behaart, bis etwa auf 1/2 seiner Länge in 5 lineale Zipfel zerteilt; im verwachsenen Teil meist ohne hakig gebogene Haare. Kronröhre 3–5 mm lang (erst gegen Ende der Blütezeit die volle Länge erreichend), gelblich; Krone zuerst cremefarben bis hellgelb, dann rötlich und zuletzt blau bis blauviolett, selten auch im Alter gelb, 2–3 mm im Durchmesser, in 5 verkehrt-eiförmige Zipfel zerteilt, die weittrichterig bis stieltellerartig flach von der Kronröhre abstehen; Schlundschuppen an den Kronzipfeln gelb, zusammen einen gelben Ring am Eingang der Kronröhre bildend. Pflanze oft einstengelig; Stengel aufsteigend oder aufrecht, einfach oder verzweigt, locker beblättert, vor allem in der unteren Hälfte abstehend behaart, im Bereich des Blütenstands angedrückt behaart. Untere Blätter rosettig gehäuft, kleiner und breiter als die Stengelblätter. Stengelblätter wechselständig, eiförmig bis spatelig, 1–3 cm lang, 2–7 mm breit, die unteren stielartig verschmälert, die übrigen sitzend, abstehend, selten anliegend behaart. April–Juni. 10–30 cm.

Vorkommen: Braucht kalkfreien oder doch sehr kalkarmen, sandigen Boden. Besiedelt lichte Sandkiefernwälder und lückige, sandige Rasen. Im Tiefland zerstreut; in den Mittelgebirgen mit kalkfreien Sandböden selten, gebietsweise fehlend. Fehlt in den Alpen.

Wissenswertes: ⊙. Die unterschiedliche Färbung der Blüten taugt nicht zur Abgrenzung von Unterarten.

Sand-Vergißmeinnicht

Myosotis stricta LK. ex ROEM. & SCHULT.
Rauhblattgewächse *Boraginaceae*

Beschreibung: Viele Blüten stehen in einem einfachen scheintraubigen Blütenstand; Blütenstandsachse im untersten Teil meist beblättert. Kelch zur Blütezeit kaum 2 mm lang, bei der Fruchtreife auf etwa das Doppelte anwachsend, bis auf etwa 1/2 seiner Länge in 5 lineale Zipfel zerteilt; im verwachsenen Teil des Kelchs meist mit hakig gebogenen Haaren. Kronröhre 1–2 mm lang, gelblich; Krone hell himmelblau, 1–2 mm im Durchmesser (ausgebreitet gemessen), in 5 verkehrt-eiförmige Zipfel zerteilt, die mäßig weittrichterig von der Kronröhre abstehen; Schlundschuppen an den Kronzipfeln gelb, zusammen einen gelben Ring am Eingang der Kronröhre bildend. Pflanze oft mehrstengelig, starr aufrecht, meist einfach oder nur spärlich verzweigt, abstehend grauhaarig, ziemlich dicht beblättert. Untere Blätter rosettenartig gehäuft, kaum kleiner und breiter als die Stengelblätter. Stengelblätter wechselständig, schmal-eiförmig bis spatelig, 0,5–2 cm lang und 2–5 mm breit (nur sehr selten etwas breiter), die unteren kurz gestielt, die mittleren und oberen sitzend, vor allem auf der Unterseite behaart. März–Juni. 5–15 cm.

Vorkommen: Braucht kalkarmen, sandigen Boden, geht auch auf kalkfreien, feinen Gesteinsschutt. Besiedelt Dünen und lückige Sandrasen. Im Tiefland östlich der Weser zerstreut, sonst selten; in den Mittelgebirgen mit sandigen, kalkarmen Böden und in den Zentralalpen selten, kleineren Gebieten fehlend; steigt in den Alpen bis etwa 2000 m.

Wissenswertes: ⊙. Die Blüten des Sand-Vergißmeinnichts bestäuben sich in der Regel selbst.

Buntes Vergißmeinnicht
Myosotis discolor
Hügel-Vergißmeinnicht
Myosotis ramosissima
Sand-Vergißmeinnicht
Myosotis stricta
Garten-Nabelnüßchen
Omphalodes verna

Hügel-Vergißmeinnicht

Myosotis ramosissima ROCH. ex SCHULT.
Rauhblattgewächse *Boraginaceae*

Beschreibung: Viele Blüten stehen in einem einfachen, scheintraubigen Blütenstand; Blütenstandsachse völlig blattlos. Kelch zur Blütezeit kaum 2 mm lang, bei der Fruchtreife auf fast das Doppelte anwachsend, bis auf etwa 1/2 seiner Länge in 5 lineale Zipfel zerteilt; im verwachsenen Teil des Kelchs mit hakig gebogenen Haaren. Kronröhre höchstens 1,5 mm lang (kürzer als der Kelch), gelblich-weiß; Krone hell himmelblau, 1-2 mm in Durchmesser (ausgebreitet gemessen), in 5 verkehrt-eiförmige Zipfel zerteilt, die mäßig weittrichterig von der Krone abstehen; Schlundschuppen an der Kronröhre orangegelb, zusammen einen tief dunkel- bis orangegelben Ring am Eingang der Kronröhre bildend. Pflanze meist einstengelig, Stengel meist einfach, seltener sparrig und spärlich verzweigt, abstehend grauhaarig, meist nur locker beblättert. Untere Blätter rosettenartig gehäuft, viel kleiner als die Stengelblätter, zur Blütezeit oft schon verwelkt bzw. vertrocknet. Stengelblätter wechselständig, 0,5-2 cm lang und 3-6 mm breit, schmal-eiförmig, auch die unteren sitzend, beidseitig behaart; Haare abstehend, gerade. April–Juni. 5–20 cm.

Vorkommen: Braucht lockeren, sandigen, aber meist kalkhaltigen Boden. Besiedelt sandige Rasen, lückig bewachsene Dämme oder kalkhaltige Felsen und Feinschutthalden. Im Tiefland westlich der Elbe selten, östlich zerstreut, desgleichen in den niedrigen Mittelgebirgen und im nördlichen Alpenvorland; kommt in den Alpen nur in den wärmeren Tälern vor und steigt kaum irgendwo über etwa 1000 m.

Wissenswertes: ☉. Selbstbestäubung kommt häufig vor.

Garten-Nabelnüßchen

Omphalodes verna MOENCH
Rauhblattgewächse *Boraginaceae*

Beschreibung: 2–9 Blüten (selten auch noch mehr) stehen in lockeren, scheintraubigen Blütenständen am Ende des Stengels oder in den Achseln der oberen Blätter; Blütenstände blattlos. Kelch bis fast zum Grund in 5 lanzettliche, grau behaarte Zipfel zerteilt, die zur Blütezeit 3–4 mm lang sind und bei der Fruchtreife bis 7 mm lang werden. Kronröhre sehr kurz und ziemlich weit; Krone tief himmelblau bis dunkelblau, 0,8–1,2 cm im Durchmesser (ausgebreitet gemessen), in 5 breit verkehrt-eiförmige Zipfel zerteilt, die stieltellerartig flach von der Kronröhre abstehen; Schlundschuppen an den Kronzipfeln weiß, meist rot punktiert, zusammen einen ungleichmäßigen weißen Ring am Eingang der Kronröhre bildend. Aus dem horizontal dezimeterweit kriechenden Rhizom sprießen mehrere Blattrosetten, denen meist nur jeweils 1 Stengel entspringt; Stengel aufsteigend oder aufrecht, einfach oder erst in der oberen Hälfte spärlich verzweigt, nur schütter angedrückt behaart. Rosettenblätter 3–12 cm lang gestielt; ihre Spreite 3–8 cm lang und 1,5–4,5 cm breit, breit-eiförmig, am Grund leicht herzförmig oder abgerundet, oberseits mattgrün, unterseits etwas glänzender. Am Stengel nur 1–3 Blätter, die den Grundblättern gleichen, aber kleiner und kaum gestielt sind. April–Mai. 5–25 cm.

Vorkommen: Zierpflanze, die aus dem Mittelmeergebiet stammt und bei uns nur vereinzelt verwildert in Auenwäldern vorkommt (z.B. im Alpenvorland).

Wissenswertes: ♃. Das Garten-Nabelnüßchen wird nicht selten in Parkanlagen und auf Friedhöfen an feuchteren, beschatteten Stellen als „Unterwuchs“ angepflanzt.

Wald-Nabelnüßchen

Omphalodes scorpioides (HAENKE) SCHRANK
Rauhblattgewächse *Boraginaceae*

Beschreibung: Die Blüten stehen – jeweils einzeln – in lockerer Anordnung in den Achseln der oberen Blätter; Blütenstiele 0,5–1 cm lang, zur Fruchtreife erheblich verlängert und dann meist herabgebogen. Kelch bis etwa auf 1/2 seiner Länge in 5 schmal-eiförmige Abschnitte zerteilt, die zur Blütezeit 3–4 mm lang sind und bei der Fruchtreife bis 7 mm lang werden. Kronröhre sehr kurz und ziemlich weit; Krone blaßblau, 3–4 mm im Durchmesser (ausgebreitet gemessen), in 5 verkehrt-eiförmige Zipfel zerteilt, die weittrichterig von der Kronröhre abstehen; Schlundschuppen an den Kronzipfeln gelb, zusammen einen gelben Ring am Eingang der Kronröhre bildend. Stengel niederliegend oder aufsteigend, deutlich kantig, kahl oder nur sehr schütter behaart, meist reichlich verästelt. Blätter wechselständig, die unteren praktisch gegenständig, nahezu in 2 Reihen am Stengel, spatelig, 2–5 cm lang, 0,5–1,5 cm breit, abgerundet oder kurz zugespitzt, untere ganz allmählich in den Stiel verschmälert, mittlere und obere sitzend, alle behaart. April–Juni. 10–40 cm.

Vorkommen: Braucht feuchten, durchsikkerten, kalkhaltigen, humosen und mullhaltigen, ziemlich stickstoffsalzreichen Lehm- oder Tonboden in beschatteter Lage. Besiedelt Schlucht- und Auenwälder. Vereinzelt im Harz und im Fränkischen Jura; in Mecklenburg-Vorpommern, in Brandenburg und Thüringen selten, ebenso in Ober- und Niederösterreich, im Burgenland und in der Steiermark. Fehlt sonst (an der mittleren Weser erloschen).

Wissenswertes: ⊙. Das Wald-Nabelnüßchen erreicht in Mitteleuropa die Westgrenze seines Verbreitungsgebiets.

Scharfkraut

Asperugo procumbens L.
Rauhblattgewächse *Boraginaceae*

Beschreibung: Die Blüten sitzen (oder stehen sehr kurz gestielt) einzeln in den Achseln der mittleren und oberen Blätter. Kelch bis auf etwa 2/3 seiner Länge in 5 unterschiedlich große Zipfel zerteilt, zur Blütezeit nur 3–4 mm lang, bei der Fruchtreife auf 1–1,5 cm wachsend, die Frucht 2klappig umgebend, jede Kelchhälfte netznervig, mit meist 5 unregelmäßigen Zähnen (fast handförmig 5teilig) und hakigen Borsten (sicheres Kennzeichen!). Fruchtstiel 3–8 mm lang, zum Boden hingebogen. Kronröhre sehr kurz; Krone violett oder blau, trichterförmig, 2–3 mm im Durchmesser (ausgebreitet gemessen). Schlundschuppen an den Kronzipfeln weiß. Stengel bis zu 60 cm über den Boden kriechend, meist reichlich verästelt, schlaff, kantig, an den Kanten von rückwärts gerichteten Haaren rauh. Blätter in 2 Reihen am Stengel wechselständig oder zu 2–4 stark angenähert, so daß sie scheinrosettig am Stengel stehen. Blätter lanzettlich bis eiförmig, 1–6 cm lang, 0,5–2,5 cm breit, ganzrandig oder ungleichmäßig gezähnt, dunkelgrün, sehr kurz gestielt oder sitzend. Mai–Juni. 10–60 cm.

Vorkommen: Braucht kalkhaltigen oder sonst basenreichen Lehm- oder Tonboden, der sich durch sehr hohe Konzentration von Stickstoffsalzen auszeichnet. Besiedelt Viehläger, Mauern, Felsnasen, gelegentlich auch Wege und Dungstellen. Vereinzelt an der Unterelbe, dem Mittelrhein, im Schwäbischen und Fränkischen Jura; östlich der Elbe selten; in den Zentralalpen der Schweiz und Österreichs, in Niederösterreich und im Burgenland zerstreut; steigt bis 2000 m.

Wissenswertes: ⊙. Hauptverbreitungsgebiet: Osteuropa und westliches Asien.

Kletten-Igelsame

Lappula squarrosa (RETZ.) DUM.
Rauhblattgewächse *Boraginaceae*

Beschreibung: Zahlreiche Blüten stehen kurz gestielt jeweils einzeln in den Achseln von Tragblättern, die an den langen Blütenstandsachsen beim Aufblühen ziemlich dicht, später locker angeordnet sind. Blütenstiele auch nach dem Verblühen schief aufrecht. Kelch bis fast zum Grund in 5 eiförmige, rauhhaarige Zipfel zerteilt, zur Blütezeit 2–3 mm lang, bei der Fruchtreife auf die doppelte Länge heranwachsend. Kronröhre sehr kurz, engröhrig; Krone hell himmelblau, 3–4 mm im Durchmesser (ausgebreitet gemessen), in 5 verkehrt-eiförmige Zipfel zerteilt, die stieltellerartig flach bis weittrichterig von der Kronröhre abstehen; Schlundschuppen an den Kronzipfeln gelb, zusammen einen Ring am Eingang der Kronröhre bildend. Stengel in der oberen Hälfte sparrig verzweigt, in der unteren Hälfte rauhhaarig, in der oberen flaumig behaart. Rosettenblätter zur Blütezeit meist vertrocknet, spatelig, Stengelblätter wechselständig, die unteren spatelig, die oberen lanzettlich bis lineal, die unteren bis 6 cm lang, die längsten Tragblätter kaum 1 cm lang, lineal. Alle Blätter anliegend behaart. Juni–September. 20–40 cm.

Vorkommen: Braucht kalkarmen oder kalkfreien, stickstoffsalzreichen, lockeren Boden. Besiedelt Unkrautgesellschaften an Wegen, Mauern und auf Ödland in Gegenden mit warmem Klima. Vereinzelt im Münsterland, in der Pfalz, am mittleren Main, im Schwäbisch-Fränkischen Jura, in Thüringen, Sachsen-Anhalt, in der West- und Südschweiz, in Niederösterreich, im Burgenland und in der Steiermark.

Wissenswertes: ⊙. Das Hauptverbreitungsgebiet der Art liegt im Mittelmeergebiet und im südwestlichen Asien.

Wald-Igelsame

Lappula deflexa (WAHLENB.) GARCKE
Rauhblattgewächse *Boraginaceae*

Beschreibung: Zahlreiche Blüten stehen kurz gestielt jeweils einzeln in den Achseln von Tragblättern, die an den langen Blütenstandsachsen beim Aufblühen ziemlich dicht, später locker angeordnet sind. Blütenstiele 2–4 mm lang, nach dem Verblühen deutlich abwärts gebogen. Kelch 1–3 mm lang, bis fast zum Grund in 5 lanzettliche Zipfel zerteilt, die an der Blüte anliegen, an der Frucht hingegen deutlich zurückgeschlagen sind. Kronröhre sehr kurz, engröhrig; Krone hell himmelblau, 3–5 mm im Durchmesser (ausgebreitet gemessen), in 5 verkehrt-eiförmige Zipfel zerteilt, die stieltellerartig flach von der Kronröhre abstehen; Schlundschuppen an den Kronzipfeln gelb, zusammen einen Ring am Eingang der Kronröhre bildend. Stengel in der Regel vom Grund an – nicht erst in der oberen Hälfte – sparrig verzweigt, schütter weichhaarig. Rosettenblätter zur Blütezeit abgestorben. Stengelblätter wechselständig, lanzettlich bis lineal, 2–8 cm lang, 0,3–1,5 cm breit, untere größer als obere und gestielt, obere sitzend und meist lineal. Juli. 20–50 cm.

Vorkommen: Braucht trockenen, humosen, stickstoffsalzreichen Lehmboden in Lagen mit sommerkühlem Klima. Besiedelt Viehläger, geht aber auch an Almhütten und Mauern. Vereinzelt im Thüringer und im Fränkischen Wald sowie in Sachsen-Anhalt; in den Alpen zerstreut; steigt hier bis etwa 2000 m.

Wissenswertes: ⊙. Die Verbreitung der stacheligen Samen erfolgt wahrscheinlich durch Tiere, in deren Fell sie sich verhaken. In den Viehlägern besiedeln die Pflanzen meist die etwas trockeneren Stellen, an denen die Tiere bevorzugt lagern.

Wald-Igelsame
Lappula deflexa

Wald-Nabelnüßchen
Omphalodes scorpioides

Scharfkraut
Asperugo procumbens

Kletten-Igelsame
Lappula squarrosa

Dunkles Lungenkraut

Pulmonaria obscura DUM.
Rauhblattgewächse *Boraginaceae*

Beschreibung: 10–25 Blüten stehen - kurz gestielt - in scheindoldigem (dem Blütenstand einer Schlüsselblume ähnelndem) Blütenstand. Kelch zur Blütezeit 0,6–1 cm lang, sich später verlängernd, engglockig-bauchig, auf etwa 1/3–1/4 seiner Länge in 5 - aus eiförmigem Grund - zugespitzte Zipfel zerteilt, schwärzlich überlaufen, silbrig-borstig behaart. Blütenkrone 1,5–1,8 cm lang, rotbraun aufblühend, beim Verblühen schwärzlich-blauviolett; Kronröhre engröhrig; Krone engtrichterig-glockig, in 5 breit-eiförmige Lappen zerteilt, 0,8–1,3 cm im Durchmesser (ausgebreitet gemessen); am Eingang der Kronröhre mit einem Haarring (Lupe!). Stengel aufrecht, dicht und lang abstehend silbrig behaart. Grundständige Blätter in einer Rosette; Blattstiel 2–10 cm lang; Spreite 3–10 cm lang und 1,5–4 cm breit, lanzettlich bis schmal-eiförmig, allmählich zugespitzt, nicht fleckig, oft dunkel blaugrün. 3–7 wechselständige Stengelblätter, kürzer als die Grundblätter, sitzend, die oberen halb stengelumfassend. Alle Blätter abstehend silbrig behaart. März–April. 10–30 cm.

Vorkommen: Braucht nährstoff- und mullreichen Lehm- oder Tonboden. Besiedelt Auenwälder und feuchte Stellen in lichten Laubmischwäldern. Im Tiefland westlich der Elbe selten, sonst zerstreut und oft in lockeren Beständen, in Gegenden mit Sandböden gebietsweise fehlend. Geht im Gebirge bis etwa 1200 m.

Wissenswertes: ♃. *P. obscura* wird mit dem Echten Lungenkraut (*P. officinalis* L.: Grundblätter hellfleckig, langstielig; Stengelblätter in den Stiel verschmälert; östliches Mitteleuropa, Alpenvorland, Alpen; zerstreut) zur Sammelart *P. officinalis* agg. vereint.

Weiches Lungenkraut

Pulmonaria mollis HORNEM.
Rauhblattgewächse *Boraginaceae*

Beschreibung: 5–15 Blüten stehen - kurz gestielt - in scheindoldigem Blütenstand. Kelch 0,8–1 cm lang, glockig-bauchig, auf etwa 2/3 seiner Länge in 5 breit-lanzettliche, stumpfe Zipfel zerteilt, borstig behaart. Blütenkrone 1,4–2 cm lang, dunkelrosa aufblühend, beim Verblühen lilaviolett oder blaß rotviolett. Kronröhre eng; Krone glockig, in 5 breit-eiförmige Lappen zerteilt, 0,8–1,5 cm im Durchmesser (ausgebreitet gemessen); am Eingang der Kronröhre mit einem Haarring (Lupe!). Stengel aufrecht, klebrig drüsenhaarig. Stiele der Rosettenblätter 3–12 cm lang; ihre Spreite 4–12 cm lang und 3–6 cm breit, breit-lanzettlich, in den Stiel verschmälert, dicht behaart, ohne Flecken. Stengelblätter 1,5–8 cm lang, 1,5–4 cm breit, am Grund abgerundet, dem Stengel ansitzend, oberste etwas stengelumfassend, behaart. April–Mai. 15–30 cm.

Vorkommen: Braucht kalkreichen, mullhaltigen Lehmboden. Besiedelt lichte Laubwälder. In der Eifel, in den Muschelkalk-Mittelgebirgen, im Jura und Kaiserstuhl, in den Kalkalpen sowie im Wallis selten, meist in lockeren Beständen. Steigt bis 1500 m.

Wissenswertes: ♃. Ähnlich: Hügel-Lungenkraut (*P. collina* SAUER): Blüten blauviolett; obere Stengelblätter mit abgerundeter Basis sitzend; vereinzelt im Alpenvorland. - Knollen-Lungenkraut (*P. montana* LEJ. emend. SAUER): Blüten dunkel blauviolett, obere Stengelblätter kurz zugespitzt, mit breitem Grund halb stengelumfassend; Stengel nicht klebrig ; auf kalkarmen Böden; Eifel, Pfalz, Süddeutschland, Schweiz; selten; – Steirisches Lungenkraut (*P. stiriaca* KERN.): Blüten azurblau, Stengel drüsig; nur Steiermark; selten.

Braunes Mönchskraut
Nonea pulla
Schmalblättriges Lungenkraut
Pulmonaria angustifolia
Weiches Lungenkraut
Pulmonaria mollis
Dunkles Lungenkraut
Pulmonaria obscura

Schmalblättriges Lungenkraut

Pulmonaria angustifolia L.
Rauhblattgewächse *Boraginaceae*

Beschreibung: 10–25 Blüten stehen – kurz gestielt – in scheindoldigem, dichtem Blütenstand. Kelch um 1 cm lang, auch zur Fruchtzeit kaum länger, auf 1/2 seiner Länge in 5 lanzettlich-3eckige, oft blau überlaufene Zipfel zerteilt, schütter abstehend behaart. Blütenkrone 1,2–2 cm lang, erst violett, dann blau bis lilablau. Kronröhre eng; Krone engtrichterig-glockig, in 5 breit-eiförmige Lappen zerteilt, 1–1,5 cm im Durchmesser (ausgebreitet gemessen); am Eingang der Kronröhre mit einem scharf begrenzten Haarring, unterhalb dessen die Blütenröhre kahl ist (Lupe!). Stengel aufrecht, abstehend behaart. Grundständige Blätter in einer Rosette, mit Stiel bis 25 cm lang; Spreite bis 18 cm lang und 1,5–3,5 cm breit, vorne spitz zulaufend, sehr allmählich in den Stiel verschmälert; 3–7 Stengelblätter, 3–6 cm lang, mit abgerundetem Grund sitzend und zur Basis hin etwas verschmälert. Ganze Pflanze drüsenlos, nicht klebrig. März–Mai. 15–30 cm.

Vorkommen: Braucht kalkarmen Tonboden, geht aber auch auf lehmigen, kalkarmen Sandboden. Besiedelt lichte, bodensaure Eichenwälder. Von den Haßbergen bis zum Thüringer Wald zerstreut; Niederösterreich, Burgenland und Steiermark selten; warme Täler in den Zentral- und Südalpen vereinzelt.

Wissenswertes: ♃. Ähnlich: *P. visianii* DEGEN & LENGY. s. l.: Blüten blauviolett; Blütenstand drüsig; Rosettenblätter 30 cm lang und bis 6 cm breit; Westschweiz, Alpensüdfuß; selten. – *P. kerneri* WETTST.: Blüten blau; Rosettenblätter bis über 40 cm lang und bis 10 cm breit, allmählich in den Grund verschmälert, weißfleckig; Niederösterreich, Steiermark; selten.

Braunes Mönchskraut

Nonea pulla (L.) DC.
Rauhblattgewächse *Boraginaceae*

Beschreibung: Zahlreiche Blüten stehen am Ende des Stengels in einem scheinrispigen, zunächst ziemlich kompakten, später verlängerten und lockeren Blütenstand. Kelch zur Blütezeit um 8 mm lang, sich zur Fruchtzeit etwas verlängernd, leicht bauchig, auf etwa 3/4 seiner Länge in 5 kurz-3eckige Zipfel zerteilt. Krone 1–1,5 cm lang, rotbraun-violett; Kronröhre sich langsam erweiternd, zunächst weißlich, dann rotbräunlich-violett; Krone glockig, in 5 halbkreisförmige Lappen zerteilt, 6–9 mm im Durchmesser (ausgebreitet gemessen); am Eingang der Kronröhre kleine Haarbüschel (Lupe!). Stengel aufrecht, in der oberen Hälfte stets verzweigt und oft reichästig, hohl, dicht beblättert, mäßig dicht weich-grauhaarig. Blätter wechselständig, die unteren bis 12 cm lang und 1,5 cm breit, lanzettlich, stielartig verschmälert, die oberen sitzend und etwas stengelumfassend, beiderseits – wie der Stengel – weich-grauhaarig. Mai–Juni. 15–40 cm.

Vorkommen: Braucht kalk- und nährstoffreichen Lehm- oder Lößboden in Lagen mit sommerwarmem Klima. Kommt vereinzelt im Kaiserstuhl, am mittleren Main und im Harzvorland vor, desgleichen in Sachsen-Anhalt und Thüringen. In Ober- und Niederösterreich sowie im Burgenland zerstreut.

Wissenswertes: ♃. Ähnlich: Gelbes Mönchskraut (*Nonea lutea* (DESR.) DC.): Krone hellgelb; Blütenstand scheintraubig. Blätter nur 2–7 cm lang und 0,5–2 cm breit. Einjährige Zierpflanze aus dem Kaukasus, die örtlich in klimabegünstigten Gegenden – allerdings meist unbeständig – in der Nähe von Gartenanlagen verwildert ist.

Hundszunge *Cynoglossum*
Ochsenzunge *Anchusa*

Echte Hundszunge

Cynoglossum officinale L.
Rauhblattgewächse *Boraginaceae*

Beschreibung: Zahlreiche Blüten stehen in einem verzweigten, scheinrispigen, anfangs gedrungenen, später verlängert-lockeren Blütenstand. Kelch zur Blütezeit um 5 mm, später um 8 mm lang, bis fast zum Grund in 5 schmal-eiförmige, dicht grauhaarige Zipfel zerteilt. Krone um 1 cm lang, braunviolett aufblühend, zuletzt braunrot; Kronröhre engröhrig; Krone glockig bis weittrichterig, in 5 breit verkehrt-eiförmige, abgerundete oder ausgerandete Lappen zerteilt, 5–8 mm im Durchmesser (ausgebreitet gemessen); am Eingang zur Kronröhre befindet sich ein Ring aus 5 kugelig-wulstigen Schlundschuppen, der wie die Krone gefärbt ist. In jedem Fruchtkelch sitzen 4 Nüßchen, die auf ihrer gesamten Fläche gleichmäßig mit etwa 1 mm langen, an der Spitze hakigen Stacheln besetzt sind (Lupe!). Stengel aufrecht, dicht beblättert. Blätter wechselständig, lanzettlich, bis 20 cm lang und 2–4,5 cm breit, untere allmählich in einen geflügelten Stiel verschmälert, obere sitzend. Ganze Pflanze dicht grauhaarig. Mai–Juli. 30–60 cm.

Vorkommen: Braucht trockenen, lockersteinigen, stickstoffsalzreichen Lehmboden, geht auch auf Sand. Besiedelt Wegränder, Ödland und Dauerpferche für Schafe. Im Tiefland westlich der Elbe, in den Mittelgebirgen mit Silikatgesteinen und vorherrschenden Sandböden und im Alpenvorland nur vereinzelt, sonst selten. Fehlt oberhalb von etwa 1500 m.

Wissenswertes: ⊙; (☠). Enthält Pyrrolizidin-Alkaloide, die als Lebergifte und krebserregend gelten. – Ähnlich: Ungarische Hundszunge. (*C. hungaricum* SIMK.): Blüten trübrot, 4–6 mm im Durchmesser; Kronröhre weit, nicht trichterig verschmälert; Niederösterreich; selten.

Wald-Hundszunge

Cynoglossum germanicum JACQ.
Rauhblattgewächse *Boraginaceae*

Beschreibung: Zahlreiche Blüten stehen in einem verzweigten, scheinrispigen, schon bei Blühbeginn ziemlich lockeren Blütenstand. Blütenstiele nach dem Verblühen nickend. Kelch zur Blütezeit um 4 mm, später um 7 mm lang, bis fast zum Grund in 5 schmal-eiförmige, schütter grauhaarige Zipfel zerteilt. Krone um 8 mm lang, hell braunrot; Kronröhre engröhrig, violettbraun. Krone glockig bis weittrichterig, in 5 breit verkehrt-eiförmige Lappen zerteilt, 5–7 mm im Durchmesser (ausgebreitet gemessen); am Eingang zur Kronröhre befindet sich ein Ring aus 5 kugelig-wulstigen, bewimperten Schlundschuppen, der wie die Krone gefärbt ist. In jedem Fruchtkelch sitzen 4 Nüßchen, die auf ihrer gesamten Fläche gleichmäßig mit etwa 1 mm langen, an der Spitze hakigen Stacheln besetzt sind (Lupe!). Stengel aufrecht, dicht beblättert. Blätter wechselständig, lanzettlich, bis 15 cm lang und 1,5–3,5 cm breit, untere allmählich in den Stiel verschmälert, obere mit breitem, oft abgerundetem oder herzförmigem Grund sitzend. Alle Blätter oberseits fast kahl, unterseits kurz anliegend behaart bis rauh. Mai–Juli. 30–80 cm.

Vorkommen: Braucht kalk- und stickstoffsalzreichen, steinigen Lehmboden. Besiedelt feuchte Stellen in Wäldern. Vereinzelt am nördlichen Mittelgebirgsrand, im Harz, zwischen Haßbergen und Thüringer Wald, in der Pfalz, im Jura und in Niederösterreich.

Wissenswertes: ⊙; (☠). Die Wald-Hundszunge enthält möglicherweise Pyrrolizidin-Alkaloide, die als Lebergifte und als krebserregend gelten. – Ähnlich: Bunte Hundszunge (*C. creticum* MILL.): Blüten erst rosa, dann blau; Schlundschuppen rot; Südalpenfuß; selten.

Gewöhnliche Ochsenzunge

Anchusa officinalis L.
Rauhblattgewächse *Boraginaceae*

Beschreibung: Zahlreiche Blüten stehen in zusammengesetzt-scheinrispigen Blütenständen am Ende des Stengels und in den Achseln der oberen Blätter. Kelch zur Blütezeit 5–7 mm, später um 1 cm lang, bis etwa auf 1/2 seiner Länge in 5 lanzettliche, spitz zulaufende Zipfel zerteilt. Krone 1–1,3 cm lang, rot aufblühend, dann dunkel blauviolett; Kronröhre ziemlich weitröhrig, im Schlund etwas verengt; Krone weittrichterig, in 5 verkehrt-eiförmige Lappen zerteilt, 6–9 mm im Durchmesser (ausgebreitet gemessen); am Eingang zur Kronröhre befindet sich ein Ring aus 5 samtig-kurzhaarigen, weißen Schlundschuppen. Stengel aufrecht, meist unverzweigt, nur oberwärts mit vereinzelten, meist nichtblühenden, kurzen Seitenzweigen. Blätter wechselständig, bis 15 cm lang und bis 3 cm breit, schmal-lanzettlich, zum Blattgrund hin nur wenig verschmälert, ganzrandig oder undeutlich und entfernt gezähnt, dicht abstehend behaart; Haare an der Basis verdickt (starke Lupe!). Mai–September. 0,2–1,2 m.

Vorkommen: Braucht trockenen, kalkarmen, lockeren, sandig-steinigen Boden. Besiedelt Ödland in klimabegünstigten Sandgebieten. Im Tiefland östlich der Elbe sowie in den tieferen Lagen der Mittelgebirge mit Sandböden und in Niederösterreich zerstreut, ebenso in warmen Tälern der Zentralalpen. Sonst nur vereinzelt. Steigt kaum über etwa 1800 m.

Wissenswertes: ⊙; (☠). Enthält Alkaloide, neben anderen auch Pyrrolizidin-Alkaloide, die als Lebergifte und als krebserregend gelten. Wurde früher als Heilpflanze gebraucht. Trotz dieser Verwendung sind Vergiftungen durch die Pflanze nicht bekanntgeworden.

Italienische Ochsenzunge

Anchusa azurea MILL.
Rauhblattgewächse *Boraginaceae*

Beschreibung: Zahlreiche Blüten stehen in zusammengesetzt-scheinrispigen Blütenständen am Ende des Stengels und in den Achseln der oberen Blätter. Kelch zur Blütezeit um 6 mm, später um 1,5–2 cm lang, bis fast zum Grund in 5 lineale, rauhhaarige Zipfel zerteilt. Krone 1–1,5 cm lang, tiefblau, seltener blauviolett; Kronröhre ziemlich weitröhrig, im Schlund etwas verengt; Krone sehr weittrichterig bis stiel-tellerartig flach, in 5 breit verkehrt-eiförmige bis rundliche Lappen zerteilt, 1–1,5 cm im Durchmesser (ausgebreitet gemessen); am Eingang zur Kronröhre befindet sich ein Ring aus 5 borstig-bärtigen, weißen Schlundschuppen. Stengel aufrecht, in der oberen Hälfte meist reichlich verzweigt, dicht borstig behaart; Haare stehen zum Teil auf einem Höckerchen. Blätter wechselständig, bis 30 cm lang und bis 5 cm breit, lanzettlich, zum Grunde hin nur allmählich und nur wenig verschmälert, ganzrandig, dicht abstehend behaart. Mai–September. 1–1,5 m.

Vorkommen: Braucht trockene, nicht unbedingt kalkfreie, aber stickstoffsalzreiche, lockere Böden in klimabegünstigten Lagen. Heimat: Mittelmeergebiet. Bei uns gelegentlich als Zierpflanze angepflanzt und örtlich aus der Kultur verwildert, aber meist nicht beständig.

Wissenswertes: ⊙; (☠). Enthält vermutlich Alkaloide, und zwar auch Pyrrolizidin-Alkaloide, die als Lebergifte und als krebserregend gelten. – Ähnlich: Gelbe Ochsenzunge (*A. ochroleuca* MB.): Blüten meist gelblichweiß, Kelchzipfel stumpf. Heimat: Östliches Mittelmeergebiet; gelegentlich als Zierpflanze angepflanzt und örtlich, wenngleich auch meist unbeständig, verwildert. Enthält vermutlich Alkaloide.

Wald-Hundszunge
Cynoglossum germanicum
Gewöhnliche Ochsenzunge
Anchusa officinalis
Echte Hundszunge
Cynoglossum officinale
Italienische Ochsenzunge
Anchusa azurea

Krummhals *Anchusa*
Beinwell *Symphytum*
Borretsch, Gurkenkraut *Borago*

Acker-Krummhals

Anchusa arvensis (L.) MB.
Rauhblattgewächse *Boraginaceae*

Beschreibung: Zahlreiche Blüten stehen in einem zusammengesetzt-scheinrispigen Blütenstand am Ende des Stengels und in den Achseln der oberen Blätter. Kelch zur Blütezeit um 5 mm, zur Fruchtzeit etwa 1 cm lang, bis fast zum Grund in 5 lanzettliche, dicht borstig behaarte Zipfel zerteilt. Krone 1-1,5 cm lang, hell himmelblau; Kronröhre in ihrer Mitte mit einem aufgebogenen Knie, an der Basis ziemlich weit, über dem Knie etwas verengt; Krone trichterig, in 5 spatelig bis verkehrt-eiförmige Zipfel zerteilt, 6-9 mm im Durchmesser (ausgebreitet gemessen); am Eingang zur Kronröhre befindet sich ein Ring aus 5 kurz behaarten, weißen Schlundschuppen. Stengel aufrecht, einfach oder - meist schon vom Grund an - sparrig verzweigt, ziemlich dicht beblättert. Blätter wechselständig, bis 15 cm lang und 1-2 cm breit, lanzettlich, die unteren allmählich stielartig verschmälert, die oberen sitzend, am Rande wellig, unregelmäßig und entfernt buchtig gezähnt, wie der Stengel dicht borstig behaart. Mai–Juli. 15–40 cm.

Vorkommen: Braucht kalkarmen, aber stickstoffsalzreichen, sandig-lehmigen Boden. Besiedelt sandige Äcker, auf denen Hackfruchtkulturen stehen, geht auch auf Ödland und in Weinberge. Im Tiefland und in den unteren und mittleren Lagen der Mittelgebirge mit kalkarmen Gesteinen und überwiegenden Sandböden zerstreut, in den Zentralalpen bis über 2000 m.

Wissenswertes: ☉; (☠). Enthält möglicherweise Pyrrolizidin-Alkaloide, die als Lebergifte und als krebserregend gelten. Über Vergiftungen ist uns nichts bekanntgeworden. Neuerdings hat der Acker-Krummhals viele seiner vordem bekannten Standorte verloren.

Echter Beinwell

Symphytum officinale L.
Rauhblattgewächse *Boraginaceae*

Beschreibung: Blüten nickend, in zusammengesetzt-scheinrispigen Blütenständen am Stengelende und in den Achseln der oberen Blätter. Kelch um 5 mm lang, auf 1/2 seiner Länge in 5 lanzettliche, borstig behaarte Zipfel zerteilt. Krone 1–2 cm lang, violett-rötlich, lila, seltener weißlich; Kronröhre weit; Krone bauchig-glokkig, mit 5 kurzen, nach außen gerollten Zipfeln. Stengel aufrecht, verzweigt, durch die herablaufenden Blätter geflügelt, borstig. Blätter wechselständig, untere bis 25 cm lang, bis 5 cm breit, eiförmig, in den Stiel verschmälert, obere lanzettlich, kleiner, unterseits grobaderig, borstig behaart (unterseits vor allem auf den Nerven). Mai–Juli. 30–80 cm

Vorkommen: Braucht feuchten Lehmboden. Besiedelt Ufer, Gräben, Sumpfwiesen, Wälder und Wege. Fehlt im Tiefland, vor allem östlich der Elbe gebietsweise oder kommt dort nur vereinzelt vor; sonst zerstreut. Steigt in den Alpen örtlich bis über 1500 m.

Wissenswertes: ♃; (☠). *S. officinale* L. wird mit dem Böhmischen Beinwell (*S. bohemicum* F.W. SCHMIDT: Blüten 0,8–1,5 cm lang, gelblich-weiß; südliches Mitteleuropa, selten) und mit dem Sumpf-Beinwell (*S. tanaicense* STEV.: Blüten rotviolett, Pflanze fast kahl; sommerwarme Gegenden und östliches Österreich, selten) zur Sammelart *S. officinale* agg. zusammengefaßt. - Ähnlich: Rauher Beinwell (*S. asperum* LEP.): Über 1 m hoch; Stachelborsten abgeflacht; Blätter nicht herablaufend; zuweilen angebaut, selten verwildert. - Wird mit dem Bastard-Beinwell (*S.* × *uplandicum* NYM. = *S. officinale* × *S. asperum*: Blätter schwach herablaufend; selten verwildert) zur Sammelart *S. asperum* agg. vereint.

Borretsch, Gurkenkraut
Borago officinalis
Rauher Beinwell
Symphytum asperum
Echter Beinwell
Symphytum officinale
Knoten-Beinwell
Symphytum tuberosum
Acker-Krummhals
Anchusa arvensis

Knoten-Beinwell

Symphytum tuberosum L.
Rauhblattgewächse *Boraginaceae*

Beschreibung: Mehrere Blüten stehen nickend in zusammengesetzt-scheinrispigen Blütenständen am Ende des Stengels und in den Achseln der oberen Blätter. Kelch um 7 mm lang, auf mindestens 4/5 seiner Länge, meist aber bis zum Grund in 5 lanzettliche, borstig behaarte Zipfel zerteilt. Krone 1,5–2 cm lang, blaßgelb; Kronröhre weitröhrig, weißlich; Krone bauchig-glockig, vorn mit 5 sehr kurzen, nach außen umgerollten, breit-3eckigen Zipfeln. Wurzelstock ohne Ausläufer. Stengel aufrecht, vom Grund an einfach, nur im Blütenstandsbereich gabelig verzweigt, rund, nicht oder nur unmittelbar unter dem Blattansatz undeutlich geflügelt, ungleich borstig behaart. Blätter wechselständig, Grundblätter früh absterbend. Stengelblätter mit 1–7 cm langem Stiel; Spreite eiförmig, 5–12 cm lang, beidseitig allmählich verschmälert, vorn mäßig spitz zulaufend, schütter bis mäßig dicht borstig behaart, oberseits eingesenkt netznervig. April–Juni. 20–30 cm.

Vorkommen: Braucht sickerfeuchten, steinigen, nährstoffreichen, mullhaltigen Lehm- oder Tonboden. Besiedelt Schlucht- und Laubmischwälder, geht auch in Hochstaudenfluren. Vereinzelt am unteren Main, in den Bergamasker Alpen und im Tessin; im südöstlichen Fränkischen Jura, im südlichen Bayerischen Wald, im Alpenvorland östlich des Lechs und in den Ostalpen selten, aber meist bestandsbildend. Steigt in den Alpen bis etwa 1500 m.

Wissenswertes: ♃; (☠). Ähnlich: Knollen-Beinwell (*S. bulbosum* SCHIMPER): Blüten um 1 cm lang, blaßgelb; Wurzelstock mit Ausläufern. Angebaut und selten verwildert. Beide Arten enthalten Pyrrolizidin-Alkaloide.

Borretsch, Gurkenkraut

Borago officinalis L.
Rauhblattgewächse *Boraginaceae*

Beschreibung: Mehrere Blüten stehen in einem zusammengesetzt-scheinrispigen, lockeren Blütenstand am Ende des Stengels; Blüten 0,5–2 cm lang gestielt, seitlich abstehend oder leicht nickend. Kelch fast bis zum Grund in 5 lineale, spitz zulaufende, rauhhaarige Zipfel zerteilt. Krone um 1,5 cm lang, tief himmelblau, Basis der Kronzipfel oft heller bzw. weißlich; Kronröhre sehr kurz, ziemlich weit; Krone bis fast zum Grund in 5 breit-lanzettliche Zipfel zerspalten, die flach von der Kronröhre abstehen; Krone 1,5–2,5 cm im Durchmesser (ausgebreitet gemessen); am Eingang zur Kronröhre befindet sich ein Ring aus 5 wulstigen, weißen Schlundschuppen. In der Mitte der Krone neigen Staubblätter und Griffel zusammen und bilden bei jungen Blüten eine schnabelartige, dunkel violettblaue Spitze. Stengel aufrecht, einfach oder etwas verzweigt, dicht und ungleich borstig behaart. Blätter wechselständig, untere rosettig gehäuft, 2–8 cm lang gestielt, mit 3–10 cm langer, 1–3 cm breiter, schmal-eiförmiger Spreite, die beiderseits borstig behaart und auf der Oberfläche ziemlich runzelig ist; Stengelblätter ebenso behaart und runzelig, aber undeutlich gestielt bis sitzend; Blattrand aller Blätter wellig bis buchtig ungleichmäßig gezähnt. Juni–August. 20–50 cm.

Vorkommen: Als Gewürzpflanze angebaut; sehr selten und unbeständig auf gartennahem Ödland verwildert.

Wissenswertes: ⊙; (☠). Enthält geringe Mengen von Pyrrolizidin-Alkaloiden, die als Lebergifte und als krebserregend gelten. Vergiftungen sind uns nicht bekanntgeworden. Vor regelmäßiger Verwendung in größeren Mengen raten wir indessen dringend ab.

Kleinblütige Königskerze

Verbascum thapsus L.
Braunwurzgewächse *Scrophulariaceae*

Beschreibung: Zahlreiche Blüten stehen - sehr kurz gestielt - in langen, ährenartigen Blütenständen, und dort in den Achseln der oberen, 1-1,5 cm langen, unscheinbaren Stengelblätter. Blütenstiele nur auf 1-5 mm frei, im unteren Teil mit dem Stengel verwachsen. Kelch 0,6–1,2 cm lang, mit 5 Zipfeln. Krone mit etwa 1 cm langer Röhre, dann weittrichterig in 5 Zipfel bis auf 1/5 des Saumes zerteilt, 1,2–2 cm im Durchmesser (ausgebreitet gemessen), hellgelb; Zipfel breit verkehrt-eiförmig, gegen ihre Basis keilig verschmälert und hier meist dunkler gelb. Stengel aufrecht, einfach, filzig grauweiß behaart, durch herablaufende Blätter partiell geflügelt. Blätter wechselständig, in den Stiel verschmälert und am Stengel herablaufend, 8–50 cm lang, 2,5-15 cm breit, breit-lanzettlich bis eiförmig-spitzlich, beidseitig grauweiß-filzig, ganzrandig oder undeutlich gekerbt, auf der Unterseite nervig. Juli–September. 0,5–1,8 m.

Vorkommen: Braucht stickstoffsalzhaltigen, eher trockenen, lockeren Lehmboden. Besiedelt Ödland, Raine, Ufer, Wege, Waldränder und -lichtungen. Im Tiefland westlich der Elbe selten, östlich von ihr zerstreut, sonst häufig und in auffallenden, lockeren und meist individuenarmen Beständen. Steigt in den Alpen nur selten bis zur Waldgrenze.

Wissenswertes: ⊙. *V. thapsus* L. wird mit der Dickblättrigen Königskerze (*V. crassifolium* DC.: Blüten 2-3 cm; Behaarung gelbbraun; untere Blätter langstielig; Alpen) und der Graufilzigen Königskerze (*V. pseudo-thapsiforme* RAPIN: Behaarung grau; Stengelblätter deutlich gezähnt; Südwestschweiz) zur Sammelart *V. thapsus* agg. zusammengefaßt.

Großblütige Königskerze

Verbascum densiflorum BERTOL.
Braunwurzgewächse *Scrophulariaceae*

Beschreibung: Zahlreiche Blüten stehen - sehr kurz gestielt - in langen, ährenartigen Blütenständen in den Achseln der obersten, 1,5–4 cm langen Stengelblätter. Blütenstiele 0,5–1,5 cm lang, fast nicht mit dem Stengel verwachsen. Kelch 0,6–1,2 cm lang, mit 5 lanzettlichen Zipfeln. Krone mit etwa 1 cm langer Röhre, dann weittrichterig in 5 Zipfel bis auf etwa 1/5 des Saums zerteilt, 3–4 cm im Durchmesser (ausgebreitet gemessen), intensiv hellgelb; Zipfel breit-eiförmig bis verkehrt-eiförmig, gegen ihre Basis keilig verschmälert und hier meist dunkler gelb. Stengel steif aufrecht, im Blütenstandsbereich meist verzweigt, wollig-filzig behaart, durch herablaufende Blätter partiell geflügelt. Blätter wechselständig, sehr dicht am Stengel ansitzend, die unteren undeutlich gestielt, die übrigen sitzend und bis zum Ansatz des nächsttieferen Blattes herablaufend, 15–40 cm lang, 10–35 cm breit, breit lanzettlich-herzförmig bis breit eiförmig-spitzlich, am Rand wenig tief, aber deutlich gekerbt. Juli–September. 0,5–2 m.

Vorkommen: Braucht stickstoffsalz- und kalkhaltigen, lockeren, kiesig-sandigen oder humosen Lehmboden. Besiedelt Ufer und lehmig-kiesige Schwemmflächen, Ödland, Dämme, seltener Waldlichtungen. Fehlt in Gegenden mit kalkfreien Böden. Im Tiefland westlich der Elbe sehr selten, östlich von ihr selten, sonst zerstreut und oft nur einzeln oder in individuenarmen, lockeren Beständen; steigt in den Alpen kaum bis zur Laubwaldgrenze.

Wissenswertes: ⊙. Die Großblütige Königskerze wird immer öfter als Zierstaude gepflanzt. In freiem Stand entwickelt sie sich zu imponierender Größe.

Windblumen-Königskerze

Verbascum phlomoides L.
Braunwurzgewächse *Scrophulariaceae*

Beschreibung: Zahlreiche Blüten stehen - sehr kurz gestielt - in langen, ährenartigen Blütenständen in den Achseln der obersten, 1,5–4 cm langen Stengelblätter. Blütenstiele 0,5–1,5 cm lang, fast nicht mit dem Stengel verwachsen. Kelch 0,6–1,2 cm lang, mit 5 lanzettlichen Zipfeln. Krone mit etwa 1 cm langer Röhre, dann weittrichterig in 5 Zipfel bis auf etwa 1/5 des Saums zerteilt, 3–4 cm im Durchmesser (ausgebreitet gemessen), intensiv hellgelb; Zipfel breit-eiförmig bis verkehrt-eiförmig, gegen ihre Basis leicht keilig verschmälert und hier meist dunkler gelb. Stengel steif aufrecht, im Blütenstandsbereich meist verzweigt, wollig-filzig behaart, ungeflügelt. Blätter wechselständig, sehr dicht am Stengel ansitzend, die unteren deutlich gestielt, mittlere Stengelblätter kurz gestielt oder sitzend, obere alle sitzend, aber am Stengel nicht oder höchstens andeutungsweise und keinesfalls bis zum nächsttieferen Blatt herablaufend, 15–40 cm lang, 10–35 cm breit, breit-lanzettlich bis breit eiförmig-spitzlich, am Rand deutlich gekerbt. Juli–September. 0,5–2 m.

Vorkommen: Braucht stickstoffsalzreichen, sandigen Lehmboden in sommerwarmen Lagen. Besiedelt Ödland, kiesige Hochufer und Waldlichtungen. Am Unterlauf der Weser, in den Sandgebieten Mecklenburg-Vorpommerns und Brandenburgs selten, von der Pfalz bis zur Rheinmündung, in der Westschweiz, in den östlichen Bundesländern Österreichs und am Alpensüdfuß zerstreut, sonst nur vereinzelt. Geht kaum über etwa 750 m.

Wissenswertes: ⊙. Enthält - wie auch *V. densiflorum* - Schleimstoffe und wurde deswegen arzneilich verwendet.

Österreichische Königskerze

Verbascum austriacum SCHOTT ex ROEM. & SCHULT.
Braunwurzgewächse *Scrophulariaceae*

Beschreibung: Die Blüten stehen in einem locker-lückigen, scheinrispig-ährigen Gesamtblütenstand, dessen kurz gestielte Teilblütenstände 2–5 - wiederum kurz gestielte - Blüten zählen. Kelch 3–5 mm lang, mit 5 lineal-lanzettlichen Zähnen. Krone gelb, mit etwa 7 mm langer Röhre, dann weittrichterig in 5 Zipfel bis auf etwa 1/5 des Saums zerteilt, 1,8–2,5 cm im Durchmesser; Zipfel breit verkehrt-eiförmig, gegen ihre Basis leicht keilig verschmälert und hier etwas dunkler gelb. Staubfäden purpurviolett-wollig behaart; Staubbeutel nierenförmig. Stengel aufrecht, im Blütenstandsbereich verzweigt, oft nur schütter und nicht augenfällig behaart, seltener mäßig dicht kurzfilzig, rippig-kantig. Blätter wechselständig, grundständige Blätter mit 5–25 cm langen Stielen, Stengelblätter deutlich gestielt; Spreiten 10–30 cm lang, 4–12 cm breit, eiförmig-länglich, Blattgrund abgestutzt oder keilförmig, nie eingeschnitten-gelappt, unterseits stark behaart und graugrün, am Rand kleinzähnig; Zähne - auch der oberen Blätter - stumpf. Juli–September. 0,5–1 m.

Vorkommen: Braucht stickstoffsalzhaltigen, frischen, lockeren Lehmboden, der auch kalkarm sein kann. Besiedelt Ödland, Raine, Waldlichtungen. Österreich; zerstreut. Steigt kaum über etwa 1000 m.

Wissenswertes: ⊙. Die Österreichische Königskerze wird mit Chaixs Königskerze (*V. chaixii* VILL.: Blattgrund oft eingeschnitten-gelappt; Zähne zumindest der oberen Blätter spitz; westlicher Teil des Alpensüdfußes; südlicher Schweizer Jura; selten) zur Sammelart *V. chaixii* agg. zusammengefaßt.

Kleinblütige Königskerze
Verbascum thapsus
Österreichische Königskerze
Verbascum austriacum
Großblütige Königskerze
Verbascum densiflorum
Windblumen-Königskerze
Verbascum phlomoides

Schwarze Königskerze

Verbascum nigrum L.
Braunwurzgewächse *Scrophulariaceae*

Beschreibung: Die Blüten stehen in einem dichten, scheinrispig-ährigen Gesamtblütenstand, dessen kurz gestielte Teilblütenstände 2-5 - wiederum kurz gestielte - Blüten zählen. Kelch 3-5 mm lang, mit 5 linealen Zähnen. Krone mit etwa 7 mm langer Röhre, dann weittrichterig in 5 Zipfel bis auf etwa 1/5 des Saums zerteilt, 1,8-2,5 cm im Durchmesser (ausgebreitet gemessen); Zipfel verkehrt-eiförmig bis rundlich, gegen ihre Basis keilig verschmälert, oft etwas zusammenneigend bis verkrumpelt oder am Rand nach innen eingerollt. Staubfäden purpurviolett-wollig behaart; Staubbeutel nierenförmig, orangefarben. Stengel aufrecht, meist unverzweigt, oberwärts rippig-kantig, fast kahl oder sehr schütter behaart. Blätter wechselständig, ziemlich lang gestielt (Stiele der Grundblätter 15-25 cm, die der oberen immer noch deutlich); Spreite der Grundblätter 15-40 cm lang, 5-25 cm breit, eiförmig bis länglich, am Grunde mehr oder weniger herzförmig, am Rand grob gekerbt, oberseits fast kahl und dunkelgrün, unterseits filzig, graugrün. Juni–August. 0,5-1 m.

Vorkommen: Braucht stickstoffsalzreichen, lockeren, humushaltigen, oft etwas sandigen Lehmboden, der auch kalkarm sein kann. Besiedelt ortsnahes Ödland, Raine, Wegränder und Waldlichtungen. Fehlt im westlichen Teil des Tieflandes und in Gegenden mit schweren, tonigen Böden kleineren Gebieten; sonst zerstreut und in individuenarmen, lockeren Beständen. Steigt meist nicht über etwa 1000 m.

Wissenswertes: ⊙. Ähnlich: Wollige Königskerze (*V. alpinum* TURRA): Stengel unterwärts dicht wollig langhaarig; östliche Südalpen bis zum Comer See; selten.

Mehlige Königskerze

Verbascum lychnitis L.
Braunwurzgewächse *Scrophulariaceae*

Beschreibung: Die Blüten stehen in einem mäßig dichten, scheinrispig-ährigen Gesamtblütenstand, dessen kurz gestielte Teilblütenstände 2-7 - wiederum kurz gestielte - Blüten zählen. Kelch 3-4 mm lang, mit 5 lanzettlichen Zähnen. Krone mit 5-7 mm langer Röhre, dann weittrichterig in 5 Zipfel bis auf etwa 9/10 des Saums zerteilt, 1,2-2 cm im Durchmesser; Zipfel schmal verkehrt-eiförmig bis zungenförmig-länglich, weiß, selten hellgelb; Staubfäden weiß- bis hellgelb-wollig. Stengel aufrecht, kantig, im oberen Teil - oft ziemlich reich und pyramidal - verzweigt, „mehlig" behaart. Blätter wechselständig; Grundblätter kurz gestielt und in den Stiel verschmälert; mittlere und obere Stengelblätter mit verschmälertem, abgerundetem Grund sitzend; Spreiten der unteren Blätter 20-30 cm lang und 10-15 cm breit, schmal-eiförmig bis länglich; Größe der Blattspreite nach oben abnehmend; Blätter oberseits fast kahl und daher dunkelgrün, unterseits weißfilzig; Blattrand grob - aber nicht tief - einfach oder doppelt gesägt-gekerbt. Juni–September. 0,5-1,5 m.

Vorkommen: Braucht kalk- und stickstoffsalzhaltigen Lehmboden. Besiedelt Raine, Ödland, Waldränder und -lichtungen, geht auch in Trockengebüsche und Halbtrockenrasen. Fehlt im Tiefland, in den Mittelgebirgen und Alpen mit kalkarmem Gestein oder kommt dort nur vereinzelt vor; sonst zerstreut; steigt bis etwa zur Laubwaldgrenze.

Wissenswertes: ⊙. „*lychnitis*" spielt auf eine Pflanze an, die PLINIUS erwähnt hat und die im Altertum als Lampendocht verwendet worden war. Fraglich ist, ob es sich um die Mehlige Königskerze gehandelt hat.

Schwarze Königskerze
Verbascum nigrum
Violette Königskerze
Verbascum phoeniceum
Schaben-Königskerze
Verbascum blattaria
Mehlige Königskerze
Verbascum lychnitis

Schaben-Königskerze

Verbascum blattaria L.
Braunwurzgewächse *Scrophulariaceae*

Beschreibung: Die Blüten stehen in einem traubigen, lockeren Blütenstand. Kelch 5–8 mm lang, mit 5 schmal-lanzettlichen Zähnen, außen drüsig behaart. Krone mit etwa 7 mm langer Röhre, dann weittrichterig in 5 Zipfel zerteilt, 2,5–3 cm im Durchmesser; Zipfel breit verkehrt-eiförmig; Staubfäden violett-wollig behaart; Staubbeutel orangerot. Stengel aufrecht, meist einfach, in der oberen Hälfte höchstens schwach rippig-kantig, nicht mit Drüsenhaaren bestanden, aber in der oberen Stengelhälfte mit sitzenden oder sehr kurz gestielten Drüsen, sonst kahl. Blätter wechselständig, kurz (0,5–4 cm) gestielt oder (zumindest ab der Stengelmitte) sitzend, 8–25 cm lang, 3–5 cm breit, länglich-lanzettlich, am Rand gekerbt bis gebuchtet, an den grundständigen Blättern stielnah zuweilen fast fiederschnittig, kahl, Stengelblätter am Stengel kaum herablaufend. Juni–August. 0,5–1 m.

Vorkommen: Braucht stickstoffsalzreichen, sandig-kiesigen Lehmboden. Besiedelt Ödland, Wege und Böschungen in warmen Lagen. Fehlt im Tiefland westlich der Elbe; östlich von ihr zerstreut; am Mittel- und Oberrhein sowie an der Donau, im Schwäbischen Jura und im Alpenvorland selten; in den östlichen Bundesländern von Österreich zerstreut; fehlt in der Schweiz. Geht kaum bis etwa 800 m.

Wissenswertes: ⊙. Früher soll das Kraut zum Vertreiben von Küchenschaben verwendet worden sein (Name!). Inhaltstoffe, die eine solche Wirkung erklären könnten, sind nicht bekannt. – Ähnlich: Schlanke Königskerze (*V. virgatum* STOKES in WITH.): Blütenstiele höchstens so lang wie der Kelch, zur Fruchtzeit kaum 6 mm; Elsaß; vereinzelt.

Violette Königskerze

Verbascum phoeniceum L.
Braunwurzgewächse *Scrophulariaceae*

Beschreibung: Die Blüten stehen – ziemlich lang gestielt und jeweils einzeln in den Achseln von Tragblättern, die allerdings nur 0,5–2 cm lang werden – in einer lockeren Traube im oberen Teil des Stengels. Kelch 4–8 mm lang, mit 5 lanzettlichen bis eiförmigen Zipfeln, drüsig behaart. Krone mit einer um 1 cm langen Röhre, dann weittrichterig in 5 Zipfel bis auf etwa 1/10 des Saums zerteilt, 2–3,5 cm im Durchmesser, dunkelviolett; Krone insgesamt leicht 2seitig-symmetrisch; Zipfel rundlich bis verkehrt-eiförmig, gegen ihre Basis leicht verschmälert und hier gelblich. Staubfäden violett-wollig. Stengel aufrecht, einfach, unten dicht weißfilzig, oben drüsig behaart. Grundständige Blätter gestielt; Spreite 4–17 cm lang, 3–9 cm breit, eiförmig, ziemlich flach weitbuchtig geschweift-gezähnt, an der Basis abgerundet oder schwach keilförmig, oberseits kahl und dunkelgrün; Stengelblätter wechselständig, sitzend, nicht herablaufend, kleiner als die Spreiten der Grundblätter und zuweilen deutlicher und schärfer geschweift-gezähnt. Mai–Juli. 30–90 cm.

Vorkommen: Braucht kalkhaltigen bzw. basisch reagierenden, lockeren Lehmboden in sommerwarmen Lagen. Besiedelt Trockengebüsche und Halbtrockenrasen; vereinzelt im Harz und bei Ulm; in Thüringen, Sachsen-Anhalt und Sachsen selten; in den östlichen Bundesländern von Österreich und am Alpensüdfuß zerstreut; gelegentlich als Zierpflanze in Gärten eingebracht und aus ihnen örtlich – allerdings meist unbeständig – verwildert.

Wissenswertes: ⊙. Das Hauptverbreitungsgebiet der Art liegt im östlichen Mittelmeergebiet und in Asien.

Königskerze *Verbascum*
Tännelkraut *Kickxia*
Zimbelkraut *Cymbalaria*

Flockige Königskerze

Verbascum pulverulentum VILL.
Braunwurzgewächse *Scrophulariaceae*

Beschreibung: Blüten in einem ziemlich dichten, scheinrispig-ährigen Gesamtblütenstand, dessen sehr kurz gestielte Teilblütenstände 2-4 - kaum gestielte - Blüten zählen. Kelch 3-4 mm lang, mit 5 schmal-lanzettlichen Zähnen, dicht behaart. Krone mit 5-7 mm langer Röhre, dann weittrichterig in 5 Zipfel bis auf etwa 1/10 des Saums zerteilt, 2-2,5 cm im Durchmesser; Zipfel verkehrt-eiförmig, an der Basis leicht keilig, gelb, seltener weiß, dunkel punktiert, außen behaart; Staubfäden weiß-wollig. Stengel aufrecht, eindeutig rund, im oberen Teil - oft reich und pyramidal - verzweigt, pulvrig-filzig „bestäubt“, Belag abwischbar und im Verlauf der Alterung flockig abfallend (gutes Merkmal gegen die Mehlige Königskerze!). Grundblätter sehr kurz gestielt oder sitzend, 10–40 cm lang, 6–15 cm breit, schmal-eiförmig bis lanzettlich; Stengelblätter wechselständig, kleiner als die Grundblätter, mit gestutztem oder herzförmigem Grund sitzend; alle Blätter beidseitig filzig behaart, am Rand - meist nur undeutlich - gekerbt-gezähnt. Juli–September. 0,6–1,3 m.

Vorkommen: Braucht kalkhaltigen, nicht allzu stickstoffsalzhaltigen, trockenen, steinig-lockeren Lehmboden in warmen Lagen. Besiedelt Ödland, Waldlichtungen, seltener Wegränder. Vereinzelt vom nördlichen Oberrheintal bis fast zur Kölner Bucht, ebenso am Genfer See; am Alpensüdfuß nach Osten bis zu den Bergamasker Alpen; selten.

Wissenswertes: ⊙. Ähnlich: Prächtige Königskerze (*V. speciosum* SCHRAD.): Blütenstiele deutlich länger als die Kelche; Krone 2–3 cm, hellgelb; Stengel kantig. Östliche Bundesländer von Österreich; selten.

Echtes Tännelkraut

Kickxia elatine (L.) DUM.
Braunwurzgewächse *Scrophulariaceae*

Beschreibung: Die Blüten stehen lang gestielt (Stiel deutlich länger als der Kelch) einzeln in den Achseln der Blätter. Kelch um 5 mm lang, fast bis zum Grund in 5 eiförmig-lanzettliche, spitz auslaufende Zipfel geteilt. Krone ausgesprochen 2lippig; Oberlippe 2zipflig, Unterlippe 3zipflig; Unterlippe mit deutlichem, mittellangem Sporn; Krone (mit dem Sporn gemessen) 1–1,5 cm lang, überwiegend hellgelb; Oberlippe innen violett, Unterlippe dunkelgelb; Sporn spitz, gerade, so lang wie die übrige Krone. Stengel aufgebogen bis aufrecht, Seitenzweige niederliegend, wie der Stengel fadenförmig, undeutlich kantig, schütter behaart. Blätter wechselständig, kurz gestielt (Stiel stets wesentlich kürzer als die Blattspreite lang ist); Blattspreite breit-zungenförmig bis eiförmig, vorne spitzlich, am Grunde pfeilförmig, nur die unten am Stengel stehenden Blätter zuweilen mit verschmälertem Grund, also eiförmig. Juli–Oktober. 10–40 cm.

Vorkommen: Braucht kalkarmen, jedoch stickstoffsalzreichen, sandig-lehmigen oder tonigen Boden. Besiedelt Brachen, Stoppelfelder, seltener Ödland. Im Tiefland westlich der Elbe nur vereinzelt, östlich von ihr sehr selten; in den tieferen, sommerwarmen Lagen der Mittelgebirge mit kalkarmen Böden selten; fehlt größeren Gebieten, z. B. in den Alpen und im größten Teil des Alpenvorlandes.

Wissenswertes: ⊙. Der wissenschaftliche Gattungsname wurde zu Ehren des Brüsseler Botanikprofessors JOHANN KICKX (1775–1831) gegeben. - Durch die Intensivierung der Landwirtschaft - vor allem seit dem 2. Weltkrieg - hat das Echte Tännelkraut manche seiner vordem bekannten Standorte verloren.

Eiblättriges Tännelkraut

Kickxia spuria (L.) DUM.
Braunwurzgewächse *Scrophulariaceae*

Beschreibung: Die Blüten stehen lang gestielt (Stiel deutlich länger als der Kelch) einzeln in den Achseln der Blätter. Kelch um 5 mm lang, fast bis zum Grund in 5 eiförmig-lanzettliche, spitz auslaufende Zipfel geteilt. Krone ausgesprochen 2lippig; Oberlippe 2zipflig, Unterlippe 3zipflig; Unterlippe mit mittellangem Sporn; Krone (mit dem Sporn gemessen) 1,4–1,8 cm lang, überwiegend hellgelb; Oberlippe innen violett, Unterlippe dunkler gelb; Sporn spitz, deutlich gebogen, etwa so lang wie die übrige Krone. Stengel aufgebogen bis aufrecht, Seitenzweige niederliegend, wie der Stengel fadenförmig, rund, zottigdrüsig behaart. Blätter wechselständig (unterste zuweilen fast gegenständig), kurz gestielt (Stiel stets wesentlich kürzer als die Blattspreite lang ist); Blattspreite breit-eiförmig bis rundlich, 2–3 cm lang, 1,5–2,5 cm breit, unterste gelegentlich über doppelt so lang und breit, am Grunde abgerundet bis angedeutet herzförmig, nie pfeilförmig. Juli–Oktober. 10–30 cm.

Vorkommen: Braucht kalkarmen, aber zumindest mäßig stickstoffsalzhaltigen, lehmig-tonigen Boden in sommerwarmen Lagen. Besiedelt Stoppelfelder, Getreideäcker, Brachen, seltener Ödland. Im Tiefland östlich der Elbe sehr selten; in den tieferen, sommerwarmen Lagen der Mittelgebirge mit kalkarmen oder entkalkten Böden selten, jedoch örtlich in lockeren, individuenarmen Beständen; fehlt größeren Gebieten, z. B. in den Alpen (oberhalb etwa 500 m) und im westlichen Teil des Tieflandes; in den östlichen Bundesländern von Österreich zerstreut.

Wissenswertes: ⊙. Das Eiblättrige Tännelkraut hat in den letzten Jahrzehnten viele Standorte verloren.

Zimbelkraut

Cymbalaria muralis GÄRTN., MEY. & SCHERB.
Braunwurzgewächse *Scrophulariaceae*

Beschreibung: Die Blüten stehen lang gestielt (Stiel mehrmals länger als der Kelch und oft länger als die Blattstiele) einzeln in den Achseln der Blätter; sie sind deutlich einseitswendig ausgerichtet. Kelch schwach 2lippig, 2–4 mm lang, bis fast zum Grund in 5 schmal-lanzettliche Zipfel zerteilt. Krone 2lippig; Oberlippe 2zipflig; Unterlippe 3zipflig; Krone (mit dem Sporn gemessen) 0,9–1,5 cm lang, überwiegend lila; Oberlippe mit dunkelvioletten Strichen; Unterlippe mit emporgewölbtem, weißlich-gelbem Gaumen, auf dessen höchstem Punkt sich 2 gelbe Flecken mit verwaschenen Rändern befinden; Sporn 2–4 mm, stumpf. Stengel niederliegend oder (an Mauern) hängend, fadenförmig, an den Knoten wurzelnd. Blätter wechselständig, gestielt (Stiel länger als die zugehörige Spreite), im Umriß etwa herzförmig, grob 5–7zähnig oder bis auf die Hälfte handförmig 5–7lappig; Blattspreite unterseits (und häufig oberseits am Blattrand) trüb weinrot; Zähne mit einer sehr kurzen Spitze. Juni–August. 30–60 cm.

Vorkommen: Braucht ziemlich stickstoffsalzarmen, kalkhaltigen, durchsickerten, meist nicht direkt besonnten, aber durchaus warmen Standort an Mauern und Felsen, geht aber auch auf flache Felsböden. Im Tiefland und in den höheren bzw. klimatisch rauheren Lagen der Mittelgebirge gebietsweise fehlend oder sehr selten; sonst zerstreut und an seinen Standorten meist in auffälligen, hängenden „Kissen".

Wissenswertes: ♃. Das Zimbelkraut stammt aus dem Mittelmeergebiet. Es ist seit langem eine geschätzte Zierpflanze. Die mitteleuropäischen Vorkommen sind wahrscheinlich alle durch Verwilderung entstanden.

Flockige Königskerze
Verbascum pulverulentum
Eiblättriges Tännelkraut
Kickxia spuria
Echtes Tännelkraut
Kickxia elatine
Zimbelkraut
Cymbalaria muralis

Gewöhnliches Leinkraut

Linaria vulgaris MILL.
Braunwurzgewächse *Scrophulariaceae*

Beschreibung: Die Blüten stehen - kurz gestielt - in dichten Trauben am Ende des Stengels und der Äste. Kelch 3-6 mm lang, bis fast zum Grund in 5 eiförmige , stumpfliche Zipfel geteilt. Krone 2lippig; Oberlippe 2lappig; Unterlippe 3lappig; Krone 2-3,5 cm lang (mit dem Sporn gemessen), überwiegend hellgelb; Unterlippe mit emporgewölbtem, dunkelgelbem oder orangegelbem Gaumen, der den Schlund „löwenmäulchenartig" verschließt; Sporn 1-1,5 cm, gerade, spitz. Stengel aufrecht, im oberen Drittel sehr kurz behaart, einfach, am Grunde und/oder im Blütenstandsbereich verzweigt. Blätter wechselständig, 2-6 cm lang, 1-5 mm breit, lineal-nadelig, graugrün, am Rand schwach nach unten umgeschlagen oder eingerollt, mit deutlichem Mittelnerv. Juni-September. 20-60 cm.

Vorkommen: Braucht stickstoffsalzhaltigen, steinig-lockeren Lehmboden. Besiedelt Böschungen, Wegränder, Waldlichtungen, Steinbrüche und Bahnschotter. Häufig, im Alpenvorland und in den Alpen kleineren Gebieten fehlend; steigt bis etwa zur Waldgrenze.

Wissenswertes: ♃. Das Gewöhnliche Leinkraut wird mit dem Schmalblättrigen Leinkraut (*L. angustissima* (LOISEL.) BORB.: Krone 1,5-2 cm lang (mit Sporn gemessen), zitronengelb, Gaumen orangerot, Stengel kahl; Südalpenfuß, selten) zur Sammelart *L. vulgaris* agg. zusammengefaßt. - Ähnlich: Ginster-Leinkraut (*L. genistifolia* (L.) MILL.): Blüten (mit Sporn) 2-2,5 cm lang, gelb; Blätter breit-lanzettlich; vereinzelt eingeschleppt. - Ruten-Leinkraut (*L. spartea* (L.) WILLD.): Blütenstandsbereich drüsig behaart, Blätter dick; Heimat: westliches Mittelmeergebiet; vereinzelt eingeschleppt.

Alpen-Leinkraut

Linaria alpina (L.) MILL.
Braunwurzgewächse *Scrophulariaceae*

Beschreibung: 3–15 Blüten stehen - sehr kurz gestielt (Stiel etwa so lang wie der Kelch, kahl) - in sehr kurzen, sich erst nach dem Verblühen etwas streckenden Trauben am Ende des Stengels und seiner Zweige. Kelch 3–5 mm lang, bis fast zum Grund in 5 lineal-lanzettliche, stumpfliche Zipfel geteilt, die nicht genau gleich lang sind. Krone 2lippig; Oberlippe 2zipflig; Unterlippe 3zipflig; Krone 1,5–2,5 cm lang (mit dem Sporn gemessen), überwiegend lilaviolett, dunkler violett geadert; sehr selten kommen Exemplare mit gelben Blüten vor; Unterlippe mit emporgewölbtem, ocker- bis orangegelbem Gaumen, der den Schlund „löwenmäulchenartig" verschließt; Sporn 0,7–1 cm lang, aus ziemlich weitem Grund spitz auslaufend, vorne oft leicht gekrümmt. Stengel niederliegend, nur im vorderen Drittel aufsteigend, einfach oder spärlich verzweigt, rund, kahl, grau-bläulich-violett bereift. Blätter zu 3–4 quirlständig, seltener wechselständig, 0,5–1,5 cm lang, 1–3 mm breit, länglich-spatelig bis schmal-eiförmig, fleischig, bläulich bereift; am Ende der nichtblühenden, oft kurzen Zweige entwickeln sich dicht beblätterte Tochterrosetten. Juni–August. 8–15 cm.

Vorkommen: Braucht basischen, meist kalkhaltigen, grobsteinigen Untergrund. Besiedelt Kiesbänke, mäßig bewegten Grobschutt (der ziemlich feinerdearm sein kann) und Moränen. Alpenvorland (herabgeschwemmt) und Alpen; zerstreut. Vorzugsweise zwischen etwa 1800–3000 m, bei Zermatt über 4000 m.

Wissenswertes: ♃. Ähnlich: Tonzigs Leinkraut (*L. tonzigii* LONA): Krone gelb, 2–3 cm; Blütenstiel und Kelch zottig behaart; Bergamasker Alpen; selten.

Gewöhnliches Leinkraut
Linaria vulgaris
Acker-Leinkraut
Linaria arvensis
Gestreiftes Leinkraut
Linaria repens
Alpen-Leinkraut
Linaria alpina

Acker-Leinkraut

Linaria arvensis (L.) DESF.
Braunwurzgewächse *Scrophulariaceae*

Beschreibung: 3–15 Blüten stehen - sehr kurz gestielt (1-2 mm) - in endständigen Trauben am Stengel und seinen Zweigen; zur Blütezeit sind die Trauben sehr dicht, fast kopfig; nach dem Verblühen verlängern sie sich und werden locker. Kelch 3–4 mm lang, bis fast zum Grund in 5 längliche bis schmal-eiförmige Zipfel geteilt. Krone 5–8 mm lang (mit dem Sporn gemessen); überwiegend hellblau, mit dunkler blauen Streifen; Unterlippe mit emporgewölbtem, weißlichem, violett geadertem Gaumen, der den Schlund „löwenmäulchenartig" verschließt; Sporn 2–3 mm lang, stark gebogen. Stengel aufrecht, einfach oder am Grunde verzweigt, im Blütenstandsbereich (wie auch die Kelche) behaart, sonst kahl, blaugrün. Blätter 0,7–2 cm lang, 1-2 mm breit, unten gegenständig (sehr selten) oder zu 3 (selten) bis 4 (in der Regel) quirlständig, etwa ab der Stengelmitte überwiegend oder ausschließlich wechselständig, 6–20mal so lang wie breit, lineal, spitz, sitzend, kahl, 1nervig, schwach bläulich bereift. Juni–August. 15–30 cm.

Vorkommen: Braucht kalkarmen, jedoch stickstoffsalzreichen, sandigen Lehmboden oder Sandboden in sommerwarmen Lagen. Besiedelt Hackfruchtäcker, Brachen, seltener Ödland. Fehlt im Tiefland westlich der Elbe; östlich von ihr (bis nach Polen) selten, desgleichen in den Sandgebieten am Ober- und Mittelrhein sowie in Rheinland-Pfalz, in Niederösterreich und am Alpensüdfuß.

Wissenswertes: ☉. Das Acker-Leinkraut war bis etwa zum 1. Weltkrieg in den Sandgebieten Mitteleuropas ein durchaus nicht seltenes Unkraut der Hackfruchtäcker. Seitdem ist es drastisch zurückgegangen.

Gestreiftes Leinkraut

Linaria repens (L.) MILL. emend. WILLD.
Braunwurzgewächse *Scrophulariaceae*

Beschreibung: 10–30 Blüten stehen - 2–3 mm lang gestielt und auch schon während der Blütezeit ziemlich locker - in Trauben am Ende des Stengels und seiner Zweige. Kelch 2–3 mm lang, bis fast zum Grunde in 5 lanzettliche, spitze Zipfel zerteilt. Krone 2lippig; Oberlippe 2zipflig; Unterlippe 3zipflig; Krone 0,8–1,5 cm lang (mit dem Sporn gemessen), überwiegend blaßblau-lila oder gelblich; Oberlippe dunkelviolett gestreift; Unterlippe mit emporgewölbtem, zitronengelbem oder weißlichem Gaumen, der den Schlund „löwenmäulchenartig" verschließt; Sporn 3–5 mm lang, kegelig-zugespitzt, gerade. Stengel entspringt einem kriechenden Rhizom (Name!), ist selbst aber aufrecht, verzweigt, rund, kahl, leicht blaugrün bereift. Untere Blätter quirlständig, obere zuweilen wechselständig, alle lineal-nadelig, 1,5–4 cm lang, 1–3 mm breit, etwas fleischig, kahl, leicht bläulich bereift, nur der Mittelnerv deutlich ausgebildet (mit der Lupe oder getrocknet betrachtet erweist sich das Blatt als 3nervig). Juni–September. 20–70 cm.

Vorkommen: Braucht kalkarmen, steinig-lockeren, stickstoffsalzhaltigen Boden in sommerwarmen Lagen. Besiedelt Brachen, Ödland, lückig bewachsene Wegränder und Waldlichtungen. Vereinzelt in den tieferen Lagen der Mittelgebirge und im Tiefland, und zwar fast ausschließlich westlich 10° ö. L.

Wissenswertes: ☉. Das Hauptverbreitungsgebiet des Gestreiften Leinkrauts liegt in Westeuropa. Die Vorkommen in Mitteleuropa stellen östliche „Vorposten" dar. Obschon die Art Standorte bevorzugt, die nicht allzuhäufig anzutreffen sind, scheint sie sich im 20. Jahrhundert etwas nach Osten ausgebreitet zu haben.

Leinkraut *Chaenarrhinum*
Löwenmäulchen *Misopates, Antirrhinum*
Lochschlund *Anarrhinum*

Kleines Leinkraut

Chaenarrhinum minus (L.) LANGE
Braunwurzgewächse *Scrophulariaceae*

Beschreibung: 15–50 Blüten (selten noch mehr) stehen - 0,3–2,5 cm lang gestielt - in einem sparrigen, mehrtraubigen Gesamtblütenstand; die einzelnen Trauben sind ziemlich locker. Kelch 2–5 mm lang, bis zum Grund in 5 schmal-eiförmige bis länglich-lineale, abgestumpfte Zipfel geteilt, die ziemlich dicht und abstehend kurz behaart sind. Krone 2lippig; Oberlippe 2zipflig; Unterlippe 3zipflig; Krone 5–9 mm lang (mit dem Sporn gemessen), überwiegend hellviolett bis blaß lila-weißlich, außen partiell violett überlaufen; Unterlippe mit hellgelbem Gaumen, der den Schlund nahezu „löwenmaulartig" verschließt; Sporn 2–3,5 mm lang, spitz, gerade. Stengel aufrecht, meist sparrig verzweigt, ziemlich dicht, manchmal fast wollig und zum Teil drüsig behaart (starke Lupe!), rund. Unterste Blätter gegenständig, etwa ab der Mitte überwiegend oder durchweg wechselständig, ungleich in Größe (0,5–3,5 cm lang; 1–5 mm breit) und Form, einige unten stehende schmal-eiförmig, andere schmal-zungenförmig bis länglich, abstehend behaart. Juni–September. 5–25 cm.

Vorkommen: Braucht basischen, meist kalkhaltigen, steinig-lockeren Lehmboden, der nicht zu arm an Stickstoffsalzen sein sollte. Besiedelt Wegränder, Raine, Eisenbahnschotter, aufgelassene Steinbrüche, geht auch auf mergelig-grusige Äcker. Im Tiefland selten und gebietsweise fehlend; sonst zerstreut, meist nur in individuenarmen, lockeren Beständen; geht in den Alpen kaum über die Waldgrenze.

Wissenswertes: ☉. Beim Kleinen Leinkraut ist Selbstbestäubung die Regel. Deswegen gibt es zahlreiche klonartige Sippen, die sich gestaltlich etwas unterscheiden.

Acker-Löwenmäulchen

Misopates orontium (L.) RAFIN.
Braunwurzgewächse *Scrophulariaceae*

Beschreibung: 3–15 Blüten (selten mehr) stehen in lockeren Trauben am Ende des Stengels und der Zweige. Kelch 1–1,5 cm lang, bis zum Grund in 5 lineale Zipfel zerspalten, die ungleich lang sind: der längste ist etwa 1,5mal so lang wie der kürzeste. Krone 1–1,5 cm lang, überwiegend rosa bis blaßpurpurn; Krone 2lippig; Oberlippe 2zipflig, dunkler rot gestreift; Unterlippe 3zipflig, mit emporgewölbtem, purpurn geadertem, gelblichem Gaumen, der den Schlund „löwenmäulchenartig" verschließt. Stengel aufrecht, einfach oder spärlich verzweigt, unterwärts praktisch kahl, oberwärts drüsig behaart. Untere Blätter gegenständig, obere wechselständig, kurz gestielt, 2–5 cm lang, 2–7 mm breit, lineal-länglich, spitzlich; Blätter im Blütenstandsbereich ähnlich den Stengelblättern, nach oben kleiner werdend. Juni–September. 5–25 cm.

Vorkommen: Braucht stickstoffsalzhaltigen, basischen, locker-steinigen Lehmboden. Besiedelt Ödland, Raine, Wegränder, aufgelassene Steinbrüche und Bahnschotter. Im Tiefland östlich der Elbe (vor allem im östlichen Schleswig-Holstein) zerstreut, desgleichen in den linksrheinischen Mittelgebirgen; im Hessischen Bergland, in Franken und im Bayerischen Wald sehr selten; in den östlichen Bundesländern von Österreich, am Alpensüdfuß und in der Südwestschweiz selten; sonst nur vereinzelt.

Wissenswertes: ☉. Die ursprünglich im Mittelmeergebiet heimische Pflanze kam mit dem Getreideanbau nach Mitteleuropa. Durch die verbesserte Saatgutreinigung wurde ihre Ausbreitung eingeschränkt. Viele der Standorte, die noch um die Jahrhundertwende bekannt waren, sind heute erloschen.

Garten-Löwenmäulchen

Antirrhinum majus L.
Braunwurzgewächse *Scrophulariaceae*

Beschreibung: 8–30 Blüten in lockeren Trauben am Ende des Stengels und der Zweige. Kelch um 7 mm lang, praktisch bis zum Grund in 5 längliche oder eiförmig-spitzliche Zipfel zerspalten, die - mäßig dicht - kurz und drüsig behaart sind. Krone 3–4,5 cm lang, überwiegend rosa oder purpurviolett, mit einer Röhre, die gegen ihre Basis heller, oft grün-weißlich wird (Färbung der Wildformen); Krone 2lippig; Oberlippe 2zipflig; Unterlippe 3zipflig, mit einem durch 2 gelbe Flecken gezeichneten und stark emporgewölbten Gaumen, der den Schlund in der für Löwenmäulchen typischen Art verschließt. Stengel aufrecht, einfach oder an der Basis verzweigt, unten kahl, im Blütenstandsbereich drüsig behaart. Untere Blätter gegenständig, obere wechselständig, alle kurz gestielt, 1–7 cm lang, 0,2–2,5 cm breit, lineal bis schmal-eiförmig, vor allem die breiteren an der Basis meist deutlich keilförmig verschmälert. Mai–August. 20–60 cm.

Vorkommen: Braucht steinig-lockeren, gleichwohl zumindest mäßig stickstoffsalzhaltigen Lehmboden in Lagen mit sommermildem Klima. Heimat: Mittelmeergebiet. Besiedelt dort steiniges Ödland und Trockengebüsche. Bei uns häufig in Gärten gezogen und aus ihnen - örtlich mäßig beständig - verwildert.

Wissenswertes: ⊙–♃. Vom Löwenmäulchen sind zahllose Farbvarianten und Rassen mit verschiedenfarbigen Blüten in Kultur. Die Gartenformen sind oft großblütiger als die Wildformen. Vor allem am Alpensüdfuß und in der Südwestschweiz sind Löwenmäulchen mehr oder weniger eingebürgert, und zwar auf Steinriegeln oder an Mauern, die - wiewohl frostgeschützt - nicht voll der Sonne ausgesetzt sind.

Lochschlund

Anarrhinum bellidifolium (L.) WILLD.
Braunwurzgewächse *Scrophulariaceae*

Beschreibung: Zahlreiche Blüten stehen - sehr kurz gestielt - in einer - oft wenig deutlich - einseitswendigen Traube am Ende des Stengels und der Zweige. Kelch um 2 mm lang, bis fast zum Grund in 5 - etwa gleich lange - schmal 3eckig-lanzettliche Zipfel geteilt. Krone um 5 mm lang, blaßlila, 2lippig; Oberlippe 2zipflig, flach; Unterlippe 3zipflig, ohne emporgewölbten Gaumen, weshalb der Schlund - anders als bei Leinkraut und Löwenmäulchen - offen bleibt (Gattungsname!); am Grunde der Kronröhre befindet sich eine sackartig stumpfe Erweiterung, die zuweilen auch ein kurzer, stumpfer Sporn sein kann. Stengel aufrecht, einfach oder im Blütenstandsbereich spärlich verzweigt, rund oder leicht kantig gerieft. Grundblätter in einer Rosette, kurz gestielt, 4–8 cm lang, 1–3 cm breit, eiförmig bis breit-lanzettlich, scharf und unregelmäßig gezähnt; Stengelblätter wechselständig, 1–3 cm lang, fingerförmig 3–5teilig oder - mit kurzer Achse - mit 1–2 Fiederpaaren unpaarig gefiedert; Teilblättchen 1–5 mm breit, das mittlere bzw. endständige meist länger und etwas breiter als die übrigen. Juni–Juli. 20–60 cm.

Vorkommen: Braucht kalkarmen, steinigen Untergrund. Besiedelt Felsspalten und Felsschutt, der feinerdearm sein kann, geht gelegentlich auch auf steinige Äcker und an steinige Wegränder in frostarmen Lagen. Mittleres und oberes Moseltal, südlicher Französischer Jura, Alpensüdfuß; sehr selten.

Wissenswertes: ♃. Der Lochschlund ist eine atlantische Pflanze, die in den genannten Gebieten die Ostgrenze ihres Areals erreicht, das sich von der Iberischen Halbinsel bis Frankreich und Italien erstreckt.

Kleines Leinkraut
Chaenarrhinum minus
Garten-Löwenmäulchen
Antirrhinum majus
Acker-Löwenmäulchen
Misopates orontium
Lochschlund
Anarrhinum bellidifolium

Frühlings-Braunwurz

Scrophularia vernalis L.
Braunwurzgewächse *Scrophulariaceae*

Beschreibung: Zahlreiche Blüten stehen in mehreren, doldenartigen Teilblütenständen, die den Achseln der oberen - zuweilen auch der mittleren - Blätter entspringen. Kelch um 2 mm lang, bis fast zum Grund in 5 eiförmige, nicht häutig berandete Zipfel geteilt. Krone um 7 mm lang, blaß gelbgrün, mit bauchiger, fast kugelförmiger Röhre und einem sehr kurzen, undeutlich 2lippigen Rand (auf den ersten Blick erscheint die Krone fast radiär zu sein und einen Saum mit runden, gerade abstehenden Zipfeln zu besitzen); Oberlippe undeutlich 2teilig, flach und gerade abstehend oder leicht zurückgebogen; Unterlippe kaum erkennbar 3teilig, sehr kurz, mit zurückgebogenem Mittelabschnitt. Stengel aufrecht, meist einfach, 4kantig, schütter - aber zugleich wollig - behaart; im Blütenstandsbereich auch mit Drüsenhaaren (Lupe!). Blätter gegenständig, gestielt (Stiele der oberen Blätter kürzer als die der unteren), breit-eiförmig, stumpflich, mit herzförmigem Grund, oberseits fast kahl oder schütter und sehr kurz behaart, unterseits - vor allem über den Nerven - langhaarig; Blattrand unregelmäßig und doppelt gezähnt; Zähne fein zugespitzt. Mai–Juni. 20–60 cm.

Vorkommen: Steiermark und Kärnten, Lungau, Alpensüdfuß bis etwa 1800 m, selten, aber oft in lockeren bis dichten Beständen; vereinzelt bei Marburg, im Vorland des Rothaargebirges, in Berlin und in Sachsen verwildert und eingebürgert; sonst gelegentlich unbeständig auftretend.

Wissenswertes: ♃. Die Frühlings-Braunwurz wurde früher zuweilen als Bienenfutterpflanze angebaut. Darauf sind die örtlichen Verwilderungen zurückzuführen.

Hunds-Braunwurz

Scrophularia canina L.
Braunwurzgewächse *Scrophulariaceae*

Beschreibung: Je 3–11 (selten mehr) Blüten stehen in mehreren, rispenartigen Teilblütenständen in den Achseln kleiner Tragblätter im oberen Bereich des Stengels; insgesamt bilden sie einen zylindrisch-stumpfkegeligen Gesamtblütenstand. Kelch 1–2 mm lang, bis fast zum Grund in 5 rundliche, weißhäutig berandete Zipfel geteilt. Krone 4–5 mm lang, purpurbraun, weißlich berandet, mit einer bauchigen, kugelförmigen Röhre und einem 2lippigen Rand; Oberlippe 1–1,5 mm lang, bis auf etwa 2/3 ihrer Länge in 2 Lappen geteilt; Unterlippe 3zipflig, Seitenlappen weißlich-grün oder wie der Mittelzipfel purpurbraun, Rand weißlich. Stengel aufrecht, undeutlich 4kantig, meist unverzweigt, kahl, nur im Blütenstandsbereich mit kurzen Drüsenhaaren (Stiele so lang wie die Köpfchen; starke Lupe!). Blätter gegenständig, gestielt, die unteren bis auf den Mittelnerv fiederteilig, die oberen weniger tief fiederig eingeschnitten; die Fiedern der unteren Blätter sind wiederum fiederteilig, die der oberen grob gezähnt, seltener fiederig eingeschnitten; alle Blätter kahl. Pflanze riecht unangenehm. Juni–August. 30–70 cm.

Vorkommen: Braucht kalkhaltigen, lockersteinig-kiesigen, sandigen, feinerdearmen Untergrund. Besiedelt Böschungen, Kiesbänke und -gruben, Hochufer; Hochrhein und Oberrhein bis zur Neckarmündung, warme Alpentäler, Südalpenfuß; sonst nur vereinzelt.

Wissenswertes: ♃. Das Hauptverbreitungsgebiet der Art liegt im Mittelmeergebiet. Bei uns verläuft die Nordgrenze des Areals. *S. canina* L. wird mit der Jura-Braunwurz (*S. juratensis* SCHLEICH.; siehe diese, S. 120) zur Sammelart *S. canina* agg. zusammengefaßt.

Hunds-Braunwurz
Scrophularia canina
Jura-Braunwurz
Scrophularia juratensis
Frühlings-Braunwurz
Scrophularia vernalis
Knotige Braunwurz
Scrophularia nodosa

Jura-Braunwurz

Scrophularia juratensis SCHLEICH.
Braunwurzgewächse *Scrophulariaceae*

Beschreibung: Je 3–11 (selten mehr) Blüten stehen in mehreren, rispenartig verzweigten Teilblütenständen, die den Achseln kleiner Tragblätter im oberen Bereich des Stengels entspringen; insgesamt bilden sie einen zylindrisch-stumpfkegeligen Gesamtblütenstand. Kelch 1-2 mm lang, bis fast zum Grund in 5 rundliche, weißhäutig berandete Zipfel geteilt. Krone 4–5 mm lang, purpurbraun, mit einer bauchigen, fast kugelförmigen Röhre und einem 2lippigen Rand; Oberlippe 2–3 mm lang, bis auf 1/3 ihrer Länge in 2 Lappen geteilt; Unterlippe 3zipflig, Seitenlappen weißlich-grün oder wie der Mittelzipfel purpurbraun, oft ohne weißlichen Rand. Stengel aufrecht, undeutlich 4kantig, meist unverzweigt, kahl, nur im Blütenstandsbereich mit kurzen Drüsenhaaren, deren Stiele länger als die Köpfchen sind (starke Lupe!). Blätter gegenständig, gestielt, alle eindeutig oder fast doppelt gefiedert, d.h. bis zum Mittelnerv oder bis fast zum Mittelnerv fiederteilig; die Fiedern abermals bis fast zum Mittelnerv fiederig geteilt; Abschnitte letzter Ordnung schmal-lanzettlich. Pflanze riecht nicht unangenehm oder - nach Zerreiben - nur schwach unangenehm. Juni–August. 15–40 cm.

Vorkommen: Braucht kalkreichen, lockersteinigen, feinerdehaltigen oder lehmigen Untergrund. Besiedelt Felsschutt und Flußgerölle, geht aber auch auf angerissene Böschungen. Mittlerer und südlicher Schweizer Jura, westliche und Südliche Kalkalpen. Selten, an ihren Standorten nur in lockeren, wenig auffälligen Beständen.

Wissenswertes: ♃. *S. juratensis* SCHLEICH. wird mit *S. canina* L. (s. S. 118) zur Sammelart *S. canina* agg. zusammengefaßt.

Knotige Braunwurz

Scrophularia nodosa L.
Braunwurzgewächse *Scrophulariaceae*

Beschreibung: Je 4–7 Blüten stehen in doldenartigen Teilblütenständen, die den Achseln der obersten Blättern oder den Achseln von Tragblättern entspringen bzw. am Ende des Stengels stehen; insgesamt bilden sie einen walzlichen, sehr lockeren Gesamtblütenstand. Kelch 2–3 mm lang, bis zum Grund in 5 breit-eiförmige bis rundliche Lappen zerteilt, die nur sehr schmal weiß berandet sind (Lupe!). Krone 7–9 mm lang, Röhre bauchig, krugartig-kugelförmig, hellgrün, purpurn überlaufen, vor allem die Oberlippe dunkelpurpurn bis schwarz-bräunlich, um 1 mm tief und ziemlich eng in 2 Lappen geteilt; Unterlippe undeutlich 3zipflig, kaum 1 mm lang, Mittelzipfel meist nach unten geschlagen. Stengel aufrecht, 4kantig, eindeutig ungeflügelt, meist unverzweigt, kahl, nur im Blütenstandsbereich mit sehr kurzen, meist schütter stehenden, zuweilen drüsigen Haaren (starke Lupe! Drüsenköpfchen kaum 0,1 mm im Durchmesser!). Blätter gegenständig, gestielt, eiförmig bis lanzettlich, am Grund gestutzt oder herzförmig, unregelmäßig einfach oder doppelt gezähnt; Zähne spitz, nach vorne gerichtet. Wurzeln zum Teil knollig verdickt (Name!). Juni–August. 0,5–1 m.

Vorkommen: Braucht stickstoffsalz- und mullhaltigen, feuchten, lockeren Boden, der leicht sauer sein kann. Besiedelt Wälder. Häufig; meist in individuenarmen, lockeren Beständen oder einzeln. Geht in den Alpen kaum bis zur Laubwaldgrenze.

Wissenswertes: ♃. Die Blüten werden häufig von Wespen bestäubt. - Ähnlich: Drüsige Braunwurz (*S. scopolii* HOPPE): Blütenstand dicht drüsig; Pflanze zottig behaart. Östliche Bundesstaaten von Österreich; selten.

Braunwurz *Scrophularia*
Gauklerblume *Mimulus*

Geöhrte Braunwurz

Scrophularia auriculata L.
Braunwurzgewächse *Scrophulariaceae*

Beschreibung: Je 4–7 Blüten stehen in doldenartigen Teilblütenständen, die den Achseln von linealen Tragblättern entspringen; insgesamt bilden sie einen walzlichen, lockeren Gesamtblütenstand. Kelch um 2 mm lang, bis zum Grund in 5 breit-eiförmige bis rundliche Lappen zerteilt, die einen breiten, weißen Hautrand besitzen, der klein gezähnelt ist (starke Lupe!). Krone 7–9 mm lang, Röhre bauchig-krugartig, hellgrün, purpurn überlaufen, vor allem die Oberlippe dunkelpurpurn bis schwarz-bräunlich, um 1 mm tief und eng in 2 Lappen geteilt; Unterlippe undeutlich 3zipflig, kaum 1 mm lang, Mittelzipfel oft nach unten geschlagen. Stengel aufrecht, meist unverzweigt, kahl (höchstens im Bereich des Blütenstands mit sehr kurzen, schütteren Drüsenhaaren), mit 4 schmal geflügelten Kanten. Blätter gegenständig, gestielt, schmal-eiförmig bis eiförmig, am Grunde herzförmig, vorne meist deutlich abgestumpft, Rand gezähnt-gekerbt; Zähne meist stumpf, seltener spitz; an der Basis der Blattspreite sind meist 1 Paar fiederähnliche Lappen oder Teilblättchen deutlich von der übrigen Blattspreite abgetrennt (hierauf bezieht sich der wissenschaftliche Artname!). Wurzeln ohne knollige Verdickungen. Juni–August. 30–70 cm.

Vorkommen: Braucht stickstoffsalzreichen, sickernassen oder zeitweise überfluteten, kalkarmen Schlammboden. Besiedelt Ufer und Naßwiesen. Moseltal, Niederrhein und westlich angrenzende Gebiete; selten. Erreicht hier die Ostgrenze ihrer Verbreitung.

Wissenswertes: ♃. Die Samen der Geöhrten Braunwurz werden durch fließendes Wasser verbreitet.

Geflügelte Braunwurz

Scrophularia umbrosa DUM.
Braunwurzgewächse *Scrophulariaceae*

Beschreibung: 4–15 (gelegentlich noch mehr) Blüten stehen in rispenartigen Teilblütenständen, die den Achseln der obersten Blätter oder von Tragblättern entspringen; insgesamt bilden sie einen walzlich-pyramidalen, gegen die Spitze ziemlich dichten Gesamtblütenstand. Kelch um 2 mm lang, bis zum Grund in 5 breiteiförmige, rundlich-quadratische Lappen zerteilt, die nicht weißlich, sondern oft purpurn berandet und nur selten feinst gezähnelt sind. Krone um 7 mm lang, Röhre weitbauchig, grünlich bis purpurn überlaufen, vor allem die Oberlippe dunkel violettpurpurn, um 1 mm tief und ziemlich eng in 2 Lappen geteilt; Unterlippe undeutlich 3zipflig, kaum 1 mm lang, alle Zipfel meist nach unten geschlagen, grünlich. Stengel aufrecht, meist einfach, kahl, durch die herablaufenden Blätter sehr breit und oft etwas wellig geflügelt (Flügelbreite oft 1/3 der Stengelbreite oder mehr). Blätter gegenständig, gestielt, am Grunde gestutzt oder verschmälert, höchstens angedeutet herzförmig und niemals mit abgesetzten Teilblättchen. Juni–August. 0,5–1,2 m.

Vorkommen: Braucht stickstoffsalz- und kalkhaltigen, nassen Schlammboden. Besiedelt Gräben und Ufer. Im Tiefland westlich der Elbe nur vereinzelt, östlich von ihr zerstreut; fehlt in den Mittelgebirgen und Alpen mit kalkfreien Gesteinen; sonst zerstreut; steigt kaum über die Laubwaldgrenze.

Wissenswertes: ♃. Da die Geflügelte Braunwurz oft im Bachröhricht wächst, findet man zuweilen Exemplare, die von hochgehenden Wässern umgedrückt worden sind. Die Stengel solcher Pflanzen treiben häufig an allen Blattansätzen Wurzeln in reichlicher Zahl.

Gelbe Gauklerblume

Mimulus guttatus DC.
Braunwurzgewächse *Scrophulariaceae*

Beschreibung: 3–7 Blüten stehen einzeln in den Achseln der oberen Blätter; sie sind gestielt, die Stiele werden 1–2,5 cm lang; der Gesamtblütenstand stellt eine lockere Traube dar. Kelch 1,5–2,5 cm lang (nach dem Verblühen bauchig aufgeblasen), kantig, kurz 5zähnig, 2lippig; obere Zähne etwas länger und breiter als die übrigen. Krone 3–4 cm lang, gelb, 2lippig; Oberlippe aufgestellt-zurückgeschlagen, 2zipflig; Unterlippe 3zipflig, nach vorn gestreckt, der mittlere Zipfel meist rot gepunktet bis rot gefleckt; Schlund durch die behaarten Wülste auf der Unterlippe oft nahezu verschlossen. Stengel aufsteigend bis aufrecht, einfach oder verzweigt, stumpf 4kantig, im Blütenstandsbereich mehr oder weniger drüsig behaart, hohl. Blätter gegenständig, die unteren gestielt, die oberen sitzend; Spreite 2–10 cm lang, 1–6 cm breit, eiförmig, abgestumpft oder angedeutet spitzlich, am Grunde abgestutzt, gelegentlich auch herzförmig, unregelmäßig und wie ausgebissen gezähnt oder nahezu ganzrandig. Juli–August. 30–60 cm.

Vorkommen: Braucht stickstoffsalzhaltigen, kalkarmen oder kalkfreien, steinig-lehmigen oder tonigen Boden. Heimat: westliches Nordamerika. Bei uns vereinzelt verwildert und eingebürgert, so z. B. im Schwarzwald, im Harz und im Bayerischen Wald.

Wissenswertes: ♃. Die Gelbe Gauklerblume dürfte Anfang des 19. Jahrhunderts als Zierpflanze nach Europa – wohl zunächst nach England – gelangt sein. Jedenfalls trat sie 1814 erstmals in Schottland, 1824 in England verwildert auf. Zur selben Zeit wurde sie auch aus dem norddeutschen Tiefland als verwildert bekannt. Entlang der Flüsse hat sie sich ausgebreitet.

Moschus-Gauklerblume

Mimulus moschatus DOUGL. ex LINDL.
Braunwurzgewächse *Scrophulariaceae*

Beschreibung: 3–7 Blüten (selten mehr) stehen in den Achseln der mittleren (gelegentlich schon in denen der unteren) und oberen Blätter; sie sind gestielt; die Stiele werden 1–1,5 cm lang; der Gesamtblütenstand stellt eine lockere Traube dar. Kelch 0,7–1 cm lang, schmalglockig, drüsig zottig behaart, undeutlich 2lippig, kantig, kurz 5zähnig; Zähne alle fast gleich groß. Krone 1,5–2 cm lang, gelb, undeutlich 2lippig (alle Zipfel praktisch gleich); Schlund weit offen, „Unterlippe“ (= untere Innenseite des Kronsaums und des Vorderteils der Kronröhre) meist rot punktiert-gefleckt und mit gut ausgeprägten, bärtig behaarten Schlundwülsten; Kronröhre trichterig und innen meist braun längsstreifig. Stengel niederliegend-aufsteigend, an den Knoten in der Regel wurzelnd, überall drüsig behaart und oft deutlich klebrig. Blätter gegenständig, auch die oberen kurz (0,2–1 cm lang) gestielt; Spreite 1–4 cm lang, 0,5–2 cm breit, eiförmig, abgestumpft oder angedeutet spitzlich, am Grunde abgestutzt oder leicht herzförmig, ganzrandig oder sehr weitbuchtig und oft undeutlich gezähnt, wie der Stengel zottig-drüsig behaart. Juni–August. 15–30 cm.

Vorkommen: Braucht stickstoffsalzhaltigen, kalkfreien, steinig-lehmigen oder tonigen Boden. Heimat: Rocky Mountains. Als Zierpflanze angepflanzt, da und dort (z. B. im Schwarzwald und im Saarland) örtlich verwildert und offenbar eingebürgert.

Wissenswertes: ♃. Die Pflanzen sollen nach Moschus riechen, doch scheint der Geruch nicht bei allen Exemplaren gleich stark oder an ihnen nicht zu allen Tageszeiten gleich gut wahrnehmbar zu sein.

Moschus-Gauklerblume
Mimulus moschatus
Geöhrte Braunwurz
Scrophularia auriculata
Gelbe Gauklerblume
Mimulus guttatus
Geflügelte Braunwurz
Scrophularia umbrosa

Gnadenkraut

Gratiola officinalis L.
Braunwurzgewächse *Scrophulariaceae*

Beschreibung: 10–30 Blüten stehen – 1–3 cm lang gestielt (Stiel stets kürzer als die Spreite des Blattes lang ist, aus dessen Achsel der Blütenstiel entspringt) – einzeln in den Achseln der mittleren und oberen Blätter. Kelch 5–8 mm lang, 2lippig, die 5 Kelchzipfel bis zum Grunde frei, spitz, kahl. Krone 1,2–1,8 cm lang, mit weiter, hellgelber oder braunroter, innen bärtiger Röhre und weißem oder rosafarbenem Rand; Oberlippe 2zipflig, abgestutzt oder seicht ausgerandet; Unterlippe 3zipflig; Zipfel flach. Stengel aufsteigend oder aufrecht, einfach oder verzweigt, oberwärts undeutlich 4kantig, sonst rund, kahl (bzw. nur mit praktisch sitzenden, als Punkte zu sehenden Drüsen; Lupe!). Blätter gegenständig, 2–5 cm lang, 0,3–1 cm breit, schmal-lanzettlich bis lanzettlich, sitzend und zuweilen angedeutet stengelumfassend, ganzrandig oder fein und ziemlich scharf gezähnt-gesägt. Juni–August. 10–30 cm.

Vorkommen: Braucht nassen, kalkarmen, humos-torfigen Tonboden, der etwas stickstoffsalzhaltig sein sollte. Besiedelt Sumpfwiesen und Gräben. Vereinzelt an Weser, Aller, Elbe, Hoch-, Ober- und Mittelrhein, in Mecklenburg-Vorpommern, Brandenburg, Sachsen-Anhalt, Sachsen und in den östlichen Bundesländern von Österreich. Geht kaum höher als 300–400 m.

Wissenswertes: ♃; ☠. Das Gnadenkraut enthält das giftige Cucurbitacinglykosid Elatericid, weshalb es früher als Abführmittel verwendet worden ist. Wegen der Giftigkeit dieses Inhaltsstoffes ist jedoch vom Gebrauch mit allem Nachdruck abzuraten. – Ähnlich: *G. neglecta* TORR.: Blüten 1 cm lang, gelb, rot gestreift; Kiesgruben; Elsaß; vereinzelt.

Schlammling

Limosella aquatica L.
Braunwurzgewächse *Scrophulariaceae*

Beschreibung: 3–10 Blüten (selten mehr) stehen auf 0,3–2 cm langen, zur Blütezeit geraden Stielen in den Achseln der grundständigen Blätter. Kelch um 1,5 mm lang, bis fast zum Grund in 5 schmal-3eckige bis lanzettliche Zipfel geteilt, die sich im Verlauf der Blütezeit an der Spitze leicht nach außen krümmen. Krone um 2,5 mm lang, weiß oder rötlich-braun, zuweilen leicht fleckig-streifig, undeutlich 2lippig, d. h. alle 5 Zipfel sind fast gleich groß und gleich gestaltet. Stengel niederliegend, wurzelnd und an den wurzelnden Stellen alsbald Blattbüschel treibend. Blätter 2–5 cm lang gestielt; Spreite der nicht überfluteten Blätter 0,8–2 cm lang und 2–6 mm breit, löffelförmig bis schmal-eiförmig, kahl, ganzrandig; bei untergetauchten, flutenden Blättern ist die Spreite sehr schmal länglich bis lanzettlich, zuweilen fehlt sie sogar. Juni–September. 3–6 cm.

Vorkommen: Braucht nährstoffreichen, nassen, ja zeitweise überfluteten, schlammig-tonigen Boden. Besiedelt Ufer, Böden abgelassener Teiche und Tümpel, seltener Naßstellen auf Ödland. Am Mittel- und Unterlauf der großen Flüsse selten, sonst nur vereinzelt; geht im Engadin noch bis über 1700 m.

Wissenswertes: ⊙. *Limosella aquatica* gehört zu den Arten in Mitteleuropa, die im 20. Jahrhundert außerordentlich stark zurückgegangen sind. Das liegt in erster Linie daran, daß ihre Standorte durch Flußregulierungen, Uferverbauungen und Intensivierung von Teichwirtschaften weithin vernichtet worden sind. Da die Pflanze durch Wasservögel verschleppt wird, kann sie indessen auch an Stellen auftreten, an denen sie bislang unbekannt gewesen war.

Steinbalsam
Erinus alpinus
Liegendes Büchsenkraut
Lindernia procumbens
Schlammling
Limosella aquatica
Gnadenkraut
Gratiola officinalis

Liegendes Büchsenkraut

Lindernia procumbens (KROCK.) PHILCOX
Braunwurzgewächse *Scrophulariaceae*

Beschreibung: Zahlreiche Blüten stehen - 0,8–2 cm lang gestielt - in sehr lockeren, traubigen Teilblütenständen am Ende von Stengel und Zweigen; Blütenstiele dünn, länger als das Tragblatt, aus dessen Achsel sie entspringen. Kelch um 5 mm lang, bis zum Grund in 5 gleichartige, lineal-lanzettliche, randlich fein gesägte und klein gewimperte Zipfel geteilt. Krone 6–9 mm lang, bei den mitteleuropäischen Formen meist nicht entfaltet; im Mittelmeergebiet zeigen die Pflanzen eine 2zähnige, lila-rötliche Oberlippe und eine 3zipflige (Zipfel abgerundet), gelbe Unterlippe; Kronröhre leicht bauchig aufgetrieben, weißlich. Stengel niederliegend bis aufsteigend, 4kantig, kahl. Blätter gegenständig, sitzend, 1–2 cm lang, 0,5–1 cm breit, eiförmig, gegen die Spreitenbasis deutlich verschmälert, bläulich-grün, ganzrandig, 3nervig. August–September. 2–10 cm.

Vorkommen: Braucht stickstoffsalzreichen, nassen, ja zeitweise überfluteten, schlammig-tonigen Boden. Besiedelt Böden abgelassener Weiher und Tümpel, seltener bachnahes Ödland oder „Gänseanger". Vereinzelt am Hoch- und Oberrhein, am Unterlauf des Regen und am Westrand des Bayerischen Waldes, in Sachsen-Anhalt und Brandenburg; Niederösterreich, Burgenland, Französischer Jura, Dombes, Bresse, Alpensüdfuß; sehr selten.

Wissenswertes: ⊙. Ähnlich: Großes Büchsenkraut (*L. dubia* (L.) PENELL): Blüten 7–8 mm lang, weißlich, Unterlippe mit violettem Rand; mindestens die oberen Blätter - oft auch die mittleren - entfernt gezähnt; Heimat: Nordamerika; vereinzelt eingeschleppt und verwildert, z. B. am Mittellauf der Elbe.

Steinbalsam

Erinus alpinus L.
Braunwurzgewächse *Scrophulariaceae*

Beschreibung: 10–15 Blüten stehen - auf 3–5 mm langen Stielen - einzeln in den Achseln der oberen Stengelblätter. Kelch 3–5 mm lang, bis fast zum Grund in 5 lineal-spatelige Zipfel geteilt, die fast gleich groß sind (bei genauem Zusehen kann man unter Umständen 2 der Zipfel als etwas größer erkennen). Blütenkrone mit kurzer Röhre (etwa so lang wie der Kelch), Kronsaum bis zum Ansatz der Kronröhre in 5 - praktisch gleich große und gleich gestaltige - Zipfel geteilt, die stieltellerartig flach ausgebreitet sind; Kronsaum 0,8–1,2 cm im Durchmesser (ausgebreitet gemessen), hell rotviolett bis lilaviolett; Kronzipfel zungenförmig-spatelig, mit dunklerem Mittelstreif, vorn deutlich ausgerandet. Stengel aufrecht, kraushaarig, aus einer grundständigen Blattrosette entspringend; Pflanze bildet mäßig dichte Rasen aus mehreren bis vielen Rosetten. Grundblätter 1–2 cm lang, 3–6 mm breit, grob kerbig gesägt; Stengelblätter wechselständig, untere gestielt, obere sitzend, nach oben kleiner werdend. April–Juli. 5–20 cm.

Vorkommen: Wächst im Kalkfels oder in steinig-lockeren Lehmböden, seltener auf Flußgeröll. Bevorzugt Höhen zwischen etwa 1500–2300 m. Westliche und mittlere Kalkalpen; selten.

Wissenswertes: ♃. Der Steinbalsam enthält - anders als es der ebenfalls verwendete Name „Leberbalsam" zu unterstellen scheint - keine Inhaltsstoffe, die eine Heilwirkung besitzen; geringste Mengen von Iridoidglykosiden, die man gefunden hat, sind bedeutungslos. Der Name scheint auf die Pflanze übertragen worden zu sein, weil man die Blätter früher mit denen einer Schafgarben-Art verwechselt hat.

Kühtritt *Wulfenia*
Fingerhut *Digitalis*

Kärntner Kühtritt

Wulfenia carinthiaca JACQ.
Braunwurzgewächse *Scrophulariaceae*

Beschreibung: Zahlreiche Blüten stehen – 1-3 mm lang gestielt – in einer zunächst dichten, zur Fruchtreife sich etwas verlängernden und dadurch lockerer werdenden, 6–10 cm langen, einseitswendigen Traube. Kelch um 8 mm lang, bis fast zum Grund in 5 lineal-längliche Zipfel geteilt, meist rot überlaufen. Blütenkrone blauviolett, beim Aufblühen schräg aufwärts gerichtet, beim Verblühen meist deutlich nickend, 1–1,5 cm lang, 2lippig; Oberlippe einfach, kürzer als die 3lappige, innen bärtige Unterlippe. Stengel aufrecht, einfach, schütter kraushaarig, im unteren Teil völlig blattlos, in der oberen Hälfte mit wenigen grünen, kleinen, ja schuppenartigen, gezähnten Blättern. Rosettenblätter nicht dem Boden anliegend, sondern schräg abstehend bzw. ziemlich steil aufragend, 10–15 cm lang, 3–5 cm breit, in einen 0,5–1,5 cm langen Stiel verschmälert, verkehrt-eiförmig bis länglich-spatelig, am Rand grob gekerbt-gesägt, gelegentlich auch fein doppelt gesägt, kahl oder am Stiel und unterseits auf dem Mittelnerv schütter behaart. Juni–August. 20–40 cm.

Vorkommen: Braucht kalkarmen, aber durchaus nährstoffreichen, feuchthumosen, flachgründig-steinigen Lehmboden. Besiedelt windgeschützte Matten und Weiden, meist an niederschlagsreichen Nordhängen. Im Alpengebiet nur am Gartnerkofel in Kärnten.

Wissenswertes: ♃; (☠); ▽. Enthält Iridoidglykoside. Der Kärntner Kühtritt kommt – außerhalb der Alpen – nur im Prokletijegebirge an der albanisch-serbisch-montenegrinischen Grenze vor. Die Art ist ein Relikt der tertiären Flora; ihr Areal ist durch die Vereisungen zerstückelt worden.

Roter Fingerhut

Digitalis purpurea L.
Braunwurzgewächse *Scrophulariaceae*

Beschreibung: Zahlreiche Blüten (50–120, selten noch mehr) stehen – sehr kurz gestielt – in einer in der Regel einfachen (nur sehr selten spärlich verzweigten), langen, einseitswendigen Traube am Ende des Stengels. Kelch bis zum Grund in 5 eiförmig-spitzliche, drüsig behaarte Zipfel geteilt. Blütenkrone hängend, 3,5–5 cm lang, aus einer am Grunde mäßig engen Röhre bauchig erweitert und in einen kurz 2lippigen Saum mündend, in dem die undeutliche Oberlippe kaum ausgerandet, die Unterlippe mit 3 undeutlichen Zipfeln versehen ist, an der Mündung etwa 2 cm weit, hellpurpurn, innen mit rotvioletten, weiß umrandeten Flecken und mit schütter stehenden, langen Haaren, am Rand dicht bewimpert. Stengel aufrecht, einfach, sehr kurz und dicht abstehend behaart. Blätter in einer grundständigen Rosette und am Stengel wechselständig. Rosettenblätter und unterste Stengelblätter lang gestielt, mittlere mit verschmälertem Blattgrund, obere sitzend, etwas herablaufend, eiförmig bis lanzettlich, unterseits graufilzig, am Rand unregelmäßig gezähnt. Juni–Juli. 0,5–1,5 m.

Vorkommen: Braucht kalkarmen, mäßig sauren, steinig-lockeren, nicht zu trockenen, nährstoffreichen Lehmboden in Lagen mit wintermildem, luftfeuchtem Klima. Besiedelt Waldlichtungen und Waldwege. Im Tiefland selten; in den Mittelgebirgen mit kalkarmen Gesteinen zerstreut und örtlich in lockeren, individuenreichen Beständen, nach Osten hin seltener werdend. In den Alpen nur selten und meist ausgepflanzt. Fehlt in den Kalkgebieten.

Wissenswertes: ⊙; ☠. Enthält herzwirksame, giftige „Digitalisglykoside“. Zur Selbstmedikation ungeeignet.

Großblütiger Fingerhut

Digitalis grandiflora MILL.
Braunwurzgewächse *Scrophulariaceae*

Beschreibung: 20–40 Blüten (selten weniger oder mehr) stehen - 0,5–1 cm lang gestielt - in einer einfachen, langen, einseitswendigen Traube am Ende des Stengels. Kelch bis zum Grund in 5 lineal-lanzettliche, drüsig behaarte Zipfel geteilt. Blütenkrone hängend, 3–4 cm lang, aus einer am Grund engen Röhre rasch glockig erweitert und in einen kurz 2lippigen Saum mündend, in dem die undeutliche Oberlippe kaum ausgerandet, die Unterlippe mit 3 deutlich 3eckigen Zipfeln versehen ist, an der Mündung etwa 1,5–2 cm weit, blaßgelb, innen mit einer unregelmäßigen, dunkelbraunen Netzzeichnung und mit schütter stehenden, langen Haaren auf der Innenseite der Zipfel und in der Glocke, die außen dicht drüsig behaart ist. Stengel aufrecht, einfach, unten kahl, oberwärts ziemlich dicht, lang und etwas kraus behaart. Blätter am Grund spärlich rosettig, am Stengel wechselständig, breit-lanzettlich bis schmal-eiförmig, 7–25 cm lang, 2–6 cm breit, die unteren gestielt, die oberen sitzend, unregelmäßig gezähnt, besonders am Rand und unterseits auf den Nerven kraus behaart. Juni–September. 0,3–1 m.

Vorkommen: Braucht mull- und nährstoffreichen, steinig-humosen Lehmboden. Besiedelt Waldlichtungen und Hochstaudenfluren. Fehlt im Tiefland westlich der Elbe, östlich von ihr nur vereinzelt; fehlt in den tieferen Lagen der Mittelgebirge und in Gebieten mit Sandböden; in den höheren Lagen der Mittelgebirge und in den Alpen bis etwa zur Laubwaldgrenze über Kalk, Granit oder Gneis zerstreut.

Wissenswertes: ♃; ☠; ▽. Zwischen dem Roten und dem Großblütigen Fingerhut gibt es - selten - Bastarde.

Gelber Fingerhut

Digitalis lutea L.
Braunwurzgewächse *Scrophulariaceae*

Beschreibung: 15–40 Blüten (selten weniger oder mehr) stehen - um 5 mm lang gestielt - in einer einfachen, langen, einseitswendigen Traube am Ende des Stengels; die Traube nickt an der Spitze deutlich in der Richtung, zu der die Blüten zeigen. Kelch bis zum Grund in 5 lanzettliche, drüsig behaarte Zipfel geteilt. Blütenkrone hängend, 2–2,5 cm lang, röhrig bis engglockig und etwas geschwungen nach unten ausgebaucht, in einen kurz 2lippigen Saum mündend, in dem die Oberlippe ziemlich deutlich ausgerandet, die Unterlippe mit 3 deutlich 3eckigen Zipfeln versehen ist, an der Mündung etwa 5–8 mm weit, schwefelgelb bis weißlich-gelb, innen - vor allem auf dem Mittelzipfel - schütter langhaarig, Blüten außen kurz drüsig behaart. Stengel aufrecht, einfach, kahl. Blätter am Grund spärlich rosettig, am Stengel wechselständig, die unteren in einen Stiel verschmälert, die mittleren und oberen sitzend, lanzettlich, 6–10 cm lang, 1–2,5 cm breit, kahl, am Rand fein gezähnt (Zähne nach vorn gerichtet). Juni–August. 40–80 cm.

Vorkommen: Braucht basisch-kalkhaltigen, humos-steinigen Lehmboden. Besiedelt Waldlichtungen. Fehlt im Tiefland und außerhalb der Alpen östlich etwa 10° ö. L., stößt in den Dolomiten bis über 11° ö. L. nach Osten vor. Selten in der Pfalz; im Südschwarzwald und in den Alpen über Kalk, Gneis und Granit zerstreut. Geht bis zur Laubwaldgrenze.

Wissenswertes: ♃; ☠; ▽. Ähnlich: Wolliger Fingerhut (*D. lanata* EHRH.): Blüten 2–3 cm lang, gelbbraun, bauchig, mit verlängerter, weißlicher Unterlippe; Stengel im Blütenstandsbereich wollig behaart. Als Heilpflanze angebaut, vereinzelt verwildert.

Gelber Fingerhut
Digitalis lutea
Großblütiger Fingerhut
Digitalis grandiflora
Kärntner Kühtritt
Wulfenia carinthiaca
Roter Fingerhut
Digitalis purpurea

Mänderle *Paederota*
Ehrenpreis *Veronica*

Gelbes Mänderle

Paederota lutea SCOP.
Braunwurzgewächse *Scrophulariaceae*

Beschreibung: 10–30 (selten mehr oder weniger) Blüten stehen - sehr kurz und oft nur undeutlich gestielt - in einer endständigen, dichten, ährenähnlichen, einseitswendigen und leicht nickenden Traube am Ende des Stengels. Kelch um 7 mm lang, bis fast zum Grund in 5 lineal-längliche, spitze, drüsig behaarte Zipfel geteilt. Krone mit einer kurzen, aber deutlichen, zylindrischen Röhre und einem 2lippigen Saum; Oberlippe ganzrandig, ungeteilt, aufrecht; Unterlippe mehr oder minder deutlich 3lappig, trichterig und vorne etwas auseinanderklaffend bis abgespreizt, um 1 cm lang und vorn 3–5 mm weit (unausgebreitet gemessen); zitronengelb. Stengel einfach, meist aufrecht, schütter behaart. Blätter gegenständig, schmal-eiförmig bis lanzettlich, fast sitzend, Spreite 3–5 cm lang, 1–2 cm breit, mit abgerundetem oder kurz keilig verschmälertem Grund, oberseits praktisch kahl, unterseits auf den Nerven kraus behaart, am Rand fein, aber ziemlich ungleichmäßig tief gesägt, Spitze der unteren Blätter oft etwas abgestumpft, die der oberen meist deutlich spitzer. Juni–August. 10–25 cm.

Vorkommen: Braucht feinerdeartigen, kalkreichen Untergrund. Besiedelt Felsspalten in Kalkgestein und in Dolomit. Vereinzelt im Hochkönig; in den südöstlichen Kalkalpen (von den Dolomiten ostwärts) selten, aber an seinen Standorten meist in mäßig individuenreichen, kleinflächigen Beständen. Bevorzugt Höhen zwischen etwa 1000 und 2500 m.

Wissenswertes: ♃. Giftige Iridoidglykoside scheinen bei *Paederota lutea* nicht vorzukommen; möglicherweise ist die Art daraufhin nicht genügend untersucht worden.

Blaues Mänderle

Paederota bonarota (L.) L.
Braunwurzgewächse *Scrophulariaceae*

Beschreibung: 10–40 (selten mehr oder weniger) Blüten stehen - sehr kurz und oft nur undeutlich gestielt - in einer endständigen, dichten, ährenähnlichen, im Umriß eiförmigen, 2–4 cm langen, mit schmalen, meist purpurviolett überlaufenen Tragblättern durchsetzten Traube. Kelch um 7 mm lang, bis fast zum Grund in 5 lineal-längliche, spitze, anfangs drüsig behaarte Zipfel geteilt. Krone mit einer kurzen, aber deutlichen, zylindrischen Röhre und einem 2lippigen Saum; Oberlippe ganzrandig, ungeteilt, aufrecht; Unterlippe mehr oder minder deutlich 3lappig, trichterig und vorne etwas auseinanderklaffend bis abgespreizt, 1–1,3 cm lang und vorn 3–5 mm weit (unausgebreitet gemessen), blaulila. Stengel aufsteigend bis aufrecht, schütter behaart. Blätter gegenständig, kurz gestielt, breit-eiförmig, 2,5–4 cm lang und 1,5–3,5 cm breit, jederseits mit 4–10 spitzen, nach vorn gerichteten Zähnen, am Grund abgerundet, vorn aus breitem Ansatz zugespitzt, glänzend dunkel-trübgrün. Juli–August. 10–20 cm.

Vorkommen: Braucht kalk- und feinerdereichen Untergrund. Besiedelt Felsen und Felsspalten über Kalk und Dolomit. Vereinzelt im Steinernen Meer und im Hochkönig; in den südöstlichen Kalkalpen (von den Dolomiten an ostwärts) zerstreut; an seinen Standorten meist in individuenreichen, kleinflächigen Beständen. Bevorzugt Höhen zwischen 1200–2500 m.

Wissenswertes: ♃. Der deutsche Name „Mänderle“ hat - entgegen voreiligen Meinungen - mit „Mann“ nichts zu tun. Er leitet sich vielmehr von „Gamander“ ab und spielt auf die entfernte, durch Verwandtschaft begründete Ähnlichkeit mit dem Gamander-Ehrenpreis an.

Blaues Mänderle
Paederota bonarota
Gelbes Mänderle
Paederota lutea
Ähriger Ehrenpreis
Veronica spicata
Rispiger Ehrenpreis
Veronica spuria
Langblättriger Ehrenpreis
Veronica longifolia

Ähriger Ehrenpreis

Veronica spicata L.
Braunwurzgewächse *Scrophulariaceae*

Beschreibung: Zahlreiche Blüten stehen - kaum 1 mm lang gestielt - in einer einzelnen, ziemlich langen (10-30 cm), dichten Traube am Ende des Stengels. Kelch um 2 mm lang, bis zum Grund in 4 eiförmig-abgestumpfte Zipfel geteilt. Krone mit sehr kurzer Röhre, im Schlund mit einem Haarring; Saum 4-8 mm im Durchmesser (ausgebreitet gemessen), 4zipflig; Zipfel schüsselförmig bis stieltellerartig ausgebreitet; oberer Mittelzipfel etwas breiter und größer, unterer etwas kleiner als die übrigen, alle himmelblau oder blaulila. Stengel am Grund aufgebogen, sonst aufrecht, meist einfach, kurzhaarig oder kahl. Blätter gegenständig, lanzettlich, 2-9 cm lang, 0,3-3 cm breit, kurz gestielt oder sitzend, mit verschmälertem Grund, am Rand stumpf gezähnt bis fast ganzrandig, fast kahl oder beiderseits schütter behaart. Juli-August. 10-45 cm.

Vorkommen: Braucht kalk- und vor allem stickstoffsalzarmen, trocken-lockeren, sandig-steinigen Boden in Lagen mit sommerwarmem Klima. Besiedelt Dünen, grusige Halden und Felsbänder. Im Tiefland vereinzelt; sehr selten in den Sandgebieten in der Pfalz, am Main, in der Baar, im Bodenseegebiet, in der südlichen Fränkischen Alb und im nördlichen Hügelland des Alpenvorlandes, in den östlichen und südlichen Bundesländern von Österreich, am Südalpenfuß und in der Südwestschweiz.

Wissenswertes: ♃; (☠). *V. spicata* L. wird mit *V. orchidea* Cr. (Blüten hellblau, alle Zipfel - vor allem der untere Mittelzipfel - ein- bis mehrfach verdreht, Blätter etwas ledrig; Österreich) und weiteren, nicht in Mitteleuropa vorkommenden Kleinarten zur Sammelart *V. spicata* agg. zusammengefaßt.

Langblättriger Ehrenpreis

Veronica longifolia L.
Braunwurzgewächse *Scrophulariaceae*

Beschreibung: Zahlreiche Blüten stehen in meist mehreren, dichten Trauben am Ende des Stengels bzw. seiner Zweige. Blütenstiele kürzer als ihr Tragblatt. Kelch 2-3 mm lang, bis zum Grund in 4 spitzliche Zipfel geteilt. Krone mit sehr kurzer Röhre; Saum 6-8 mm im Durchmesser (ausgebreitet gemessen), 4zipflig; Krone flach schüsselförmig; oberer Mittelzipfel breiter und größer, unterer kleiner als die übrigen, alle Kronzipfel höchstens einmal um ihre Längsachse verdreht; hellblau, seltener weißlich oder rosarot. Stengel nur im Blütenstandsbereich spärlich verzweigt, aufsteigend oder aufrecht, schütter kurzhaarig oder kahl. Blätter gegenständig, seltener 3-4 quirlständig, kurz gestielt, schmal-lanzettlich bis lineal, 3-12 cm lang, 0,5-2 cm breit, am Rand scharf und spitz 1-3fach gezähnt, am Grund abgerundet oder keilig, selten herzförmig, beidseits sehr schütter flaumig behaart. Juli-August. 0,6-1 m.

Vorkommen: Braucht wechselfeuchten Tonboden in sommerwarmen Lagen. Besiedelt Ufergehölze und -wiesen. Am Unterlauf der großen Flüsse im Tiefland zerstreut, desgleichen am Mittel- und Niederrhein, an der Donau ab Ulm flußabwärts und in den östlichen Bundesländern von Österreich; am Alpensüdfuß sehr selten.

Wissenswertes: ♃; (☠). Neben der beschriebenen Sippe (ssp. *longifolia*) wird die ssp. *maritima* (L.) Soó & Borsos (Blätter häufig zu 3-4 quirlständig, mit keiligem Grund und unregelmäßig gezähntem Rand; nordöstliches Mitteleuropa; zerstreut) unterschieden. - Ähnlich: Rispiger Ehrenpreis (*V. spuria* L.): Traube locker; Blütenstiele länger als ihr Tragblatt; vom Harz bis zur Saale; sehr selten.

Steinquendel-Ehrenpreis

Veronica acinifolia L.
Braunwurzgewächse *Scrophulariaceae*

Beschreibung: 10–40 Blüten stehen einzeln in den Achseln der mittleren und oberen Blätter am Stengel und an den Zweigen; insgesamt bilden sie einen Gesamtblütenstand aus lockeren Trauben. Kelch 1-2 mm lang (nach dem Verblühen um etwa 1 mm verlängert), bis praktisch zum Grund in 4 - fast gleiche - eiförmig-3eckige Zipfel zerteilt (1 Zipfel ist etwas größer als die anderen). Krone mit sehr kurzer Röhre, Saum 3–4 mm im Durchmesser (ausgebreitet gemessen), 4zipflig; Zipfel weittrichterig bis stieltellerartig ausgebreitet; oberer Mittelzipfel etwas breiter als die übrigen; alle Zipfel hellblau, dunkler geadert. Stengel aufrecht, einfach oder vom Grund an verzweigt, schütter drüsig behaart. Blätter (ausgenommen diejenigen im Blütenstand) gegenständig, kurz gestielt, 0,5–1 cm lang, 2-5 mm breit, eiförmig, ganzrandig oder undeutlich gekerbt, kahl oder schütter behaart. Tragblätter der Blütenstiele so lang wie die Blütenstiele oder kürzer als diese, lineal. April–Mai. 5-15 cm.

Vorkommen: Braucht kalkarmen, feuchtnassen, sandig-lehmigen oder tonigen Boden, der aber nicht zu arm an Stickstoffsalzen sein sollte. Besiedelt Brachen, Weg- und Ackerränder sowie Naßstellen auf wenig befahrenen Feldwegen. Südöstliche Steiermark, selten; früher wohl auch in Südwestdeutschland, in der Südwestschweiz, im Wallis und in Tirol, neuerdings hier anscheinend nicht mehr vorhanden.

Wissenswertes: ⊙; (☠). Die Art enthält möglicherweise - wie auch andere Arten der Gattung - Iridoidglykoside, zu denen auch Aucubin gehört; diesem Stoff wird Giftigkeit für Weidetiere zugeschrieben, die prinzipiell auch beim Menschen zu erwarten ist.

Quendel-Ehrenpreis

Veronica serpyllifolia L.
Braunwurzgewächse *Scrophulariaceae*

Beschreibung: 10–20 Blüten stehen einzeln in den Achseln der oberen Blätter am Ende des Stengels und der Zweige; insgesamt bilden sie einen Gesamtblütenstand aus einer oder wenigen lockeren Trauben. Kelch um 5 mm lang, bis zum Grund in meist 4 - fast gleiche - eiförmige Zipfel zerteilt, wie die Blütenstiele sehr kurz (kaum 0,1 mm lang; starke Lupe!) schütter behaart. Krone mit sehr kurzer Röhre, Saum 0,6–1 cm im Durchmesser (ausgebreitet gemessen), 4zipflig; Zipfel weittrichterig bis stieltellerartig ausgebreitet; obere Mittelzipfel breiter, untere Mittelzipfel schmäler als die übrigen, alle Zipfel wasserblau-weißlich, tiefblau (violett) geadert, vor allem der obere Mittelzipfel. Stengel aufrecht, einfach oder vom Grund an verzweigt, sehr kurz (Haare um 0,1 mm lang) und schütter behaart. Untere Blätter gegenständig, mittlere und obere wechselständig, kurz gestielt oder sitzend, 1-2,5 cm lang, 0,5–1,2 cm breit, eiförmig, kahl, ganzrandig oder stumpf und unregelmäßig gekerbt. April–September. 5-20 cm.

Vorkommen: Braucht lehmig-tonigen Boden, der kalkarm sein kann, aber etwas Stickstoffsalze enthalten sollte. Besiedelt Fettwiesen, Weiden, Ufer und Wegränder. Sehr häufig; kommt meist in mäßig dichten, mäßig individuenreichen, doch unauffälligen Beständen vor; geht im Gebirge kaum bis zur Waldgrenze.

Wissenswertes: ♃; (☠). Innerhalb der Art wird eine Gebirgsform als Unterart ssp. *humifusa* SYME unterschieden: Trauben nur mit 8-15 Blüten; Kelch und Blütenstiele drüsig behaart; Stengel kriechend; Blätter rundlich-eiförmig. Alpine Weiden und Lägerfluren; Alpen; südlicher Schweizer Jura; selten.

Früher Ehrenpreis

Veronica praecox ALL.
Braunwurzgewächse *Scrophulariaceae*

Beschreibung: 10–20 Blüten (selten auch mehr) stehen einzeln in den Achseln der mittleren und oberen Blätter am Stengel und an den Zweigen; insgesamt bilden sie einen Gesamtblütenstand aus mäßig lockeren Trauben. Kelch 1-2 mm lang (nach dem Verblühen sich auf etwa das Doppelte verlängernd), bis zum Grund in 4 - fast gleiche - länglich-eiförmige Zipfel zerteilt (1 Zipfel ist etwas größer als die anderen). Krone mit sehr kurzer Röhre; Saum 4–7 mm im Durchmesser (ausgebreitet gemessen), 4zipflig; Zipfel weittrichterig bis stieltellerartig ausgebreitet; oberer Mittelzipfel breiter als die übrigen, alle Zipfel tiefblau, dunkelblau geadert. Stengel aufrecht, einfach oder vom Grunde an verzweigt, unten fast kahl oder nur sehr schütter behaart, oft rot überlaufen; oben mit krausen, zum Teil auch drüsigen Haaren. Blätter (ausgenommen diejenigen im Blütenstand) gegenständig, kurz gestielt, 0,5–1,5 cm lang, 0,3–1 cm breit, eiförmig, am Rand gekerbt-gezähnt, Blattgrund gerundet, gestutzt oder schwach herzförmig, oberseits grün und etwas glänzend, unterseits oft rötlich-braun überlaufen. März–Mai. 5–15 cm.

Vorkommen: Braucht trockenen, sandigen oder grusig-felsigen Boden. Besiedelt lückige Sandrasen und Brachen oder trockene Erdanrisse auf sandig-felsigem Untergrund in Lagen, die sich früh im Jahr erwärmen. Fehlt im Tiefland westlich der Elbe, östlich von ihr vereinzelt; nur selten nördlich 53° n. Br.; südlich davon in den Sandgebieten; selten.

Wissenswertes: ⨀; (☠). Der Frühe Ehrenpreis hat durch die Intensivierung der Landwirtschaft im 20. Jahrhundert viele seiner Standorte verloren.

Maßlieb-Ehrenpreis

Veronica bellidioides L.
Braunwurzgewächse *Scrophulariaceae*

Beschreibung: 5–10 Blüten stehen in einer endständigen Traube; unmittelbar nach dem Aufblühen sind die Blüten am Ende des Blütenstandes doldig gedrängt; später verlängert sich die Blütenstandsachse; die unteren Blüten sind bis etwa 1,5 cm lang gestielt, die oberen meist nur wenige mm. Kelch 4–5 mm lang, bis zum Grund in 4 Zipfel zerteilt, von denen einer etwas größer als die anderen ist; alle sind dicht drüsig behaart. Krone mit sehr kurzer Röhre, Saum 0,6–1 cm im Durchmesser (ausgebreitet gemessen), 4zipflig; Zipfel weittrichterig bis stieltellerartig ausgebreitet; oberer Mittelzipfel etwas breiter als die übrigen, alle Zipfel dunkelblau (oft mit violettem Stich). Stengel aufrecht (zuweilen an der Basis niederliegend-aufgebogen und wurzelnd), unverzweigt, unten fast kahl, oben mäßig dicht und drüsig behaart. Die meisten Blätter stehen in einer Rosette; Rosettenblätter 1,5–4 cm lang, 0,7–1,5 cm breit, gelblich-grün, länglich-zungenförmig bis schmal-eiförmig, vorn abgestumpft, ganzrandig oder fein und etwas unregelmäßig gekerbt-gezähnt; Stengelblätter (ausgenommen jene im Blütenstand) gegenständig, kleiner als die Rosettenblätter, die oberen deutlich abstehend behaart. Juli–August. 5–20 cm.

Vorkommen: Braucht sauer-humosen, steinigen Lehmboden in Lagen mit alpinem Klima. Besiedelt Zwergstrauchbestände und Matten. Zentralalpen häufig, sonst selten. Vorwiegend zwischen etwa 1500–3000 m.

Wissenswertes: ♃; (☠). Neben der beschriebenen Form wird ssp. *lilacina* (TOWNSEND) NYMAN unterschieden: Blüten lila, Blätter in der Vorderhälfte deutlich gekerbt; Südwestalpen; zerstreut.

Steinquendel-Ehrenpreis
Veronica acinifolia
Quendel-Ehrenpreis
Veronica serpyllifolia
Maßlieb-Ehrenpreis
Veronica bellidioides
Früher Ehrenpreis
Veronica praecox

Alpen-Ehrenpreis

Veronica alpina L.
Braunwurzgewächse *Scrophulariaceae*

Beschreibung: 5–20 Blüten stehen – sehr kurz gestielt – in einer endständigen Traube; unmittelbar nach dem Aufblühen sind die Blüten am Ende des Blütenstandes kopfig-doldig gedrängt; später verlängert sich die Blütenstandsachse etwas, doch wird der Fruchtstand dadurch nicht wirklich locker. Kelch um 3,5 mm lang, bis zum Grund in oft 5, seltener in nur 4 längliche bis schmal-eiförmige Zipfel geteilt, die am Rande bewimpert, außen meist nur schütter behaart sind. Krone mit sehr kurzer Röhre; Saum um 6 mm im Durchmesser (ausgebreitet gemessen), 4zipflig; Zipfel weittrichterig bis stieltellerartig ausgebreitet; oberer Mittelzipfel etwas größer, unterer Mittelzipfel meist deutlich schmäler als die seitlichen Zipfel, alle Zipfel blaulila. Stengel aufrecht, einfach oder am Grunde verzweigt, unterwärts oft sehr schütter, oberwärts meist ziemlich dicht, lang und abstehend behaart und hier zuweilen bläulich überlaufen. Blätter nicht in einer grundständigen Rosette, sondern gegenständig am Stengel, undeutlich gestielt oder sitzend, 1–2,5 cm lang, 0,5–1,2 cm breit, eiförmig, ganzrandig oder angedeutet unregelmäßig stumpf gezähnt, schütter behaart bis kahl; unterste Blätter oft kleiner als mittlere und obere. Juli. 5–10 cm.

Vorkommen: Braucht feucht-nassen, kalten, humos-steinigen Lehmboden, der nicht zu arm an Stickstoffsalzen sein sollte. Besiedelt Schneetälchen, Lägerfluren, Feinschutt und lükkige alpine Weiden. Häufig, aber in unauffälligen, kleinen individuenarmen Beständen. Bevorzugt zwischen etwa 1500–3300 m.

Wissenswertes: ♃; (☠). Die Auftrennung in 2 Unterarten wird heute zumeist als wenig sinnvoll unterlassen.

Halbstrauchiger Ehrenpreis

Veronica fruticulosa L.
Braunwurzgewächse *Scrophulariaceae*

Beschreibung: 5–15 (sehr selten auch mehr) Blüten stehen in kopfig-dichten Trauben am Ende des Stengels und der Zweige; bei der Fruchtreife verlängert sich die Blütenstandsachse auf 3–6 cm; Blütenstiele um 5 mm, Fruchtstiele meist über 1 cm lang. Kelch um 5 mm lang, bis zum Grund in meist 5 schmal-eiförmige Zipfel geteilt; Kelch und Blütenstiele drüsig behaart. Krone mit sehr kurzer Röhre; Saum 0,7–1,2 cm im Durchmesser (ausgebreitet gemessen), 4zipflig; Zipfel weittrichterig bis stieltellerartig ausgebreitet; oberer Mittelzipfel etwas breiter als die übrigen, unterer kleiner; alle Zipfel blaßrosa, vor allem der obere Mittelzipfel – weniger die übrigen – dunkler geadert. Stengel am Grunde verholzt, aufsteigend oder aufrecht, sehr kurz – aber etwas kraus – behaart. Blätter gegenständig, kurz gestielt, 1,2–2,5 cm lang, 5–7 mm breit, eiförmig. Juni–August. 10–25 cm.

Vorkommen: Braucht kalkreichen, steinigen Untergrund in subalpinen Lagen. Besiedelt Felsspalten, Schutthalden, steinige Matten und lückige, alpine Zwergstrauchbestände auf grobschuttig-lockeren Böden. Kalkalpen und südlicher Schweizer Jura; zerstreut; bevorzugt Höhen zwischen etwa 1200 und 2500 m.

Wissenswertes: ♃; (☠). Gelegentlich wird der Halbstrauchige Ehrenpreis in Steingärten eingebracht, aus denen er örtlich – zum Teil für mehrere Jahre beständig – verwildert. – In den Südwestalpen haben sich zwischen *V. fruticulosa* L. und *V. fruticans* Jacq. Bastardschwärme gebildet. Als Folge davon sind manche Individuen aus diesem Gebiet oft keiner der beiden Arten zuzuordnen, bei den meisten Exemplaren herrschen aber Merkmale einer der Elternarten vor.

Alpen-Ehrenpreis
Veronica alpina
Felsen-Ehrenpreis
Veronica fruticans
Fremder Ehrenpreis
Veronica peregrina
Halbstrauchiger Ehrenpreis
Veronica fruticulosa

Felsen-Ehrenpreis

Veronica fruticans Jacq.
Braunwurzgewächse *Scrophulariaceae*

Beschreibung: 2–8 Blüten (sehr selten auch mehr) stehen in zwar kurzen, doch nur mäßig dichten Trauben am Ende des Stengels und der Zweige; bei der Fruchtreife verlängert sich die Blütenstandsachse und kann 3–5 cm lang werden; die Blütenstiele messen 5 mm, die Fruchtstiele meist über 1 cm. Kelch um 5 mm lang, bis zum Grund in meist 5 schmal-eiförmige Zipfel geteilt; Kelch und Blütenstiele zwar behaart, aber nie drüsig (starke Lupe!). Krone mit sehr kurzer Röhre; Saum 1–1,5 cm im Durchmesser (ausgebreitet gemessen), 4zipflig; Zipfel weittrichterig bis stieltellerartig ausgebreitet; oberer Mittelzipfel etwas breiter als die übrigen, unterer kleiner; alle Zipfel blau. Stengel am Grunde verholzt, aufsteigend oder aufrecht, sehr kurz, aber etwas kraus behaart. Blätter gegenständig, kurz gestielt, 1–2 cm lang, um 5 mm breit, eiförmig. Mai–August. 5–20 cm.

Vorkommen: Braucht kalkarmen oder kalkfreien, eher trockenen, steinigen Untergrund in subalpinen Lagen. Besiedelt feinerdearme Felsspalten ebenso wie lückig überwachsene Schutthalden und steinige Matten. In den Zentralalpen häufig, sonst selten; im Südschwarzwald und in den Vogesen vereinzelt; bevorzugt Höhen zwischen etwa 1500–3000 m.

Wissenswertes: ♃; (☠). Zwischen *V. fruticans* Jacq. und *V. fruticulosa* L. bilden sich Bastarde (s. *V. fruticulosa*, S. 136). Der Felsen-Ehrenpreis gilt als formenreiche Art. So sind die Pflanzen aus dem Südschwarzwald und den Vogesen meist deutlich größer als diejenigen, die man in den Zentralalpen antrifft. Allerdings ist auch dort die Variabilität groß. Übergänge zwischen den Formen sind die Regel.

Fremder Ehrenpreis

Veronica peregrina L.
Braunwurzgewächse *Scrophulariaceae*

Beschreibung: 15–40 Blüten stehen – sehr kurz gestielt – einzeln in den Achseln der mittleren und oberen Blätter am Ende des Stengels und der Zweige; insgesamt bilden sie einen Gesamtblütenstand aus 1 oder wenigen mäßig dichten Trauben. Kelch um 2 mm lang (nach dem Verblühen mehr oder weniger deutlich verlängert), bis zum Grund in 4 – fast gleiche – schmallanzettliche Zipfel geteilt. Krone mit sehr kurzer Röhre; Saum 3–5 mm im Durchmesser (ausgebreitet gemessen), 4zipflig; Zipfel weittrichterig bis stieltellerartig ausgebreitet; oberer Mittelzipfel etwas breiter, unterer schmäler als die übrigen; alle Zipfel wasserblau oder weißlich, meist nicht dunkler geadert. Stengel aufrecht, oft schon vom Grund an verzweigt, kahl. Blätter gegenständig, 0,8–3 cm lang, 4–8 mm breit, länglich-spatelig bis sehr schmal eiförmig, allmählich in den sehr kurzen Stiel verschmälert, ganzrandig oder nur angedeutet und unregelmäßig gezähnt, kahl, etwas glänzend. April–Juni. 10–20 cm.

Vorkommen: Braucht – wenigstens zeitweise – feuchten, sandig-lehmigen oder sandig-tonigen Boden, der nicht zu arm an Stickstoffsalzen sein sollte. Besiedelt Äcker und Wegränder, tritt auch in Gärten auf. Heimat: Amerika (von Alaska bis Patagonien); nach Europa eingeschleppt und örtlich beständig verwildert, so z. B. vom Hochrhein bis zu Waal und Lek, ebenso an Weser und Elbe, in Sachsen und den östlichen Bundesländern von Österreich; tritt zuweilen in individuenreichen Beständen auf.

Wissenswertes: ⊙; (☠). Die Art tauchte um 1680 in England, um 1860 in Deutschland auf. Zuweilen verschwindet sie nach massenhaften Auftreten alsbald wieder.

Feld-Ehrenpreis

Veronica arvensis L.
Braunwurzgewächse *Scrophulariaceae*

Beschreibung: 10–30 Blüten (selten noch mehr) stehen – sehr kurz gestielt – einzeln in den Achseln der oberen (selten auch schon der mittleren) Blätter am Stengel und an den Zweigen; insgesamt bilden sie einen Gesamtblütenstand aus einer oder wenigen, bei Blühbeginn dichten, später aufgelockerten Trauben. Kelch um 1 mm lang, bis zum Grund in 4 lanzettliche Zipfel geteilt; bei der Fruchtreife verlängert sich der Kelch. Krone mit sehr kurzer Röhre; Saum 2–4 mm im Durchmesser (ausgebreitet gemessen), 4zipflig; Zipfel weittrichterig, seltener stieltellerartig ausgebreitet; oberer Mittelzipfel etwas breiter, unterer etwas schmäler als die übrigen; alle Zipfel hellblau (am Rand oft dunkler), dunkler geadert. Stengel aufsteigend bis aufrecht, einfach oder am Grunde verzweigt, überwiegend 2zeilig behaart, oberwärts auch mit Drüsenhaaren (starke Lupe!). Blätter gegenständig, im Blütenstandsbereich wechselständig, kurz gestielt oder sitzend, schütter behaart oder kahl, die untersten ungeteilt, eiförmig und gezähnt, die mittleren fiederteilig oder ungeteilt, breit-eiförmig bis eiförmig; Blätter im Blütenstand halb so breit wie die untersten Blätter, schmal-lanzettlich, so lang wie oder länger als die gestielten Blüten und Früchte. März–September. 2–25 cm.

Vorkommen: Braucht stickstoffsalzreichen, steinig-sandigen Lehmboden. Besiedelt Äcker, Ödland, Brachen und Waldlichtungen. Häufig, doch meist nur in mäßig individuenreichen, unauffälligen Beständen.

Wissenswertes: ⊙; (☠). Die ursprüngliche Heimat der Art, die sich mit dem Getreideanbau ausgebreitet hat, liegt vermutlich im Nahen Osten.

Dreiteiliger Ehrenpreis

Veronica triphyllos L.
Braunwurzgewächse *Scrophulariaceae*

Beschreibung: 5–15 Blüten stehen – ziemlich lang gestielt – einzeln in den Achseln der oberen Blätter am Stengel und an den Zweigen; insgesamt bilden sie einen Gesamtblütenstand aus einer oder wenigen, bei Blühbeginn fast kopfigen, später aufgelockerten Trauben. Kelch 1–2 mm lang, bis zum Grund in 4 eiförmige Zipfel geteilt. Krone mit sehr kurzer Röhre; Saum 3–4 mm im Durchmesser (ausgebreitet gemessen), 4zipflig; Zipfel weittrichterig bis stieltellerartig ausgebreitet; oberer Mittelzipfel etwas breiter, unterer etwas schmäler als die übrigen; alle Zipfel dunkelblau. Stengel aufsteigend bis aufrecht, einfach oder am Grunde verzweigt, allseitig behaart, oberwärts mit vielen Drüsenhaaren (fühlt sich zuweilen klebrig an). Blätter gegenständig, im Blütenstandsbereich wechselständig, kurz gestielt oder sitzend, schütter behaart oder kahl, die untersten ungeteilt und eiförmig, die mittleren ungeteilt oder fingerig 3–5teilig; Blätter im Blütenstand klein, lanzettlich, ungeteilt oder 3–5teilig, kaum halb so lang wie die gestielten Blüten. März–Mai. 5–20 cm.

Vorkommen: Braucht kalkarmen, trockenen, sandig-lehmigen Boden. Besiedelt Getreideäcker, Wegränder, Brachen und Ödland. Im Tiefland westlich der Elbe selten und hier gebietsweise fehlend; östlich von ihr, in den Kalkgebieten, in den rauheren Lagen der Mittelgebirge und fast durchweg in den Alpen fehlend; in den milden Lagen der Sandgebiete in den Mittelgebirgen zerstreut, dabei an seinen Standorten oft in lockeren, doch individuenreichen Beständen.

Wissenswertes: ⊙; (☠). Das Vorkommen der Art wird durch die relativ hohen Keimtemperaturen (um 7° C) begrenzt.

Frühlings-Ehrenpreis

Veronica verna L.
Braunwurzgewächse *Scrophulariaceae*

Beschreibung: 10–30 Blüten (selten noch mehr) stehen - sehr kurz gestielt - einzeln in den Achseln der oberen (selten auch der mittleren) Blätter am Stengel und an den Zweigen; insgesamt bilden sie zunächst mäßig dichte, später aufgelockerte Trauben. Kelch um 1 mm lang, bis zum Grund in 4 lanzettliche Zipfel geteilt. Krone mit sehr kurzer Röhre; Saum 2–3 mm im Durchmesser (ausgebreitet gemessen), 4zipflig; Zipfel weittrichterig, seltener stieltellerartig ausgebreitet; oberer Mittelzipfel etwas breiter, unterer etwas schmäler als die übrigen; alle Zipfel himmelblau. Stengel aufgebogen oder aufrecht, rund, meist rot überlaufen, einfach oder am Grund verzweigt, in der unteren Hälfte behaart, in der oberen drüsig. Blätter gegenständig, im Blütenstandsbereich auch wechselständig, 0,7–1,8 cm lang, die untersten ungeteilt und eiförmig, gekerbt-gezähnt, die mittleren fiederteilig mit 3–7 schmal-lanzettlichen Abschnitten, kahl oder schütter kurzhaarig. April–Juni. 5–15 cm.

Vorkommen: Braucht kalkarmen, trockenen, humusarmen Sandboden oder grusigen Felsboden. Besiedelt sandige Trocken- und Magerrasen, Felsen und Feinschutthalden, Böschungen und Wege. Fehlt im Tiefland westlich der Weser, östlich von ihr selten, nach Osten häufiger werdend; in den Sandgebieten beidseits des Mittelrheins, des Mains, beidseits des Regens, im nördlichen Alpenvorland, in Niederösterreich und am Alpensüdfuß selten.

Wissenswertes: ⊙; (☠). *V. verna* L. wird mit dem Dillenius-Ehrenpreis (*V. dillenii* Cr.: Blütenstand oberwärts drüsig-zottig; Blüten 4–7 mm im Durchmesser, dunkelblau) zur Sammelart *V. verna* agg. vereint.

Acker-Ehrenpreis

Veronica agrestis L.
Braunwurzgewächse *Scrophulariaceae*

Beschreibung: 10–30 Blüten (selten noch mehr) stehen - 0,5–1,5 cm lang gestielt - einzeln in den Achseln der mittleren und oberen Blätter am Stengel und seinen Zweigen; insgesamt bilden sie einen Gesamtblütenstand aus einer oder wenigen, auch bei Blühbeginn lockeren Trauben, die zunächst allseitswendig, später ziemlich einseitswendig sind. Kelch 2–3 mm lang, bis zum Grund in 4 lanzettliche Zipfel geteilt. Krone mit sehr kurzer Röhre: Saum 4–7 mm im Durchmesser (ausgebreitet gemessen), 4zipflig; Zipfel weittrichterig bis stieltellerartig ausgebreitet; oberer Mittelzipfel etwas breiter als die übrigen, blau; seitliche und unterer Mittelzipfel weißlich, mehr oder weniger blau geadert, Stengel niederliegend oder aufsteigend, am Grund meist verzweigt, schütter behaart. Nur die untersten Blätter einigermaßen gegenständig, übrige deutlich wechselständig, kurz gestielt, Spreite 1–1,5 cm lang, 0,5–1,2 cm breit (also immer länger als breit), eiförmig, am Grunde abgestutzt-abgerundet, am Rand gekerbt-gezähnt (auf jeder Seite mit mehr als 3 Zähnen), hellgrün, etwas glänzend. April–September. 5–25 cm.

Vorkommen: Braucht stickstoffsalzreichen, kalkarmen, sandig-feuchten Lehmboden in Lagen mit mildem Klima. Besiedelt Hackfruchtkulturen und Ödland. Im Tiefland und in den tieferen Lagen der Mittelgebirge und der Alpen mit kalkfreiem oder kalkarmem Gestein zerstreut, nach Osten hin seltener werdend; fehlt in den östlichen Bundesländern Österreichs.

Wissenswertes: ⊙; (☠). Die Samen werden u. a. durch Ameisen verschleppt, vielleicht indessen auch - den Fruchtwänden anhaftend - mit diesen verweht.

Feld-Ehrenpreis
Veronica arvensis
Dreiteiliger Ehrenpreis
Veronica triphyllos
Dillenius-Ehrenpreis
Veronica dillenii
Frühlings-Ehrenpreis
Veronica verna
Acker-Ehrenpreis
Veronica agrestis

Efeu-Ehrenpreis

Veronica hederifolia L.
Braunwurzgewächse *Scrophulariaceae*

Beschreibung: 10–30 (gelegentlich auch mehr) Blüten stehen - ziemlich lang gestielt - einzeln in den Achseln der mittleren und oberen Blätter am Stengel und an den Zweigen; insgesamt bilden sie einen Gesamtblütenstand aus wenigen, lockeren Trauben. Blütenstiele mit 1 Haarleiste, sonst kahl. Kelch 2–3,5 mm, bis zum Grund in 4 3eckig-herzförmige Zipfel geteilt, die am Rande lang bewimpert sind. Krone mit sehr kurzer Röhre; Saum 3–7 mm im Durchmesser (ausgebreitet gemessen), 4zipflig; Zipfel meist weittrichterig; unterer Mittelzipfel etwas schmaler als die übrigen 3 nahezu gleich breiten Zipfel, alle Zipfel hell-lila und gegen den Grund weißlich, dunkler geadert. Stengel niederliegend bis aufsteigend, meist vom Grunde an verzweigt, unten schütter, oberwärts dicht und zuweilen angedeutet 2zeilig behaart. Unterste Blätter gegenständig oder nahezu gegenständig, die übrigen meist wechselständig, alle kurz gestielt, im Umriß breit-eiförmig, deutlich 3–5lappig (Mittellappen etwas breiter als lang). März–Mai. 5–30 cm.

Vorkommen: Braucht stickstoffsalzhaltigen Lehmboden. Besiedelt Hackfruchtäcker, Hecken, Wege und Ödland in warmen Lagen. Geht kaum über etwa 900 m. Häufig.

Wissenswertes: ⨀; (☠). *V. hederifolia* L. wird mit *V. sublobata* FRISCH (Blüten blaßlila; Blütenstiele neben der Haarleiste schütter behaart; Blätter im Blütenstandsbereich 5–7lappig, hellgrün; Tiefland und tiefere Lagen der Mittelgebirge; zerstreut) und *V. triloba* (OPIZ) KERN. (Blüten dunkelblau; obere Blätter nur 3lappig, dunkelgrün; trockene Äcker, Halbtrockenrasen; selten) zur Sammelart *V. hederifolia* agg. zusammengefaßt.

Persischer Ehrenpreis

Veronica persica POIR.
Braunwurzgewächse *Scrophulariaceae*

Beschreibung: 10–30 (gelegentlich noch mehr) Blüten stehen - 0,5–3 cm lang gestielt - einzeln in den Achseln der mittleren und oberen Blätter am Stengel und an seinen Zweigen; insgesamt bilden sie einen Gesamtblütenstand aus wenigen, zunächst allseitswendigen, später schwach einseitswendigen Trauben. Kelch 5–6 mm lang, bis zum Grund in 4 eiförmig-lanzettliche Zipfel geteilt, außen kahl oder nur schütter behaart. Krone mit sehr kurzer Röhre; Saum 0,7–1,2 cm im Durchmesser (ausgebreitet gemessen), 4zipflig; Zipfel weittrichterig bis stieltellerartig ausgebreitet; oberer Mittelzipfel etwas breiter als die übrigen, meist himmel-, seltener blaßblau, im Schlund weißlich-gelblich, alle Zipfel (besonders der obere Mittelzipfel) dunkelblau geadert. Stengel niederliegend bis aufsteigend, nicht wurzelnd, rund, gleichmäßig oder 2zeilig behaart, oft rot überlaufen. Unterste Blätter gegenständig, übrige meist wechselständig, gestielt, Spreite 1–2,5 cm lang, 0,7–2 cm breit, im Umriß eiförmig, am Blattgrund abgestutzt oder abgerundet, am Rand grob gekerbt-gesägt. März–Oktober, zuweilen das ganze Jahr über. 10–40 cm.

Vorkommen: Braucht nährstoffreichen Lehmboden. Besiedelt Äcker, lückige Brachen, Wegränder, Gärten und Weinberge. Fehlt im westlichen Tiefland gebietsweise, sonst sehr häufig. Geht bis etwa 1600 m.

Wissenswertes: ⨀; (☠). Der Persische Ehrenpreis, der ursprünglich in Vorderasien beheimatet war, verwilderte - vermutlich 1805 - aus dem Botanischen Garten in Karlsruhe; gleichzeitig wanderte er über den Balkan nach Europa ein. Heute ist er vielerorts die häufigste Art der Gattung und weltweit verschleppt.

Glanzloser Ehrenpreis
Veronica opaca
Faden-Ehrenpreis
Veronica filiformis
Persischer Ehrenpreis
Veronica persica
Glänzender Ehrenpreis
Veronica polita
Efeu-Ehrenpreis
Veronica hederifolia

Faden-Ehrenpreis

Veronica filiformis SM.
Braunwurzgewächse *Scrophulariaceae*

Beschreibung: 10–40 Blüten stehen – 1–4 cm lang und dünn gestielt – einzeln in den Achseln der mittleren und oberen Blätter am Stengel und an seinen Zweigen; insgesamt bilden sie einen Gesamtblütenstand aus wenigen, zuletzt schwach einseitswendigen, lockeren Trauben. Kelch 3–5 mm lang, bis zum Grund in 4 schmal-eiförmige Zipfel geteilt, außen schütter abstehend-drüsig behaart. Krone mit sehr kurzer Röhre; Saum 1–1,5 cm im Durchmesser (ausgebreitet gemessen), 4zipflig; Zipfel weittrichterig bis stieltellerartig ausgebreitet; oberer Mittelzipfel etwas breiter als die übrigen, blaß blaulila, dunkler geadert, die untere Hälfte der Seitenzipfel und der untere Mittelzipfel weißlicher als der obere Mittelzipfel, weniger geadert, Schlund weißlich-gelblich. Stengel niederliegend bis vorne aufgebogen, dünn, an den Knoten wurzelnd, kurz abstehend und oft 2zeilig behaart. Blätter der nichtblühenden Triebe gegenständig, die der blühenden Zweige wechselständig, gestielt, Spreiten 0,5–1 cm lang, 0,6–1,2 cm breit, rundlich-nierenförmig, schütter behaart, am Grund abgerundet bis schwach herzförmig, am Rande gekerbt-gezähnt. Die Pflanze bildet oft kleinere, teppichartige Flecken. April–Mai. 5–30 cm.

Vorkommen: Braucht humosen, kalkarmen Lehmboden in Lagen mit hoher Luftfeuchtigkeit. Besiedelt Wiesen in Flußtälern und Parkanlagen. Heimat: Vorderasien. Ursprünglich Zierpflanze. Örtlich – z. B. im Alpenvorland – eingebürgert und sich ausbreitend.

Wissenswertes: ♃; (☠). Die Art, die ursprünglich als Grabschmuck gepflanzt worden war, breitet sich seit etwa 1930 rasch in Mitteleuropa aus.

Glänzender Ehrenpreis

Veronica polita FRIES
Braunwurzgewächse *Scrophulariaceae*

Beschreibung: 5–20 Blüten (selten noch mehr) stehen – 0,5–1,5 cm lang gestielt – einzeln in den Achseln der mittleren und oberen Blätter am Stengel und seinen Zweigen; insgesamt bilden sie einen Gesamtblütenstand aus wenigen, auch bei Blühbeginn lockeren Trauben (selten ist der Stengel unverzweigt und nur 1 Traube ausgebildet). Kelch 2–3 mm lang, bis zum Grund in 4 breit-eiförmige Zipfel geteilt, die sich am Grund zum Teil leicht überlappen. Krone mit sehr kurzer Röhre; Saum 3–7 mm im Durchmesser (ausgebreitet gemessen), 4zipflig; Zipfel weittrichterig bis stieltellerartig ausgebreitet; oberer Mittelzipfel etwas breiter als die übrigen, oberer Mittelzipfel und Seitenzipfel tief himmelblau und dunkler geadert, unterer Mittelzipfel deutlich heller als die übrigen. Stengel niederliegend bis aufsteigend, nicht wurzelnd, am Grund meist verzweigt, schütter abstehend behaart. Unterste Blätter gegenständig, übrige wechselständig, kurz gestielt, Spreite 0,6–1,2 cm lang, 0,5–1 cm breit, rundlich bis breit-eiförmig, dunkelgrün, oberseits etwas glänzend, am Rand gekerbt-gezähnt. April–Oktober. 5–25 cm.

Vorkommen: Braucht stickstoffsalz- und kalkhaltigen Lehmboden in warmen Lagen. Besiedelt Äcker, Gärten und Ödland. Fehlt im Tiefland, in höheren (ab ca. 500 m) oder rauheren Lagen der Mittelgebirge und der Alpen sowie in den Sandgebieten, oder kommt dort nur vereinzelt vor; sonst zerstreut.

Wissenswertes: ⊙; (☠). Ähnlich: Glanzloser Ehrenpreis (*V. opaca* FRIES): Kelchzipfel lanzettlich, stumpf, am Grund zottig behaart; Blätter matt, mäßig behaart; Lehmböden in kontinental beeinflußtem Klima; selten.

Niederliegender Ehrenpreis

Veronica prostrata L.
Braunwurzgewächse *Scrophulariaceae*

Beschreibung: 8–20 Blüten (selten mehr) stehen - 1-3 mm lang gestielt - in 2–4 jeweils gegenständigen, 2–5 cm langen, ziemlich dichten Trauben am Ende des Stengels und der Zweige. Kelch 2–4 mm lang, bis zum Grund in schmaleiförmige Zipfel geteilt. Krone mit sehr kurzer Röhre; Saum 0,6–1,2 cm im Durchmesser (ausgebreitet gemessen), 4zipflig; Zipfel weittrichterig bis stieltellerartig ausgebreitet; oberer Mittelzipfel etwas breiter, unterer etwas schmäler als die übrigen; alle Zipfel himmelblau mit einer leichten Beimischung von Violett, sehr selten rosa oder weiß. Nichtblühende Stengel niederliegend, blühende vorne aufgebogen bis aufsteigend, rund, dicht kurzhaarig, oft rötlich überlaufen. Blätter gegenständig, sehr kurz (und oft undeutlich) gestielt oder sitzend, 1–2,5 cm lang, 0,4–1,2 cm breit, lanzettlich, am Grunde verschmälert-keilig oder leicht abgestutzt, am Rand fein gezähnt oder ganzrandig und leicht nach unten umgeschlagen, vor allem unterseits dicht und etwas kraus behaart. Mai–Juni. 10–20 cm.

Vorkommen: Braucht kalkhaltigen, trockenen, lehmig-steinigen Boden. Besiedelt Trockenrasen auf Sand- und Steingrusböden. Vereinzelt im Weserbergland; selten in den Sandgebieten Hessens und der Pfalz zwischen Neckar- und Mainmündung, am mittleren Main, in der südlichen Schwäbischen Alb, am Hochrhein und im südlichen Frankenjura, in Brandenburg, Thüringen, Sachsen, im Wallis, Engadin, am Alpensüdfuß, in Ober- und Niederösterreich.

Wissenswertes: ⊙; (☠). *V. prostrata* L. wird mit mehreren Kleinarten, u. a. mit *V. teucrium* L. (s. diese, S. 146) zur Sammelart *V. austriaca* agg. zusammengefaßt.

Österreichischer Ehrenpreis

Veronica austriaca L.
Braunwurzgewächse *Scrophulariaceae*

Beschreibung: 20–50 Blüten (selten mehr) stehen - 2-5 mm lang gestielt - in 2–4 jeweils gegenständigen, 3–8 cm langen, mäßig dichten und ziemlich schlank wirkenden Trauben am Ende des Stengels und der Zweige. Kelch um 5 mm lang, bis zum Grund in meist 5 schmal-lanzettliche bis lineale Zipfel zerteilt, kahl, schütter, seltener mäßig dicht behaart. Krone kurzröhrig; Saum 1–1,8 cm im Durchmesser (ausgebreitet gemessen), 4zipflig; Zipfel schüsselförmig ausgebreitet; oberer Mittelzipfel breiter, unterer schmäler als die übrigen; alle Zipfel tief himmelblau, dunkler geadert (sehr selten treten rosafarbene oder weißblühende Exemplare auf). Stengel aufsteigend oder aufrecht. Blätter gegenständig, sitzend, 2–7 cm lang, 0,6–3 cm breit, lanzettlich bis schmal-eiförmig, am Rand tief, fast fiederig gesägt und daher meist mit jederseits 1–2 nahezu linealen Zipfeln, die ihrerseits wieder gesägt sind, oberseits oft fast kahl, unterseits schütter und kurz behaart; beim Trocknen werden die Blätter üblicherweise schwarz (dies scheint bei den anderen Kleinarten der Sammelart *V. austriaca* gar nicht oder nicht sehr ausgeprägt vorzukommen). Mai–Juli. 10–50 cm.

Vorkommen: Braucht kalkhaltigen, trockenen Lehm- oder Lößboden in sommerwarmen Lagen. Besiedelt Halbtrockenrasen, Trockengebüsche, seltener kalkhaltige Sande. Kaiserstuhl, mittlerer Schweizer Jura, Südrand des Schwäbischen und Fränkischen Jura, Isartal bei Wolfratshausen vereinzelt; Südalpenfuß und östliches Österreich selten.

Wissenswertes: ♃; (☠). *V. austriaca* L. wird mit mehreren Kleinarten zur Sammelart *V. austriaca* agg. vereint.

Großer Ehrenpreis

Veronica teucrium L.
Braunwurzgewächse *Scrophulariaceae*

Beschreibung: 10–40 Blüten (selten mehr) stehen -2-7 mm lang gestielt - in 2-4 jeweils gegenständigen, 3-7 cm langen, mäßig dichten Trauben am Ende des Stengels und der Zweige. Kelch um 5 mm lang, bis zum Grund in meist 5 schmal lanzettlich-lineale Zipfel geteilt. Krone kurzröhrig; Saum 1-1,7 cm im Durchmesser (ausgebreitet gemessen), 4zipflig; Zipfel schüsselförmig ausgebreitet; oberer Mittelzipfel breiter, unterer schmäler als die übrigen; alle Zipfel meist himmelblau, dunkler geadert. Stengel aufsteigend oder aufrecht. Blätter gegenständig, sitzend, 2-7 cm lang, 0,6-3 cm breit, lanzettlich bis schmal-eiförmig, am Rand grob gezähnt (Zähne stumpflich, nach vorn gerichtet), flach, am Grund abgerundet oder schwach herzförmig, oberseits oft fast kahl, unterseits schütter und kurz behaart. Juni–Juli. 20–40 cm.

Vorkommen: Braucht trockenen, kalkhaltigen Lehm- oder Lößboden. Besiedelt Halbtrockenrasen, Trockengebüsche und lichte Trockenwälder. Fehlt im Tiefland westlich der Elbe, in den Mittelgebirgen und Alpen mit basenarmen Gesteinen; sonst zerstreut und oft in individuenreichen, kleinen, zuweilen ziemlich dichten Beständen. Geht bis über die Waldgrenze.

Wissenswertes: ♃; (☠). Wird mit folgenden mitteleuropäischen Kleinarten zur Sammelart *V. austriaca* agg. zusammengefaßt: *V. austriaca* L., *V. prostrata* L. (s. S. 145) und *V. scheereri* (J. Brandt) M. Fisch. (Blüten 0,5 -1,2 cm im Durchmesser, dunkelblau; Blätter ganzrandig; Südwestdeutschland, Westschweiz; selten). Weitere Kleinarten, die zu dieser Sammelart gehören, kommen in Südeuropa vor; sie sind teilweise schwer zu unterscheiden.

Gamander-Ehrenpreis

Veronica chamaedrys L.
Braunwurzgewächse *Scrophulariaceae*

Beschreibung: 10–30 Blüten (gelegentlich noch mehr) stehen - 4–8 mm lang gestielt - in meist 2 Trauben in den Achseln der beiden obersten Blätter (selten entspringt den Achseln tiefer am Stengel stehender Blätter je eine weitere Traube); Trauben sehr locker, 4-12 cm lang. Kelch um 5 mm lang, bis zum Grund in 4 schmal-lineale bis lanzettliche Zipfel geteilt, die mäßig dicht abstehend behaart sind. Krone mit sehr kurzer Röhre; Saum 1-1,3 cm im Durchmesser (ausgebreitet gemessen), schüsselförmig bis stieltellerartig ausgebreitet; unterer Mittelzipfel schmäler als die übrigen, die fast gleich groß sind; alle Zipfel himmelblau, dunkler geadert (selten rosa und vereinzelt weiß). Stengel aufsteigend bis aufrecht, meist nur im Blütenstandsbereich verzweigt, 2zeilig behaart. Blätter gegenständig, sehr kurz gestielt oder sitzend, eiförmig, 2-3,5 cm lang, 1,25–2,8 cm breit, grob und stumpf gezähnt (jederseits 5-8, nach vorn gerichtete Zähne), am Grund abgerundet oder herzförmig, mäßig dicht und abstehend behaart, seltener fast kahl. April–Juni. 10–30 cm.

Vorkommen: Braucht nährstoff- und humusreichen Lehmboden. Besiedelt Gebüsche, Wiesen und trockene Wälder. Sehr häufig und meist in kleineren, individuenreichen Beständen. Steigt bis über die Baumgrenze.

Wissenswertes: ♃; (☠). Von dem beschriebenen Typ weicht die Unterart ssp. *micans* M. Fisch. ab: Blüten hellblau, etwas kleiner; Blätter jederseits mit 9-11 Zähnen; Alpen; selten - *V. chamaedrys* L. wird mit *V. vindobonensis* (M. Fisch.) M. Fisch. (Trauben 5-10 cm; Blüten hellblau; Blätter jederseits mit 3-6 Zähnen) zur Sammelart *V. chamaedrys* agg. zusammengefaßt.

Österreichischer Ehrenpreis
Veronica austriaca
Großer Ehrenpreis
Veronica teucrium
Gamander-Ehrenpreis
Veronica chamaedrys
Niederliegender Ehrenpreis
Veronica prostrata

Berg-Ehrenpreis

Veronica montana L.
Braunwurzgewächse *Scrophulariaceae*

Beschreibung: 2–7 Blüten (nur selten noch mehr) stehen - 6–8 mm lang gestielt - in sehr lockeren, bis zu 10 cm langen Trauben, die meist nur in der Achsel eines Blattes pro Blattpaar in der oberen Stengelhälfte entspringen; insgesamt sind sie also wechselständig in der oberen Stengelhälfte angeordnet. Kelch um 5 mm lang, bis zum Grund in 4 eiförmige, stumpfe, schütter behaarte Zipfel geteilt. Krone mit kurzer Röhre; Saum 0,8–1 cm im Durchmesser (ausgebreitet gemessen), schüsselförmig bis stieltellerartig ausgebreitet; oberer Mittelzipfel etwas breiter, unterer etwas schmäler als die Seitenzipfel; alle Zipfel blaßlila und dunkler geadert (unterer Mittelzipfel oft heller als die übrigen und weniger geadert). Stengel im unteren Teil kriechend und wurzelnd, ab etwa der Mitte aufsteigend bis aufrecht, verzweigt, allseitig abstehend behaart. Blätter gegenständig, 0,7–1,5 cm lang gestielt; Spreite 1,5–3 cm lang, 1,2–2,5 cm breit, rundlich bis breit-eiförmig, schütter behaart, am Rand ziemlich grob gezähnt; Zähne kurz zugespitzt und nach vorn gerichtet. Mai–Juni. 10–25 cm.

Vorkommen: Braucht mull- und nährstoffreichen, feuchten, kalkarmen Lehm- oder Tonboden. Besiedelt Auenwälder und feuchte Stellen in Laub- und Mischwäldern. In Gegenden mit überwiegenden Sandböden und trockenen Sommern fehlend oder nur vereinzelt, sonst zerstreut. Steigt bis etwa zur Laubwaldgrenze.

Wissenswertes: ♃; (☠). Der Berg-Ehrenpreis ist eine typische Pflanze der Auen- und Buchenwälder. Dementsprechend sind auch seine Ansprüche an Temperatur und Niederschläge. Er ist allerdings etwas feuchtigkeitsbedürftiger als die Buche.

Nesselblättriger Ehrenpreis

Veronica urticifolia JACQ.
Braunwurzgewächse *Scrophulariaceae*

Beschreibung: 10–25 Blüten (nur selten noch mehr) stehen - 6–8 mm lang gestielt - in lockeren, bis zu 10 cm langen Trauben, die stets in den Achseln beider Partner eines Blattpaares entspringen, und zwar meist nur im oberen Stengelviertel, gelegentlich auch in der oberen Stengelhälfte; die Trauben stehen also gegenständig am Stengel. Kelch um 2 mm lang, bis zum Grund in 4 schmal-eiförmige, behaarte Zipfel geteilt. Krone mit kurzer Röhre; Saum um 7 mm im Durchmesser (ausgebreitet gemessen), schüsselförmig bis stieltellerartig ausgebreitet; oberer Mittelzipfel etwas breiter, unterer etwas schmäler als die Seitenzipfel; alle Zipfel lila oder rötlich, dunkler geadert (unterer Mittelzipfel oft heller als die übrigen und weniger geadert). Stengel nur im Bereich des Blütenstandes verzweigt, sonst einfach, aufrecht, rundum schütter behaart oder praktisch kahl. Blätter gegenständig, sitzend oder nur andeutungsweise gestielt, breit-lanzettlich, 5–10 cm lang, 2–5 cm breit, am Grund herzförmig oder abgerundet, schütter behaart, grob gezähnt; Zähne spitz, nach vorn gerichtet. Mai–Juli. 20–50 cm.

Vorkommen: Braucht sickerfeuchten, steinig-lockeren, kalk- und mullhaltigen Lehmboden. Besiedelt Schlucht- und Bergwälder. Vereinzelt im Bodenseegebiet; im Alpenvorland, im Schweizer Jura und in den Alpen zerstreut, örtlich in individuenreichen Beständen. Geht bis etwa zur Laubwaldgrenze.

Wissenswertes: ♃; (☠). Der Nesselblättrige Ehrenpreis ist eine typische Pflanze der Bergwälder. Er gedeiht nur in Lagen mit einer durchschnittlich hohen Luftfeuchtigkeit. Sommertrockenheit erträgt er schlecht.

Nesselblättriger Ehrenpreis
Veronica urticifolia
Blattloser Ehrenpreis
Veronica aphylla
Wald-Ehrenpreis
Veronica officinalis
Berg-Ehrenpreis
Veronica montana

Wald-Ehrenpreis

Veronica officinalis L.
Braunwurzgewächse *Scrophulariaceae*

Beschreibung: 10–25 Blüten (nur selten noch mehr) stehen - 1-3 mm lang gestielt - in einer lockeren Traube am Ende des Stengels und - wenn vorhanden - seiner Zweige. Kelch um 3 mm lang, bis zum Grund in 4 ei-längliche Zipfel geteilt, die außen mäßig dicht und abstehend behaart sind. Krone mit kurzer Röhre; Saum um 8 mm im Durchmesser (ausgebreitet gemessen), weittrichterig bis schüsselförmig ausgebreitet; oberer Mittelzipfel deutlich breiter, unterer deutlich schmäler als die Seitenzipfel; alle Zipfel blaßlila, dunkler geadert. Stengel im unteren Viertel niederliegend, dann aufsteigend und vorne aufrecht, an den unteren Blattknoten oft wurzelnd, verzweigt, auch an der Basis nicht verholzt, dicht, abstehend und rauh behaart, im Bereich des Blütenstandes - vor allem an den Blütenstielen - drüsig. Blätter gegenständig, 2–5 mm lang gestielt; Spreite 1,5–4,5 cm lang, 1-3 cm breit, eiförmig, dicht und rauh behaart, am Grund keilförmig verschmälert, am Rand - vor allem in der vorderen Blatthälfte - fein gezähnt; Zähne nach vorne gerichtet. Mai-Juli. 10–20 cm.

Vorkommen: Braucht sauren, steinig-sandigen oder humos-torfigen, trockenen Lehmboden. Besiedelt bodensaure Wälder, Magerrasen, extensiv genutzte Weiden und Heiden. Fehlt im Tiefland westlich der Elbe kleineren Gebieten; sonst häufig und oft in lockeren, individuenreichen Beständen. Geht bis über die Baumgrenze.

Wissenswertes: ♃; (☠). Der Wald-Ehrenpreis enthält neben Aucubin auch noch Bitter- und Gerbstoffe, früher Heilpflanze. - Ähnlich: Allionis Ehrenpreis (*V. allionii* VILL.): Blüten himmelblau; Stengel am Grund oft verholzt; Blätter bis 1,5 cm lang; Südwestalpen; selten.

Blattloser Ehrenpreis

Veronica aphylla L.
Braunwurzgewächse *Scrophulariaceae*

Beschreibung: 2–4 (sehr selten bis zu 6) Blüten stehen - 0,5–1 cm lang gestielt - in einer sehr lockeren Traube, die aus der Achsel des obersten, rosettenartig dicht am Stengel stehenden Blattes mit einem 3–6 cm langen Schaft entspringt. Kelch um 3 mm lang, bis zum Grund in 4 länglich-eiförmige, abgestumpfte Zipfel geteilt. Krone mit kurzer Röhre; Saum 6–8 mm im Durchmesser (ausgebreitet gemessen), schüsselförmig bis stieltellerartig ausgebreitet; oberer Mittelzipfel etwas breiter, unterer Mittelzipfel etwas schmäler als die Seitenzipfel, alle Zipfel tiefblau, gelegentlich mehr oder weniger lila getönt, sehr selten rosa, dunkler geadert, im Schlund weißlich-gelb. Stengel 1–4 cm lang, niederliegend und kurz aufsteigend, sehr kurz behaart. Blätter gegenständig, an der Spitze des Stengels rosettenartig dicht gedrängt, kurz gestielt oder praktisch sitzend, breit-eiförmig, 1–1,5 cm lang, 5–8 mm breit, in der Vorderhälfte meist sehr fein gezähnt, zuweilen indessen fast ganzrandig. Juni–August. 2–6 cm.

Vorkommen: Braucht kalkhaltigen, steinigen, gut durchsickerten, lockeren Lehmboden in sommerkühlen Lagen. Besiedelt lückig bewachsene Schutthalden, lückige Matten, geht aber auch in durchrieselte, humusverfüllte Felsspalten und in Schneetälchen. Schweizer Jura, Kalkalpen zerstreut; Zentralalpen selten. Bevorzugt Höhen zwischen etwa 1500 und 2600 m.

Wissenswertes: ♃; (☠). Der Blattlose Ehrenpreis überdauert nicht nur mit seinen rosettenartig dicht stehenden Blättern, sondern treibt aus deren Achseln auch ausläuferähnliche Tochtersprosse, so daß oft mehrere Pflanzen dicht beieinander stehen.

Schild-Ehrenpreis

Veronica scutellata L.
Braunwurzgewächse *Scrophulariaceae*

Beschreibung: 5–15 Blüten (selten mehr oder weniger) stehen - 0,7–1 cm lang gestielt - in 1-3 wechselständigen, 3–7 cm langen, lockeren Trauben am Ende des Stengels und - falls vorhanden - der bereits am Grunde abgehenden Zweige. Kelch um 2 mm lang, bis zum Grund in 4 eiförmige Zipfel geteilt. Krone kurzröhrig; Saum um 5 mm im Durchmesser (ausgebreitet gemessen), 4zipflig; Zipfel weittrichterig bis stieltellerartig ausgebreitet; oberer Zipfel etwas breiter, unterer etwas schmäler als die Seitenzipfel; alle Zipfel lila oder blaßrosa, bläulich geadert. Stengel im unteren Drittel aufsteigend und an den untersten Knoten oft wurzelnd, in der oberen Hälfte aufrecht, doch zuweilen etwas hin und her gebogen, schlaff, unten undeutlich 4kantig und zuweilen rot überlaufen, kahl. Blätter gegenständig, sitzend, 2–5 cm lang, 0,5–1 cm breit, schmal-lanzettlich, kahl, oberseits etwas glänzend, unterseits oft rot überlaufen, ganzrandig oder entfernt und fein gezähnt (Zähne dann nach vorne gerichtet). Juni–September. 5–30 cm.

Vorkommen: Braucht nassen, stickstoffsalzhaltigen, aber kalkarmen Boden, der sandig, kiesig, torfig oder tonig und zeitweise überschwemmt sein kann. Besiedelt Flachmoore und Quellhorizonte an lückig bewachsenen Stellen. Im Tiefland zerstreut; in den unteren und mittleren Lagen der Mittelgebirge mit kalkarmem Gestein selten, in den unteren Lagen der Zentralalpen sehr selten; fehlt in den Kalkgebieten und in den rauheren Lagen der Mittelgebirge ebenso wie in sommertrockenen Gebieten.

Wissenswertes: ♃; (☠). Die Samen des Schild-Ehrenpreises werden durch abfließendes Regenwasser verbreitet.

Bachbungen-Ehrenpreis

Veronica beccabunga L.
Braunwurzgewächse *Scrophulariaceae*

Beschreibung: 10–25 Blüten (selten mehr oder weniger) stehen - 0,5–1 cm lang gestielt - in 2–5 jeweils gegen- bzw. endständigen, lockeren Trauben. Kelch 2,5–4 mm lang, bis zum Grund in 4 eiförmige Zipfel geteilt, kahl. Krone kurzröhrig; Saum 6–8 mm im Durchmesser (ausgebreitet gemessen), 4zipflig; Zipfel flach schüsselförmig ausgebreitet; oberer Mittelzipfel breiter, unterer schmäler als die seitlichen; alle Zipfel blaßblau bis dunkelblau, zuweilen auch blauviolett, dunkler geadert. Stengel aufsteigend oder aufrecht, an den unteren Knoten oft wurzelnd, 2–5 mm dick, rund, oft rot überlaufen und graubläulich bereift. Blätter gegenständig, kurz gestielt (oberste fast sitzend), fleischig; Spreite 3–5 cm lang, 1–2,5 cm breit, eiförmig bis breit eiförmig-rundlich, vorn abgestumpft, am Grunde keilig verschmälert, abgerundet oder abgestutzt, ganzrandig oder flach gekerbt-gezähnt. Mai–September. 10–50 cm.

Vorkommen: Braucht nassen, nicht zu nährstoffarmen, sandig-schlammigen oder lehmigen Untergrund. Besiedelt Gräben, Ufer und Quellhorizonte. Fehlt im Tiefland westlich der Elbe kleineren Gebieten; sonst häufig und oft in individuenreichen Beständen. Steigt bis etwa zur Waldgrenze.

Wissenswertes: ♃; (☠). Der Bachbungen-Ehrenpreis bildet oft dichte, teppichartige Bestände am Boden von Gräben. Diese fallen im zeitigen Frühjahr durch ihr frisches Grün schon von weitem auf. Diese Art der „Überwinterung" weist auf die beträchtliche Frosthärte der Pflanze hin. - Ähnlich: Balkan-Ehrenpreis (*V. scardica* GRISEB.): Blätter auffallend dünn; Gräben; östliches Österreich; selten.

Gauchheil-Ehrenpreis

Veronica anagallis-aquatica L.
Braunwurzgewächse *Scrophulariaceae*

Beschreibung: 10–50 Blüten (selten noch mehr) stehen - 4–7 mm lang gestielt - in 2–10 jeweils gegen- bzw. endständigen, beim Aufblühen mäßig dichten, sich später auflockernden Trauben. Kelch 4–5 mm lang, bis zum Grund in schmal-eiförmige Zipfel geteilt, kahl. Krone kurzröhrig; Saum 0,5–1 cm im Durchmesser, schüsselförmig ausgebreitet; oberer Mittelzipfel breiter, unterer schmäler als die seitlichen, alle Zipfel blaßlila bis hellviolett, violett geadert. Stengel aufsteigend bis aufrecht, 0,3–1 cm dick (selten noch dicker), unten rundlich, oben 4kantig, grün. Blätter gegenständig, untere in einen kurzen Stiel verschmälert, mittlere und obere sitzend und den Stengel angedeutet herzförmig umfassend; Spreite 5–10 cm lang, 1–4 cm breit, lanzettlich, kahl, praktisch ganzrandig oder unregelmäßig geschwungen, an den oberen Blättern auch unregelmäßig wellig oder buchtig und zum Teil entfernt gezähnt. Mai–September. 30–60 cm.

Vorkommen: Braucht nassen, ja überschwemmten, stickstoffsalzhaltigen und nicht zu basenarmen Untergrund, der schlammig, kiesig oder sandig sein kann. Besiedelt Gräben, Bäche und Ufer in Lagen, die zumindest mäßig sommerwarm sind. Fehlt in Sandgebieten ebenso wie in den rauheren oder den höheren Lagen der Mittelgebirge, gleichermaßen in den Alpen oberhalb von etwa 800 m. Sonst zerstreut, aber oft in individuenreichen Beständen.

Wissenswertes: ♃; (☠). Beim Gauchheil-Ehrenpreis kommt häufig Selbstbestäubung vor. Soll früher als Heilpflanze verwendet worden sein. Die nachgewiesenen Inhaltsstoffe rechtfertigen eine solche Verwendung nicht.

V. anagallis-aquatica L. wird mit 2 weiteren Kleinarten zur Sammelart *V. anagallis-aquatica* agg. zusammengefaßt. Es sind dies:

Schlamm-Ehrenpreis
(*Veronica anagalloides* GUSS.)
10–25 Blüten (selten noch mehr) stehen - 3–7 mm lang gestielt - in 2–6 jeweils gegen- bzw. endständigen Trauben. Traubenachse kahl oder drüsig behaart; Blütenstiele stets drüsig behaart. Kelch um 2 mm lang, drüsig behaart. Krone kurzröhrig; Saum 2–4 mm im Durchmesser, lila oder weißlich-lila. Stengel markig, aufrecht. Blätter gegenständig, alle sitzend, schmal-lanzettlich, unterhalb ihrer Mitte am breitesten, 1–4 cm lang, 0,5–1 cm breit. Mai–September. 20–30 cm.

Vorkommen: Braucht humusreiche, etwas stickstoffsalzhaltige Schlammböden im Uferbereich stehender Gewässer. Hauptareal: Mittelmeergebiet; Einzelfunde: Westschweiz, (Süd-) Westdeutschland, Sachsen-Anhalt.

Wasser-Ehrenpreis
(*Veronica catenata* PENELL)
10–40 Blüten (selten mehr) stehen - 4–6 mm lang und abstehend gestielt - in 2–6 jeweils gegen- bzw. endständigen, lockeren Trauben. Blütenstiele drüsig behaart. Kelch um 3 mm lang, drüsig behaart. Krone kurzröhrig; Saum 3–5 mm im Durchmesser, hellrosa bis weiß, rot geadert. Stengel dicklich, aufrecht. Blätter gegenständig, sehr schmal lanzettlich oder lineal, alle sitzend, dunkelgrün, alle Nerven in der Nähe des Blattgrundes miteinander verschmolzen. Juni–August. 25–50 cm.

Vorkommen: Braucht nassen, stickstoffsalzhaltigen, überschwemmten, vorwiegend schlammigen Untergrund. Besiedelt Gräben und die Uferbereiche langsam fließender Bäche. Fehlt in den Alpen. Im Tiefland vor allem im Bereich der Flußunterläufe; im südlichen Mitteleuropa nur in milden Lagen; sehr selten.

Schlamm-Ehrenpreis
Veronica anagalloides
Wasser-Ehrenpreis
Veronica catenata
Gauchheil-Ehrenpreis
Veronica anagallis-aquatica
Schild-Ehrenpreis
Veronica scutellata
Bachbungen-Ehrenpreis
Veronica beccabunga

Zahntrost *Odontites*
Wachtelweizen *Melampyrum*

Roter Zahntrost

Odontites vulgaris MOENCH
Braunwurzgewächse *Scrophulariaceae*

Beschreibung: 15–50 Blüten stehen - sehr kurz gestielt - einseitswendig in 4–10 cm langen, mäßig dichten, ährenähnlichen Trauben am Ende des Stengels und der Zweige. Kelch röhrig, um 5 mm lang, bis auf 1/2 seiner Länge in 4 lanzettliche, stumpfliche Zipfel geteilt, häufig weinrot überlaufen, behaart. Blütenkrone 2lippig, 0,8–1,2 cm lang, trüb weinrot bis hell purpurrosa; Oberlippe länger als die Unterlippe, helmförmig, gestutzt; Unterlippe gerade vorgestreckt, mit 4 dunkleren Flecken; Schlund offen. Stengel aufrecht, meist schon im unteren Teil verzweigt; Zweige sparrig abstehend, zumindest oberwärts dicht und abstehend kurz behaart, unten oft verholzt. Blätter gegenständig, 2–4 cm lang, 0,6–1,2 cm breit, sitzend, schmal-lanzettlich bis lanzettlich, spitz oder stumpflich zulaufend, am Rand entfernt, aber zum Teil ziemlich grob und stumpf gezähnt, beidseitig schütter - oberwärts auch mäßig dicht - sehr kurz und abstehend behaart. August–Oktober. 15–40 cm.

Vorkommen: Braucht nährstoffreichen, frischen Lehm- oder Tonboden in Lagen mit hoher Luftfeuchtigkeit. Besiedelt Waldwege und Weiden. Fehlt in den Sandgebieten des Tieflandes und der Mittelgebirge; sonst zerstreut, oft in lockeren, mäßig individuenreichen Beständen. Steigt etwa bis zur Waldgrenze.

Wissenswertes: ⊙; (☠). Halbschmarotzer. - *O. vulgaris* MOENCH wird mit dem Salz-Zahntrost (*O. litoralis* (FRIES) FRIES: 4–20 Blüten; Kelchzähne 3eckig; Stengel wenigästig; 8–20 cm, küstennahe Salzwiesen) und dem Acker-Zahntrost (*O. verna* (BELL.) DUM.: Tragblätter länger als die Blüten; Juni–Juli.) zur Sammelart *O. rubra* agg. zusammengefaßt.

Gelber Zahntrost

Odontites lutea (L.) CLAIRV.
Braunwurzgewächse *Scrophulariaceae*

Beschreibung: 20–40 Blüten (bei reich verzweigten Pflanzen wesentlich mehr) stehen - sehr kurz gestielt - einseitswendig in 2–8 cm langen, unten mäßig lockeren, oben dichten Trauben am Ende des Stengels und der Zweige. Kelch engglockig, um 4 mm lang, bis auf etwa 2/3 seiner Länge in 4 schmal-3eckige Zipfel geteilt, grün, vorne zuweilen trüb violettbraun überlaufen. Blütenkrone 2lippig, 5–8 mm lang, hell dottergelb; Oberlippe etwa so lang wie die Unterlippe, flach helmförmig; Unterlippe mit abgespreizten Seitenzipfeln; Schlund weit offen. Stengel aufrecht, in der oberen Hälfte häufig reich verästelt, rund, oft bräunlich-weinrot überlaufen, sehr kurz behaart (Haare kürzer als 0,5 mm); keine Drüsenhaare. Blätter gegenständig, 0,5–2,5 cm lang, 1–3 mm breit, lineal, ganzrandig oder mit einzelnen Zähnen, kahl oder sehr kurz behaart. August–Oktober. 10–30 cm.

Vorkommen: Braucht kalkreichen, flachgründigen, steinig-humosen Lehm- oder Lößboden in Lagen, die im Spätsommer noch gut erwärmt werden. Besiedelt Trockenrasen, Trockengebüsche und lichte Trockenwälder. Vereinzelt (oft unbeständig) an Mosel, Lahn, Aller und westlich der Mittelelbe, sowie in Brandenburg und der Uckermarck; selten zwischen Main und Donau, im Westen bis zum Hochrhein, im Schweizer Jura, in warmen Zentralalpentälern und im östlichen Österreich, örtlich in meist individuenreichen Beständen.

Wissenswertes: ⊙; (☠); ▽. Halbschmarotzer. - Ähnlich: Klebriger Zahntrost (*O. viscosa* (L.) CLAIRV.): Stengel abstehend behaart, mindestens mit einzelnen Drüsenhaaren (Lupe!); Südwestschweiz, Wallis, Alpensüdfuß; sehr selten.

Kamm-Wachtelweizen
Melampyrum cristatum
Acker-Wachtelweizen
Melampyrum arvense
Roter Zahntrost
Odontites vulgaris
Gelber Zahntrost
Odontites lutea

Kamm-Wachtelweizen

Melampyrum cristatum L.
Braunwurzgewächse *Scrophulariaceae*

Beschreibung: 5–20 Blüten (sehr selten mehr) sitzen allseitswendig und etwas aufwärts gerichtet in einer kurzen, dichten, 4kantigen Ähre am Ende von Stengel und - falls vorhanden - Zweigen. Blätter im Blütenstand deutlich verschieden von den unteren Stengelblättern, herzförmig, beiderseits fein kammförmig gezähnt und nach oben gefaltet, gelbgrün oder purpurviolett überlaufen. Kelch röhrig, bis auf etwa 1/2 seiner Länge in 4 ganzrandige, spitz zulaufende Zähne geteilt, von denen die beiden vorderen kurz-3eckig, die hinteren lang und etwas säbelförmig ausgezogen sind. Blütenkrone 2lippig, 1,2–1,6 cm lang, vorwiegend blaßgelb; Oberlippe scharf zusammengedrückt; Unterlippe mit dem etwas aufgebogenen Rand der Oberlippe fast anliegend, im Gaumen dunkelgelb, am Schlund durch die dottergelben Unterlippenwülste verengt, an der Blütenröhre außen purpurviolett überlaufen. Stengel aufrecht, einfach oder verzweigt, behaart. Stengelblätter gegenständig, sitzend, 5–10 cm lang, 0,3–1,5 cm breit, sehr schmal lanzettlich, ganzrandig oder gezähnt, sehr kurz behaart. Juni–Juli. 15–30 cm.

Vorkommen: Braucht kalk- und humusreichen, nicht zu verfestigten Tonboden. Besiedelt Trockengebüsche und lichte Trockenwälder. Fehlt im Tiefland westlich der Elbe; östlich von ihr vereinzelt. In den Mittelgebirgen und im Alpenvorland nur in den tieferen, wärmeren Lagen, selten; am Mittelrhein und in Franken zerstreut, desgleichen in der Westschweiz, am Alpensüdfuß und im östlichen Österreich.

Wissenswertes: ⊙; (☠). Enthält Aucubin. Halbschmarotzer, der die Wurzeln von Bäumen, Büschen und Kräutern anzapft.

Acker-Wachtelweizen

Melampyrum arvense L.
Braunwurzgewächse *Scrophulariaceae*

Beschreibung: 10–50 Blüten (selten mehr oder weniger) sitzen allseitswendig und zunächst aufwärts gerichtet in einer 3–10 cm langen (gelegentlich noch längeren), zylindrischen Ähre am Ende von Stengel und - falls vorhanden - Zweigen. Blätter im Blütenstand deutlich verschieden von den unteren Stengelblättern, beidseits mit mehreren grannenförmigen Zähnen, die 0,5–1,8 cm lang werden, nicht scharf nach oben gefaltet, sondern nur randlich aufgebogen sind, die unteren grün, die mittleren an der Spitze, die oberen völlig hellpurpurn überlaufen. Kelch röhrig, um 1,5 cm lang, bis auf etwa 3/4 seiner Länge in 4 ganzrandige, sehr lange Zipfel geteilt. Blütenkrone 2lippig, 2–2,5 cm lang, überwiegend purpurn, mit weißlichen und sattgelben Flecken; Oberlippe scharf zusammengedrückt; Unterlippe der Oberlippe mit dem wulstig herabgebogenen Rand fast anliegend, im Schlund durch die Unterlippenwülste kaum verengt. Stengel aufrecht, einfach oder verzweigt, behaart. Stengelblätter gegenständig, sitzend, 3–8 cm lang, 0,5–1,5 cm breit, schmal-lanzettlich, spitz, ganzrandig, die obersten am Grund jederseits mit 1–2 langen, spitzen Zähnen. Mai–Juli. 10–30 cm.

Vorkommen: Braucht kalkreichen, lockersteinigen Lehm- oder Tonboden. Besiedelt Äcker und Halbtrockenrasen. Im Tiefland nur vereinzelt im südlichen Teil, sonst fehlend, in den warmen Lagen der Kalkgebiete zerstreut. In den Alpen nur in Trockengebieten.

Wissenswertes: ⊙; (☠); ▽. Enthält wenig Aucubin. Halbschmarotzer, der offensichtlich eine größere Anzahl von Wirtspflanzen anzapfen kann. Durch die Intensivierung der Landwirtschaft stark zurückgegangen.

Wachtelweizen *Melampyrum*
Alpenrachen *Tozzia*

Wald-Wachtelweizen

Melampyrum sylvaticum L.
Braunwurzgewächse *Scrophulariaceae*

Beschreibung: 4–20 Blüten (selten mehr) stehen - sehr kurz gestielt - einseitswendig in einer 3–10 cm langen, sehr lockeren, ährenähnlichen Traube am Ende des Stengels und - falls vorhanden - der Zweige. Blätter im Blütenstand nicht von den übrigen Stengelblättern nach Form oder Farbe verschieden, nach oben allmählich kleiner werdend. Kelch kurzröhrig, um 7 mm lang, bis auf 4/5 seiner Länge in 4 ganzrandige, lanzettliche Zipfel geteilt. Blütenkrone 2lippig, 0,6–1 cm lang, meist dottergelb, sehr selten heller oder gar rosa; Kronröhre gekrümmt, innen ohne Haarring; Oberlippe nur in der Mittellinie wenig zusammengedrückt; Unterlippe der Oberlippe nicht anliegend, Schlund also mehr oder weniger offen. Stengel aufrecht, einfach oder verzweigt, 4kantig, auf 2 einander gegenüberliegenden Seiten sehr kurz und etwas kraus behaart. Blätter gegenständig, sehr kurz gestielt oder praktisch sitzend, etwas gelblich-grün, 3–5 cm lang, 0,3–1 cm breit, lineal-lanzettlich, spitz, ganzrandig, auf den ersten Blick kahl erscheinend, aber äußerst kurz (kaum 0,1 mm lang) behaart. Juni–August. 10–20 cm.

Vorkommen: Braucht kalkarmen, steinig-humosen Boden. Besiedelt bodensaure Wälder und Gebüsche, gelegentlich auch leicht verheidete Moore. Im Tiefland vereinzelt; fehlt in den Sandgebieten. In den Mittelgebirgen und in den Alpen über Gneis, Granit und auf ausgewaschenen Kalkböden zerstreut, meist in individuenreichen, kleineren Beständen. Geht in den Alpen bis knapp an die Waldgrenze.

Wissenswertes: ☉; (☠). Halbschmarotzer; bevorzugt Fichte und Heidelbeere als Wirtspflanzen. Formenreich.

Wiesen-Wachtelweizen

Melampyrum pratense L.
Braunwurzgewächse *Scrophulariaceae*

Beschreibung: 4–25 Blüten (selten mehr) stehen - sehr kurz gestielt - einseitswendig in einer 2–6 cm langen, oberwärts ziemlich dichten, ährenähnlichen Traube am Ende des Stengels und - falls vorhanden - der Zweige. Blätter im Blütenstand nicht von den übrigen Stengelblättern nach Form oder Farbe verschieden, nach oben zunächst allmählich kleiner werdend, ganz oben deutlich kleiner, am Grund abgerundet oder verschmälert, die obersten jederseits mit 1–5 Zähnen. Kelch kurz weitröhrig, um 8 mm lang, bis auf 3/5 seiner Länge in 4 ganzrandige, etwas ungleich lange, lanzettliche Zipfel geteilt. Blütenkrone 2lippig, 1–2 cm lang, weißlich (dann meist mit gelbem Schlund), hellgelb oder gelb; Kronröhre gerade, innen gegen den Grund mit einem Haarring; Oberlippe scharf zusammengedrückt, am Rand dicht kurzhaarig; Unterlippe gerade vorgestreckt, Schlund meist deutlich geöffnet. Stengel aufrecht, einfach oder verzweigt, 4kantig, auf 2 einander gegenüberliegenden Seiten - meist nur schütter - behaart. Blätter gegenständig, sehr kurz gestielt oder praktisch sitzend, dunkelgrün (zuweilen mit einem olivgrünen Ton), 1,5–10 cm lang, 0,3–2 cm breit, schmal lanzettlich, meist kahl, etwas glänzend. Juni–August. 10–40 cm.

Vorkommen: Braucht mäßig sauren, nährstoffarmen, humusreichen oder torfigen Lehmboden, geht auch auf Sandboden. Besiedelt bodensaure Wälder, Heiden und Hochmoore. Häufig; oft in lockeren, individuenreichen Beständen. Geht in den Alpen bis etwa 2000 m.

Wissenswertes: ☉; (☠). Formenreiche Art. Außer erblich unterscheidbaren Sippen gibt es Jahreszeitenformen.

Hain-Wachtelweizen

Melampyrum nemorosum L.
Braunwurzgewächse *Scrophulariaceae*

Beschreibung: 6–25 Blüten (selten mehr) stehen - sehr kurz gestielt - mehr oder weniger einseitswendig in einer unten sehr lockeren, oben etwas dichteren, ährenähnlichen Traube am Ende des Stengels und - falls vorhanden - der Zweige. Blätter im Blütenstand von den übrigen Stengelblättern verschieden: im Umriß breit-3eckig, am Grunde herzförmig, jederseits mit 1 oder mehreren langen Zähnen, behaart, die unteren grün, die oberen blauviolett, seltener purpurn oder weiß. Kelch 0,8-1 cm lang, bis etwa 1/2 seiner Länge in 4 3eckig-säbelförmige Zipfel geteilt. Blütenkrone 2lippig, 1,5–2 cm lang, hellgelb; Kronröhre gerade; Oberlippe zusammengedrückt; Schlund in der Regel geschlossen. Stengel aufrecht, einfach oder verzweigt, 4kantig, auf 2 einander gegenüberliegenden Seiten sehr kurz behaart. Blätter gegenständig, kurz, aber deutlich gestielt, 3-5 cm lang, 0,5-3 cm breit, lanzettlich, ganzrandig oder - vor allem bei den oberen Stengelblättern - jederseits am Grund mit 1 Zahn, alle auf der Unterseite ziemlich dicht und kurz behaart. Juni–August. 10–40 cm.

Vorkommen: Braucht nährstoffreichen, humosen Lehm- oder Tonboden. Besiedelt feuchte Eichen-Hainbuchen- und Auenwälder. Westlich der Linie Weser-Lech vereinzelt zwischen Sieg und Unterlauf des Neckars, östlich dieser Linie zerstreut. Im südlichen Schweizer Jura sehr selten, am Alpensüdfuß selten.

Wissenswertes: ☉; (☠). Halbschmarotzer, der u. a. Fichten-, Weiden-Arten und Hasel anzapft. Die Art gilt als Kleinart, die mit anderen, ost- und südeuropäischen Kleinarten zur Sammelart *M. nemorosum* agg. zusammengefaßt wird. Bestäubung nur durch langrüßlige Hummeln.

Alpenrachen

Tozzia alpina L.
Braunwurzgewächse *Scrophulariaceae*

Beschreibung: Zahlreiche Blüten stehen - kurz, aber deutlich gestielt - in einem zusammengesetzt-traubigen Blütenstand am Ende des Stengels. Kelch glockenförmig, um 3 mm lang, bis auf etwa 1/2 seiner Länge in 4 stumpfe Zipfel geteilt. Blütenkrone nur undeutlich 2lippig, auf den ersten Blick fast radiär, 5–9 mm lang, sattgelb; Kronröhre sehr kurz; Oberlippe aufrecht, herzförmig bis 2lappig; Unterlippe deutlich 3lappig, dunkel braunrot punktiert; Seiten- und Mittellappen etwa gleich groß. Stengel aufrecht, 4kantig, in der oberen Hälfte 2zeilig behaart, in der unteren Hälfte nahezu oder vollständig kahl. Blätter gegenständig, lanzettlich, 1-3 cm lang, 0,5–2 cm breit, mit abgerundetem oder herzförmigem Grund sitzend, vorn kurz spitzlich auslaufend, Rand jederseits mit 1-3 groben Zähnen, beiderseits kahl, hellgrün und saftig-fleischig. Die Pflanze besitzt einen ziemlich oberflächennah kriechenden, beschuppten Wurzelstock. Juni–September. 15-50 cm.

Vorkommen: Braucht kalk- und stickstoffsalzhaltigen, gut durchsickerten, steinigen, mullreichen Lehmboden. Besiedelt Hochstaudenfluren und lichte, staudenreiche subalpine und alpine Gehölze. Schweizer Jura und Kalkalpen; zerstreut, selten ins Vorland herabgeschwemmt. Bevorzugt Höhen zwischen etwa 1000 und 2400 m.

Wissenswertes: ♃. Der Alpenrachen ist ein Halbschmarotzer. Er zapft z. B. die Wurzeln von Alpendost-Arten *(Adenostyles)* an. Nach der Keimung lebt er etwa 2 Jahre unterirdisch als blattgrünloser Parasit auf den Alpendost-Wurzeln, ehe sich die chlorophyllhaltigen oberirdischen Sprosse entwickeln.

Hain-Wachtelweizen
Melampyrum nemorosum
Wald-Wachtelweizen
Melampyrum sylvaticum
Wiesen-Wachtelweizen
Melampyrum pratense
Alpenrachen
Tozzia alpina

Wiesen-Augentrost

Euphrasia rostkoviana HAYNE
Braunwurzgewächse *Scrophulariaceae*

Beschreibung: 10–50 Blüten (selten mehr) stehen - äußerst kurz gestielt - in den Achseln der oberen Stengelblätter; sie bilden insgesamt einen zusammengesetzten Blütenstand aus Einzeltrauben. Kelch glockenförmig, um 5 mm lang, etwa auf 2/3 seiner Länge in 4 schmal-3eckige, sehr spitz zulaufende Zipfel geteilt, meist drüsig, selten nichtdrüsig behaart. Blütenkrone 2lippig, 0,8–1,4 cm lang, überwiegend weiß; Oberlippe flach helmförmig, vorne mit aufgeklapptem, eingekerbtem Rand; Unterlippe länger als die Oberlippe, flach ausgebreitet, 3teilig, mit ausgerandeten Zipfeln; Oberlippe zuweilen lilaviolett, meist weiß und nur am Schlund violett geadert; Unterlippe weiß, violett geadert, an der Basis des Mittellappens mit 1-2 dottergelben Flecken; im Schlundeingang ebenfalls gelb. Stengel aufrecht, meist vom unteren Stengeldrittel an verzweigt, sehr kurz, aber mindestens oben drüsig behaart (Lupe!). Blätter gegenständig, 1-2 cm lang, 0,5–1 cm breit, jederseits mit 3–6 spitzen Zähnen. Mai–Oktober. 5-25 cm.

Vorkommen: Braucht stickstoffsalz- und kalkarmen, lehmig-tonigen oder torfigen Untergrund. Besiedelt Raine, Bergwiesen und Wege. Im Tiefland selten und gebietsweise fehlend, ebenso in den Ackerbaugebieten mit kalkreichen Böden; sonst zerstreut und oft in lockeren, aber individuenreichen Beständen.

Wissenswertes: ⊙; (☠). Halbschmarotzer. - *E. rostkoviana* HAYNE wird mit einigen anderen Kleinarten zur Sammelart *E. rostkoviana* agg. vereint. - Ähnlich: Zottiger Augentrost (*E. hirtella* JORD. ex REUT.): Blüten 5-8 mm; Stengel wenig verästelt, oben dicht drüsig behaart; auf kalkarmen Böden; Alpen; selten.

Steifer Augentrost

Euphrasia stricta WOLFF ex LEHM.
Braunwurzgewächse *Scrophulariaceae*

Beschreibung: 10–50 Blüten (selten mehr) stehen - äußerst kurz gestielt - in den Achseln der oberen Stengelblätter; sie bilden einen zusammengesetzten Blütenstand aus 1–4 cm langen Einzeltrauben. Kelch glockenförmig, um 5 mm lang, etwa auf 3/4 seiner Länge in 4 schmal-3eckige, spitze Zipfel geteilt, kahl. Blütenkrone 2lippig, 0,6–1 cm lang, überwiegend hellviolett, lila oder - selten - weiß; Oberlippe flach helmförmig, vorne mit aufgeklapptem, eingekerbtem Rand; randliche Zipfel ganzrandig oder nur undeutlich gezähnt; Unterlippe länger als die Oberlippe, flach ausgebreitet, 3teilig, mit ausgerandeten Zipfeln; Oberlippe in der Regel hellviolett oder lila; Unterlippe randlich violett oder lila, an der Basis des Mittellappens auf hellem Grund mit einem gelben Fleck und seitlich mit wenigen violetten Adern. Stengel aufrecht, schon im mittleren Stengeldrittel verzweigt, meist violett überlaufen. Blätter gegenständig, 0,3–1,2 cm lang, 3–8 mm breit, eiförmig bis lanzettlich, die mittleren und oberen jederseits mit 3–7 grannenspitzen Zähnen, meist kahl. Juli–September. 5–25 cm.

Vorkommen: Braucht flachgründigen, kalkreichen Boden. Besiedelt lückige Halbtrockenrasen und offene Stellen an Wegrändern. In den Kalkgebieten zerstreut.

Wissenswertes: ⊙; (☠). Halbschmarotzer. - Wird mit dem Schwedischen Augentrost (*E. arctica* LANGE ex ROSTR.: Stengel nicht violett; Blätter hellgrün; Tiefland; zerstreut) und dem Kamm-Augentrost (*E. pectinata* TEN.: Kelch und Blätter abstehend behaart; Oberrheintal, Südwestschweiz, Alpensüdfuß; selten) zur Sammelart *E. stricta* agg. zusammengefaßt.

Wiesen-Augentrost
Euphrasia rostkoviana
Steifer Augentrost
Euphrasia stricta
Hain-Augentrost
Euphrasia nemorosa
Salzburger Augentrost
Euphrasia salisburgensis
Zwerg-Augentrost
Euphrasia minima

Hain-Augentrost

Euphrasia nemorosa (PERS.) WALLR.
Braunwurzgewächse *Scrophulariaceae*

Beschreibung: 5–25 Blüten (zuweilen auch mehr) stehen - äußerst kurz gestielt - in den Achseln der oberen Stengelblätter; sie bilden insgesamt einen zusammengesetzten Blütenstand aus 1–4 cm langen Einzeltrauben. Kelch glockenförmig, 3–4 mm lang, etwa auf 3/4 seiner Länge in 4 schmal-3eckige, spitze Zipfel geteilt, kahl. Blütenkrone 2lippig, 5–6 mm lang, überwiegend violett oder lila; Oberlippe flach helmförmig, vorne mit aufgeklapptem, eingekerbtem Rand; randliche Zipfel ganzrandig oder nur undeutlich gezähnt; Unterlippe länger als die Oberlippe, flach, 3teilig, mit ausgerandeten Zipfeln; Ober- und Unterlippe hellviolett oder lila, letztere an der Basis des Mittellappens auf weißlichem Grund mit einem großen gelben Fleck und mit wenigen, strichförmigen violetten Adern. Stengel aufrecht, oft von der Mitte an verzweigt, oft violett überlaufen. Blätter gegenständig, mit tief eingesenkten Blattnerven, 0,3–1,2 cm lang, 3–8 mm breit, die mittleren und oberen jederseits mit 3–7 nicht grannenspitzen Zähnen, kahl. Juli–September. 5–30 cm.

Vorkommen: Braucht sandig-lehmigen, kalkarmen Boden. Besiedelt Magerweiden, Wege und Waldränder. Im Tiefland östlich der Elbe zerstreut, westlich von ihr und in den tieferen Lagen der Mittelgebirge mit sandig-lehmigen, kalkarmen Böden, im Wallis und in der Westschweiz selten. Fehlt in Österreich.

Wissenswertes: ☉; (☠). Halbschmarotzer. Wird mit dem Kleinblütigen Augentrost (*E. micrantha* RCHB.: Blüten weißlich; Stengel einfach oder wenig verzweigt. Heiden; nordwestliches Tiefland; selten) zur Sammelart *E. nemorosa* agg. zusammengefaßt.

Zwerg-Augentrost

Euphrasia minima JACQ. ex DC.
Braunwurzgewächse *Scrophulariaceae*

Beschreibung: 3–25 Blüten (selten mehr) stehen - sehr kurz gestielt - traubig am Stengelende, seltener in einem zusammengesetzttraubigen Blütenstand. Kelch um 4 mm lang, auf 1/2 seiner Länge in 4 spitze Zipfel geteilt, meist kahl. Blütenkrone 2lippig, 4–7 mm lang, überwiegend weiß oder gelb; Oberlippe flach, vorne mit aufgeklapptem, eingekerbtem Rand; Unterlippe flach, 3teilig, mit ausgerandeten Zipfeln; Oberlippe weißlich bis lilaviolett, dann Unterlippe am Grund des Mittellappens meist weiß mit gelbem Fleck und violetten, strichförmigen Adern; oder Oberlippe gelb-bräunlich, dann Unterlippe meist heller gelb und spärlich schwarzviolett geadert; oder Oberlippe lilaviolett und Unterlippe hellgelb. Stengel einfach, selten verzweigt, kurz behaart. Blätter gegenständig, jederseits mit 1–4 grannenlosen Zähnen, schütter kurzhaarig. Juli–September. 2–12 cm.

Vorkommen: Braucht kalkarmen Boden. Besiedelt Matten und Zwergstrauchbestände. Rhön und Vogelsberg vereinzelt; Alpen zerstreut; oft in kleinflächigen, individuenreichen Beständen. 1200–3300 m.

Wissenswertes: ☉; (☠). Wird mit weiteren Kleinarten, u. a. *E. drosocalyx* FREYN (Blütenstand drüsig; Blüten 5 mm lang; Alpen, selten) und *E. pulchella* KERN. (Blüten 8 mm lang; Alpen, selten) zur Sammelart *E. minima* agg. zusammengefaßt. - Ähnlich: Salzburger Augentrost (*E. salisburgensis* agg.): Mittlere Blätter 0,5–1,5 cm lang, 2–4 mm breit; Alpen und Vorland, zerstreut. - Dreispitziger Augentrost (*E. tricuspidata* agg.): Blütenkrone 1–1,5 cm, hellila; Blätter jederseits mit nur 1 Zahn; nordöstliche Kalkalpen, Südalpenfuß; selten.

Alpenhelm

Bartsia alpina L.
Braunwurzgewächse *Scrophulariaceae*

Beschreibung: 1–7 Blüten (selten mehr) stehen - 0,5–1,2 cm lang gestielt - in einem zunächst ährenähnlich-kopfigen Blütenstand jeweils einzeln in den Achseln der oberen Blätter; sie sind überwiegend einseitswendig ausgerichtet. Kelch glockenförmig, um 7 mm lang, auf etwa 2/3 seiner Länge in 4 schmal-3eckige Zipfel geteilt, dicht und etwa 1 mm lang drüsig (starke Lupe!) behaart, violett überlaufen. Blütenkrone 2lippig, 1,5–2,5 cm lang, schwarzrot bis violett, drüsig behaart; Oberlippe sehr flach helmförmig, ungeteilt, vorn abgestutzt, länger als die Unterlippe; Unterlippe mit 3 etwa gleich großen, an der Spitze eingebogenen Zipfeln. Stengel aufrecht, stumpf 4kantig, oben zottig-drüsig behaart und meist rotviolett überlaufen. Blätter gegenständig, 1–2 cm lang, 0,5–1,4 cm breit, eiförmig, mit abgerundetem oder schwach herzförmigem Grund sitzend, am Rand gekerbt-gesägt und zuweilen etwas umgerollt; Zähne stumpflich, vor allem am Rand und unterseits lang behaart, untere und mittlere am Rand, obere durchweg dunkelviolett überlaufen. Juli–August. 10–20 cm.

Vorkommen: Braucht gut durchsickerten, steinig-humosen Boden. Besiedelt alpine Quellsümpfe und Naßstellen in alpinen Weiden und Zwergstrauchbeständen. Vereinzelt im Südschwarzwald (Feldberggebiet), in den Sudeten, in den Vogesen und im südlichen Schweizer Jura; in den Alpen zerstreut; tritt meist in lockeren, individuenreichen Beständen auf. Bevorzugt Höhen zwischen etwa 1000–3000 m.

Wissenswertes: ♃; (☠). Halbschmarotzer. - C. v. LINNÉ hat der Gattung ihren Namen verliehen, um seinen Freund, den Arzt JOHANN BARTSCH (1710–1738), zu ehren.

Schmalblättriger Klappertopf

Rhinanthus glacialis PERSONN.
Braunwurzgewächse *Scrophulariaceae*

Beschreibung: 2–10 Blüten (selten mehr) stehen - sehr kurz gestielt - in ährenähnlichen Trauben am Ende des Stengels und der Zweige. Kelch 0,7–1,2 cm lang, abgeflacht, bauchig, vorne mit 4 kurzen, mäßig spitz zulaufenden Zähnen, kahl. Blütenkrone 2lippig, 1,5–1,8 cm lang, hell dottergelb; Schlund offen; Oberlippe helmförmig, am unteren Rand gegen die Spitze zu mit einem 1–2 mm langen, etwa waagrechten, weißlichen Zahn; Unterlippe kürzer als die Oberlippe, 3lappig. Stengel einfach oder verzweigt, kahl bzw. nur mit vereinzelten behaarten Flecken. Blätter gegenständig, lanzettlich, die unteren 2–4 cm lang, 0,5–1 cm breit, sitzend oder sehr kurz gestielt, am Grunde abgerundet, am Rand kerbig gesägt; Tragblätter im Blütenstandsbereich in der unteren Blatthälfte mit langen, eindeutig grannig zugespitzten Zähnen; Grannen 1-4 mm lang; Zähne insgesamt 4–9 mm lang. Alle Blätter kahl oder nur mit sehr kurzen (weniger als 0,5 mm langen) Haaren ziemlich schütter bestanden. Juni–September. 10-50 cm.

Vorkommen: Braucht kalkhaltigen, ausgesprochen stickstoffsalzarmen, steinig-flachen Lehmboden. Besiedelt feuchte Stellen in Halbtrockenrasen, Bergwiesen und ruhendem Felsschutt. Rhön, rauhere Lagen im Muschelkalkgebiet, Jura, Alpenvorland, Alpen; selten, aber meist in individuenreichen, ausgedehnten Beständen. Geht bis etwa 2500 m.

Wissenswertes: ⊙; (☠). Halbschmarotzer. - Wird mit *R. carinthiacus, R. pulcher* (s. diesen, S. 164) und *R. pampaninii* CHAB. (Stengel, Kelch und Tragblätter drüsig behaart; Alpensüdfuß, selten) zur Sammelart *R. aristatus* agg. (Grannen-Klappertopf) zusammengefaßt.

Alpen-Klappertopf

Rhinanthus pulcher SCHUMMEL
Braunwurzgewächse *Scrophulariaceae*

Beschreibung: 2–10 Blüten (selten mehr) stehen - sehr kurz gestielt - in 2–7 cm langen, dichten, ährenähnlichen Trauben am Ende des Stengels und - falls vorhanden - der Zweige. Kelch 0,7–1,2 cm lang, abgeflacht, bauchig, zur Fruchtzeit stark vergrößert, vorne mit 4 kurzen Zähnen, kahl. Blütenkrone 2lippig, 1,3–2,0 cm lang, hell- bis sattgelb; Lippen liegen einander nicht an; Schlund daher offen; Oberlippe helmförmig, seitlich abgeflacht, am unteren Rand gegen die Spitze zu mit einem 1–2 mm langen, ziemlich waagrecht orientierten, weißlichen Zahn; Unterlippe kürzer als die Oberlippe, 3lappig. Stengel einfach oder verzweigt, kahl bzw. nur mit vereinzelten Haaren bzw. behaarten Flecken. Blätter gegenständig, lanzettlich, die unteren 2–6 cm lang, 0,5–2 cm breit, regelmäßig kerbig gezähnt; Blätter im Blütenstand (Tragblätter) langspitzig, aber nicht grannig bezahnt; Zähne 2–5 mm. Alle Blätter kahl oder nur mit weniger als 0,5 mm langen Haaren schütter bestanden. Juli–September. 8–50 cm.

Vorkommen: Besiedelt Bergwiesen und mattenähnliche Weiden, und zwar in den Südostalpen, im Erzgebirge und in den Sudeten, meist zwischen etwa 800 und 1200 m; selten, aber meist in individuenreichen, mehr oder weniger lockeren Beständen.

Wissenswertes: ⊙; (☠). Halbschmarotzer. - Der Alpen-Klappertopf wird u. a. mit dem Kärntner Klappertopf (*R. carinthiacus* WIDDER: Kelch und Tragblätter drüsig behaart; Kärnten; selten), dem Schmalblättrigen Klappertopf (s. S. 163) und Pampaninis Klappertopf (*R. pampaninii* CHAB.) zur Sammelart *R. aristatus* agg. (Grannen-Klappertopf) zusammengefaßt.

Kleiner Klappertopf

Rhinanthus minor L.
Braunwurzgewächse *Scrophulariaceae*

Beschreibung: 6–12 Blüten (selten mehr oder weniger) stehen - sehr kurz gestielt - in ährenähnlichen Trauben am Ende des Stengels und der Zweige. Kelch 0,7–1,2 cm lang, abgeflacht, bauchig, vorne mit 4 kurzen, an der Basis breiten, mäßig spitz zulaufenden Zähnen, kahl (höchstens auf den „Mittelnähten“ dicht kurzhaarig). Blütenkrone 2lippig, 1,3–1,7 cm lang, hell dottergelb, beim Verblühen vor allem außen auf der Oberlippe bräunlich-rot überlaufen; Lippen liegen einander nicht an; Schlund daher offen; Oberlippe helmförmig, am unteren Rand gegen die Spitze zu mit einem 0,2–0,7 mm langen, kaum abstehenden weißlichen Zahn; Unterlippe etwa ebensolang wie die Oberlippe, 3lappig. Stengel einfach oder verzweigt, kahl oder nur mit vereinzelten Haaren. Blätter gegenständig, kahl oder sehr kurz behaart, 2–4 cm lang, 0,5–1 cm breit, sitzend oder kaum gestielt, regelmäßig kerbig gezähnt, dunkelgrün; Tragblätter grün, aber oft schwarzrot bis rotbraun überlaufen; ihre Nerven auf der Unterseite oft dunkel braunrot; Zähne am Grund der Tragblätter 2–4 mm lang, spitz, ohne Granne, gegen die Blattspitze zu kleiner werdend. Mai–September. 10–40 cm.

Vorkommen: Braucht kalk- und nährstoffarmen, nicht zu trockenen, humosen Lehm- oder Tonboden, geht auch auf torfigen Untergrund. Besiedelt magere Wiesen und Weiden. Im Tiefland selten und gebietsweise fehlend; sonst zerstreut. Geht bis etwa 2000 m.

Wissenswertes: ⊙; (☠). Halbschmarotzer. - Innerhalb der Art wurden Kleinsippen unterschieden, die indessen schwer gegeneinander abzugrenzen sind und denen vermutlich taxonomische Bedeutung nicht zukommt.

Schmalblättriger Klappertopf
Rhinanthus glacialis
Alpenhelm
Bartsia alpina
Alpen-Klappertopf
Rhinanthus pulcher
Kleiner Klappertopf
Rhinanthus minor

Klappertopf *Rhinanthus*
Läusekraut *Pedicularis*

Großer Klappertopf

Rhinanthus serotinus (SCHÖNH.) OBORNY
Braunwurzgewächse *Scrophulariaceae*

Beschreibung: 8–12 Blüten (selten mehr oder weniger) stehen - sehr kurz gestielt - in ährenähnlichen Trauben am Ende des Stengels und der Zweige. Kelch 0,8–1,3 cm lang, abgeflacht, bauchig, vorne mit 4 kurzen, breit 3eckig-spitzen Zähnen, kahl, bleichgrün, glänzend. Blütenkrone 2lippig, 1,7–2 cm lang, hell dottergelb; Schlund praktisch geschlossen; Oberlippe helmförmig, am unteren Rand gegen die Spitze zu mit einem 1–2 mm langen, violetten oder weißlichen, senkrecht nach unten abstehenden Zahn; Unterlippe etwa so lang wie die Oberlippe, 3lappig. Stengel einfach oder verzweigt, meist kahl. Blätter gegenständig, kahl oder nur mit Haaren, die kürzer als 0,5 mm sind, 3–7 cm lang, 0,3–1,5 cm breit, sitzend oder sehr kurz gestielt, länglich-lanzettlich, kerbig gesägt; untere Tragblätter ähnlich wie die Stengelblätter, obere aus breitem Grund zugespitzt, basisnah lang und spitz gezähnt, allenfalls mit 1 mm langer Granne versehen. Mai-September. 15–50 cm.

Vorkommen: Braucht torfig-lehmigen, ausgesprochen stickstoffsalzarmen, feuchten Boden. Besiedelt Flachmoore und Sumpfwiesen, seltener Wegränder. Im Tiefland zerstreut. In den Mittelgebirgen und im Alpenvorland größeren Gebieten fehlend, in den Alpen nur in randlichen Tälern; an seinen Standorten meist in individuenreichen Beständen.

Wissenswertes: ⊙; (☠). Halbschmarotzer. - Wird mit *R. borbasii* (DÖRFL.) SOÓ (Tragblattzähne lang, Blätter scharf gesägt, Niederösterreich, Burgenland, selten) und mit *R. halophilus* U. SCHNEID. (Blüten 2–2,5 cm lang, Blätter fleischig; Salzwiesen an der Ostsee) zur Sammelart *R. serotinus* agg. zusammengefaßt.

Zottiger Klappertopf

Rhinanthus alectorolophus POLLICH
Braunwurzgewächse *Scrophulariaceae*

Beschreibung: 4–18 Blüten stehen - sehr kurz gestielt - in ährenähnlichen Trauben am Ende des Stengels und der Zweige. Kelch 0,8–1,3 cm lang, abgeflacht, bauchig, mit 4 kurzen, breit-3eckigen Zähnen, dicht abstehend und oft kraus mit 1–4 mm langen Haaren bestanden, hellgrün. Blütenkrone 2lippig, 1,8–2,5 cm lang, hell dottergelb; Schlund wenig geöffnet; Oberlippe helmförmig, mit einem 1,5–3 mm langen, violetten oder bläulichen Zahn, der schräg zur Längsachse der Oberlippe absteht; Unterlippe kürzer als die Oberlippe, 3lappig. Stengel einfach oder verzweigt, im oberen Drittel dicht und abstehend behaart. Blätter gegenständig, 2–6 cm lang, 0,5–1,5 cm breit, sitzend oder sehr kurz gestielt, länglich-lanzettlich, am Rand kerbig gesägt. Mai–Juli. 10–50 cm.

Vorkommen: Braucht ausgesprochen stickstoffsalzarmen, kalkhaltigen, humosen, steinigen Lehmboden oder Löß. Besiedelt Halbtrokkenrasen, trockene und wenig gedüngte oder ungedüngte Wiesen. Fehlt im Tiefland. In den Mittelgebirgen mit Lehmböden und in den Alpen über kalkfreiem, saurem Gestein zerstreut und oft in ausgedehnten, individuenreichen Beständen. Steigt bis über die Krummholzstufe.

Wissenswertes: ⊙; (☠). Halbschmarotzer. - Wird mit *R. facchinii* CHAB. (Blütenkrone 1,5–2 cm, Oberlippenzahn waagrecht abstehend, Schlund weit offen; Salzburg, Tirol, Westalpen, zerstreut), mit *R. freynii* (STERNECK) FIORI (3–10 Blüten, Blüten 1,5–2 cm, Schlund geschlossen, Oberlippenzahn waagrecht, Südostalpen, selten) und mit *R. helenae* CHAB. ex PAMP. (Schlund offen; Südostalpen, selten) zur Sammelart *R. alectorolophus* agg. zusammengefaßt.

Großer Klappertopf
Rhinanthus serotinus
Knollen-Läusekraut
Pedicularis tuberosa
Ähren-Läusekraut
Pedicularis rostrato-spicata
Zottiger Klappertopf
Rhinanthus alectorolophus

Knollen-Läusekraut

Pedicularis tuberosa L.
Braunwurzgewächse *Scrophulariaceae*

Beschreibung: 4–12 Blüten (selten mehr oder weniger) stehen - sehr kurz gestielt - in einer kopfig-kurzährigen Traube am Ende des Stengels. Kelch 0,7–1 cm lang, am Grund allmählich verschmälert, mit einzelnen, 1-2 mm langen Haaren, bis auf etwa 1/2 seiner Länge in lanzettlich-zungenförmige, vorn fein gezähnte und bräunliche Zipfel geteilt. Blütenkrone 2lippig, 1,5-2 cm lang, hellgelb; Oberlippe schmal-helmförmig, plötzlich in einen vorwärts-abwärts gerichteten, 3,5–5 mm langen, schräg abgeschnittenen Schnabel vorgezogen; keine Zähne; Unterlippe nur wenig abstehend, etwa so lang wie die Oberlippe, kahl. Stengel einfach, am Grunde bogig aufsteigend, meist deutlich 2zeilig, seltener 4zeilig dicht abstehend behaart. Blätter überwiegend - schräg nach oben gerichtet - in einer grundständigen Rosette, 5–10 cm lang, 1-2 cm breit, bis auf den Mittelnerv fiederteilig; Fiedern erneut fiederteilig und randlich gezähnelt; wenige, wechselständige Stengelblätter, die etwas weniger aufgeteilt sind; vor allem Grundblätter unterseits und auf der Blattspindelunterseite behaart. Juli–August. 10–20 cm.

Vorkommen: Braucht kalkarmen, humossauren, steinig-lehmigen Boden. Besiedelt Bergwiesen und Weiden, geht auch an Wegränder. In den Zentral- und Südalpen zerstreut, in den Kalkalpen vereinzelt. Bevorzugt Höhen zwischen etwa 1200–2700 m.

Wissenswertes: ♃; (☠). Halbschmarotzer, der die Wurzeln anderer Kräuter anzapft. - Ähnlich: Langähriges Läusekraut (*P. elongata* agg.): Traube walzlich, mit zunächst dicht stehenden Blüten; Kelch 7-9 mm; Krone 1,2–1,5 cm; östliche Südalpen; auf Kalk; selten.

Ähren-Läusekraut

Pedicularis rostrato-spicata Cr.
Braunwurzgewächse *Scrophulariaceae*

Beschreibung: 8–14 Blüten (selten mehr oder weniger) stehen - sehr kurz gestielt - in einer länglichen, lockeren Traube am Ende des Stengels. Blüten bis zu 90° um ihre Achse gedreht. Kelch 1–1,2 cm lang, bis auf etwa 2/3 seiner Länge in 5 schmal-3eckige, ganzrandige (Ostalpen) oder fein gezähnte (Westalpen) Zipfel geteilt, die außen und am Rand dicht spinnwebig behaart sind. Blütenkrone 2lippig, 1,2–1,6 cm lang, hellpurpurn; Oberlippe helm- bis sichelförmig, in einen vorwärts-abwärts gerichteten, 4-5 mm langen Schnabel vorgezogen; keine Zähne; Oberlippe (in Aufsicht) nach rechts gekippt; Unterlippe kahl, mindestens so lang wie die Oberlippe; Seitenzipfel größer als Mittelzipfel. Stengel einfach, aufsteigend oder aufrecht, schütter 2zeilig behaart. Blätter in einer Rosette, 5–10 cm lang, 1,5–3 cm breit, bis zum Mittelnerv fiederteilig; Fiedern erneut fiederteilig, randlich gezähnelt; wenige, wechselständige Stengelblätter; Blätter im Blütenstand kürzer als die Blüten, spinnwebig behaart. Juli–August. 20–40 cm.

Vorkommen: Braucht kalkreichen, humos-steinigen Lehmboden. Besiedelt alpine Matten. Sehr selten. Bevorzugt Höhen zwischen etwa 1500–2700 m.

Wissenswertes: ♃; (☠). Die Unterart ssp. *rostrato-spicata* (Kelchzipfel ganzrandig) kommt in den Nördlichen Kalkalpen von den Berchtesgadener Alpen an ostwärts vor; die Unterart ssp. *helvetica* (Steining.) O. Schwarz (Kelchzipfel gezähnt) kommt vom Engadin an westwärts vor. - Ähnlich: Büscheliges Läusekraut (*P. gyroflexa* Vill.): Krone leuchtend rot, 2,5–3,2 cm, Schnabel 2–3 mm lang; Matten, Felsspalten; nur auf Kalk; Westalpen; selten.

Kopfiges Läusekraut

Pedicularis rostrato-capitata CR.
Braunwurzgewächse *Scrophulariaceae*

Beschreibung: 4–10 Blüten (selten mehr oder weniger) stehen - sehr kurz gestielt - in einer etwa so breiten wie langen, ziemlich dichten, kopfig-ährigen Traube am Ende des Stengels. Blüten bis zu 90° um ihre Achse gedreht. Kelch 1–1,4 cm lang, am Grund abgerundet, höchstens bis auf etwa 1/2 seiner Länge in 5 schmale, deutlich gezähnte Zipfel geteilt, am Rande kurz bewimpert, nicht aber auf der Außenfläche behaart, nie spinnwebig. Blütenkrone 2lippig, 1,5–2,5 cm lang, purpurrot; Oberlippe helm- bis sichelförmig, dunkler als die übrige Krone, in einen vorwärts-abwärts gerichteten, 3,5–5 mm langen, abgestutzt-ausgerandeten Schnabel vorgezogen; keine Zähne; Schnabel (in Aufsicht) bogig nach rechts gekrümmt; Unterlippe am Rande kurz bewimpert, mindestens so lang wie die Oberlippe; Seitenzipfel größer als Mittelzipfel. Stengel einfach, am Grunde bogig aufsteigend, zerstreut behaart. Blätter in einer Rosette, 3–10 cm lang, 1–2,5 cm breit, bis fast zum Mittelnerv fiederteilig; Fiedern erneut bis fast auf den Mittelnerv fiederteilig; mit 1–3 mm langen, gezähnten Zipfeln. Blattstiel kahl; wenige, wechselständige Stengelblätter; Blätter im Blütenstand kürzer als die Blüten, kahl. Juni–August. 8–20 cm.

Vorkommen: Braucht kalkreichen, feuchtsteinigen Lehmboden. Besiedelt lückige Matten. Kalkgebiete der Ostalpen; selten. Zwischen etwa 1800–2500 m.

Wissenswertes: ♃; (☠). Halbschmarotzer. - Ähnlich: Bündner Läusekraut (*P. kerneri* DT.): Kelch am Grund verschmälert, kurz behaart; Unterlippe kahl; 5–15 cm; kalkarmer Felsschutt, (westliche) Zentralalpen; bis 3000 m; zerstreut.

Zweiblütiges Läusekraut

Pedicularis portenschlagii SAUT. ex RCHB.
Braunwurzgewächse *Scrophulariaceae*

Beschreibung: 1–3 Blüten (selten mehr) stehen - kurz gestielt - endständig am Stengel. Blüten aufrecht, nicht oder kaum um ihre Achse gedreht. Kelch 1,2–1,6 cm lang, bis auf etwa 3/4 seiner Länge in 5 breit-lanzettliche, deutlich gezähnte, bis an der Spitze fiederteilige und leicht zurückgekrümmte Zipfel geteilt, auf den Nerven flaumig behaart. Blütenkrone 2lippig, 2–2,5 cm lang, tiefrosa bis hellpurpurn; Oberlippe helm- bis sichelförmig; Oberlippe allmählich in einen dunkler gefärbten, kurzen, kegeligen Schnabel auslaufend, der vorn abgestutzt und ausgerandet, aber nicht gezähnt ist; Oberlippe (in Aufsicht) nicht oder nicht wesentlich zur Seite abgebogen. Stengel einfach, aufrecht, 1zeilig, gelegentlich 2zeilig behaart. Blätter in einer Rosette, 2–6 cm lang, 0,5–1,5 cm breit, bis fast zum Mittelnerv fiederteilig; Fiedern tief gezähnelt; wenige, wechselständige Stengelblätter; Blätter im Blütenstand kürzer als die Blüten; alle Blätter kahl, dunkelgrün, etwas glänzend. Juni–August. 2–8 cm.

Vorkommen: Braucht humusreichen, sauren, steinig-lehmigen Boden. Besiedelt lückige alpine Matten über kristallinem Gestein, seltener oberflächlich entkalkte Böden. Vom Lungau bis zum Wiener Schneeberg und in die Seetaler Alpen. Selten.

Wissenswertes: ♃; (☠). Halbschmarotzer. - Endemit der nördlichen und zentralen Ostalpen. - Ähnlich: Farnblättriges Läusekraut (*P. aspleniifolia* FLOERKE ex WILLD.): Nur 2–7 Blüten in kopfiger Traube; Blütenkrone 1,2–1,8 cm lang; Kelch rötlich behaart; Stengel aufsteigend; Blätter 2–4 cm lang, 0,3–1 cm breit; über Kalk; östliche Zentralalpen; selten.

Quirlblättriges Läusekraut

Pedicularis verticillata L.
Braunwurzgewächse *Scrophulariaceae*

Beschreibung: Zahlreiche Blüten stehen – sehr kurz gestielt – in einer gedrungenen, dichten, ährenartig-kopfigen Traube am Ende des Stengels. Blüten nicht abgedreht. Kelch um 5 mm lang, am Grund abgerundet, ungleichmäßig tief bis auf maximal 2/3 seiner Länge in 5 kurze, zahnartig-ganzrandige Zipfel geteilt, außen auf den Nerven behaart. Blütenkrone 2lippig, 1,2–1,5 mm lang, hell purpurrot bis tief rosarot; Oberlippe helmförmig, schnabel- und zahnlos, an der Spitze dunkler gefärbt; Unterlippe kahl, länger als die Oberlippe; Seitenzipfel größer als der Mittelzipfel. Stengel einfach, aufrecht, 4zeilig (aber zuweilen eher schütter als dicht) behaart. Blätter in einer Rosette, 2–6 cm lang, 0,4–1,5 cm breit, praktisch bis zum Mittelnerv fiederteilig; Fiedern wenig tief gezähnt; Blattstiel zumindest basisnah behaart; Stengelblätter zu 3–4 quirlständig, meist deutlich kürzer gestielt und mit etwas kürzerer Spreite als die Rosettenblätter; Blätter im Blütenstand kürzer als die Blüten; alle Blätter nur schütter behaart. Juni–August. 5–20 cm.

Vorkommen: Braucht kalkhaltigen, gut durchsickerten, steinig-humosen Lehmboden in überwiegend kühler, gleichwohl sonniger Lage. Besiedelt Quellränder und Naßstellen in alpinen Matten und Rasen. In Kalkgebieten der Alpen zerstreut, sonst sehr selten. Bevorzugt Höhen zwischen etwa 1000–2800 m; selten bis ins Vorland herabgeschwemmt.

Wissenswertes: ♃; (☠). Halbschmarotzer, der besonders die Wurzeln vom Gewöhnlichen Blaugras (*Sesleria varia*) anzapft. Vermutlich hat dies weniger mit einer strengen Bindung zu tun als damit, daß dieses Blaugras häufig ist.

Sumpf-Läusekraut

Pedicularis palustris L.
Braunwurzgewächse *Scrophulariaceae*

Beschreibung: Zahlreiche Blüten stehen – sehr kurz gestielt – in zunächst gedrungenen, kopfig-ährigen Trauben, die sich im Verlauf der Blütezeit strecken und dabei lockerer werden, am Ende des Stengels und der Zweige. Kelch um 1 cm lang, 2lippig und praktisch 2zipflig; Zipfel gezähnelt; Kelch oft rot überlaufen, nach dem Verblühen aufgeblasen. Blütenkrone 1,2–2,2 cm lang, hellpurpurn bis tiefrosa; Oberlippe helm- bis sichelförmig, vorn abgestutzt, schnabellos, aber jederseits mit einem kleinen, pfriemlichen Zahn; Unterlippe etwas schief, am Rand meist deutlich gewimpert, etwas länger als die Oberlippe; Seitenzipfel größer als der Mittelzipfel. Stengel aufrecht, in der unteren Hälfte in der Regel verzweigt (gutes Kennzeichen, da alle anderen einheimischen Arten nur einfache Stengel besitzen!), meist kahl. Rosette meist armblättrig, zuweilen wenig deutlich; Rosetten- und Stengelblätter unterhalb des Blütenstandes 3–6 cm lang (obere Stengelblätter kleiner), 0,4–1 cm breit, bis auf den Mittelnerv fiederteilig; Fiedern nur kurz gezähnt. Blattstiel an der Basis behaart; Blätter im Blütenstand meist länger als die Blüten, kahl. Mai–Juli. 10–70 cm.

Vorkommen: Braucht basenreichen, aber eher kalkarmen, humos-nassen Boden. Besiedelt Flach- und Zwischenmoore. Im Tiefland, im Alpenvorland und in den Alpen zerstreut, sonst selten und größeren Gebieten fehlend. Geht kaum irgendwo über die Waldgrenze.

Wissenswertes: ⊙; (☠). Halbschmarotzer, der vor allem Riedgräser *(Cyperaceae)* anzapft. Das Sumpf-Läusekraut hat durch Trockenlegung von Mooren und Sümpfen zahlreiche seiner früheren Standorte verloren.

Kopfiges Läusekraut
Pedicularis rostrato-capitata
Sumpf-Läusekraut
Pedicularis palustris
Zweiblütiges Läusekraut
Pedicularis portenschlagii
Quirlblättriges Läusekraut
Pedicularis verticillata

Wald-Läusekraut

Pedicularis sylvatica L.
Braunwurzgewächse *Scrophulariaceae*

Beschreibung: 4–10 Blüten (selten mehr oder weniger) stehen - sehr kurz gestielt - in einer mäßig dichten, kopfig-ährigen Traube am Ende der Stengel. Blüten nicht abgedreht. Kelch 0,9–1,2 cm lang, etwas kantig, bis auf 4/5 seiner Länge in 5 breit-3eckige, unregelmäßig gezähnte Zipfel geteilt, die an der Spitze oft zurückgebogen sind. Blütenkrone 2lippig, 2–2,5 cm lang, rosa, im Schlund oft weißlich; Oberlippe helmförmig, vorn abgestutzt bis abgerundet, am unteren Rand jederseits mit einem kleinen, spitzen Zahn, der nur 0,5–1 mm lang wird; Unterlippe am Rand kahl, kürzer als die Oberlippe; Seitenzipfel etwa so groß wie der Mittelzipfel. Stengel einfach, der mittlere aufrecht, die seitlichen bogig aufsteigend, oft nur schütter, doch stets 2zeilig behaart. Blätter in einer Rosette, 2–3 cm lang, 3–9 mm breit, tief fiederteilig; Fiedern mit unregelmäßigen, um 1 mm langen Zähnen; Blattstiel kahl; wenige, wechselständige Stengelblätter; Blätter im Blütenstand kürzer als die Blüten. Mai–Juli. 5–15 cm.

Vorkommen: Braucht nährstoffarmen, sauer-humosen oder torfigen, wechsel- oder dauerfeuchten Boden. Besiedelt Flachmoore, Quellhorizonte und Naßstellen auf Waldwegen. Fehlt in den Kalkgebieten oder kommt nur vereinzelt auf kalkarmen Flachmooren vor; fehlt in den Alpen östlich einer gedachten Linie vom östlichen Bodensee zum Gardasee; sonst selten und meist nur in individuenarmen Beständen.

Wissenswertes: ♃; (☠). Halbschmarotzer. - Ähnlich: Sudeten-Läusekraut (*P. sudetica* WILLD.): Blüten purpurn; Kelchzähne gekerbt, länger als breit; nur 1 Stengel; Riesengebirge; selten.

Vielblättriges Läusekraut

Pedicularis foliosa L.
Braunwurzgewächse *Scrophulariaceae*

Beschreibung: Zahlreiche Blüten stehen - sehr kurz gestielt - in einer kurz- bis pyramidalwalzlichen, ährenartigen, dichten Traube am Ende des Stengels. Blüten nicht abgedreht. Kelch um 1 cm lang, am Grund abgerundet, vorne mit 5 nur 1–2,5 mm langen, ganzrandigen „Zipfeln", die am Rand - oft dicht - behaart sind. Blütenkrone 2lippig, 2–2,8 cm lang, weißlich-gelb bis schwefelgelb; Oberlippe gedrungen helmförmig, vorn abgerundet, ohne Schnabel und Zähne, außen ziemlich dicht und abstehend behaart; Unterlippe abstehend, etwa so lang wie die Oberlippe, kahl; Zipfel der Unterlippe oft ungleich groß, Mittelzipfel kleiner; Schlund oft wulstig. Stengel einfach, aufrecht, kahl oder schütter behaart. Blätter in einer Rosette und wechselständig am Stengel, 10–25 cm lang, 3–8 cm breit, tief fiederig geteilt; Fiedern nochmals tief fiederteilig, Abschnitte gezähnt; Blattstiele behaart; Blätter im Blütenstand länger als die Blüten, schütter behaart. Mai–August. 20–50 cm.

Vorkommen: Braucht kalkhaltigen, steinigen, frischen Lehmboden. Besiedelt Magerrasen und alpine Matten. Vereinzelt im nordwestlichen Schwäbischen Jura, selten in den Südvogesen und im südlichen Schweizer Jura; vor allem in den Nördlichen Kalkalpen zwischen etwa 1200–2500 m; hier zerstreut.

Wissenswertes: ♃; (☠); ▽. Halbschmarotzer. - Entfernt ähnlich: Stengelloses Läusekraut (*P. acaulis* SCOP.): Blüten kurz gestielt, grundständig; Krone 3–4 cm lang, weiß, rot überlaufen; Oberlippe randlich behaart; Südostalpen; selten. - Venezianisches Läusekraut (*P. hacquetii* GRAF): Oberlippe außen kahl, Kelch flaumig; von den Dolomiten an ostwärts; selten.

Vielblättriges Läusekraut
Pedicularis foliosa
Karlszepter
Pedicularis sceptrum-carolinum
Wald-Läusekraut
Pedicularis sylvatica
Gestutztes Läusekraut
Pedicularis recutita

Gestutztes Läusekraut

Pedicularis recutita L.
Braunwurzgewächse *Scrophulariaceae*

Beschreibung: Zahlreiche (30–70) Blüten stehen - sehr kurz gestielt - in einer dickwalzlichen, gedrungenen, aber eher langen als kopfigen Traube am Ende des Stengels. Blüten nicht abgedreht. Kelch um 7 mm lang, am Grunde verschmälert, bis auf etwa 2/3 seiner Länge in 5 mäßig breit-3eckige, ganzrandige, am Rande bewimperte Zipfel geteilt; Kelch sonst kahl. Blütenkrone 2lippig, 1,2–1,5 cm lang, hell gelbgrün und mehr oder weniger vollständig und intensiv trüb rosa-braunrot-violett überlaufen; Oberlippe flach helmförmig, vorn abgerundet, schnabel- und zahnlos; Unterlippe kürzer und heller als die Oberlippe, kahl; alle Zipfel meist etwa gleich groß, mittlerer zuweilen etwas kleiner. Stengel einfach, aufrecht, kahl. Blätter in einer Rosette, 6–20 cm lang, 1–3 cm breit; Spreite nicht ganz bis zum Mittelnerv fiederteilig; Fiedern erneut fiederteilig; Zipfel 1–3 mm lang, fein gezähnt; Blattstiel kahl; Stengelblätter wechselständig, nach oben kleiner werdend; Blätter im Blütenstand kürzer als die Blüten, kahl. Juni–August. 20–50 cm.

Vorkommen: Braucht gut durchsickerten, kalkhaltigen oder sonst basischen, steinigen Lehm- oder Tonboden. Besiedelt Stellen mit austretendem Hangdruckwasser und Ufer. Kalkalpen selten, sonst sehr selten; von Ost nach West seltener werdend. Bevorzugt in Höhen zwischen etwa 1300–2500 m.

Wissenswertes: ♃; (☠). Halbschmarotzer; zapft überwiegend Gräser an, häufig die Rasen-Schmiele (*Deschampsia cespitosa*), geht aber auch auf Riedgräser oder Kräuter und Stauden der typischen Ufervegetation. Gelbblühende Farbmutanten sind selten.

Karlszepter

Pedicularis sceptrum-carolinum L.
Braunwurzgewächse *Scrophulariaceae*

Beschreibung: 6–18 Blüten (selten mehr oder weniger) stehen - sehr kurz gestielt - in einer unten lockeren, oben dichter werdenden, langwalzlichen, ährenähnlichen Traube am Ende des Stengels. Kelch 1–1,5 cm lang, am Grund verschmälert, auf 4/5–1/2 seiner Länge in 5 längliche Zipfel geteilt, die zumindest vorne fein und unregelmäßig gezähnelt und zuweilen rötlich überlaufen und umrandet sind. Blütenkrone 2lippig, 3–4 cm lang, hellgelb, an der Spitze der Unterlippe weinrot überlaufen; Oberlippe flach helmförmig, abgerundet, zahnlos, am unteren Rand oft zottig bewimpert (Lupe!); Unterlippe meist über den Vorderrand der Oberlippe greifend, den Schlund durch die übereinandergeschlagenen Seitenlappen verschließend. Stengel einfach, aufrecht, kahl. Blätter in einer Rosette, 5–20 cm lang, 1–4 cm breit, gestielt; Spreite kahl oder unterseits dünn flaumig behaart, bis fast auf den Mittelnerv fiedrig in breite Abschnitte geteilt; Abschnitte erneut fiederteilig, ihre eiförmigen Zipfel fein gezähnelt. Stengelblätter ähnlich, wechselständig. Juni–August. 0,3–1 m.

Vorkommen: Braucht nassen, neutral-humosen, oft kiesdurchsetzten Boden. Besiedelt Flachmoore und staudenreiche Sumpfwiesen; vereinzelt in Mecklenburg-Vorpommern, im südlichen Fränkischen Jura, im Bayerischen Wald, in Oberschwaben, im Alpenvorland und in den Talflachmooren am Fuß der Nördlichen Kalkalpen sowie in der Steiermark; fehlt in der Schweiz. Eiszeitrelikt.

Wissenswertes: ♃; (☠); ▽. Halbschmarotzer. - Hummeln drücken beim Bestäuben die Lippen auseinander, die sich danach nicht mehr zu schließen vermögen.

Braunwurzgewächse *Scrophulariaceae* ▶

Läusekraut *Pedicularis*
Schuppenwurz *Lathraea*

Sommerwurzgewächse *Orobanchaceae* ▶

Sommerwurz *Orobanche*

Buntes Läusekraut

Pedicularis oederi VAHL
Braunwurzgewächse *Scrophulariaceae*

Beschreibung: 10–30 Blüten (selten mehr oder weniger) stehen – sehr kurz gestielt – in einer dichten, kurzwalzlichen, ährenähnlichen Traube am Ende des Stengels. Blüten nicht abgedreht. Kelch um 1 cm lang, am Grunde abgerundet, höchstens auf 3/4 seiner Länge in 5 breit-3eckig abgestumpfte, ganzrandige Zipfel geteilt, die am Rand – wie die Außenfläche des Kelchs insgesamt – mäßig dicht behaart sind. Blütenkrone 2lippig, 1,8–3 cm lang, hellgelb, beidseits an der Spitze der Oberlippe mit purpurroten Flekken; Oberlippe helmförmig, spitzlich zulaufend, nicht geschnäbelt, zahnlos; Unterlippe etwa so lang wie die Oberlippe, kahl, den Schlund nicht verschließend. Stengel einfach, aufrecht, kahl oder 4zeilig behaart. Blätter in einer Rosette, 3–8 cm lang, 0,7–1,5 cm breit, gestielt, bis auf den Mittelnerv fiederteilig; keine oder nur wenige, wechselständige Stengelblätter, die kleiner als die Rosettenblätter sind; Blätter im Blütenstand kürzer als die Blüten, am Rande behaart. Juni–August. 5–12 cm.

Vorkommen: Braucht kalkreichen, feuchten, steinig-humosen Lehmboden. Besiedelt alpine Matten und steinige Rasen, geht aber gelegentlich auch ins Zwergstrauchgebüsch. Kalkgebiete der Alpen; bevorzugt in Höhen zwischen etwa 1500–2500 m; selten.

Wissenswertes: ♃; (☠). Halbschmarotzer; zapft die Wurzeln von Blaugras und Polster-Segge an. – Entfernt ähnlich: Rosarotes Läusekraut (*P. rosea* WULF.): Blüten in kopfiger, ährenähnlicher Traube; Kelchzipfel kurz, ganzrandig; Kelch außen nicht spinnwebig behaart; Blütenkrone 1,2–1,8 cm lang, rosa bis lila; Südwestalpen; selten. Juli–August. 3–15 cm.

Schuppenwurz

Lathraea squamaria L.
Braunwurzgewächse *Scrophulariaceae*

Beschreibung: 10–30 Blüten (sehr selten mehr oder weniger) stehen – kurz gestielt – in einer dichten, oben (zumindest bei Blühbeginn) nickenden, ja etwas überhängenden, einseitswendigen Traube. Kelch glockig, um 1 cm lang, auf etwa 3/4–1/2 seiner Länge in 5 breit-lanzettliche bis 3eckige Zipfel geteilt; Kelch – wie die Blütenstiele – drüsig behaart. Blütenkrone 2lippig, 1,5–2 cm lang, hellrosa bis hellviolett; Oberlippe etwas seitlich zusammengedrückt; Unterlippe heller als die Oberlippe, oft weißlich und entlang ihrer Mittelachse mit purpurner Flekkung. Stengel weiß oder rosa, fleischig. Blätter am Stengel wechselständig, schuppenförmig, weißlich bis blaß rötlich. Rhizom fleischig, bleich rötlich, mit schuppigen, blaß rosafarbenen Blättern dicht besetzt. April–Mai. 5–20 cm.

Vorkommen: Braucht gut durchsickerten, kalkhaltigen, mullreich-lockeren Lehm- oder Tonboden. Vollschmarotzer auf Erlen, Hasel oder Pappeln. Besiedelt uferbegleitende Gehölze und Auwälder, seltener andere Laubholzgesellschaften. Im Tiefland östlich der Elbe und im Alpenvorland zerstreut, sonst nur vereinzelt; fehlt größeren Gebieten, z. B. auf Sandböden. Steigt kaum bis zur Laubwaldgrenze.

Wissenswertes: ♃; (☠). Enthält Aucubin. – Bildet kein Blattgrün. Zapft nur Wasserleitgefäße (keine Siebröhren) in den Wurzeln an und ernährt sich vom „Blutungssaft", der neben Mineralien auch organische Stoffe, vor allem Zukker enthält. Die Samen keimen nur in der Nähe von Wurzeln potentieller Wirtspflanzen. Bevorzugt werden die oben genannten Gattungen, doch sind auch Ulme, Buche, Hainbuche, Esche und Berberitze als Wirte bekanntgeworden.

Ästige Sommerwurz

Orobanche ramosa L.
Sommerwurzgewächse *Orobanchaceae*

Beschreibung: Zahlreiche Blüten stehen in lockeren, langwalzlichen Ähren am Ende des Stengels und der - in der Regel vorhandenen - Zweige. Zwischen Kelch und Tragblatt befinden sich an jeder Blüte 2 schmal-lanzettliche Vorblätter, die kürzer als der Kelch bleiben. Kelch glokkenförmig, um 7 mm lang, verwachsen, vorn 4–5teilig. Krone 2lippig, 1–1,8 cm lang, an der Basis der Röhre verengt und kaum 3 mm im Durchmesser, gelblich-weißlich, gegen den Rand zu blauviolett überlaufen, außen schütter drüsigflaumig; Oberlippe vorgestreckt, eingekerbt-2lappig; Unterlippe mit 3 etwa gleich großen, abgerundeten oder stumpflichen Zipfeln, die ganzrandig oder gekräuselt-gezähnelt sein können und die oft herabgeschlagen sind; Narbe weiß bis lila. Stengel meist verzweigt (bei allen anderen mitteleuropäischen Arten einfach! Sicheres Kennzeichen!), blaßgelb, schütter drüsig behaart, lokker beschuppt, dünn, an der Basis wenig knollig verdickt. Schuppen am Stengel 0,5–1 cm lang. Tragblätter um 7 mm lang, am Grund 2–3 mm breit, lanzettlich. Juli–September. 10–30 cm.

Vorkommen: Besiedelt Hackfruchtkulturen auf nährstoffreichen, tonigen Sandböden in Gegenden mit sommerwarmem Klima. Vereinzelt am Mittelrhein, am nördlichen Oberrhein, an der Mosel, in der Südwestschweiz; ist mit dem Rückgang des Hanfanbaus weithin aus Mitteleuropa verschwunden.

Wissenswertes: ⊙; ▽. Vollschmarotzer, dem Chlorophyll fehlt; befällt Hanf *(Cannabis sativa)* und Tabak *(Nicotiana)*, seltener Nachtschatten-Arten (*Solanum*, u. a. Kartoffeln) oder Meerrettich (*Armoracia rusticana)*; gilt deshalb als Nutzpflanzenschädling.

Sand-Sommerwurz

Orobanche arenaria BORKH.
Sommerwurzgewächse *Orobanchaceae*

Beschreibung: Zahlreiche Blüten stehen in einer ziemlich dichten, 5–15 cm langen, walzlichen Ähre am Ende des Stengels. Zwischen Kelch und Tragblatt befinden sich an jeder Blüte 2 schmal-lineale Vorblätter, die kürzer als der Kelch bleiben. Kelch glockig, 1,2–1,8 cm lang, verwachsen, vorn auf etwa 1/2 seiner Länge 4–5teilig. Krone 2lippig, 2,2–3,5 cm lang, an der Basis der Röhre verengt und dort mit 3–4 mm Durchmesser, überwiegend blauviolett, gegen die Basis zuweilen gelblich, außen behaart; Oberlippe mit 2 oft zugespitzten und zurückgeschlagenen Lappen; Unterlippe etwas länger als die Oberlippe, mit 3 etwa gleich großen, rundlicheiförmigen Lappen, deren Falten weiß behaart sind; Narbe weiß bis lila. Stengel einfach, blaßgelb bis blaßlila, mäßig dick, an der Basis wenig knollig verdickt. Schuppen am Stengel 1–2 cm lang, die oberen lanzettlich, abstehend, die unteren sich dachziegelig deckend. Tragblätter 1,5–2 cm lang, lanzettlich. Juni–Juli. 15–50 cm.

Vorkommen: Besiedelt Sandrasen und magere, kalkhaltige Halbtrockenrasen, vorzugsweise auf Lößboden; wärmeliebend. Sehr selten in Sachsen-Anhalt, an Mittelrhein und unterer Mosel, in der Pfalz und an der Bergstraße, am mittleren Main und im Kaiserstuhl; in der Südwestschweiz, im östlichen Österreich und am Alpensüdfuß selten.

Wissenswertes: ⊙; ▽. Vollschmarotzer ohne Blattgrün; befällt Feld-Beifuß, seltener Wermut oder Gewöhnlichen Beifuß *(Artemisia)*. – Ähnlich: Blaugraue Sommerwurz (*O. caesia* RCHB.): Blüten 1,5–2,5 cm lang; Stengel weißwollig; auf Österreichischem und Pontischem Beifuß. Östliches Österreich; selten.

Sand-Sommerwurz
Orobanche arenaria
Buntes Läusekraut
Pedicularis oederi
Schuppenwurz
Lathraea squamaria
Ästige Sommerwurz
Orobanche ramosa

Violette Sommerwurz

Orobanche purpurea JACQ.
Sommerwurzgewächse *Orobanchaceae*

Beschreibung: Zahlreiche Blüten stehen in einer zunächst dichten, im Verlauf der Blütezeit sich auflockernden und zuletzt 5–15 cm langen Ähre am Ende des Stengels. Zwischen Kelch und Tragblatt befinden sich an jeder Blüte 2 schmal-lanzettliche Vorblätter, die kürzer als der Kelch bleiben. Kelch glockenförmig, 0,8–1,5 cm lang, auf knapp 1/2 seiner Länge in 4–5 lanzettliche Zipfel geteilt. Krone 2lippig, 1,8–2,5 cm lang, an der Basis der Röhre verengt und oberhalb des Fruchtknotens 3–4 mm im Durchmesser, vorn lila, dunkler geadert, gegen die Basis gelblich-weiß, außen schütter drüsig behaart; Oberlippe mit 2 kleinen, eiförmigen, zurückgeschlagenen Lappen; Unterlippe mit 3 etwa gleich großen, geschweiften oder gezähnelten Lappen; Narbe weiß bis lila. Stengel aufrecht, meist violett überlaufen, undeutlich mehlstaubig-drüsig, oben sehr locker, unten dichter beschuppt, an der Basis nur wenig knollig verdickt. Schuppen am Stengel 0,7–2 cm lang. Tragblätter 0,8–1,5 cm lang, lanzettlich. Mai–August. 15–50 cm.

Vorkommen: Besiedelt trockene Rasen und Wiesen auf lockeren Lehmböden. Im Tiefland vereinzelt; zwischen Neckar und Mosel, am Mittelrhein, im Hessischen Bergland, auf der Schwäbischen Alb, in der Südwestschweiz, in den zentralalpinen Tälern, im östlichen Österreich und am Alpensüdfuß selten.

Wissenswertes: ⊙; ▽. Vollschmarotzer, dem Chlorophyll fehlt. Befällt vor allem Schafgarbe (*Achillea millefolium* agg.), sehr selten andere Korbblüten- oder auch Lippenblütengewächse. Die Violette Sommerwurz ist durch die Intensivierung der Landwirtschaft in den letzten Jahrzehnten stark zurückgegangen.

Bläuliche Sommerwurz

Orobanche coerulescens STEPH.
Sommerwurzgewächse *Orobanchaceae*

Beschreibung: Zahlreiche Blüten stehen in einer 4–10 cm langen und 2–4 cm dicken, dichten, oft gedrungen-walzlichen oder eiförmigen Ähre am Ende des Stengels. Zwischen Kelch und Tragblatt befinden sich keine Vorblätter. Kelch aus 2 getrennten, ei-lanzettlichen, meist 2spaltigen (sehr selten auch 3spaltigen) Hälften, die außen fast spinnwebig-wollig behaart sind. Krone 2lippig, 1,5–2 cm lang, an der Basis der Röhre verengt und dort 3–4 mm im Durchmesser, hellblau bis blauviolett, außen meist ziemlich dicht und fast spinnwebig-wollig, sehr selten nur schütter behaart; Oberlippe mit 2 kurzen, breiten, rundlich-gestutzten Lappen, die am Rand etwas gekerbt und kahl sind; Unterlippe vorgestreckt, etwas nach unten geschlagen, länger als die Oberlippe, mit 3 etwa gleich großen, gezähnelten, weißfaltigen Lappen; Narbe gelblich-weiß, am Übergang zum Griffel auch lila. Stengel kräftig, gelblich, unten praktisch kahl, oberwärts spinnwebig-weißwollig behaart, dicht mit Schuppenblättern bestanden, an der Basis etwas knollig verdickt. Schuppen am Stengel 0,7–1,7 cm lang, breit-lanzettlich, die unteren kahl, die oberen außen wollig. Juni–Juli. 10–30 cm.

Vorkommen: Besiedelt Halbtrockenrasen in sommerwarmen Lagen. Vereinzelt an der Bergstraße und im östlichen und südöstlichen Fränkischen Jura; sehr selten in Niederösterreich und im Burgenland.

Wissenswertes: ⊙–♃; ▽. Vollschmarotzer, dem Chlorophyll fehlt; befällt vor allem Feld-Beifuß *(Artemisia campestris)*, geht aber anscheinend auch auf Schafgarbe *(Achillea millefolium)*. Die Art war bei uns immer selten, ist aber neuerdings weiter zurückgegangen.

Weiße Sommerwurz
Orobanche alba
Violette Sommerwurz
Orobanche purpurea
Distel-Sommerwurz
Orobanche reticulata
Bläuliche Sommerwurz
Orobanche coerulescens

Weiße Sommerwurz

Orobanche alba STEPH. ex WILLD.
Sommerwurzgewächse *Orobanchaceae*

Beschreibung: 8–20 Blüten (selten mehr oder weniger) stehen in einer zunächst mäßig dichten, später lockeren, walzlich-eiförmigen Ähre, die 5–10 cm lang und 2–4 cm breit wird, am Ende des Stengels. Zwischen Kelch und Tragblatt befinden sich keine Vorblätter. Kelch 0,8–1,6 cm lang, aus 2 gespaltenen (selten auch ungeteilten), freien oder ganz an der Basis miteinander verwachsenen Hälften. Blütenkrone 2lippig, 1,5–2,5 cm lang, an der Basis der Röhre wenig verengt und oberhalb des Fruchtknotens um 7 mm im Durchmesser, mit wenig gebogenem Rücken, gelblich-weiß, gegen den Rand purpurn überlaufen und mit violetten Adern, außen mäßig dicht drüsig behaart; Oberlippe ganzrandig oder ausgerandet, selten 2lappig; Unterlippe mit 3 abgerundeten Lappen, die am Rand gezähnelt sind; Narbe meist rotbraun, sehr selten gelb. Stengel einfach, meist rötlich, schlank, am Grund nur wenig knollig verdickt, drüsig behaart. Untere Schuppen am Stengel länglich, kahl; obere Schuppen schmäler, drüsig behaart, 0,6–2,5 cm lang. Tragblätter höchstens 2/3 so lang wie die Blüte. Mai–August. 10–30 cm.

Vorkommen: Braucht kalkhaltigen, steinigen oder sandigen Lehmboden, geht auch auf Löß. Besiedelt Halbtrockenrasen; kommt nördlich von Mosel und Main nur vereinzelt vor; in der Pfalz, in den Muschelkalkgebieten an Main und Neckar, in warmen Lagen des Schwäbisch-Fränkischen und des Schweizer Jura, im Alpenvorland und in den Kalkalpen selten.

Wissenswertes: ⊙–♃; ▽. Vollschmarotzer, dem Chlorophyll fehlt; befällt vor allem Thymian-Arten *(Thymus)*, sehr selten auch andere Arten der Lippenblütengewächse.

Distel-Sommerwurz

Orobanche reticulata WALLR.
Sommerwurzgewächse *Orobanchaceae*

Beschreibung: 8–20 Blüten (selten mehr oder weniger) stehen in einer dichten, 5–12 cm langen, 2–4 cm breiten, walzlichen Ähre am Ende des Stengels. Zwischen Kelch und Tragblatt befinden sich keine Vorblätter. Kelch 0,7–1,2 cm lang, aus 2 gespaltenen, freien, höchstens unten verwachsenen Hälften. Blütenkrone 2lippig, 1,5–2,5 cm lang, oberhalb des Fruchtknotens um 7 mm im Durchmesser, mit wenig gebogenem Rücken, hellgelb, vorn purpurn überlaufen, mit rötlichen Adern, außen dicht dunkeldrüsig behaart; Oberlippe in der Regel 2lappig; Unterlippe mit 3 gleich großen, faltigen, gezähnelten Lappen; Narbe purpurviolett, sehr selten gelb. Stengel einfach, gelblich, rötlich oder purpurn, schlank, drüsig behaart. Schuppen am Stengel sehr locker angeordnet, gegen den Grund oft etwas dichter als in der oberen Stengelhälfte, alle schmal-lanzettlich, 1-2,5 cm lang, untere kahl, obere drüsig behaart. Tragblatt fast so lang wie die Blüte. Juni–September. 30–80 cm.

Vorkommen: Braucht kalkhaltigen, steinig-sandigen Lehmboden. Besiedelt Halbtrockenrasen, Dünen, Raine, Ödland. Im Tiefland westlich der Elbe vereinzelt, östlich der Elbe sehr selten, ebenso im Harz, am Nieder- und Oberrhein, im Alpenvorland, im Schweizer Jura und Mittelland, in den Kalkalpen; im südlichen und östlichen Österreich selten.

Wissenswertes: ⊙–♃; ▽. Vollschmarotzer, ohne Chlorophyll; ssp. *pallidiflora* (WIMM. et GRAB.) HAYEK (Blüten gelblich, nur die Spitze purpurn) befällt Disteln *(Carduus, Cirsium)*; die ssp. *reticulata* (Blüten violett, nur am Grund gelblich) befällt außer *Carduus* und *Carlina* auch die Wiesen-Witwenblume *(Knautia arvensis)*.

Bitterkraut-Sommerwurz

Orobanche picridis F. W. SCHULTZ
Sommerwurzgewächse *Orobanchaceae*

Beschreibung: Zahlreiche Blüten stehen in einer unten eher lockeren, oben dichteren, walzlichen Ähre am Ende des Stengels. Zwischen Kelch und Tragblatt befinden sich keine Vorblätter. Kelch 1–1,5 cm lang, aus 2 freien, bis auf 1/2 ihrer Länge 2spaltigen Hälften, die vorn spitz auslaufen, oft violett überlaufen und stets drüsig behaart sind. Krone 2lippig, 1,5–2 cm lang, oberhalb des Fruchtknotens um 5 mm im Durchmesser, gelblich-weiß, auf der Oberlippe oft violett überlaufen, violett geadert, drüsig behaart; Oberlippe ausgerandet oder 2lappig, Lappen stumpf, abstehend; Unterlippe mit 3 fast gleich großen Lappen, die tief faltig und am Rand ungleich gezähnelt sind; Narbe purpurviolett. Stengel schlank, am Grund kaum verdickt, gelblich-weiß oder violett überlaufen, drüsig behaart. Schuppenblätter locker am Stengel stehend, 1–2 cm lang, schmal-lanzettlich und in eine lange Spitze auslaufend, mittlere und obere drüsig behaart, unterste meist kahl. Tragblatt etwa so lang wie die Blüte. Juni–Juli. 10–40 cm.

Vorkommen: Besiedelt lückige, eher trokkene Rasen auf zumindest mäßig stickstoffsalzhaltigen Böden. Kommt vereinzelt in der Südpfalz, an der oberen Mosel, an der Bergstraße und im Harzvorland vor; im östlichen Österreich sehr selten.

Wissenswertes: ⊙–♃; ▽. Vollschmarotzer, dem Chlorophyll fehlt; auf Bitterkraut (*Picris*), aber auch auf Pippau (*Crepis*) und wohl auch auf Wilder Möhre (*Daucus carota*). – Die Bitterkraut-Sommerwurz wird neuerdings mit der Beifuß-Sommerwurz (*O. loricata* RCHB., rechts) zur Sammelart *O. loricata* agg. zusammengefaßt.

Beifuß-Sommerwurz

Orobanche loricata RCHB.
Sommerwurzgewächse *Orobanchaceae*

Beschreibung: Zahlreiche Blüten stehen in einer unten eher lockeren, oben dichteren, walzlichen Ähre am Ende des Stengels. Zwischen Kelch und Tragblatt befinden sich keine Vorblätter. Kelch 1–1,5 cm lang, aus 2 freien, bis auf etwa 1/4 (jedenfalls bis auf mehr als 1/2) ihrer Länge 2spaltigen Hälften, die vorn spitz auslaufen, oft violett überlaufen und stets drüsig behaart sind. Krone 2lippig, 1,5–2 cm lang, oberhalb des Fruchtknotens um 5 mm im Durchmesser, gelblich-weiß, auf der Oberlippe oft violett überlaufen, violett geadert, drüsig behaart; Oberlippe besonders stark kurz vor dem Vorderrand gebogen, ausgerandet oder 2lappig, Lappen stumpf, abstehend; Unterlippe mit 3 fast gleich großen Lappen, die faltig und am Rand ungleich gezähnelt sind; Narbe purpurviolett. Stengel schlank, am Grund kaum verdickt, gelblichbräunlich oder – häufiger – purpurviolett überlaufen, schütter behaart. Schuppenblätter unten dicht, oben lockerer am Stengel stehend, die unteren schmal-lanzettlich, die oberen zum Teil eiförmig-3eckig, 0,5–2,5 cm lang, die untersten kahl, die oberen drüsig behaart. Tragblatt so lang wie die Blüte. Juni–August. 15–60 cm.

Vorkommen: Besiedelt Halbtrockenrasen, Raine und Wegränder. Kommt sehr selten in Thüringen und Sachsen-Anhalt, in Niederösterreich, im südlichen Schweizer Jura, im Wallis und am Alpensüdfuß vor.

Wissenswertes: ⊙–♃; ▽. Vollschmarotzer, dem Chlorophyll fehlt; befällt vor allem Feld-Beifuß, selten auch andere Beifuß-Arten (*Artemisia*). – *O. loricata* RCHB. wird mit *O. picridis* F. W. SCHULTZ (s. links) zur Sammelart *O. loricata* agg. zusammengefaßt.

Gelbe Sommerwurz

Orobanche lutea BAUMG.
Sommerwurzgewächse *Orobanchaceae*

Beschreibung: Zahlreiche Blüten stehen in einer ziemlich dichten - oft auch unten kaum aufgelockerten - walzlichen Ähre, die 5-15 cm lang und 2,5-5 cm dick sein kann. Zwischen Kelch und Tragblatt befinden sich keine Vorblätter. Kelch 1-1,7 cm lang, aus 2 freien (sehr selten im unteren Drittel verwachsenen), tief 2-3spaltigen Hälften, die reichlich drüsig behaart sind. Krone 2lippig, 2,5-3 cm lang, oberhalb des Fruchtknotens um 7 mm im Durchmesser, gelb, aber meist rot-bräunlich überlaufen und mit zahlreichen, hellen Drüsenhaaren bestanden; Oberlippe überall, aber vor dem Rand besonders deutlich gebogen, ausgerandet oder 2lappig; Lappen vorgestreckt oder nach oben geschlagen; Unterlippe herabgeschlagen, mit 3 abgerundet-gestutzten Lappen, die am Rand gezähnelt und sehr spärlich drüsig behaart, oft auch kahl sind; Narbe gelb. Stengel mäßig schlank bis kräftig wirkend, gelb, braun oder purpurn, drüsig behaart, unten dicht, oben nur locker beschuppt; Schuppen 1,5-2,5 cm lang, schmal-lanzettlich, etwas abstehend. Tragblatt 2/3 so lang oder ebenso lang wie die Blüte. Mai-Juli. 30-45 cm.

Vorkommen: Besiedelt Halbtrockenrasen und lichte Trockengebüsche, vorzugsweise auf lockeren, kalkhaltigen Lehm- oder Lößböden, geht aber auch in Luzernefelder und auf Ödland. Im Harzvorland, im Weinbaugebiet vom Oberrhein zum Mittelrhein, an der Mosel und am Main vereinzelt; im Alpenvorland, im Schwäbisch-Fränkischen und Schweizer Jura, im Wallis, in den Kalkalpen und am Alpensüdfuß selten.

Wissenswertes: ⊙-♃; ▽. Blattgrünloser Vollschmarotzer auf Arten der Klee-Gruppe (*Medicago, Trifolium, Melilotus*).

Labkraut-Sommerwurz

Orobanche caryophyllacea SM.
Sommerwurzgewächse *Orobanchaceae*

Beschreibung: 10-25 Blüten (sehr selten mehr oder weniger) stehen in einer lockeren, walzlichen Ähre, die 6-20 cm lang werden kann. Zwischen Kelch und Tragblatt befinden sich keine Vorblätter. Kelch 1-1,7 cm lang, aus 2 freien, bis auf 1/2 ihrer Länge 2spaltigen, gelegentlich auch ungeteilten Hälften, die vorn spitz zulaufen, oft purpurn und an der Spitze bräunlich überlaufen und stets drüsig behaart sind. Krone 2lippig, 2-3,5 cm lang, oberhalb des Fruchtknotens um 8 mm im Durchmesser, hellgelb bis braunrot, in der unteren Hälfte oft hell weinrötlich überhaucht; Oberlippe zuerst gleichmäßig, vor dem Rand stärker gekrümmt und hier fast waagrecht, ausgerandet bis ausgeschweift; Unterlippe etwas herabgeschlagen, mit 3 fast gleich großen, längsfaltigen, gezähnelten Lappen; Narbe dunkel purpurrot bis braun. Stengel schlank wirkend, gelb-rötlich, drüsig behaart, unten reichlich, oben nur sehr schütter beschuppt. Schuppenblätter 0,5-3 cm lang, breit-lanzettlich, drüsig behaart. Tragblatt mindestens 2/3 so lang wie die Blüte, meist knapp ebenso lang, frühzeitig verbräunend. Mai-August. 15-50 cm.

Vorkommen: Besiedelt Halbtrockenrasen und lichte, trockene Gebüsche und Waldsäume, vorzugsweise auf kalkhaltigen Lehm- oder Lößböden. In den Mittelgebirgen mit Kalkböden, vor allem im gesamten Jura selten, in den Kalkalpen nur in den Föhntälern, im Alpenvorland vereinzelt.

Wissenswertes: ⊙-♃; ▽. Vollschmarotzer, dem Chlorophyll fehlt; befällt vorzugsweise Labkraut-Arten (*Galium*, vor allem *G. mollugo* und *G. verum*). Die Blüten duften nach Nelken (caryophyllon, griech. = Nelke).

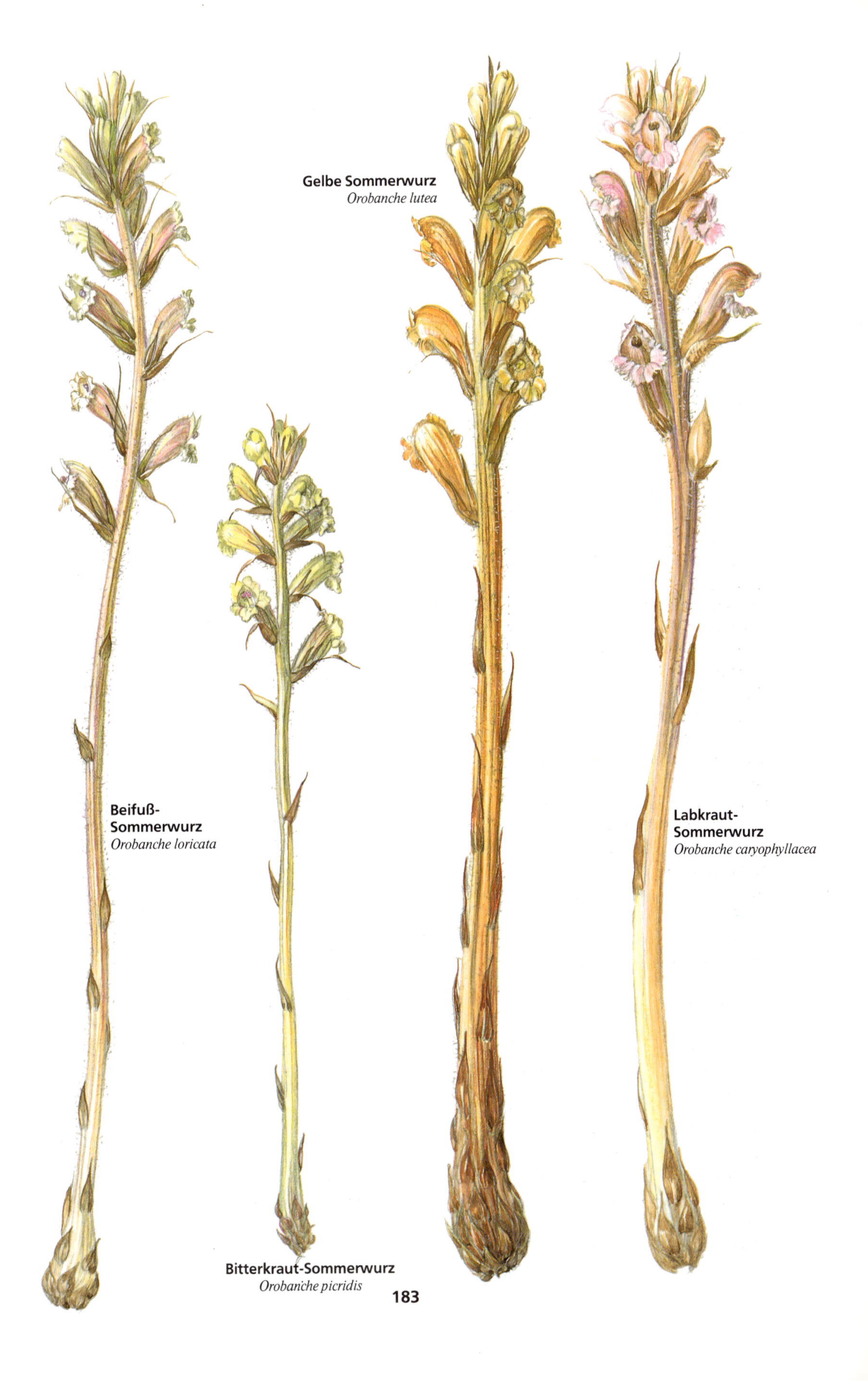
Gelbe Sommerwurz
Orobanche lutea
Beifuß-
Sommerwurz
Orobanche loricata
Labkraut-
Sommerwurz
Orobanche caryophyllacea
Bitterkraut-Sommerwurz
Orobanche picridis

Gamander-Sommerwurz

Orobanche teucrii HOLANDRE
Sommerwurzgewächse *Orobanchaceae*

Beschreibung: 4–16 Blüten (sehr selten mehr oder weniger) stehen in einer lockeren, walzlichen Ähre, die 3–10 cm lang werden kann. Zwischen Kelch und Tragblatt befinden sich keine Vorblätter. Kelch 0,8–1,2 cm lang, aus 2 freien, bis auf 1/2 ihrer Länge 2spaltigen, gelegentlich auch ungeteilten Hälften, die vorn spitz zulaufen, oft purpurn und an der Spitze bräunlich überlaufen und stets drüsig behaart sind. Krone 2lippig, 2–3 cm lang, oberhalb des Fruchtknotens um 7 mm im Durchmesser, gelblich bis bräunlich und lila überhaucht; Oberlippe zuerst gleichmäßig, vor dem Rand stärker gekrümmt und hier fast waagrecht, ausgerandet bis ausgeschweift; Unterlippe herabgebogen, mit 3 nahezu 4eckigen gezähnelten Lappen; Narben purpurrot bis braun. Stengel eher gedrungen-kräftig als schlank, bleichgelb, drüsig behaart, unten reichlich, oben locker beschuppt. Schuppenblätter 0,5–1,5 cm lang, breit-lanzettlich, drüsig behaart. Tragblatt mindestens 2/3 so lang wie die Blüte, meist knapp ebenso lang. Mai–August. 10–30 cm.

Vorkommen: Besiedelt Halbtrocken- und Trockenrasen, seltener lichte Trockengebüsche, vorzugsweise auf kalkhaltigen Lehm- oder Lößböden. In den Mittelgebirgen mit Kalkböden, vor allem im gesamten Jura selten; in den Kalkalpen und im Alpenvorland sowie im östlichen Österreich nur vereinzelt.

Wissenswertes: ⊙–♃; ▽. Vollschmarotzer, dem Chlorophyll fehlt; befällt wohl nur Gamander-Arten (*Teucrium*, meist *T. chamaedrys* und *T. montanum*). Die Wirtspflanze sollte zweifelsfrei ermittelt werden; sitzt der Schmarotzer auf Labkraut (*Galium*), liegt eine Verwechslung mit der Labkraut-Sommerwurz (S. 182) vor.

Ginster-Sommerwurz

Orobanche rapum-genistae THUILL.
Sommerwurzgewächse *Orobanchaceae*

Beschreibung: Zahlreiche Blüten sitzen in einer dichten, walzlichen Ähre, die 15–30 cm lang und 3–4 cm dick werden kann. Zwischen Kelch und Tragblatt befinden sich keine Vorblätter. Kelch 0,8–1,5 cm lang, aus 2 freien, bis auf 1/2 ihrer Länge 2spaltigen, gelegentlich auch ungeteilten Hälften, die vorn spitz zulaufen und stets drüsig behaart sind. Krone 2lippig, 2–2,5 cm lang, oberhalb des Fruchtknotens um 8 mm im Durchmesser, gelblich bis rotbraun; Oberlippe helmartig gewölbt, ausgerandet, gerade vorgestreckt; Unterlippe ungleich 3lappig; Mittellappen oft fast doppelt so groß wie die Seitenlappen; Lappen gezähnelt, nur schütter drüsig behaart bis praktisch kahl; Narbe rotviolett. Stengel kräftig, am Grunde knollig verdickt, blaßgelb, am Grunde sehr dicht, oben mäßig dicht beschuppt. Schuppenblätter 1,5–2,5 cm lang (gelegentlich noch wesentlich länger!), schmal-eiförmig bis schmal-lanzettlich. Tragblatt so lang wie oder – ziemlich oft – deutlich länger als die Blüte, am Grund um 6 mm breit, drüsig behaart. Blüten riechen deutlich (meist als widerlich empfunden). Mai–September. 25–60 cm.

Vorkommen: Besiedelt Ginsterbestände in atlantischen Heiden, bevorzugt auf Sandböden oder sandigen Lehmböden, die überwiegend kalkfrei oder doch kalkarm sind. Im Tiefland westlich der Weser vereinzelt; in der Eifel, im Westerwald und am Alpensüdfuß zerstreut, im südlichen Vorland des Schweizer Jura, im Nordschwarzwald und in den Vogesen selten.

Wissenswertes: ⊙–♃; ▽. Blattgrünfreier Vollschmarotzer auf Arten der Ginster-Gruppe (*Genista*, *Ulex*, *Cytisus*), vor allem auf Gewöhnlichem Besenginster *(Cytisus scoparius)*.

Gamander-Sommerwurz
Orobanche teucrii
Große Sommerwurz
Orobanche elatior
Efeu-Sommerwurz
Orobanche hederae
Ginster-Sommerwurz
Orobanche rapum-genistae

Efeu-Sommerwurz

Orobanche hederae DUBY
Sommerwurzgewächse *Orobanchaceae*

Beschreibung: 10–35 Blüten (selten mehr oder weniger) stehen in einer unten meist lockeren, in der oberen Hälfte dichten, walzlichen Ähre, die 10–20 cm lang und 2,5–4 cm dick werden kann. Zwischen Kelch und Tragblatt befinden sich keine Vorblätter. Kelch 1–1,5 cm lang, aus 2 freien, bis auf 1/2 ihrer Länge 2spaltigen, gelegentlich auch ungeteilten Hälften, die vorn spitz zulaufen und drüsig behaart sind. Krone 2lippig, 1,2–2 cm lang, oberhalb des Fruchtknotens um 4 mm im Durchmesser, hellgelb, gegen den Rand zu meist violett überlaufen, ohne oder mit nur sehr wenigen, hellen Drüsenhaaren; Oberlippe ungeteilt oder ausgerandet; Unterlippe mit 3 etwa gleich großen, abgerundet-abgestutzten Lappen, die faltig und am Rand unregelmäßig gezähnelt sind; Narbe gelb. Stengel schlank, seltener kräftig und dann ausgesprochen reichblütig, weißlich-gelb, oft rötlich überlaufen, an der Basis deutlich verdickt, unten dicht, oben locker beschuppt. Schuppenblätter 1,2–3 cm lang, breitlanzettlich bis länglich. Tragblätter oft fast so lang wie die Blüten, mindestens aber 2/3 ihrer Länge erreichend. Mai–August. 15–40 cm.

Vorkommen: Besiedelt Parkanlagen, Friedhöfe und Ufergebüsche in Gebieten mit luftfeuchtem, wintermildem Klima. Vereinzelt im Harzvorland, in Föhntälern am nördlichen Alpenrand westlich von Vorarlberg und im Berner Mittelland; am Mittelrhein, an der oberen Mosel, in der Freiburger Bucht, am Hochrhein, im Wallis und am Genfer See sehr selten; am westlichen Alpensüdfuß selten.

Wissenswertes: ⊙–♃; ▽. Blattgrünfreier Vollschmarotzer auf Efeu, selten auf anderen Ziergehölzen.

Große Sommerwurz

Orobanche elatior SUTTON
Sommerwurzgewächse *Orobanchaceae*

Beschreibung: 20–50 Blüten (selten mehr oder weniger) stehen in einer – meist schon unten dichten – walzlichen Ähre, die 6–20 cm lang und 3–4,5 cm dick werden kann. Zwischen Kelch und Tragblatt befinden sich keine Vorblätter. Kelch um 1 cm lang, aus 2 freien, bis auf 1/2 ihrer Länge 2spaltigen, gelegentlich auch ungeteilten Hälften, die vorn spitz zulaufen und drüsig behaart sind. Krone 2lippig, 1,5–2,5 cm lang, oberhalb des Fruchtknotens um 7 mm im Durchmesser, rosa, später rötlich-gelb, fein drüsig behaart; Oberlippe ungeteilt oder wenig ausgerandet; Unterlippe mit 3 etwa gleich großen, abgerundet-abgestutzten Lappen, die mäßig faltig und deutlich am Rand gezähnelt, aber kahl oder nur sehr schütter drüsig behaart sind; Narbe gelb. Stengel kräftig, gedrungen wirkend, gelblich, rosa oder braunrot, am Grund wenig knollig verdickt, drüsig behaart, locker beschuppt; Schuppenblätter 1–2 cm lang, aus breit-3eckigem Grund rasch lanzettlich zugespitzt. Tragblätter so lang wie oder länger als die Blüte, am Grunde 3–5 mm breit. Mai–August. 20–70 cm.

Vorkommen: Besiedelt Halbtrockenrasen, trockene Fettwiesen und Trockengebüsche. Fehlt im Tiefland; vereinzelt zwischen Deister und Harz, in der Eifel, im Hessischen Bergland; in Thüringen und Sachsen-Anhalt, am Mittel-, Ober-, Hoch- und Alpenrhein, im Hegau und im nördlichen Schweizer Jura, im Wallis, im Engadin und am Alpensüdfuß und im östlichen Österreich selten.

Wissenswertes: ⊙–♃; ▽. Blattgrünfreier Vollschmarotzer; befällt die Skabiosen-Flockenblume (*Centaurea scabiosa*), vereinzelt auch andere Arten der Gattung.

Elsässer Sommerwurz

Orobanche alsatica KIRSCHL.
Sommerwurzgewächse *Orobanchaceae*

Beschreibung: 6–25 Blüten (selten mehr oder weniger) stehen in einer - zumindest unten - höchstens mäßig dichten, mittellangen Ähre. Zwischen Kelch und Tragblatt befinden sich keine Vorblätter. Kelch um 1 cm lang, aus 2 freien, bis auf 1/2 ihrer Länge 2spaltigen, gelegentlich auch ungeteilten Hälften, die drüsig behaart sind. Krone 2lippig, 1,2–2 cm lang, oberhalb des Fruchtknotens um 6 mm im Durchmesser, hellgelb, an den Adern und gegen den Rand zu bräunlich-violett; Rücken der Oberlippe kurz vor dem Rand geknickt, Oberlippe daher fast waagrecht oder etwas nach unten geneigt, ausgerandet; Unterlippe 3lappig; Lappen am Rand gefaltet, unregelmäßig gezähnt, fast kahl. Stengel mäßig kräftig, gelb-rötlich, am Grund knollig verdickt, drüsig behaart, unten dicht, oben locker beschuppt. Schuppen 1,5–3 cm lang, aus breit-3eckigem Grund lanzettlich zugespitzt. Tragblätter kaum 2 cm lang, höchstens so lang wie die Blüte, meist nur 2/3 ihrer Länge erreichend, am Grund um 5 mm breit. Juni. 20–50 cm.

Vorkommen: Besiedelt lichte Trockengehölze. Süd- und mitteldeutsches Muschelkalkgebiet, südwestlicher Bayerischer Wald, Hegau, Südvogesen, Schweizer Jura, Wallis und Schweizer Mittelland; sehr selten.

Wissenswertes: ⊙–♃; ▽. Blattgrünfreier Vollschmarotzer auf Hirschwurz (*Peucedanum cervaria*) und Heilwurz (*Seseli libanotis*). Wird mit Bartlings Sommerwurz (*O. bartlingii* GRISEB.: Krone purpurviolett; auf *Seseli libanotis*) zur Sammelart *O. alsatica* agg. vereint. - Ähnlich: Laserkraut-Sommerwurz (*O. laserpitii-sileris* REUT. ex JORD.: Blüte 2–3 cm; auf Laserkraut (*Laserpitium*). Schweizer Jura; Alpen; selten).

Amethyst-Sommerwurz

Orobanche amethystea THUILL.
Sommerwurzgewächse *Orobanchaceae*

Beschreibung: 15–35 Blüten (selten mehr oder weniger) stehen in einer höchstens unten mäßig lockeren, sonst ziemlich dichten, walzlichen Ähre, die 3–15 cm lang und 2,5–4 cm dick werden kann. Zwischen Kelch und Tragblatt befinden sich keine Vorblätter. Kelch 1,5–2,5 cm lang, aus 2 freien, bis auf 1/2 ihrer Länge 2spaltigen, gelegentlich auch ungeteilten Hälften, die nur sehr schütter drüsig behaart sind. Krone 2lippig, 1–2 cm lang, oberhalb des Fruchtknotens um 5 mm im Durchmesser und hier deutlich abgewinkelt-geknickt, weißlich, mit violetten oder amethystblauen Adern, drüsig behaart, Haare hell oder bläulich; Oberlippe tief 2spaltig, mit großen, zuerst abstehenden, gegen Ende der Blütezeit zurückgeschlagenen Lappen; Unterlippe mit 3 etwa gleich großen Lappen, die randlich ungleich gezähnt und fast kahl sind; Narbe rotbraun bis violett. Stengel schlank, am Grunde kaum verdickt, meist violett, selten gelblich, unten dicht, oben nur spärlich beschuppt, drüsig behaart. Untere Schuppenblätter 3eckig, kahl, 1–2 cm lang, obere etwas schmäler, drüsig behaart. Tragblätter fast so lang wie die Blüten, am Grunde nur 2–3 mm breit. Juni–August. 10–45 cm.

Vorkommen: Besiedelt stickstoffsalzarme, lückige Trockenrasen, bevorzugt auf kalkhaltigen Lehm- oder Lößböden. Vereinzelt in der Pfalz und am Oberrhein (z. B. Kaiserstuhl und Isteiner Klotz); am Südalpenfuß sehr selten.

Wissenswertes: ⊙–♃; ▽. Vollschmarotzer, dem Chlorophyll fehlt; befällt vorwiegend Feld-Mannstreu (*Eryngium campestre*), ausnahmsweise weitere Arten dieser Gattung oder auch anderer Doldengewächse.

Berberitzen-Sommerwurz

Orobanche lucorum A. BR.
Sommerwurzgewächse *Orobanchaceae*

Beschreibung: 15–40 Blüten (selten mehr oder weniger) stehen in einer dichten, anfänglich gedrungenen, später walzlich-verlängerten Ähre, die 8–15 cm lang und 2–3 cm dick werden kann. Zwischen Kelch und Tragblatt befinden sich keine Vorblätter. Kelch 1–1,5 cm lang, aus 2 freien, bis auf 1/2 ihrer Länge 2spaltigen, gelegentlich auch ungeteilten Hälften, die vorn spitz zulaufen und drüsig behaart sind. Krone 2lippig, 1,5–2,5 cm lang, oberhalb des Fruchtknotens um 8 mm im Durchmesser, gelblich, auf der Oberlippe oft lila oder purpurviolett überlaufen, drüsig behaart; Oberlippe meist etwas vorgestreckt, ausgerandet oder 2lappig, mit wellig-faltigen Lappen; Unterlippe 3lappig, Lappen abgerundet, am Rande gezähnelt und ziemlich dicht drüsig behaart; Narbe gelb. Stengel kräftig, gelblich oder rosa, drüsig behaart, unten dicht, oben locker beschuppt. Untere Schuppen 3eckig, fast kahl, obere lanzettlich, drüsig behaart, alle 0,5–2 cm lang. Tragblatt fast so lang wie oder länger als die Blüte, an seiner Basis um 6 mm breit. Juni–September. 15–40 cm.

Vorkommen: Besiedelt Gebüsche in Flußauen und an gut durchsickerten Hängen. Im gebirgsnahen Alpenvorland und in den Alpen, östlich der gedachten Linie Bodensee – Lago Maggiore, bis ins östliche Südtirol bzw. bis nach Salzburg, nach Nordwesten über Wolfratshausen und Augsburg bis zum Bodensee, überall selten; vereinzelt in Kärnten.

Wissenswertes: ⊙–♃; ▽. Blattgrünfreier Vollschmarotzer; vorwiegend auf Berberitzen (*Berberis*), geht aber auch auf Brombeeren (*Rubus fruticosus*). Sehr selten treten Exemplare mit rein strohgelben Blüten auf.

Hellgelbe Sommerwurz

Orobanche flava MART. ex F. W. SCHULTZ
Sommerwurzgewächse *Orobanchaceae*

Beschreibung: 15–30 Blüten (selten mehr oder weniger) stehen in einer mäßig dichten, anfänglich gedrungenen, schmal-eiförmigen, später walzlich verlängerten Ähre, die 8–15 cm lang und 2–3 cm dick werden kann. Zwischen Kelch und Tragblatt befinden sich keine Vorblätter. Kelch 1–1,5 cm lang, aus 2 freien, bis auf 1/2 ihrer Länge 2spaltigen, ziemlich oft auch ungeteilten Hälften, die vorn spitz zulaufen und weißlich drüsenhaarig sind. Krone 2lippig, 1,5–2,2 cm lang, oberhalb des Fruchtknotens um 8 mm im Durchmesser, gelblich, vorn erst beim Verblühen bräunlich verwelkend, weißlich drüsig behaart; Oberlippe kurz 2lappig, wellig-faltig und gezähnelt; Unterlippe 3lappig, Lappen abgerundet-abgestutzt, am Rand gezähnelt und schütter drüsig behaart; Narbe wachsgelb. Stengel oft zu mehreren in einem dichten, auffälligen Trupp beisammen stehend, kräftig, gelblich, dicht drüsig-weißwollig behaart, unten mäßig dicht, oben sehr locker beschuppt, an der Basis unverdickt; untere Schuppen kurz-3eckig, fast kahl, 1,5–2,5 cm lang; Tragblatt 1,2–2 cm lang, spitz, meist früh verbräunend. Juni–September. 15–60 cm.

Vorkommen: Besiedelt Gesteinsschutt- und Schotterflächen. Im Alpenvorland und in den Nördlichen Kalkalpen selten, aber zuweilen in individuenreichen, auffallenden Gruppen; im Schweizer Jura und in den Südlichen Kalkalpen sehr selten.

Wissenswertes: ⊙–♃; ▽. Vollschmarotzer, dem Chlorophyll fehlt; befällt Alpen-Pestwurz (*Petasites paradoxus*), selten auch Huflattich oder Alpendost. Ist Brombeere oder Berberitze befallen, liegt eine Verwechslung mit der Berberitzen-Sommerwurz (s. links) vor.

Amethyst-Sommerwurz
Orobanche amethystea
Hellgelbe Sommerwurz
Orobanche flava
Berberitzen-Sommerwurz
Orobanche lucorum
Elsässer Sommerwurz
Orobanche alsatica

Sommerwurzgewächse *Orobanchaceae* ▶

Sommerwurz *Orobanche*

Wasserschlauchgewächse *Lentibulariaceae* ▶

Fettkraut *Pinguicula*

Salbei-Sommerwurz

Orobanche salviae F. W. SCHULTZ ex KOCH
Sommerwurzgewächse *Orobanchaceae*

Beschreibung: 15–30 Blüten (selten mehr oder weniger) stehen in einer mäßig dichten, anfänglich gedrungenen, schmal-eiförmigen, später walzlich verlängerten Ähre, die 8–15 cm lang und 2–3 cm dick werden kann. Zwischen Kelch und Tragblatt befinden sich keine Vorblätter. Kelch 1–1,5 cm lang, aus 2 freien, bis auf 1/2 ihrer Länge 2spaltigen, ziemlich oft auch ungeteilten Hälften, die vorn spitz zulaufen und weißlich drüsenhaarig sind. Krone 2lippig, 1,5–2,2 cm lang, oberhalb des Fruchtknotens um 8 mm im Durchmesser, gelblich, gegen Ende der Blütezeit über einen trüblila Hauch letztlich verbraunend, weißlich drüsig behaart; Oberlippe ganzrandig oder ausgerandet; Unterlippe mit 3 nahezu gleich großen Lappen, die am Rande gezähnelt und drüsig behaart sind; Narbe zunächst hellgelb, dann orangefarben und schließlich bräunlich. Stengel mäßig kräftig, gelblich, drüsenhaarig, unten dicht, oben nur locker beschuppt, am Grund nur wenig verdickt; Schuppenblätter kurz-3eckig, 1–2 cm lang, unten am Stengel dichter stehend als oben. Tragblätter 0,8–1,6 cm lang, spitz, etwas herabgeschlagen, oft früh verbräunend. Juni–August. 15–50 cm.

Vorkommen: Besiedelt lichte Bergschluchtwälder über schuttig-schotterigem Grund. Alpenvorland, südlicher Schweizer Jura und Kalkalpen selten.

Wissenswertes: ⊙–♃; ▽. Blattgrünfreier Vollschmarotzer auf Klebrigem Salbei (*Salvia glutinosa*); da diese Art weitstreichendes Wurzelwerk besitzt, kann die Salbei-Sommerwurz mehrere Dezimeter vom oberirdischen Stengel der Wirtspflanze entfernt wachsen, was die Zuordnung von Wirt und Parasit erschwert.

Blutrote Sommerwurz

Orobanche gracilis SM.
Sommerwurzgewächse *Orobanchaceae*

Beschreibung: 15–40 Blüten (selten mehr oder weniger) stehen in einer lockeren, walzlich-schlanken Ähre, die 5–20 cm lang und 2,5–4 cm dick werden kann. Zwischen Kelch und Tragblatt befinden sich keine Vorblätter. Kelch 0,8–1,5 cm lang, aus 2 freien, bis auf 1/2 ihrer Länge 2spaltigen, spitzen Hälften, die meist zottig-drüsig behaart sind. Krone 2lippig, 1,5–2,5 cm lang, oberhalb des Fruchtknotens um 7 mm im Durchmesser, gelblich, gegen den Rand trüb weinrot-bräunlich überlaufen, innen glänzend dunkel weinrot, beim Verblühen dunkelrötlich verbräunend; Oberlippe ungeteilt oder faltig ausgerandet-geschweift; Unterlippe 3lappig, Mittellappen größer als die Seitenlappen, Rand gezähnelt und – kurz! – drüsig behaart; Narbe gelb, meist mit dunkel weinrotem Saum. Stengel schlank, rötlich-gelb, drüsig behaart, unten dicht, oben locker beschuppt. Untere Schuppenblätter eiförmig, obere länglich, 0,5–2 cm lang. Tragblatt 2/3 so lang wie die Blüte, oft ebensolang, aus 3eckigem Grund lang zugespitzt, meist früh – und ziemlich hell – verbräunend. Blüten riechen etwas nach Nelken. Mai–September. 15–50 cm.

Vorkommen: Besiedelt Halbtrockenrasen und trockene Stellen in Flachmooren. Vereinzelt an der Sieg, an der oberen Mosel und Donau, am Hochrhein und am Genfer See; im Alpenvorland, in den Nördlichen Kalkalpen und in den Dolomiten selten, örtlich in individuenarmen, jedoch auffallenden Beständen.

Wissenswertes: ⊙–♃; ▽. Vollschmarotzer, dem Chlorophyll fehlt; befällt Schmetterlingsblütengewächse aus mehreren Gattungen (u. a. *Lotus, Hippocrepis, Trifolium, Onobrychis, Genista* und *Cytisus*).

Salbei-Sommerwurz
Orobanche salviae
Blutrote Sommerwurz
Orobanche gracilis
Alpen-Fettkraut
Pinguicula alpina
Kleine Sommerwurz
Orobanche minor

Kleine Sommerwurz

Orobanche minor SM.
Sommerwurzgewächse *Orobanchaceae*

Beschreibung: 15–40 Blüten (selten mehr oder weniger) stehen in einer unten sehr lockeren, ganz oben dichten, langwalzlichen Ähre, die oft länger als der blütenlose Teil des Stengels werden kann. Zwischen Kelch und Tragblatt befinden sich keine Vorblätter. Kelch 0,7–1,2 cm lang, aus 2 freien, bis auf 1/2 ihrer Länge 2spaltigen, gelegentlich auch ungeteilten, spitzen Hälften, die mäßig dicht hellrötlich drüsig behaart sind. Krone 2lippig, 1–1,8 cm lang, oberhalb des Fruchtknotens um 4 mm im Durchmesser, weißlich-gelblich, vor allem im vorderen Bereich der Röhre und der Oberlippe weinrot überlaufen und dunkel trübweinrot geadert, schmutzig-weißlich bis hellrötlich drüsig behaart; Oberlippe ausgerandet oder 2lappig, vorstehend; Unterlippe 3lappig, Lappen gefaltet, am Rand kahl und unregelmäßig gezähnt; Narbe weinrot bis braunviolett. Stengel schlank, gelbrot, drüsig behaart, unten mäßig dicht, oben locker beschuppt; Schuppenblätter 0,5–2,5 cm lang, untere länglich-eiförmig, obere lanzettlich; Tragblätter fast so lang wie oder etwas länger als die Blüten, am Grund um 4 mm breit. Juni–September. 10–50 cm.

Vorkommen: Besiedelt Kleeäcker und Wiesen, vor allem auf kalkhaltigen, nährstoffreichen Böden in Gegenden mit warmem Klima. In den Weinbaugebieten selten, sonst nur vereinzelt; fehlt östlich der gedachten Linie von Regensburg bis Hamburg weitgehend, tritt gelegentlich an ihren Standorten in mäßig individuenreichen, jedoch auffallenden Beständen auf.

Wissenswertes: ⊙–♃; ▽. Blattgrünfreier Vollschmarotzer auf Klee (*Trifolium*) und (seltener) anderen Schmetterlings- und Korbblütengewächsen oder auch auf Mannstreu *(Eryngium)*.

Alpen-Fettkraut

Pinguicula alpina L.
Wasserschlauchgewächse *Lentibulariaceae*

Beschreibung: Blüten einzeln auf blattlosen, aufrechten Stielen; je Blattrosette sind 1–8 Blütenstiele ausgebildet, die 5–10 cm hoch und etwa 1 mm dick werden. Kelch undeutlich 2lippig, Oberlippe mit 3, Unterlippe mit 2 Zipfeln, grün. Krone 2lippig, 1–1,6 cm lang, überwiegend weiß; Oberlippe tief herzförmig eingekerbt und dadurch 2lappig, mit breit gerundeten Lappen; Unterlippe 3lappig, viel größer als die Oberlippe, ihre Lappen abgerundet-abgestutzt, der mittlere oft etwas ausgerandet, stets größer als die Seitenlappen, an seiner Basis im Gaumen mit 2 kleinen, länglichen, blasenartigen, kurz behaarten Wülsten und (meist auf diesen) mit 1–3 gelben Flecken; Kronröhre kurz, weit, in den kurzen, gelblich-grünlichen, an der Spitze oft vertrockneten Sporn übergehend. In der Rosette stehen 5–8 breit-eiförmige Blätter; sie sind hell olivgrün und glänzen (vor allem auf der Unterseite) fettig; auf der Oberseite sind sie ziemlich dicht mit sitzenden und kurz gestielten Drüsen bestanden, die einen klebrigen Schleim absondern; die Blätter sind ganzrandig, die Ränder aufgestellt oder leicht nach oben-innen gekrümmt. April–Juni. 3–10 cm.

Vorkommen: Braucht sickerfeuchten oder überrieselten, kalkhaltigen, humos-steinigen Boden. Im gebirgsnahen Alpenvorland und in den Kalkalpen zerstreut, in den Zentralalpen selten, oft in kleinen Beständen; vereinzelt im Wiener Becken. Steigt bis über 2500 m.

Wissenswertes: ♃. Die Blätter sind Leimruten- bzw. Klebfallen. Kleinere Tiere, vor allem Insekten und Spinnen, bleiben im Schleim haften, wenn sie über die Blätter laufen. Sie werden durch Enzyme verdaut.

Fettkraut *Pinguicula*
Wasserschlauch *Utricularia*

Gewöhnliches Fettkraut

Pinguicula vulgaris L.
Wasserschlauchgewächse *Lentibulariaceae*

Beschreibung: Blüten einzeln auf blattlosen Stielen; 1–6 Blütenstiele je Blattrosette. Kelch undeutlich 2lippig, Oberlippe mit 3, Unterlippe mit 2 Zipfeln, höchstens bis 1/2 ihrer Länge geteilt. Krone 2lippig, mit Sporn 1,5–2,2 cm lang, überwiegend blauviolett; Oberlippe ausgerandet, wenig nach oben gebogen; Unterlippe 3lappig, viel länger als die Oberlippe, Lappen länglich-abgestutzt, einander nicht überdeckend, im Schlund dicht behaart, jeweils weißlich gefleckt; Kronröhre kurz, trichterig, in den mittellangen, oft braunvioletten, dünnen Sporn übergehend. 5–10 breit-eiförmige, bleich- oder gelbgrüne Rosettenblätter, die kaum fettig glänzen; auf der Oberseite tragen sie viele Drüsen, die einen klebrigen Schleim absondern; Blätter ganzrandig, ihre Ränder aufgestellt oder nach innen gekrümmt, die Umrollung ist nicht oder nur selten unterbrochen. Mai–Juli. 5–20 cm.

Vorkommen: Braucht nassen, nährstoffarmen Untergrund. Besiedelt Flach- und Quellmoore. Im Tiefland selten; im Bayerischen Wald, im südlichen Fränkischen Jura, im Südschwarzwald, im Alpenvorland und in den Alpen zerstreut, oft in individuenarmen, aber auffallenden Gruppen. Geht bis über 2000 m.

Wissenswertes: ♃. Die Blätter sind Klebfallen (s. *P. alpina*, S. 192). – Ähnlich: Dünnsporniges Fettkraut (*P. leptoceras* RCHB.): Kelchunterlippe oft bis zum Grund geteilt; Krone (mit Sporn) 1,5–3 cm lang; Lappen der Kronenunterlippe überdecken sich teilweise; Kalkalpen; zerstreut. – Großblütiges Fettkraut (*P. grandiflora* LAM.): Krone (mit Sporn) 2,5–3,5 cm lang; Kronenoberlippe aufgebogen; Unterlippenabschnitte überdecken sich teilweise; Südwestalpen; selten.

Kleiner Wasserschlauch

Utricularia minor L.
Wasserschlauchgewächse *Lentibulariaceae*

Beschreibung: 2–5 Blüten stehen in einer lockeren Traube am Ende eines 3–18 cm langen Stengels, der sie über die Wasseroberfläche emporhebt; unterhalb der Traube sitzen 2–5 eiförmig-3eckige, schuppenartige Hochblättchen. Kelch 2lippig, aus 2 nahezu gleichen, breit-eiförmigen „Blättern". Blütenkrone 2lippig, 6–8 mm lang (mit Sporn gemessen), zitronengelb; Oberlippe rundlich, oft ausgerandet, kürzer als der flache Gaumen der Unterlippe; Unterlippe um 7 mm lang und um 5 mm breit, ihre Seitenränder nach unten gebogen; Sporn kegelförmig, nur 1–2 mm lang, von der Unterlippe fast rechtwinklig nach unten gebogen. Pflanze steckt meist mit blattlosen Trieben im Schlamm, schwimmt also nicht völlig frei; schwimmende Abschnitte 5–50 cm lang. Blätter im Umriß fast rundlich, 0,5–2 cm lang, bis zum Grunde 3teilig; ihre Abschnitte 2–3mal gabelig in schmale (nur um 0,3 mm breite), flache Zipfel geteilt; Blätter mit 7–22 Zipfeln; an jedem Blatt befinden sich 1–8 eiförmige Fangschläuche, die 1–2 mm lang und bis 1,5 mm dick sind. Juni–September. 5–50 cm.

Vorkommen: Braucht torfiges, eher nährstoffreiches und etwas kalkhaltiges Wasser. Besiedelt Schlenken in Flach- und Zwischenmooren. Im Tiefland, im Alpenvorland und in den Alpen zerstreut, sonst nur vereinzelt. Geht vereinzelt bis über 2000 m.

Wissenswertes: ♃; ▽. *U. minor* L. wird mit Bremis Wasserschlauch (*U. bremii* HEER ex KOELLIK.: Blütenstand mit 2–14 Blüten; Kronenunterlippe rundlich, 0,8–1 cm breit; Blatt mit 9–50 Zipfeln; Zwischenmoortümpel; vereinzelt am Oberrhein und bei Zürich) zur Sammelart *U. minor* agg. zusammengefaßt.

Gewöhnlicher Wasserschlauch

Utricularia vulgaris L.
Wasserschlauchgewächse *Lentibulariaceae*

Beschreibung: 3-15 Blüten stehen in einer lockeren Traube am Ende eines 15-30 cm langen Stengels, der sie über die Wasseroberfläche emporhebt; unterhalb der Traube sitzen 2-4 schuppenartige Hochblättchen. Kelch 2lippig, aus 2 nahezu gleichen, eiförmig-spitzlichen, oft rötlich überlaufenen „Blättern". Blütenkrone 2lippig, 1,2-1,8 cm lang (mit Sporn gemessen), dottergelb; Oberlippe rundlich, 1-1,3 cm im Durchmesser, abgestutzt-spitzlich, etwa so lang wie der Gaumen der Unterlippe; Ränder der Unterlippe sattelförmig nach unten geschlagen, 1-1,4 cm lang und etwas schmäler als lang (ausgebreitet gemessen); Sporn aus breitem, kegelförmigem Grund spitzlich, 6-8 mm lang. Pflanze flutet im Wasser und besitzt keine farblosen Triebe, die im Schlamm stecken. Blätter im Umriß lappig, 2-8 cm lang, Abschnitte 1-2fach gefiedert, mit zahlreichen Zipfeln und 20-200 rötlichen Schläuchen, die 0,7-4,5 mm lang und 0,5-3,5 mm dick sind. Juni-August. 0,1-2 m.

Vorkommen: Braucht kalkarme, aber nährstoffreiche, moorige Gewässer. Besiedelt den Schwimmpflanzengürtel stehender oder langsam fließender Gewässer. Im Tiefland, im Alpenvorland und in den Altwasserbereichen der größeren Flüsse und Ströme zerstreut, sonst nur selten, größeren Gebieten fehlend.

Wissenswertes: ♃; ▽. *U. vulgaris* L. wird mit dem Verkannten Wasserschlauch (*U. australis* R. Br.: Saum der Unterlippe flach abstehend; Sporn stumpf, nur um 5 mm lang; Verbreitung wie *U. vulgaris*) zur Sammelart *U. vulgaris* agg. zusammengefaßt. *U. australis* wird vielfach nicht von *U. vulgaris* unterschieden; die genaue Verbreitung ist unzureichend bekannt.

Mittlerer Wasserschlauch

Utricularia intermedia Hayne
Wasserschlauchgewächse *Lentibulariaceae*

Beschreibung: 2-5 Blüten stehen in einer lockeren Traube am Ende eines 6-35 cm langen Stengels; unterhalb der Traube sitzen 1-2 schuppenartige Hochblättchen. Kelch 2lippig; aus 2 nahezu gleichen, spitzen „Blättern". Blütenkrone 2lippig, 1-1,5 cm lang (mit Sporn gemessen), gelb; Oberlippe rundlich, etwas länger als der Gaumen; Unterlippe kreisförmig abgerundet, 0,5-1 cm lang, 1-1,5 cm breit, flach, länger als der Gaumen; Sporn um 1 cm lang, so lang wie oder wenig kürzer als die Unterlippe, aus kurzem, kegelförmigem Grund pfriemlich zulaufend. Pflanze meist im Untergrund verankert, nicht frei schwimmend, mit 2 verschiedengestaltigen Sproßtypen: manche Sprosse sind grün, ihre Blätter stets schlauchlos; sie liegen häufig dem Schlamm auf oder schwimmen an der Wasseroberfläche; außerdem sieht man blattlose, weißliche Sprosse mit 10-100 Schläuchen, die meist im Schlamm verankert sind; Schläuche um 4 mm lang, fast ebenso dick. Juni-September. 10-40 cm.

Vorkommen: Braucht kalkhaltige, aber nährstoffarme Gewässer; besiedelt Schlenken in Flach- und Zwischenmooren. Vereinzelt im Tiefland und im Bayerischen Wald; im Alpenvorland, in Sachsen, im östlichen und südlichen Österreich, am Genfer See, im Französischen Jura und im Elsaß sehr selten.

Wissenswertes: ♃; ▽. *U. intermedia* Hayne wird mit dem Blaßgelben Wasserschlauch (*U. ochroleuca* R. Hartman: Nur 2-3 Blüten im Blütenstand, oft sogar blütenlos; Sporn 5 mm lang, kurz kegelig; grüne Blätter mit einzelnen Schläuchen; sehr selten) zur Sammelart *U. intermedia* agg. zusammengefaßt.

Blaßgelber Wasserschlauch
Utricularia ochroleuca
Gewöhnliches Fettkraut
Pinguicula vulgaris
Kleiner Wasserschlauch
Utricularia minor
Gewöhnlicher Wasserschlauch
Utricularia vulgaris
Mittlerer Wasserschlauch
Utricularia intermedia

Kugelblumengewächse *Globulariaceae* ▶

Kugelblume *Globularia*

Sommerfliedergewächse *Buddlejaceae* ▶

Sommerflieder *Buddleja*

Herzblättrige Kugelblume

Globularia cordifolia L.
Kugelblumengewächse *Globulariaceae*

Beschreibung: Zahlreiche Blüten stehen in einem abgeflacht-halbkugeligen Köpfchen am Ende des Stengels; die Köpfchen erreichen 1-1,5 cm im Durchmesser und sind an ihrer Basis von lanzettlichen, 4-7 mm langen Blättchen umstanden. Kelch (schwer erkennbar; Blüten im Köpfchen mit einer Nadel auseinanderdrücken!) bis auf etwa 1/2 seiner Länge in 5 Zipfel geteilt, behaart. Blütenkrone 2lippig, um 7 mm lang, blaulila; Oberlippe mit 2, Unterlippe mit 3 schmalen, bandförmigen Zipfeln. Nichtblühende Stengel niederliegend, verzweigt, holzig; blütentragende Stengel aufrecht, krautig, blattlos oder mit 1-2 schmal-lanzettlichen, spitzen, schuppenartigen Blättern. Blätter an den niederliegenden Stengeln in Rosetten, von denen meist mehrere dicht beieinander stehen; Rosettenblätter schmal-eiförmig, langspatelig in den Stiel verschmälert, mit Stiel 2,5-4 cm lang, 0,4-1 cm breit, an der Spitze abgerundet oder ausgerandet bis scharf eingekerbt und in der Mitte der Kerbe oft mit einem kleinen Zahn. Juni-Juli. 3-10 cm.

Vorkommen: Braucht kalkreichen, flachgründig-humosen Boden. Besiedelt felsdurchsetzte Rasen, Felsspalten und Humusauflagen auf Felsen. Im Alpenvorland selten im Bereich größerer Flüsse; im Schweizer Jura und in den Kalkalpen zerstreut; fehlt in den südöstlichen Kalkalpen. Steigt bis etwa 2000 m.

Wissenswertes: ♄; (☠). Enthält den nicht näher bekannten, möglicherweise giftigen Bitterstoff Globularin. – Wird mit *G. meridionalis* (PODP.) O. SCHWARZ (Blätter verkehrt-eiförmig, nicht ausgerandet; auf Kalk; Südostalpen, selten) zur Sammelart *G. cordifolia* agg. zusammengefaßt.

Gewöhnliche Kugelblume

Globularia punctata LAPEYR.
Kugelblumengewächse *Globulariaceae*

Beschreibung: Zahlreiche Blüten stehen in einem abgeflacht-halbkugeligen Köpfchen am Ende des Stengels; die Köpfchen erreichen um 1,5 cm im Durchmesser und sind an ihrer Basis von lanzettlichen, 4-7 mm langen Blättchen umstanden. Kelch (Blüten im Köpfchen vorsichtig mit einer Nadel auseinanderdrücken!) bis auf etwa 1/2 seiner Länge in 5 Zipfel geteilt, behaart. Blütenkrone 2lippig, um 7 mm lang, blauviolett; Oberlippe mit 2, Unterlippe mit 3 schmalen, bandförmigen Zipfeln. Die Stengel entspringen einem kurzen, unterirdischen, verzweigten Rhizom. Kriechende Stengel gibt es nicht. Blühende Stengel aufrecht, oft rötlich überlaufen, oben undeutlich kantig, unten undeutlich gerillt, mit zahlreichen Blättern, die eiförmig bis breit-lanzettlich und viel kleiner als die grundständigen Blätter sind; sie sitzen dem Stengel mit verschmälertem Grund an. Grundblätter in einer Rosette, eiförmig, in den Stiel verschmälert, mit Stiel 8-12 cm lang, 1-3 cm breit, vorn abgerundet oder ausgerandet, in der Ausrandung oft mit einem kleinen Zahn. April-Juli. 5-30 cm.

Vorkommen: Braucht kalkreichen, flachgründig-steinigen Lehm- oder Lößboden. Besiedelt Halbtrockenrasen und lichte Trockengebüsche. Sachsen-Anhalt, Thüringen, Eifel, nordöstliche Pfalz, Kaiserstuhl, südlicher Oberrhein und Hochrhein, Schwäbisch-Fränkischer Jura, Alpenvorland, Föhntäler der Nördlichen Kalkalpen, östliches und südliches Österreich: selten, aber oft in lockeren, mäßig individuenreichen Beständen.

Wissenswertes: ♃; (☠). Enthält Globularin (s. linke Spalte). Zuchtsorten oft in Steingärten gepflanzt.

Nacktstengelige Kugelblume
Globularia nudicaulis
Sommerflieder
Buddleja davidii
Herzblättrige Kugelblume
Globularia cordifolia
Gewöhnliche Kugelblume
Globularia punctata

Nacktstengelige Kugelblume

Globularia nudicaulis L.
Kugelblumengewächse *Globulariaceae*

Beschreibung: Zahlreiche Blüten stehen in einem abgeflacht-halbkugeligen Köpfchen am Ende des Stengels; die Köpfchen erreichen 1,5–2,5 cm im Durchmesser und sind an ihrer Basis von lanzettlichen, 5–9 mm langen Blättchen umstanden. Kelch (schwer erkennbar; Blüten im Köpfchen vorsichtig mit einer Nadel auseinanderdrücken!) bis auf etwa 2/3 seiner Länge in 5 Zipfel geteilt, praktisch kahl. Blütenkrone 2lippig, 0,8–1,3 cm lang, blauviolett; Oberlippe mit 2 - fast verkümmerten -, Unterlippe mit 3 gut ausgeprägten, schmalen, bandförmigen Zipfeln. Die Stengel entspringen einem kurzen, unterirdischen, verholzten und verzweigten Rhizom. Niederliegende Stengel gibt es nicht. Blühende Stengel aufrecht, krautig, blattlos oder mit nur 1–3 kleinen, lanzettlichen, fast schuppenartigen Blättchen. Grundständige Blätter in einer Rosette, schmal-eiförmig, allmählich in ihren Stiel verschmälert, mit Stiel 10–15 cm lang, 1–2,5 cm breit, an der Spitze in der Regel abgerundet, nur vereinzelt etwas ausgerandet. Mai–Juli. 10–25 cm.

Vorkommen: Braucht kalkreichen, mäßig trockenen, flachgründigen, steinig-humosen Lehm- oder Tonboden. Besiedelt alpine Matten und Zwergstrauchbestände. Im Alpenvorland meist nur unmittelbar am Gebirgsfuß, dort selten; in den Kalkalpen zerstreut, oft in lockeren, eher individuenarmen Beständen. Fehlt in den Zentralalpen oder kommt dort nur vereinzelt auf nicht zu sauren Böden vor. Bevorzugt Höhen zwischen etwa 1500–2500 m.

Wissenswertes: ♄; (☠). Enthält Globularin (s. vorige Seite). *Globularia* von (globus) globulus, lat. = Kügelchen.

Sommerflieder

Buddleja davidii FRANCH.
Sommerfliedergewächse *Buddlejaceae*

Beschreibung: Blüten in dichten, walzlichen Rispen, die 10–25 cm lang werden; sie sind nach dem Aufblühen zunächst ziemlich aufrecht, hängen dann aber bogig über. Einzelblüten unscheinbar, um 1 cm lang. Krone röhrenförmig, am äußersten Rand in 4 kleine, rundlich-quadratische Zipfel zerteilt, die 1–2 mm lang werden. Blütenkrone vorne also um 4–5 mm im Durchmesser. Kelch glockenförmig, 4teilig, an der Basis verwachsen, 2–3 mm lang. Blütenkrone violett, im Schlund mit einem orangeroten Ring, oft auch verwaschen lila oder - seltener - weiß. Strauch. Triebe nicht verzweigt, frostempfindlich und bei uns meist erfrierend, rund oder undeutlich kantig, sehr schütter behaart. Blätter gegenständig, breit-lanzettlich, 15–25 cm lang, 2–5 cm breit, lang zugespitzt, am Grunde keilig verschmälert am Rand dicht gesägt, oberseits dunkelgrün und meist schon jung verkahlt, unten kurzhaarig-graufilzig. Juli–September. 2–5 m.

Vorkommen: Braucht nährstoffreichen, lockeren, oft steinig-lehmigen Boden. Kommt nur verwildert und meist in Siedlungsnähe vor. Heimat: China. Vor allem im Einzugsgebiet des Mittel- und Niederrheins sowie am Oberlauf von Ems, am Unterlauf von Weser und Elbe mehr oder weniger eingebürgert. Selten.

Wissenswertes: ♄. Der Sommerflieder ist eine beliebte Zierpflanze, die häufig in ländlichen Gärten angetroffen wird. Im Spätsommer werden ihre langröhrigen Blüten rege von Schmetterlingen beflogen. In Gärten wird die Wildart neuerdings kaum mehr angepflanzt. Stattdessen sieht man zahlreiche Zuchtsorten, die sich vor allem in Blütenfarbe und Wuchsform voneinander unterscheiden.

Breit-Wegerich

Plantago major L.
Wegerichgewächse *Plantaginaceae*

Beschreibung: Zahlreiche Blüten sitzen in dünnwalzlichen Ähren auf meist nur wenigen, blattlosen Stengeln. Die Ähren werden 2–10 cm lang (fruchtend erheblich länger) und 5–7 mm dick; sie erscheinen auf den ersten Blick stumpfgrün bis rotbraun-grün. Tragblätter der Einzelblüten spitzlich, grannenlos, kürzer als der Kelch, kahl. Kelch bis praktisch zum Grund in 4 Zipfel geteilt. Krone kaum 2 mm lang, kaum bis auf 1/2 ihrer Länge in 4 Zipfel geteilt, gelblichweiß. Staubfäden weißlich; Staubbeutel braunpurpurviolett bis weinrot. Stengel blattlos, am Grunde oft etwas bogig oder durchweg aufrecht, vor allem in der oberen Hälfte (unter der Ähre) sehr kurz und anliegend behaart, der unbeblätterte Teil kürzer als die Blätter. Alle Blätter in einer grundständigen Rosette, die äußeren niederliegend bis aufsteigend, die inneren schräg aufrecht, breit-eiförmig, am Grund abgerundet oder leicht herzförmig, 5-9nervig, deutlich gestielt, meist ganzrandig, selten mit einzelnen, kurzen, undeutlich ausgeprägten Zähnen, praktisch kahl. Juni–Oktober. 10-30 cm.

Vorkommen: Braucht stickstoffsalzreichen, verdichteten Lehm- oder Tonboden. Besiedelt betretene Rasen, Wege, Ufer und intensiv genutzte Weiden. Sehr häufig. Geht in den Alpen bis über 2500 m.

Wissenswertes: ♃; (☠). Enthält Schleimstoffe und wenig Aucubin. Innerhalb der Art werden neben der beschriebenen ssp. *major* noch unterschieden: Ssp. *intermedia* (GODR.) ARC. (Staubbeutel lila, Blätter 3-5nervig, behaart; zerstreut) und ssp. *winteri* (WIRTG.) M. LUDW. (Blätter 3nervig, dicklich; Salzwiesen, vorwiegend an den Meeresküsten, selten).

Mittlerer Wegerich

Plantago media L.
Wegerichgewächse *Plantaginaceae*

Beschreibung: Zahlreiche Blüten sitzen in walzlichen Ähren auf meist nur wenigen, blattlosen Stengeln. Die Ähren werden 1,5–5 cm lang (fruchtend erheblich länger) und 5–8 mm dick (wegen der langen Staubfäden hält man sie für noch wesentlich dicker); sie erscheinen auf den ersten Blick blaßlila bis rotviolett. Tragblätter der Einzelblüten stumpflich, grannenlos, kürzer als der Kelch, kahl. Kelch häutig, bis praktisch zum Grund in 4 Zipfel geteilt. Krone etwa 4 mm lang, auf etwa 2/3 ihrer Länge in 4 Zipfel geteilt, dünn, trockenhäutig, weißlich. Staubfäden lila bis rotviolett, Staubbeutel weißlich-gelblich, gelegentlich lila oder rosa überhaucht. Stengel blattlos, am Grund aufgebogen, dann aufrecht, unten oft abstehend, oben ziemlich dicht anliegend behaart, der unbeblätterte Teil deutlich länger als die Blätter. Alle Blätter in einer grundständigen Rosette, meist dem Boden anliegend, breit-eiförmig, an der Spitze breit-3eckig und eher stumpflich als spitz zulaufend, am Grund in den breiten, sehr kurzen Stiel verschmälert, 5–9nervig, ganzrandig oder mit vereinzelten und oft undeutlichen Zähnen, beiderseits meist dicht, oft aber auch schütter abstehend behaart. Mai–Juli. 10–40 cm.

Vorkommen: Braucht stickstoffsalzhaltigen, trockenen, kalkhaltigen oder nicht zu sauren Lehmboden. Besiedelt trockene Rasen aller Art, auch extensiv genutzte Weiden, Gärten, Sportplätze und Wegränder, meidet feuchten Untergrund. Im Tiefland selten (nach Osten etwas häufiger werdend), sonst sehr häufig. Geht in den Alpen bis etwa 3000 m.

Wissenswertes: ♃; (☠). Enthält Schleimstoffe und wenig Aucubin.

Spitz-Wegerich

Plantago lanceolata L.
Wegerichgewächse *Plantaginaceae*

Beschreibung: Zahlreiche Blüten sitzen in eiförmigen bis kurzwalzlichen Ähren auf wenigen, blattlosen Stengeln. Die Ähren werden 1-4 cm (fruchtend etwas länger) lang und 5-8 mm dick (wegen der langen Staubfäden hält man sie für dicker); sie erscheinen auf den ersten Blick hellbraun bis schwärzlich-grün. Tragblätter der Einzelblüten spitz, grannenlos, länger als der Kelch. Kelch um 3 mm lang, durchsichtig-bräunlich, in 4 ungleiche Zipfel geteilt, von denen 2 unten verwachsen sind. Krone um 5 mm lang, bräunlich-violett, bis auf etwa 2/3 ihrer Länge in 4 Zipfel geteilt. Staubfäden weiß; Staubbeutel weiß, zuletzt verbräunend. Stengel blattlos, am Grunde kurz bogig, sonst aufrecht, kantig gerillt. Alle Blätter grundständig, aufrecht, schmal-lanzettlich, 10-20 cm lang, 0,7-2 cm breit, verschmälert, undeutlich abgesetzt gestielt, 3-7nervig, ganzrandig oder mit vereinzelten Zähnen, fast kahl. April-September. 10-40 cm.

Vorkommen: Braucht nährstoffreichen Lehmboden, der ziemlich sandig-steinig sein kann. Besiedelt Fettwiesen, Halbtrockenrasen und Wege. Sehr häufig.

Wissenswertes: ♃; (☠). Enthält Schleime, Gerbstoffe und wenig Aucubin. Alte Heilpflanze. - Folgende Unterarten werden unterschieden: Ssp. *lanceolata* (Ähre walzlich, Blätter kahl; Wiesen); ssp. *sphaerostachya* (WIMM et GRAB.) HAYEK (Ähre kurz-eiförmig; Blätter basisnah behaart; Trockenrasen). - Ähnlich: Hoher Wegerich (*P. altissima* (L.) ARC.): Ährenstiel 30-90 cm; Ähre 2,5-5 cm; Südosteuropa. - Silber-Wegerich (*P. argentea* CHAIX): Stengel fein gerieft; Blätter silbrigglänzend behaart; Südalpen; selten.

Berg-Wegerich

Plantago atrata HOPPE
Wegerichgewächse *Plantaginaceae*

Beschreibung: Zahlreiche Blüten sitzen in eiförmig-kugeligen Ähren auf meist nur wenigen blattlosen Stengeln. Die Ähren werden 0,5-1,5 cm lang, 5-8 mm dick (wegen der langen Staubfäden hält man sie für dicker); sie erscheinen hellbraun bis grünlich-braun. Tragblätter der Einzelblüten spitz, grannenlos, länger als der Kelch, braun. Kelch um 3 mm lang, praktisch bis zum Grund in 4 Zipfel geteilt, bräunlich. Krone um 2 mm lang, bis auf etwa 1/2 ihrer Länge in 4 Zipfel geteilt, braun. Staubfäden weiß; Staubbeutel zuerst weißlich, später verbräunend. Stengel blattlos, jung bogig aufsteigend bis aufrecht, verblüht oft niederliegend, die Blätter meist überragend, unter der Ähre mäßig dicht behaart. Alle Blätter in einer grundständigen Rosette, niederliegend oder schräg aufrecht, schmal-lanzettlich, 4-12 cm lang, 0,3-1 cm breit, am Grund verschmälert, breit und undeutlich abgesetzt gestielt, 3-7nervig, ganzrandig oder mit vereinzelten, undeutlichen Zähnen, sehr schütter behaart oder fast kahl. Mai-August. 5-15 cm.

Vorkommen: Braucht kalkhaltigen, feuchten Lehmboden. Besiedelt alpine Rasen und Schneetälchen zwischen etwa 1200-2500 m. Südlicher Schweizer Jura, Alpen; zerstreut, nach Osten zu seltener werdend.

Wissenswertes: ♃; (☠). Über Aucubingehalt ist uns nichts bekannt. Wird mit dem Bräunlichen Wegerich (*P. fuscescens* JORD.: Ähre 1-3 cm lang; Stengel 10-40 cm; Südwestalpen, selten) zur Sammelart *P. atrata* agg. zusammengefaßt. - Ähnlich: Schmalblütiger Wegerich (*P. tenuiflora* W. & K.): Ähre unten locker, 1-7 cm lang; Stiel 1-7 cm lang; Blätter 1-7 cm lang, um 2 mm breit; Burgenland; selten.

Berg-Wegerich
Plantago atrata
Breit-Wegerich
Plantago major
Mittlerer Wegerich
Plantago media
Spitz-Wegerich
Plantago lanceolata

Strand-Wegerich

Plantago maritima L.
Wegerichgewächse *Plantaginaceae*

Beschreibung: Zahlreiche Blüten sitzen in dünnwalzlichen Ähren auf meist zahlreichen, blattlosen Stengeln. Die Ähren werden 3–11 cm lang und um 5 mm dick; sie erscheinen auf den ersten Blick insgesamt hellbraun. Tragblätter schmal-eiförmig, höchstens 3/4 der Länge des Kelchs erreichend. Kelch bis praktisch zum Grund in 4 Zipfel geteilt. Krone 4–5 mm lang, bis auf etwa 2/3 ihrer Länge in 4 Zipfel geteilt, weißlich-bräunlich. Staubfäden hellbraun, Staubbeutel gelbbraun. Stengel blattlos, am Grund meist bogig aufsteigend, auch aufrecht, angedrückt kurz behaart, der unbeblätterte Teil in der Regel deutlich länger als die Ähre, die er trägt. Alle Blätter in einer grundständigen Rosette, niederliegend-aufgebogen bis aufrecht, 3–25 cm lang, 0,2–1,5 cm breit, mehr oder weniger fleischig, meist stumpf graugrün, ganzrandig oder sehr undeutlich vereinzelt gezähnt, anfangs (nach oben offen) rinnig, später meist durchweg flach, meist kahl. Juli–Oktober. 15–40 cm.

Vorkommen: Braucht kochsalzhaltigen, tonig-sandigen oder -schlickigen Boden; geht auch auf gipshaltige Böden. An der Nord- und Ostseeküste, im nördlichen Schleswig-Holstein und im östlichen Österreich zerstreut; vereinzelt in der Wetterau, in Thüringen und in Sachsen-Anhalt.

Wissenswertes: ♃; (☠). Enthält geringe Mengen von Aucubin. Wird u. a. mit *P. alpina* L. (s. rechts) und dem Kiel-Wegerich (*P. holosteum* SCOP.: Blätter halbstielrund, gekielt, am Rand – oft nur schütter – kurz gewimpert, oberseits schwach furchig; verkarstete Felsflächen; Gardasee bis Hochschwab; selten) zur Sammelart *P. maritima* agg. zusammengefaßt.

Alpen-Wegerich

Plantago alpina L.
Wegerichgewächse *Plantaginaceae*

Beschreibung: Zahlreiche Blüten sitzen in dünnwalzlichen Ähren auf meist zahlreichen, blattlosen Stengeln. Die Ähren werden 1,5–3 cm lang (selten etwas länger) und um 5 mm dick; sie erscheinen auf den ersten Blick insgesamt hellbraun. Tragblätter der Einzelblüten spitz, aber grannenlos, etwa so lang wie der Kelch, kahl oder nur am Rande bewimpert. Kelch bis praktisch zum Grund in 4 Zipfel geteilt. Krone 2–3 mm lang, kaum bis 1/2 ihrer Länge in 4 Zipfel geteilt, weißlich. Staubfäden hellbraun, Staubbeutel gelbbraun. Stengel blattlos, am Grund zuweilen kurz bogig aufsteigend, sonst aufrecht oder durchweg aufrecht, schütter und sehr kurz behaart (Lupe!), der unbeblätterte Teil etwa so lang wie die Blätter. Alle Blätter in einer grundständigen Rosette, die äußersten niederliegend bis aufgebogen, die inneren – und damit die Mehrzahl – mehr oder minder schräg aufrecht abstehend, 3–10 cm lang, 2–5 mm breit, meist grasartig flach, stets kahl. April–August. 5–15 cm.

Vorkommen: Braucht kalkarmen, humossteinigen Lehmboden in alpinen Lagen. Besiedelt lückige Rasen und Matten, geht auch in Schneetälchen. In den mittleren und westlichen Zentralalpen zerstreut, in den östlichen Zentralalpen und in den Kalkalpen selten. Bevorzugt Höhen zwischen etwa 1000–2500 m.

Wissenswertes: ♃; (☠). Enthält sehr geringe Mengen von Aucubin. – *P. alpina* L. wird mit mehreren Kleinarten zur Sammelart *P. maritima* agg. (s. links) zusammengefaßt, u. a. mit dem Schlangen-Wegerich (*P. serpentina* ALL.: Ähre 4–12 cm lang, Blätter fleischig, flach, randlich bewimpert; auf Serpentin oder über basischem Gestein; Alpen, Schweizer Jura, selten).

Sand-Wegerich
Plantago indica
Alpen-Wegerich
Plantago alpina
Krähenfuß-Wegerich
Plantago coronopus
Strand-Wegerich
Plantago maritima

Krähenfuß-Wegerich

Plantago coronopus L.
Wegerichgewächse *Plantaginaceae*

Beschreibung: Zahlreiche Blüten sitzen in dünnwalzlichen Ähren auf meist zahlreichen, blattlosen Stengeln. Die Ähren werden 2–4 cm lang (selten auch etwa doppelt so lang) und 3–5 mm dick. Tragblätter der Einzelblüten grannenartig zugespitzt, um 2 mm lang und damit etwa ebenso lang wie der Kelch, kahl oder nur am Rande bzw. auf den Nerven behaart (Lupe!). Kelch bis praktisch zum Grund in 4 Zipfel geteilt. Krone um 2 mm lang, bis auf etwa 1/2 ihrer Länge in 4 Zipfel geteilt, weißlich, Zipfel mit braunem Mittelnerv. Staubblätter weißlich, Staubbeutel gelb. Stengel blattlos, aus bogig aufsteigendem Grund aufrecht, die innersten ganz aufrecht, ziemlich dicht kurz und anliegend behaart, der unbeblätterte Teil etwa so lang wie die Ähre. Alle Blätter in grundständiger Rosette, dem Boden aufliegend, aufgebogen oder mehr oder weniger schräg aufrecht abstehend, 4–8 cm lang, im Umriß lanzettlich, bis gegen den Mittelnerv fiederteilig, jederseits mit 4–8 schmal-lanzettlichen, oft nochmals gezähnten Abschnitten, oft nur schütter, gelegentlich auch ziemlich dicht behaart. Juni–September. 5–15 cm.

Vorkommen: Braucht feuchten, verdichteten Tonboden, der mindestens mäßig kochsalz- oder stickstoffsalzreich sein sollte, geht auch auf entsprechend salzig-tonige Sandböden. Besiedelt strandnahe Wege und Ödland im Küstenbereich, geht auch auf Dünen. Im küstennahen Tiefland an der Nord- und Ostsee sowie im nördlichen Schleswig-Holstein zerstreut, im Binnenland nur vereinzelt an Salzquellen.

Wissenswertes: ☉; (☠). Enthält in sehr geringen Mengen Aucubin und vor allem in den Samen Schleimstoffe.

Sand-Wegerich

Plantago indica L.
Wegerichgewächse *Plantaginaceae*

Beschreibung: Zahlreiche Blüten sitzen in mehreren eiförmig-kugeligen Ähren am Ende des Stengels und von Zweigen, die in den Achseln von oberen Stengelblättern entspringen. Ähren 1–1,5 cm lang, fast ebenso dick. Tragblätter der beiden untersten Blüten behaart, je 4–5 mm lang, breit-eiförmig, vorne plötzlich in eine dünne Spitze ausgezogen, die um 5 mm, selten bis zu 1 cm lang wird. Kelch 4teilig, 3–4 mm lang, die beiden oberen Kelchblätter frei und lanzettlich, die beiden unteren am Grunde verwachsen, verbreitert und stumpf. Krone um 4 mm lang, mit kurzer Röhre und 4teiligem, etwas zurückgebogenem Rand; Zipfel etwa 2 mm lang, bräunlich-weiß, schmal-eiförmig, spitzlich. Stengel einfach oder verzweigt, aufsteigend oder aufrecht, sehr kurz behaart, beblättert, in den Blattachseln zuweilen kurze Blattbüschel. Stengelblätter gegenständig, schmal-lineal, flach, vereinzelt mit unscheinbaren Zähnchen, im vorderen Blatteil sehr kurz, gegen die Basis etwas länger und überall schütter behaart. Juni–September. 20–40 cm.

Vorkommen: Braucht kalkarmen Sandboden in sommerwarmer Lage. Besiedelt Dünen, Bahnschotter und Wege. Im Tiefland westlich der Elbe selten, östlich der Elbe zerstreut, ebenso vom nördlichen Oberrhein bis zum Niederrhein; sonst nur vereinzelt.

Wissenswertes: ☉; (☠). Enthält in geringen Mengen Aucubin, in den Samen reichlich Schleimstoffe. – Ähnlich: Strauch-Wegerich *(P. sempervirens* Cr.): Ähren 1–1,5 cm lang, 5–9 mm dick. Stengel am Grund niederliegend und hier verholzt. Stengelblätter gegenständig, büschelig gehäuft. Südwestalpen, Niederösterreich; sehr selten (s. Tafel S. 207).

Wegerichgewächse *Plantaginaceae* ▶

Strandling *Littorella*

Tannenwedelgewächse *Hippuridaceae* ▶

Tannenwedel *Hippuris*

Wassersterngewächse *Callitrichaceae* ▶

Wasserstern *Callitriche*

Strandling

Littorella uniflora (L.) ASCH.
Wegerichgewächse *Plantaginaceae*

Beschreibung: Blüten eingeschlechtig, Pflanze 1häusig, d. h. männliche und weibliche Blüten befinden sich auf demselben Individuum. Männliche Blüten einzeln (sehr selten auch zu 2) auf langen Stielen, die in den Achseln eines Blattes entspringen; weibliche Blüten ungestielt, am Grund des Stiels der männlichen Blüten in den Achseln von Tragblättern; männliche Blüten mit in der Regel tief 4teiligem Kelch und einer weißlichen, röhrigen, 4teiligen Krone; weibliche Blüten mit einem - meist bis zum Grund - 3teiligen (selten nur 2- oder 4teiligem) Kelch und einer kurz 2-3zähnigen, röhrigen, weißlichen Krone. Staubfäden bis 2 cm lang, wie die Staubbeutel weißlich. Die Pflanze entwickelt - außer den Stielen der männlichen Blüten - keinen Stengel; sie treibt aber aus ihren Rosetten lange, dünne, oberirdische Ausläufer. Alle Blätter stehen in einer grundständigen Rosette; sie werden 4-12 cm lang und 2-3 mm dick; sie sind ausgesprochen fleischig und daher im Querschnitt eiförmig. Überflutete Rosettenblätter sind zuweilen ausgesprochen hellgrün. Mai-September. 3-12 cm.

Vorkommen: Braucht stickstoffsalzarmen, zeitweise überschwemmten, sandigen Boden; besiedelt flache Ufer. Sehr selten im Tiefland und am Bodensee; sonst nur vereinzelt und oft unbeständig.

Wissenswertes: ♃; ▽. Der Strandling hat in den letzten Jahrzehnten viele seiner noch um die Jahrhundertwende bekannten Standorte verloren, weil die Ufer - vor allem von Seen - genutzt oder zu intensiv „gesäubert“ worden sind. Auch der Rückgang der Teichwirtschaft hat den Standortverlust mitbewirkt.

Tannenwedel

Hippuris vulgaris L.
Tannenwedelgewächse *Hippuridaceae*

Beschreibung: Blüten unscheinbar, einzeln in den Achseln der mittleren und oberen Stengelblätter. Blütenblätter fehlen. Kelch nur mit Lupe als angedeuteter grüner Wulst - oft undeutlich - erkennbar. Ein Blütendurchmesser kann infolgedessen nicht angegeben werden. Das einzige Staubblatt steht auf dem Fruchtknoten, und zwar auf der dem Stengel zugewandten Seite. Fruchtknoten mit 1 Narbe, die meist länger als das Staubblatt ist. Frucht eiförmig, reif etwas über 1 mm lang, dunkelbraun. Stengel flutend, bogig aus dem Wasser aufsteigend oder aufrecht, unverzweigt, 0,5-1 cm dick, engröhrig. Blätter zu 4-20 quirlständig, Überwasserblätter lineal-nadelig, steif abstehend oder - in der Gesamtheit eines Wirtels - etwas schüsselartig nach oben gebogen, 0,8-2 cm lang und 1,5-3 mm breit; Unterwasserblätter meist länger und fast grasartig, schlaff flutend. Juni-August. 20-50 cm.

Vorkommen: Braucht nährstoffreiches, kalkhaltiges, eher kühles Wasser in flachen stehenden oder sehr langsam fließenden Gewässern mit schlammig-lehmigem oder schlammig-humosem Grund. Kommt meist zwischen Schwimmpflanzengürtel und Röhricht in dichten, zuweilen auch ausgedehnten und individuenreichen Beständen vor. Im Tiefland, im Alpenvorland und im Verlauf der großen Flüsse und Ströme (Altwässer) zerstreut, sonst nur vereinzelt. Geht im Gebirge örtlich bis über 1500 m.

Wissenswertes: ♃. Obschon der Tannenwedel keine auffälligen Blüten hat, sieht er im Bestand durchaus dekorativ aus. Deshalb hat man ihn in den vergangenen Jahrzehnten hie und da in Waldtümpel und in grundwassergespeiste Teiche und Seen ufernah eingebracht.

Herbst-Wasserstern

Callitriche hermaphroditica L.
Wassersterngewächse *Callitrichaceae*

Beschreibung: Pflanze 1häusig, d.h. auf ein und derselben Pflanze gibt es rein männliche und rein weibliche Blüten. Blüten unscheinbar, ohne Kelch- und Blütenblätter. Männliche Blüten bestehen ausschließlich aus 1 Staubblatt, das jeweils aus den Achseln der oberen Blätter entspringt. Die weibliche Blüte besteht nur aus dem Fruchtknoten, der 2 kaum sichtbare Narben trägt, die überdies frühzeitig abfallen. Ganze Pflanze zart, untergetaucht. Stengel kahl. Stengelblätter nirgendwo rosettig gehäuft, gegenständig, lineal, gegen den Grund etwas verbreitert, stets nur 1nervig, sitzend, an der Spitze abgestutzt und mehr oder weniger deutlich 2zähnig. Juni–September. 15–50 cm.

Vorkommen: Besiedelt kalk- und nährstoffarme, eher kühle, stehende oder nur sehr langsam fließende Gewässer. Bildet in ihnen meist flächenmäßig kleine, aber individuenreiche und dadurch als flutende „Polster" auffallende Bestände. Kommt nur vereinzelt bei Cuxhaven und sehr selten in Mecklenburg-Vorpommern und im nördlichen Brandenburg vor.

Wissenswertes: ♃. Die Art hat seit dem Ende des 2. Weltkriegs nachweislich fast alle ihre Standorte westlich der Elbe und viele östlich davon durch Vernichtung verloren. Eutrophierung war hierfür in stärkerem Maße verantwortlich als Trockenlegung. Angaben, die sich auf Funde in den Mittelgebirgen oder gar südlich der Mainlinie bezogen, beruhten sicher auf Verwechslungen mit anderen Arten der Gattung. – *C. hermaphroditica* L. wird üblicherweise mit *C. truncata* GUSS. zur Sammelart *C. hermaphroditica* agg. zusammengefaßt. Diese Kleinart kommt ausschließlich in Süd- und Westeuropa vor.

Sumpf-Wasserstern

Callitriche palustris L. emend. SCHOTSMAN
Wassersterngewächse *Callitrichaceae*

Beschreibung: Pflanze 1häusig. Blüten nur mit 2 Vorblättern. Männliche Blüten bestehen aus 1 Staubblatt, das aus den Achseln der oberen Blätter entspringt. Weibliche Blüten bestehen aus dem Fruchtknoten. Pflanze untergetaucht, mit Schwimmblattrosetten flutend oder auf Schlamm am Ufer kriechend. In den Achseln der gegenständigen Blätter oft Seitentriebe, die mit einer kleinen Schwimmblattrosette enden. Blätter 1–3nervig, lineal-lanzettlich, mit zumindest angedeutet 2zähniger Spitze oder spateligeiförmig, stets gegen den Grund mehr oder minder deutlich verschmälert, zuweilen sogar gestielt. Mai–Oktober. 5–40 cm.

Vorkommen: Besiedelt kalk- und basenarme, stehende oder träg fließende, meist beschattete Gewässer, die Stickstoffsalze meist in mäßig hoher Konzentration enthalten; geht öfters auch in zeitweilig austrocknende Pfützen auf Waldwegen. Zerstreut; gebietsweise fehlend.

Wissenswertes: ♃. *C. palustris* L. emend. SCHOTSMAN wird mit *C. brutia* PETAGNA (Wasserblätter lineal; Frucht lang gestielt; Nordfriesische Inseln, Angeln; vereinzelt), *C. cophocarpa* SENDTN. (Rosettenblätter spatelförmig, Schwimmblätter lineal; selten), *C. hamulata* KÜTZ. ex KOCH (Rosettenblätter spatelförmig, gestielt, Schwimmblätter vorn 2zähnig; selten), *C. obtusangula* LE GALL (Rosette mit 15–20 rhombischen Blättern; nährstoffreiche Gewässer, selten), *C. platycarpa* KÜTZ. (Staubblätter 3–5 mm lang, 8–12 schmal-eiförmige Rosettenblätter, selten) und *C. stagnalis* SCOP. (Staubblätter 1–2 mm lang, 6–8 breit-eiförmige Rosettenblätter; zerstreut) zur Sammelart *C. palustris* agg. zusammengefaßt.

Tannenwedel
Hippuris vulgaris
Sumpf-Wasserstern
Callitriche palustris
Herbst-Wasserstern
Callitriche hermaphroditica
Strandling
Littorella uniflora
♂
♀
Strauch-Wegerich
Plantago sempervirens
(Text S. 204)

Eisenkrautgewächse *Verbenaceae* ▸

Eisenkraut *Verbena*

Lippenblütengewächse *Lamiaceae* ▸

Braunelle *Prunella*

Eisenkraut

Verbena officinalis L.
Eisenkrautgewächse *Verbenaceae*

Beschreibung: Zahlreiche, ziemlich kleine und unscheinbare Blüten stehen in einer endständigen Ähre und in meist mehreren blattachselständigen, dünnen und lockeren Ähren. Kelch nur etwa 2 mm lang, röhrenförmig verwachsen, vorne kurz 4–5zähnig, dicht und kurz drüsig behaart. Krone 3–5 mm lang, blaßlila, jung rosalila; Kronröhre eng; Krone auf etwa 1/2 ihrer Gesamtlänge in 5 verkehrt-eiförmige, spatelige Zipfel zerteilt, die vorne quer abgestutzt oder seicht ausgerandet sind; sie stehen sehr weittrichterig von der Kronröhre ab; gegen ihre Basis werden sie innen meist geringfügig hellerfarben; Kronzipfel etwas ungleich lang, so daß die Krone - bei genauem Zusehen - insgesamt schwach 2lippig wirkt. Stengel aufrecht, unten einfach und leicht verholzt, oberwärts verzweigt, überwiegend 4kantig, an den Kanten und in der oberen Hälfte überall durch kurze, borstige, schwach aufwärts gerichtete Haare rauh. Blätter gegenständig, die unteren gestielt und am Rande grob fiederig-gezähnt, die mittleren kurz gestielt, tief 3teilig bis fiederschnittig, die obersten sitzend, grob gezähnt. Juli–September. 30–70 cm.

Vorkommen: Braucht Lehm- oder Tonboden, der reich an Stickstoffsalzen sein sollte und nicht zu trocken sein darf. Wege, Ödland, Mauern, Trittlücken auf Weiden. Fehlt im Tiefland westlich der Elbe oder kommt dort nur vereinzelt vor; östlich der Elbe selten; in den Gebirgslagen mit rauherem Klima sehr selten oder gebietsweise fehlend; sonst zerstreut. Steigt in den Alpen bis etwa 1200 m.

Wissenswertes: ♃; (☠). Alte Heilpflanze; enthält u. a. das Glykosid Verbenalin, das als schwach giftig anzusehen ist.

Kleine Braunelle

Prunella vulgaris L.
Lippenblütengewächse *Lamiaceae (Labiatae)*

Beschreibung: Die Blüten stehen in der Regel zu 6 in quirlartigen Teilblütenständen, die am Ende des Stengels zu einer kopfigen Ähre angeordnet sind; Tragblätter in der Ähre braunrot-violett, am Rand und auf den Außenflächen basisnah langwimperig. Kelch eng glockig-röhrig, bis auf etwa 1/2 seiner Länge in 2 „Lippen" geteilt: Oberlippe mit 3 kurzen, wenig tief eingeschnittenen Zähnen, Unterlippe mit 2 lanzettlichen, tiefer eingeschnittenen, spitzen Zähnen. Krone 0,8–1,5 cm lang, blauviolett oder etwas rötlich-violett, mit leicht helmförmig aufgewölbter Oberlippe, die auf dem „Scheitel" schütter und kurz behaart ist; Unterlippe nur wenig länger als die Oberlippe; Seitenlappen etwa 1/2 bis 2/3 so lang wie der Mittellappen, eiförmig-zungenförmig, etwas nach unten geschlagen; Mittellappen mit aufwärts gebogenen, stark gezähnelten Seitenrändern. Stengel niederliegend-aufsteigend, oft verzweigt, 4kantig. Blätter gegenständig, gestielt, das oberste Paar unmittelbar unter der Blütenähre, sitzend oder nur undeutlich gestielt, untere Blätter 1–3,5 cm lang und 0,5–1,5 cm breit, eiförmig, ganzrandig oder unregelmäßig gezähnt. Juni–September. 10–25 cm.

Vorkommen: Braucht nährstoffreichen Lehm- oder Tonboden, der nicht zu trocken sein sollte. Besiedelt lichte Waldstellen, Wegränder, Rasen und Weiden. Sehr häufig und meist in individuenreichen Beständen. Steigt in den Alpen örtlich über etwa 2000 m.

Wissenswertes: ♃. Das gerbstoffhaltige Kraut bzw. der aus ihm ausgepreßte Saft wurde früher äußerlich als Wundheilmittel benutzt. Die Blüten werden hauptsächlich von Hummeln beflogen und bestäubt.

Kleine Braunelle
Prunella vulgaris
Eisenkraut
Verbena officinalis
Großblütige Braunelle
Prunella grandiflora
Weiße Braunelle
Prunella laciniata

Weiße Braunelle

Prunella laciniata (L.) L.
Lippenblütengewächse *Lamiaceae (Labiatae)*

Beschreibung: Die Blüten stehen - in der Regel zu 4–6 - in quirlartigen Teilblütenständen, die am Ende des Stengels zu einer kopfigen Ähre angeordnet sind; Tragblätter in der Ähre grün, aber oft violett überlaufen; auf den Nerven borstig behaart. Kelch eng glockig-röhrig, bis auf etwa 1/2 seiner Länge in 2 „Lippen" geteilt: Oberlippe mit 3 kurzen, wenig tief eingeschnittenen Zähnen (Mittelzahn am breitesten), Unterlippe mit 2 lineal-lanzettlichen, tiefer eingeschnittenen, spitzen Zähnen. Krone um 1,5 cm lang, gelblich-weiß, mit leicht helmförmig aufgewölbter Oberlippe, die auf dem „Scheitel" schütter und kurz behaart ist; Unterlippe nur wenig länger als die Oberlippe; Seitenlappen kürzer als der Mittellappen, eiförmig-zungenförmig; Mittellappen mit meist gezähneltem, etwas aufgebogenem Rand; selten Rand fast flach und unbezahnt. Stengel oft verzweigt, aufsteigend oder aufrecht, wie die Blätter ziemlich dicht und etwas kraus weißhaarig. Grundständige Blätter 1–5 cm lang, 0,5–1,5 cm breit, ganzrandig oder seicht und etwas buchtig gezähnt. Stengelblätter gegenständig, 3–7 cm lang, fiederteilig oder mit langen, schmalen Zähnen. Juni–August. 5–25 cm.

Vorkommen: Braucht kalkhaltigen, trockenen Lehm-, Ton- oder Lößboden in Gegenden mit sommerwarmem Klima. Besiedelt Halbtrockenrasen und Trockengebüsche. In den milderen Lagen der Mittelgebirge mit kalkhaltigen Böden selten; am Alpensüdfuß und im östlichen Österreich zerstreut. Fehlt im Tiefland; steigt in den Südalpentälern bis etwa 1000 m.

Wissenswertes: ♃. Die Weiße Braunelle hat ihr Hauptverbreitungsgebiet im Mittelmeerraum.

Großblütige Braunelle

Prunella grandiflora (L.) SCHOLLER
Lippenblütengewächse *Lamiaceae (Labiatae)*

Beschreibung: Die Blüten stehen zu 4–6 in quirligen Teilblütenständen, die am Stengelende zu einer kopfigen Ähre angeordnet sind; Tragblätter in der Ähre grün, oft mit braun-violettem Rand; Rand langwimperig. Kelch glockig-röhrig, bis auf etwa 2/3 seiner Länge in 2 „Lippen" geteilt: Oberlippe mit 3 kurzen Zähnen; Unterlippe mit 2 lanzettlichen, tiefer eingeschnittenen, spitzen Zähnen. Krone 2–2,5 cm lang, blauviolett (oft mit einem Rotstich), mit deutlich helmförmig aufgewölbter Oberlippe, die hinten auf der Scheitellinie ziemlich dicht und lang wimperig behaart ist; Unterlippe nur wenig länger als die Oberlippe; Seitenlappen kürzer und schmaler als der Mittellappen, zungenförmig, etwas zurückgeschlagen und oft dem Mittellappenansatz anliegend; Mittellappen mit leicht aufwärts gebogenen, grob und ungleichmäßig bezahnten Rändern. Stengel einfach, aufsteigend oder aufrecht, wie die Blätter schütter behaart. Grundblätter meist deutlich (1–5 cm lang) gestielt, ihre Spreite 1,5–4 cm lang und 1–2,5 cm breit, ganzrandig oder seicht buchtig gezähnt. Stengelblätter gegenständig, gestielt, das oberste Paar 1 bis mehrere cm unterhalb des Blütenstandes ansitzend, ganzrandig oder etwas buchtig gezähnt. Juni–September. 10–30 cm.

Vorkommen: Braucht kalkreichen, trockenen Lehm-, Ton- oder Lößboden. Besiedelt Trokkenrasen und Trockengebüsche. Fehlt im Tiefland oder kommt dort - östlich der Elbe - nur vereinzelt vor. In den Kalk-Mittelgebirgen sowie in den Kalkalpen zerstreut, meist in lockeren, individuenreichen Beständen.

Wissenswertes: ♃. Die Blüten werden von Hummeln bestäubt.

Immenblatt *Melittis*
Brandkraut *Phlomis*
Drachenkopf *Dracocephalum*
Gundelrebe, Gundermann *Glechoma*

Immenblatt

Melittis melissophyllum L.
Lippenblütengewächse *Lamiaceae (Labiatae)*

Beschreibung: 1–3 Blüten stehen jeweils kurz gestielt in den Achseln der Blätter im oberen Drittel des Stengels; nicht selten sind sie ziemlich einseitswendig ausgerichtet. Kelch breitglockig, 1,5–2 cm lang, kahl oder nur auf den Nerven kurz behaart, 10nervig, 2lippig; Oberlippe mit 1–3 kurzen Zähnen; Unterlippe mit 2 gleich langen, vorne gelegentlich eingekerbten Zähnen. Krone 3–4,5 cm lang, rotviolett, rosa oder weiß, 2lippig (Lippen oft verschiedenfarben; Unterlippe oft unregelmäßig fleckig); Oberlippe ziemlich flach, kurz drüsig behaart; Unterlippe 3teilig, mit breitem, oft ausgerandetem und wellig berandetem Mittellappen. Stengel einfach, aufrecht, 4kantig, schütter abstehend behaart. Blätter gegenständig, gestielt; Spreite 3–9 cm lang und 2–5 cm breit, breit-lanzettlich bis eiförmig, mit schwach herzförmigem oder abgerundetem Grund, am Rand deutlich gekerbt-gezähnt, oberseits sehr schütter behaart, unterseits auf den Nerven sowie am Rand ziemlich dicht und kurz behaart. Mai–Juli. 20–60 cm.

Vorkommen: Braucht basenreichen, meist kalkhaltigen, lockeren, mullreichen, steinigen Lehm- oder Tonboden in sommerwarmen Lagen. Besiedelt lichte Laubwälder. Vereinzelt im Harz, in Thüringen und Sachsen; im Jura, am südlichen Oberrhein, am Hochrhein, im Alpenvorland und in den Kalkalpen an milden Stellen selten, aber meist in individuenreichen Beständen; steigt in den Alpen bis etwa 1250 m.

Wissenswertes: ♃. Den Farbunterschieden der Blüten kommt keine taxonomische Bedeutung zu. Die südosteuropäische Sippe hat größere Blätter und wird oft als ssp. *carpatica* (KLOKOV) P. W. BALL geführt.

Brandkraut

Phlomis tuberosa L.
Lippenblütengewächse *Lamiaceae (Labiatae)*

Beschreibung: 10–35 Blüten stehen wirtelig in den Achseln der oberen Blätter am Ende des Stengels und der oberen Seitenzweige. Kelch engglockig-röhrig, um 1 cm lang, etwa auf 2/3 seiner Länge in 5 lineale, auswärts gekrümmte, rauh bewimperte Zähne zerteilt, 10nervig, mit 5 stärker ausgebildeten Nerven, die – im Gegensatz zu den schwächeren Nerven oder der Kelchröhre schlechthin – behaart sind. Krone um 1 cm lang, hellrot bis rötlich-lila, außen weißlich und filzig behaart; Oberlippe aufgerichtet, gewölbt, Rand auffällig gezähnelt und durch weiße Haare bärtig; Unterlippe 3lappig, auf der Innenfläche dunkel rotfleckig; Mittellappen viel breiter als die Seitenlappen, stumpflich. Stengel kräftig, aufrecht, einfach oder in der oberen Hälfte verzweigt, stumpfkantig, kahl, hohl. Grundblätter in einer Rosette angeordnet, langstielig; Stengelblätter gegenständig, untere mit einer 10–20 cm langen und etwa halb so breiten Spreite, diese eiförmig mit ausgeprägt herzförmigem Grund, mit grob kerbig-gezähntem Rand, runzeliger Oberseite und schütteren, aufrechten Haaren; obere Stengelblätter kleiner und kürzer gestielt. Blätter und Stengel zerrieben von widerlich süßlichem Geruch. Juni–Juli. 0,6–1,5 m.

Vorkommen: Braucht basischen, meist kalkhaltigen, trockenen Lehm- oder Lößboden in Lagen mit sommerwarmem Klima. Besiedelt Halbtrockenrasen und Trockengebüsche. Vereinzelt in Sachsen-Anhalt in der Gegend von Magdeburg; sonst nur sehr selten in Niederösterreich und im Burgenland.

Wissenswertes: ♃. Das Brandkraut hat sein Hauptverbreitungsgebiet in den südosteuropäischen Steppen.

Nordischer Drachenkopf

Dracocephalum ruyschiana L.
Lippenblütengewächse *Lamiaceae (Labiatae)*

Beschreibung: 4–24 Blüten sitzen in einem ährenartig-quirligen (Quirle mit 2–8 Blüten), kopfigen, oft an der Basis kurz unterbrochenen Blütenstand am Ende des Stengels. Vorblätter im Blütenstand 5–7 mm lang, schmaleiförmig; oberste Blätter unmittelbar unterhalb des Blütenstandes, lanzettlich. Kelch um 1,3 cm lang, mit 15 Nerven (Lupe!), etwa auf 1/2 seiner Länge in 2 „Lippen" zerteilt; Oberlippe mit 3 Zähnen, Mittelzahn breiter als die Seitenzähne; Zähne der Unterlippe etwa gleich lang wie die der Oberlippe. Krone 2,5–3 cm lang, blauviolett, selten rosa oder weiß, mit deutlich helmförmig aufgewölbter Oberlippe, kurz und schütter flaumig behaart; Unterlippe nur wenig länger als die Oberlippe, 3teilig, Seitenlappen kürzer und schmäler als der Mittellappen; Mittellappen nach unten geschlagen, vorn etwas ausgerandet. Stengel aufsteigend oder aufrecht, 4kantig, meist nur auf 2 gegenüberliegenden Seiten behaart. Stengelblätter gegenständig, ungeteilt, ganzrandig, schmal-lanzettlich, 2,5–4,5 cm lang und 2–5 mm breit, sitzend, Rand oft etwas nach unten gebogen, fast kahl, spitz. Juni–September. 10–30 cm.

Vorkommen: Braucht basenreichen, meist kalkhaltigen, grusig-sandigen Lehmboden. Besiedelt alpine Trockenrasen und Wildheuplanken. Zermatt; Westketten der Nördlichen Kalkalpen, Graubünden, ostwärts bis ins Engadin und nach Liechtenstein. Selten. Steigt bis etwa 2200 m; fehlt im deutschen Alpengebiet.

Wissenswertes: ♃; ▽. Ähnlich: Pontischer Drachenkopf (*D. austriacum* L.): Krone 3,5–4,5 cm lang; Blätter bis fast zum Mittelnerv fiederschnittig; Wallis, Unterengadin; Niederösterreich; selten.

Gundelrebe, Gundermann

Glechoma hederacea L.
Lippenblütengewächse *Lamiaceae (Labiatae)*

Beschreibung: 2–24 Blüten stehen – sehr kurz gestielt – zu 2–3 mehr oder weniger einseitswendig in den Achseln der oberen Blätter. Kelch röhrig, 5–7 mm lang, schwach 2lippig; Oberlippe 3zähnig; Unterlippe 2zähnig; alle Kelchzähne 3eckig, spitz; Kelch oft braunviolett überlaufen. Krone 1–2 cm lang (am Ende der Blütezeit auch länger als 2 cm), blau- oder rotviolett; Kronröhre sich allmählich trichterig weitend, im Innern unweit des Schlundes mit einem Haarring; Oberlippe verkürzt-gestutzt, ausgerandet, an den Seiten etwas aufgefaltet; Unterlippe 3teilig; Seitenlappen schmal, zungenförmig-gestutzt, kürzer als der Mittellappen; dieser breit, leicht ausgerandet, oft mit einem dunklen Fleck, der in einer aufgehellten Zone liegt. Stengel kriechend, aufsteigend oder (vor allem Seitentriebe) aufrecht, kahl oder schütter kurzhaarig. Blätter gestielt, nieren- oder herzförmig, Spreite 1–3,5 cm lang, 1–4 cm breit, grob und stumpf gezähnt, kahl oder mäßig dicht kurzhaarig. Stengelblätter gegenständig. Pflanze riecht aromatisch. April–Juni. 5–20 cm.

Vorkommen: Braucht nährstoffreichen, feuchten Lehmboden. Besiedelt Wiesen, Weiden, Auenwälder, Ufergebüsche. Sehr häufig. Meist in individuenreichen Beständen. Steigt im Gebirge bis etwa 1500 m.

Wissenswertes: ♃. Enthält Gerbstoffe, den Bitterstoff Marrubiin, in geringen Mengen ätherisches Öl und Saponine sowie das nicht näher bekannte Glechomin, das tödlich für Pferde sein soll. – *G. hederacea* L. wird mit der Behaarten Gundelrebe (*G. hirsuta* W. & K.: Kelch 7–11 mm lang, Kelchzähne lineal; Stengel und Blätter dicht kraushaarig; Südosteuropa) zur Sammelart *G. hederacea* agg. zusammengefaßt.

Immenblatt
Melittis melissophyllum
Nordischer Drachenkopf
Dracocephalum ruyschiana
Gundelrebe
Glechoma hederacea
Brandkraut
Phlomis tuberosa

Gewöhnliche Katzenminze

Nepeta cataria L.
Lippenblütengewächse *Lamiaceae (Labiatae)*

Beschreibung: Zahlreiche Blüten stehen - kurz gestielt - in Scheinquirlen (untere gestielt, obere fast sitzend) in den Achseln der mittleren und oberen Blätter sowie ährenartig-kopfig am Ende des Stengels und seiner Äste. Kelch 5-7 mm lang, röhrig, 15nervig, grauhaarig, vorn oft violett überlaufen; Kelchzähne lanzettlich, spitz, nicht stechend. Krone 0,7-1 cm lang, schmutzigweiß, gelblich oder rötlich; Kronröhre ziemlich eng, etwas gekrümmt; Oberlippe flach oder höchstens wenig gewölbt, vorn etwas ausgerandet, außen behaart; Unterlippe 3teilig, mit 2 kleineren Seitenlappen und einem viel größeren Mittelteil, der vorne ausgerandet, etwas behaart und meist purpurn gefleckt ist. Stengel aufrecht, verzweigt, dicht flaumig-filzig behaart, aromatisch und leicht zitronenartig riechend. Stengelblätter gegenständig; Blattstiel 0,3-2,5 cm lang, Spreite 2-5 cm lang (selten länger), 1-3 cm breit, rings grob kerbig gezähnt, oberseits oft fast kahl oder nur sehr schütter behaart, unterseits meist deutlich dichter behaart. Juli-September. 0,5-1,2 m.

Vorkommen: Braucht stickstoffsalzreichen, lockeren Lehmboden, der im übrigen ziemlich kalkarm sein kann. Besiedelt ortsnahes Ödland, siedlungsnahe, lichte Gebüsche, Wegränder, Mauern und Schuttplätze in Gegenden mit sommerwarmem Klima. Sehr selten im Tiefland und in den wärmeren Lagen der Mittelgebirge, der Zentral- und Südalpen; fehlt größeren Gebieten. Geht im Gebirge bis etwa 1500 m.

Wissenswertes: ♃. Alte Heilpflanze, die ätherische Öle (mit Nepetalacton, Carvacrol, Thymol und Pulegol) und einen Bitterstoff enthält.

Ungarische Katzenminze

Nepeta pannonica L.
Lippenblütengewächse *Lamiaceae (Labiatae)*

Beschreibung: Zahlreiche Blüten stehen - kurz gestielt - in Scheinquirlen (fast alle gestielt) locker am Stengel und seinen oft rispenartig gehäuften Seitenästen. Kelch um 4 mm lang, röhrig, 15nervig, nur auf den Nerven behaart, mit kurzen, schmalen, spitzen Zähnen, die indessen nicht stechen. Krone 7-9 mm lang, hellviolett, selten blaßlila oder fast weiß; Kronröhre ziemlich eng, deutlich gekrümmt; Oberlippe flach oder höchstens wenig gewölbt, vorn etwas ausgerandet; Unterlippe 3teilig, mit 2 kleineren Seitenlappen und einem viel größeren Mittelteil, der vorne ausgerandet und purpurn gefleckt ist. Stengel aufrecht, stark verzweigt, fast kahl. Blätter gegenständig, sitzend (höchstens die unteren kurz gestielt), am Grund herzförmig, 3-7 cm lang und etwa halb so breit wie lang, rings mit feinen, nach vorne gerichteten Zähnen bestanden, fast kahl. Pflanze riecht aromatisch. Juli-August. 0,5-1 m.

Vorkommen: Braucht stickstoffsalzhaltigen, lockeren, kalkhaltigen, ja kalkreichen Lehmboden. Besiedelt ortsnahes Ödland, Wegränder, lichte Gebüsche und Wälder, geht vereinzelt auch in Trockenrasen. Vereinzelt am mittleren und unteren Main, im schwäbischen Muschelkalkgebiet, im Schwäbischen Jura, im Rhonetal oberhalb des Genfer Sees, am Alpensüdfuß; im östlichen Österreich zerstreut.

Wissenswertes: ♃. Ähnlich: Großblumige Katzenminze (*Nepeta nepetella* L.): Blütenstand wie bei der Ungarischen Katzenminze; Kelch 6-8 mm lang, dicht behaart, meist violett überlaufen; Blütenkrone 1-1,5 cm lang, violett, rosa oder weiß. Steinige Halbtrockenrasen; Südeuropa; am Alpensüdfuß eingebürgert.

Gewöhnlicher Andorn
Marrubium vulgare
Gewöhnliche Katzenminze
Nepeta cataria
Ungarische Katzenminze
Nepeta pannonica
Ungarischer Andorn
Marrubium peregrinum

Gewöhnlicher Andorn

Marrubium vulgare L.
Lippenblütengewächse *Lamiaceae (Labiatae)*

Beschreibung: Zahlreiche Blüten stehen - kurz gestielt - in dicht gepackten, fast kugeligen Scheinquirlen in den Achseln der mittleren und oberen Stengelblätter; die Quirle haben Durchmesser von 1,5–2 cm. Kelch um 5 mm lang, röhrig, dicht mit weißen Haaren bedeckt, vorn mit 10 starren, stachelig-hakigen Zähnen, die an der Spitze kahl und nach dem Abfallen der Krone krallenartig zurückgebogen sind. Krone um 7 mm lang, weiß, flaumig behaart; Oberlippe 2teilig, nach oben gebogen, flach; Unterlippe 3teilig, mit kleineren Seiten- und größerem Mittellappen. Stengel aufsteigend oder aufrecht, stumpf 4kantig, jung dicht, später nur mäßig dicht filzig behaart. Stengelblätter gegenständig; Blattstiel 1–5 cm lang; Spreite breit-eiförmig, 2–4 cm lang und 1,5–3 cm breit, auffällig runzelig, Rand grob gekerbt-gezähnt, jung dicht weißfilzig behaart, später nur schütter behaart und oberseits oft ziemlich verkahlt; Nerven treten auf der Blattunterseite sehr stark hervor. Juni–August. 30–60 cm.

Vorkommen: Braucht stickstoffsalzreichen, lockeren Lehm- oder Tonboden in Lagen mit sommerwarmem Klima. Besiedelt siedlungsnahes Ödland und schuttiges Gelände, geht auch an Mauern und Wegränder. Vereinzelt im Tiefland, in Nordhessen, zwischen Neckar- und Mainmündung, in der Eifel und in der Pfalz, am Oberrhein, in Brandenburg, Sachsen-Anhalt und Thüringen, im Wallis und am Alpensüdfuß, in der Steiermark und in Niederösterreich.

Wissenswertes: ♃. Alte Heilpflanze. Enthält Gerbstoffe, ätherisches Öl und den Bitterstoff Marrubiin, der in der Wirkung den Enzian-Bitterstoffen ähnelt.

Ungarischer Andorn

Marrubium peregrinum L.
Lippenblütengewächse *Lamiaceae (Labiatae)*

Beschreibung: Zahlreiche Blüten stehen - kurz gestielt - in lockeren, halbkugeligen Scheinquirlen in den Achseln der mittleren und oberen Stengelblätter; die Scheinquirle haben Durchmesser von 0,8–1,5 cm. Kelch um 4 mm lang, röhrig, dicht mit anliegenden weißen Haaren bedeckt, vorn mit 5 starren, bis zur Spitze behaarten, stachelig-hakigen Zähnen, die auch nach dem Abfallen der Krone aufrecht abstehen und sich keinesfalls nach rückwärts biegen. Krone um 8 mm lang, weiß, flaumig behaart; Oberlippe 2teilig, nach oben gebogen, flach; Unterlippe 3teilig, wobei der Mittellappen nur wenig größer ist, als es die Seitenlappen sind. Stengel aufrecht, meist auffallend reich und sparrig verzweigt, stumpf 4kantig, jung dicht, später schütterer filzig behaart. Stengelblätter gegenständig; Blattstiel höchstens wenige mm lang; Spreite der unteren Blätter breit-lanzettlich, der oberen lanzettlich, 2–5 cm lang und 0,5–1,5 cm breit, am Rand gezähnt, Blätter im Blütenstandsbereich auch ganzrandig, oberseits weniger dicht, unterseits dicht weißfilzig behaart; Nerven auf der Unterseite stark hervortretend. Juli–August. 30–80 cm.

Vorkommen: Braucht stickstoffsalzreichen, lockeren Lehm- oder Tonboden in Lagen mit sommerwarmem Klima. Heimat: Östliches Mittelmeergebiet; in Mitteleuropa - mit Ausnahme des östlichen Österreichs, in dem er möglicherweise seit alters Fuß gefaßt hat - nur eingeschleppt und unbeständig verwildert.

Wissenswertes: ♃. Ähnlich: Adriatischer Andorn (*M. incanum* DESR.): Kelch mit 5, bis zur Spitze flaumig behaarten Zähnen; Scheinquirle kugelig; Kelchzähne nach der Blüte spreizend; Alpensüdfuß; vereinzelt.

Kleines Helmkraut

Scutellaria minor HUDS.
Lippenblütengewächse *Lamiaceae (Labiatae)*

Beschreibung: Mehrere Blüten stehen - kurz gestielt - jeweils zu 2 einseitswendig am Stengel und an seinen Ästen locker übereinander in den Achseln der mittleren und oberen Blätter. Kelch 2-3 mm lang, 2lippig, zur Fruchtzeit 2teilig, kurz behaart, auf seiner Oberseite mit einer gerundeten Schuppe, die um 1 mm lang wird. Kronröhre gerade; Krone um 7 mm lang, blauviolett bis violettrosa, mit einer sehr viel helleren, fast weißlichen Unterlippe, die purpurn gefleckt ist. Stengel aufsteigend oder aufrecht, ausgeprägt 4kantig, meist reich und etwas sparrig verzweigt, an den Kanten kurzhaarig. Blätter gegenständig, sehr kurz gestielt, schmal-eiförmig bis eiförmig, 0,5–2,5 cm lang, 0,3–1 cm breit, am Grunde abgerundet oder abgestutzt, ganzrandig oder am Grunde mit 1–2 kleinen und oft undeutlich ausgebildeten Zähnen, von kurzen Haaren leicht rauh. Die Pflanze besitzt ein dünnes, weit kriechendes Rhizom; daher stehen oft 2–5 Stengel locker beieinander. Juli–August. 10–30 cm.

Vorkommen: Braucht kalkfreien, staunassen, humusreichen oder torfüberlagerten Tonboden in Lagen mit frostarmem Klima. Besiedelt Flachmoore, Gräben, Weiden, geht auch in Erlenbruchwälder. Vereinzelt im Tiefland, am Mittelrhein, an Nahe und Main, in der südlichen Pfalz und im Saarland, am Hochrhein und im Süddeutschen Keuperland sowie am westlichen Alpensüdfuß. Fehlt in Österreich.

Wissenswertes: ♃. Das Kleine Helmkraut ist eine atlantische Flachmoorpflanze, die ihre Hauptverbreitung in Westeuropa hat. Da ihre Früchtchen vermutlich in erster Linie durch Vögel verbreitet werden, kann sie an geeigneten Stellen immer wieder Fuß fassen.

Sumpf-Helmkraut

Scutellaria galericulata L.
Lippenblütengewächse *Lamiaceae (Labiatae)*

Beschreibung: Meist stehen nur 1–6 Paare von Blüten sehr kurz gestielt und einseitswendig orientiert in den Achseln der mittleren und oberen Blätter am Stengel und an seinen Ästen lokker übereinander. Kelch häufig auf der Oberseite und vorne schmutzig braunviolett überlaufen, um 4 mm lang, kurz behaart, auf seiner Oberseite mit einer gerundeten Schuppe, die um 1 mm lang wird. Krone 1–1,7 cm lang, blauviolett bis blaßlila-violett, mit einer oft viel helleren, fast weißlichen Unterlippe, die blauviolett gezeichnet ist. Stengel aufsteigend oder aufrecht, einfach oder wenig verzweigt, kantig, kahl oder spärlich und sehr kurz behaart. Blätter gegenständig, sehr kurz gestielt, die oberen oft praktisch sitzend, lanzettlich bis schmal-eiförmig; Spreite 2–5 cm lang, 0,5–1,5 cm breit, am Grunde herzförmig oder gestutzt, undeutlich gekerbt-gezähnt, schütter kurzhaarig, auf der Unterseite mit stark hervortretenden Seitennerven; Blätter im Bereich des Blütenstands allmählich kleiner werdend. Die Pflanze besitzt ein verzweigtes Rhizom; daher stehen oft mehrere Stengel locker beieinander. Juni–September. 10–40 cm.

Vorkommen: Braucht nassen, torfig-humosen Lehm- oder Tonboden. Besiedelt Gräben, Ufer, lichte Stellen in Bruchwäldern und extensiv bewirtschaftete Naßwiesen. Fehlt in den höheren Lagen der Mittelgebirge und gebietsweise an der Nordseeküste. Geht in den Alpen kaum irgendwo über etwa 900 m. Zerstreut, aber meist nur in individuenarmen Beständen.

Wissenswertes: ♃. „Scutella" heißt lateinisch „Trinkschale". Betrachtet man den Kelch oberflächlich, dann gleicht er durch seine Schuppe einer Henkeltasse.

Spießblättriges Helmkraut

Scutellaria hastifolia L.
Lippenblütengewächse *Lamiaceae (Labiatae)*

Beschreibung: Meist stehen nur 1-6 Paare von Blüten sehr kurz gestielt und einseitswendig orientiert in den Achseln meist nur der oberen Blätter am Stengel und an seinen Ästen ziemlich dicht übereinander. Kelch gelegentlich bräunlich-violett überlaufen, um 4 mm lang, drüsig behaart (Lupe!), auf seiner Oberseite mit einer gerundeten Schuppe, die um 1 mm lang wird. Krone 1,7-2,2 cm lang, blau bis blauviolett, mit einer oft helleren Unterlippe. Stengel aufsteigend oder aufrecht, einfach oder wenig verzweigt, kantig, zumindest an den Kanten meist deutlich kurzhaarig, zuweilen - wie die Blätter - auch drüsig behaart. Blätter gegenständig, sehr kurz gestielt, die oberen oft praktisch sitzend, lanzettlich bis schmal-eiförmig; Spreite 1-3 cm lang, 0,3-1 cm breit, mindestens die unteren und mittleren Blätter am Grund pfeilförmig, mit ziemlich senkrecht abstehenden Zipfeln; obere Blätter am Grund meist undeutlich pfeilförmig oder gestutzt, ganzrandig, drüsig behaart, nicht selten stark verkahlend. Die Pflanze besitzt ein verzweigtes Rhizom; daher stehen oft mehrere Stengel locker beieinander. Juni-August. 10-40 cm.

Vorkommen: Braucht nassen, stickstoffsalzreichen, nicht zu verfestigten, schlammig-torfigen Tonboden im Überschwemmungsbereich von Flüssen. Besiedelt Ufer und Gräben. An der unteren Weser und der Unterelbe selten; vereinzelt am Rhein zwischen den Mündungen von Neckar und Main, an der Donau unterhalb von Regensburg sowie am Alpensüdfuß; in den außeralpinen Gebieten von Österreich zerstreut.

Wissenswertes: ♃. Hauptverbreitung der Art: Südosteuropa.

Hohes Helmkraut

Scutellaria altissima L.
Lippenblütengewächse *Lamiaceae (Labiatae)*

Beschreibung: Zahlreiche Blüten stehen - kurz gestielt und paarweise in den Achseln der mittleren und oberen Stengelblätter - einseitswendig in langen, ährenähnlichen Blütenständen am Ende des Stengels und seiner Äste. Kelch violett überlaufen, um 3 mm lang, kurz und auch drüsig behaart, auf seiner Oberseite mit einer abgerundeten Schuppe, die 4 mm lang (selten noch länger) wird; sie kann also länger sein als die Kelchröhre. Krone 1,4-1,8 cm lang, blau bis blauviolett, mit einer meist helleren Unterlippe, die blauviolett gezeichnet ist. Stengel aufrecht, verzweigt, 4kantig, flaumig - seltener nur schütter - behaart. Blätter gegenständig, bis 4 cm lang gestielt; Blattspreite eiförmig, 4-8 cm lang, 3-7 cm breit, am Grunde gestutzt oder herzförmig, am Rande stumpf gezähnt, nahezu kahl oder schütter behaart, netznervig; Nerven auf der Unterseite hervortretend, unterseits nur auf den Nerven behaart. Juni-Juli. 0,4-1 m.

Vorkommen: Braucht nährstoffreichen, lockeren Lehmboden mit reichlich Mullbeimischung. Besiedelt lichte, warme Laubwälder. Zierpflanze aus Südosteuropa, die gelegentlich in Gärten angepflanzt wird und aus ihnen örtlich - meist nur unbeständig, in Niederösterreich auch beständig - verwildert ist.

Wissenswertes: ♃. Ähnlich: Alpen-Helmkraut (*S. alpina* L.): Blütenstand ährenähnlich am Ende von Stengel und Ästen; Blüten nach 4 Seiten orientiert. Kelchschuppe 2-5 mm lang. Blüten 2,5-3 cm lang, blauviolett, Unterlippe weißlich. Blätter kurz gestielt, 1,5-3,5 cm lang, 1-2,5 cm breit, gekerbt, abgestutzt oder herzförmig. Auf Kalkschutt. Wallis und westliche Kalkalpen. Selten.

Kleines Helmkraut
Scutellaria minor
Spießblättriges Helmkraut
Scutellaria hastifolia
Hohes Helmkraut
Scutellaria altissima
Sumpf-Helmkraut
Scutellaria galericulata

Berg-Gliedkraut

Sideritis montana L.
Lippenblütengewächse *Lamiaceae* (*Labiatae*)

Beschreibung: Je 6 Blüten stehen - kurz gestielt - in Scheinquirlen in den Achseln der mittleren und oberen Blätter; die Scheinquirle stehen locker übereinander am Stengel und seinen Ästen; nur an den jeweiligen Spitzen sind sie etwas dichter angeordnet. Kelch (ohne Zähne gemessen) 4–7 mm lang, 10nervig, behaart, 2lippig; Oberlippe 3zähnig, Unterlippe 2zähnig; Zähne 2–3 mm lang, dornig begrannt. Krone hellgelb, mit rotbraunem Rand, beim Trocknen braun werdend, etwa so lang wie der Kelch; Kronröhre eng; Oberlippe aufwärts gebogen, fast flach, ganzrandig oder ausgerandet, behaart; Unterlippe 3teilig; Mittellappen größer als die Seitenlappen, ausgerandet. Stengel aufsteigend oder aufrecht, meist verzweigt, kraushaarig, undeutlich 4kantig. Blätter gegenständig, die unteren und mittleren kurz gestielt, die oberen sitzend, lanzettlich bis schmal-eiförmig, ganzrandig oder vorne mit einigen Zähnen und einer stacheligen Spitze, behaart. Juli–September. 10–30 cm.

Vorkommen: Braucht stickstoffsalzreichen, lockeren, sandig-kiesigen oder steinig-lehmigen Boden. Besiedelt ortsnahes Ödland oder sommerwarme, steinige Dämme und Wegränder in Gegenden mit mildem Klima. In den östlichen Bundesländern von Österreich, besonders in Niederösterreich an der Westgrenze seines Verbreitungsgebiets, selten; sonst nur eingeschleppt und unbeständig verwildert.

Wissenswertes: ⊙. Ähnlich: Ysopblättriges Gliedkraut (*S. hyssopifolia* L.): Scheinquirle stehen dicht ährig am Ende des Stengels und der Zweige. Kelch gleichmäßig 5zähnig; Blätter im Blütenstand stachelig gezähnt. Kalkgeröll. Schweizer Jura. Selten.

Lavendel

Lavandula angustifolia MILL.
Lippenblütengewächse *Lamiaceae* (Labiatae)

Beschreibung: 6–10 Blüten stehen in Scheinquirlen, die zu vielen - ährig gehäuft - am Ende von Stengel und Ästen angeordnet sind, wobei die untersten Scheinquirle häufig mehr oder weniger deutlich von den anderen abgesetzt sind. Kelch röhrenförmig, etwa 15nervig, 2lappig, um 6 mm lang, undeutlich 5zähnig, dicht mit weißen Sternhaaren (Lupe!) besetzt, in der Regel violett überlaufen. Krone etwa 1 cm lang, violett, innen und außen behaart; Oberlippe aufwärts gebogen; Unterlippe 3teilig. Halbstrauch mit aufsteigenden oder aufrechten, stark verzweigten Ästen. Stengelblätter sehr schmal lanzettlich bis lineal, bis 4 cm lang und bis 5 mm breit, ganzrandig; Rand nach unten eingerollt, unterseits graufilzig. Juli–August. 20–60 cm.

Vorkommen: Braucht trockenen, kalkhaltigen, steinigen Lehm- oder Lößboden. Besiedelt lückige Trockenrasen und Trockengebüsche, geht auch an Mauern. Vielleicht in den wärmsten Lagen des Schweizer Jura, sicher in klimabegünstigten Lagen am Alpensüdfuß heimisch; sonst nur angepflanzt und unbeständig verwildert.

Wissenswertes: ♄. Alte Heilpflanze, die ätherische Öle und Gerbstoffe enthält. Für die Gewinnung des Lavendelöls, das in der Parfümerie eine bedeutende Rolle spielt, sind vor allem die Kelche von Bedeutung. Ihre Öldrüsen gelten als besonders ergiebig für die Gewinnung des ätherischen Öls. Die jungen Blätter werden getrocknet als Gewürz verwendet und sind - unter anderen - Bestandteil vieler Gewürzmischungen, etwa der „Kräuter der Provence". Neuerdings wird Lavendel auch in Deutschland da und dort zur „Einmalernte" feldmäßig angebaut.

Edel-Gamander
Teucrium chamaedrys
Berg-Gliedkraut
Sideritis montana
Lavendel
Lavandula angustifolia
Garten-Rosmarin
Rosmarinus officinalis

Garten-Rosmarin

Rosmarinus officinalis L.
Lippenblütengewächse *Lamiaceae* (*Labiatae*)

Beschreibung: 5–10 Blüten stehen – jeweils in kurzen Scheintrauben oder Scheinrispen – in den Achseln der mittleren und oberen Blätter von Stengel und Ästen. Kelch glockig, um 5 mm lang, dicht behaart, 8–12nervig, 2lippig; Oberlippe mit 3 kurzen Zähnen; Unterlippe 2zähnig. Krone etwa 1 cm lang, blau bis blauviolett; Kronröhre zunächst engtrichterig, dann vorne erweitert, 2lippig; Oberlippe an den Rändern zurückgebogen, ziemlich gerade, vorn ausgerandet; Unterlippe 3teilig; Mittellappen groß, nach unten gewölbt, gezähnt, kahl. Stengel verholzt (Kleinstrauch), reichlich verzweigt, wollig behaart, nach Zerreiben aromatisch riechend. Blätter gegenständig, immergrün, schmal-lanzettlich bis lineal, 1–4 cm lang und 2–4 mm breit, ganzrandig, am Rand nach unten eingerollt, oberseits sehr schütter behaart oder fast kahl, unterseits dicht weißwollig behaart. März–Juni, seltener noch später. 0,5–1,5 m.

Vorkommen: Braucht basen-, in der Regel kalkreiche, trocken-steinige Lehmböden in Gegenden mit wintermildem Klima. Besiedelt Trockengebüsche und lückige Trockenrasen, geht auch in felsige Rasen der tieferen Lagen von Gebirgen in Südeuropa. In den Macchien des Mittelmeergebiets verbreitet. Im größten Teil Mitteleuropas nur Zierpflanze, die kaum – und wenn, dann stets unbeständig – verwildert.

Wissenswertes: ♄; (☠). Alte Heilpflanze, die ätherische Öle und einen Bitterstoff enthält. Der Verzehr großer Mengen der Pflanze kann Vergiftungserscheinungen hervorrufen. In kleinen, „küchenüblichen" Mengen schmecken getrocknete Blätter angenehm; sie sind Bestandteil der „Kräuter der Provence".

Edel-Gamander

Teucrium chamaedrys L.
Lippenblütengewächse *Lamiaceae* (*Labiatae*)

Beschreibung: Die Blüten stehen – kurz gestielt – zu 1–6 in lockeren Scheinquirlen in den Achseln der oberen Blätter und traubig gehäuft am Ende des Stengels und der Äste; Blüten ziemlich einseitswendig angeordnet. Kelch um 7 mm lang, weitröhrig, auf ungefähr 4/5 seiner Länge in 5 etwa gleich große, 3eckige Zähne zerteilt (der mittlere, obere Zahn ist oft etwas größer als die übrigen), rotbraun-violett überlaufen, vor allem vorne kurz behaart. Krone 1–1,5 cm lang, tiefrosa bis hell purpurrot; Oberlippe nicht ausgebildet (bzw. als kleine Zipfelchen in die Unterlippe einbezogen); Unterlippe mit großem, ganzrandigem oder in der Vorderhälfte etwas eingekerbtem Mittellappen. Stengel aufsteigend bis aufrecht, unten verzweigt und etwas verholzt, 4kantig, ringsum oder auf je 2 gegenüberliegenden Seiten abstehend behaart. Stengelblätter gegenständig, kurz gestielt; Spreite eiförmig, 1–2,5 cm lang, 0,5–1,5 cm breit, am Rande grob gekerbt-gezähnt, schütter behaart, oberseits oft fast kahl, sommergrün, etwas derb, unterseits mit stark hervortretenden Nerven. Pflanze riecht aromatisch. Juli–August. 10–30 cm.

Vorkommen: Braucht kalk- oder zumindest basenreichen, flachgründig-steinigen, ausgesprochen stickstoffsalzarmen Lehmboden in sommerwarmen Lagen. Besiedelt Trockenrasen, Trockengebüsche und lichte Trockenwälder. Fehlt im Tiefland, in den Mittelgebirgen und Alpen mit Silikatgestein sowie im Alpenvorland ganz oder größeren Gebieten. Sonst selten, aber meist in lockeren, doch individuenreichen Beständen. Steigt bis etwa 1500 m.

Wissenswertes: ♄. Alte Heilpflanze; enthält Gerb- und Bitterstoffe sowie ätherische Öle.

Knoblauch-Gamander

Teucrium scordium L.
Lippenblütengewächse *Lamiaceae* (*Labiatae*)

Beschreibung: Die Blüten stehen – kurz gestielt – zu 1–4 in lockeren Scheinquirlen in den Achseln der oberen Blätter, aber nicht ausgesprochen traubig gehäuft am Ende des Stengels und der Äste. Blüten einseitswendig. Kelch um 4 mm lang, weitröhrig, auf ungefähr 4/5 seiner Länge in 5 gleich große, 3eckige Zähne zerteilt, rotbraunviolett überlaufen, an der Unterseite bauchig erweitert, kurz behaart. Krone 6–9 mm lang, hell purpurrot; Oberlippe nicht ausgebildet (bzw. als kleine Zipfelchen in die Unterlippe einbezogen); Unterlippe mit großem, meist ganzrandigem Mittellappen. Stengel aufrecht, nirgends verholzt, beim Zerreiben (wie die Blätter) deutlich nach Knoblauch riechend, einfach oder spärlich verzweigt, 4kantig, zottig abstehend behaart. Ausläufer normal beblättert. Stengelblätter gegenständig, sitzend, 1,5–3 cm lang, 0,5–1,5 cm breit, eiförmig, beiderseits mit 4–6 unregelmäßigen, stumpfen oder spitzen Zähnen, sommergrün, behaart; Blätter im Blütenstand mindestens halb so groß wie die unteren Stengelblätter, stets länger als die Blüten, die in ihren Achseln stehen. Juli–August. 15–40 cm.

Vorkommen: Braucht nassen, ja zeitweilig überschwemmten, schlammig-tonigen Boden. Besiedelt Gräben, Ufer und Sumpfwiesen. Im Tiefland, am Mittelrhein, an Main und Donau sehr selten; fehlt in den Alpen.

Wissenswertes: ♃. Der Knoblauch-Gamander hat zahlreiche seiner Standorte, an denen er noch zu Beginn des 20. Jahrhunderts vorgekommen ist, durch „Melioration" verloren. Er wird mit *T. scordioides* SCHREB. (Ausläufer nur mit Schuppenblättern; Südeuropa) zur Sammelart *T. scordium* agg. zusammengefaßt.

Berg-Gamander

Teucrium montanum L.
Lippenblütengewächse *Lamiaceae* (*Labiatae*)

Beschreibung: Die Blüten stehen – kurz gestielt – zu 1–3 scheinquirlig-büschelig in den Achseln der oberen Blätter und kopfig gehäuft am Ende des Stengels und der Äste; zumindest obere Blüten nicht ausgesprochen einseitswendig. Kelch um 8 mm lang, weitröhrig, auf ungefähr 4/5 seiner Länge in 5 etwa gleich große, 3ekkig-spitze Zähne zerteilt, oft rotbraun-violett überlaufen, nur sehr schütter behaart oder kahl. Krone 0,8–1,3 cm lang, gelblich-weiß; Oberlippe nicht vorhanden bzw. als die beiden obersten Zipfelchen in die 5teilige Unterlippe einbezogen; die beiden obersten Zipfelchen oft purpurviolett geadert; Mittelteil der Unterlippe oft etwas hohl, ganzrandig oder am Rande eingekerbt. Niedriger, reich verästelter Zwergstrauch; Äste aufsteigend-aufrecht, jung wollig-filzig behaart, beim Zerreiben aromatisch riechend. Blätter gegenständig, allmählich in den sehr kurzen Stiel verschmälert; Blattspreite schmal-lanzettlich, 0,5–2 cm lang, 2–5 mm breit, ganzrandig, Rand nach unten umgerollt, ledrig, immergrün, oberseits nur sehr kurz behaart oder kahl, unterseits dicht und weißfilzig behaart. Juni–September. 5–20 cm.

Vorkommen: Braucht ausgesprochen kalkreichen, flachgründig-steinigen Lehmboden in warmen Lagen. Besiedelt Trockenrasen und lichte Trockengebüsche, geht aber auch auf ruhenden Feinschutt. Vereinzelt im Hessischen Bergland, in der Eifel und am Main. Vom Schweizer Jura bis in die Frankenalb selten, aber meist in individuenreichen Beständen; im Alpenvorland und in den Kalkalpen zerstreut. Steigt bis etwa 1800 m.

Wissenswertes: ♄. Die Pflanze wächst oft dicht polsterartig.

Salbei-Gamander

Teucrium scorodonia L.
Lippenblütengewächse *Lamiaceae* (*Labiatae*)

Beschreibung: Zahlreiche Blüten stehen - sehr kurz gestielt - in ährenartigen Blütenständen in den Achseln sehr kleiner Blätter am Ende des Stengels und der Zweige, und zwar mehr oder weniger deutlich einseitswendig. Kelch um 5 mm lang, auf fast 1/2 seiner Länge in 2 Lippen gespalten: Oberlippe aus nur 1 breit-3eckigen, zugespitzen Zahn; Unterlippe vorn mit 4 kurzen, plötzlich zugespitzten Zähnen. Krone um 1 cm lang, hell gelbgrün; Kronröhre engröhrig, oft weißlich-gelb und leicht purpurviolett überlaufen; Oberlippe fehlt bzw. ist in Gestalt zweier kleiner Zipfel in die Unterlippe einbezogen; Unterlippe herabgeschlagen, ganzrandig oder ausgerandet bzw. gezähnelt, außen kurz und abstehend behaart. Stengel aufrecht, 4kantig, verzweigt, behaart, zerrieben unangenehm riechend, am Grunde mit kriechenden Ausläufern. Stengelblätter gegenständig, gestielt (oberste fast sitzend); Blattspreite eiförmig, am Grunde herzförmig, vorn breit abgerundet, 2–7 cm lang, 1,5–4 cm breit, runzelig, unregelmäßig gekerbt-gezähnt, beidseits behaart (oberseits zuweilen schütter behaart oder kahl), sommergrün. Juni–September. 30–70 cm.

Vorkommen: Braucht nährstoff- und kalkarmen, steinigen Lehmboden in Lagen mit luftfeuchtem Klima. Besiedelt Wege und lichte Wälder. Im Tiefland selten; in den Mittelgebirgen mit kalkarmen Gesteinen im Westen zerstreut, nach Osten rasch sehr selten werdend. Fehlt in den östlichen Bundesländern Österreichs; steigt bis etwa 1500 m.

Wissenswertes: ♃. Der Salbei-Gamander ist eine atlantische Pflanze, die möglicherweise nach Osten nur verschleppt worden ist.

Trauben-Gamander

Teucrium botrys L.
Lippenblütengewächse *Lamiaceae* (*Labiatae*)

Beschreibung: Die Blüten stehen - kurz gestielt - zu 2–4 in lockeren Scheinquirlen in den Achseln der oberen Blätter. Kelch um 8 mm lang, weitröhrig-engglockig, an der Basis der Unterseite mit einer deutlichen Aussackung (Ansatz des Blütenstiels daher unsymmetrisch), drüsig behaart, auf ungefähr 3/4 seiner Länge in 2 Lippen geteilt; Oberlippe mit 3 Zähnen; Unterlippe mit 2 Zähnen, die etwas kleiner als die der Oberlippe sind. Krone um 1 cm lang, rosa, weiß und purpurn gefleckt; Oberlippe nicht ausgebildet (bzw. als kleine Zipfelchen in die Unterlippe einbezogen, diese dadurch mit 5 Zipfeln bzw. Lappen); Mittellappen der Unterlippe groß, hohl. Stengel aufsteigend oder aufrecht, meist vom Grund an bogig verzweigt, 4kantig, drüsig behaart, zerrieben (vor allem junge Stengel und Blätter) von unangenehmem Geruch. Stengelblätter gegenständig, kurz gestielt, 1,5–2 cm lang und etwa halb so breit, 3eckig-eiförmig, bis fast zum Mittelnerv 1–2fach fiederteilig, beiderseits drüsig behaart (oben allerdings oft ziemlich schütter), sommergrün. Blätter im Bereich des Blütenstands mindestens halb so lang wie die unteren Stengelblätter und stets länger als die Blüten. Juli–September. 10–30 cm.

Vorkommen: Braucht steinig-flachgründigen, kalkreichen Lehmboden. Besiedelt lückige Trockenrasen und Steinhalden. Fehlt im Tiefland. In den Mittelgebirgen mit Kalkgestein und in den Kalkalpen selten und meist nicht in größeren Beständen; im Alpenvorland vereinzelt; steigt bis etwa 1200 m.

Wissenswertes: ⊙. Der Trauben-Gamander hat manche seiner Standorte durch intensivere Bewirtschaftung verloren.

Trauben-Gamander
Teucrium botrys
Berg-Gamander
Teucrium montanum
Salbei-Gamander
Teucrium scorodonia
Knoblauch-Gamander
Teucrium scordium

Günsel *Ajuga*

Gelber Günsel

Ajuga chamaepitys (L.) SCHREB.
Lippenblütengewächse *Lamiaceae* (*Labiatae*)

Beschreibung: Die Blüten stehen - meist einzeln und kurz gestielt - in den Achseln der mittleren und oberen Blätter. Kelch um 5 mm lang, ziemlich regelmäßig auf ungefähr 3/4 seiner Länge in 5 3eckige, spitz zulaufende Zähne geteilt, behaart. Krone 0,7-1,5 cm lang, gelb; Oberlippe sehr kurz, gerade, 2teilig; Unterlippe vergleichsweise sehr groß (bei oberflächlicher Betrachtung scheint die Blütenkrone nur aus der Unterlippe zu bestehen), 3lappig, mit größerem, tief ausgerandet-eingekerbtem Mittelabschnitt; vor allem der Mittelabschnitt mit rötlich-bräunlichen Zeichnungen. Stengel aufsteigend bis aufrecht, verzweigt, 4kantig, rings oder auf 2 gegenüberliegenden Seiten behaart, zerrieben (wie die Blätter) aromatisch riechend. Blätter gegenständig, dicht stehend, die unteren Blätter von ihrem Grund oder von ihrer Mitte an in 1-2 mm breite Abschnitte geteilt, die oberen ungeteilt und schmal-lineal bis sehr schmal lanzettlich, 1-3 cm lang, obere Blätter 1-2 mm breit, schütter behaart. Mai-September. 10-20 cm.

Vorkommen: Braucht nährstoffreichen, kalkhaltigen Lehm- oder Lößboden in Gegenden mit sommerwarmem Klima. Besiedelt Brachen und extensiv bewirtschaftete Weinberge bzw. deren Folgekulturen, war früher vor allem in Getreidefeldern zu finden. Fehlt im Tiefland, in den Mittelgebirgen mit kalkarmem Gestein sowie im Alpenvorland und in den Zentralalpen. In den warmen Lagen der Kalkgebiete selten.

Wissenswertes: ⊙. Der Gelbe Günsel ist durch die chemische Unkrautbekämpfung an vielen der Standorte ausgerottet worden, an denen er noch vor dem 2. Weltkrieg regelmäßig anzutreffen war.

Kriechender Günsel

Ajuga reptans L.
Lippenblütengewächse *Lamiaceae* (*Labiatae*)

Beschreibung: Die Blüten stehen zu 2-6 - sehr kurz gestielt - in den Achseln der Blätter (zuweilen schon in der Achsel des untersten Blattpaares) und - ährenähnlich gehäuft - in einem mit Hochblättern durchsetzten, gedrungenen Blütenstand am Ende des Stengels. Kelch um 4 mm lang, ziemlich regelmäßig auf etwa 3/4 seiner Länge in 5 3eckige, spitze Zähne geteilt, lang und dicht abstehend behaart. Krone 1-1,5 cm lang, blau, selten rosa oder weiß; Oberlippe sehr kurz, gerade, 2teilig; Unterlippe groß (bei oberflächlicher Betrachtung scheint die Blütenkrone nur aus der Unterlippe zu bestehen), 3lappig, mit größerem, vorn breit ausgerandetem, verbreitertem Mittelabschnitt, dunkler geadert. Stengel einfach, aufrecht, 4kantig, meist auf 2 gegenüberliegenden Seiten stärker behaart, selten rings gleichmäßig haarig. Unterste Blätter rosettig gehäuft, gestielt; Stengelblätter gegenständig, undeutlich gestielt oder sitzend; Spreite der Rosettenblätter bis 8 cm lang und bis 3 cm breit, gekerbt-gezähnt, die der Stengelblätter kleiner; Spreite der Hochblätter im Blütenstand ganzrandig, etwa so lang wie oder kürzer als die Blüten. Die Pflanze treibt beblätterte, oberirdische Ausläufer. April-Juli. 10-30 cm.

Vorkommen: Braucht nährstoffreichen, feuchten, humosen Lehmboden. Besiedelt Wiesen und lichte Stellen in Wäldern. Sehr häufig. Steigt in den Alpen bis knapp unter die Waldgrenze.

Wissenswertes: ♃. Das Kraut der Pflanze enthält reichlich Gerbstoffe; daher hat der Preßsaft eine zusammenziehende Wirkung. Deswegen hat man ihn früher als Blutstillmittel benutzt.

Gelber Günsel
Ajuga chamaepitys
Genfer Günsel
Ajuga genevensis
Pyramiden-Günsel
Ajuga pyramidalis
Kriechender Günsel
Ajuga reptans

Genfer Günsel

Ajuga genevensis L.
Lippenblütengewächse *Lamiaceae* (*Labiatae*)

Beschreibung: Die Blüten stehen zu 2–6 – sehr kurz gestielt – in den Achseln der Blätter (zuweilen schon in der Achsel des untersten Blattpaares) und – ährenähnlich gehäuft – in einem mit Hochblättern durchsetzten, meist langgestreckt-schlanken Blütenstand am Ende des Stengels. Kelch um 5 mm lang, auf etwa 1/2 seiner Länge in 5 3eckige, spitze Zähne geteilt, abstehend behaart. Krone 1,2–1,8 cm lang, tiefblau; Oberlippe sehr kurz, gerade, 2teilig; Unterlippe groß (bei oberflächlicher Betrachtung scheint die Blütenkrone nur aus der Unterlippe zu bestehen), 3lappig, mit größerem, vorn breit ausgerandetem, verbreitertem Mittelabschnitt, dunkler geadert (oft wenig auffällig). Stengel einfach, aufrecht, 4kantig, ringsum ziemlich gleichmäßig abstehend behaart. Unterste Blätter rosettig gehäuft, gestielt; Stengelblätter gegenständig, meist sitzend; Spreite der Rosettenblätter bis 8 cm lang, bis 3 cm breit, gekerbt-gezähnt; Stengelblätter kleiner; Hochblätter gezähnt oder in der Vorderhälfte mit 1 Paar abspreizender, stumpfer Zähne. Pflanze treibt keine Ausläufer; Tochterrosetten entspringen seitlichen Wurzelknospen. April – Juni. 10–30 cm.

Vorkommen: Braucht kalkhaltig-basischen, lockeren Lehmboden, der ziemlich stickstoffsalzarm sein kann. Besiedelt Halbtrockenrasen und Trockengebüsche. Fehlt im Tiefland westlich der Elbe, im östlichen Teil sehr selten. In den Mittelgebirgen mit Kalkgestein zerstreut, oft in lockeren Beständen. Steigt in den Alpen örtlich bis etwa 2000 m.

Wissenswertes: ♃. J. BAUHIN hat die Art aus der Gegend von Genf beschrieben. Darauf bezieht sich der Artname.

Pyramiden-Günsel

Ajuga pyramidalis L.
Lippenblütengewächse *Lamiaceae* (*Labiatae*)

Beschreibung: Die Blüten stehen zu 2–6 – sehr kurz gestielt – in den Achseln der Blätter (zuweilen schon in der Achsel des untersten Blattpaares) und – ährenähnlich gehäuft – in einem mit Hochblättern durchsetzten, gedrungenen Blütenstand am Ende des Stengels. Kelch um 6 mm lang, ziemlich regelmäßig auf etwa 3/4 seiner Länge in 5 3eckige, spitze Zähne geteilt, dicht abstehend behaart. Krone 1–1,8 cm lang, violettblau; Oberlippe sehr kurz, gerade, 2teilig; Unterlippe groß (bei oberflächlicher Betrachtung scheint die Blütenkrone nur aus der Unterlippe zu bestehen), 3lappig, mit größerem, vorn breit ausgerandetem, verbreitertem Mittelabschnitt, dunkler geadert. Stengel einfach, aufrecht, 4kantig, oft nur sehr schütter, seltener dicht, aber meist ringsum gleichmäßig behaart. Unterste Blätter rosettig gehäuft, gestielt; Stengelblätter gegenständig, dicht aufeinander folgend und nach oben rasch kleiner werdend (Pflanze daher pyramidenförmig), meist sitzend; Spreite der Rosettenblätter bis 10 cm lang und 5 cm breit, ganzrandig oder gekerbt; die der Stengelblätter deutlich kleiner; Hochblätter mindestens doppelt so lang wie die Blüten, zur Stengelspitze hin meist violett überlaufen, meist ganzrandig. Pflanze stets ohne Ausläufer. Juni–September. 10–30 cm.

Vorkommen: Braucht nährstoffarmen, sauren, rohhumusuntermischten Lehmboden in sommerkühlem Klima. Besiedelt magere Rasen in höheren Mittelgebirgslagen und in den Alpen. In den Mittelgebirgen mit kalkarmen Gesteinen nur vereinzelt; Zentralalpen zerstreut, sonst selten; steigt bis etwa 2800 m.

Wissenswertes: ♃. Die Blüten werden meist von Hummeln bestäubt.

Herzgespann *Leonurus*
Schwarznessel *Ballota*
Goldnessel *Lamiastrum*

Echtes Herzgespann

Leonurus cardiaca L.
Lippenblütengewächse *Lamiaceae* (*Labiatae*)

Beschreibung: Die Blüten sitzen in dichten, quirlartigen Blütenständen in den Achseln der oberen Blätter, in 10–20 „Stockwerken", am Ende des Stengels und der Zweige ährenartig gedrängt übereinander. Kelch um 7 mm lang, mit 5 kurzen, stechend begrannten Zähnen. Krone um 1 cm lang, rosa, oft fast weiß; Oberlippe aufrecht, flach helmförmig, außen behaart; Unterlippe 3teilig; Mittelabschnitt größer als die Seitenabschnitte. Stengel aufrecht, verzweigt, kahl oder kurz rückwärts anliegend behaart. Blätter gegenständig, gestielt, die unteren mit einer ahornblattähnlichen, tief 3–7lappigen Spreite, diese 6–12 cm lang und etwa ebenso breit, am Grund herzförmig oder abgestutzt, ihre Lappen grob gezähnt; obere Blätter kleiner, im Umriß lanzettlich, in der vorderen Hälfte mit 1–2 großen Zähnen, manche fast 3teilig; alle Blätter unterseits hellgrün. Juni–September. 0,3–1 m.

Vorkommen: Braucht stickstoffsalzreichen, feuchten Lehm- oder Tonboden, der indessen nicht verfestigt sein sollte. Besiedelt siedlungsnahes Ödland, Mauern und Gebüsche. Vor allem im östlichen Mitteleuropa in Gegenden mit sommerwarmem Klima sehr selten, in den Alpen, im Alpenvorland und in den Mittelgebirgen mit rauherem Klima fast durchweg fehlend.

Wissenswertes: ♃; (☠). Das Echte Herzgespann gilt seit alters als Heilpflanze. Man hat in ihm u. a. 3 glykosidische Bitterstoffe gefunden, die digitalisartige Wirkung haben. Ihre Konzentration in der Pflanze ist gering. Vergiftungen sind uns nicht bekanntgeworden. – Neben der beschriebenen ssp. *cardiaca* wird eine behaarte Sippe ssp. *villosus* (DESF. ex SPRENG.) HYL. unterschieden, die in Osteuropa vorkommt.

Filziges Herzgespann

Leonurus marrubiastrum L.
Lippenblütengewächse *Lamiaceae* (*Labiatae*)

Beschreibung: Die Blüten sitzen in dichten, fast kugeligen, quirlartigen Blütenständen in den Achseln der mittleren und oberen Blätter in 7–15 (selten in noch mehr) „Stockwerken" – im Mittelteil des Stengels ziemlich locker, oben gedrängter – übereinander. Kelch 6–7 mm lang, mit 5 3eckigen, stechend begrannten Zähnen, von denen die beiden unteren meist zurückgebogen sind. Krone 5–8 mm lang, hellrosa; Oberlippe aufrecht, deutlich helmförmig, außen behaart; Unterlippe 3teilig; Mittelabschnitt nicht wesentlich größer als die Seitenabschnitte. Stengel aufrecht, einfach oder vom Grund an verzweigt, 4kantig, anliegend und kurz behaart, zuweilen fast kahl. Blätter gegenständig, kurz gestielt, unterste fast rundlich, mittlere und obere eiförmig bis lanzettlich; Spreite 2–5 cm lang, 0,5–3 cm breit, am Rande mit nur wenigen, aber groben, spitzen, nach vorn gerichteten Zähnen, oberseits fast kahl oder nur schütter und kurz behaart, unterseits schütter behaart bis grauflaumig, mit stark hervortretenden, bogig verlaufenden Seitennerven. Juli–August. 0,5–1,2 m.

Vorkommen: Braucht kalkreichen oder wenigstens neutral bis basisch reagierenden, nicht zu stickstoffsalzarmen und etwas feuchten Lehm- oder Tonboden in Gegenden mit sommermildem Klima. Besiedelt Ödland, Wege und Waldränder. Vereinzelt an der Unterelbe, am mittleren Main und südlich von Nürnberg, im östlichen Französischen Jura; sehr selten östlich von Elbe und Saale, in Niederösterreich, im Burgenland und in der östlichen Steiermark.

Wissenswertes: ⊙. Über Inhaltsstoffe oder einen früheren arzneilichen Gebrauch ist uns nichts bekanntgeworden.

Schwarznessel

Ballota nigra L.
Lippenblütengewächse *Lamiaceae* (*Labiatae*)

Beschreibung: Die Blüten sitzen zu 10–20 in dichten, quirlartigen Blütenständen in den Achseln der Blätter in der oberen Hälfte des Stengels bzw. seiner Zweige; am Stengel- bzw. am Zweigende sind sie - entsprechend der engeren Blattstellung - dichter gedrängt. Kelch um 1 cm lang, sehr kurz behaart, auf etwa 3/4 seiner Länge in 5–10 3eckige Zähne geteilt, die eine 1–2 mm lange Granne tragen, häufig weinrot-braunviolett überlaufen; Kelchröhre mit 10 rippenartigen Nerven. Krone 1–1,5 cm lang, tiefrosa bis hell purpurrot; Oberlippe flach helmförmig, außen dicht abstehend behaart; Unterlippe 3teilig; Seitenlappen kürzer als der Mittellappen; dieser vorne herzförmig eingekerbt und seitlich herabgeschlagen; Unterlippe weißlich geadert. Stengel aufrecht, meist vom Grund an verzweigt, 4kantig, trübgrün, oft dunkel überlaufen, meist ziemlich dicht behaart, seltener nahezu kahl. Blätter gegenständig, deutlich - wenngleich oft nur kurz - gestielt; Spreite 2,5–8 cm lang und 2–4 cm breit, die der unteren Blätter breit-lanzettlich bis breit eiförmig-zugespitzt, die der oberen fast rundlich, am Grund abgestutzt oder herzförmig, runzelig, oft dunkelrot überlaufen, kurzhaarig oder praktisch kahl; Rand unregelmäßig und grob gezähnt. Juni–Juli. 0,5–1,3 m.

Vorkommen: Braucht stickstoffsalzreichen, lockeren Lehmboden. Besiedelt ortsnahes Ödland, Wegränder, Gebüsche. Im Tiefland vereinzelt, östlich der Elbe häufiger werdend. Fehlt in den Sandgebieten. Sonst zerstreut. Steigt in den Alpen bis etwa 1200 m.

Wissenswertes: ♃. Die ssp. *foetida* HAYEK hat kurze, breite Kelchzähne; sie kommt im westlichen Mitteleuropa vor.

Goldnessel

Lamiastrum galeobdolon (L.) EHREND. & POLATSCHEK
Lippenblütengewächse *Lamiaceae* (*Labiatae*)

Beschreibung: 6–10 Blüten sitzen in quirlartigen Blütenständen in den Achseln der oberen Blätter in 2–5 „Stockwerken" locker übereinander; am Ende der Zweige sitzen die Quirle - entsprechend der dichteren Blattfolge - gedrängter. Kelch um 8 mm lang, auf 2/3 seiner Länge in 5 gleich große, 3eckig-lanzettliche Zipfel geteilt, fast kahl. Krone 1,5–2,5 cm lang, hellgelb; Oberlippe aufrecht, helmförmig, dicht - und vor allem am Rand - lang bewimpert; Unterlippe 3teilig; Seitenlappen kürzer als der Mittellappen; vor allem der Mittellappen mit strichförmigen, braunen bis braunroten Zeichnungen auf der Innenseite. Stengel einfach oder am Grunde verzweigt, niederliegend bis aufrecht, unten ziemlich dicht, sonst sehr schütter behaart, 4kantig. Blätter gegenständig, gestielt; Spreite 3–8 cm lang, 2–4 cm breit, oft gefleckt, rundlich bis breit-lanzettlich, am Grunde herzförmig oder abgerundet, am Rand grob gezähnt. Mai–Juni. 15–45 cm.

Vorkommen: Braucht mullreichen, etwa neutral reagierenden Boden. Besiedelt Wälder. Fehlt im Tiefland westlich der Weser gebietsweise; sonst häufig und oft in individuenreichen, meist lockeren Beständen; steigt in den Alpen bis etwa zur Laubwaldgrenze.

Wissenswertes: ♃. *L. galeobdolon* (L.) EHREND. & POLATSCHEK s. str. wird mit *L. montanum* (PERS.) EHREND. (10–14 Blüten pro Quirl; Blätter im Blütenstand lanzettlich; Ausläufer vorhanden; nördliches Mitteleuropa) und *L. flavidum* (F. HERM.) EHREND. (Blüten nur um 1,5 cm lang; Blätter ungefleckt, nie Ausläufer; Ostalpen) zur Sammelart *L. galeobdolon* agg. zusammengefaßt.

Echtes Herzgespann
Leonurus cardiaca
Filziges Herzgespann
Leonurus marrubiastrum
Schwarznessel
Ballota nigra
Goldnessel
Lamiastrum galeobdolon

Weiße Taubnessel

Lamium album L.
Lippenblütengewächse *Lamiaceae* (*Labiatae*)

Beschreibung: Die Blüten sitzen zu 6–16 in ziemlich dichten, quirlartigen Blütenständen in den Achseln der oberen Blätter in 3–6 „Stockwerken" mäßig locker übereinander; am Ende der Zweige sitzen die Quirle - entsprechend der dichteren Blattfolge - gedrängter. Kelch etwa 1 cm lang, am Grunde violett überlaufen oder gefleckt, auf etwa 1/2 - 1/3 seiner Länge in 5 gleich große, pfriemliche Zähne geteilt, die nach dem Abfallen der Blüte sternartig auseinanderspreizen, meist schütter und kurz abstehend behaart. Krone 2–2,5 cm lang, weiß; Oberlippe aufrecht, helmförmig, am Rand wimperig behaart; Unterlippe 3teilig; Seitenlappen undeutlich; Mittellappen tief herzförmig ausgerandet, vorne etwas gezähnelt oder ganzrandig. Stengel aufrecht, seltener aufsteigend, 4kantig, schütter abstehend behaart bis fast kahl. Blätter gegenständig, gestielt, breit-lanzettlich bis eiförmig-zugespitzt, am Grunde herzförmig, abgerundet oder abgestutzt, Spreite 3–8 cm lang und 2–4 cm breit, am Rande gekerbt-gezähnt, auf der Oberseite nicht hell gefleckt. April–Oktober. 15–50 cm.

Vorkommen: Braucht stickstoffsalzreichen, nicht zu trockenen Lehmboden. Besiedelt Wegränder, siedlungsnahes Ödland, Mauern, ortsnahe Gebüsche und Waldränder. Sehr häufig und in der Regel in dichten, oft aber individuenarmen Beständen. Steigt in den Alpen bis über 2000 m.

Wissenswertes: ♃. Der Nektar kann nur von langrüsseligen Hummeln erreicht werden. Kurzrüsselige Hummeln beißen zuweilen die Kronröhren, oft schon die Knospen, an, um den süßen Saft zu rauben. Die Bißstellen verfärben sich alsbald bräunlich.

Gefleckte Taubnessel

Lamium maculatum (L.) L.
Lippenblütengewächse *Lamiaceae* (*Labiatae*)

Beschreibung: Die Blüten sitzen zu 6–16 in quirlartigen Blütenständen in den Achseln der oberen Blätter in 3–8 „Stockwerken" mäßig locker übereinander; am Ende der Zweige sitzen die Quirle - entsprechend der dichteren Blattfolge - gedrängter. Kelch etwa 1 cm lang, rotviolett überlaufen, auf 1/2 seiner Länge in 5 etwa gleich große, pfriemliche Zähne geteilt, die nach dem Abfallen der Blüte sternartig auseinanderspreizen, meist schütter und kurz abstehend behaart. Krone 2–3 cm lang, tiefrosa bis purpurrot; Oberlippe aufrecht, helmförmig, außen und am Rand sehr kurz behaart; Unterlippe 3teilig, Seitenlappen wenig deutlich, mit 1 schmal-lanzettlichen Zahn; Mittellappen tief herzförmig ausgerandet, vorne meist nach unten geschlagen, in der Regel ganzrandig, mit dunklerer Zeichnung auf hellerem Grund. Stengel aufsteigend bis aufrecht, 4kantig, mäßig dicht kurzhaarig. Blätter gegenständig, gestielt, breit-lanzettlich bis eiförmig-zugespitzt, am Grund herzförmig, abgerundet oder abgestutzt, die oberen Blätter am Grunde fast so breit wie lang; Spreite 1,5–6 cm lang und 1,5–5 cm breit, am Rand gekerbt-gezähnt, nicht gefleckt. April–Juni. 15–60 cm.

Vorkommen: Braucht stickstoffsalzreichen, feuchten, humushaltigen Lehmboden. Besiedelt Gebüsche, Waldränder, Ufer, Wegränder und siedlungsnahes Ödland. Fehlt im Tiefland westlich der Elbe oder ist dort sehr selten, desgleichen in kleineren Gebieten der Mittelgebirge mit Sandböden. Sonst häufig und oft in kleineren, individuenreichen Beständen.

Wissenswertes: ♃. Die langröhrigen Blüten werden von langrüsseligen Hummeln und Schmetterlingen beflogen.

Stengelumfassende Taubnessel
Lamium amplexicaule
Rote Taubnessel
Lamium purpureum
Weiße Taubnessel
Lamium album
Gefleckte Taubnessel
Lamium maculatum

Rote Taubnessel

Lamium purpureum L.
Lippenblütengewächse *Lamiaceae* (*Labiatae*)

Beschreibung: Die Blüten sitzen zu 6–10 in dichten, quirlartigen Blütenständen in den Achseln der oberen Blätter in 3–6 „Stockwerken" ziemlich dicht übereinander. Kelch um 7 mm lang, auf knapp 1/2 seiner Länge in 5 etwa gleich große, schmal-lanzettliche Zähne geteilt, meist braunrot bis violett überlaufen (vor allem auf den Nerven und an den Zähnen), schütter kurzhaarig. Krone um 1 cm lang, tiefrosa bis purpurrot; Oberlippe aufrecht, helmförmig, auf dem Scheitel kurz abstehend behaart, am Rand meist kahl; Unterlippe 3teilig; Seitenlappen undeutlich, mit 1 kurzen, fädlichen Zahn; Mittellappen am Grund stark eingeschnürt, vorn tief herzförmig ausgerandet, zusammen mit dem Schlund oft heller als die Außenseite, mit einer dunkleren, meist wenig auffälligen, fleckigen Zeichnung. Stengel aufsteigend oder aufrecht, 4kantig, meist kahl. Blätter gegenständig, gestielt, breit-lanzettlich bis eiförmig-zugespitzt, am Grunde herzförmig, abgerundet oder abgestutzt; Spreite 1–2,5 cm lang und an der Basis fast ebenso breit, am Rand gekerbt bis stumpf gezähnt (Zähne an der Basis breiter als lang), schütter abstehend behaart. März–Oktober. 5–30 cm.

Vorkommen: Braucht stickstoffsalzreichen, aber nicht unbedingt humushaltigen, sandigen, lockeren Lehmboden. Besiedelt Äcker, Gärten, Weinberge, siedlungsnahes Ödland und Gebüsche. Sehr häufig. Steigt im Gebirge bis etwa zur Waldgrenze.

Wissenswertes: ⊙. Die Samen der Roten Taubnessel tragen Anhängsel, die von Ameisen gefressen werden. Daher werden sie von diesen in ihre Baue eingeschleppt, woraus sie oft in dichten Gruppen hervorwachsen.

Stengelumfassende Taubnessel

Lamium amplexicaule L.
Lippenblütengewächse *Lamiaceae* (*Labiatae*)

Beschreibung: Die Blüten sitzen zu 6–16 in dichten, quirlartigen Blütenständen in den Achseln der obersten Blattpaare in 1–2 „Stockwerken" lückig übereinander; am Ende des Stengels sitzen 1–2 Quirle fast kopfig beieinander. Kelch um 6 mm lang, auf etwa 1/2 seiner Länge in 5 gleich große, schmal-lanzettliche Zähne geteilt, dicht behaart. Krone 1–1,5 cm lang, tiefrosa bis purpurviolett; Oberlippe aufrecht, steil aufgerichtet, helmförmig, außen dicht abstehend behaart; Unterlippe 3teilig; Seitenlappen undeutlich, mit einem wenig ausgeprägten Zahn; Mittellappen an der Basis eingeschnürt, vorn breit-herzförmig ausgerandet, innen und im Schlund heller, violett gefleckt. Neben geöffneten Blüten kommen knospenartig geschlossene Blüten vor, die sich selbst bestäuben; selten sind alle Blüten kleistogam. Stengel niederliegend, aufsteigend oder aufrecht, 4kantig, schütter behaart oder kahl. Blätter gegenständig, untere gestielt, rundlich, obere sitzend, stengelumfassend, rundlich bis nierenförmig, gekerbt-gezähnt, oberste auch eingeschnitten. März–Juni. 10–30 cm.

Vorkommen: Braucht stickstoffsalzreichen, eher kalkarmen, lockeren Lehmboden. Besiedelt Äcker, Gärten, Weinberge und ortsnahes Ödland in Gegenden mit sommerwarmem Klima. Fehlt im Tiefland westlich der Elbe größeren Gebieten, ebenso im Rheinischen Schiefergebirge, im Schwarzwald, im Alpenvorland, im Bayerischen Wald und in den Alpen, sonst zerstreut. Steigt kaum über etwa 1000 m.

Wissenswertes: ⊙. Insektenbesuch ist selten, Selbstbestäubung auch bei geöffneten Blüten die Regel.

Taubnessel *Lamium*
Monarde *Monarda*
Hohlzahn *Galeopsis*

Bastard-Taubnessel

Lamium hybridum VILL.
Lippenblütengewächse *Lamiaceae* (*Labiatae*)

Beschreibung: Die Blüten sitzen zu 6–16 in quirlartigen Blütenständen in den Achseln der obersten Blattpaare in 1–2 „Stockwerken" übereinander; am Ende des Stengels sitzen oft 1–2 Quirle. Kelch um 6 mm lang, auf 1/2 seiner Länge in 5 schmal-lanzettliche Zähne geteilt, mäßig dicht behaart. Krone um 1 cm lang, rosa; Kronröhre eng, innen mit einem Haarring; Oberlippe aufrecht, abstehend behaart; Unterlippe 3teilig; Seitenlappen undeutlich; Mittellappen am Grund eingeschnürt, tief herzförmig ausgerandet, oft - wie der Schlund - heller als die Außenseite, mit einer dunkleren, fleckigen Zeichnung. Stengel aufsteigend oder aufrecht, 4kantig, meist kahl. Blätter gegenständig, gestielt (die oberen fast sitzend!); Blattspreite der unteren Blätter nieren- bis herzförmig, manchmal breit-3eckig bis rhombisch, stets grob und etwas unregelmäßig gezähnt-gekerbt (Zähne in der Regel länger als breit). März–Juli. 10–30 cm.

Vorkommen: Braucht stickstoffsalzreiche, lockere, sandige Lehmböden. Besiedelt Äcker, Gärten, Weinberge; im Tiefland zerstreut, aber auch hier gebietsweise fehlend; in den Mittelgebirgen nördlich von Neckar und oberem Main nur vereinzelt; fehlt sonst.

Wissenswertes: ⊙. *L. hybridum* VILL. wird mit *L. molucellifolium* FRIES (Kelch um 1 cm lang, auf 1/3 seiner Länge in 5 Zähne geteilt; Krone 1,2–1,5 cm lang; Kronröhre ohne Haarring; vereinzelt in Süddeutschland und in der West- und Südschweiz) zur Sammelart *L. hybridum* agg. zusammengefaßt. - Bei beiden Arten dürfte es sich um stabile allotetraploide Bastarde zwischen *L. amplexicaule* und *L. purpureum* bzw. *L. bifidum* CYR. (aus Südeuropa) handeln.

Großblütige Taubnessel

Lamium orvala L.
Lippenblütengewächse *Lamiaceae* (*Labiatae*)

Beschreibung: Die Blüten sitzen zu 6–12 in mäßig dichten, quirlartigen Blütenständen in den Achseln der oberen Blätter in 3–6 „Stockwerken" ziemlich locker übereinander; am Ende des Stengels sitzen die Quirle - entsprechend der dichteren Blattfolge - gedrängter. Kelch 1,5–2 cm lang, auf etwa 1/2 seiner Länge in 5 etwa gleich große, lanzettliche, langspitzig zulaufende Zähne geteilt, die nach dem Abfallen der Blüte fast sternartig auseinanderspreizen, schütter behaart. Krone 3–4 cm lang, rosa bis trüb purpurrot; Kronröhre innen mit einem Haarring (Lupe!); Oberlippe aufrecht, helmförmig, außen weißzottig behaart; Unterlippe herabgeschlagen, weißlich und dunkelpurpurn gezeichnet. Stengel aufrecht, am Grund auch aufgebogen, hier verzweigt und etwas verholzt, ziemlich dick, ab der Mitte und oberwärts weich krautig, 4kantig, schütter behaart. Blätter gegenständig, deutlich gestielt; Spreite 4–12 cm lang und 3–10 cm breit, herzförmig, schütter anliegend behaart, grob und unregelmäßig gezähnt; Zähne spitz, nach vorn gerichtet. April–Juni. 0,4–1 m.

Vorkommen: Braucht stickstoffsalzreichen, feuchten, humusreichen, lockeren Lehmboden. Besiedelt Ufergebüsche und Hochstaudenfluren, seltener siedlungsnahes Ödland. Selten am Alpensüdfuß. Steigt nur vereinzelt über etwa 1000 m.

Wissenswertes: ♃. Das Hauptverbreitungsgebiet der Großblütigen Taubnessel liegt in Südosteuropa. Am Alpensüdfuß wird sie von Ost nach West seltener. Westlich der Bergamasker Alpen scheint sie nicht vorzukommen, in den Nordalpen (z. B. bei Berchtesgaden) nur unbeständig eingeschleppt worden zu sein.

Monarde

Monarda didyma L.
Lippenblütengewächse *Lamiaceae* (*Labiatae*)

Beschreibung: Zahlreiche Blüten stehen in einem endständigen Scheinquirl am Stengel; oft ist indessen ein 2. Scheinquirl in der Achsel des obersten Blattpaares ausgebildet, selten findet sich in der Achsel des folgenden Blattpaares noch ein weiterer Scheinquirl. Die Blätter im Blütenstandsbereich fallen durch ihre rote Färbung auf. Kelch 2–4 cm lang, 15nervig, vorne mit – verglichen mit der Länge der Kelchröhre – 5 kurzen, pfriemlichen Kelchzähnen. Krone 3,5–6 cm lang, scharlachrot; Oberlippe lang, schmal, gekrümmt; Unterlippe kürzer als die Oberlippe, drüsig punktiert; Staubblätter 2; Staubbeutel vorne miteinander verbunden. Stengel aufrecht, meist unverzweigt, aber am Grunde mit unterirdisch kriechenden, oft ziemlich langen Ausläufern, 4kantig, wenig dicht abstehend borstig behaart bis nahezu kahl. Blätter gegenständig, gestielt, eiförmig bis lanzettlich; Spreite 4–12 cm lang und 2–7 cm breit, am Rand – zuweilen etwas undeutlich – gekerbt-gezähnt. Juli–September. 50–90 cm.

Vorkommen: Braucht lockeren, sandig-kiesigen Lehmboden, der humushaltig und eher feucht als trocken sein sollte. Kommt ursprünglich in den Flußauen Nordamerikas zwischen Michigan und New York im Norden und Georgia und Tennessee im Süden vor. Bei uns gelegentlich Zierpflanze und örtlich – meist unbeständig – siedlungsnah oder in der Nähe von Gartenanlagen verwildert.

Wissenswertes: ♃. Heilpflanze, die ätherische Öle enthält. Allerdings fehlen in ihrem Öl – im Unterschied zu dem anderer Arten aus der Gattung – Thymol und Carvacrol, die als besonders wirksam gelten.

Weichhaariger Hohlzahn

Galeopsis pubescens Bess.
Lippenblütengewächse *Lamiaceae* (*Labiatae*)

Beschreibung: Die Blüten stehen zu 6–15 in ziemlich dichten, quirlartigen Blütenständen am Ende des Stengels und der Zweige in 3–8 „Stockwerken" mäßig locker übereinander; am Ende der Zweige sitzen die Quirle gedrängter; selten ist nur 1 Quirl ausgebildet. Kelch um 1 cm lang, auf 1/2–1/3 seiner Länge in 5 etwa gleich große Zähne geteilt, die kurz begrannt sind, schütter abstehend behaart. Krone 1,8–2,8 cm lang, rosa bis blauviolett, mit gelber Kronröhre; Oberlippe aufrecht, flach helmförmig, behaart; Unterlippe 3teilig, mit einem größeren Mittellappen, dieser vorn gestutzt oder nur wenig ausgerandet, kurz rechteckig bis fast quadratisch, mit dunkelviolett-gelber Zeichnung auf hellerem Grund. Stengel aufrecht, verzweigt, undeutlich 4kantig, unter den Blattansatzstellen nur leicht verdickt und hier mit anliegenden, kurzen, weichen Haaren, mit sehr wenigen, dunkelköpfigen Drüsenhaaren und etlichen – selten vielen – abstehenden, steifen Haaren. Blätter gegenständig, gestielt, eiförmig, bis etwa 5 cm lang und bis 3,5 cm breit, oberseits anliegend, unterseits dicht abstehend weichhaarig. Juni–Oktober. 10–50 cm.

Vorkommen: Braucht stickstoffsalzreiche, frische, kalkarme Lehm- oder Sandböden. Besiedelt lichte Stellen in Wäldern, Wege, Äcker, Brachen und Feldgebüsche. Im Tiefland und in den Mittelgebirgen nördlich von Main und Mosel vereinzelt, südlich davon und östlich der Linie mittlerer Neckar-Iller zerstreut; steigt in den Alpen bis etwa 1000 m.

Wissenswertes: ⊙. Die Art hat ihren Verbreitungsschwerpunkt in Südosteuropa und im südlichen Osteuropa; vereinzelt erreicht sie noch die Südwestschweiz.

Großblütige Taubnessel
Lamium orvala
Monarde
Monarda didyma
Bastard-Taubnessel
Lamium hybridum
Weichhaariger Hohlzahn
Galeopsis pubescens

Gewöhnlicher Hohlzahn

Galeopsis tetrahit L.
Lippenblütengewächse *Lamiaceae* (*Labiatae*)

Beschreibung: Die Blüten stehen zu 6–15 in ziemlich dichten, quirlartigen Blütenständen am Ende des Stengels und der Zweige in 2–5 „Stockwerken" mäßig locker übereinander; am Ende der Zweige sitzen die Quirle gedrängter; selten ist nur 1 Quirl ausgebildet. Kelch 1–1,5 cm lang, auf 1/4–1/2 seiner Länge in 5 etwa gleich große, lanzettlich-lineale Zähne geteilt, die an der Spitze - wie die Vorblätter - meist lang begrannt sind; Kelch meist langhaarig, selten fast kahl. Krone 1,4–2,2 cm lang; hell purpurrot bis violett; Oberlippe aufrecht, flach helmförmig, behaart; Unterlippe 3teilig, mit einem größeren Mittellappen, der am Schlundeingang - unweit der Ansatzstelle der Seitenlappen - jederseits einen kleinen, aufrechten Zahn besitzt; Mittellappen kurz rechteckig bis quadratisch, vorn abgestutzt oder nur wenig ausgerandet, mit violett-gelber Zeichnung. Stengel aufrecht, verzweigt, 4kantig, unter den Blattansatzstellen verdickt, hier dicht steifhaarig und daher rauh; einzelne Drüsenhaare (besonders im Blütenstandsbereich) mit dunklen Köpfen (Lupe). Blätter gegenständig, gestielt; Spreite eiförmig, 3–10 cm lang, 1,5–4,5 cm breit, fast kahl oder sehr kurz und schütter behaart. Juni–Oktober. 10–50 cm.

Vorkommen: Braucht stickstoffsalzreichen Lehmboden. Besiedelt Wälder, Waldränder, Ödland, Brachen und steinige Äcker. Häufig. Steigt bis über 2000 m.

Wissenswertes: ⊙. *G. tetrahit* L. wird mit dem Zweispaltigen Hohlzahn (*G. bifida* BOENN.: Krone 1–1,5 cm lang, Unterlippe ausgerandet, Drüsenhaare hellköpfig oder fehlend; auf kalkarmen Böden; zerstreut) zur Sammelart *G. tetrahit* agg. zusammengefaßt.

Gelber Hohlzahn

Galeopsis segetum NECK.
Lippenblütengewächse *Lamiaceae* (*Labiatae*)

Beschreibung: Die Blüten sitzen zu 6–12 in mäßig dichten, quirlartigen Blütenständen am Ende des Stengels und der Zweige in 2–3 „Stockwerken" locker übereinander; am Ende der Zweige ist zuweilen auch nur 1 Quirl ausgebildet. Kelch fast 1 cm lang, auf 3/4–1/2 seiner Länge in 5 etwa gleich große Zähne geteilt, die kurz stachelig begrannt sind, samtig dicht und abstehend behaart, darunter mit eingestreuten, hellköpfigen Drüsenhaaren (wie im oberen Teil des Stengels). Krone 2,5–3,5 cm lang, hellgelb; Oberlippe aufrecht, flach helmförmig, behaart; Unterlippe 3teilig, mit einem größeren Mittellappen, der am Schlundeingang - unweit der Ansatzstelle der Seitenlappen - jederseits 1 kleinen, aufrechten Zahn besitzt; Unterlippe mit dunkelgelber und purpurner Zeichnung. Stengel aufrecht, verzweigt, unter den Blattansatzstellen nicht verdickt, sehr kurz rückwärts anliegend behaart bis fast kahl und daher nicht rauh anzufühlen. Blätter gegenständig, kurz gestielt, untere breit, obere schmal-lanzettlich, 1–4 cm lang und 0,5–2,5 cm breit, am Rand jederseits mit 3–9 Zähnen, unterseits dicht und samtig behaart, oberseits schütter behaart. Juni–September. 10–40 cm.

Vorkommen: Braucht wintermildes, luftfeuchtes Klima und kalkarmen, sandigen Boden, geht auch auf Feinschutt. Besiedelt lichte Wälder, Waldränder und lückige, steinige Brachen. Im Tiefland, im Rheinischen Schiefergebirge, in den Ardennen, im Hunsrück, Odenwald und Südschwarzwald zerstreut; in der Westschweiz selten; fehlt in Österreich.

Wissenswertes: ⊙. Der Gelbe Hohlzahn erreicht in Mitteleuropa die Ostgrenze seines Verbreitungsgebiets.

Bunter Hohlzahn
Galeopsis speciosa
Gelber Hohlzahn
Galeopsis segetum
Gewöhnlicher Hohlzahn
Galeopsis tetrahit
Kalkschutt-Hohlzahn
Galeopsis ladanum

Kalkschutt-Hohlzahn

Galeopsis ladanum L.
Lippenblütengewächse *Lamiaceae (Labiatae)*

Beschreibung: Die Blüten stehen zu 6-12 in mäßig dichten, quirlartigen Blütenständen am Ende des Stengels und der Zweige in 2-3 „Stockwerken" locker übereinander; am Ende der Zweige ist oft auch nur 1 Quirl ausgebildet. Kelch 1-1,3 cm lang, auf 3/4-1/2 seiner Länge in 5 etwa gleich große Zähne geteilt, die kurz stachelig begrannt sind, sehr kurz (starke Lupe!) behaart, scheinbar kahl. Krone 1-2,2 cm lang, hellpurpurn; Oberlippe aufrecht, flach helmförmig, behaart; Unterlippe 3teilig, mit einem größeren Mittellappen, der am Schlundeingang - unweit der Ansatzstelle der Seitenlappen - jederseits 1 kleinen, aufrechten Zahn besitzt; Unterlippe mit gelb-weißlicher und purpurvioletter Zeichnung, vorne gezähnelt. Stengel aufrecht, verzweigt, unter den Blattansatzstellen nicht verdickt, sehr kurz rückwärts anliegend behaart bis fast kahl, nicht rauh anzufühlen. Blätter gegenständig, kurz gestielt, 1-4 cm lang und 0,5-2,5 cm breit, lanzettlich, am Rand jederseits mit 3-7 Zähnen, schütter, selten mäßig dicht, nie samtig behaart. Juni-Oktober. 10-30 cm.

Vorkommen: Braucht basischen Untergrund. Besiedelt Steinschutthalden und Bahnschotter, seltener steinige Brachen. Im östlichen Teil des Tieflands, in den Mittelgebirgen und alpinen Gebieten mit basischen Böden selten, aber zuweilen in lockeren Beständen, steigt in den Alpen bis etwa 2000 m.

Wissenswertes: ⊙. *G. ladanum* L. wird mit dem Schmalblättrigen Hohlzahn (*G. angustifolia* (EHRH.) HOFFM.: Blätter lineal-lanzettlich, nur 2-5 mm breit, ganzrandig oder schwach gezähnt; Verbreitung wie *G. ladanum*) zur Sammelart *G. ladanum* agg. zusammengefaßt.

Bunter Hohlzahn

Galeopsis speciosa MILL.
Lippenblütengewächse *Lamiaceae (Labiatae)*

Beschreibung: Die Blüten stehen zu 6-15 in ziemlich dichten, quirlartigen Blütenständen am Ende des Stengels und der Zweige in 2-5 „Stockwerken" mäßig locker übereinander; am Ende der Zweige sitzen die Quirle gedrängter; selten ist nur 1 Quirl ausgebildet. Kelch knapp 1,5 cm lang, auf etwa 1/2 seiner Länge in 5 etwa gleich große Zähne geteilt, die kurz stachelig begrannt sind, schütter abstehend behaart. Krone 2,2-3 cm lang, gelb; Oberlippe aufrecht, flach helmförmig, behaart; Unterlippe 3teilig, mit einem größeren Mittellappen, der am Schlundeingang - unweit der Ansatzstelle der Seitenlappen - jederseits 1 kleinen, aufrechten Zahn besitzt; Unterlippe mit violetter Zeichnung, violettem Fleck oder fast ganz violett. Stengel aufrecht, verzweigt, 4kantig, unter den Blattansatzstellen verdickt, neben anliegenden, kurzen Haaren noch mit 1-2 mm langen, borstig-steifen Haaren und daher etwas rauh anzufühlen; zwischen den Borstenhaaren stehen auch einige hellköpfige Drüsenhaare (Lupe!). Blätter gegenständig, gestielt, breit-lanzettlich, 3-12 cm lang, 1,5-4 cm breit, kahl oder schütter behaart, Rand gezähnt-gekerbt. Juli-September. 30-80 cm.

Vorkommen: Braucht stickstoffsalzreichen, nicht zu trockenen, eher kalkarmen, lehmigen Boden. Besiedelt Waldränder, lichte Wälder, Wegränder, Ufer, seltener Äcker. Im östlichen Teil des Tieflands und der südlichen Mittelgebirge sowie in den östlichen Alpen zerstreut, im westlichen Teil des Tieflands selten, sonst nur vereinzelt; steigt bis über 2000 m.

Wissenswertes: ⊙. Die Färbung der Unterlippe variiert stark, scheint aber ohne taxonomischen Wert zu sein.

Heil-Ziest

Betonica officinalis L.
Lippenblütengewächse *Lamiaceae (Labiatae)*

Beschreibung: Blütenstand vielblütig, ährenartig-kopfig, endständig; selten sind unter der Scheinähre 1-2 Quirle vom Hauptteil des Blütenstandes etwas nach unten abgesetzt. Kelch um 8 mm lang, auf etwa 3/4 bis 2/3 seiner Länge in 5 schmal-3eckige, begrannte Zähne geteilt, die kaum stechen; Kelchröhre kurz, Kelchzähne lang seidig-wimperig behaart. Krone 1-1,5 cm lang, tiefrosa bis hell purpurrot; Oberlippe flach oder leicht aufwärts gekrümmt; Unterlippe 3teilig; Seitenlappen kleiner als der Mittellappen; dieser vorne verbreitert, am Rand oft gezähnelt, flach oder aufwärts geschlagen. Stengel aufrecht, einfach, 4kantig-rillig, schütter borstig bis angedrückt behaart. Blätter gegenständig, gestielt (unter dem Blütenstand fast sitzend); schmal-eiförmig, stumpflich; Grundblätter in einer Rosette; ihr Stiel bis über 10 cm lang; Spreite der Grundblätter 3-12 cm lang, 1-4 cm breit, am Rand gekerbt; Stengelblätter kleiner, sonst gleich wie die der Grundblätter. Juni–August. 20–70 cm.

Vorkommen: Braucht wechselfeuchten, stickstoffsalzarmen Lehm- oder Tonboden. Besiedelt Heiden, Flachmoore, lichte, bodensaure Wälder und Bergwiesen. Fehlt im Tiefland westlich der Elbe; im östlichen Tiefland selten; im Rheinischen Schiefergebirge selten und gebietsweise fehlend, ebenso im Schwarzwald. Sonst zerstreut. Steigt kaum bis zur Laubwaldgrenze.

Wissenswertes: ♃. Enthält Betaine, Gerb- und Bitterstoffe. Alte, heute kaum noch genutzte Heilpflanze. – Ähnlich: Zottiger Ziest (*B. hirsuta* L.): Kelch 1,2–1,5 cm lang; Krone 1,5–2,2 cm lang; Haare am oberen Teil des Stengels 2–3 mm lang; Bergwiesen, Matten; West- und Südalpen; selten.

Gelber Ziest

Betonica alopecuros L.
Lippenblütengewächse *Lamiaceae (Labiatae)*

Beschreibung: Blütenstand vielblütig, ährenartig-kopfig, endständig; selten sind unter der Scheinähre 1-2 Quirle vom Hauptteil des Blütenstandes etwas nach unten abgesetzt. Kelch knapp 1 cm lang, auf etwa 3/4 seiner Länge in 5 3eckige, borstig begrannte Zähne geteilt. Kelchröhre kurz, Kelchzähne lang seidig-wimperig behaart. Krone knapp 1,5 cm lang, blaßgelb; Oberlippe 2teilig, flach; Unterlippe 3teilig, kaum länger als die Oberlippe, herabgeschlagen; Seitenlappen kleiner als der Mittellappen. Stengel aufsteigend oder aufrecht, einfach, 4kantig, schütter abstehend behaart. Grundblätter in einer Rosette, Stengelblätter gegenständig; Grundblätter langstielig, obere Stengelblätter fast sitzend; Spreite der Grundblätter 3–6 cm lang, 2–4 cm breit, am Grunde herzförmig, im Umriß eiförmig; Stengelblätter kleiner, im Umriß nur wenig schmäler; Rand aller Blätter grob gekerbt-gezähnt; Spreiten beiderseits in der Regel nur schütter, selten dichter behaart, oberseits schwach glänzend. Juni–September. 20–50 cm.

Vorkommen: Braucht kalkreichen, steinig-lockeren Lehm- oder Tonboden, der flachgründig sein kann. Besiedelt alpine Magerrasen, geht auch in lückige Zwergstrauchbestände, lichte Wälder und auf ruhenden, feineren und lückig bewachsenen Schutt. Ostalpen zerstreut; Südliche Kalkalpen selten; vereinzelt im Berner Oberland sowie in den Allgäuer Alpen; in den Berchtesgadener Alpen selten. Vorzugsweise in Höhen zwischen etwa 1000–2000 m.

Wissenswertes: ♃. Bemerkenswerterweise stehen bei den *Betonica*-Arten die Blätter am Primärstengel und dem an ihn anschließenden Rhizom wechselständig.

Deutscher Ziest

Stachys germanica L.
Lippenblütengewächse *Lamiaceae (Labiatae)*

Beschreibung: Zahlreiche Blüten sitzen in quirlartigen Blütenständen in den Achseln der mittleren und oberen Blätter - am Ende des Stengels oft ziemlich dicht gedrängt - übereinander. Kelch 1-1,5 cm lang, dicht und zottig weißhaarig, mit 5 breit-3eckigen, kurz begrannten Zähnen; Grannen kahl. Krone 1,2–1,8 cm lang, rosa bis purpurrot, außen zottig behaart; Oberlippe ganzrandig oder ausgerandet, wenig gekrümmt; Unterlippe 3teilig; Seitenlappen klein; Mittellappen groß, vorn in der Regel gezähnelt; ganze Unterlippe ohne Zeichnung. Stengel aufsteigend oder aufrecht, einfach oder verzweigt, zottig und lang weißhaarig, 4kantig. Grundblätter - wenn vorhanden - rosettig; Stengelblätter gegenständig, untere lang, mittlere kurz gestielt, obere sitzend; Spreite der Grundblätter 3-10 cm lang, 1-5 cm breit, Grundblätter an ihrer Basis herzförmig, obere abgestutzt, eiförmig bis lanzettlich, fein gekerbt-gezähnt, runzelig, zottig weißhaarig. Juni–August. 0,3–1 m.

Vorkommen: Braucht lockeren, neutralen bis basischen Lehm- oder Lößboden. Besiedelt Waldränder, lichte Stellen in Wäldern, geht auch auf ortsnahes Ödland und an Wege, vor allem in den Lößgebieten und in den wärmeren Lagen der Kalkgebiete; gelegentlich als Zierpflanze gezogen und da und dort verwildert; steigt in den Alpen örtlich bis über 1500 m.

Wissenswertes: ♃. Die Art wird mit dem im Mittelmeergebiet beheimateten Kretischen Ziest (*S. cretica* L.: Blattoberseite nur mäßig behaart) zur Sammelart *S. germanica* agg. zusammengefaßt. - Der in Gärten ebenfalls gezogene Filz-Ziest (*S. byzantina* C. KOCH) hat breit-lanzettliche, ganzrandige Blätter.

Alpen-Ziest

Stachys alpina L.
Lippenblütengewächse *Lamiaceae (Labiatae)*

Beschreibung: 6–18 Blüten sitzen jeweils in den quirlartigen Teilblütenständen, von denen 3–7 - von unten nach oben dichter angeordnet - am Ende des Stengels übereinander in den Achseln von Blattpaaren stehen. Kelch 1–1,5 cm lang, mit 5 breit-3eckigen, nur sehr kurz begrannten Zähnen, durchweg mäßig dicht seidig-glänzend weißhaarig. Krone 1,5–1,8 cm lang, bräunlich bis trüb weinrot, außen mäßig dicht kurz behaart; Oberlippe flach helmförmig, ganzrandig; Unterlippe 3teilig; Seitenlappen viel kleiner als der Mittellappen; dieser vorne zuweilen leicht ausgerandet, oft seitlich etwas herabgeschlagen; Unterlippe höchstens im Bereich der Seitenlappen und am Schlundeingang mit grün-gelblicher, trüb-marmorierter Zeichnung, nicht indessen im vordersten Teil des Mittellappens (hier ist allenfalls bei ziemlich hellblütigen Exemplaren die Aderung dunkler sichtbar). Stengel aufsteigend oder aufrecht, einfach oder verzweigt, 4kantig, mäßig dicht langhaarig. Blätter gegenständig, die unteren gestielt, die oberen sitzend, breit-lanzettlich, Spreiten 5–18 cm lang, 2–9 cm breit, gekerbt-gezähnt; obere Blätter viel kleiner als unterste, aber stets länger als die Blüten. Juni–August. 0,5–1 m.

Vorkommen: Braucht humus-, kalk- und stickstoffsalzreichen, lockeren Lehmboden. Besiedelt lichte und eher feuchte Stellen in Wäldern. Fehlt im Tiefland. In den Mittelgebirgen mit Kalkgestein und in den Alpen zerstreut und meist nur in individuenarmen Beständen. Steigt bis etwa zur Laubwaldgrenze.

Wissenswertes: ♃. Die Blüten werden von verschiedenen Hummel-Arten beflogen und bestäubt.

Alpen-Ziest
Stachys alpina
Heil-Ziest
Betonica officinalis
Gelber Ziest
Betonica alopecuros
Deutscher Ziest
Stachys germanica

Wald-Ziest

Stachys sylvatica L.
Lippenblütengewächse *Lamiaceae (Labiatae)*

Beschreibung: Meist stehen 6 Blüten – sehr kurz gestielt – in jedem der vielen quirlartigen Teilblütenstände, die locker übereinander angeordnet sind, wobei nicht jeder Quirl in der Achsel eines Hochblattpaares sitzt. Kelch um 6 mm lang, oft weinrot überlaufen, auf 2/3 seiner Länge in 5 3eckige Zähne geteilt, kurzhaarig. Krone 1,2–1,5 cm lang, dunkel weinrot, außen sehr kurz behaart; Oberlippe flach helmförmig; Unterlippe 3teilig; Seitenlappen kleiner als der Mittellappen, dieser zungenförmig, an den Seiten meist etwas herabgeschlagen; Unterlippe im Schlund und bis in den vorderen Teil des Mittellappens mit weißlicher Zeichnung auf dunkel weinrotem Grund. Stengel aufrecht, einfach oder verzweigt, lang behaart, 4kantig. Blätter gegenständig, gestielt; Spreite der unteren und mittleren Blätter im Umriß ähnlich der von Brennnesselblättern, 4–9 cm lang, 2–6 cm breit, am Grund herzförmig, Rand kerbig gezähnt, Oberfläche runzelig, oberseits sehr schütter, unterseits dichter anliegend behaart; Blätter im Blütenstandsbereich lanzettlich, praktisch sitzend, fast ganzrandig, oberste oft seidig-wimperig langhaarig. Rhizom mit langen, unverdickten, unterirdischen Ausläufern, die nach Zerreiben unangenehm riechen (entfernt an Pferdegeruch erinnernd). Juni–September. 0,3–1 m.

Vorkommen: Braucht feuchten, stickstoffsalzreichen Lehmboden. Besiedelt lichte Stellen in Wäldern, an Ufern, seltener in Hochstaudenfluren und an Wiesenwegen. Im westlichen Tiefland selten, sonst häufig. Steigt kaum bis zur Laubwaldgrenze.

Wissenswertes: ♃. Die Blüten werden von Bienen und Schwebfliegen bestäubt.

Sumpf-Ziest

Stachys palustris L.
Lippenblütengewächse *Lamiaceae (Labiatae)*

Beschreibung: In den quirlartigen Teilblütenständen sitzen meist nur 6 Blüten. 6–15 Teilblütenstände stehen am Stengelende; die untersten befinden sich in den Achseln der oberen Blattpaare; die über ihnen kommenden sitzen in einem ährenartigen, im oberen Bereich dichten Blütenstand. Kelch 0,8–1 cm lang, auf 2/3 seiner Länge in 5 3eckige, kurzgrannig-spitze Zähne geteilt, kurz behaart. Krone 1,5–1,8 cm lang, tiefrosa bis hell purpurviolett; Oberlippe flach helmförmig; Unterlippe 3teilig, doppelt so groß wie die Oberlippe; Seitenlappen kleiner als der Mittellappen; dieser vorne oft wellig, in der Mitte leicht aufgewölbt, wie die Seitenlappen mit weißlicher Zeichnung, die zuweilen dunkler umrandet ist. Stengel aufsteigend bis aufrecht, einfach oder spärlich verzweigt, 4kantig, kurz behaart, auf den Kanten etwas längerhaarig. Blätter gegenständig, mit herzförmigem Grund sitzend oder nur sehr kurz gestielt, 3–12 cm lang, 1–3 cm breit, im Umriß lanzettlich, am Rand gekerbt-gezähnt, oberseits sehr schütter behaart, unterseits dicht kurzhaarig. Rhizom mit unterirdischen, walzlich angeschwollenen Ausläufern. Juni–September. 0,3–1 m.

Vorkommen: Braucht stickstoffsalzreichen Lehm- oder Tonboden, der zumindest zeitweise feucht sein sollte. Besiedelt Gräben, Weg- und Ackerränder, Ufer, lichte Naßstellen in Wäldern. Fehlt in Gegenden mit überwiegenden Sandböden kleineren Gebieten; sonst zerstreut. Steigt nur selten über etwa 1200 m.

Wissenswertes: ♃. Die Knollen der Ausläufer sollen von Schweinen gerne gefressen werden. Sie dienen als Nährstoffspeicher und zur vegetativen Vermehrung.

Aufrechter Ziest
Stachys recta
Acker-Ziest
Stachys arvensis
Wald-Ziest
Stachys sylvatica
Sumpf-Ziest
Stachys palustris

Acker-Ziest

Stachys arvensis (L.) L.
Lippenblütengewächse *Lamiaceae* (*Labiatae*)

Beschreibung: 2–6 Blüten stehen – sehr kurz gestielt – in den sehr lockeren, quirlartigen Teilblütenständen, die sich zu 4–15 – nur allmählich von unten nach oben dichter angeordnet – am Ende des Stengels befinden. Kelch um 7 mm lang, auf etwa 3/4 seiner Länge in 5 gleichartige, schmal-3eckige Zähne geteilt, oft violett überlaufen. Krone 6–8 mm lang, also gleich lang wie oder kaum länger als der Kelch (sicheres Kennzeichen!), weißlich-rosa; Oberlippe sehr flach helmförmig; Unterlippe länger als die Oberlippe, 3teilig; Seitenlappen kleiner als der Mittellappen; dieser ziemlich schmal, vorne abgerundet oder leicht gekerbt. Stengel niederliegend bis aufsteigend, seltener aufrecht, 4kantig, meist sparrig verzweigt, schütter oder ziemlich dicht allseits behaart. Blätter gegenständig, gestielt; untere Blätter langstielig; ihre Spreite 1–3 cm lang, 1–2,5 cm breit, eiförmig, am Grunde herzförmig, gekerbt-gezähnt; mittlere Blätter kleiner, aber gestielt; obere noch kleiner, undeutlich gestielt oder sitzend. Juli–Oktober. 10–30 cm.

Vorkommen: Braucht stickstoffsalzreichen, eher sauer reagierenden und daher meist kalkfreien oder sehr kalkarmen, sandig-lockeren Lehmboden in Lagen mit mildem Klima. Besiedelt Brachen und ortsnahes Ödland. Im Tiefland und in den Silikatgebieten mit mildem Klima zerstreut. Fehlt südöstlich von oberem Neckar und Donau oder kommt dort – wie auch in der Schweiz – selten und unbeständig vor.

Wissenswertes: ☉. Der Acker-Ziest ist eine atlantische Pflanze, die zum guten Gedeihen eine durchschnittlich hohe Luftfeuchtigkeit braucht. Deswegen kommt sie in sommertrockenen Gebieten nicht vor.

Aufrechter Ziest

Stachys recta L.
Lippenblütengewächse *Lamiaceae* (*Labiatae*)

Beschreibung: Meist sitzen in den quirlartigen Blütenständen 6–10 Blüten, selten sind es weniger oder mehr; die untersten Quirle befinden sich in den Achseln der oberen Blattpaare; am Stengelende stehen sie dichter gedrängt in einem ährenartig-pyramidalen Blütenstand. Kelch 0,6–1 cm lang, auf 3/4 seiner Länge in 5 3eckige, grannig-spitze Zähne geteilt, mäßig lang abstehend behaart. Krone 1–2 cm lang, hellgelb; Oberlippe flach helmförmig, vorne leicht eingekerbt; Unterlippe 3teilig, länger als die Oberlippe; Seitenlappen viel kleiner als der Mittellappen; dieser vorne seitlich herabgeschlagen und daher schlank wirkend; Unterlippe mit einer weinrot bis purpurvioletten, strichartigen Zeichnung. Stengel aufsteigend bis aufrecht, 4kantig, einfach oder am Grunde – oft reichlich – verzweigt, behaart. Blätter gegenständig, kurz gestielt (auch bei den untersten Blättern Stiel höchstens halb so lang wie ihre Spreite) oder sitzend, 2–5 cm lang, 0,5–2 cm breit, lanzettlich, schwach runzelig, etwas rauh behaart, gekerbt-gesägt oder ganzrandig. Juni–Oktober. 20–60 cm.

Vorkommen: Braucht kalkreichen, lockeren Lehm- oder Lößboden in Lagen mit sommerwarmem Klima. Besiedelt Trockengebüsche, Halbtrockenrasen, Trockenwälder und steinige Brachen. Fehlt im Tiefland. In den Mittelgebirgen und in den Alpen mit Kalkboden zerstreut, örtlich in individuenreichen, aber lockeren Beständen. Steigt bis etwa zur Laubwaldgrenze.

Wissenswertes: ♃. *S. recta* L. wird mit *S. labiosa* BERTOL. (Kelch etwas 2lippig, drüsig behaart; Unterlippe der Krone nur um 1 cm lang; nur am Alpensüdfuß) zur Sammelart *S. recta* agg. zusammengefaßt.

Ziest *Stachys*
Melisse *Melissa*
Drachenmaul *Horminum*
Salbei *Salvia*

Einjähriger Ziest

Stachys annua (L.) L.
Lippenblütengewächse *Lamiaceae* (*Labiatae*)

Beschreibung: Meist sitzen in den quirlartigen Blütenständen 4-6 Blüten, selten sind es weniger oder mehr; die untersten Quirle befinden sich in den Achseln der oberen Blattpaare; am Stengelende stehen sie wenig dichter in einem ährenartigen Blütenstand. Kelch 0,6-1 cm lang, auf 3/4 seiner Länge in 5 schmal-3eckige, grannig-spitze Zähne geteilt, bis zur Grannenspitze behaart. Krone 1-2 cm lang, hellgelb; Oberlippe flach helmförmig; Unterlippe 3teilig, länger als die Oberlippe; Seitenlappen kleiner als der Mittellappen; dieser vorne seitlich herabgeschlagen und daher schlank wirkend; ganze Unterlippe mit einer weinrot bis bräunlichen, strichartigen Zeichnung. Stengel aufrecht, 4kantig, einfach oder spärlich verzweigt, schütter behaart oder kahl. Blätter gegenständig, gestielt (Stiel der untersten Blätter fast so lang wie ihre Spreite), 2-5 cm lang, 0,5-2 cm breit, lanzettlich bis eiförmig, schwach runzelig, kahl oder schütter weichhaarig, gekerbt-gesägt oder nahezu ganzrandig. Juni-Oktober. 10-25 cm.

Vorkommen: Braucht stickstoffsalzreichen, kalkhaltigen, flachgründigen, oft steinigen Lehmboden in Gegenden mit sommerwarmem Klima. Besiedelt Äcker und Weinberge, seltener Brachen oder Ödland. Fehlt im Tiefland, im Alpenvorland und - mit Ausnahme warmer Täler in den Kalkalpen - den Alpen. In den wärmeren Lagen der Mittelgebirge mit kalkhaltigem Gestein selten, in Niederösterreich zerstreut.

Wissenswertes: ⊙. Der Einjährige Ziest kam mit dem Ackerbau nach Mitteleuropa; hier hat er - durch die chemische Unkrautbekämpfung - in den letzten Jahrzehnten viele seiner früheren Standorte verloren.

Zitronen-Melisse

Melissa officinalis L.
Lippenblütengewächse *Lamiaceae* (*Labiatae*)

Beschreibung: Die Blüten sitzen - kurz gestielt - zu 3-6 quirlartig in den Achseln der mittleren und oberen Blätter. Kelch um 8 mm lang, glockenförmig, 2lippig, kurz abstehend behaart; Zähne der Oberlippe kurz-3eckig; Zähne der Unterlippe grannenartig verlängert. Krone um 1 cm lang, weiß oder sehr hell wasserblau, seltener gelblich-weiß oder lila; Oberlippe etwas aufwärts gebogen, flach, vorne etwas ausgerandet; Unterlippe länger als die Oberlippe, 3teilig; Seitenlappen kleiner als der Mittellappen; dieser ganzrandig oder vorne leicht ausgerandet. Stengel meist aufrecht, seltener aufsteigend oder am Grund aufgebogen, verzweigt, abstehend behaart, 4kantig. Blätter gegenständig, kurz gestielt (Stiel höchstens halb so lang wie die zugehörige Spreite), lanzettlich bis schmal-eiförmig, 2-8 cm lang, 1,5-5 cm breit, regelmäßig grob gekerbt-gezähnt, saftig dunkelgrün. Pflanze riecht zerrieben leicht süßlich und zugleich nach Zitrone. Juni-August. 30-90 cm.

Vorkommen: Braucht lehmig-tonigen, nicht zu trockenen Boden in sommerwarmen Lagen. Heimat: Östliches Mittelmeergebiet. Bei uns gelegentlich in Bauerngärten als Tee- oder Heilpflanze gepflanzt und in klimagünstigen Gegenden unbeständig verwildert.

Wissenswertes: ♃. Enthält ätherisches Öl mit Citral und Citronellal. Wird auch als Likörzusatz verwendet. - Entfernt ähnlich: Echtes Basilikum (*Ocimum basilicum* L.): Krone gelblichweiß; Oberlippe mit 4-5 stumpfen Zähnen, flach; Unterlippe ganzrandig; Blätter gestielt, eiförmig bis breit-lanzettlich, ganzrandig oder undeutlich gezähnt. Gewürzpflanze aus Indien; selten und unbeständig verwildert.

Drachenmaul

Horminum pyrenaicum L.
Lippenblütengewächse *Lamiaceae* (*Labiatae*)

Beschreibung: Die Blüten stehen zu 2–6 – kurz gestielt – quirlartig in den Achseln sehr kleiner Stengelblätter; nur die untersten 1–3 Blattpaare sind blütenlos; der Gesamtblütenstand ähnelt infolgedessen einer mehr oder weniger dichten, schlanken Ähre, deren Blüten ziemlich einseitswendig ausgerichtet sind. Kelch knapp 1 cm lang, 2lippig, 13nervig; Zähne der Unterlippe etwas länger als die der Oberlippe. Krone 1,5–2 cm lang, dunkel blauviolett; Oberlippe aufrecht, gestutzt, ausgerandet; Unterlippe 3teilig; Seitenlappen kleiner als der Mittellappen; dieser vorn ausgerandet. Stengel aufrecht, 4kantig, kahl (bzw. mit sehr kurzen, nur mit starker Lupe erkennbaren Härchen). Grundblätter in einer Rosette, gestielt; Blattstiel etwa 1/3 so lang wie die Spreite; Spreite 3–6 cm lang, 2–5 cm breit, breit-eiförmig, gekerbt-gezähnt, kahl, runzelig; Stengelblätter gegenständig, kaum 1 cm lang und etwa halb so breit, etwas häutig, spitz, ganzrandig, bewimpert. Rhizom kräftig, verholzt, beim Zerreiben aromatisch riechend. Juni–September. 10–45 cm.

Vorkommen: Braucht kalkreichen, frischen, stickstoffsalzarmen, flachgründig-steinigen Lehm- oder Tonboden in sonnigen, subalpinen Lagen. Besiedelt lückige, alpine Rasen und Matten und extensiv genutzte Weiden. In den West- und Südalpen zerstreut; in den Berchtesgadener und Salzburger Alpen und den Funtenseetauern selten. Steigt bis etwa 2000 m.

Wissenswertes: ♃. An manchen Standorten tritt das Drachenmaul in individuenreichen Beständen auf. Die nektarreichen Blüten stellen für Bienen und Hummeln eine ergiebige Futterquelle dar.

Echter Salbei

Salvia officinalis L.
Lippenblütengewächse *Lamiaceae* (*Labiatae*)

Beschreibung: Die Blüten stehen – kurz gestielt – zu 4–8 in 5–8 quirlartigen „Stockwerken" in einem mäßig lockeren, ährenartigen Blütenstand am Ende des Stengels und seiner Zweige. Kelch um 1 cm lang, 2lippig, 15nervig, tief gefurcht, auf den Nerven und am Rand flaumig behaart; Kelchoberlippe mit 3 lang zugespitzten Zähnen. Krone 1,8–2,5 cm lang, violett, mit fast gerader, vorn ausgerandeter Oberlippe; Unterlippe 3lappig; Seitenlappen kleiner als der Mittellappen; dieser ausgerandet, rundlich. Stengel aufsteigend oder aufrecht, bodennah verholzt, undeutlich 4kantig bis fast rund, meist vom Grund an verzweigt, besonders in der oberen Hälfte dicht und kraus behaart. Bodennah mit sterilen, dicht beblätterten Kurztrieben; kleine Kurztriebe auch in den Achseln der unteren Stengelblätter; untere Blätter lang gestielt (Stiel oft so lang wie die Spreite); mittlere Blätter kurz gestielt, obere sitzend, kleiner; Stengelblätter gegenständig; Spreite der unteren Blätter 2–7 cm lang und 0,5–2 cm breit, schmal-eiförmig, fein gekerbt-gezähnt bis ganzrandig, runzelig, unterseits dicht behaart. Mai–Juli. 20–70 cm.

Vorkommen: Braucht kalkreichen, trockenen, flachgründig-steinigen Boden in wintermilden und sommerwarmen Lagen. Heimat: Mittelmeergebiet. Bei uns gelegentlich in Gärten als Heil- oder Gewürzpflanze angebaut und vereinzelt – allerdings meist unbeständig – verwildert. Ursprünglich vielleicht am Alpensüdfuß; eingebürgert möglicherweise im Wallis.

Wissenswertes: ♃–♄; (☠). Enthält Bitterstoff und ätherisches Öl, in dem u. a. das giftige Thujon nachgewiesen worden ist. Hohe Dosen sollte man also nicht verwenden.

Einjähriger Ziest
Stachys annua
Echter Salbei
Salvia officinalis
Zitronen-Melisse
Melissa officinalis
Drachenmaul
Horminum pyrenaicum

Quirlblütiger Salbei

Salvia verticillata L.
Lippenblütengewächse *Lamiaceae* (*Labiatae*)

Beschreibung: Die Blüten stehen - kurz gestielt - zu 10–30 in 3–10 (selten in noch mehr) quirlartigen „Stockwerken" in lückigen, nach oben wenig dichter werdenden Blütenständen im oberen Teil des Stengels und der Zweige. Kelch um 6 mm lang, engglockig, kurz und abstehend behaart, meist rotbraun-violett überlaufen. Krone 1–1,5 cm lang, blauviolett; Oberlippe fast gerade vorgestreckt, am Grunde stielartig eingeschnürt und dadurch im Vorderteil umgekehrt löffelförmig, vorn oft ausgerandet; Unterlippe etwa so lang wie die Oberlippe, 3lappig; Seitenlappen kleiner als der Mittellappen; dieser vorne verbreitert und ausgerandet; Griffel deutlich aus der Oberlippe heraushängend. Stengel aufrecht, krautig, 4kantig, verzweigt, kurz und abstehend behaart. Grundständige Blätter zur Blütezeit meist vertrocknet, stengelständige gegenständig, die untersten gestielt (am Stiel oft mit 1 Paar kleiner Fiedern), die obersten praktisch sitzend, einfach; Spreite breit-lanzettlich bis eiförmig, am Grunde herzförmig (mit etwas zugespitzten, abstehenden Seitenlappen), unregelmäßig und meist grob gezähnt-gekerbt, wenig runzelig, schütter behaart. Juni–September. 30–60 cm.

Vorkommen: Braucht trockenen, kalkhaltigen, locker-sandigen Lehmboden. Besiedelt Halbtrockenrasen, Dämme und Böschungen. Im Tiefland sehr selten und gebietsweise fehlend; in den Mittelgebirgen und Alpen mit kalkhaltigem Gestein und im Alpenvorland zerstreut. Steigt vereinzelt bis etwa 1700 m.

Wissenswertes: ♃. Die Art ist allenfalls im äußersten Südosten einheimisch und hat sich erst in den letzten Jahrhunderten in Mitteleuropa ausgebreitet.

Klebriger Salbei

Salvia glutinosa L.
Lippenblütengewächse *Lamiaceae* (*Labiatae*)

Beschreibung: Die Blüten stehen - kurz gestielt - zu (meist) 4–6 in 6–16 quirlartigen „Stockwerken" in lockeren Blütenständen im oberen Teil von Stengel und Zweigen. Kelch engglockig, um 1,3 cm lang, dicht klebrig-drüsig behaart, 2lippig; Kelchoberlippe ganzrandig; Unterlippe kurz 2spaltig. Krone 3–4,5 cm lang, hellgelb, außen drüsig behaart; Oberlippe sichelförmig, wenig tief eingekerbt-ausgerandet; Unterlippe etwas länger als die Oberlippe, 3lappig; Seitenlappen breit, abgerundet; Mittellappen vorn verbreitert und gezähnelt, etwas herabgeschlagen, innen streifig braunrot-violett gezeichnet. Stengel meist aufrecht, einfach bzw. nur im Blütenstandsbereich verzweigt, 4kantig, im oberen Teil meist dicht und deutlich klebrig drüsig behaart. Untere Blätter gestielt; Stiel etwa so lang wie ihre Spreite; diese 8–16 cm lang und 5–12 cm breit, breit eiförmig-zugespitzt, am Grunde pfeilförmig; mittlere und obere Blätter rasch kleiner werdend, kürzer gestielt, alle beiderseits behaart. Juni–August. 0,5–1,2 m.

Vorkommen: Braucht gut durchsickerten, steinig-lockeren Lehm- oder Tonboden in schattiger Lage. Besiedelt schattige Berg- und Schluchtwälder. Vereinzelt im Odenwald, Südschwarzwald, Schwäbisch-Fränkischen und Schweizer Jura sowie im Bayerischen Wald; im Alpenvorland selten, nach Osten häufiger werdend; in den Alpen zerstreut und oft in individuenreichen, lockeren Beständen. Steigt bis knapp unter die Laubwaldgrenze.

Wissenswertes: ♃. Die Blüten werden vorwiegend von sehr langrüsseligen Hummeln bestäubt. Die Fremdbestäubung wird durch einen Schlagbaummechanismus gesichert.

Klebriger Salbei
Salvia glutinosa
Hain-Salbei
Salvia nemorosa
Quirlblütiger Salbei
Salvia verticillata
Wiesen-Salbei
Salvia pratensis

Hain-Salbei

Salvia nemorosa L.
Lippenblütengewächse *Lamiaceae* (*Labiatae*)

Beschreibung: Die Blüten stehen - kurz gestielt - zu 2–4 in 6–20 (selten auch noch mehr) quirlartigen „Stockwerken" in zunächst lockeren, dann rasch dichter werdenden Blütenständen am Ende des Stengels und der Zweige. Die Tragblätter der Halbquirle sind kaum länger als die Kelche, breit-herzförmig, zugespitzt, leicht hohl, am Rande sehr kurz behaart, rotbraun-violett. Kelch um 7 mm lang, 2lippig, starknervig, dunkel rotbraun-violett; Kelchoberlippe mit kürzerem Mittelzahn. Krone 0,8–1,3 cm lang, blauviolett; Oberlippe breit-sichelförmig, vorne ausgerandet oder abgestutzt, seitlich zusammengedrückt, mäßig dicht und sehr kurz behaart; Unterlippe etwa gleich lang, 3lappig; Seitenlappen sehr viel kleiner als der Mittellappen; dieser verbreitert und ausgerandet. Stengel aufrecht, 4kantig, krautig, unten sehr schütter, im Blütenstandsbereich dicht, aber kurz behaart, oben verzweigt. Grundständige Blätter zur Blütezeit verdorrt; Stengelblätter meist gegenständig, untere gestielt, obere sitzend, untere 4–8 cm lang, 2–3,5 cm breit, lanzettlich, am Grund herzförmig, ziemlich fein gekerbt-gezähnt, unterseits sehr kurz, aber dicht grauhaarig (Einzelhaare nur mit starker Lupe erkennbar). Juni–Juli. 30–60 cm.

Vorkommen: Braucht kalkhaltigen, trokken-lockeren Lehmboden. Besiedelt Halbtrokkenrasen und Böschungen in sommerwarmen Lagen. Vereinzelt in den Kalk-Mittelgebirgen; im östlichen Österreich zerstreut.

Wissenswertes: ♃. Der Hain-Salbei hat sein Hauptareal im südlichen Osteuropa und in Vorderasien. Neuerdings wird er gelegentlich zur Begrünung trockener Böschungen ausgesät und bürgert sich örtlich ein.

Wiesen-Salbei

Salvia pratensis L.
Lippenblütengewächse *Lamiaceae* (*Labiatae*)

Beschreibung: Die Blüten stehen - kurz gestielt - zu 4–8 in 6–20 (selten auch noch mehr) quirlartigen „Stockwerken" in zunächst lockeren, dann rasch dichter werdenden Blütenständen am Ende des Stengels und der Zweige. Die Tragblätter der Halbquirle sind an den unteren Halbquirlen etwa so lang wie der Kelch, die der oberen sind viel kürzer, alle meist grün. Kelch um 1 cm lang, 2lippig, starknervig, oft drüsig behaart, braun bis blauviolett; Kelchoberlippe mit kürzerem Mittelzahn. Krone 2–2,5 cm lang, blauviolett, selten hellblau, rosa oder weiß; Oberlippe breit-sichelförmig, vorne ausgerandet-abgestutzt, seitlich zusammengedrückt, vor allem auf dem Scheitel kurz seidig behaart; Unterlippe 3lappig, etwas kürzer als die Oberlippe; Seitenlappen sehr viel kleiner als der Mittellappen; dieser verbreitert und ausgerandet. Stengel krautig, meist aufrecht, 4kantig, unten schütter, oben dichter und kurz behaart, oberwärts sparrig verzweigt. Die meisten Blätter in einer grundständigen Rosette; Rosettenblätter 1–8 cm lang gestielt; Spreite 6–12 cm lang, 3–5 cm breit, am Grund schwach herzförmig bis abgerundet, am Rand grob unregelmäßig gekerbt-gezähnt; Stengelblätter gegenständig, sehr viel kleiner und lanzettlicher als die Grundblätter. April–August. 30–60 cm.

Vorkommen: Braucht kalkhaltigen Lehmboden in sommerwarmen Lagen. Besiedelt Halbtrockenrasen, Böschungen und trockene Fettwiesen. Fehlt weiträumig im nordwestlichen Tiefland; in den Kalkgebieten häufig; Silikatgebiete zerstreut; wird ab 800 m sehr selten, geht vereinzelt bis 1500 m (Südalpen 1900 m).

Wissenswertes: ♃. Als Futterpflanze wenig geschätzt.

Salbei *Salvia*
Bergminze *Calamintha*

Eisenkraut-Salbei

Salvia verbenaca L.
Lippenblütengewächse *Lamiaceae* (*Labiatae*)

Beschreibung: Die Blüten stehen - kurz gestielt - zu 4–8 in 6–20 quirlartigen „Stockwerken" in zunächst lockeren, dann rasch dichter werdenden Blütenständen am Ende des Stengels und der Zweige. Die Tragblätter der Halbquirle sind an den unteren Halbquirlen grob gezähnt und deutlich länger als die Blüte, auch an den oberen sind sie fast so lang wie der Kelch und ganzrandig. Kelch um 7 mm lang, 2lippig, nicht drüsig behaart. Krone 1-1,5 cm lang, hellblau oder hell blauviolett; Oberlippe breit-sichelförmig, vorne ausgerandet-abgestutzt, seitlich zusammengedrückt, nicht drüsig behaart; Unterlippe 3lappig, etwas kürzer als die Oberlippe; Seitenlappen viel kürzer als der Mittellappen; dieser verbreitert und ausgerandet. Stengel krautig, 4kantig, meist aufrecht, unten schütter, oben dichter und kurz behaart, einfach oder oberwärts spärlich, aber sparrig verzweigt. Die meisten Blätter in einer grundständigen Rosette; Rosettenblätter 2–8 cm lang gestielt; Stiel dicht behaart; Spreite 5–10 cm lang und 2–4 cm breit, an der Spitze und am Grund abgerundet, am Rand leicht fiederlappig und grob doppelt gekerbt-gezähnt; Zähne spitz; Stengelblätter gegenständig, sehr viel kleiner und schmaler eiförmig als die Grundblätter. April–August. 20–40 cm.

Vorkommen: Braucht trockenen, steinig-lockeren Lehmboden in Gegenden mit warmem Klima. Heimat: Mittelmeergebiet. Am Alpensüdfuß sehr selten, sonst nur vereinzelt eingeschleppt und eingebürgert.

Wissenswertes: ♃. Neben Blüten, die von Hummeln bestäubt werden, bildet die Art im Herbst kleinere Blüten aus, die sich regelmäßig selbst bestäuben.

Mohren-Salbei

Salvia aethiopis L.
Lippenblütengewächse *Lamiaceae* (*Labiatae*)

Beschreibung: Die Blüten sitzen zu 6–10 in 4–15 (selten auch mehr) quirlartigen „Stockwerken" in dichten Blütenständen am Ende des Stengels und der Zweige. Die Tragblätter der unteren Blütenhalbquirle sind so lang wie die Kelche, oft violett, am Rand wollig behaart. Kelch 1–1,5 cm, kraus weißhaarig; Kelchoberlippe mit 2 seitlichen, borstig begrannten Zähnen, Mittelzahn kleiner; Zähne der Kelchunterlippe wie die der Oberlippe; alle Zähne violett. Krone 1,5–1,8 cm lang, weißlich; Oberlippe sichelförmig, abgestutzt bis kaum ausgerandet, seitlich zusammengedrückt; Unterlippe 3lappig; Mittellappen verbreitert, ausgerandet, herabgeschlagen. Stengel krautig, aufrecht, 4kantig, dicht und kraus, fast spinnwebartig behaart, nicht klebrig, in der oberen Hälfte stark rispig verzweigt. Die meisten Blätter in einer Rosette; Rosettenblätter 2–10 cm lang gestielt; Spreite 5–25 cm lang und 2,5–7,5 cm breit, breit-lanzettlich, am Grunde meist herzförmig, sehr grob und unregelmäßig 1–3fach gekerbt-gezähnt, runzelig, beidseits lokker wollig behaart; Stengelblätter gegenständig, wie die Grundblätter, aber kleiner, sehr kurz gestielt oder sitzend. Juni–Juli. 0,5–1 m.

Vorkommen: Braucht trockenen, stickstoffsalzreichen Boden in Lagen mit sommerwarmem Klima. Besiedelt Halbtrockenrasen und trockenes, siedlungsnahes Ödland. Im östlichen Österreich selten eingebürgert, sonst nur vereinzelt und unbeständig verwildert.

Wissenswertes: ⊙. Ähnlich: Pannonischer Salbei (*S. austriaca* Jacq.): Tragblätter und Kelch dicht zottig; Kelchzähne nicht stechend begrannt; Krone 1,5–2 cm, gelblich-weiß; östliches Österreich; selten.

Muskateller-Salbei

Salvia sclarea L.
Lippenblütengewächse *Lamiaceae* (*Labiatae*)

Beschreibung: Die Blüten stehen - sehr kurz gestielt - zu 4–6 in meist zahlreichen quirlartigen „Stockwerken" in dichten Blütenständen am Ende des Stengels und der Zweige. Die Tragblätter der unteren Blütenhalbquirle sind länger als die Blüten, herzförmig, am Rande kurz bewimpert, weinrot oder violett. Kelch um 1 cm lang, drüsig behaart; Kelchoberlippe mit 2 seitlichen, borstig begrannten Zähnen, Mittelzahn kleiner; Zähne der Kelchunterlippe wie die der Oberlippe; Zähne oft violett. Krone 2–2,8 cm, hellblau, hell purpurviolett oder rosa, Unterlippe gelblich; Oberlippe sichelförmig, abgestutzt bis kaum ausgerandet, seitlich zusammengedrückt; Unterlippe 3lappig; Mittellappen verbreitert, fein gezähnelt, herabgeschlagen. Stengel krautig, aufrecht, 4kantig, meist im Blütenstandsbereich stark verzweigt, dicht und kraus behaart. Die meisten Blätter in einer Rosette; Rosettenblätter 1–7 cm lang gestielt; Spreite 7–18 cm lang und 3–12 cm breit, am Grunde abgerundet-abgestutzt oder wenig tief herzförmig, unregelmäßig gekerbt-gezähnt, runzelig, oberseits meist nur schütter, unterseits filzig behaart. Stengelblätter gegenständig, wie die Grundblätter, untere nur wenig kleiner als diese. Juni–Juli. 30–90 cm.

Vorkommen: Braucht trockenen, steinig-lockeren, mäßig stickstoffsalzhaltigen Lehmboden in Gegenden mit sommerwarmem Klima. Besiedelt Weinbergbrachen, Wegränder und trokkenes Ödland. Heimat: Mittelmeergebiet; am Alpensüdfuß örtlich eingebürgert, sonst nur vereinzelt und unbeständig verwildert.

Wissenswertes: ⊙. Die zerriebenen Blätter duften nach Muskateller und schmecken zerbissen bitter.

Großblütige Bergminze

Calamintha grandiflora (L.) MOENCH
Lippenblütengewächse *Lamiaceae* (*Labiatae*)

Beschreibung: Die Blüten stehen - kurz gestielt - zu 1–7 in scheindoldigen, gestielten, leicht einseitswendigen Teilblütenständen in den Achseln der 4–8 obersten Blattpaare. Kelch knapp 1 cm lang, 2lippig (Lippen etwas nach oben gekrümmt), kahl, 11nervig; Kelchoberlippe mit 3, Kelchunterlippe mit 2 schmal-3eckigen, lang zugespitzten Zähnen. Krone 2–4 cm lang, tiefrosa bis hell purpurrot, kahl. Oberlippe flach, ganzrandig oder kaum ausgerandet; Unterlippe 3teilig; Seitenlappen kleiner als der Mittellappen; Mittellappen etwas verbreitert, ausgerandet und dadurch fast verkehrt-herzförmig, wenig herabgeschlagen. Stengel aufsteigend oder aufrecht, 4kantig, meist einfach, seltener spärlich verzweigt, dicht, aber sehr kurz abstehend behaart; neben den kurzen Haaren stehen sehr schütter, zuweilen nur vereinzelt, längere Haare. Blätter gegenständig, 1–3,5 cm lang gestielt; Spreite der unteren Blätter 3–7 cm lang und 2–5 cm breit, die der mittleren und oberen kleiner, beidseitig wie der Stengel mit vielen sehr kurzen und wenigen längeren Haaren; Rand aller Blätter jederseits mit 5–12 großen, 3eckigen, nach vorn gerichteten Zähnen; Seitennerven laufen in die Zahnlücken. Juli–September. 20–50 cm.

Vorkommen: Braucht meist kalkhaltigen oder nur wenig sauren, mull- oder humusreichen, feuchten und lockeren Lehmboden in Gegenden mit wintermildem Klima. Besiedelt ziemlich schattige Stellen in Bergwäldern. Südlicher Schweizer Jura und Alpensüdfuß; selten. Vereinzelt aus Anlagen verwildert.

Wissenswertes: ♃. Die Blätter riechen zerrieben nach Zitrone. Enthält ätherisches Öl, u. a. mit Citronellol.

Mohren-Salbei
Salvia aethiopis
Muskateller-Salbei
Salvia sclarea
Großblütige Bergminze
Calamintha grandiflora
Eisenkraut-Salbei
Salvia verbenaca

Bergminze *Calamintha*
Wirbeldost *Clinopodium*
Steinquendel *Acinos*

Echte Bergminze

Calamintha sylvatica BROMF.
Lippenblütengewächse *Lamiaceae* (*Labiatae*)

Beschreibung: Die Blüten stehen - kurz gestielt - zu 1-9 in doldenartigen, gestielten, mehr oder weniger einseitswendigen Teilblütenständen in den Achseln der oberen - gelegentlich auch schon der mittleren - Blattpaare. Kelch um 8 mm lang, 2lippig; Oberlippe 3zähnig; Zähne 3eckig; Unterlippe 2zähnig; Zähne schmal, grannenartig zugespitzt. Krone 1,5-2 cm lang, purpurviolett, rosa oder lila; Oberlippe flach; Unterlippe 3teilig; Seitenlappen kleiner als der Mittellappen; dieser verbreitert, ausgerandet, wenig herabgeschlagen, am Rand gezähnelt, im Schlund behaart. Stengel aufrecht, meist einfach oder nur spärlich verzweigt, oberwärts nur sehr schütter behaart. Blätter gegenständig, gestielt; Stiel 0,3-2 cm lang; Spreite 3-6 cm lang, 2-4 cm breit, scharf gezähnt, beidseits mehr oder weniger dicht behaart. Pflanze riecht unangenehm süßlich. Juli–September. 30-60 cm.

Vorkommen: Braucht kalkhaltigen, lockeren trockenen Lehm- oder Lößboden. Besiedelt lichte Trockengehölze in warmen Lagen. Im Weinbaugebiet an Mittel-, Ober- und Hochrhein, in der Pfalz, an der Weinstraße sowie am Neckar selten, ebenso in den Weinbaugebieten Österreichs und der Schweiz.

Wissenswertes: ♃. *C. sylvatica* BROMF. wird mit *C. ascendens* JORD. (Stengel stark verzweigt; Südwestschweiz), *C. einseleana* F. W. SCHULTZ (Kelch 3-5 mm, Krone 1,2–1,5 cm lang; östliche Kalkalpen), *C. nepetoides* JORD. (Kelch 5-7 mm, Krone um 1 cm lang; Südwestschweiz; Berchtesgaden, Zentralösterreich) und *C. subnuda* (W. & K.) HOST s. str. (Blätter um 2 cm lang oder etwas länger; Steiermark) zur Sammelart *C. nepeta* agg. zusammengefaßt.

Wirbeldost

Clinopodium vulgare L.
Lippenblütengewächse *Lamiaceae* (*Labiatae*)

Beschreibung: Die Blüten stehen - sehr kurz gestielt - zu 10–20 in dichten, praktisch sitzenden, quirlartigen „Stockwerken" in den Achseln der 2–4 oberen Blattpaare, sehr selten nur in der Achsel des obersten Blattpaares am Stengelende. Kelch knapp 1 cm lang, bis auf etwa 2/3 seiner Länge in 2 Lippen geteilt, 13nervig, vor allem an den Zähnen wimperig-langhaarig; alle Kelchzähne sehr schmal und spitz zulaufend. Krone 1,5–2,2 cm lang, tiefrosa bis hell purpurviolett; Oberlippe flach, etwas nach oben geklappt, in der Mitte eingekerbt und - angedeutet herzförmig - ausgerandet, viel kürzer als die Unterlippe; Unterlippe 3lappig; Seitenlappen etwas kleiner als der Mittellappen, abgerundet; Mittellappen vorne verbreitert und eingekerbt; im Schlund oft heller und mit 2 bärtigen Leisten. Stengel aufsteigend bis aufrecht, einfach, seltener verzweigt, fast rund, dicht abstehend behaart. Blätter gegenständig, sehr kurz gestielt bis fast sitzend; Spreite 2–4 cm lang, 1–2,5 cm breit, ganzrandig oder - vor allem in der vorderen Hälfte - weitbuchtig und unregelmäßig gekerbt, oberseits schütter oder mäßig dicht, unten ziemlich dicht kurz behaart. Juli–Oktober. 20–50 cm.

Vorkommen: Braucht humusführenden Lehm- oder Tonboden, der Kalk enthalten oder wenigstens nicht allzu sauer reagieren sollte. Besiedelt Waldränder, lichte Wälder und Gebüsche, geht vereinzelt auch auf Halbtrockenrasen. Im Tiefland westlich der Elbe vereinzelt, östlich von ihr zerstreut; sonst häufig und meist in lockeren, mäßig individuenreichen Beständen. Steigt bis zur Laubwaldgrenze.

Wissenswertes: ♃. Bestäuber sind Hummeln und Tagfalter.

Wirbeldost
Clinopodium vulgare
Feld-Steinquendel
Acinos arvensis
Echte Bergminze
Calamintha sylvatica
Alpen-Steinquendel
Acinos alpinus

Feld-Steinquendel

Acinos arvensis (LAM.) DANDY
Lippenblütengewächse *Lamiaceae* (*Labiatae*)

Beschreibung: Die Blüten stehen - kurz gestielt - meist zu 3 in den Achseln der oberen, gelegentlich auch schon zu 1-3 in den Achseln der mittleren Blätter. Kelch um 6 mm lang, 13nervig, dicht und abstehend behaart, unten bauchig erweitert (zusammen mit der Kronenlänge gutes Kennzeichen!), 2lippig; Kelchoberlippe mit 3, Unterlippe mit 2 Zähnen; Unterlippenzähne viel schmäler und tiefer eingeschnitten. Krone 0,8-1 cm lang, lila- bis rosaviolett; Oberlippe eingekerbt bis ausgerandet; Unterlippe viel größer, 3lappig; Seitenlappen kleiner, abgerundet; Mittellappen leicht herzförmig, im Schlund weißbärtig. Stengel aufsteigend bis aufrecht, undeutlich 4kantig, meist vom Grund an verzweigt, dicht behaart. Blätter gegenständig, kurz gestielt, die obersten mit verschmälertem Grund praktisch sitzend, eiförmig bis breit-lanzettlich, 1-2 cm lang, 0,5-1 cm breit, ganzrandig oder am Rand mit jederseits 1-4 - oft nur sehr kurzen - Zähnen (Rand oft nach unten eingerollt!), unterseits mit stark hervortretenden Nerven, mehr oder weniger dicht kurz und abstehend behaart. Juni–September. 10-30 cm.

Vorkommen: Braucht kalkhaltigen, humusarmen, lockeren und oft sandig-grusigen Boden in sommerwarmen Lagen. Besiedelt lückige Trockenrasen, Mauern, lückige Stellen an Wegen, geht auch auf Felsen, Dünen, Mauern und Dämme. Im Tiefland östlich der Elbe selten, sonst nur vereinzelt oder fehlend; in den Mittelgebirgen mit kalkhaltigem oder basischem Gestein zerstreut, ebenso in den wärmeren Tälern der Alpen; steigt etwa bis zur Laubwaldgrenze.

Wissenswertes: ⊙. Die Blätter riechen zerrieben nach Minze.

Alpen-Steinquendel

Acinos alpinus (L.) MOENCH
Lippenblütengewächse *Lamiaceae* (*Labiatae*)

Beschreibung: Die Blüten stehen - kurz gestielt - meist zu 3 in den Achseln der oberen, gelegentlich auch schon zu 1-3 in den Achseln der mittleren Blätter. Kelch 5-8 mm lang, 13nervig, meist braunviolett überlaufen, kurz abstehend behaart, unten schwach bauchig erweitert (zusammen mit der Kronenlänge gutes Kennzeichen!), 2lippig; Kelchoberlippe mit 3, Unterlippe mit 2 Zähnen; Unterlippenzähne viel schmäler und tiefer eingeschnitten, Krone 1,2-2 cm lang, purpurviolett; Oberlippe eingekerbt bis ausgerandet; Unterlippe viel größer, 3lappig; Seitenlappen kaum kleiner, abgerundet; Mittellappen leicht herzförmig, im Schlund weiß gezeichnet, wenig bärtig. Stengel aufsteigend bis aufrecht, fast rund, einfach oder spärlich verzweigt, oft braunviolett überlaufen, sehr kurz und relativ dicht oder nur sehr schütter abstehend behaart. Blätter gegenständig, sehr kurz gestielt, die obersten mit verschmälertem Grund fast sitzend, schmal-eiförmig, 1-1,8 cm lang, 4-9 mm breit, ganzrandig oder am Rand mit jederseits 1-5 - oft nur sehr kurzen - kerbigen Zähnen; Rand nicht nach unten umgerollt, unterseits mit wenig hervortretenden Nerven, beidseits nur sehr kurz und oft schütter behaart. Mai–September. 10-30 cm.

Vorkommen: Braucht kalkhaltigen oder schwach sauren, humus- und stickstoffsalzarmen, lockeren und oft sandig-steinigen Boden. Besiedelt lückige Rasen in den Alpen, im Alpenvorland und im Schweizer Jura. Steigt örtlich bis etwa 2500 m. Zerstreut, oft in kleineren, lockeren Beständen.

Wissenswertes: ♃. Bastarde zwischen dem Feld-Steinquendel und dem Alpen-Steinquendel sind beobachtet worden.

Bohnenkraut *Satureja*
Ysop *Hyssopus*
Wolfstrapp *Lycopus*

Echtes Bohnenkraut

Satureja hortensis L.
Lippenblütengewächse *Lamiaceae* (*Labiatae*)

Beschreibung: Die Blüten stehen - sehr kurz gestielt - zu 1-3 meist etwas einseitswendig in den Achseln der oberen Blätter; ein gemeinsamer Stiel der Teilblütenstände ist in der Regel nicht vorhanden oder doch sehr kurz. Kelch um 4 mm lang, weitröhrig, 10nervig, bis auf etwa 1/2 seiner Länge in 5 gleich gestaltete, schmale und langspitzige Zähne geteilt. Krone 5-6 mm lang, weißlich-wasserblau oder blaßlila, seltener blaßrosa; Oberlippe kaum 1 mm lang, vorn seicht ausgerandet; Unterlippe etwa doppelt so lang wie die Oberlippe, 3lappig. Stengel aufrecht, rundlich, an der Basis etwas verholzend, verzweigt, rückwärts anliegend mäßig dicht kurzhaarig. Blätter gegenständig, kurz gestielt; Spreite 1-3 cm lang, 2-4 mm breit, ganzrandig, schmallanzettlich, beiderseits schütter kurzhaarig oder mäßig dicht kurzflaumig. Pflanze riecht aromatisch. Juli–September. 10–25 cm.

Vorkommen: Braucht nicht zu trockene, stickstoffsalzreiche, lockere und oft steinige Böden in warmen Lagen. Heimat: Östliches Mittelmeergebiet. Bei uns als Gewürzpflanze angebaut und gelegentlich gartennah, doch meist unbeständig, in klimatisch bevorzugten Gegenden verwildert.

Wissenswertes: ☉. Enthält ätherisches Öl mit Carvacrol und Cymol, dazu Gerbstoffe. Bohnenkraut gilt nicht nur als geschmacksverbessernd an Bohnengemüse, sondern auch als verdauungsfördernd und appetitanregend. - Ähnlich: Winter-Bohnenkraut (*Satureja montana* agg.): Krone 0,7–1 cm lang, hellviolett, seltener rosa oder weißlich. Stengel mindestens bis zur Mitte, oft ganz verholzt; Heimat: Mittelmeergebiet; vereinzelt am Alpensüdfuß.

Echter Ysop

Hyssopus officinalis L.
Lippenblütengewächse *Lamiaceae* (*Labiatae*)

Beschreibung: Die Blüten stehen - sehr kurz gestielt - zu 3–7 in den Achseln der mittleren und oberen Blätter; im mittleren Stengelbereich sind die Teilblütenstände locker, im oberen nähern sie sich „ährenartig“ an. Kelch um 6 mm lang, oft violett, bis auf 2/3 seiner Länge in 5 3eckig-lanzettliche Zähne zerteilt. Krone um 1 cm lang, tief stahlblau oder blauviolett, außen mehr oder weniger dicht behaart; Oberlippe fast flach, ausgerandet; Unterlippe 3lappig, deutlich länger als die Oberlippe; Seitenlappen kleiner als der Mittellappen; dieser verbreitert und vorne ausgerandet. Stengel aufsteigend oder aufrecht, zumindest im unteren Drittel verholzt, rundlich, am Grunde verzweigt, allseitig sehr kurz und anliegend schütter bis mäßig dicht behaart. Blätter gegenständig, sehr kurz gestielt bis praktisch sitzend, schmal-lanzettlich, 1–2,5 cm lang und 2–6 mm breit, ganzrandig, an den Rändern oft nach unten umgeschlagen oder umgerollt, fast kahl oder nur mäßig dicht kurzhaarig. Juli–September. 30–60 cm.

Vorkommen: Braucht kalkhaltigen oder sonst basenreichen, lockeren, trockenen, steinigflachgründigen Boden in Gegenden mit sehr warmem Klima. Heimat: Mittelmeergebiet; bei uns als Gewürz- und Heilpflanze gelegentlich angebaut und - meist nur unbeständig - in sommerheißen Lagen verwildert (z. B. Hegau, Gebiet um den Genfer See, Alpensüdfuß).

Wissenswertes: ♄. Enthält u. a. ätherisches Öl mit Pinen und Pinocamphon sowie Gerbstoffe. Ysop wurde in der Volksmedizin ähnlich wie Salbei als Gurgelmittel angewendet; außerdem wurde er als Gewürz, gelegentlich auch als Likörzusatz gebraucht.

Ufer-Wolfstrapp

Lycopus europaeus L.
Lippenblütengewächse *Lamiaceae* (*Labiatae*)

Beschreibung: 10–20 Blüten sitzen in dichten, fast kugelig-quirligen Teilblütenständen, die etwa 1 cm im Durchmesser erreichen, in den Achseln der mittleren und oberen Blattpaare; der Gesamtblütenstand ist locker. Kelch 3–4 mm lang, kurzglockig, 10–13nervig, bis auf 1/3 seiner Länge in 5 steife, lang bespitzte, behaarte Kelchzähne geteilt. Krone um 5 mm lang, weiß; Oberlippe kaum ausgerandet; Unterlippe 3lappig, mit roten Punkten, im Schlund zottig behaart. Stengel aufrecht, 4kantig, meist spärlich verzweigt, an den Kanten mäßig dicht kurz behaart, selten fast kahl. Blätter gegenständig, kurz gestielt oder (vor allem die oberen) sitzend, breit-lanzettlich bis schmal-eiförmig, 3–8 cm lang und 1–4 cm breit, nach oben kleiner und lanzettlicher werdend, grob und tief gezähnt, Zähne nach vorne gerichtet; an feucht-schattigen Standorten untere Blätter fast fiederteilig, kahl oder schütter behaart, unterseits vor allem auf den Nerven behaart. Pflanze bildet beschuppte, unterirdische Ausläufer. Juli–August. 20–80 cm.

Vorkommen: Braucht feucht-nassen, stickstoffsalzreichen, humosen, lehmig-tonigen Boden, geht aber auch auf torfigen Untergrund. Besiedelt Ufer, Gräben, lichte Bruchwälder oder Sumpfwiesen. Zerstreut, fehlt in den höheren oder klimaungünstigen Lagen der Mittelgebirge und in den Alpen über etwa 750 m.

Wissenswertes: ♃. Enthält wenig ätherisches Öl, Gerbstoffe und – nach Aufbereitung – Lithospermsäure, deretwegen er als Heilpflanze genutzt wird. – Ssp. *mollis* (KERN.) J. MURR: Blätter höchstens 3mal so lang wie breit, beidseits dicht behaart; Südwestschweiz; Alpensüdfuß; selten.

Hoher Wolfstrapp

Lycopus exaltatus L. f.
Lippenblütengewächse *Lamiaceae* (*Labiatae*)

Beschreibung: 10–20 Blüten sitzen in dichten, fast kugeligen, quirlartigen Teilblütenständen, die etwa 1 cm im Durchmesser erreichen, in den Achseln der mittleren und oberen Blattpaare; der Gesamtblütenstand ist locker. Kelch um 3 mm lang, kurzglockig, 10–13nervig, bis auf gut 1/2 seiner Länge in 5 steife, lang bespitzte, behaarte Kelchzähne geteilt. Krone um 3,5 mm lang, weiß; Oberlippe kaum ausgerandet; Unterlippe 3lappig, mit einem roten, oft halbmondförmigen Fleck. Stengel aufrecht, 4kantig, verzweigt oder einfach, oft nur schütter flaumig behaart oder kahl. Blätter gegenständig, kurz gestielt und auch die oberen meist nicht eindeutig sitzend, breit-lanzettlich bis eiförmig-zugespitzt, 6–15 cm lang und 3,5–7 cm breit, auch im Blütenstandsbereich kaum kleiner und nicht schmäler als im unteren Teil des Stengels, durchweg bis nahe an den Mittelnerv fiederteilig und auch im Blütenstandsbereich nicht nur grob gezähnt; zumindest unterste Fiederlappen schräg nach vorne zeigend. Pflanze bildet lange, beschuppte, unterirdische Ausläufer. Juli–August. 0,6–1,2 m.

Vorkommen: Braucht feuchten oder nassen, ja zeitweilig überschwemmten, stickstoffsalzreichen, humosen Sandboden oder schlammigen Sand. Besiedelt Ufergebüsche und Auenwälder im Überschwemmungsbereich größerer Flüsse; vereinzelt bei Magdeburg, selten im östlichen Österreich und am Alpensüdfuß.

Wissenswertes: ♃. Dürfte hinsichtlich der Inhaltsstoffe dem häufigeren Ufer-Wolfstrapp gleichkommen. Über eine Nutzung als Heilpflanze ist uns nichts bekanntgeworden. Das Hauptareal der Art liegt im südlichen Osteuropa und in Südeuropa.

Echtes Bohnenkraut
Satureja hortensis
Hoher Wolfstrapp
Lycopus exaltatus
Ufer-Wolfstrapp
Lycopus europaeus
Echter Ysop
Hyssopus officinalis

Dost *Origanum*
Majoran *Majorana*
Thymian *Thymus*

Wilder Dost

Origanum vulgare L.
Lippenblütengewächse *Lamiaceae* (*Labiatae*)

Beschreibung: Die Blüten sitzen einzeln oder zu 2–3 in den Achseln kleiner, meist weinrot überlaufener Hochblätter; mehrere solcher Teilblütenstände bilden einen ziemlich dichten, köpfchenförmig-scheindoldigen Teilblütenstand höherer Ordnung; solche Teilblütenstände stehen kurz gestielt in den Achseln der oberen Blattpaare bzw. am Ende des Stengels und bilden insgesamt einen rispig-straußigen Gesamtblütenstand. Kelch um 3 mm lang, vorne meist weinrot überlaufen. Krone 4–7 mm lang, blaßrosa; Oberlippe ausgerandet; Unterlippe 3lappig; Seitenlappen breiter und kürzer als der Mittellappen. Stengel aufrecht, im oberen Teil verzweigt, rundlich oder angedeutet 4kantig, ringsum gleichmäßig oder auf 2 gegenüberliegenden Seiten stärker behaart. Blätter gegenständig, kurz gestielt, schmal-eiförmig bis breit-lanzettlich, 1–4 cm lang, 0,5–2,5 cm breit, auf den ersten Blick ganzrandig bzw. undeutlich und stumpf gezähnt, behaart oder fast kahl, unterseits mit stark hervortretenden Nerven. Juli–September. 20–90 cm.

Vorkommen: Braucht trockenen, steinig-lockeren, kalkhaltigen oder nur schwach sauren Lehm- oder Lößboden. Besiedelt lichte Trockengebüsche und -wälder, Wegränder und Halbtrokkenrasen. Im Tiefland westlich der Elbe nur vereinzelt, östlich davon zerstreut und gebietsweise fehlend; sonst zerstreut und meist in lockeren, mäßig individuenreichen Beständen; steigt bis etwa zur Laubwaldgrenze.

Wissenswertes: ♃. Führt ätherisches Öl, das aber nur bei südeuropäischen Pflanzen auch Thymol enthält. Der Name „Dost“ spielt auf den straußartigen Charakter des Gesamtblütenstandes an.

Echter Majoran

Majorana hortensis MOENCH
Lippenblütengewächse *Lamiaceae* (*Labiatae*)

Beschreibung: Die Blüten sitzen einzeln oder zu 2–3 in den Achseln kleiner, breit-eiförmig bis runder, graugrüner Hochblätter; mehrere solcher Teilblütenstände bilden einen ziemlich dichten, köpfchenartigen Teilblütenstand höherer Ordnung; solche Teilblütenstände stehen – mäßig lang gestielt – in den Achseln der mittleren und oberen Blattpaare und am Ende des Stengels und der Zweige; sie bilden insgesamt einen rispig-straußigen Gesamtblütenstand. Kelch um 2 mm lang, 10nervig (starke Lupe!). Krone um 4 mm lang, weiß, sehr blaß lila oder weißlich-rosa; Oberlippe etwas eingekerbt; Unterlippe 3lappig; Lappen etwa gleich. Stengel aufsteigend oder aufrecht, gelegentlich unten verholzt (im Mittelmeergebiet verholzen die Stengel weit stärker), allseitig behaart. Blätter gegenständig, kurz gestielt, eiförmig bis breit-lanzettlich, 0,5–2 cm lang, 0,5–1 cm breit, auf den ersten Blick ganzrandig bzw. undeutlich stumpf gezähnt, beidseitig kurz anliegend behaart. Blätter und junge Stengel duften – vor allem zerrieben – aromatisch. Juli–September. 20–60 cm.

Vorkommen: Braucht locker-steinige, flachgründige Lehmböden in Lagen mit Mittelmeerklima oder mit sehr milden Wintern und sehr warmen Sommern. Heimat: Mittelmeergebiet. Bei uns gelegentlich als Heil- und Gewürzpflanze angebaut und vereinzelt, doch stets unbeständig, verwildert.

Wissenswertes: ⊙. Majoran enthält ätherisches Öl, Bitterstoffe und Gerbstoffe. Als Gewürz werden die getrockneten Blätter, zum Teil auch die Blüten, verwendet. Die Bitterstoffe wirken anregend auf die Absonderung von Magensaft und daher verdauungsfördernd.

Wilder Dost
Origanum vulgare
Sand-Thymian
Thymus serpyllum
Garten-Thymian
Thymus vulgaris
Echter Majoran
Majorana hortensis

Garten-Thymian

Thymus vulgaris L.
Lippenblütengewächse *Lamiaceae* (*Labiatae*)

Beschreibung: Zahlreiche Blüten stehen am Ende der Stengel und der Zweige in einem mäßig dichten, zylindrischen Blütenstand; von ihm sind gelegentlich 2–4 vielblütige Quirle als Teilblütenstände nach unten abgerückt (selten ist es nur 1 Quirl, der tiefer als der endständige Hauptteil des Blütenstandes am Stengel steht). Kelch um 4 mm lang, 2lippig; Oberlippe mit 3 wimpernlosen, sehr kurzen (0,5–0,8 mm langen), 3eckigen Zähnen, die an ihrer Basis etwa so breit sind wie sie in der Länge messen; Unterlippe mit 2 vergleichsweise lang ausgezogenen, schmalen Zähnen. Krone um 5 mm lang, weißlich, hellila oder hellrosa. Stengel 4kantig, verzweigt, in der unteren Hälfte und an den Zweigen zumindest an ihrer Basis deutlich verholzt, bogig aufsteigend oder aufrecht, allseitig gleichmäßig mit sehr kurzen (0,1–0,2 mm langen), rückwärts gerichteten Haaren bestanden. Blätter gegenständig, kurz gestielt, schmal-eiförmig bis schmal-lanzettlich, ganzrandig, 4–9 mm lang, 1,5–3 mm breit, am Rand nach unten eingerollt, oberseits nur sehr schütter und kurz behaart, unterseits dicht weißfilzig. Pflanze riecht zerrieben stark aromatisch! Juni–Oktober. 10–35 cm.

Vorkommen: Braucht trockenen, flachgründig-steinigen, kalkhaltigen Boden in ausgesprochen sommerheißen Lagen. Besiedelt lückige Trockenrasen und Macchien. Heimat: Mittelmeergebiet. Selten als Heil- und Gewürzpflanze angebaut und nur in sehr warmen Gegenden ab und zu unbeständig verwildert, besonders am Alpensüdfuß und in der Südwestschweiz.

Wissenswertes: ♄. Alte Heilpflanze, die u. a. ätherisches Öl mit Carvacrol und Thymol sowie Gerbstoffe enthält.

Sand-Thymian

Thymus serpyllum L. emend. MILL.
Lippenblütengewächse *Lamiaceae* (*Labiatae*)

Beschreibung: Zahlreiche Blüten stehen am Ende der Stengel und der Zweige in einem kugelig-zylindrischen Blütenstand; von ihm ist gelegentlich 1 vielblütiger Quirl als Teilblütenstand etwas nach unten abgerückt (selten sind es 2 Quirle). Kelch um 3,5 mm lang, 2lippig; Oberlippe mit 3 sehr kurzen (0,5–0,8 mm langen), 3eckigen Zähnen, die an ihrer Basis etwa so breit sind wie sie in der Länge messen; Unterlippe mit 2 vergleichsweise lang ausgezogenen, schmalen Zähnen. Krone 6–7 mm lang, purpurrot oder rosa. Stengel undeutlich 4kantig, niederliegend oder aufsteigend; neben Kriechsprossen, die blütenlos bleiben und ziemlich lang werden, gibt es blühende Stengel, die kürzer bleiben, ebenfalls liegen und nur vorne allenfalls leicht aufgebogen sind; die Stengel sind an ihrer Basis etwas verholzt; sie wurzeln an den Knoten und sind ringsum gleichmäßig behaart. Blätter gegenständig, lineal bis schmal-eiförmig, praktisch sitzend, am Rand (mindestens in der unteren Blatthälfte) bewimpert. Juni–September. 5–10 cm.

Vorkommen: Braucht kalkarmen, lockeren, sandigen Boden, der arm an Feinerde sein kann, aber etwas Humus enthalten sollte. Besiedelt lückige, sandige Rasen und lichte, sandige Kiefernwälder, geht auch auf Dünen. Im Tiefland selten, westlich der Elbe gebietsweise fehlend und hier nur vereinzelt; in den Sandgebieten zwischen Main- und Neckarmündung, am mittleren Main, im Regnitzbecken und zwischen Hallertau und Donau sowie im Wiener Becken selten, aber meist in kleinen, individuenreichen Beständen. Fehlt in der Schweiz.

Wissenswertes: ♃–♄. Reine Sandform, die kalkscheu ist.

Feld-Thymian, Quendel

Thymus pulegioides L.
Lippenblütengewächse *Lamiaceae* (*Labiatae*)

Beschreibung: Zahlreiche Blüten stehen am Ende der Stengel und der Zweige in einem zylindrischen, seltener kugeligen (meist nur nach starkem Verbiß) Blütenstand; nur sehr selten ist 1 vielblütiger Quirl als Teilblütenstand etwas nach unten abgerückt. Kelch 3–4 mm lang, 2lippig; Oberlippe mit 3 sehr kurzen (0,5–0,8 mm langen), 3eckigen Zähnen, die an ihrer Basis etwas schmäler sind als sie in der Länge messen; Unterlippe mit 2 vergleichsweise lang ausgezogenen, schmalen Zähnen. Krone um 6 mm lang, purpurrosa. Stengel an der Basis meist verholzt, deutlich (unter dem Blütenstand ausgesprochen scharf) 4kantig, ohne kriechende Ausläufer oder blütenlose Kriechäste, aufrecht oder aufgebogen, auf den Kanten kurz und dicht behaart, auf den schmäleren Seitenflächen schütter behaart, auf den breiteren nahezu kahl. Blätter gegenständig, gestielt, eiförmig bis spatelförmig, 0,7–2 cm lang, 0,5–1,5 cm breit, Spreite beiderseits kahl, am Rand schütter bewimpert. Juni–September. 5–20 cm.

Vorkommen: Braucht kalkarmen, sandig-steinigen, nährstoffarmen Lehmboden, geht auch auf Fels. Fehlt im Tiefland westlich der Elbe größeren, im Alpenvorland kleineren Gebieten; sonst zerstreut und meist in individuenreichen, kleinen Beständen. Steigt bis über die Waldgrenze. Oft in Ameisenhaufen.

Wissenswertes: ♃–♄. *T. pulegioides* L. wird mit dem Alpen-Thymian (*T. alpestris* TAUSCH ex KERN. s. str.: Nichtblühende Kriechsprosse stets vorhanden; Ober- und Niederösterreich, Steiermark; selten, meist nur über 1000 m) zur Sammelart Gamander-Thymian (*T. chamaedrys* agg.) zusammengefaßt.

Steppen-Thymian

Thymus pannonicus ALL. sec. RONN.
Lippenblütengewächse *Lamiaceae* (*Labiatae*)

Beschreibung: Die Blüten stehen am Ende der Stengel und der Zweige in einem zylindrisch-kugeligen Blütenstand; gelegentlich ist 1 – eher wenigblütiger – Quirl als Teilblütenstand etwas nach unten abgerückt, selten sind es 2 oder 3 solcher Quirle. Kelch um 3 mm lang, 2lippig, grünlich oder gelblich, rings kurzhaarig; Oberlippe länger als die Kelchröhre, mit 3 wimperig behaarten Zähnen, die etwa 1 mm lang werden; Zähne der Unterlippe schmäler als die der Oberlippe. Krone um 6 mm lang, blaßrosa oder hell purpurrot. Stengel an der Basis kaum verholzt, 4kantig, meist auf allen Flanken gleichmäßig und oberwärts senkrecht abstehend, ab etwa der Mitte leicht rückwärts abstehend behaart. Nichtblühende Kriechsprosse fehlen. Blätter gegenständig, undeutlich gestielt, 1,5–2 cm lang, 2,5–3,5 mm breit, lineal, an der Basis behaart, sonst kahl, auf der Unterseite mit nur sehr feiner Nervatur. Juni–September. 20–40 cm.

Vorkommen: Braucht sandig-lehmigen oder tonigen Boden in Lagen mit kontinentalem Klima. Besiedelt Halbtrockenrasen und steppenartiges Grünland. Heimat: Ost- und Südosteuropa. Erreicht in Niederösterreich und im Burgenland mit vereinzelten Vorposten die Westgrenze seines Verbreitungsgebiets. Selten, aber in meist lockeren, mäßig individuenreichen Herden.

Wissenswertes: ♃–♄. Die Art wird mit *T. oenipontanus* H. BR. ex BORB. (Blätter unter 1 cm lang, bis 3 mm breit; Ostalpen, zwischen 900–1400 m; selten) und *T. glabrescens* WILLD. (obere Stengelblätter größer als untere, 3–5 mm breit; kaum behaart; Niederösterreich, Burgenland, Südalpenfuß; vereinzelt) zur Sammelart *T. pannonicus* agg. zusammengefaßt.

Frühblühender Thymian

Thymus praecox OPIZ
Lippenblütengewächse *Lamiaceae (Labiatae)*

Beschreibung: 15–30 Blüten stehen am Ende der Stengel und der Zweige in einem kugeligen Köpfchen, unter dem sich in der Regel keine abgesetzten Einzelquirle aus Blüten befinden. Kelch um 4 mm lang, 2lippig; Oberlippe mit 3 kurzen Zähnen, die etwas länger als breit sind; Unterlippe mit 2 vergleichsweise schmäleren Zähnen. Krone um 6 mm lang, tiefrosa bis hell purpurviolett. Stengel oft in der gesamten Länge leicht verholzt, stets mit oberirdisch kriechenden, meist in einem Blattbüschel endenden Ausläufern; blühende Stengel aufrecht, 4kantig oder rundlich, reihenweise aus den Ausläufern entspringend, unterhalb des Blütenstandes allseitig gleichmäßig behaart; Haare meist etwas nach rückwärts gerichtet. Blätter gegenständig, schmal-eiförmig, 0,5–1,2 cm lang, 2–5 mm breit, kurz gestielt, meist kahl, an der Basis randlich bewimpert, auf der Unterseite jederseits mit 7 deutlich sichtbaren Nerven; alle Blätter an den blühenden Stengeln gleich groß, am Stengelgrund oft gehäuft. Juni–August. 5–10 cm.

Vorkommen: Braucht neutral oder basisch reagierenden, trockenen, steinig-sandigen, Lehmboden. Besiedelt Trockenrasen oder feinerdereiche Felsfugen, geht auch in Trockenwälder. In den Mittelgebirgen mit basisch reagierenden Böden, in den Nördlichen und Südlichen Kalkalpen sowie im Wallis selten; in der Fränkischen Alb, im Alpenvorland und im östlichen Österreich zerstreut. Geht bis etwa 1200 m.

Wissenswertes: ♄. Innerhalb der Art mehrere Unterarten, u. a. ssp. *polytrichus* (KERN. ex BORB.) RONN. emend. JALAS (Blätter breit-eiförmig, bis 7 mm breit, untere Blätter kleiner als obere; Alpen und -vorland; 700–2500 m; häufig).

Pfeffer-Minze

Mentha × piperita L.
Lippenblütengewächse *Lamiaceae (Labiatae)*

Beschreibung: Zahlreiche Blüten stehen am Ende des Stengels in einem ährenartigen, mehrere cm langen Teilblütenstand und am Ende der Zweige in – vergleichsweise – meist deutlich kürzeren und daher nahezu kopfigen Teilblütenständen. Kelch 3–4 mm lang, röhrig, kahl, Kelchzähne kurz, behaart. Krone 4–5 mm lang, lila bis blaß purpurrosa; Oberlippe kaum größer als jeder Lappen der 3lappigen Unterlippe; Krone insgesamt also 4zipflig; Oberlippe abgestutzt-gerundet; Zipfel der Unterlippe rundlich-spitzlich. Stengel aufrecht, 4kantig, fast kahl, oft purpurviolett überlaufen. Blätter gegenständig, schmaleiförmig bis lanzettlich, 4–8 cm lang, 1,5–4 cm breit, frischgrün, an der Basis keilig verschmälert, seltener gerundet oder leicht herzförmig, stets deutlich, wenngleich nur kurz gestielt, am Rand meist gesägt. Pflanze riecht kräftig nach Pfefferminz! Juni–August. 30–90 cm.

Vorkommen: Braucht stickstoffsalzreichen, kalkhaltigen oder höchstens schwach sauer reagierenden, humosen, feuchtnassen Boden. Kulturpflanze; Bastard aus der Ähren-Minze (*M. spicata* L. emend. HARLEY) und der Wasser-Minze (*M. aquatica* L.). Gelegentlich gepflanzt und nur in der Nähe von Pflanzungen – meist unbeständig – verwildert.

Wissenswertes: ♃. Enthält ätherisches Öl, dessen Hauptbestandteil Menthol ist, sowie Gerbstoffe. Heil- und Teepflanze. Da die Pfeffer-Minze-Pflanzen oft keine keimfähigen Samen bilden oder in der Nachkommenschaft aufspalten, vermehrt man sie in der Regel durch Ausläufer, die man abtrennt und aussetzt. Wegen der eingeschränkten Samenbildung verwildern Pflanzen der Art auch nur sehr selten.

Pfeffer-Minze
Mentha × piperita
Frühblühender Thymian
Thymus praecox
Steppen-Thymian
Thymus pannonicus
Feld-Thymian, Quendel
Thymus pulegioides

Quirl-Minze

Mentha × verticillata L.
Lippenblütengewächse *Lamiaceae (Labiatae)*

Beschreibung: Viele Blüten stehen - kurz gestielt - jeweils in Quirlen in den Achseln der Blätter in der oberen Stengelhälfte und im oberen Drittel der Zweige; sie sind also nie ährig oder kopfig am Stengel- oder Zweigende angeordnet. Kelch weitröhrig, um 3 mm lang, mit 5 gleichartigen, kurz-3eckigen, spitzen Zähnen, die dicht abstehend behaart sind. Krone um 5 mm lang, rosa oder lila; Oberlippe kaum größer als jeder Lappen der 3lappigen Unterlippe; Krone insgesamt also ziemlich regelmäßig 4zipflig; Zipfel abgerundet oder leicht zungenförmig. Stengel aufrecht, 4kantig, stark und rückwärts gerichtet halb anliegend behaart, oft braunviolett überlaufen. Blätter gegenständig, 2–5 cm lang, 1-3 cm breit, auf der Ober- wie auf der Unterseite stark und ziemlich lang abstehend behaart. Pflanze riecht - wenig angenehm - „stumpf" nach Minze. Juli–September. 20-50 cm.

Vorkommen: Braucht feuchtnassen, stickstoffsalzreichen Lehm- oder Tonboden. Besiedelt Gräben, Ränder nasser Äcker, Sumpfwiesen, Ufer und nicht zu dichte Röhrichtbestände. Selten an Standorten, an denen die beiden Elternarten (*M. aquatica* und *M. arvensis* - S. 271 und S. 272) nebeneinander wachsen.

Wissenswertes: ♃. Die Quirl-Minze ist meist steril. Sie bildet sich immer wieder aufs neue aus Kreuzungen zwischen den Eltern. Durch Ausläufer kann sie sich lokal vermehren. - Mit dieser Art werden weitere Bastardschwärme zusammengefaßt und als *M. verticillata* agg. bezeichnet. Sowohl auf die Sammelart als auch auf die Bastarde läßt sich der biologische Artbegriff nicht anwenden. Eine Neubearbeitung der Taxa ist überfällig.

Ähren-Minze

Mentha spicata L. emend. HARLEY
Lippenblütengewächse *Lamiaceae (Labiatae)*

Beschreibung: Zahlreiche Blüten stehen in dichten, höchstens an der Basis etwas lückigen Scheinähren am Ende des Stengels und der Zweige. Die Ähren sind kahl oder doch nur mit vereinzelten Haaren bestanden. Kelch um 2 mm lang, mit 5 kurzen, aber linealen Zähnen, kahl. Krone 3–4 mm lang, hellila, hellrosa oder weißlich; Oberlippe kaum größer als jeder Lappen der 3lappigen Unterlippe; Krone insgesamt also ziemlich regelmäßig 4zipflig; Zipfel abgerundet, leicht wellig, mäßig zusammenneigend. Stengel aufrecht, rundlich, einfach oder verzweigt, kahl. Blätter gegenständig, 2–7 cm lang, 1–2,5 cm breit, schmal-eiförmig und spitzlich zulaufend bis lanzettlich, am Rand mehr oder weniger deutlich gesägt-gezähnt, beidseitig kahl und daher frisch grün („Grüne Minze"), mit unterseits stark hervortretenden Nerven; gelegentlich auch breitlanzettlich, tief gezähnt, kraus („Krause Minze" - amerik. spearmint). Juli–September. 30–80 cm.

Vorkommen: Braucht feuchten, zumindest mäßig stickstoffsalzreichen Lehm- oder Tonboden. Kulturpflanze, selten gartennah und meist unbeständig verwildert.

Wissenswertes: ♃. Enthält ätherisches Öl, u. a. mit Carvon und Limonen, aber ohne Menthol. - Wird mit den beiden auf S. 270 beschriebenen Arten und folgenden Bastarden zur Sammelart *M. spicata* agg. zusammengefaßt: *M. × niliaca* JUSS. ex JACQ. = *M. longifolia × M. suaveolens* (Blätter bis 7 cm lang, unten oft behaart; zerstreut unter den Elternpflanzen; meist fertil); *M. × villosa* HUDS. = *M. spicata × M. suaveolens* (Blätter bis 4 cm lang, kaum behaart; zerstreut unter den Elternpflanzen; meist steril); *M. × villoso-nervata* auct. (s. Seite 270).

Ähren-Minze
Mentha spicata
Roß-Minze
Mentha longifolia
Rundblättrige Minze
Mentha suaveolens
Quirl-Minze
Mentha × verticillata

Roß-Minze

Mentha longifolia (L.) HUDS. emend. HARLEY
Lippenblütengewächse *Lamiaceae (Labiatae)*

Beschreibung: Zahlreiche Blüten stehen - kurz gestielt - in dichten, höchstens an der Basis etwas lappig-lückigen Scheinähren am Ende des Stengels und der Zweige. Stengel im Blütenstandsbereich und Blütenstiele dicht, aber sehr kurz behaart. Kelch 2-3 mm lang, mit 5 kurzen, aber linealen Zähnen, dicht kurzhaarig. Krone 3-4 mm lang, lila bis rosa, oft ziemlich hellfarben; Oberlippe kaum größer als jeder Lappen der 3lappigen Unterlippe; Krone insgesamt also ziemlich regelmäßig 4zipflig; Zipfel abgerundet, leicht wellig, mäßig zusammenneigend. Stengel aufrecht, nur mit unterirdischen, nie mit oberirdischen Ausläufern, einfach oder verzweigt, mäßig dicht bis schütter und meist kurz behaart, 4kantig oder rundlich. Blätter gegenständig, ungestielt, eiförmig bis lanzettlich, 3-9 cm lang, 1-3 cm breit, mit meist deutlichen und scharfen, nach vorn gerichteten Zähnen, oberseits fast kahl, unterseits kurz und dicht bis filzig behaart, zuweilen basisnah leicht runzelig. Juli–September. 30–70 cm.

Vorkommen: Braucht nassen, kalk- und stickstoffsalzhaltigen Tonboden. Besiedelt Gräben, ortsnahe Ufer, Naßstellen auf Weiden und nasse Stellen an Waldrändern. Im Tiefland sehr selten, in den Mittelgebirgen mit kalkfreien oder kalkarmen Böden selten, sonst zerstreut und oft in mäßig individuenreichen Beständen. Steigt bis über die Waldgrenze.

Wissenswertes: ♃. *M. longifolia* wird zusammen mit ihrem schwer kenntlichen Bastard (*M. villoso-nervata* auct. = *M. longifolia* × *M. spicata*), der meist in Anpflanzungen von *M. spicata* auftritt und gelegentlich verwildert, zur Sammelart *M. spicata* agg. gestellt.

Rundblättrige Minze

Mentha suaveolens EHRH.
Lippenblütengewächse *Lamiaceae (Labiatae)*

Beschreibung: Zahlreiche Blüten stehen - sehr kurz gestielt - am Ende von Stengel und Zweigen in dichten, höchstens an der Basis lappig-lückigen, besonders an den Seitenzweigen kurzwalzlichen Scheinähren. Stengel und Zweige im Bereich des Blütenstandes sowie Blütenstiele fast kahl. Kelch kaum 2 mm lang, weitglockig, mit 5 kurzen, aber linealen Zähnen, am Rand sehr kurz behaart. Krone 3-4 mm lang, lila bis weißlich; Oberlippe kaum größer als jeder Lappen der 3lappigen Unterlippe; Krone also ziemlich regelmäßig 4zipflig; Zipfel abgerundet, mäßig zusammenneigend. Stengel aufsteigend oder aufrecht, mehr oder weniger deutlich 4kantig, schütter abstehend behaart, stets mit beschuppten, unterirdischen und beblätterten oberirdischen Ausläufern: Blätter gegenständig, ungestielt, sehr breit eiförmig bis rundlich oder sehr breit lanzettlich, 2-4 cm lang, 1,5-3 cm breit, wenig tief gekerbt-gezähnt, etwas runzelig, unterseits stark nervig und meist filzig, oberseits nur schütter behaart. Juli–September. 30–60 cm.

Vorkommen: Braucht stickstoffsalzhaltigen, kalkarmen und daher meist etwas sauren, feucht-nassen Lehm- oder Tonboden. Besiedelt Gräben, Ufer sowie Naßstellen auf Weiden. Im Tiefland selten, in den Mittelgebirgen mit Silikatgestein in den wärmeren Lagen zerstreut, sonst sehr selten, etwa östlich der Linie Elbmündung-Bodensee nur vereinzelt.

Wissenswertes: ♃. Die Rundblättrige Minze wird mit anderen Kleinarten in der Sammelart *M. spicata* agg. zusammengefaßt (s. links und S. 268). Auf diese Kleinarten und Bastardschwärme läßt sich der Begriff der biologischen Art nicht uneingeschränkt anwenden.

Polei-Minze

Mentha pulegium L.
Lippenblütengewächse *Lamiaceae (Labiatae)*

Beschreibung: Viele Blüten stehen - kurz gestielt - jeweils in Quirlen in den Achseln der Blätter in der oberen Stengelhälfte und im oberen Drittel der Zweige; sie sind also nie ährig oder kopfig am Stengel- oder Zweigende angeordnet. Kelch röhrig, um 3 mm lang, innen dicht behaart, 2lippig, Oberlippe mit 3, Unterlippe mit 2 Zähnen. Krone um 6 mm lang, rosa, seltener weißlich; Oberlippe kaum größer als jeder Lappen der 3lappigen Unterlippe; Krone insgesamt also ziemlich regelmäßig 4zipflig; Zipfel abgerundet oder leicht zungenförmig. Stengel niederliegend-aufsteigend, mehr oder minder deutlich 4kantig, verzweigt, fast kahl bis schütter anliegend behaart; unterirdische, beschuppte und oberirdische, beblätterte Ausläufer vorhanden. Blätter gegenständig, kurz gestielt, 1-3 cm lang, 0,3-1 cm breit, eiförmig, undeutlich und wenig tief gezähnt oder praktisch ganzrandig, sehr schütter und anliegend behaart. Die Blätter riechen zerrieben (und auch unzerrieben) auffallend aromatisch. Juli–September. 10–30 cm.

Vorkommen: Braucht stickstoffsalzreichen, kalkarmen, sandig-lehmigen oder schlammigen Tonboden. Besiedelt verfestigte Ufer und Naßstellen an unbefestigten Wegen in Lagen mit wintermildem Klima. Erträgt etwas Kochsalz im Untergrund. Selten am Unterlauf von Elbe und Weser, am Mittel- und Niederrhein, an der Mosel, der Donau von Regensburg bis Wien, im Burgenland, in der Steiermark, am Alpensüdfuß und im Gebiet des Genfer Sees.

Wissenswertes: ♃; ☠. Enthält ätherisches Öl mit Pulegon, das als so giftig gilt, daß ihm - hoch konzentriert - tödliche Wirkung zugeschrieben wird. Alte Heilpflanze.

Wasser-Minze

Mentha aquatica L.
Lippenblütengewächse *Lamiaceae (Labiatae)*

Beschreibung: Zahlreiche Blüten stehen - kurz gestielt - in kurzährig-kopfigen Blütenständen am Ende der Stengel und Zweige und außerdem quirlig in den Achseln der oberen Blätter. Kelch röhrig, etwa 4 mm lang, mit 5 gleichartigen, schmal-3eckigen, fast linealen Zipfeln, die schütter und etwas abstehend behaart sind. Krone 6–7 mm lang, meist ziemlich intensiv rosalila; Oberlippe kaum größer als jeder Lappen der 3lappigen Unterlippe; Krone insgesamt also ziemlich regelmäßig 4zipflig; Zipfel zungenförmig bis sehr schmal eiförmig, nicht zusammenneigend. Stengel aufrecht, seltener niederliegend oder aufsteigend, meist verzweigt und deutlich 4kantig, vor allem auf den Kanten oft ziemlich dicht und abstehend mit etwas rückwärts gerichteten Haaren bestanden. Blätter gegenständig, kurz gestielt, eiförmig bis lanzettlich, 2-8 cm lang und 1,5-4 cm breit, am Rand deutlich gezähnt, Zähne leicht nach vorne gerichtet, auf der Oberseite sehr kurz und schütter, auf der Unterseite etwas dichter und am Rand etwas länger behaart. Pflanze riecht schon unzerrieben auffallend aromatisch. Juli–September. 20–80 cm.

Vorkommen: Braucht stickstoffsalzhaltigen, nassen, zeitweise überschwemmten, torfigen oder tonigen Boden. Besiedelt Gräben, Sumpfwiesen, Flachmoore und Ufer. Häufig, steigt im Gebirge bis etwa 1200 m.

Wissenswertes: ♃. Neben zahlreichen Standortsformen, die sich vor allem durch Blattmerkmale von der Normalform unterscheiden, gibt es auch noch Bastarde mit anderen Arten aus der Gattung. Vor allem dieser Bastardschwärme wegen paßt der biologische Artbegriff nicht ohne weiteres auf diese Art.

Acker-Minze

Mentha arvensis L.
Lippenblütengewächse *Lamiaceae (Labiatae)*

Beschreibung: Viele Blüten stehen - kurz gestielt - jeweils in der oberen Stengelhälfte und im oberen Drittel der Zweige; sie sind also nie ährig oder kopfig am Stengel- oder Zweigende angeordnet. Kelch glockig, um 2 mm lang, mit 5 gleichartigen, breit-3eckigen, spitzen Zähnen, die dicht abstehend behaart sind. Krone um 5 mm lang, rosa oder (häufiger) lila: Oberlippe kaum größer als jeder Lappen der 3lappigen Unterlippe; Krone insgesamt also ziemlich regelmäßig 4zipflig; Zipfel leicht zungenförmig. Stengel aufrecht, 4kantig bis rundlich, mäßig stark und etwas rückwärts gerichtet kurzhaarig, nicht oder nur wenig braunviolett überlaufen. Blätter gegenständig, 2–5 cm lang, 1–3 cm breit, auf der Ober- wie auf der Unterseite mäßig stark und ziemlich lang abstehend bis halbanliegend behaart. Pflanze treibt kurze, beschuppte, unterirdische und mäßig lange, beblätterte, oberirdische Ausläufer. Sie riecht schon unzerrieben auffallend aromatisch. Juli–September. 10–30 cm.

Vorkommen: Braucht feucht-nassen, stickstoffsalzhaltigen, sandig-lehmigen oder humostonigen Boden. Besiedelt Gräben, Naßstellen auf Ödland, Sumpfwiesen, geht im Bergland auch auf feuchte Brachen und in Äcker. Häufig; fehlt aber im Tiefland kleineren Gebieten; steigt bis etwa zur Laubwaldgrenze.

Wissenswertes: ♃. Innerhalb der Art hat man gelegentlich Unterarten unterschieden, die indessen schwer gegeneinander abzugrenzen sind. Deswegen verzichten wir auf eine derartige Untergliederung. Die Abgrenzung wird auch durch Bastarde erschwert. So sind Formen der Quirl-Minze (S. 268) oft nur an ihrer Sterilität von der fertilen *M. arvensis* zu unterscheiden.

Kamminze

Elsholtzia ciliata (THUNB.) HYL.
Lippenblütengewächse *Lamiaceae (Labiatae)*

Beschreibung: Zahlreiche Blüten stehen - sehr kurz gestielt - in deutlich einseitswendigen Scheinähren am Ende des Stengels, der Zweige und - wiederum kurz gestielt - in den Achseln der oberen Blätter. Kelch glockig, um 1,5 mm lang, kurz behaart. Krone 3–4 mm lang, lila oder rosa, außen behaart; Oberlippe leicht gewölbt; Unterlippe 3lappig; Seitenlappen sehr klein; Mittellappen etwas ausgerandet. Stengel mehr oder weniger deutlich 4kantig, verhältnismäßig zart, aufrecht, ziemlich reichästig, praktisch kahl. Blätter gegenständig; Stiel 1–2 cm lang; Spreite 4–7 cm lang, 2–3 cm breit, breit-lanzettlich, in eine verhältnismäßig lange Spitze auslaufend; Rand regelmäßig und scharf gekerbt-gesägt; auf der Unterseite jederseits mit 5–7 gut sichtbaren Fiedernerven (auf der Oberseite ebenfalls sichtbar, aber nicht immer deutlich), die netzartig verbunden sind. Blätter beiderseits kahl. Juli–September. 20–40 cm.

Vorkommen: Braucht stickstoffsalzreichen, steinig-lockeren Lehmboden in Lagen mit sommerwarmem Klima. Gewürz- und Heilpflanze, die gelegentlich kultiviert wird und sehr selten und unbeständig aus der Kultur verwildert ist, vor allem in den Gebieten östlich der Elbe und in den östlichen Bundesländern von Österreich. Heimat: Ost- und Mittelasien.

Wissenswertes: ♃. Enthält ätherisches Öl, u. a. mit Elsholtziaketon und Naginataketon, die nur im Tribus *Pogostemoneae* der Lippenblütengewächse vorkommen. Heute wird die Pflanze wohl nicht mehr genutzt. - Der Gattungsname wurde zu Ehren von J. S. ELSHOLTZ (1623–1688) gegeben, der als Botaniker und als Arzt des Großen Kurfürsten bekanntgeworden ist.

Acker-Minze
Mentha arvensis
Polei-Minze
Mentha pulegium
Wasser-Minze
Mentha aquatica
Kamminze
Elsholtzia ciliata

Alpen-Glockenblume

Campanula alpina JACQ.
Glockenblumengewächse *Campanulaceae*

Beschreibung: Oft stehen 3–8 – selten 1–2 oder mehr als 8 – Blüten in einer kurzen, gedrungenen und dennoch in der Blütenanordnung lockeren, zuweilen bis zum Grund des Stengels reichenden Traube. Kelch bis auf etwa 1/5 seiner Länge in 5 lineale Zipfel geteilt, die etwa so lang wie die Blütenkrone sind; Kelchröhre kurz, wollig-zottig behaart; Anhängsel in den Kelchbuchten zurückgeschlagen. Blütenkrone weitglockig, 1,5–2,5 cm lang, blaßblau bis lila, bis auf etwa 3/4 ihrer Länge in 5 breit-3eckige Zipfel geteilt, die innen zottig gewimpert sind; Kronenmündung also nicht bärtig. Stengel aufrecht, schütter wollig behaart. Blätter grundständig, am Stengel wechselständig; Grundblätter schmal-lanzettlich; obere Stengelblätter linealisch, die unteren – so vorhanden – und die Grundblätter allmählich in den Stiel verschmälert, vorn seicht gekerbt, die übrigen ganzrandig und spitz auslaufend; alle Blätter locker wollig-zottig behaart. Juni–Juli. 5–15 cm.

Vorkommen: Braucht kalkfreien, humus- oder feinerdehaltigen, lockeren, steinigen oder felsigen Untergrund. Besiedelt lückig bewachsene, felsdurchsetzte Matten, geht auch in Felsspalten und auf Felsnasen. Zentrale Ostalpen, seltener in den östlichen Kalkalpen, westlich bis in die Berchtesgadener Alpen und das Mangfallgebirge; hier vereinzelt, sonst selten, in den Silikatgebieten örtlich zerstreut und in lockeren, doch individuenreichen Beständen; bevorzugt Höhen zwischen etwa 1300 und 2400 m.

Wissenswertes: ⊙–♃. Ähnlich: Nickende Glockenblume (*C. zoysii* WULF.): Blüten krugförmig (Mündung verengt), einzeln oder in wenigblütigen Trauben; Wuchs oft rasig; nur Südostalpen; selten.

Bärtige Glockenblume

Campanula barbata L.
Glockenblumengewächse *Campanulaceae*

Beschreibung: 2–12 Blüten stehen – deutlich nickend – in einer einseitswendigen, lockeren Traube; selten kommen auch Einzelblüten vor. Kelch bis fast zum Grund in 5 schmal-eiförmige Zipfel geteilt; zwischen je 2 Zipfeln 1 herzförmiges Anhängsel, dessen Spitze zum Kelchgrund zeigt; Zipfel kurz und abstehend behaart, Kelchröhre wie die Blütenstiele rauhhaarig. Blütenkrone glockenförmig, am Grunde bauchig erweitert, hellblau bis blaulila, 1,5–3 cm lang, auf etwa 3/4 ihrer Länge in 5 breit-3eckige Zipfel geteilt; Kronenmündung bärtig (Haare bis 5 mm lang); Blütenkrone außen auf den Nerven behaart. Stengel aufrecht, meist einfach, rauhhaarig. Grundblätter allmählich in den Grund verschmälert, angenähert zungenförmig bis schmal-eiförmig, ganzrandig oder undeutlich stumpfzähnig, kurz und dicht abstehend behaart; nur wenige, wechselständige, schmal-eiförmige Stengelblätter, die kaum 1 cm lang werden und dem Stengel ansitzen. Juni–August. 10–30 cm.

Vorkommen: Braucht nährsalz- und kalkarmen, oft rohhumushaltigen oder etwas torfigen Lehmboden; besiedelt lückige Rasen und Zwergstrauchgebüsche. Alpen; häufig, doch meist in nur lockeren, wenngleich individuenreichen Beständen; bevorzugt in Höhen zwischen etwa 1000 und 3000 m.

Wissenswertes: ♃. Innerhalb der Art werden immer wieder Pflanzen mit weißen Blüten beobachtet. Ihnen kommt keine systematische Bedeutung zu, ebensowenig wohl solchen Individuen, die sich durch aufrechte und dunkler gefärbte Blüten auszeichnen; solche Exemplare hat man schon als ssp. *stricto-pedunculata* (RCHB.) HIRSCHM. bezeichnet.

Alpen-Glockenblume
Campanula alpina
Sibirische Glockenblume
Campanula sibirica
Strauß-Glockenblume
Campanula thyrsoides
Bärtige Glockenblume
Campanula barbata

Sibirische Glockenblume

Campanula sibirica L.
Glockenblumengewächse *Campanulaceae*

Beschreibung: 8–20 (selten mehr oder weniger) Blüten stehen in einer lockeren, allseitswendigen Traube; Blütenstiele aufrecht, unmittelbar unter dem Blütenansatz nach unten gebogen, so daß die Blüten schräg nach unten abstehen oder zuletzt nicken. Kelch bis fast zum Grund in 5 schmal-3eckige Zipfel geteilt, behaart; zwischen je 2 Kelchzipfeln befindet sich ein schmal-eiförmiges Anhängsel, dessen schmäleres Ende gegen den Kelchgrund weist. Krone trichterig bis glockenförmig, 1,5–2,5 cm lang, lila, bis auf etwa 4/5 ihrer Länge in 5 breit-3eckige Zipfel geteilt, diese innen haarlos, außen auf den Nerven mäßig dicht behaart (Haare kaum 1 mm lang), sonst kahl. Stengel aufrecht, meist verzweigt, kurzhaarig. Blätter in einer grundständigen Rosette und am Stengel wechselständig; Grundblätter schmal-eiförmig bis schmal-lanzettlich, gegen den Grund allmählich in den Stiel verschmälert, am Rand unregelmäßig und wenig ausgeprägt stumpf gezähnt, beiderseits kurzhaarig; Stengelblätter länglich bis lineal, dem Stengel etwas wellig und halb umfassend ansitzend, beidseitig behaart. Juni–August. 15–60 cm.

Vorkommen: Braucht kalkhaltigen oder wenigstens basisch reagierenden, locker-trockenen, oft sandigen oder etwas steinigen Untergrund. Besiedelt Halbtrockenrasen, gelegentlich auch Wegränder. Im Osten von Mecklenburg-Vorpommern und Brandenburg, selten; am Alpensüdfuß und am Ostabhang des Wienerwaldes örtlich zerstreut.

Wissenswertes: ⊙. Das Hauptverbreitungsgebiet der Art liegt in den Steppen von Südosteuropa und im südlichen Osteuropa (Gebiete nördlich des Schwarzen Meeres).

Strauß-Glockenblume

Campanula thyrsoides L.
Glockenblumengewächse *Campanulaceae*

Beschreibung: Zahlreiche Blüten sitzen in einer dichten, voluminösen, endständigen Ähre, und zwar jeweils zu 1–3 in den Achseln von Tragblättern. Kelch bis auf etwa 1/3 seiner Länge in 5 schmal-eiförmige bis lanzettliche Zipfel geteilt, die ziemlich dicht und kurz abstehend behaart sind; in den spitzen Buchten zwischen den Kelchzipfeln befinden sich keine Anhängsel. Blütenkrone röhrig-engglockig, 1,5–2,5 cm lang, blaß und oft etwas trüb gelb, außen auf den Nerven dicht behaart. Stengel aufrecht, einfach, auffallend dicht beblättert, rauhhaarig. Blätter sowohl in einer grundständigen Rosette als auch wechselständig am Stengel. Grundblätter schmal-eiförmig bis schmal-lanzettlich, allmählich in den Grund verschmälert, kaum gestielt, meist ganzrandig, selten undeutlich gezähnt oder seicht wellig-buchtig. Die Stengelblätter sitzen halb stengelumfassend an, werden von unten nach oben allmählich kleiner und gehen in die Tragblätter über; im oberen Teil des Blütenstands sind diese kürzer als die Blüten, die ihren Achseln entspringen. Juni–August. 10–50 cm.

Vorkommen: Braucht frischen, kalkreichen oder basisch reagierenden, locker-steinigen Lehmboden in sonniger, sommerwarmer Lage. Besiedelt etwas lückige, oft felsdurchsetzte Matten und bewachsene Ruheschutthalden. Südlicher Schweizer Jura, sehr selten; Kalkalpen selten, örtlich zerstreut; bevorzugt in Höhen zwischen etwa 1500 und 2500 m.

Wissenswertes: ⊙. Anders als die beschriebene ssp. *thyrsoides* hat die ssp. *carniolica* (SÜNDERM.) PODL. Blütenstände, die bis zu 60 cm lang und Tragblätter, die viel länger als die Blüten sind; Südostalpen, selten.

Knäuel-Glockenblume

Campanula glomerata L.
Glockenblumengewächse *Campanulaceae*

Beschreibung: 8–35 - selten mehr oder weniger - Blüten sitzen kopfig-büschelig gehäuft endständig und - nicht selten - in den Achseln der oberen Blätter. Kelch bis fast zum Grund in 5 schmal-lanzettliche, spitze, am Rande bewimperte Zipfel geteilt; Buchten zwischen den Kelchzipfeln spitz, ohne Anhängsel. Blütenkrone röhrig-trichterig bis röhrig-engglockig, 1,5–2,8 cm lang, blauviolett, fast kahl oder sehr schütter langhaarig; Griffel kürzer als die Krone. Stengel aufrecht, einfach, kahl oder schütter kurzhaarig. Blätter grundständig oder am Stengel wechselständig; Grundblätter und untere Stengelblätter gestielt, Stiel 2–7 cm lang, nicht geflügelt; Spreite 3–7 cm lang, bis 3 cm breit, eiförmig bis schmaleiförmig, am Grunde abgerundet oder angedeutet herzförmig, fast ganzrandig oder flach und stumpf gezähnt, schütter behaart, aber nicht steifborstig; mittlere Stengelblätter bis 10 cm lang, 0,5–1,5 cm breit, länglich-zungenförmig, Rand und Behaarung wie bei den übrigen Blättern. Juni–September. 15–60 cm.

Vorkommen: Braucht basischen oder kalkhaltigen, etwas trockenen, lockeren Lehmboden, der nur mäßig stickstoffsalzhaltig sein sollte. Bevorzugt sommerwarme Lagen. Besiedelt Halbtrockenrasen und trockene Fettwiesen, geht auch an Waldränder und in lichte Trockenwälder. Fehlt im Tiefland westlich der Elbe, östlich von ihr selten; in den Mittelgebirgen mit kalkhaltigen Böden und in den Kalkalpen zerstreut, örtlich in individuenreichen, lockeren Beständen; steigt bis etwa zur Laubwaldgrenze.

Wissenswertes: ♃. Die Art ist formenreich, läßt sich aber in befriedigender Weise nicht in Unterarten gliedern.

Borstige Glockenblume

Campanula cervicaria L.
Glockenblumengewächse *Campanulaceae*

Beschreibung: 8–35 Blüten - selten mehr oder weniger - sitzen kopfig-büschelig gehäuft endständig und - nicht selten - in den Achseln der oberen Blätter. Kelch bis fast zum Grund in 5 lanzettliche, stumpfe, behaarte Zipfel geteilt; Buchten zwischen den Kelchzipfeln stumpf, eng, mit umgerollten Rändern, ohne Anhängsel. Blütenkrone röhrig-trichterig bis röhrig-engglockig, 1,2–2 cm lang, blaßblau bis lila, außen auf den Nerven behaart; Griffel länger als die Krone. Stengel aufrecht, einfach, wie die Blätter stechend steifhaarig. Blätter grundständig oder am Stengel wechselständig; Grundblätter und untere Stengelblätter gestielt, Stiel 2–7 cm lang, deutlich geflügelt; Spreite 3–7 cm lang, 2–4 cm breit, schmal-lanzettlich, am Grunde sehr allmählich in den geflügelten Stiel verschmälert, am Rand etwas unregelmäßig stumpf gezähnt; mittlere und vor allem obere Stengelblätter halbumfassend dem Stengel ansitzend, mittlere bis 10 cm lang, 0,5–1,5 cm breit, länglich-zungenförmig; alle Blätter steifborstig. Juni–August. 40–80 cm.

Vorkommen: Braucht zeitweise frischen oder feuchten, lockeren, humushaltigen oder etwas torfigen Lehmboden. Besiedelt sonnige, nicht zu trockene Gebüsche und Flachmoore. Im Tiefland östlich der Elbe vereinzelt, sonst in den Gebieten mit Lehmboden sehr selten. Fehlt in den Alpen.

Wissenswertes: ⊙. Ähnlich: Ähren-Glockenblume (*C. spicata* L.): Zahlreiche Blüten sitzen in einer ansehnlichen, oft lückigen Ähre; Kelchbuchten stumpf, ohne Anhängsel; Blütenkrone 1,2–2,5 cm lang, blauviolett; untere Blätter kaum gestielt, am Rande wellig; südliche Zentralalpen und Südalpen; selten.

Pfirsichblättrige Glockenblume
Campanula persicifolia L.
Glockenblumengewächse *Campanulaceae*

Beschreibung: 3–8 – selten mehr oder weniger – Blüten stehen auf ziemlich steil schräg aufwärts gerichteten, mäßig langen Stielen in einer lockeren Traube am Ende des Stengels; die Blütenstiele entspringen in den Achseln von linealen Tragblättern, die deutlich kürzer als die Blütenstiele sind. Kelch bis praktisch zum Grund in 5 schmal-lanzettliche Zipfel geteilt, die an ihrer Basis 2–4 mm breit und 1,5–2 cm lang sind; Buchten zwischen den Kelchzipfeln spitz, keine Anhängsel. Blütenkrone weitglockig, bis auf etwa 3/4 ihrer Länge in 5 breit-3eckige Zipfel geteilt, blau, kahl, 2,5–4 cm lang, 3–4 cm im Durchmesser (zwischen gegenüberliegenden, auswärts gebogenen Zipfelspitzen gemessen). Stengel aufrecht, meist einfach, sehr selten spärlich verzweigt. Grundblätter und wechselständige Stengelblätter; Grundblätter oft deutlich, untere Stengelblätter meist kaum gestielt, Spreiten 3–8 cm lang, 1–3 cm breit, schmal-eiförmig bis lanzettlich, allmählich in den Stiel verschmälert; mittlere und obere Stengelblätter schmal-lanzettlich, mittlere mit verschmälertem Grund, obere satt dem Stengel ansitzend; alle Blätter ganzrandig oder am Rand sehr fein gezähnt. Juni–August. 30–80 cm.

Vorkommen: Braucht kalk- und mullhaltigen, steinig-sandigen Lehmboden. Besiedelt lichte, sonnige Stellen in Wäldern und Gebüschen. Fehlt im Tiefland westlich der Weser; östlich von ihr sehr selten; sonst in den Gebieten mit Lehmboden zerstreut, oft in individuenarmen, aber auffallenden Beständen.

Wissenswertes: ♃. Zuweilen als Zierstaude in Gärten gepflanzt.

Marien-Glockenblume
Campanula medium L.
Glockenblumengewächse *Campanulaceae*

Beschreibung: Zahlreiche Blüten stehen in lockeren, vielblütigen Rispen am Ende des Stengels; die Blüten sind kurz gestielt, stehen schräg aufwärts ab oder nicken. Kelch bis fast zum Grund in 5 breit-3eckige, rauhaarige Zipfel geteilt; in den Kelchbuchten zwischen je 2 Zipfeln befindet sich ein stumpf herzförmiges Anhängsel, das mit der Spitze zum Kelchgrund weist. Blütenkrone breit-röhrig bis mäßig weitglockig, blauviolett, 4–5 cm lang, außen auf den Nerven mäßig lang behaart (Haare über 1 mm lang); im Innern der Kronröhre stehen auf den Linien, die den Verwachsungszonen der Blütenblätter entsprechen, schütter Haare, die bis zu 8 mm lang werden. Stengel aufrecht, einfach oder verzweigt, wie die Blätter rauhhaarig. Grundblätter und wechselständige Stengelblätter; Grundblätter und untere Stengelblätter schmal-eiförmig, gestielt, Spreite in den Stiel verschmälert, am Rand stumpf gekerbt-gezähnt; obere Stengelblätter lanzettlich, sitzend. Juni–September. 60–80 cm.

Vorkommen: Braucht mäßig stickstoffsalzreichen, locker-steinigen, trockenen Lehmboden in warmen, sonnigen Lagen. Heimat: Westliches Mittelmeergebiet (Frankreich und Italien), bei uns in Gärten häufig gepflanzt und örtlich – meist unbeständig – verwildert; südlich des Genfer Sees (Savoyen) und am westlichen Alpensüdfuß möglicherweise ursprünglich.

Wissenswertes: ⊙. In Gärten finden sich neben Exemplaren, die der Wildform entsprechen, auch solche, die in der Färbung (lila oder weiß), in der Blütengestalt (gefüllte Blüten) und in der Behaarung abweichen (stärker behaarte oder fast kahle Formen).

Pfirsichblättrige
Glockenblume
Campanula persicifolia
Borstige Glockenblume
Campanula cervicaria
Marien-Glockenblume
Campanula medium
Knäuel-Glockenblume
Campanula glomerata

Rundblättrige Glockenblume

Campanula rotundifolia L.
Glockenblumengewächse *Campanulaceae*

Beschreibung: 1–8 Blüten stehen in einer lockeren Traube oder Rispe; Blütenknospen aufrecht, Blüten schräg aufrecht oder nickend. Kelch in 5 pfriemliche, kahle Zipfel geteilt, die höchstens 2/3 der Länge der Blütenkrone erreichen; ohne Anhängsel. Blütenkrone glockig, hell blauviolett, 1–2 cm lang, bis auf etwa 2/3 ihrer Länge in 5 halbeiförmige Zipfel geteilt. Stengel am Grunde sehr kurz (um 0,1 mm; Lupe!) behaart, sonst kahl. Grundblätter rundlich-nierenförmig, zur Blütezeit meist abgestorben; Stengelblätter wechselständig, schmal-lanzettlich, oft breiter als 2 mm, praktisch ungestielt, ganzrandig. Juni–September. 10–30 cm.

Vorkommen: Braucht sandig-steinigen Lehmboden. Besiedelt Schotter, Felsen, Mauern, Wiesen, Weg- und Waldränder. Häufig; steigt bis zur Laubwaldgrenze.

Wissenswertes: ♃. Wird u. a. mit der Lanzettblättrigen Glockenblume (*C. baumgartenii* J. BECKER: mittlere Stengelblätter lanzettlich, am Grund verschmälert, unterseits schütter behaart; Pfalz, Taunus, Odenwald, Vogesen; selten) sowie mit *C. beckiana* HAYEK (Blätter breitgrundig, nur am Rand bewimpert; Nordostalpen; selten) und *C. carnica* SCHIEDE ex MERT. & KOCH (mittlere Stengelblätter schmal-lineal, ganzrandig; Kelchzipfel so lang wie die Krone; Südostalpen; selten) zur Sammelart *C. rotundifolia* agg. vereint (s. *C. scheuchzeri*, rechts). – Ähnlich: *C. raineri* PERP. (oberstes Tragblatt länger als der Blütenstiel; Blüten weittrichterig, hellblau, östliche Südalpen, selten) und *C. morettiana* RCHB. (Krone weittrichterig, 2–3 cm lang, purpurviolett, kahl; Bergamasker Alpen; selten).

Scheuchzers Glockenblume

Campanula scheuchzeri VILL.
Glockenblumengewächse *Campanulaceae*

Beschreibung: 2–5 Blüten – oft auch nur 1, selten mehr als 5 – stehen in einer lockeren Traube am Ende des Stengels; Blüten schräg aufrecht oder schräg abwärts stehend oder nickend. Kelch bis fast zum Grund in 5 pfriemliche, kahle Zipfel geteilt; in den Kelchbuchten ohne Anhängsel. Blütenkrone weitglockig, dunkel blauviolett, 1,5–2,5 cm lang, bis auf etwa 4/5 ihrer Länge in 5 halbeiförmig-3eckige Zipfel geteilt, die oft an ihrer Spitze etwas nach außen gebogen sind. Stengel aufrecht, kahl oder unten schütter und oft reihig kurzhaarig. Grundblätter fehlen zur Blütezeit meistens; Stengelblätter wechselständig, untere meist ganzrandig, lanzettlich bis schmal-lanzettlich, sitzend, meist kahl. Juli–August. 10–20 cm.

Vorkommen: Braucht frische, stickstoffsalzarme, neutral bis mäßig sauer reagierende, humusreiche Lehmböden. Besiedelt magere Gebirgsrasen und steinige Matten. Südschwarzwald (Feldberggebiet), selten; Vogesen, Schweizer Jura, Alpen, zerstreut, örtlich häufig; bevorzugt Höhen zwischen etwa 1000–3300 m.

Wissenswertes: ♃. *C. scheuchzeri* VILL. wird mit mehreren Kleinarten zur Sammelart *C. rotundifolia* agg. zusammengefaßt; zu ihnen gehören: *C. witasekiana* VIERH. (Knospen nikkend, Blütenkrone 1,2–1,6 cm lang; Ostalpen, selten), *C. praesignis* BECK (Knospen aufrecht, Rispe schlaff, Blütenkrone 1,2–1,6 cm; Nordostalpen, selten), *C. moravica* (SPITZN.) KOVANDA (gedrungene Rispe; Blüten 1,6–2,2 cm; Tschechien, Niederösterreich, selten) und *C. gentilis* KOVANDA (vielstengelig, armblütig, Blätter am Stengelgrund gehäuft; Frankenjura, vereinzelt).

Rasen-Glockenblume
Campanula cespitosa
Lanzettblättrige Glockenblume
Campanula baumgartenii
Rundblättrige Glockenblume
Campanula rotundifolia
Scheuchzers Glockenblume
Campanula scheuchzeri
Zwerg-Glockenblume
Campanula cochleariifolia

Zwerg-Glockenblume

Campanula cochleariifolia LAM.
Glockenblumengewächse *Campanulaceae*

Beschreibung: 2–8 Blüten – zuweilen nur 1, selten mehr als 8 – stehen in einer mäßig lokkeren Traube oder Rispe; sowohl die Knospen als auch die Blüten stehen schräg abwärts oder nicken ausgesprochen. Kelch bis fast zum Grund in sehr schmal lanzettliche, nahezu pfriemliche, kahle Zipfel geteilt, die höchstens 1/3 so lang wie die Blütenkrone werden; in den stumpfen Buchten zwischen den Kelchzipfeln fehlen Anhängsel. Blütenkrone kurzglockig, auf etwa 4/5 ihrer Länge in 5 halbeiförmig-3eckige Zipfel geteilt, 1–2 cm lang, hell blaulila. Stengel am Grund meist bogig aufsteigend und erst dann aufrecht, in der unteren Hälfte rückwärts abstehend kurzhaarig und dichter als in der oberen Hälfte beblättert, hier kahl. Grundblätter zur Blütezeit fast stets noch vorhanden, ihr Stiel länger als ihre Spreite; Spreite breit-eiförmig bis rundlich, in den Stiel verschmälert, am Rand kerbig gezähnt; Stengelblätter wechselständig, untere lanzettlich (3–10mal so lang wie breit), gezähnt, gestielt, schmal-eiförmig bis schmal-lanzettlich; obere Stengelblätter lineal bis schmal-lineal, oft nur wenige mm lang. Juni–August. 5–15 cm.

Vorkommen: Braucht frischen bis feuchten, steinigen, kalkreichen oder basisch bis neutral reagierenden Boden. Besiedelt Schutthalden, Kiesbänke, Felsspalten, Mauern und Felsen. Südschwarzwald, Schwäbischer und Schweizer Jura, Alpenvorland, Alpen; in den Kalkgebieten zerstreut, örtlich häufig und in lockeren, individuenreichen Beständen; sonst selten; bevorzugt Höhen zwischen rund 800 bis etwa 3000 m.

Wissenswertes: ♃. Die Art ist formenreich, läßt sich aber in befriedigender Weise nicht in Unterarten gliedern.

Rasen-Glockenblume

Campanula cespitosa SCOP.
Glockenblumengewächse *Campanulaceae*

Beschreibung: 2–8 Blüten – zuweilen nur 1, selten mehr als 8 – stehen in einer mäßig lokkeren Traube oder Rispe; sowohl die Knospen als auch die Blüten stehen schräg abwärts oder nicken ausgesprochen. Kelch bis fast zum Grund in sehr schmal lanzettliche, nahezu pfriemliche, kahle Zipfel geteilt, die höchstens 1/3 so lang wie die Blütenkrone werden; in den stumpfen Buchten zwischen den Kelchzipfeln fehlen Anhängsel. Blütenkrone kurz- und ziemlich engglockig, auf etwa 4/5 ihrer Länge in 5 halbeiförmig-3eckige Zipfel geteilt, 1–2 cm lang, hell blauviolett, oft dunkler geadert. Stengel am Grund meist bogig aufsteigend und erst dann aufrecht, in der unteren Hälfte nur sehr kurz (um 0,1 mm lang; starke Lupe!) behaart und deutlich dichter als in der oberen Hälfte beblättert, hier kahl. Grundblätter zur Blütezeit fast stets noch vorhanden, ihr Stiel kürzer als ihre Spreite; Spreite breit-eiförmig bis rundlich, in den Stiel verschmälert, am Rand kerbig gezähnt; Stengelblätter wechselständig, untere sehr schmal lanzettlich (8–20mal so lang wie breit), sitzend; obere Stengelblätter lineal bis schmal-lineal, oft nur wenige mm lang. August–September. 10–30 cm.

Vorkommen: Braucht kalkreichen, steinigflachgründigen Untergrund. Besiedelt Felsschutt, Felsen und Felsspalten, geht auch auf Kiesbänke, seltener an Mauern. Nur in den östlichen Kalkalpen, im Norden vom Wiener Schneeberg bis zum Dachstein, im Süden von den Bergamasker Alpen bis in die Karawanken; oft an Talhängen, in Tälern und im Vorland. Bevorzugt Höhen zwischen etwa 500–1800 m.

Wissenswertes: ♃. Geht kaum irgendwo über die Waldgrenze.

Rapunzel-Glockenblume

Campanula rapunculus L.
Glockenblumengewächse *Campanulaceae*

Beschreibung: 8–25 Blüten – selten mehr oder weniger – stehen in einer lockeren, schlanken und schmalen Rispe, seltener nur in einer schmalen Traube; häufig stehen die Blüten schräg oder steil aufwärts, gegen Ende der Blütezeit neigen sie sich. Kelch sehr tief in 5 fast pfriemliche, ganzrandige Zipfel geteilt, die auch am Grunde kaum 2 mm breit und mindestens halb so lang wie die Blütenkrone werden; Buchten zwischen den Kelchzipfeln spitz, ohne Anhängsel; Blütenkrone engtrichterig-glockig, 1,5–2,5 cm lang, Durchmesser an der Mündung etwa ebenso groß wie Gesamtlänge, bis auf 2/3 der Länge in 5 3eckige Zipfel geteilt, hell blauviolett, kahl. Wurzel rübenförmig verdickt. Stengel aufrecht, meist einfach, kantig, meist kahl. Blätter wechselständig, die unteren lanzettlich, wobei ihre größte Breite im spitzennahen Drittel der Blattspreite liegt, 3–7 cm lang, 1,5–2 cm breit, allmählich gegen den Grund verschmälert, kaum gestielt; obere Blätter schmal-lanzettlich bis lineal; Tragblätter kürzer als die zugehörigen Blütenstiele; untere und mittlere Blätter fein und stumpf gekerbt-gezähnt. Juni–August. 30–80 cm.

Vorkommen: Braucht trockenen, nährsalzreichen, eher kalkarmen, lockeren, steinig-lehmigen Boden, geht auch auf entkalkten Löß. Besiedelt Halbtrockenrasen und wenig intensiv bewirtschaftete, trockene Fettwiesen in klimagünstigen Lagen. Fehlt im Tiefland und in manchen Kalkgebieten oder kommt dort nur vereinzelt vor; sonst selten, örtlich zerstreut, in den Silikatgebieten der Alpen meist nur in den Tälern.

Wissenswertes: ⊙. Die Pflanze soll früher angebaut worden sein, weil man die Wurzel als Salat gegessen habe.

Mont-Cenis-Glockenblume

Campanula cenisia L.
Glockenblumengewächse *Campanulaceae*

Beschreibung: Blüten einzeln, endständig, kurz gestielt, aufrecht oder schräg aufrecht; oberstes Blatt unterhalb der Blüte länger als der Stiel der Blüte. Kelch tief in 5 lanzettliche Zipfel geteilt, die spitz oder stumpf zulaufen können und nur etwa 3mal so lang wie breit werden; sie sind dicht und kurz behaart und werden etwa halb so lang wie die Blütenkrone; die Buchten zwischen den Kelchzipfeln sind stumpf und ohne Anhängsel. Blütenkrone weitglockig, 1–1,8 cm lang und an der Mündung der Glocke 1,2–2,2 cm breit, hellblau, bis auf etwa 1/2 der Länge in 5 halbeiförmige Zipfel geteilt. Stengel aus den Achseln der untersten Blätter entspringend, erst niederliegend, dann bogig aufsteigend bis aufrecht, unten kahl, oben behaart, bis unmittelbar unter die endständige Blüte beblättert. Rosettenblätter eiförmig (größte Breite im spitzennahen Drittel), stumpf, sitzend oder undeutlich gestielt, ganzrandig; Stengelblätter wechselständig, fleischig, breit-lanzettlich, 1–1,8 cm lang, 5–9 mm breit. Juli–September. 1–5 cm.

Vorkommen: Braucht kalkhaltigen, steinig-lockeren Untergrund. Besiedelt Schutthalden, bevorzugt von kalkführenden Schiefern, Felsbänder und Moränen; Westalpenpflanze, die – abgesehen von den äußeren Ketten – ostwärts bis Vorarlberg und bis in den Westteil von Tirol vorkommt; bevorzugt Höhen zwischen 1500–3000 m, vereinzelt bis etwa 3600 m; selten.

Wissenswertes: ♃. Die niedrige Pflanze wächst gelegentlich in kleinflächigen Rasen. – Sehr entfernt ähnlich: Tännel-Glockenblume (*C. elatines* L.): Krone blau, 1,5–2 cm weit, kürzer als breit; Stengel dicht behaart, liegend bis hängend; Südwestalpen; selten.

Wiesen-Glockenblume

Campanula patula L.
Glockenblumengewächse *Campanulaceae*

Beschreibung: 3–11 Blüten – selten weniger, gelegentlich wesentlich mehr – stehen meist aufrecht oder schräg aufrecht in einer lockeren Rispe, seltener in einer lockeren Traube. Kelch bis fast zum Grund in 5 pfriemliche Zipfel geteilt, die üblicherweise nur etwa halb so lang wie die Blütenkrone werden (nur auf der Alpensüdseite gibt es Populationen, bei denen sie gut 3/4 der Länge der Blütenkrone erreichen!); Buchten zwischen den Kelchzipfeln spitz, ohne Anhängsel. Blütenkrone hell lila-blauviolett, weittrichterig, 1,5–2,5 cm lang, bis auf etwa 1/2 ihrer Länge in 5 schmal-3eckig bis zungenförmige Zipfel geteilt, die oft fast waagrecht abspreizen, an der Mündung 2–4 cm im Durchmesser (von Zipfelspitze zu Zipfelspitze gemessen). Stengel aufrecht, oft verzweigt. Spreite der Grundblätter 3–5 cm lang, 1–1,5 cm breit, schmal verkehrt-eiförmig bis schmal-eiförmig, in einen kurzen Stiel verschmälert, am Rand undeutlich gekerbt; Stengelblätter wechselständig, meist nur wenige vorhanden, die unteren schmal-lanzettlich, die mittleren und oberen sehr schmal lanzettlich, sitzend. Mai–Juli. 20–60 cm.

Vorkommen: Braucht nicht zu festen, eher kalkarmen Lehm- oder Tonboden, der mäßig stickstoffsalzreich sein kann. Besiedelt Fettwiesen, Wegränder und lichte Stellen in Laubwäldern. Fehlt im Tiefland westlich der Elbe oder ist dort sehr selten; östlich von ihr zerstreut; im nordwestlichen Teil der Mittelgebirge sehr selten, nach Osten und Süden verbreiteter und örtlich häufig. Geht bis etwa 1500 m.

Wissenswertes: ⊙. Formenreich, aber in Mitteleuropa schwer zu untergliedern; am Alpensüdfuß eigenständige Sippe.

Acker-Glockenblume

Campanula rapunculoides L.
Glockenblumengewächse *Campanulaceae*

Beschreibung: Zahlreiche Blüten stehen – meist mehr oder weniger nickend – kurz gestielt in einer schlanken, langen, einseitswendigen Traube. Kelch sehr tief in 5 lineale, kaum 2 mm breite, behaarte Zipfel geteilt; Buchten zwischen den Kelchzipfeln spitz, ohne Anhängsel. Blütenkrone mäßig engglockig, blauviolett, 2–3 cm lang, bis auf gut 1/2 ihrer Länge in 5 zungenförmig-zugespitzte Zipfel geteilt, die oft weitglockig nach außen spreizen; Blüte kahl, nur die Ränder der Zipfel sind schütter mit langen Haaren besetzt. Wurzel rübenförmig; unterirdische Ausläufer vorhanden. Stengel aufrecht, meist einfach, sehr kurz behaart oder kahl. Grundständige Blätter zur Blütezeit meist verwelkt, ähnlich den unteren Stengelblättern; Stengelblätter wechselständig; untere 1–5 cm lang gestielt; Spreite schmal-herzförmig, 3–8 cm lang, 1,5–3,5 cm breit, am Rand unregelmäßig gezähnt; obere Stengelblätter lanzettlich, kurz und gestielt oder sitzend, am Rand ungleichmäßig und oft auch etwas undeutlich gekerbt-gezähnt; alle Blätter beiderseits ziemlich dicht, aber sehr kurz behaart. Juni–September. 30–80 cm.

Vorkommen: Braucht trocken-lockeren Lehm- oder Lößboden, der kalkhaltig sein sollte und stickstoffsalzhaltig sein darf. Besiedelt Weg- und Waldränder, geht auch in lichte Trockengebüsche. Fehlt im nordwestlichen Tiefland und in den Silikatgebieten oder ist dort sehr selten; sonst zerstreut, örtlich selten. Geht nur wenig über die Ackerbaugrenze.

Wissenswertes: ♃. Kahle Pflanzen wurden als eigenständige Form beschrieben (f. *glabra* PETERM.), doch kommt ihnen wohl keine systematische Bedeutung zu.

Acker-Glockenblume
Campanula rapunculoides
Wiesen-Glockenblume
Campanula patula
Rapunzel-Glockenblume
Campanula rapunculus
Mont-Cenis-Glockenblume
Campanula cenisia

Bologneser Glockenblume

Campanula bononiensis L.
Glockenblumengewächse *Campanulaceae*

Beschreibung: Zahlreiche Blüten stehen - nickend oder schräg aufwärts abstehend - kurz gestielt, in den Achseln der unteren Tragblätter oft zu 2–3, im oberen Teil der Traube einzeln in einer schlanken, langen, einseitswendigen Traube. Kelch sehr tief in 5 lineal-pfriemliche, kahle Zipfel geteilt; Buchten zwischen den Kelchzipfeln spitz, ohne Anhängsel. Blütenkrone mäßig weitglockig-trichterig, hell blauviolett, 1–2 cm lang, bis auf etwa 2/3 ihrer Länge in 5 3eckig-halbeiförmige Zipfel geteilt; gesamte Blüte (auch die Ränder der Zipfel) kahl. Wurzel nicht rübenförmig verdickt, keine unterirdischen Ausläufer vorhanden. Stengel aufrecht, meist einfach, sehr kurz behaart, rund. Grundständige Blätter zur Blütezeit meist verwelkt, ähnlich den unteren Stengelblättern; Stengelblätter wechselständig, untere 1–5 cm lang gestielt; Spreite herzförmig, 3–8 cm lang, 2–5 cm breit, am Rand unregelmäßig, aber oft tief und deutlich gezähnt; mittlere Stengelblätter sehr kurz und oft nur undeutlich gestielt oder sitzend, breit-lanzettlich oder schmal-eiförmig; obere Stengelblätter lanzettlich, sitzend, den Stengel halb umfassend, oft undeutlich und wenig tief gekerbt-gezähnt; alle Blätter oberseits nur sehr schütter kurzhaarig, unterseits dicht, kurz und flaumig behaart, ja graufilzig. Juli–Oktober. 0,3–1 m.

Vorkommen: Braucht lehmigen Sand- oder Steinschuttboden. Besiedelt Trockengebüsche und Waldränder. Östlich der Weser in den klimatisch begünstigten Lagen selten, desgleichen am Genfer See und im Wallis; am Alpensüdfuß und im östlichen Österreich zerstreut.

Wissenswertes: ♃. Das Hauptareal liegt im südöstlichen Osteuropa.

Rautenblättrige Glockenblume

Campanula rhomboidalis L.
Glockenblumengewächse *Campanulaceae*

Beschreibung: 2–9 - sehr selten nur 1, selten mehr als 9 - Blüten stehen - ziemlich lang gestielt - in einer schmalen, oft etwas einseitswendigen Traube; Blütenknospen aufrecht, Blüten schräg abstehend oder mehr oder weniger nickend. Kelch sehr tief in 5 lineal-lanzettliche, kahle Zipfel geteilt, die höchstens halb so lang wie die Blütenkrone werden; Buchten zwischen den Kelchzipfeln stumpf, ohne Anhängsel. Blütenkrone weitglockig, blauviolett, 1,2–2 cm lang und an der Mündung mit etwa demselben Durchmesser, bis auf etwa 2/3 ihrer Länge in 5 halbeiförmig-3eckige Zipfel geteilt, kahl. Wurzel und Wurzelstock rübenförmig verdickt, Rhizom verzweigt. Stengel aufrecht, einfach, undeutlich kantig, auf den Kanten undeutlich und schütter langhaarig, sonst kahl. Grundblätter zur Blütezeit verwelkt, gestielt, rundlich, am Grund herzförmig, am Rand gekerbt; Stengelblätter wechselständig, dicht am Stengel stehend; Stengelblätter kurz gestielt, oder sitzend, breit-lanzettlich bis ei-rautenförmig, 2–5 cm lang, 1–2,5 cm breit, untere vorne stumpflich, mittlere und obere eher spitzlich zulaufend, am Rand grob und spitz gezähnt. Juni–August. 20–60 cm.

Vorkommen: Braucht stickstoffsalzreichen, feuchten, tiefgründigen Lehm- oder Tonboden, der kalkhaltig oder zumindest basenreich sein sollte. Zerstreut in den Westalpen, ostwärts bis ins Engadin, von West nach Ost seltener werdend; im südlichen Schweizer Jura selten; sonst in Süddeutschland vereinzelt eingeschleppt, doch nirgends beständig verwildert.

Wissenswertes: ♃. Hauptareal: Westalpen und Pyrenäen.

Breitblättrige Glockenblume
Campanula latifolia
Nesselblättrige
Glockenblume
Campanula trachelium
Rautenblättrige Glockenblume
Campanula rhomboidalis
Bologneser Glockenblume
Campanula bononiensis

Nesselblättrige Glockenblume

Campanula trachelium L.
Glockenblumengewächse *Campanulaceae*

Beschreibung: 5–15 – selten mehr oder weniger – Blüten stehen kurz gestielt – einzeln oder zu 2–4 – in einer allseitswendigen, lockeren Traube; untere Tragblätter deutlich länger als die Blüten. Kelch nicht ganz bis zum Fruchtknoten in 5 lanzettliche, mindestens 2 mm breite Zipfel geteilt, die außen mäßig schütter steifborstig behaart sind. Blütenkrone engglockig, blauviolett bis blaulila, 3–4 cm lang, bis auf etwa 2/3 ihrer Länge in 5 zungenförmige bis schmal-3eckige Zipfel geteilt, die häufig weitglockig nach außen spreizen; Zipfel am Rand stets schütter langhaarig, meist auch auf der Innenseite und im glockigen Grund mehr oder weniger lang behaart. Stengel aufrecht, meist einfach, scharf 4kantig, steif borstig behaart. Grundständige Blätter zur Blütezeit meist noch vorhanden, ihre Spreite 3–8 cm lang, 2–4 cm breit, herzförmig, lang gestielt; Stengelblätter wechselständig, untere lang gestielt und sonst wie die Grundblätter, ihr Stiel nicht geflügelt, mittlere und obere kurz gestielt oder sitzend, lanzettlich; alle Blätter am Rand grob und etwas unregelmäßig, oft auch scharf gezähnt; alle Blätter auf der Oberseite meist kurz, auf der Unterseite – vor allem auf den Nerven – lang und oft steif behaart. Juli–August. 30–80 cm.

Vorkommen: Braucht basen-, stickstoffsalz- und mullreichen Lehmboden. Besiedelt lichte Laubwälder, geht auch auf Windwurf- und Schlagflächen. Im Tiefland westlich der Elbe sehr selten, sonst zerstreut, gebietsweise häufig. Steigt bis etwa zur Laubwaldgrenze.

Wissenswertes: ♃. In Mitteleuropa recht einheitlich; auf dem Balkan in einer Unterart mit sitzenden Blüten.

Breitblättrige Glockenblume

Campanula latifolia L.
Glockenblumengewächse *Campanulaceae*

Beschreibung: 5–15 – selten mehr oder weniger – Blüten stehen kurz gestielt – einzeln oder zu 2–4 – in einer allseitswendigen, lockeren Traube; untere Tragblätter deutlich länger als die Blüten. Kelch bis praktisch zum Fruchtknoten in 5 lanzettliche, mindestens 2 mm breite Zipfel geteilt, die höchstens am Rand sehr schütter behaart, meist aber kahl sind. Blütenkrone engglokkig, dunkel blauviolett, 2,5–3,5 cm lang, bis auf etwa 3/4 ihrer Länge in 5 breit 3eckig-halbeiförmige Zipfel geteilt, die oft weitglockig nach außen spreizen; Zipfel am Rand schütter langhaarig, auch auf der Innenseite und im glockigen Grund deutlich, wenn auch sehr locker lang behaart. Stengel aufrecht, meist einfach, rund, gerillt, fast kahl oder weichhaarig, nicht borstig. Grundständige Blätter zur Blütezeit meist vorhanden, ihre Spreite 3–8 cm lang, 2–4 cm breit, eiförmig bis lanzettlich, am Grund abgerundet (nie herzförmig eingebuchtet), kurz gestielt; Stengelblätter wechselständig, untere kurz gestielt, Blattstiele geflügelt; mittlere und obere Stengelblätter sitzend, lanzettlich; alle Blätter ungleich und meist doppelt gezähnt, beiderseits schütter oder mäßig dicht und kurz behaart. Juni–August. 0,5–1,5 m.

Vorkommen: Braucht durchsickerten, steinig-humosen Lehmboden in Lagen mit durchschnittlich hoher Luftfeuchtigkeit. Im Tiefland östlich der Elbe, im Schwäbischen und Schweizer Jura, in den regenreicheren Mittelgebirgen mit Lehmböden, im Alpenvorland und in den westlichen Kalkalpen selten, sonst nur vereinzelt und zum Teil verwildert.

Wissenswertes: ♃. Gelegentlich in Gärten als Zierpflanze.

Glockenblume *Campanula*
Becherglocke *Adenophora*
Frauenspiegel *Legousia*
Moorglöckchen *Wahlenbergia*

Dunkle Glockenblume

Campanula pulla L.
Glockenblumengewächse *Campanulaceae*

Beschreibung: Die Blüten stehen einzeln und deutlich nickend endständig auf mäßig langen Stielen. Kelch sehr tief in 5 lineale Zipfel geteilt, die etwa halb so lang wie die Blütenkrone werden; Buchten zwischen den Kelchzipfeln ohne Anhängsel. Blütenkrone dunkel blauviolett, engglockig, 1,8–2,5 cm lang, bis auf etwa 4/5 ihrer Länge in 5 breit-3eckige Zipfel geteilt, die oft weitglockig nach außen spreizen. Wurzelstock dünn, verzweigt, kriechend und unterirdische Ausläufer treibend; daher stehen oft mehrere blühende Stengel nebeneinander. Stengel aufsteigend oder aufrecht, einfach, kahl, vor allem in der unteren Hälfte beblättert. Grundblätter zur Blütezeit verwelkt; bei nichtblühenden Pflanzen breit-eiförmig bis rundlich, am Grund keilförmig in den kurzen Stiel verschmälert, am Rand kerbig gezähnt; Stengelblätter wechselständig, die untersten kurz gestielt, die übrigen mit verschmälertem Grund sitzend, die unteren und mittleren breit-eiförmig bis eiförmig, die oberen lanzettlich, alle kahl, leicht glänzend, wenig tief kerbig gesägt. Juli–August. 5–15 cm.

Vorkommen: Braucht kalkhaltigen oder basischen, steinigen, durchsickerten oder durchrieselten, feuchten, aber nicht staunassen Boden in alpiner Lage. Besiedelt feuchte Stellen in steinigen Matten, Schneetälchen, feuchten, lehmigen Felsschutt, seltener Quell- oder Flachmoore. Nur in den Ostketten der Nördlichen Kalkalpen, vom Tennengebirge ostwärts bis etwa zum Wiener Schneeberg sowie in den Radstätter Tauern; bevorzugt in Höhen zwischen etwa 1500–2200 m, gelegentlich herabgeschwemmt.

Wissenswertes: ♃. In dem genannten Gebiet endemische Art.

Becherglocke

Adenophora liliifolia (L.) A. DC.
Glockenblumengewächse *Campanulaceae*

Beschreibung: 3–11 – selten weniger oder mehr – Blüten stehen – kurz gestielt, zunächst schräg aufwärts oder abwärts, dann nickend – in einer insgesamt schlanken, gleichwohl etwas sparrigen Traube oder wenig verästelten Rispe am Ende des Stengels. Kelch bis auf den Fruchtknoten in 5 lanzettliche bis schmal-3eckige Zipfel geteilt, die von der Blütenkrone abstehen, am Rand gezähnelt und kahl sind. Blütenkrone trichterig-weitglockig, 1,2–1,8 cm lang, blaßblau bis lila, bis auf etwa 4/5 ihrer Länge in 5 breit-3eckige bis halb-eiförmige, vorn stumpfe Zipfel geteilt; Griffel an jungen Blüten (vor der Bestäubung) etwa doppelt so lang wie die Blütenkrone, mit 3, zuletzt spreizenden, etwas fädlichen Narben; die Blüten duften – meist deutlich wahrnehmbar – durchaus angenehm. Stengel aufrecht, meist einfach und reich beblättert. Grundständige Blätter zur Blütezeit verdorrt, an jungen Pflanzen lang gestielt, herzförmig, spitz und grob gezähnt, leicht glänzend, oberseits kahl, unterseits höchstens schütter behaart; Stengelblätter wechselständig, schmal-eiförmig bis lanzettlich, untere breiter als obere, in den kurzen Blattstiel verschmälert, oberste fast sitzend, alle ziemlich scharf gezähnt. Juli–September. 0,3–1 m.

Vorkommen: Braucht kalkhaltigen, zumindest zeitweise feuchten, lehmig-moorigen Boden in sommerwarmer Lage. Besiedelt Flachmoore, Streuwiesen, lichte Gebüsche und Waldränder. Vereinzelt an der Donau bei Deggendorf, selten am Alpensüdfuß und im östlichen Österreich, zerstreut in Tschechien.

Wissenswertes: ♃. Bestäuber sind Bienen, Käfer und Fliegen verschiedener Arten, aber auch Schmetterlinge.

Echter Frauenspiegel

Legousia speculum-veneris (L.) CHAIX
Glockenblumengewächse *Campanulaceae*

Beschreibung: 5–15 - selten mehr oder weniger - Blüten stehen in einem sehr lockeren, traubig-rispigen Gesamtblütenstand. Kelch bis fast zum Fruchtknoten in 5 lineal-pfriemliche, spitze, abstehende Zipfel geteilt, die etwa so lang wie die Zipfel der Blütenkrone sind. Blütenkrone dunkelviolett, außen meist etwas heller, 0,8–1,3 cm lang, bis auf etwa 1/5 ihrer Länge in 5 halbkreisförmige bis halb-eirundliche, kurz zugespitzte Zipfel geteilt, die stieltellerartig flach ausgebreitet sind; Durchmesser der Blütenkrone 1,5–2,2 cm (ausgebreitet gemessen). Stengel aufsteigend bis aufrecht, seltener niederliegend, verzweigt, meist kahl, kantig. Nur Stengelblätter vorhanden, diese wechselständig, die unteren zuweilen kurz und undeutlich gestielt, die übrigen sitzend; Spreiten 1–2 cm lang, etwa halb so breit, eiförmig bis schmal-eiförmig, meist kahl, seltener kurz - und dann etwas steif - behaart, undeutlich und wenig tief gezähnt-gekerbt oder nahezu ganzrandig, selten undeutlich gewellt. Juni–August. 10–30 cm.

Vorkommen: Braucht kalkhaltigen Lehm-, Ton- oder Lößboden in sommerwarmen Lagen. Besiedelt Getreidefelder, seltener Brachen oder aufgelassene Weinberge. Selten in den tieferen Lagen der Mittelgebirge und des Alpenvorlandes mit kalkhaltigen Lehmböden.

Wissenswertes: ☉. Ähnlich: Kleiner Frauenspiegel (*L. hybrida* (L.) DELARBRE): Wenige Blüten sitzen doldenähnlich-kopfig gehäuft am Stengelende; Kelchzipfel länger als die Krone; Krone glockig, 0,5–1,5 cm im Durchmesser, purpurrot bis lila; Sandboden; Getreidefelder. Beide Arten sind im 20. Jahrhundert stark zurückgegangen.

Moorglöckchen

Wahlenbergia hederacea (L.) RCHB.
Glockenblumengewächse *Campanulaceae*

Beschreibung: Wenige Blüten stehen einzeln und endständig - oder auf einem Stiel, der bis zu 10 cm lang werden kann, scheinbar einem Stengelblatt gegenüber - im Knospenstadium nickend, zuletzt aufrecht oder schräg aufwärts gerichtet in der oberen Hälfte des Stengels. Kelch sehr tief in 5 schmal-pfriemliche Zipfel geteilt, die 3–4 mm lang sind. Blütenkrone blaßblau bis lila, dunkler geadert, trichterig-engglockig, knapp 1 cm lang, auf etwa 5/6 ihrer Länge in 5 breit-3eckige Zipfel geteilt, die kaum nach außen spreizen; Blüte vorne 5–8 mm im Durchmesser (ausgebreitet gemessen). Stengel sehr dünn, schlaff und niederliegend oder vorn etwas aufgebogen, kahl, oft - vor allem in der unteren Hälfte - an den Knoten wurzelnd. Blätter am Stengel wechselständig, lang gestielt; Blattstiel 0,5–3,5 cm lang; Blattspreite 0,5–1,5 cm im Durchmesser, im Umriß 5eckig bis rundlich, am Grund herzförmig, hellgrün, meist mit 5 großen, breit-3eckigen Zähnen und weiteren kleinen, kerbigen Zähnchen, kahl. Juli–September. 10–25 cm lang; 3–10 cm hoch.

Vorkommen: Braucht kalkarmen, feuchten, ja nassen, torfig-humosen Untergrund, geht auch zwischen Torfmoospolster. Besiedelt Quellmoore und Zwischenmoore, aber auch - allerdings stets kalkarme und daher mäßig saure - Flachmoore und lichte Bruchwälder. Vereinzelt im Hohen Venn, Hunsrück, Pfälzer Wald, Odenwald, Südschwarzwald und nördlichen Elsaß; im Tiefland wohl durchweg erloschen.

Wissenswertes: ♃. Der Gattungsname wurde zu Ehren von G. WAHLENBERG (1780–1851) verliehen, der in Uppsala Professor der Botanik war.

Dunkle Glockenblume
Campanula pulla
Echter Frauenspiegel
Legousia speculum-veneris
Becherglocke
Adenophora liliifolia
Moorglöckchen
Wahlenbergia hederacea

Ährige Teufelskralle

Phyteuma spicatum L.
Glockenblumengewächse *Campanulaceae*

Beschreibung: Zahlreiche Blüten sitzen in einer zunächst eiförmig-kegelförmigen, später zylindrischen Ähre, die bis zum Ende der Blütezeit 5–6 cm lang werden kann; die Hüllblätter am Grunde der Ähre sind lineal-lanzettlich; meist sind sie etwas breiter als 1 mm und etwa so lang wie der halbe Querdurchmesser der Ähre. Blütenkrone röhrenförmig, in 5 bandförmig-lineale Zipfel geteilt, die zunächst im oberen Drittel und am Grund verwachsen sind; in der Mitte der Kronröhre, die nahezu kugelig aufgetrieben ist, klaffen sie auseinander; zuletzt spreizen sie bis fast zum Grunde; Blütenkrone 1–1,5 cm lang, vor dem Aufblühen gegen die Ährenspitze gekrümmt, weiß, cremefarben, gegen die Kronenspitze grünlich, selten bläulich überlaufen oder stahlblau. Stengel aufrecht, einfach, kahl. Grundständige Blätter lang gestielt; Spreite eiförmig-rundlich, am Grund tief herzförmig eingebuchtet, am Rand einfach oder doppelt gezähnt, kahl, oft schwarzviolett gefleckt; Stengelblätter wechselständig, untere und mittlere kurz gestielt, obere praktisch sitzend, lanzettlich, oberste sehr schmal lanzettlich, am Rand unregelmäßig kerbig gezähnt. Mai–Juli. 20–60 cm.

Vorkommen: Braucht frischen, mullreichen Lehmboden. Besiedelt lichte Laub- und Mischwälder, geht im Bergland auch auf Wiesen. Fehlt im Tiefland westlich der Weser und in den Mittelgebirgen westlich des Rheins oder ist dort sehr selten; sonst zerstreut. Steigt bis etwa zur Waldgrenze.

Wissenswertes: ♃. Beschrieben wurde ssp. *spicatum*; ssp. *coeruleum* R. SCHULZ mit bläulichgrauen bis -violetten Blüten kommt im Hauptverbreitungsgebiet der Art vereinzelt vor.

Eirunde Teufelskralle

Phyteuma ovatum HONCK.
Glockenblumengewächse *Campanulaceae*

Beschreibung: Zahlreiche Blüten sitzen in einer zunächst eiförmig-kegelförmigen, später zylindrischen Ähre, die bis zum Ende der Blütezeit 4–6 cm lang werden kann; die Hüllblätter am Grund der Ähre sind schmal-eiförmig; meist sind sie breiter als 3 mm und oft fast so lang wie die Ähre dick ist. Blütenkrone röhrenförmig, in 5 bandförmig-lineale Zipfel geteilt, die zunächst im oberen Drittel und am Grund verwachsen sind; in der Mitte der Kronröhre, die nahezu kugelig aufgetrieben ist, klaffen sie auseinander; zuletzt spreizen sie bis fast zum Grunde; Blütenkrone 1–1,5 cm lang, vor dem Aufblühen stark gegen die Ährenspitze gekrümmt, dunkelviolett, nur sehr selten weißlich. Stengel aufrecht, einfach, kahl. Grundständige Blätter lang gestielt; Spreite breit-herzförmig, so lang wie oder nur wenig länger als breit (an der breitesten Stelle gemessen), am Grund oft nur flach herzförmig eingebuchtet, am Rand stets doppelt und grob kerbig gezähnt; Zähne spitz, nach vorn gerichtet; Stengelblätter wechselständig, untere den Grundblättern ähnelnd, aber kleiner und kürzer gestielt; mittlere Stengelblätter an der Basis herzförmig oder abgerundet; obere Stengelblätter sitzend, am Grund abgerundet, am Rand wenig tief und unregelmäßig, doch stets einfach gezähnt. Juli–August. 30–80 cm.

Vorkommen: Braucht frischen, humosen, kalkhaltigen Boden. Besiedelt Hochstaudenfluren und bachbegleitende Gebüsche, vorzugsweise zwischen etwa 1000–1800 m. In den Alpen zerstreut, oft in kleineren, eher lockeren Beständen.

Wissenswertes: ♃. Angebliche Funde außerhalb der Alpen beruhen auf Verwechslungen mit *Phyteuma nigrum* (S. 294).

Ziestblättrige Teufelskralle
Phyteuma betonicifolium
Schwarze Teufelskralle
Phyteuma nigrum
irunde Teufelskralle
Phyteuma ovatum
Ährige Teufelskralle
Phyteuma spicatum

Schwarze Teufelskralle

Phyteuma nigrum F.W. Schmidt
Glockenblumengewächse *Campanulaceae*

Beschreibung: Zahlreiche Blüten sitzen in einer zunächst eiförmig-kegelförmigen, später zylindrischen Ähre, die bis zum Ende der Blütezeit 4–6 cm lang werden kann; die Hüllblätter am Grunde der Ähre lineal, selten sehr schmal lanzettlich oder borstlich, etwa so lang wie der halbe Querdurchmesser der Ähre, stets kürzer als diese, oft herabgeschlagen und wenig auffallend. Blütenkrone röhrenförmig, in 5 bandförmig-lineale Zipfel geteilt, die zunächst im oberen Drittel und am Grund verwachsen sind; in der Mitte der Kronröhre, die nahezu kugelig aufgetrieben ist, klaffen sie auseinander; zuletzt spreizen sie bis fast zum Grunde; Blütenkrone 1–1,5 cm lang, vor dem Aufblühen gegen die Ährenspitze gekrümmt, schwarzviolett oder dunkelblau, oft mit einem rotbraunen Stich, gegen die Kronenspitze oft schmutzig grünlich. Stengel aufrecht, einfach, kahl, im oberen Drittel mehr oder weniger blattlos. Grundständige Blätter lang gestielt; Spreite stumpf ei-herzförmig, 3–5 cm lang, 1,5–2,5 cm breit, nur wenig tief und stets einfach kerbig gezähnt; Zähne meist stumpf, nach vorn gerichtet; Stengelblätter wie die Grundblätter, aber kürzer gestielt und nach oben rasch kleiner werdend; mittlere und obere Stengelblätter zum Grunde keilförmig verschmälert, nicht herzförmig oder abgerundet. Mai–Juli. 20–60 cm.

Vorkommen: Braucht kalkarmen, humosen Lehmboden. Besiedelt lichte Laubwälder und Bergwiesen. Im Tiefland westlich der Elbe selten, in den wärmeren, meist tiefer gelegenen Lehmgebieten der Mittelgebirge zerstreut; fehlt in den Alpen und in der Schweiz.

Wissenswertes: ♃. In Mitteleuropa endemische Art.

Ziestblättrige Teufelskralle

Phyteuma betonicifolium Vill.
Glockenblumengewächse *Campanulaceae*

Beschreibung: Zahlreiche Blüten sitzen in einer zunächst eiförmig-kegelförmigen, später zylindrischen Ähre, die bis zum Ende der Blütezeit 3–5 cm lang werden kann; Hüllblätter am Grunde der Ähre borstlich lineal, schmäler als 1 mm, kürzer als die Blüten. Blütenkrone röhrenförmig, in 5 bandförmig-lineale Zipfel geteilt, die zunächst im oberen Drittel und am Grund verwachsen sind; in der Mitte der Kronröhre, die nahezu kegelig aufgetrieben ist, klaffen sie auseinander; zuletzt spreizen sie; Blütenkrone 0,7–1,2 cm lang, vor dem Aufblühen fast gerade, hell blauviolett, oberste Knospen oft grünlich-bräunlich überlaufen. Stengel aufrecht, einfach, kahl, gerieft. Grundständige Blätter gestielt, spitz, am Grund verschmälert, abgerundet oder schwach herzförmig; Spreite mehr als 3mal länger als breit, zungenförmig-spitz bis schmal-lanzettlich, flach und stumpf gekerbt-gezähnt oder ganzrandig, kahl oder sehr schütter behaart; Stengelblätter wechselständig, sitzend, schmal-lanzettlich bis borstlich. Juni–September. 20–70 cm.

Vorkommen: Braucht humusreichen, mageren Boden. Besiedelt Bergwiesen und Matten, bevorzugt zwischen etwa 1200–2500 m. Alpen, zerstreut.

Wissenswertes: ♃. *P. betonicifolium* Vill. wird mit *P. michelii* All. (Ähre eiförmig-kugelig; Hüllblätter bewimpert; Grundblattbasis verschmälert; Südwestalpen), *P. scorzonerifolium* Vill. (Ähre 4–6 cm lang; Hüllblätter kahl; westliche Südalpen) und *P. zahlbruckneri* Vest: (Blüten tiefblau, Grundblattbasis herzförmig; östliche Südalpen) zur Sammelart *P. michelii* agg. zusammengefaßt.

Kugel-Teufelskralle

Phyteuma orbiculare L.
Glockenblumengewächse *Campanulaceae*

Beschreibung: 15–30 Blüten sitzen in einer kugeligen Ähre von 1-2,5 cm Durchmesser; Hüllblätter mit breiter, abgerundeter Basis ansitzend, vorne spitz zulaufend, etwa so lang wie die Blüten, ganzrandig oder am Grund mit kleinen Zähnen, am Rand meist behaart. Blütenkrone röhrenförmig, in 5 bandförmig-lineale Zipfel geteilt, die zunächst im oberen Drittel und am Grund verwachsen sind; in der Mitte der Kronröhre, die nahezu kugelig aufgetrieben ist, klaffen sie auseinander; zuletzt spreizen sie bis fast zum Grunde; Blütenkrone 1-1,7 cm lang, vor dem Aufblühen gegen die Kopfmitte gekrümmt, dunkel blauviolett, gegen die Basis oft heller. Stengel aufrecht, einfach, kahl, gerieft. Grundständige Blätter gestielt; Spreite oval bis lanzettlich, am Grunde abgerundet oder herzförmig, stumpf kerbig gezähnt; Stengelblätter wechselständig, ähnlich den Grundblättern, aber schmäler, obere sitzend. Mai–Juli. 10–50 cm.

Vorkommen: Braucht kalkhaltigen, lockeren Lehmboden. Besiedelt Magerwiesen und Halbtrockenrasen, geht auch in Flachmoore. Fehlt im Tiefland; in den Mittelgebirgen mit Kalkgestein, im Alpenvorland und in den Alpen selten; geht bis etwa 2500 m.

Wissenswertes: ♃. *P. orbiculare* L. wird mit *P. tenerum* R. SCHULZ (Hüllblätter schmal-3eckig; Stengel dicht beblättert; Vogesen; selten) zur Sammelart *P. orbiculare* agg. zusammengefaßt. – Ähnlich: *P. scheuchzeri* ALL.: Blütenkrone vor dem Aufblühen fast gerade; Zentral- und Südalpen; selten. – *P. sieberi* SPRENG.: Hüllblätter nur wenig länger als breit, mit großen, spitzen Zähnen; von den Bergamasker Alpen ostwärts bis in die Julischen Alpen; selten.

Zungenblättrige Teufelskralle

Phyteuma nanum SCHUR
Glockenblumengewächse *Campanulaceae*

Beschreibung: 2–7 – selten bis zu 12 – Blüten sitzen in einer kugeligen Ähre von 1-2 cm Durchmesser; Hüllblätter breit-eiförmig bis fast rundlich, ganzrandig oder zuweilen mit wenigen kleinen und meist undeutlichen Zähnchen in der vorderen Hälfte; am Rand und auf dem Mittelnerv an der Außenseite meist kurzwimperig-borstig behaart. Blütenkrone röhrenförmig, in 5 bandförmig-lineale Zipfel geteilt, die zunächst im oberen Drittel und am Grund verwachsen sind; in der Mitte der Kronröhre, die kugelig aufgetrieben bis quer abgeplattet ist, klaffen sie üblicherweise weit auseinander; zuletzt spreizen sie bis fast zum Grunde; Blütenkrone um 1 cm lang, vor dem Aufblühen gegen die Kopfmitte gekrümmt, dunkel blauviolett. Stengel aufrecht, nicht oder kaum gerieft, sehr schütter behaart, oft rot-bräunlich überlaufen. Grundständige Blätter 2–4 mm breit, sehr schmal spatelförmig, meist ziemlich plötzlich an der Spreitenspitze gerundet und am Spreitengrund abgestumpft und basis- wie spitzennah meist regelmäßig kerbig gesägt, wobei die Blattspitze in der Regel deutlich länger ist als die beiden benachbarten Zähne; Stengelblätter ähnlich den Grundblättern, aber kleiner, die unteren kurz gestielt, die oberen sitzend; alle Blätter ziemlich derb. Juli–September. 1–15 cm.

Vorkommen: Braucht kalkfreien Lehmboden. Besiedelt lückige, steinige Matten. Nur in den östlichen Zentralalpen von den Niederen Tauern bis zur Koralpe. Bevorzugt Höhen zwischen etwa 1700–2800 m.

Wissenswertes: ♃. Wird mit *P. globulariifolium* STERNB. & HOPPE (s. S. 296) zur Sammelart *P. pauciflorum* agg. zusammengefaßt.

Armblütige Teufelskralle

Phyteuma globulariifolium STERNB. & HOPPE
Glockenblumengewächse *Campanulaceae*

Beschreibung: 4–12 Blüten sitzen in einer kugeligen Ähre von 1–2 cm Durchmesser; Hüllblätter rundlich, etwa 1 cm lang und breit, meist ganzrandig, am Rand und auf dem Mittelnerv an der Außenseite kurzwimperig-borstig behaart. Blütenkrone röhrenförmig, in 5 bandförmig-lineale Zipfel geteilt, die zunächst im oberen Drittel und am Grund verwachsen sind; in der Mitte der Kronröhre, die kugelig aufgetrieben bis quer abgeplattet ist, klaffen sie üblicherweise weit auseinander; zuletzt spreizen sie bis fast zum Grunde; Blütenkrone um 1 cm lang, vor dem Aufblühen gegen die Kopfmitte gekrümmt, dunkel blauviolett. Stengel aufrecht, nicht oder kaum gerieft, kahl. Grundständige Blätter schmal-eiförmig bis spatelig, größte Breite im vorderen Drittel, 3–6 mm breit, stumpflich, ganzrandig, am Rand meist wimperig-borstig kurzhaarig; Spreite allmählich in den Blattstiel verschmälert; Blattstiel 5–7 mm lang; Stengelblätter 0–4, wechselständig, kleiner als die Grundblätter, die mittleren und oberen sitzend; Blätter ziemlich derb. Juli–September. 1–15 cm.

Vorkommen: Braucht sauren, rohhumushaltigen Boden. Besiedelt lückige Rasen, Felsnasen und Feinschutt. Zentral- und Südalpen, westwärts bis etwa zur Bernina-Gruppe. Zwischen etwa 2200–3000 m.

Wissenswertes: ♃. Beschrieben wurde ssp. *globulariifolium*. Sie wurde früher vielfach als eigene Art aufgefaßt und gegen eine vorwiegend westalpine Art *P. pedemontanum* SCHULZ (vgl. rechte Spalte) abgegrenzt. Da die Abgrenzung nicht einheitlich ist, sehen wir heute beide Sippen als Unterarten an.

Piemonteser Teufelskralle

Phyteuma globulariifolium ssp. *pedemontanum* (R. SCHULZ) BECHERER
Glockenblumengewächse *Campanulaceae*

Beschreibung: 4–12 Blüten sitzen in einer kugeligen Ähre von 1–2 cm Durchmesser; Hüllblätter breit-lanzettlich, kurz zugespitzt, etwa 1 cm lang, um 6 mm breit, meist ganzrandig, am Rand und auf dem Mittelnerv an der Außenseite kurzwimperig-borstig behaart. Blütenkrone röhrenförmig, in 5 bandförmig-lineale Zipfel geteilt, die zunächst im oberen Drittel und am Grund verwachsen sind; in der Kronröhre, die kugelig aufgetrieben bis quer abgeplattet ist, klaffen sie üblicherweise weit auseinander; zuletzt spreizen sie fast bis zum Grunde; Blütenkrone um 1 cm lang, vor dem Aufblühen gegen die Kopfmitte gekrümmt, dunkel blauviolett. Stengel aufrecht, kahl. Grundständige Blätter schmal-eiförmig bis spatelig; Blattspitzen gezähnt. Juli–September. 1–15 cm.

Vorkommen: Braucht sauren, rohhumushaltigen Boden. Besiedelt lückige Rasen, Felsnasen und Feinschutt. Süd- und Zentralalpen, ostwärts bis etwa zur Bernina-Gruppe. Zerstreut. Zwischen etwa 2000–3000 m.

Wissenswertes: ♃. *P. globulariifolium* wird mit *P. nanum* (s. S. 295) zur Sammelart *P. pauciflorum* agg. zusammengefaßt. – Entfernt ähnlich: Schopfige Teufelskralle (*Physoplexis comosa* (L.) SCHUR): 8–20 Blüten sitzen in einem doldig-kugeligen Blütenstand. Blütenkrone krugförmig, in einen langen Schnabel auslaufend, 1,5–3 cm lang, unten rosa, Schnabel blauviolett. Grundblätter nierenförmig; Stengelblätter lanzettlich. Mittlere Südalpen; nur in feuchten Felsspalten auf Kalk und Dolomit; selten; vorzugsweise zwischen etwa 1000–1800 m.

Piemonteser Teufelskralle
Phyteuma globulariifolium
ssp. *pedemontanum*
Zungenblättrige Teufelskralle
Phyteuma nanum
Kugel-Teufelskralle
Phyteuma orbiculare
Armblütige Teufelskralle
Phyteuma globulariifolium

Glockenblumengewächse *Campanulaceae* ▶

Teufelskralle *Phyteuma*
Sandglöckchen *Jasione*

Lobeliengewächse *Lobeliaceae* ▶

Lobelie, *Lobelia*

Grasblättrige Teufelskralle

Phyteuma hemisphaericum L.
Glockenblumengewächse *Campanulaceae*

Beschreibung: 8–20 Blüten sitzen in einer kugeligen Ähre von 1-2 cm Durchmesser; Hüllblätter am Grund 3-6 mm breit, in eine lange Spitze auslaufend, nicht länger als 1,5–2 cm, ganzrandig oder nur am Grund mit wenigen, stumpfen Zähnen, kahl oder am Rande kurz behaart. Blütenkrone röhrenförmig, in 5 bandförmig-lineale Zipfel geteilt, die zunächst im oberen Drittel und am Grund verwachsen sind; in der Mitte der Kronröhre, die nahezu kugelig aufgetrieben ist, klaffen sie auseinander; zuletzt spreizen sie bis fast zum Grunde; Blütenkrone 1–1,5 cm lang, vor dem Aufblühen zur Kopfmitte gekrümmt, blauviolett, gelegentlich lilaviolett. Stengel aufgebogen-aufrecht, einfach, kahl, blattlos oder mit 1-3 Blättern, oft rotviolett-bräunlich überlaufen. Grundständige Blätter grasartig, meist ganzrandig oder - sehr selten - mit einzelnen, entfernt stehenden, kleinen Zähnchen. Juli–August. 5–25 cm.

Vorkommen: Braucht sehr kalkarmen, humusreichen, steinig-frischen Lehmboden. Besiedelt lückige alpine Rasen, geht auch in Felsspalten. Bevorzugt zwischen etwa 1800–3000 m. Zerstreut.

Wissenswertes: ♃. *P. hemisphaericum* L. wird mit *P. hedraianthifolium* R. SCHULZ (Hüllblätter am Grund höchstens 2 mm breit, oft länger als 2 cm, mit einzelnen, scharfen Zähnen; Blätter 1,5–3 mm breit, am Rand mit einzelnen scharfen Zähnen; Felsspalten; Bergell bis Adamellogruppe; auf Silikatgestein; selten) und *P. humile* SCHLEICH. ex MURITH (Hüllblätter 3–6 mm breit, 1,5-3 cm lang, am Grund mit scharfen Zähnen; Südwestalpen; selten) zur Sammelart *P. hemisphaericum* agg. zusammengefaßt.

Berg-Sandglöckchen

Jasione montana L.
Glockenblumengewächse *Campanulaceae*

Beschreibung: Zahlreiche Blüten sitzen in einem kugeligen Köpfchen von 1,2–2,5 cm Durchmesser; Hüllblätter schmal- bis breit-lanzettlich, grob gezähnt oder fast ganzrandig, oft kurz behaart. Blütenkrone röhrenförmig, in 5 bandförmig-lineale Zipfel geteilt, die zunächst vollständig miteinander verwachsen sind und sich beim Aufblühen bis zum Grund voneinander trennen; Blütenkrone 0,5–1,5 cm lang, blau, vor dem Aufblühen nicht oder nur wenig gegen die Kopfmitte gekrümmt; Griffel deutlich aus der geöffneten Blüte herausragend. Stengel aufrecht, sparrig verzweigt, seltener einfach, in der unteren Hälfte beblättert und hier in der Regel etwas behaart; Pflanze meist mehrstengelig. Grundständige Blätter länglich, keilig verschmälert, am Rand gekerbt, zur Blütezeit vertrocknet; Stengelblätter wechselständig, schmal-lanzettlich bis lineal, die untersten undeutlich gestielt oder – wie die mittleren und oberen – dem Stengel ansitzend, am Rand etwas wellig und wenig tief stumpf gezähnt oder praktisch ganzrandig, steifhaarig oder kahl. Pflanze ohne Ausläufer und ohne nichtblühende, beblätterte Sprosse. Juni–September. 10–80 cm.

Vorkommen: Braucht kalkarmen, sandig-steinigen Boden. Besiedelt Sandrasen, Felsköpfe, Dünen, Raine. Im Tiefland und in den Sandgebieten westlich des Rheins, im Hessischen Bergland, in Franken, im Erz- und Fichtelgebirge, Thüringer und Bayerischen Wald sowie in den zentral- und südalpinen Tälern zerstreut; im nördlichen Alpenvorland und im Schwarzwald selten; fehlt in den Kalkgebieten.

Wissenswertes: ⊙. Durch Standortvernichtung ist die Art örtlich zurückgegangen.

Berg-Sandglöckchen
Jasione montana
Grasblättrige Teufelskralle
Phyteuma hemisphaericum
Ausdauerndes Sandglöckchen
Jasione laevis
Wasser-Lobelie
Lobelia dortmanna

Ausdauerndes Sandglöckchen

Jasione laevis LAM.
Glockenblumengewächse *Campanulaceae*

Beschreibung: Zahlreiche Blüten sitzen in einem kugeligen Köpfchen von 2,5–3 cm Durchmesser; Hüllblätter breit-lanzettlich, grob gezähnt, am Grund in der Regel behaart. Blütenkrone röhrenförmig, in 5 bandförmig-lineale Zipfel geteilt, die zunächst vollständig miteinander verwachsen sind und sich beim Aufblühen bis zum Grund voneinander trennen; Blütenkrone 1,2–1,5 cm lang, blau bis blauviolett, innerste Knospen oft grün-braun-violett, Blüten vor dem Aufblühen nicht oder nur wenig gegen die Kopfmitte gekrümmt; Griffel deutlich aus der geöffneten Blüte herausragend. Stengel aufrecht, unverzweigt, in der unteren Hälfte beblättert und hier in der Regel schütter und ziemlich lang behaart; Pflanze meist mehrstengelig. Grundständige Blätter sehr schmal eiförmig bis länglich, allmählich in den undeutlichen Stiel verschmälert, ganzrandig oder stumpf und ziemlich entfernt gezähnt, ebensowenig wie die Stengelblätter am Rand wellig; Stengelblätter wechselständig, schmal-lanzettlich bis lineal, die untersten undeutlich gestielt oder – wie die mittleren und oberen – dem Stengel ansitzend, schütter behaart oder praktisch kahl. Pflanze stets mit unterirdischen Ausläufern, von denen zumindest einige überwinternde, nichtblühende Blattrosetten tragen. Juni–September. 25–60 cm.

Vorkommen: Braucht kalkarmen, sandig-steinigen Lehmboden. Besiedelt lückige Rasen, Raine und Wegränder. Pfälzer Wald, Südschwarzwald und Vogesen zerstreut, Schwäbischer Jura und Taunus vereinzelt.

Wissenswertes: ♃. Die Art erreicht in den genannten Gebieten die Ostgrenze ihres Verbreitungsgebiets.

Wasser-Lobelie

Lobelia dortmanna L.
Lobeliengewächse *Lobeliaceae*

Beschreibung: 3–10 Blüten stehen in einer lockeren Traube – 0,5–1 cm lang gestielt – zunächst aufrecht, dann waagrecht abstehend und zuletzt nickend am Ende des Stengels. Tragblätter am Grund der Blütenstiele lineal bis zungenförmig, deutlich kürzer als die zugehörigen Blütenstiele. Kelch schmaltrichterig, mit 5 stumpfen, nicht stechenden Zähnen, die 1–2 mm lang werden. Blütenkrone blaßlila, 2lippig und zugleich mit einer bis fast zum Blütengrund geteilten Röhre; die beiden oberen Blütenzipfel sind schmäler als die 3 unteren, deutlich kürzer als diese und meist nach oben geschlagen; Blütenkrone insgesamt um 1,5 cm lang; Blütenröhre um 8 mm lang und um 2 mm weit; Kronsaum 5zipflig, weitglockig, um 1,5 cm im Durchmesser (ausgebreitet gemessen). Stengel meist unverzweigt, schlank, kahl, oben nahezu unbeblättert, unten mit nur wenigen, wechselständigen, kleinen Blättern. Grundblätter in einer Rosette, 1–3 cm lang, 2–4 cm breit, stumpf, meist untergetaucht und zur Blütezeit abgestorben; neben dem blühenden Stengel finden sich aber häufig bereits Rosetten der Pflanzen, die im darauffolgenden Jahr blühen. Juli–August. 40–70 cm.

Vorkommen: Braucht mäßig saure, nährstoffarme, stehende Gewässer. Besiedelt sandige, flache Ufer in Tiefen bis zu etwa 30 cm. Im Tiefland ostwärts bis nach Mecklenburg-Vorpommern sehr selten, aber an ihren Standorten meist in individuenreichen Beständen.

Wissenswertes: ♃; (☠). Die Lobelie hat im 20. Jahrhundert zahlreiche ihrer vordem bekannten Standorte durch wasserbauliche Maßnahmen verloren. Sie enthält möglicherweise das Alkaloid Lobelin.

Lobeliengewächse *Lobeliaceae* ▸

Lobelie *Lobelia*

Korbblütengewächse *Asteraceae* ▸

Leberbalsam *Ageratum*
Wasserdost *Eupatorium*
Sommeraster *Callistephus*

Blaue Lobelie

Lobelia erinus L.
Lobeliengewächse *Lobeliaceae*

Beschreibung: 3–15 Blüten stehen in lockeren Trauben - 0,5–1 cm lang gestielt - zunächst schräg aufrecht, dann mehr oder minder waagrecht abstehend und zuletzt nickend am Ende des Stengels. Tragblätter am Grund der Blütenstiele lineal bis sehr schmal lanzettlich, deutlich kürzer als die zugehörigen Blütenstiele. Kelch mit 5 gleichen, fädig-schmalen, kahlen Zipfeln, die der kaum 2 mm langen, trichterigen Kelchröhre ansitzen. Blütenkrone tiefblau, 2lippig und zugleich mit einer bis fast zum Blütengrund geteilten Röhre; dadurch die beiden oberen Blütenzipfel klein, aufrecht und frei; die unteren Zipfel sind zu einer breiten Unterlippe verwachsen, die deutlich 3lappig ist, wobei alle Lappen nahezu gleich breit sind (Mittellappen zuweilen etwas schmäler als die Seitenlappen). Stengel aufrecht, etwas sparrig und ziemlich reich verzweigt, kahl oder nur sehr schütter behaart. Blätter wechselständig, untere rundlich oder schmal-eiförmig, kurz gestielt, am Rand kerbig gezähnt, kahl oder schütter behaart; obere Blätter lanzettlich, sitzend. Juni–Oktober. 15–30 cm.

Vorkommen: Braucht locker-humosen, stickstoffsalzreichen Boden. Zierpflanze, die örtlich - aber meist nur unbeständig - in der Nähe von Friedhöfen oder von Ortschaften auf Ruderalflächen verwildert ist.

Wissenswertes: ⊙; (☠). Enthält giftige Alkaloide. Die Blaue Lobelie ist in Südafrika beheimatet. Sie wird seit einigen Jahrzehnten als Rabattenpflanze auf Friedhöfen angepflanzt, nicht selten indessen auch als Balkon- oder Blumenschalenpflanze gezogen. Sie blüht im Hoch- und Spätsommer meist reichlich und gedeiht selbst noch in sehr dichter Bepflanzung.

Leberbalsam

Ageratum houstonianum MILLER
Korbblütengewächse *Asteraceae* (*Compositae*)

Beschreibung: Zahlreiche Körbchen stehen in einem ziemlich dichten Gesamtblütenstand aus doldig gestauchten Trauben. 2–3 Reihen von Hüllblättern stehen an der Basis der einzelnen Körbchen; sie laufen allmählich spitz zu; auf dem Rücken sind 2 rippig erhabene „Adern" sichtbar; außen sind sie locker mit langen Haaren bestanden. Im Körbchen befinden sich ausschließlich Röhrenblüten, deren unterer Teil weißlich, der obere 5zipflige, engglockige Teil blau, seltener rosaviolett oder rosa, sehr selten auch weiß ist; die Griffel mit ihren 2teiligen Narben, die weit aus der Blüte hervorstehen, fallen auf und tragen wesentlich zum Gesamtbild des Blütenstandes bei; die Achäne (Samen der Korbblütengewächse, bei denen die Samenwand sehr dicht an die Fruchtwand gepreßt ist, wodurch ein einheitliches Gebilde entsteht) besitzt keinen Pappus aus Haaren, sondern wird nur von 5 kleinen Schuppen umstanden, die in je 1 kurze Granne auslaufen. Stengel aufrecht, verzweigt, durch die dichte Beblätterung und die kurze Länge sehr gedrungen wirkend. Blätter gegenständig, vor allem die unteren deutlich gestielt, eiförmig, mit herzförmigem Grund, schütter behaart, am Rand kerbig gezähnt. Juni–Oktober. 20–50 cm.

Vorkommen: Braucht feuchten, humos-lockeren Lehmboden; bevorzugt Lagen mit hoher Luftfeuchtigkeit. Zierpflanze aus Mexiko, die vor allem als lang- und reichblühende Rabattenpflanze bekannt geworden ist. Empfindlich gegen Frost. Nur vereinzelt und unbeständig verwildert, vor allem in Gartennähe oder in der Umgebung von Parkanlagen.

Wissenswertes: ⊙–♃. Enthält ätherisches Öl mit Ageratochromen.

Wasserdost

Eupatorium cannabinum L.
Korbblütengewächse *Asteraceae* (*Compositae*)

Beschreibung: Gesamtblütenstand mit zahlreichen Körbchen, die doldig-rispig und nahezu schirmförmig verebnet am Ende des Stengels und der Seitenäste stehen; Körbchen klein, meist nur mit 5, selten mit 4 oder 6 Blüten. Die walzliche, um 5 mm lange Hülle der Körbchen ist wenigblättrig; die Hüllblätter stehen - undeutlich angeordnet - in 2-3 Reihen. Im Körbchen befinden sich ausschließlich Röhrenblüten, deren unterer Teil weißlich oder blaßrosa, der obere 5zipflige, engglockige Teil hellrosa, rosa, seltener rosenrot ist; die Griffel mit ihren beiden Narbenästen ragen weit aus den Blüten hervor; sie sind meist etwas heller getönt als der glockige Teil der Blütenröhre. Achänen mit einem 1reihigen Pappus (Haarkranz). Stengel aufrecht, rundlich, kurzhaarig, nur in der oberen Hälfte verzweigt, ziemlich dicht beblättert. Blätter - oft etwas undeutlich, d.h. gegeneinander verschoben - gegenständig, sehr kurz gestielt, zuweilen oberste nahezu sitzend, handförmig 3-5teilig, wobei das mittelständige Teilblättchen oft etwas breiter als die seitenständigen, stets schmal-lanzettlichen Teilblättchen ist; einzelne Blätter zuweilen einfach; Teilblättchen am Rand unregelmäßig und ziemlich grob gekerbt-gezähnt, um 8–15 cm lang und 2-4 cm breit; Zähne vorwärts gerichtet. Juli–September. 0,7–1,5 m.

Vorkommen: Braucht frischen, kalkhaltigen, lockeren Lehmboden. Besiedelt lichte Stellen in feuchten Wäldern. Sehr häufig und meist in lockeren, individuenreichen Beständen. Geht nur vereinzelt deutlich höher als etwa 1000 m.

Wissenswertes: ♃. Enthält ätherisches Öl, Gerbstoffe und Saponine; alte Heilpflanze (Kunigundenkraut).

Sommeraster

Callistephus chinensis (L.) Ch. G. NEES
Korbblütengewächse *Asteraceae* (*Compositae*)

Beschreibung: In der Regel steht am Ende des Stengels und der Seitenäste nur 1 Körbchen, selten sind es 2-3. An der Basis der Körbchen stehen die Hüllblätter in 3 Reihen; die äußeren Hüllblätter sind laubblattartig, krautig, spatelig, am Rande bewimpert; die inneren Hüllblätter bleiben viel kürzer, sind trockenhäutig, länglich, stumpf. Körbchen 6–8 cm im Durchmesser; im Körbchen befinden sich am Rand weibliche Zungenblüten, die 2,5–3 cm lang werden; die zentralständigen Scheibenblüten sind gelbe, zwittrige Röhrenblüten. An den Achänen befindet sich ein doppelter Haarkranz. Stengel aufrecht, wenig verzweigt, abstehend rauhhaarig. Blätter wechselständig, zuweilen allerdings fast gegenständig, untere und mittlere deutlich, obere nur sehr kurz gestielt oder sitzend; Spreite der unteren und mittleren Blätter eiförmig-rhombisch, am Rande grob und unregelmäßig gezähnt; obere Blätter lanzettlich bis lineal, nur undeutlich oder wenig gezähnt, zuweilen praktisch ganzrandig. August-Oktober. 10–80 cm.

Vorkommen: Braucht eher feuchten, lokker-humosen, stickstoffsalzreichen Lehmboden. Zierpflanze; Heimat: Nordchina und Korea. Auf orts- bzw. gartennahen Ruderalflächen selten und unbeständig verwildert.

Wissenswertes: ⊙. Die Sommeraster gehört zu den Korbblütengewächsen, von denen die größte Zahl verschiedenartiger Sorten gezüchtet worden ist. Die obige Beschreibung trifft den Wildtyp; die Gartensorten können wesentlich anders aussehen; neben Sorten mit roten Zungenblüten finden sich solche mit violetten, blauen oder weißen; gefülltblütige oder verzweigte Formen sind häufig.

Sommeraster
Callistephus chinensis
Blaue Lobelie
Lobelia erinus
Leberbalsam
Ageratum houstonianum
Wasserdost
Eupatorium cannabinum

Strand-Aster

Aster tripolium L.
Korbblütengewächse *Asteraceae* (*Compositae*)

Beschreibung: Blüten in Körbchen, die zu mehreren bis vielen in einem endständigen, traubig-rispigen, doldig verebneten Gesamtblütenstand am Ende des Stengels stehen. Körbchen 2–2,5 cm im Durchmesser. Hüllblätter um 7 mm lang, 2–3 mm breit, zungenförmig, meist kahl oder nur am Rand sehr kurz bewimpert, lockerglockig in 2–3 Reihen, doch etwas unregelmäßig angeordnet. Randliche Zungenblüten zu 20–30, weiblich (sehr selten fehlend), hellblau oder lila; Scheibenblüten röhrig, zwittrig, gelb. Achänen 3–4 mm lang; Haarkranz 1reihig, 0,7–1,2 cm lang. Stengel aufsteigend oder aufrecht, rundlich, oben schwach gerieft, kahl, zuweilen rötlich überlaufen, oft schon in der unteren Hälfte verzweigt. Blätter wechselständig, lanzettlich, untere in einen Stiel verschmälert und mit dessen verbreiterter Basis halb stengelumfassend, mittlere und obere schmal-lanzettlich bis lineal, 0,3–1 cm breit, sitzend, alle dicklich, ganzrandig. Juni–September. 20–60 cm.

Vorkommen: Braucht schlickig-tonigen, kochsalzhaltigen, feuchten, ja nassen Boden in voll sonniger Lage. Besiedelt Salzwiesen, gelegentlich an Salzstellen im Binnenland, dort in Gräben und auf Feuchtstellen. An den Küsten von Nord- und Ostsee zerstreut bis selten, zuweilen noch in individuenreichen Beständen; an Salzquellen in Niedersachsen, Mecklenburg, Thüringen, Hessen, Niederösterreich und im Burgenland sehr selten.

Wissenswertes: ⊙. Ssp. *tripolium*, die Pflanze der Küsten, besitzt dicklich-fleischige Blätter, ssp. *pannonicus* (Jacq.) Soó, die vor allem in Österreich und Südosteuropa vorkommt, hat weniger dickliche Blätter.

Berg-Aster

Aster amellus L.
Korbblütengewächse *Asteraceae* (*Compositae*)

Beschreibung: Blüten in Körbchen, sehr selten einzeln am Stengelende, in der Regel zu mehreren bis vielen in einem endständigen, traubig-rispigen, angedeutet doldig verebneten Gesamtblütenstand. Körbchen 2–3 cm im Durchmesser. Hüllblätter um 7 mm lang, undeutlich 2–3reihig, eiförmig, nur etwa 3mal so lang wie breit, die äußeren stumpf, ja halbkreisförmig abgerundet. Äußere Blüten zungenförmig, blaulila, weiblich; Zunge 1,5–1,8 cm lang, um 3 mm breit; Scheibenblüten zwittrig, röhrig, gelb. Achänen 2–3 mm lang, Haarkranz 1reihig, um 5 mm lang, weißlich-gelb bis rötlich. Stengel aufrecht, rund, schwach rauh, erst im oberen Drittel, d. h. im Bereich des Blütenstandes verzweigt. Blätter wechselständig, schmal-eiförmig bis lanzettlich, die untersten (vor allem die zur Blütezeit noch vorhandenen Grundblätter) oft entfernt grob gezähnt, die übrigen ganzrandig, untere Blätter in einen Stiel verschmälert, übrige sitzend, besonders unterseits und am Rand – oft etwas schütter – kurz und abstehend behaart. Juli–Oktober. 20–60 cm.

Vorkommen: Braucht kalkhaltigen oder basisch-neutral reagierenden, trockenen, nicht zu flachgründigen Boden. Besiedelt Trockenrasen, Trockengebüsche und lichte Trockenwälder. Fehlt im Tiefland westlich der Elbe, in den Mittelgebirgen und in den Alpen mit Silikatgestein; in Brandenburg, Mecklenburg-Vorpommern, in den Mittelgebirgen mit Kalkgestein, im Alpenvorland und in den Kalkalpen meist selten, örtlich indessen in individuenreichen Beständen.

Wissenswertes: ♃. Ähnlich: Graue Aster (*A. canus* W. & K.): Pflanze grauflaumig-filzig behaart; Ost-Niederösterreich, Burgenland; selten.

Neuenglische Aster
Aster novae-angliae
Berg-Aster
Aster amellus
Strand-Aster
Aster tripolium
Neubelgische Aster
Aster novi-belgii

Neuenglische Aster

Aster novae-angliae L.
Korbblütengewächse *Asteraceae* (*Compositae*)

Beschreibung: Blüten in Körbchen, die zahlreich in einer oftmals schlanken und lockeren, gelegentlich auch etwas ausladenden, zuweilen ziemlich dichten und andeutungsweise doldig verkürzten Rispe am Ende des Stengels stehen. Körbchen 3–4 cm im Durchmesser. Hüllblätter knapp 1 cm lang, mehr als 4mal so lang wie breit, allmählich lang zugespitzt, drüsig behaart. Zungenblüten besonders zahlreich, meist deutlich mehr als 40 pro Körbchen, weiblich, purpurviolett, seltener blauviolett, dunkelblau oder purpurn; Scheibenblüten zwittrig, röhrenförmig, gelb. Achänen knapp 3 mm lang, mit einem undeutlich 1reihigen, schmutzigweißen bis bräunlichen, um 6 mm langen Haarkranz. Stengel kräftig, aufrecht, rundlich, oft rot überlaufen, dicht behaart, im Bereich des Blütenstandes und unmittelbar darunter auch mit eingestreuten, kürzeren Drüsenhaaren (Lupe!), nur im Blütenstandsbereich verzweigt. Blätter wechselständig, lanzettlich, ganzrandig, sitzend, am Grund herzförmig und mit 2 Zipfeln den Stengel deutlich umfassend, beidseitig kurz und abstehend behaart. September–November. 0,5–1,5 m.

Vorkommen: Braucht feuchten, stickstoffsalzreichen, nicht zu festen Lehm- oder Tonboden. Zierpflanze, die örtlich beständig verwildert ist. Besiedelt lichte Stellen in Auenwäldern und im Ufergebüsch sowie orts- bzw. gartennahe Ruderalstandorte.

Wissenswertes: ♃. Die Heimat der Neuenglischen Aster sind – wie der Name sagt – die im Nordosten der USA gelegenen Neuenglandstaaten. Von dort ist die Pflanze früh nach Europa gelangt und in Mitteleuropa wohl seit rund 200 Jahren verwildert.

Neubelgische Aster

Aster novi-belgii L.
Korbblütengewächse *Asteraceae* (*Compositae*)

Beschreibung: Blüten in Körbchen, die zahlreich in einem traubig-rispigen Gesamtblütenstand stehen, der eher schlank, mäßig ausladend oder etwas doldig verebnet sein kann. Körbchen 2,5–3 cm im Durchmesser (bei Gartensorten auch bis zu 4 cm). Hülle um 8 mm lang; Hüllblätter in mehreren, ziemlich undeutlichen Reihen, länglich spatelig, sehr locker dem Körbchen anliegend oder etwas abstehend, die äußeren mindestens 2/3 so lang wie die inneren. Zungenblüten weiblich, meist deutlich weniger als 35, blauviolett, selten rosa oder weiß; Scheibenblüten zwittrig, röhrenförmig, gelb. Achänen gut 5 mm lang, mit einem – oft undeutlich – 1reihigen, weißen, um 5 mm langen Haarkranz. Stengel aufrecht, im Blütenstandsbereich verzweigt, ohne Drüsenhaare, höchstens oberwärts schütter und anliegend behaart. Blätter wechselständig, lanzettlich, ganzrandig oder mit kleinen Zähnchen, sitzend, den Stengel mit 2 kurzen Zipfeln etwas umfassend, kahl oder nur am Rand rauh. August–Oktober. 0,6–1,2 m.

Vorkommen: Braucht feuchten, stickstoffsalzreichen Lehm- oder Tonboden. Zierpflanze, die vielerorts beständig verwildert ist. Besiedelt lichte Stellen in Auenwäldern und im Ufergebüsch sowie auf gartennahen Ruderalstandorten. Heimat: Nordamerika (Neu-Belgien ist der von LINNÉ verwendete alte Name für ein Gebiet im heutigen US-Staat Virginia).

Wissenswertes: ♃. *A. novi-belgii* L. wird mit mehreren Kleinarten (s. die folgenden 4 Arten) zur Sammelart *A. novi-belgii* agg. zusammengefaßt. Diese Kleinarten bastardieren überdies untereinander. Spezialisten unterscheiden in dieser Sammelart rund 50 Sippen.

Glatte Aster

Aster laevis L.
Korbblütengewächse *Asteraceae* (*Compositae*)

Beschreibung: Blüten in Körbchen, die zahlreich in einem traubig-rispigen Gesamtblütenstand stehen, der etwas doldig verebnet sein kann. Körbchen 2,5–3 cm im Durchmesser. Hülle um 6 mm lang; Hüllblätter dachziegelig in mehreren Reihen, anliegend, die äußeren höchstens halb so lang wie die inneren, trüb strohgelb mit grünem Mittelstreif. Zungenblüten weiblich, meist weniger als 30, blau bis violett; Scheibenblüten zwittrig, röhrenförmig, gelb. Achänen knapp 3 mm lang, mit einem 1reihigen, weißen, um 5 mm langen Haarkranz. Stengel aufrecht, rundlich, kahl, bläulich bereift, im Blütenstandsbereich verzweigt. Blätter grundständig und am Stengel wechselständig; Grundblätter und untere Stengelblätter schmal-eiförmig bis lanzettlich, allmählich in einen meist längeren geflügelten Stiel verschmälert; mittlere und obere Blätter schmal-lanzettlich, mit verschmälertem Grund, aber dennoch breit dem Stengel ansitzend, vereinzelt in einen kurzen, geflügelten Stiel verschmälert; alle Blätter dicklich, kahl, bläulich bereift, ganzrandig. September–November. 0,6–1,2 m.

Vorkommen: Braucht feuchten, stickstoffsalzreichen Lehm- oder Tonboden. Zierpflanze aus Nordamerika, bei uns nur sehr selten und meist unbeständig verwildert; in lichten Auenwäldern, im Ufergebüsch, seltener orts- oder gartennah auf Ruderalflächen.

Wissenswertes: ♃. Die Glatte Aster wird mit anderen Kleinarten zu Sammelart *A. novi-belgii* agg. zusammengefaßt. – Die ähnliche Bunte Aster (*A.* × *versicolor* = *A. laevis* × *A. novi-belgii*) – Stengel grün, nicht bereift – wird ebenfalls gelegentlich angepflanzt und könnte verwildern.

Weidenblättrige Aster

Aster × *salignus* WILLD.
Korbblütengewächse *Asteraceae* (*Compositae*)

Beschreibung: Blüten in Körbchen, die zahlreich in einem rispigen Gesamtblütenstand stehen, der in der Regel ausladend ist. Körbchen 2–3 cm im Durchmesser. Hülle um 7 mm lang. Hüllblätter in mehreren, oft undeutlichen Reihen, locker anliegend, lineal-lanzettlich (kaum 1 mm breit), spitz, vor allem an ihrer Basis überwiegend häutig, die äußeren mindestens 2/3 so lang wie die inneren. Zungenblüten weiblich, meist weniger als 45, zuerst weiß, dann blau bis violett; Scheibenblüten zwittrig, röhrenförmig, gelb. Achänen um 3 mm lang, mit einem 1reihigen,weißen, um 5 mm langen Haarkranz. Stengel aufrecht, rundlich, unten kahl, im oberen Drittel und an den Ästen mit (oft undeutlichen) Leisten aus sehr kurzen Haaren. Blätter wechselständig, nicht fleischig, kahl, ganzrandig oder – oft undeutlich – entfernt gesägt; Stengelblätter lanzettlich, mittlere 8–15 cm lang, 0,7–1,5 cm breit, obere schmäler und kürzer, wie die übrigen mit abgerundetem oder verschmälertem Grund sitzend, nur vereinzelt leicht geöhrt. August–Oktober. 0,6–1,5 m.

Vorkommen: Braucht feuchten, stickstoffsalzreichen Lehm- oder Tonboden. Zierpflanze, die vielerorts beständig verwildert ist. Besiedelt lichte Stellen in Auenwäldern und im Ufergebüsch sowie orts- bzw. gartennahe Standorte.

Wissenswertes: ♃. Die Elternarten der Weidenblättrigen Aster sind *A. novi-belgii* L. und *A. lanceolatus* WILLD., die beide in Nordamerika vorkommen. *A.* × *salignus* WILLD. ist seit dem 18. Jahrhundert in Mitteleuropa als Zierpflanze bekannt. – Die Weidenblättrige Aster wird mit mehreren anderen Kleinarten zur Sammelart *A. novi-belgii* agg. zusammengefaßt.

Lanzettblättrige Aster

Aster lanceolatus WILLD.
Korbblütengewächse *Asteraceae* (*Compositae*)

Beschreibung: Blüten in Körbchen, die zahlreich in einem rispigen, meist lockeren, mäßig ausladenden, eiförmig-pyramidalen Gesamtblütenstand stehen. Körbchen 1,5–2,5 cm im Durchmesser. Hülle um 5 mm lang; Hüllblätter in mehreren Reihen angeordnet, dachziegelig anliegend, die äußeren krautig, die übrigen häutig mit grünem, unscharf abgegrenztem Mittelstreif, bis auf den - zuweilen - kurz bewimperten Rand kahl, die äußeren höchstens halb so lang wie die inneren. Zungenblüten weiblich, blaßlila, frühzeitig zurückgerollt, meist weniger als 40; Scheibenblüten zwittrig, röhrenförmig, gelb. Achänen um 3 mm lang, mit einem 1reihigen, etwa 5 mm langen, weißen Haarkranz. Stengel aufrecht, rund, kahl oder nur im oberen Drittel leistenartig, aber kurz und oft schütter behaart. Blätter wechselständig, lanzettlich, mit abgerundetem Grund sitzend und zuweilen den Stiel mit 2 kurzen Zipfeln angedeutet umfassend (wobei die Zipfel schmäler und kürzer sind als der Stengel dick ist); mittlere Stengelblätter 8–15 cm, und 0,5–1,5 cm breit. August–Oktober. 0,6–1,5 m.

Vorkommen: Braucht feuchten, stickstoffsalzreichen Lehm- oder Tonboden. Zierpflanze, die eher selten örtlich verwildert ist. Besiedelt lichte Stellen in Auenwäldern und im Ufergebüsch sowie orts- bzw. gartennahe Ruderalflächen, aber auch auf Dämmen und an Rainen, seltener an Wegrändern.

Wissenswertes: ♃. Die Heimat der Lanzettblättrigen Aster liegt in Nordamerika. Von dort gelangte sie im 19. Jahrhundert als Zierpflanze nach Mitteleuropa. Sie wird mit mehreren anderen Kleinarten zur Sammelart *A. novi-belgii* agg. zusammengefaßt.

Kleinblütige Aster

Aster tradescantii L.
Korbblütengewächse *Asteraceae* (*Compositae*)

Beschreibung: Blüten in Körbchen, die zahlreich in einem locker-rispigen, wedelartig ausladenden Gesamtblütenstand am Ende des Stengels stehen. Körbchen auffallend klein, nur 1–1,5 cm im Durchmesser. Hülle um 4 mm lang; Hüllblätter in mehreren Reihen, dachziegelig angeordnet, die äußeren etwa 1/2 so lang wie die inneren, schmal-lineal, kaum 0,5 mm breit, mäßig anliegend. Zungenblüten weiblich, beim Aufblühen rötlich, dann weißlich oder sehr blaß lila, frühzeitig zurückgerollt; Scheibenblüten zwittrig, röhrenförmig, gelb. Achänen um 2 mm lang, mit einem 1reihigen, knapp 3,5 mm langen, weißen Haarkranz. Stengel aufrecht, rundlich, unten kahl, im oberen Drittel mit – oft undeutlichen – Haarleisten aus kurzen, abstehenden Haaren, nur im Blütenstandsbereich verzweigt. Blätter wechselständig, lanzettlich, 6–10 cm lang, 0,5–1,5 cm breit, mit verschmälertem Grund sitzend, nicht geöhrt oder stengelumfassend, dünn, kahl, ganzrandig oder sehr entfernt und undeutlich gezähnt. August–November. 0,5–1 m.

Vorkommen: Braucht feuchten, stickstoffsalzreichen Lehm- oder Tonboden. Zierpflanze, die gelegentlich beständig verwildert ist. Besiedelt lichte Stellen in Auenwäldern und im Ufergebüsch, seltener auf orts- bzw. gartennahen Ruderalflächen.

Wissenswertes: ♃. Die Kleinblütige Aster stammt aus Nordamerika. Sie hat sich bei uns vermutlich erst im 19. Jahrhundert als Zierpflanze durchgesetzt. Allerdings wurde sie weit seltener kultiviert als viele ihrer Verwandten. Verglichen damit ist sie ziemlich häufig verwildert. Sie wird mit rund 50 anderen Sippen zur Sammelart *A. novi-belgii* agg. zusammengefaßt.

Glatte Aster
Aster laevis
Weidenblättrige Aster
Aster × salignus
Kleinblütige Aster
Aster tradescantii
Lanzettblättrige Aster
Aster lanceolatus

Alpen-Aster

Aster alpinus L.
Korbblütengewächse *Asteraceae* (*Compositae*)

Beschreibung: Blüten in Körbchen, die in der Regel einzeln am Ende des Stengels stehen. Körbchen 3–4,5 cm im Durchmesser. Hüllblätter in meist 2 - nicht immer deutlich erkennbaren - Reihen, um 1 cm lang, die äußeren oberhalb der Mitte breiter als 1,5 mm, alle ziemlich anliegend, stumpf oder spitz, vor allem am Rand sehr kurz behaart. Äußere Blüten zungenförmig, blauviolett, selten blau, rosa oder weiß, weiblich; Zunge 1–2 cm lang und um 2 mm breit; Scheibenblüten gelb, röhrig, goldgelb. Achänen um 3 mm lang; Haarkranz 1reihig, gut 5 mm lang, feinborstig. Stengel aufrecht, rundlich, anliegend oder abstehend kurzhaarig, sehr selten zottig, meist einfach, nur bei sehr üppig wüchsigen Exemplaren oberwärts verzweigt und dann mit mehreren Blütenkörbchen. Alle Blätter schmal-eiförmig bis zungenförmig, ganzrandig, stumpf, an den grundständigen Blättern und den untersten Stengelblättern allmählich in einen Stiel verschmälert, obere Stengelblätter mit verschmälertem Grund sitzend, viel kürzer und schmäler als die grundständigen Blätter; Grundblätter - wenig auffällig - anliegend kurzhaarig, seltener zottig, oberseits früh verkahlend. Juni–August. 5–20 cm.

Vorkommen: Braucht kalkhaltigen oder wenigstens nicht basenarmen, humushaltigen, steinig-flachgründigen Lehmboden. Besiedelt Weiden und Matten. Im Harz und in Thüringen Eiszeitrelikt, selten; im südlichen Schweizer Jura und in den Alpen zerstreut, örtlich in individuenreichen, lockeren Beständen. Bevorzugt Höhen zwischen etwa 1500–3000 m.

Wissenswertes: ♃. Formenreich, aber innerartliche Sippen nicht in eindeutiger Weise gliederbar.

Alpen-Maßliebchen

Aster bellidiastrum (L.) Scop.
Korbblütengewächse *Asteraceae* (*Compositae*)

Beschreibung: Blüten in Körbchen, die einzeln am Ende des - meist kurzen - blattlosen Stengels stehen. Körbchen 1–3 cm im Durchmesser. Hüllblätter stets in 2 Reihen, lanzettlich, im oberen Fünftel allmählich spitz zulaufend, krautig, mäßig dicht, kurz und abstehend behaart. Äußere Blüten zungenförmig, weiblich, 1reihig, weiß, sehr selten hell rosa, nur beim Verblühen zuweilen außen rötlich überlaufen; Scheibenblüten hellgelb, röhrig, 5zähnig, zwittrig; Boden des Körbchens schwach gewölbt, nie hohl (Durchschneiden! Sicheres Unterscheidungsmerkmal gegen das ähnliche Gänseblümchen, *Bellis perennis* L.). Achänen 2–3 mm lang; Haarkranz 2–3reihig, um 3 mm lang. Stengel blattlos, rund, von unten nach oben dichter werdend abstehend behaart, seltener überwiegend anliegend behaart, vereinzelt verkahlend. Blätter in grundständiger Rosette, kürzer als der Stengel, in der Form stark veränderlich; die untersten oft rundlich-spatelig, die mitten in der Rosette stehenden eiförmig, alle in einen Stiel verschmälert, der mindestens so lang wie die halbe Länge der Spreite ist, unterseits - vor allem auf den Nerven - dicht abstehend kraus behaart, oberseits nur schütter behaart oder praktisch kahl, ganzrandig oder nur entfernt gezähnt. Mai–Juni. 10–30 cm.

Vorkommen: Braucht kalkhaltigen oder wenigstens nicht sauren, feuchten, steinigen Lehmboden. Schwäbischer und Schweizer Jura, Alpenvorland zerstreut; Südschwarzwald selten; Kalkalpen häufig, in den Bereichen mit kristallinem Gestein selten. Wächst in Höhen zwischen etwa 500–2800 m.

Wissenswertes: ♃. Die Art ist ziemlich einheitlich.

Gold-Aster
Aster linosyris
Gänseblümchen
Bellis perennis
Alpen-Aster
Aster alpinus
Alpen-Maßliebchen
Aster bellidiastrum

Gold-Aster

Aster linosyris (L.) BERNH.
Korbblütengewächse *Asteraceae* (*Compositae*)

Beschreibung: Blüten in Körbchen, die zu mehreren bis vielen in einem endständigen, doldig-traubigen Gesamtblütenstand am Ende des Stengels und seiner - den Hauptstengel zuweilen etwas überragenden - Seitenzweige stehen. Körbchen um 1 cm im Durchmesser. Hüllblätter um 7 mm lang, unregelmäßig dachig stehend, mit einer pfriemlichen, oft hakig gekrümmten Spitze. Keine Zungenblüten vorhanden, nur zwittrige, goldgelbe Röhrenblüten. Achänen um 3 mm lang, Haarkranz undeutlich 2reihig, 5–7 mm lang, gelblich. Stengel aufrecht oder bogig aufsteigend, rundlich oder schwach gerieft, unter und innerhalb des Blütenstandes schwach rauh durch winzige, kegelige Härchen (starke Lupe!), sonst kahl, nur im obersten Drittel, d. h. im Bereich des Blütenstandes verzweigt. Blätter wechselständig, lineal-pfriemlich, 2–7 cm lang, höchstens 2–3 mm breit, ganzrandig, wie der Stengel im Blütenstandsbereich schwach rauh mit etwas verschmälertem Grund sitzend. Juli-Oktober. 20–60 cm.

Vorkommen: Braucht basisch bis neutral reagierenden, lockeren, trockenen Lehm- oder Lößboden. Besiedelt Trockenrasen, Trockengebüsche und lichte Trockenwälder. Im Harz sehr selten; in den Trockengebieten am Mittelrhein, in der Pfalz, in Franken, im Kaiserstuhl, am oberen Neckar, im südöstlichen Fränkischen Jura, im nördlichen Schweizer Jura, in den zentralalpinen Tälern, in Thüringen, Sachsen-Anhalt und Brandenburg, in Niederösterreich, im Burgenland und am Alpensüdfuß selten.

Wissenswertes: ♃. Die Gold-Aster ist eine Art, die aus den südosteuropäischen-südrussischen Steppen stammt.

Gänseblümchen

Bellis perennis L.
Korbblütengewächse *Asteraceae* (*Compositae*)

Beschreibung: Blüten in Körbchen, die einzeln am Ende des - meist kurzen - blattlosen Stengels stehen. Körbchen 1-3 cm im Durchmesser. Hüllblätter in meist 2 Reihen (nicht immer deutlich erkennbar), krautig, kahl oder - vor allem in ihrer unteren Hälfte - mäßig dicht und meist abstehend behaart, stumpf oder spitzlich. Äußere Blüten zungenförmig, weiblich, in 1-2 Reihen angeordnet, weiß, oft rot überlaufen, selten rosa oder purpur-rötlich; Scheibenblüten gelb, röhrig, 5zähnig, zwittrig; Boden des Körbchens kegelförmig, hohl (Durchschneiden! Sicheres Unterscheidungsmerkmal gegen das ähnliche Alpen-Maßliebchen, *Aster bellidiastrum* (L.) SCOP.). Achänen kaum 1 mm lang, ohne Haarkranz. Stengel aufsteigend oder aufrecht, rundlich, vor allem in der oberen Hälfte mehr oder weniger angedrückt behaart. Alle Blätter in einer grundständigen Rosette (vereinzelt auch 1 oder 2 Blättchen bodennah am Stengel); Spreite verkehrt-eiförmig bis spatelig, in einen geflügelten Stiel verschmälert. Februar–Dezember. 5-15 cm.

Vorkommen: Braucht stickstoffsalzreichen, nicht zu trockenen Lehm- oder Tonboden. Besiedelt Fettwiesen und -weiden, Garten- und Parkrasen, Wegränder. Sehr häufig. Geht in den Alpen bis über 2000 m.

Wissenswertes: ♃. Alte Heilpflanze; enthält Saponine, Bitterstoff, Gerbstoff und ätherisches Öl. Gelegentlich sieht man Individuen, bei denen einzelne Scheibenblüten als - meist kleinere - Zungenblüten ausgebildet sind. Exemplare mit gefüllten Körbchen sind in Wildpflanzenpopulationen sehr selten, häufig hingegen als Zierpflanzen ausgelesen und gepflanzt. Als solche werden auch rotblütige Formen gezogen.

Gewöhnliche Goldrute

Solidago virgaurea L.
Korbblütengewächse *Asteraceae* (*Compositae*)

Beschreibung: Mehrere bis zahlreiche Körbchen stehen in einem rispigen, im Umriß walzlich-eiförmigen Gesamtblütenstand am Ende des Stengels. Körbchen 1–2 cm im Durchmesser; Hülle 6–8 mm lang; Hüllblätter locker in 2–4 Reihen, lanzettlich, häutig, mit grünem Mittelnerv, kurz behaart oder fast kahl, zugespitzt. Blüten gelb; randliche Zungenblüten 6–12, weiblich, Zunge um 5 mm lang, um 1,5 mm breit; Scheibenblüten als Röhrenblüten ausgebildet, zwittrig. Achänen mit einem 1reihigen Haarkranz, der knapp 5 mm lang wird. Stengel aufrecht, unten rundlich, in der oberen Hälfte oft gefurcht, unten oft rötlich-braun bis violett überlaufen, kurz behaart. Blätter wechselständig, die unteren schmal-eiförmig, in einen geflügelten Stiel zusammengezogen, die mittleren lanzettlich und undeutlich gestielt, die obersten lineal-lanzettlich, sitzend; Blätter am Rand – vor allem im mittleren Spreitenteil – mit entfernt stehenden, spitzen Zähnen, oberste Blätter oft ganzrandig; Blattspreiten beidseits schütter behaart, zuweilen fast kahl. Juli–Oktober. 0,2–1,2 m.

Vorkommen: Braucht lockeren, meist steinigen Lehmboden. Besiedelt lichte Wälder, Heiden, seltener Trockengebüsche und Halbtrockenrasen, in den Alpen felsschuttreiche, oft lückige Matten. Fehlt im westlichen Teil des Tieflands kleineren Gebieten, sonst zerstreut. Steigt in den Alpen bis etwa 2500 m.

Wissenswertes: ♃. Ssp. *virgaurea* hat Körbchen von 1–1,5 cm Durchmesser, die Bergsippe ssp. *minuta* (L.) ARC. besitzt Körbchen von 1,5–2 cm Durchmesser; sie wächst meist nur oberhalb von etwa 800 m. Ssp. *virgaurea* steigt kaum bis zur Waldgrenze.

Späte Goldrute

Solidago gigantea AIT.
Korbblütengewächse *Asteraceae* (*Compositae*)

Beschreibung: Überaus zahlreiche Körbchen stehen in einem Gesamtblütenstand aus vielen, bogig gekrümmten Trauben; der Gesamtblütenstand ähnelt einer pyramidenförmigen Rispe; die Körbchen sind in den einzelnen Trauben einseitswendig ausgerichtet, und zwar zeigen sie mit ihren Blüten nach oben. Körbchen 4–8 mm im Durchmesser; Hülle 3–4 mm lang; Hüllblätter in mehr als 1 Reihe, gelblich-grün. Blüten goldgelb; randliche Zungenblüten 8–15, weiblich, eindeutig – wenn auch nur wenig – länger als die im Innern des Körbchens dicht stehenden, zwittrigen Röhrenblüten (Lupe!) und knapp 1 mm breit. Achänen kaum 1 mm lang, Haarkranz 3–4 mm lang. Stengel aufrecht, bis auf den Blütenstandsbereich kahl, unten oft rötlich (-violett). Blätter wechselständig, ziemlich dicht dem Stengel ansitzend, lanzettlich, mit deutlichem Hauptnerv und 2 – oft undeutlichen – am Grund abzweigenden, bogig verlaufenden Seitennerven, spitz zulaufend, höchstens am Rand sehr kurz behaart bzw. nur rauh, sehr selten auch auf der Blattunterseite auf den Nerven, in der Regel völlig kahl, am Rand – vor allem in und etwas über der Blattmitte – mit vorwärts gerichteten Zähnen. August–September. 0,5–1,5 m.

Vorkommen: Braucht feuchten, stickstoffsalzreichen Lehmboden. Zierpflanze aus Nordamerika, die verwildert ist und örtlich in individuenreichen Beständen wächst. Besiedelt lichte Waldstellen, Raine und Ruderalflächen. Fehlt im westlichen Teil des Tieflands und in den lehmarmen Mittelgebirgen gebietsweise.

Wissenswertes: ♃. Die europäischen Pflanzen gehören überwiegend der ssp. *serotina* (O. KUNTZE) MCNEILL an.

Kanadische Goldrute

Solidago canadensis L.
Korbblütengewächse *Asteraceae* (*Compositae*)

Beschreibung: Zahlreiche Körbchen stehen in einem Gesamtblütenstand aus vielen, bogig gekrümmten Trauben; der Gesamtblütenstand ähnelt einer eher schlanken, pyramidenförmigen Rispe; die Körbchen sind in den einzelnen Trauben einseitswendig ausgerichtet, und zwar zeigen sie mit ihren Blüten nach oben. Körbchen 3-5 mm im Durchmesser; Hülle 2-3 mm lang; Hüllblätter in mehr als 1 Reihe, gelblich-grün; Blüten goldgelb; randliche Zungenblüten 8–20, weiblich, nicht länger als die im Innern des Körbchens dicht stehenden, zwittrigen Röhrenblüten (Lupe!) und nur um 0,5 mm breit. Achänen kaum 1 mm, Haarkranz um 2 mm lang. Stengel aufrecht, besonders im oberen Teil deutlich, oftmals flaumig kurzhaarig, grün. Blätter wechselständig, ziemlich dicht dem Stengel ansitzend, lanzettlich, mit deutlichem Hauptnerv und 2 - oft undeutlichen - am Grund abzweigenden, bogigen Seitennerven, spitz zulaufend, unterseits oft dicht kurzhaarig, am Rand - vor allem bei den mittleren Stengelblättern - enfernt und scharf gezähnt, oberste Blätter zuweilen nahezu ganzrandig. August–September. 0,5–2 m.

Vorkommen: Braucht feuchten, stickstoffsalzreichen, nicht zu flachen Lehm- oder Tonboden. Zierpflanze aus Nordamerika, die vielerorts beständig verwildert ist und örtlich in individuenreichen Beständen wächst. Besiedelt lichte Waldstellen, Ufer und Ruderalflächen. Fehlt im Tiefland größeren Gebieten und ist wohl überall häufiger als die Späte Goldrute.

Wissenswertes: ♃. Wie die Späte Goldrute (oft mit dieser verwechselt) seit der 2. Hälfte des 19. Jahrhunderts verwildert und immer noch in Ausbreitung begriffen.

Grasblättrige Goldrute

Solidago graminifolia (L.) SALISB.
Korbblütengewächse *Asteraceae* (*Compositae*)

Beschreibung: Zahlreiche Körbchen stehen in einem doldig-rispigen Gesamtblütenstand; in den Teilblütenständen sind jeweils 3–7 Körbchen kopfig gehäuft. Körbchen 4–8 mm im Durchmesser; Hülle 3–6 mm lang. Hüllblätter in mehr als 1 Reihe, gelblich-grün; Blüten goldgelb; randliche Zungenblüten 10–20, weiblich, zahlreicher und nur wenig länger als die im Innern des Körbchens stehenden, zwittrigen Röhrenblüten (Lupe!), um 0,5 mm breit. Achänen kaum 1 mm lang, Haarkranz 3–4 mm lang. Stengel aufrecht, nur oberwärts verzweigt, kahl oder höchstens etwas rauh, rundlich, unterhalb der Blattansatzstellen mit schwach herablaufenden Leisten. Blätter wechselständig, locker am Stengel ansitzend, schmal-lanzettlich, gegen den Grund verschmälert, mindestens 10mal so lang wie breit, ganzrandig, undeutlich 3-5nervig, zuweilen nur der Hauptnerv gut erkennbar, unterseits und am Rand etwas rauh, sonst kahl. Juli–September. 0,3–1,2 m.

Vorkommen: Braucht feuchten, grundwasserdurchzogenen, basenreichen, häufig kalkhaltigen Lehm- oder Tonboden, der locker-steinig sein kann und der Stickstoffsalze einigermaßen reichlich enthalten sollte. Zierpflanze aus Nordamerika, die oft nur unbeständig, da und dort aber beständig verwildert ist, so z. B. an der Unterelbe, in Brandenburg, im südwestlichen Schwäbischen Jura, im Alpenvorland (vor allem an der mittleren Isar), am Fuß der Schwäbischen Alb bei Reutlingen, im Bodenseegebiet, am Hochrhein, im Elsaß, in Vorarlberg und Niederösterreich; überall selten.

Wissenswertes: ♃. Von den aus Nordamerika kommenden, bei uns verwilderten Arten der Gattung am seltensten.

Grasblättrige Goldrute
Solidago graminifolia
Gewöhnliche Goldrute
Solidago virgaurea
Späte Goldrute
Solidago gigantea
Kanadische Goldrute
Solidago canadensis

Einjähriges Berufkraut

Erigeron annuus (L.) PERS.
Korbblütengewächse *Asteraceae* (*Compositae*)

Beschreibung: Blüten in Körbchen, die zahlreich in einem rispigen Gesamtblütenstand stehen; Seitenäste oft länger als der Hauptstengel. Körbchen 1,5–2,2 cm im Durchmesser. Hülle um 5 mm lang; Hüllblätter undeutlich mehrreihig, schmal-lanzettlich, kaum 1 mm breit, mit 1–5 längeren, krausen Haaren, nach der Blüte zurückgeschlagen. Zungenblüten undeutlich 2reihig; Zungen kaum 0,5 mm breit, blaßlila (vor allem gegen die Spitzen), hell rosaviolett oder weißlich; Scheibenblüten zwittrig, röhrig, gelb. Achänen um 1 mm lang; Haarkranz an den Zungenblüten 1reihig, an den Röhrenblüten 2reihig, äußere Härchen 0,2–0,4 mm (Lupe!); 10–15 innere Härchen 1–2 mm lang, borstlich. Stengel aufrecht, oft nur sehr schütter und überwiegend kurz, selten auch dicht und abstehend behaart. Gestielte, breit-eiförmige Grundblätter, zur Blütezeit meist vertrocknet; Stengelblätter wechselständig, untere breit-lanzettlich, 3–6 cm lang, 1,5–2,5 cm breit, plötzlich in einen langen Stiel verschmälert, grob gezähnt, die oberen kürzer und schmäler, sitzend, zum Teil noch deutlich gezähnt. Juni–Oktober. 0,3–1,5 m.

Vorkommen: Braucht locker-sandigen Lehmboden. Zierpflanze („Feinstrahl"), die beständig in Ufergebüschen, Auenwäldern und Ödland verwildert. Zerstreut; fehlt im Tiefland und auf Sand gebietsweise.

Wissenswertes: ☉. Ssp. *annuus*: Blätter grob gezähnt; ssp. *strigosus* (MÜHLENB. ex WILLD.) WAGENITZ: Blüten weißlich, Stengel kurz anliegend behaart, Blätter schwach gezähnt; ssp. *septentrionalis* (FERN. & WIEG.) WAGENITZ: Blüten weißlich, Stengel zerstreut und abstehend behaart, selten kahl.

Einköpfiges Berufkraut

Erigeron uniflorus L.
Korbblütengewächse *Asteraceae* (*Compositae*)

Beschreibung: Blüten in Körbchen, die einzeln am Ende des Stengels stehen. Körbchen 1,5–2,5 cm im Durchmesser (ausgebreitet gemessen). Hülle 5–8 mm lang, selten etwas länger; Hüllblätter undeutlich mehrreihig, lineal-lanzettlich, erst im oberen Viertel zugespitzt und vorne zuweilen stumpflich bleibend, in der Regel braun-rötlich überlaufen, auf der Außenfläche weißwollig, am Rand wimperig; äußere Hüllblätter oft abstehend oder etwas zurückgebogen. Zungenblüten randständig, weiblich, zahlreich, in mehr als 1 Reihe; Zungen kaum 1 mm breit, bis um 5 mm lang, rosa, hell trüb weinrot bis blaßlila, gelegentlich weißlich; zwischen den Zungenblüten und den Röhrenblüten stehen keine fädlichen weiblichen Blüten; Scheibenblüten zwittrig, röhrig, schmutziggelb, oft an der Spitze trüb bräunlich-purpurn überlaufen. Achänen um 2 mm lang; Haarkranz aus 1 Reihe feinborstiger Haare, die um 4 mm lang werden, davor 1 weitere, undeutliche Reihe viel kürzerer Borsten. Stengel oft bogig aufsteigend oder bogig überhängend, drüsenlos, höchstens oberwärts schütter langhaarig. Grundblätter verkehrt-eiförmig bis spatelig, in den langen Stiel verschmälert, vorn meist abgestumpft, seltener ausgerandet; Stengelblätter fehlen oft, sonst nur wenige vorhanden, diese wechselständig, sitzend, schmallanzettlich. Juli–September. 3–20 cm.

Vorkommen: Braucht kalkarmen, flachgründig-steinigen, humosen Lehmboden. Besiedelt lückige Matten, bevorzugt zwischen etwa 1500–2500 m; zerstreut.

Wissenswertes: ♃. Ähnlich: *E. candidus* WIDDER.: Zungenblüten rein weiß; Endemit der Norischen Alpen; selten.

Einjähriges
Berufkraut
Erigeron annuus
Felsen-Berufkraut
Erigeron gaudinii
Einköpfiges Berufkraut
Erigeron uniflorus
Drüsiges Berufkraut
Erigeron atticus

Drüsiges Berufkraut

Erigeron atticus VILL.
Korbblütengewächse *Asteraceae* (*Compositae*)

Beschreibung: Blüten in Körbchen, von denen meist 3–12 (selten mehr oder weniger) in einer doldenartigen Rispe am Ende des Stengels stehen. Körbchen 2–3,5 cm im Durchmesser (ausgebreitet gemessen), ihre Stiele dicht drüsig behaart. Hülle um 8 mm lang; Hüllblätter zahlreich, in 2–3 undeutlichen Reihen, lineal-lanzettlich, um 1 mm breit, dunkelgrün, oft trüb purpurn überlaufen, drüsig behaart. Randliche Blüten zungenförmig, weiblich, purpurrot; Zunge um 5 mm lang, um 1 mm breit; zwischen den Zungenblüten und den röhrigen Scheibenblüten befinden sich „Fadenblüten", das sind weibliche Blüten, deren Zunge verkümmert ist; Scheibenblüten zwittrig, röhrig, gelb. Achänen gut 2 mm lang; Haarkranz aus 1 Reihe - etwas brüchiger - feiner Borstenhaare, die um 5 mm lang werden; vereinzelt eingestreut wenige kürzere Borstenhaare. Stengel aufrecht, unten 3–4 mm dick, undeutlich kantig, oberwärts mit zahlreichen, kurzen Drüsenhaaren bestanden und dadurch etwas klebrig. Blätter grundständig und am Stengel wechselständig, alle beidseits drüsig behaart und dadurch klebrig; Grundblätter länglich-lanzettlich, allmählich in einen Stiel verschmälert, 5–15 cm lang, 1,5–2,5 cm breit, früh absterbend; Stengelblätter dicht stehend, schmal-eiförmig bis lanzettlich, mit breitem Grund sitzend. Juli–September. 20–60 cm.

Vorkommen: Braucht flachgründig-steinigen Boden, der oft kalkarm ist. Besiedelt trockensonnige, warme Rasen, bevorzugt zwischen etwa 1000–2000 m. Südwestalpen zerstreut; sonst selten; fehlt in den östlichen Kalkalpen.

Wissenswertes: ♃. Am dicken, klebrigen Stengel gut kenntlich.

Felsen-Berufkraut

Erigeron gaudinii BRÜGG.
Korbblütengewächse *Asteraceae* (*Compositae*)

Beschreibung: Blüten in Körbchen, von denen meist 2–8 (selten mehr oder weniger) in einer langstieligen Traube am Ende des Stengels stehen. Körbchen 1,5–2 cm im Durchmesser (ausgebreitet gemessen), ihre Stiele dicht drüsig behaart. Hülle um 8 mm lang; Hüllblätter zahlreich, in 2–3 undeutlichen Reihen, lineal-lanzettlich, gut 1 mm breit, meist grün, selten rötlich-violett überlaufen, drüsig behaart. Randliche Blüten zungenförmig, weiblich, blaßlila oder weißlich; Zunge um 4 mm lang, um 1 mm breit; zwischen den Zungenblüten und den röhrigen Scheibenblüten stehen „Fadenblüten", das sind weibliche Blüten, deren Zunge verkümmert ist; Scheibenblüten zwittrig, röhrig, gelb. Achänen um 3 mm lang; Haarkranz aus 1 Reihe - etwas brüchiger - feiner Borstenhaare, die kaum 5 mm lang werden; zwischen den langen Borstenhaaren stehen - mäßig zahlreich - kürzere, so daß der Haarkranz undeutlich 2reihig erscheint. Stengel rundlich, dünn, oft purpurn überlaufen, oben dicht drüsig behaart, klebrig. Blätter grundständig und am Stengel wechselständig, alle beidseits - zumindest mäßig - drüsig behaart; Grundblätter schmal-eiförmig bis lanzettlich, allmählich in einen geflügelten Stiel verschmälert, 5–15 cm lang, kaum 1 cm breit, zur Blütezeit meist noch vorhanden; Stengelblätter locker stehend, schmal-lanzettlich, mit verschmälertem Grund sitzend. Juli–August. 10–30 cm.

Vorkommen: Spalten in kalkarmen Felsen. Feldberggebiet im Schwarzwald vereinzelt; Zentral- und Südalpen selten; bevorzugt zwischen etwa 1000–2000 m.

Wissenswertes: ♃. Das Vorkommen im Schwarzwald ist ein Relikt.

Echtes Alpen-Berufkraut

Erigeron alpinus L.
Korbblütengewächse *Asteraceae* (*Compositae*)

Beschreibung: Blüten in Körbchen, von denen meist 1-5, selten bis zu 10 traubig oder doldig-traubig am Stengel stehen. Körbchen 2-3,5 cm im Durchmesser (ausgebreitet gemessen), ihre Stiele ebensowenig wie Stengel und Blätter drüsig behaart. Hülle um 6 mm lang; Hüllblätter in meist 2 undeutlichen Reihen, lineal-lanzettlich, um 1 mm breit, spitz, behaart, nicht drüsig. Randblüten zungenförmig, weiblich, rosa oder purpurrot; Zunge um 4 mm lang, um 1 mm breit, vor der Blüte aufrecht, dann abgespreizt; zwischen den Zungenblüten und den röhrigen Scheibenblüten stehen „Fadenblüten" (weibliche Blüten, deren Zunge verkümmert ist); Scheibenblüten zwittrig, röhrig, gelb, an der Spitze oft purpurrot. Achänen kaum 3 mm lang; Haarkranz aus 1 Reihe oft gelblich-rötlicher Haare, die um 4 mm lang werden. Stengel schütter behaart, drüsenlos, meist grün. Blätter grundständig und am Stengel wechselständig, ohne Drüsenhaare; Grundblätter lanzettlich, in den Stiel verschmälert; Stengelblätter lanzettlich, die oberen mit verschmälertem Grund sitzend. Juli-September. 2-30 cm.

Vorkommen: Braucht steinigen Lehmboden in sonniger Lage. Besiedelt lückige Matten auf meist kalkarmem Gestein. Schweizer Jura selten; Zentral- und Südalpen zerstreut, sonst in den Alpen selten. Bevorzugt in Höhen zwischen etwa 1800-2500 m.

Wissenswertes: ♃. *E. alpinus* L. wird mit dem Verkannten Alpen-Berufkraut (*E. neglectus* KERN.: Meist 5-10 Blütenkörbchen am Stengel; Hüllblätter dicht wollig behaart; Zungenblüten weinrot; auf kalkreichen Böden; Kalkalpen; selten) zur Sammelart *E. alpinus* agg. vereint.

Kahles Berufkraut

Erigeron polymorphus SCOP.
Korbblütengewächse *Asteraceae* (*Compositae*)

Beschreibung: Blüten in Körbchen, von denen meist 1-3, selten bis zu 6, traubig am Stengel stehen. Körbchen 1,5-3 cm im Durchmesser (ausgebreitet gemessen), ihre Stiele ebenso wie Stengel und Blätter drüsenlos. Hülle um 6 mm lang; Hüllblätter zahlreich, in meist 2 Reihen, linealisch, um 1 mm breit, spitz, behaart, nicht drüsig. Randliche Blüten zungenförmig, weiblich, blaßlila oder purpurrot; Zunge um 4 mm lang, um 1 mm breit, vor der Blüte aufrecht, dann abgespreizt; zwischen den Zungenblüten und den Scheibenblüten stehen keine „Fadenblüten", das sind weibliche Blüten, deren Zunge verkümmert ist; Scheibenblüten zwittrig, röhrig, gelb bis purpurn überlaufen. Achänen kaum 3 mm lang; Haarkranz aus 1 Reihe oft gelblich-rötlicher Haare, die um 4 mm lang werden. Stengel schütter behaart, grün. Blätter grundständig und am Stengel wechselständig, nur am Rande behaart; Grundblätter lanzettlich, in den Stiel verschmälert; Stengelblätter lanzettlich, die oberen sitzend. Juli-September. 5-30 cm.

Vorkommen: Braucht steinig-schuttigen, humus- und kalkhaltigen Boden. Besiedelt ruhende Schutthalden, Felsspalten und sehr lückige Matten. Südlicher Schweizer Jura selten; in den Kalkalpen zerstreut; bevorzugt in Höhen zwischen etwa 1200-2200 m (zuweilen wesentlich tiefer oder etwas höher).

Wissenswertes: ♃. Am Südalpenfuß auf kalkarmem Gestein: Karwinskis Berufkraut (*E. karvinskianus* DC.): Hülle 2-5 mm lang, Körbchen 1-2 cm im Durchmesser; Zungen 3-8 mm lang, innen weiß, außen rosa; untere Blätter meist 3zähnig geteilt. Verwilderte Zierpflanze aus Mittelamerika, örtlich häufig.

Scharfes Berufkraut

Erigeron acris L.
Korbblütengewächse *Asteraceae* (*Compositae*)

Beschreibung: Blüten in 5–25 Körbchen; Stengel meist einzeln, Körbchen 0,5–1,5 cm im Durchmesser (ausgebreitet gemessen). Hülle um 6 mm lang; Hüllblätter zahlreich, lineal-lanzettlich, in der Regel – wie die Körbchenstiele – dicht behaart. Randliche Blüten zungenförmig, weiblich, aufrecht, kaum länger als die inneren, zwittrigen, röhrigen, zuerst gelblichen, dann trübroten Scheibenblüten; zwischen Zungenblüten und Scheibenblüten stehen „Fadenblüten". Achänen um 3 mm, Haarkranz um 6 mm lang. Stengel aufrecht, abstehend behaart, grün. Blätter grundständig, am Stengel wechselständig, behaart, wellig, ganzrandig oder entfernt gezähnt, die unteren lanzettlich, gestielt, die oberen sitzend. Mai–September. 10–60 cm.

Vorkommen: Braucht kalkhaltigen Boden. Besiedelt Halbtrockenrasen, Kies- und Sandbänke. Fehlt über kalkfreiem oder sehr kalkarmem Gestein; sonst zerstreut; geht bis etwa 1800 m.

Wissenswertes: ♃. Der Name „Berufkraut" bezieht sich auf diese Art. Sie wurde früher z. B. als Schutz gegen das „Verhextwerden" Kindern in die Wiege gelegt. – Folgende Unterarten werden unterschieden: Ssp. *acris*: Stengel und Blätter rauhhaarig; ssp. *angulosus* (GAUDIN) VACC.: Stengel und Blätter fast kahl; Hülle um 7 mm lang; auf Schotter im Voralpengebiet; ssp. *droebachiensis* (O. F. MÜLL.) ARC.: Hülle um 5 mm, spärlich behaart, Norddeutschland; ssp. *macrophyllus* (HERBICH) GUTERM.: 30–70 Körbchen; Zungenblüten länger als Röhrenblüten, Österreich; ssp. *politus* (FRIES) LINDB. f.: Hüllblätter kahl oder mit wenigen sitzenden Drüsen, dunkelrot; Schweiz, Skandinavien; selten.

Kanadisches Berufkraut

Conyza canadensis (L.) CRONQ.
Korbblütengewächse *Asteraceae* (*Compositae*)

Beschreibung: Blüten in Körbchen, die außerordentlich zahlreich (oft Hunderte) in einer dichten, langwalzlich-pyramidalen Rispe stehen. Körbchen um 4 mm lang und 2 mm breit. Hülle um 3 mm lang; Hüllblätter undeutlich 2–3reihig, die äußeren kürzer als die inneren, kahl. Randliche Blüten zungenförmig, weiblich, weiß, seltener rötlich, aufrecht, kaum länger als die Hülle und als die gelben, röhrenförmigen, zwittrigen inneren Blüten. Achänen um 1 mm lang; Haarkranz aus 1 Reihe gelblicher Haare, die 2–3 mm lang werden. Stengel aufrecht, glatt oder leicht gerieft-gerippt, kahl oder mit nur vereinzelten Haaren, in der oberen Hälfte verzweigt oder einfach. Blätter wechselständig, dicht stehend, die unteren schmal-lanzettlich, bis etwa 1 cm breit, in einen Stiel verschmälert, zur Blütezeit zum Teil verdorrt; mittlere und obere Blätter lineal-lanzettlich, die mittleren oft, die oberen durchweg mit verschmälertem Grund sitzend. Juni–September. 10–80 cm.

Vorkommen: Braucht mäßig stickstoffsalzreichen Untergrund; wärmeliebend. Besiedelt Wegränder und Pflasterfugen in Siedlungen, ortsnahes Ödland, Waldschläge und Brachen. Heimat: USA und südliches Kanada; seit Mitte des 17. Jahrhunderts in Europa verwildert und heute fast überall eingebürgert. Häufig, fehlt jedoch in Gegenden mit rauhem Klima.

Wissenswertes: ☉. Enthält Gerbstoffe und ätherisches Öl. – Ähnlich: Krauses Berufkraut (*C. bonariensis* agg.): Randblüten meist ohne Zunge; Körbchen mindestens 4 mm; vereinzelt eingeschleppt; unbeständig. Heimat: Südamerika (*bonariensis* = Buenos-Airesches).

Echtes Alpen-Berufkraut
Erigeron alpinus
Kahles Berufkraut
Erigeron polymorphus
Scharfes Berufkraut
Erigeron acris
Kanadisches
Berufkraut
Conyza canadensis

Französisches Filzkraut

Filago gallica L.
Korbblütengewächse *Asteraceae* (*Compositae*)

Beschreibung: Blüten in Körbchen, die zu 2–6 knäuelig gehäuft (sehr selten auch einzeln) in den Astgabeln stehen; die Knäuel werden von den unter ihnen stehenden Stengelblättern um mindestens die doppelte Knäuellänge überragt (gutes Kennzeichen!). Körbchen um 4 mm lang, um 2 mm im Durchmesser. Hülle pyramidal. 15–20 Hüllblätter stehen in wenigen, undeutlichen Reihen, die äußeren sind am Grund weißfilzig behaart, die inneren gelblich-trockenhäutig. Blüten gelblich, die äußeren mit verkümmerter Zunge, engröhrig, weiblich, die inneren röhrenförmig, zwittrig. Achänen kaum 1 mm lang; Haarkranz etwas hinfällig, um 2 mm lang. Stengel aufrecht, gelegentlich schon vom Grund an verzweigt oder nur oberwärts mehrfach gabelig-scheindoldig verästelt, wie die Blätter ziemlich dünn seidig-filzig grauweiß behaart. Blätter am Stengel wechselständig und ziemlich dicht stehend, lineal-pfriemlich, die größeren 1–2 cm lang, 0,8–1,2 mm breit, sitzend, ganzrandig, spitz zulaufend. Juli–September. 10–20 cm.

Vorkommen: Braucht kalkarmen, aber nährsalzreichen, steinig-grusigen Boden. Besiedelt Wegränder, Brachen, Schotterflächen und sandige, lückige Rasen. Westlicher Alpensüdfuß, selten; früher am nördlichen Oberrhein und in den Sandgebieten der Pfalz.

Wissenswertes: ☉. Das Französische Filzkraut war schon vor dem 2. Weltkrieg von etlichen seiner nie zahlreichen Standorte in den Sandgebieten zwischen Neckar und Main sowie in der Pfalz und im Saargebiet verschwunden. Derzeit gilt es in der Bundesrepublik als „erloschen". Östlich etwa von 10 ° ö. L. kam es wohl auch früher nicht vor.

Gewöhnliches Filzkraut

Filago vulgaris LAM.
Korbblütengewächse *Asteraceae* (*Compositae*)

Beschreibung: Blüten in Körbchen, von denen meist 20–30 zu kugeligen Knäueln zusammengefaßt sind, die um 1 cm im Durchmesser erreichen und am Ende des Stengels und seiner Äste stehen; die Knäuel werden von den unter ihnen stehenden Stengelblättern nicht oder nur ganz wenig überragt. Körbchen um 5 mm lang, kaum 2 mm im Durchmesser. Hülle länglich-eiförmig, im Querschnitt rundlich. Hüllblätter in mehreren, undeutlichen Reihen, an der Spitze gelblich, am Grund rötlich, mittlere fast kahl. Außen im Körbchen 15–25 weibliche „Fadenblüten" (Zunge verkümmert), innen 2–3 zwittrige Röhrenblüten. Achänen um 0,5 mm lang; Haarkranz knapp 3 mm lang, hinfällig, weiß. Stengel aufrecht, erst im oberen Drittel verzweigt, selten schon am Grund mit wenigen Ästen. Blätter wechselständig, schmal-lanzettlich, die größeren 1,5–2,5 cm lang, 1,5–3 mm breit, am Rand meist wellig, mit verschmälertem Grund sitzend, grauweiß wollig-filzig. Juli–September. 5–35 cm.

Vorkommen: Braucht kalkarmen, nährsalzreichen, steinig-sandigen Boden. Besiedelt Dämme, lückige Sandrasen und Brachen. In den Sandgebieten sehr selten; an zahlreichen seiner früheren Standorte erloschen.

Wissenswertes: ☉. Wird mit dem Graugelben Filzkraut (*F. lutescens* JORD.: Locker gelblich behaart; Hüllblätter mit rötlicher Spitze, Blätter schmal-spatelig, Mittelgebirge und Tiefland östlich der Elbe, sehr selten) und dem Spatelblättrigen Filzkraut (*F. pyramidata* L.: Anliegend grauweiß behaart; Hüllblätter mit gelblicher Spitze, Blätter schmal-spatelig; südlicher Oberrhein, Südalpenfuß, sehr selten) zur Sammelart *F. vulgaris* agg. zusammengefaßt.

Kleines Filzkraut
Filago minima
Spatelblättriges Filzkraut
Filago pyramidata
Acker-Filzkraut
Filago arvensis
Gewöhnliches Filzkraut
Filago vulgaris
Französisches Filzkraut
Filago gallica

Acker-Filzkraut

Filago arvensis L.
Korbblütengewächse *Asteraceae* (*Compositae*)

Beschreibung: Blüten in Körbchen, von denen 2–7 in lockeren Knäueln zusammengefaßt sind; die Knäuel sind - kurz gestielt oder sitzend - wenig dicht am Stengel oder an seinen Ästen verteilt; sie werden von den unter ihnen stehenden Blättern nicht oder nur sehr wenig überragt. Körbchen knapp 5 mm lang, 3–4 mm im Durchmesser. 15–20 Hüllblätter, die stumpf oder nur kurz zugespitzt sind und die zur Fruchtzeit stark abspreizen; die äußeren Hüllblätter sind stark weißfilzig, die inneren sind weniger dicht filzig behaart und besitzen einen weißlich-bräunlichen, trockenhäutigen Rand. Äußere Hüllblätter mit fädlichen, haarkranzlosen weiblichen Blüten; meist 4 zwittrige Röhrenblüten im Innern des Körbchens, gelb, an der Spitze oft trüb weinrot. Achänen knapp 1 mm lang; Haarkranz (nur an den 4 inneren Blüten) etwas hinfällig, knapp 3 mm lang, weiß. Stengel aufrecht oder leicht bogig aufgekrümmt, im oberen Teil verzweigt, anliegend grauweiß-filzig. Blätter wechselständig, lineal-lanzettlich, 1–2 cm lang, 2–3 mm breit, dicht grauweiß-filzig. Juli–September. 10–35 cm.

Vorkommen: Braucht kalkarmen, nährsalzhaltigen, steinig-grusigen oder sandigen Boden. Besiedelt Wege, Brachen, Äcker. In den Sandgebieten östlich der Elbe und in denen der Mittelgebirge selten, ebenso am Alpensüdfuß und in den tieferen Lagen der zentral- und südalpinen Täler. Geht bis über 1000 m.

Wissenswertes: ⊙. Ähnlich: Falzblume (*Micropus erectus* L.): 2–7 Körbchen in lockeren Knäueln, die endständig am Stengel und den Ästen oder in den Astachseln stehen. Alle Achänen ohne Haarkranz. 5–15 cm. Südelsaß, Genfer See, Südalpenfuß; selten.

Kleines Filzkraut

Filago minima (Sm.) Pers.
Korbblütengewächse *Asteraceae* (*Compositae*)

Beschreibung: Blüten in Körbchen, die - sehr selten einzeln - meist zu 2–6 geknäuelt am Ende des Stengels und der Äste oder verstreut seitlich an ihnen stehen; die Knäuel werden von den unter ihnen stehenden Stengelblättern nicht oder nur ganz wenig überragt. Körbchen um 3 mm lang und kaum 2 mm im Durchmesser. Hülle aus meist 15–20 stumpfen Hüllblättern, die bei der Fruchtreife sternförmig abspreizen; die äußeren Hüllblätter sind dicht weißfilzig, die inneren kahl, trockenhäutig und gelblich; die äußeren Hüllblätter umschließen weibliche, fädliche Blüten, deren Achänen ein Haarkranz fehlt; im Innern des Körbchens stehen meist 5 zwittrige Röhrenblüten und mehrere weibliche Fadenblüten. Achänen der inneren Blüten kaum 1 mm lang, ihr - hinfälliger - Haarkranz wird etwa 2 mm lang. Stengel aufsteigend oder aufrecht, nur in der oberen Hälfte verzweigt, angedrückt dünn graufilzig. Blätter wechselständig, dicht stehend, 0,5–1 cm lang, um 1 mm breit, angedrückt graufilzig. Juli–September. 5–20 cm.

Vorkommen: Braucht kalk- und nährsalzarmen, steinig-grusigen oder sandigen Boden. Besiedelt Dünen, lückige Sandrasen, sandig verwitternde Felsen und Wegränder. In den Sandgebieten des Tieflands zerstreut, aber auch dort gebietsweise fehlend (vor allem westlich der Elbe); am Fuß der Südalpen (besonders der westlichen Südalpen) selten, am Fuß der Nordalpen sehr selten, weithin fehlend.

Wissenswertes: ⊙. Das Kleine Filzkraut ist - wie auch andere Arten der Gattung - im 20. Jahrhundert als Folge der Intensivierung der Landwirtschaft von vielen seiner vordem bekannten Standorte verschwunden.

Edelweiß *Leontopodium*
Katzenpfötchen *Antennaria*
Perlkörbchen *Anaphalis*

Edelweiß

Leontopodium alpinum CASS.
Korbblütengewächse *Asteraceae* (*Compositae*)

Beschreibung: Blüten in Körbchen; Körbchen 4–8 mm im Durchmesser, zu 2–12 traubig-doldig am Ende des Stengels gedrängt (sehr selten enthalten die Gesamtblütenstände nur 1 Körbchen) und von 5–15 sternförmig ausgebreiteten, dicht weißfilzig behaarten, lanzettlichen Hochblättern umstanden. Pflanzen 1häusig, d. h. jedes Exemplar hat Blüten beider Geschlechter, aber die sind nicht zwittrig, sondern 1geschlechtig: Die äußeren Blüten in jedem Körbchen sind fadenförmig dünn und weiblich; die inneren, röhrenförmigen, sind scheinbar zwittrig, doch sind bei ihnen nur die Pollen funktionsfähig. Achänen gut 1 mm lang; Haarkranz knapp 5 mm lang, sehr hinfällig. Stengel aufrecht, grauweiß wollig-filzig, locker beblättert, einfach oder nur oben spärlich verzweigt. Stengelblätter wechselständig, schmal-lanzettlich, zum Grund hin verschmälert, die unteren mit einem scheidig erweiterten Stiel, die oberen sitzend, bis 5 cm lang und bis zu 8 mm breit, vor allem auf der Unterseite dicht filzig behaart; oberseits ist die Behaarung weniger dicht, stumpfer weiß oder grau. Juli–August. 5–20 cm (vereinzelt bis 40 cm).

Vorkommen: Braucht kalkhaltigen oder basischen Untergrund, der im übrigen ziemlich steinig, lehmig oder tonig sein kann, geht aber auch in feinerdereiche Felsspalten; bevorzugt sommerwarme, sonnige, nicht zu trockene Standorte. Besiedelt lückige Matten und Felspartien. Heute fast überall sehr selten geworden und auch über kalkhaltigem Gestein gebietsweise fehlend. Im Schweizer Jura nur angepflanzt.

Wissenswertes: ♃; ▽. Das Edelweiß hat durch unvernünftige Pflücksucht viele seiner Standorte eingebüßt.

Gewöhnliches Katzenpfötchen

Antennaria dioica (L.) GAERTN.
Korbblütengewächse *Asteraceae* (*Compositae*)

Beschreibung: Blüten in Körbchen, die zu 2–10 am Ende des Stengels doldig-traubig oder kopfartig gehäuft stehen. Körbchen 5–8 mm lang, 3–7 mm im Durchmesser. Hüllblätter mehrreihig, dachziegelartig angeordnet, die äußeren schmal-eiförmig, die inneren schmal-lanzettlich. Pflanzen 2häusig, d. h. jedes Exemplar hat entweder nur männliche oder nur weibliche Blüten. Hüllblätter der weiblichen Körbchen meist rot oder rosa, sehr selten weiß, die inneren gelegentlich länger als die Blüten; Hüllblätter der männlichen Körbchen meist weiß, selten rosa oder rot, die inneren kürzer als die Blüten. Achänen um 1 mm lang. Pappus 6–9 mm lang, weißlich. Pflanze besitzt oberirdische, beblätterte Ausläufer, die sich bewurzeln und schließlich Tochterrosetten ausbilden. Stengel aufrecht, flockig weißgrau-filzig, einfach, nur im Blütenstandsbereich verzweigt. Stengelblätter wechselständig, untere breit-lineal bis schmal-eiförmig, etwas verschmälert, die oberen schmal-lanzettlich, vor allem unterseits filzig behaart. Rosettenblätter eiförmig, in den Stiel verschmälert, filzig behaart. Mai–Juli. 5–25 cm.

Vorkommen: Braucht kalkarmen, mageren, schwach sauren, sandigen Lehmboden; düngerfeindlich. Besiedelt Magerrasen und verheidete Kiefernwälder. In den Sandgebieten des Tieflands sehr selten; in den höheren Mittelgebirgen, auch auf entkalkten Böden, selten; in den Alpen und im Voralpengebiet zerstreut und oft in kleineren Beständen.

Wissenswertes: ♃. Der Name Katzenpfötchen bezieht sich auf die weiche Behaarung vor allem des Blütenstands.

Karpaten-Katzenpfötchen

Antennaria carpatica (WAHLENB.) BLUFF & FING.
Korbblütengewächse *Asteraceae* (*Compositae*)

Beschreibung: Blüten in Körbchen, die zu 2–6 am Ende des Stengels doldig-traubig bis kopfartig gehäuft stehen. Körbchen 5–8 mm lang, 3–7 mm im Durchmesser. Hüllblätter mehrreihig, dachziegelartig angeordnet, die äußeren schmal-eiförmig, die inneren schmal-lanzettlich. Pflanzen 2häusig, d.h. jedes Exemplar hat entweder nur männliche oder nur weibliche Blüten. Hüllblätter der weiblichen Körbchen oben und am Rand durchscheinend farblos, mindestens die inneren spitz und oft länger als die Blüten; Hüllblätter der männlichen Körbchen oben und am Rand weiß, vorn stumpf, meist kürzer als die Blüten. Achänen um 1 mm lang. Pappus 6–9 mm lang, weißlich. Pflanze ohne Ausläufer (auch keine kurzen vorhanden!); Wurzelstock mit sterilen Rosetten und 1 bis wenigen blühenden Stengeln. Stengel aufrecht, flockig graufilzig, oben oft verkahlt, nur im Blütenstandsbereich verzweigt. Stengelblätter wechselständig; Grundblätter und untere Stengelblätter lanzettlich, in den Stiel verschmälert, 3–8 cm lang, 2–8 mm breit; mittlere und obere Blätter lineal-lanzettlich, die oberen meist mit mehr als 1 mm langer Spitze. Juni–August. 5–15 cm.

Vorkommen: Braucht kalkarmen, mageren, schwach sauren Lehm- oder Tonboden in alpiner, oft sturmausgesetzter Lage; düngerfeindlich. Besiedelt Magerrasen und lückige, steinige Matten, vorzugsweise zwischen etwa 1800–2400 m, geht vereinzelt aber bis über 3000 m. In den Kalkalpen sehr selten, sonst selten, örtlich in kleineren Beständen.

Wissenswertes: ♃. Die Art ist sehr formenreich, läßt sich aber nicht leicht in Untersippen gliedern.

Perlkörbchen

Anaphalis margaritacea (L.) A. GRAY
Korbblütengewächse *Asteraceae* (*Compositae*)

Beschreibung: 5–30 Körbchen (gelegentlich noch mehr) stehen in einer endständigen, in der Regel doldig verebneten und ziemlich dichten Traube oder Rispe am Ende des Stengels. Körbchen 0,5–1 cm lang und etwa ebenso dick. Hüllblätter mehrreihig, dicht dachziegelartig angeordnet, trockenhäutig, perlmuttartig glänzend weiß. Blüten klein, röhrig, zwittrig (sehr selten), weiblich (und dann mit fädlicher Kronröhre) oder männlich (dann mit verkümmertem Fruchtknoten): Köpfchen meist mehr oder weniger 1geschlechtig und Pflanzen dann praktisch 2häusig, d.h. auf einem Exemplar stehen entweder (nahezu) nur männliche oder nur weibliche Blüten. Achänen kaum 1 mm lang, braun, mit 1reihigem, um 3 mm langem Pappus. Stengel aufrecht, grauweiß-filzig behaart, nur im Blütenstandsbereich verzweigt und bis zu ihm ziemlich dicht beblättert. Stengelblätter wechselständig, 5–12 cm lang, 1–5 cm breit, die unteren breit-lanzettlich, die oberen lanzettlich bis fast lineal, die unteren länger, die oberen kürzer, am Rand leicht nach unten eingerollt, unterseits dicht filzig, oberseits früh verkahlend und grün, undeutlich 3nervig. Juli–September. 30–80 cm.

Vorkommen: Braucht feuchten, lehmigtonigen, tiefgründigen Boden in Lagen mit durchschnittlich hoher Luftfeuchtigkeit. Zierpflanze, vor allem in Bauerngärten, gelegentlich auch als Friedhofspflanze. Heimat: Nordamerika und Nordostasien. Örtlich und meist unbeständig verwildert; besiedelt dann Waldschläge, Waldwege und friedhofsnahe Waldränder, gelegentlich auch ortsnahe Ufer.

Wissenswertes: ♃. Neuerdings wieder öfter angepflanzt.

Edelweiß
Leontopodium alpinum
Perlkörbchen
Anaphalis margaritacea
Gewöhnliches Katzenpfötchen
Antennaria dioica
Karpaten-Katzenpfötchen
Antennaria carpatica

Zwerg-Ruhrkraut

Gnaphalium supinum L.
Korbblütengewächse *Asteraceae* (*Compositae*)

Beschreibung: Blüten in Körbchen, von denen 2–6 (sehr selten nur 1 oder mehr als 6) in einer zunächst gedrungenen, fast kopfigen, später jedoch aufgelockerten Ähre sitzen; nur die untersten Tragblätter erkennt man auf den ersten Blick; sie sind etwa so lang wie die Ähre; die übrigen sind kürzer als die zugehörigen Körbchen und daher im Blütenstand verborgen. Körbchen um 6 mm lang, kaum 4 mm im Durchmesser; Hüllblätter in nur wenigen Reihen, mit braunem, häutigem Rand, meist spitz, zur Fruchtzeit abspreizend, die äußeren zuweilen flockig behaart und wenigstens 2/3 so lang wie die inneren. Blüten bräunlich, um 3 mm lang; nur wenige, randständige, fädliche, weibliche Blüten; Röhrenblüten zwittrig, mit 5 Zipfeln (Lupe!). Achänen um 1 mm lang; Haarkranz um 3 mm lang, 1reihig, weiß. Wurzelstock mit zahlreichen Rosetten; Pflanze lockere bis dichte Rasen bildend. Stengel dünn, aufsteigend oder aufrecht, unverzweigt. Stengelblätter wechselständig, fast lineal oder sehr schmal lanzettlich, bis 3 cm lang und bis 2 mm breit, ganzrandig, dicht filzig behaart. Juni–September. 2–12 cm.

Vorkommen: Braucht feucht-kalten, kalkarmen, rohhumusreichen Lehmboden. Besiedelt Schneetälchen, lange schneebedeckte Runsen, Feuchtstellen in lückigen Matten und Wege in alpiner Lage. Im Südschwarzwald und im südlichen Schweizer Jura vereinzelt; in den Kalkalpen selten, in den Zentral- und Südalpen über kristallinem Gestein zerstreut. Bevorzugt in Höhen zwischen etwa 1500–3000 m.

Wissenswertes: ♃. Je nach Standort schwanken Köpfchenzahl und Gesamtgröße der Pflanze recht beträchtlich.

Norwegisches Ruhrkraut

Gnaphalium norvegicum GUNN.
Korbblütengewächse *Asteraceae* (*Compositae*)

Beschreibung: Blüten in Körbchen, die zu 1–5 in den Achseln der Blätter im oberen Fünftel des Stengels oder zu mehreren spitzennah am Stengel sitzen; die untersten Blätter im Gesamtblütenstand sind mindestens 5 cm lang oder sie überragen – falls sie kürzer sind – den Blütenstand eindeutig (hochklappen!). Hüllblätter mehrreihig, dachziegelartig angeordnet, nie Einzelblüten umschließend, die äußeren kurz-3eckig, nur etwa 1/4 so lang wie die inneren, Rand bei allen auch außen dunkelbraun, nie durchsichtig oder trockenhäutig-gelblich, meist stumpf und ganzrandig. Blüten blaß-bräunlich, um 3 mm lang; weibliche Randblüten zahlreich, fädlich; in der Mitte des Körbchens nur wenige, zwittrige Röhrenblüten. Achänen gut 1 mm lang; Haarkranz 1reihig, knapp 4 mm lang, weiß. Stengel unten oft aufgebogen, sonst aufrecht, meist unverzweigt, angedrückt graufilzig, ziemlich dicht beblättert. Stengelblätter wechselständig, lanzettlich, bis 15 cm lang, 1–2 cm breit, meist 3nervig, unterseits dicht graufilzig, oberseits nur flockig-filzig oder verkahlt, ganzrandig, oberste Blätter (wie die untersten) kürzer als mittlere. Juli–September. 10–30 cm.

Vorkommen: Braucht kalkarmen, rohhumus- oder torfhaltigen Lehmboden, der mäßig reich an Stickstoffsalzen sein kann. Besiedelt lückige Matten und extensiv genutzte subalpine Weiden. Südschwarzwald, Südvogesen, Bayerischer Wald, Alpenvorland, südlicher Schweizer Jura, sehr selten; Alpen, vor allem Zentral- und Südalpen über Silikatgestein selten. Bevorzugt in Höhen zwischen etwa 1200–2000 m.

Wissenswertes: ♃. Wird zuweilen mit *G. sylvaticum* (s. S. 330) verwechselt.

Wald-Ruhrkraut
Gnaphalium sylvaticum
Norwegisches Ruhrkraut
Gnaphalium norvegicum
Zwerg-Ruhrkraut
Gnaphalium supinum
Hoppes Ruhrkraut
Gnaphalium hoppeanum

Hoppes Ruhrkraut

Gnaphalium hoppeanum Koch
Korbblütengewächse *Asteraceae* (*Compositae*)

Beschreibung: Blüten in Körbchen, von denen 2–8 (sehr selten nur 1 oder mehr als 8) in einer zunächst gedrungenen, fast kopfigen, später jedoch aufgelockerten Ähre sitzen; nur die untersten Tragblätter erkennt man auf den ersten Blick; sie sind etwa so lang wie die Ähre; die übrigen sind kürzer als die zugehörigen Körbchen und daher im Blütenstand verborgen. Körbchen um 6 mm lang, kaum 4 mm im Durchmesser; Hüllblätter in nur wenigen Reihen, mit braunschwarzem, nicht durchscheinendem Rand, die äußeren nur etwa halb so lang wie die inneren, zur Fruchtzeit nie abspreizend, sondern schief aufrecht. Blüten bräunlich, um 3 mm lang; nur wenige, randständige, fädliche, weibliche Blüten; Röhrenblüten mitten im Körbchen, zwittrig, mit 5 Zipfeln (Lupe!). Achänen um 1 mm lang; Haarkranz um 3 mm lang, 1reihig, weiß. Wurzelstock kriechend, mit nur wenigen Rosetten; Pflanze kleinflächige, lockere Rasen bildend. Stengel dünn, aufsteigend oder aufrecht, einfach. Stengelblätter wechselständig, unterste bis 4 cm lang, bis 4 mm breit, schmal-zungenförmig, ganzrandig, besonders unterseits filzig behaart. Juli–August. 2–10 cm.

Vorkommen: Braucht feucht-kalten, kalkhaltigen, humusreichen, steinigen Lehmboden. Besiedelt Schutthalden und steinig-lückige Matten, vor allem in Höhenlagen zwischen etwa 1500–2500 m. Vereinzelt im südlichen Schweizer Jura, in den Alpen vorwiegend in den Nördlichen und Südlichen Kalkalpen, selten.

Wissenswertes: ♃. *G. hoppeanum* ist zuweilen nur an fruchtenden Exemplaren eindeutig gegen *G. supinum* (s. S. 328) unterscheidbar, dessen Hüllblätter sternförmig abstehen.

Wald-Ruhrkraut

Gnaphalium sylvaticum L.
Korbblütengewächse *Asteraceae* (*Compositae*)

Beschreibung: Blüten in Körbchen, die zu 1–5 in den Achseln der Blätter in der oberen Stengelhälfte oder zu mehreren unmittelbar am Stengelende sitzen; die untersten Blätter im Gesamtblütenstand sind stets kürzer als dieser (hochklappen!). Hüllblätter mehrreihig, dachziegelartig angeordnet, nie Einzelblüten umschließend, die äußeren höchstens 1/3 so lang wie die inneren, Rand braun, aber außen meist durchsichtig, zuweilen leicht rötlich oder silbrig, vorne stumpf oder – vor allem an den inneren Hüllblättern – zerschlitzt (starke Lupe!). Blüten gelbbräunlich, um 3 mm lang; weibliche Randblüten zahlreich, fädlich; in der Mitte des Körbchens nur wenige, zwittrige Röhrenblüten. Achänen gut 1 mm lang; Haarkranz 1reihig, knapp 4 mm lang, weiß. Stengel steif aufrecht, unverzweigt, angedrückt grauweiß-filzig, mäßig dicht beblättert. Stengelblätter wechselständig, die unteren lanzettlich und in einen Stiel verschmälert, die oberen lineal, sitzend, alle 1nervig, unterseits dicht, oberseits flockig-filzig behaart oder ziemlich verkahlt. Juli – September. 10–60 cm.

Vorkommen: Braucht kalkarmen, humosfeuchten Lehmboden, der mäßig stickstoffsalzhaltig sein kann. Besiedelt feuchte Weiden, lichte Waldstellen und mäßig verdichtete Wege. Geht in den Alpen bis etwa zur Waldgrenze; zerstreut, kleineren Gebieten fehlend.

Wissenswertes: ♃. Arten aus der Gattung wurden früher als Heilmittel gegen Ruhr verwendet. Inhaltsstoffe, die diesen Gebrauch rechtfertigen könnten, wurden nicht gefunden. Der wissenschaftliche Gattungsname bezieht sich auf die filzige Behaarung (gnaphalion, griech. = Wollflocke).

Ruhrkraut *Gnaphalium*
Strohblume *Helichrysum*
Ochsenauge *Buphthalmum*

Sumpf-Ruhrkraut

Gnaphalium uliginosum L.
Korbblütengewächse *Asteraceae* (*Compositae*)

Beschreibung: Blüten in Körbchen, die zu 3–10 in dichten, von mehreren Blättern umgebenen Knäueln am Ende des Stengels und seiner Zweige sitzen; die Blätter an der Basis der Knäuel sind eindeutig länger als die Knäuel in Breite oder Länge messen. Hüllblätter mehrreihig, die äußeren nur wenig kürzer als die inneren, alle mit mehr oder weniger gut ausgeprägtem trockenhäutigem, hellbraunem Rand, spitz, kaum zerschlitzt, die äußeren zum Teil am Grund etwas spinnwebig wollig behaart, alle zur Fruchtzeit strahlig abgespreizt. Blüten gelblich, um 1 mm lang; Randblüten weiblich, fadenförmig, zahlreich; nur wenige röhrenförmige Zwitterblüten, alle zentral angeordnet und mit 5 Zipfeln (starke Lupe!). Achänen gut 0,5 mm lang; Haarkranz 1reihig, hinfällig, kaum 2 mm lang, weiß. Stengel selten niederliegend, meist aufsteigend oder aufrecht und vom Grunde an verzweigt, meist grau- bis weißfilzig, seltener verkahlend oder kahl. Stengelblätter wechselständig, beiderseits filzig behaart, 1–4 cm lang, 1–4 mm breit, lineal oder sehr schmal lanzettlich, flach, gegen den Grund allmählich - aber deutlich - verschmälert. Juni–Oktober. 5–25 cm.

Vorkommen: Braucht feucht-nassen, kalkarmen, nährsalzreichen Lehm- oder Tonboden. Besiedelt Gräben, Ufer, dauerfeuchte Rinnen auf Äckern und Brachen. In den Kalkgebieten selten, sonst zerstreut, aber wenig auffällig; geht kaum über etwa 1500 m.

Wissenswertes: ☉. Wo das Sumpf-Ruhrkraut in Ackerunkrautgesellschaften regelmäßig oder in größerer Zahl auftritt, zeigt es oberflächennahe Dauerfeuchtigkeit und Verdichtung an. Durch Drainierung ist es zurückgegangen.

Gelbliches Ruhrkraut

Gnaphalium luteo-album L.
Korbblütengewächse *Asteraceae* (*Compositae*)

Beschreibung: Blüten in Körbchen, die zu 4–12 in dichten Knäueln in einem ziemlich gedrungenen Gesamtblütenstand am Ende des Stengels bzw. seiner Zweige sitzen; an der Basis der Knäuel gibt es kein Blatt oder höchstens 1–2 kurze Blättchen, die die Knäuel nie überragen. Hüllblätter mehrreihig, gelblich, trockenhäutig, glänzend, stumpf oder zerschlitzt (Lupe!), die äußeren fast so lang wie die inneren, die äußeren zum Teil an der Basis flockig spinnwebig behaart, alle zur Fruchtzeit strahlig abgespreizt. Blüten gelblich, mit roten Narben (Lupe!), um 2 mm lang; Randblüten weiblich, fadenförmig, zahlreich; nur wenige röhrenförmige Zwitterblüten, diese zentral angeordnet und mit 5 Zipfeln (starke Lupe!). Achänen um 0,5 mm lang; Haarkranz 1reihig, hinfällig, um 2 mm lang, weiß. Stengel aufrecht, einfach oder vom Grund an verzweigt, weißfilzig. Stengelblätter wechselständig, beiderseits filzig behaart, 2–5 cm lang, 5–8 mm breit, lanzettlich, am Rand wellig, gegen den Grund nur wenig - wenn überhaupt - verschmälert, mit der Basis den Stengel teilweise umfassend (gutes Kennzeichen!). Juni–September. 10–40 cm.

Vorkommen: Braucht feucht-nassen, kalkarmen, sandig-humosen Lehm- oder Tonboden in Gegenden mit hoher Luftfeuchtigkeit und reichlich Sommerwärme. Besiedelt Naßstellen in Äckern und Brachen, aber auch Teichränder und lichte Waldstellen. Vor allem in den tiefergelegenen Sandgebieten sehr selten. In den höheren Mittelgebirgen und den Alpen fehlend oder nur vereinzelt in milden Tallagen.

Wissenswertes: ☉. Die Art ist im 20. Jahrhundert von vielen ihrer Standorte durch Melioration verdrängt worden.

Sand-Strohblume

Helichrysum arenarium (L.) MOENCH
Korbblütengewächse *Asteraceae* (*Compositae*)

Beschreibung: Blüten in Körbchen, die zu 3–40 in einer dichten, zusammengesetzten, endständigen Doldentraube angeordnet sind, die in ihrer Gesamtgestalt einer Halbkugel ähnelt und 2–8 cm im Durchmesser erreichen kann. Hüllblätter mehrreihig, sich dachziegelig deckend, die äußeren trockenhäutig, die mittleren und inneren mit grüner Basis (Hüllblätter ablösen, da der Grünstreifen im Verbund unsichtbar ist); alle Hüllblätter haben ein trockenhäutiges, zitronengelbes, selten orangegelbes Anhängsel, das bei ausgetrockneten Blüten klaffig absteht. Blüten gelb, meist alle zwittrig und röhrig, nur selten am Rand fädliche weibliche Blüten. Achänen um 1 mm lang; Haarkranz 1reihig, um 4 mm lang, weiß. Stengel am Grund bogig oder durchweg aufrecht, nur im Blütenstandsbereich verzweigt, grauweiß-filzig, reichlich beblättert. Stengelblätter wechselständig, 4–7 cm lang, 5–9 mm breit, lineal-lanzettlich bis lineal-zungenförmig, allmählich in einen Stiel verschmälert, flach, beiderseits grauweiß-filzig, später verkahlend, an der Basis halb stengelumfassend. Pflanze riecht aromatisch. Juli–September. 10–40 cm.

Vorkommen: Braucht sandigen, aber nicht immer kalkarmen und nicht zu nährsalzarmen Boden. Besiedelt Dünen und Kiefernwälder. Sandgebiete, z. B. östlich der Weser, nördliches Oberrheingebiet, Pfalz, Franken; in Österreich nur in Niederösterreich und im Burgenland; fehlt in der Schweiz; überall selten.

Wissenswertes: ♃. Häufig Bestandteil von Trockensträußen. – Ähnlich: Garten-Strohblume (*Helichrysum bracteatum* VENT.) WILLD.: Zierpflanze aus Australien, die in zahlreichen Farbvarianten angepflanzt wird.

Ochsenauge

Buphthalmum salicifolium L.
Korbblütengewächse *Asteraceae* (*Compositae*)

Beschreibung: Blüten in Körbchen, die einzeln oder zu wenigen am Ende des Stengels stehen. Hüllblätter in nur wenigen Reihen, alle fast gleich lang, lanzettlich, um 1 cm lang und um 2 mm breit, mit einer oft abstehenden Spitze, kurz behaart, seltener fast zottig, die inneren mit deutlicher Spitze. Körbchen 3–6 cm im Durchmesser; Blüten goldgelb; Randblüten weiblich, zahlreich, zungenförmig; Zungen 2–3 mm breit, 1–1,5 cm lang; zentrale Scheibenblüten röhrenförmig, zwittrig; zwischen den Blüten stehen Spreublätter, diese sind um 4 mm lang, lineal, deutlich bespitzt. Achänen gut 3 mm lang, die der Scheibenblüten flach, die der Zungenblüten 3kantig; Haarkranz unscheinbar, kaum 0,5 mm lang, schütter. Stengel einfach oder in der oberen Hälfte wenig verzweigt, dicht kurzhaarig, Haare fast anliegend, nur unmittelbar unter den Körbchen hohl, sonst markig. Stengelblätter wechselständig, lanzettlich, untere 5–10 cm lang, 0,5–2 cm breit; mittlere und obere Blätter kleiner, alle ganzrandig oder fein gezähnt, stumpflich oder spitz, aber nicht in eine lange Spitze ausgezogen, beidseits schütter behaart, am Grund gestutzt oder schwach herzförmig, mit verschmälertem Grund sitzend, aber nicht eigentlich stengelumfassend. Juni–September. 20–60 cm.

Vorkommen: Braucht kalkhaltigen, nährsalzarmen, steinigen oder torfigen Boden. Besiedelt Halbtrockenrasen, Trockenwälder und Flachmoore. Im Jura, im Alpenvorland und in den Kalkalpen zerstreut, im Muschelkalkgebiet vereinzelt. Geht bis über 2000 m.

Wissenswertes: ♃. Der Gattungsname bezieht sich auf das große, leuchtend goldgelbe Blütenkörbchen.

Sumpf-Ruhrkraut
Gnaphalium uliginosum
Gelbliches Ruhrkraut
Gnaphalium luteo-album
Sand-Strohblume
Helichrysum arenarium
Ochsenauge
Buphthalmum salicifolium

Echter Alant

Inula helenium L.
Korbblütengewächse *Asteraceae* (*Compositae*)

Beschreibung: Blüten in Körbchen, die einzeln oder zu wenigen locker doldentraubig oder doldenrispig am Ende des Stengels stehen. Hüllblätter mehrreihig, die äußeren hochblattartig, fast krautig, fast 1 cm breit, abstehend, außen filzig; mittlere Hüllblätter mit krautiger, anliegender Basis und 3eckigem, abstehendem, krautigem oberen Teil; innere Hüllblätter häutig, strohgelb bis bräunlich. Boden des Körbchens flach. Blüten intensiv gelb. Randblüten weiblich, zahlreich, zungenförmig; Zunge 2–3 cm lang, um 2 mm breit; zentrale Scheibenblüten röhrenförmig, zwittrig; zwischen den Blüten stehen keine Spreublätter. Achänen knapp 5 mm lang; Haarkranz undeutlich mehrreihig, knapp 1 cm lang, gelblich-bräunlich bis schmutzigweiß. Stengel einfach oder im Blütenstandsbereich verzweigt, meist dicht behaart, rundlich, kräftig. Stengelblätter wechselständig, Spreite der Grundblätter 30–70 cm lang, 10–25 cm breit, Stengelblätter kleiner, alle derb, mit unterseits deutlich hervortretenden Nerven, am Rande unregelmäßig feinzähnig, Zähne mit leicht knorpeliger Spitze, oberseits sehr schütter kurzhaarig, unterseits filzig graugrün kurzhaarig. Juli–August. 0,8–2 m.

Vorkommen: Zierpflanze aus Südosteuropa; früher als Heilpflanze, heute zuweilen in Bauerngärten gepflanzt, örtlich in Gegenden mit mildem Klima - oft unbeständig - auf gartennahem Ödland verwildert.

Wissenswertes: ♃. Der Echte Alant enthält ätherisches Öl mit dem Wirkstoffgemisch Helenin, das den Hustenreiz dämpft und die Schleimabsonderung fördert, dazu Inulin. Altes Volksheilmittel, das noch heute in verschiedenen Präparaten genutzt wird.

Schweizer Alant

Inula helvetica F. WEB.
Korbblütengewächse *Asteraceae* (*Compositae*)

Beschreibung: Blüten in Körbchen, von denen 5–20 (sehr selten mehr oder weniger) in einer Traube oder wenigästigen Rispe, die jeweils doldig verebnet ist, am Ende des Stengels stehen. Hülle insgesamt fast halbkugelig, knapp 1 cm hoch; Hüllblätter mehrreihig, sich dachziegelig deckend, die äußeren eiförmig, kurz, graufilzig, die mittleren und inneren lineal-lanzettlich, kahl. Körbchen (mit den Zungenblüten gemessen) 2,5–3,5 cm im Durchmesser; Blüten gelb; Randblüten weiblich, zahlreich, zungenförmig; Zungen 1,2–1,5 cm lang, 1 mm breit; zentrale Scheibenblüten röhrenförmig, zwittrig; zwischen den Blüten stehen keine Spreublätter. Achänen um 2 mm lang; Haarkranz 1reihig, schmutzigweiß bis gelblich, um 5 mm lang. Stengel nur im Blütenstandsbereich verzweigt, angedrückt graufilzig, nach unten früh verkahlend, dicht beblättert. Stengelblätter wechselständig, unterste Blätter zur Blütezeit vertrocknet, mittlere und obere Stengelblätter lanzettlich, 5–8 cm lang, 1,2–2 cm breit, mit verschmälertem Grund sitzend (an den untersten Blättern fast stielartig verschmälert), meist fein gezähnelt, seltener ganzrandig, oberseits angedrückt behaart, unterseits dünn graufilzig. Juli–August. 0,4–1,5 m.

Vorkommen: Braucht wechselfeuchten, kalkhaltigen, stickstoffsalzreichen, sandigen Lehmboden in Lagen mit mildem Klima. Besiedelt Auenwaldränder und Ufergebüsche; Oberrheingebiet vereinzelt (bei Breisach); Rhonetal im Gebiet des Genfer Sees, Schweizer Mittelland sehr selten. Fehlt in Österreich.

Wissenswertes: ♃. Pflanze riecht aromatisch. Über Inhaltsstoffe ist uns nichts bekanntgeworden.

Deutscher Alant
Inula germanica
Echter Alant
Inula helenium
Dürrwurz-Alant
Inula conyza
Schweizer Alant
Inula helvetica

Deutscher Alant

Inula germanica L.
Korbblütengewächse *Asteraceae* (*Compositae*)

Beschreibung: Blüten in Körbchen, von denen 10–30 (selten weniger oder mehr) in einer doldig verebneten Rispe am Ende des Stengels stehen. Hülle walzlich, etwa 8 mm hoch und 4 mm im Durchmesser; Hüllblätter mehrreihig, sich dachziegelig deckend, die äußeren kurz-3ek-kig, die mittleren und inneren schmal-lanzett-lich, um 1 mm breit, hautig-ledrig, mit grünem Mittelnerv und kleiner Spitze. Körbchen (mit den Zungenblüten gemessen) 0,7–1,2 cm im Durchmesser; Blüten goldgelb; Randblüten weiblich, zahlreich, zungenförmig; Zunge um 1 cm lang, kaum 1 mm breit, die Hülle kaum 3–4 mm überragend; zentrale Scheibenblüten röhrenförmig, zwittrig; zwischen den Blüten ste-hen keine Spreublätter. Achänen um 1 mm lang; Haarkranz 1reihig, knapp 7 mm lang, weiß bis gelblich. Stengel aufrecht, nur im Blütenstands-bereich verzweigt, kurz zottig behaart, am Grund mit schuppigen Niederblättern. Stengelblätter wechselständig, schmal-eiförmig, mit herzförmi-gem Blattgrund halb stengelumfassend sitzend, ganzrandig oder nur fein gezähnt, oberseits sehr schütter angedrückt behaart, unterseits länger und dichter behaart. Juli–August. 30–50 cm.

Vorkommen: Braucht kalkhaltigen, trocke-nen, sandigen Lehm- oder Lößboden. Besiedelt trockene Gebüsche und lückige Trockenrasen. Nordpfalz selten; Einzugsgebiet des mittleren und unteren Mains vereinzelt; Brandenburg, Thüringen und Sachsen-Anhalt, Niederöster-reich und Burgenland selten, örtlich in indivi-duenreicheren, aber lockeren Beständen.

Wissenswertes: ♃. Hält sich an seinen Standorten vor allem durch vegetative Vermeh-rung mit Ausläufern.

Dürrwurz-Alant

Inula conyza DC.
Korbblütengewächse *Asteraceae* (*Compositae*)

Beschreibung: Blüten in Körbchen; Ge-samtblütenstand mit etwa 20–80 Körbchen, die in gedrängten Rispen an allen Sproßenden ge-häuft sind. Hülle kurzwalzlich, kaum 1 cm lang; Hüllblätter dachziegelig mehrreihig, äußere schmal-eiförmig, ihre obere Hälfte abstehend; mittlere und innere lineal-lanzettlich, mit grü-nem Mittelstreif, oft gelblich, gegen die Spitze zu rot berandet oder rötlich überlaufen. Körbchen 5–9 mm Durchmesser. Randblüten weiblich, zahlreich, mehrreihig, mit hell braungelber Zun-ge, die oft die Hüllblätter nicht oder nur wenig überragt; Scheibenblüten röhrenförmig, zwittrig, zahlreich; zwischen den Blüten stehen keine Spreublätter. Achänen um 2 mm lang; Haarkranz 1reihig, weiß bis hell-gelblich, um 5 mm lang. Stengel aufrecht, in der oberen Hälfte (Blüten-standsbereich) verzweigt, oft rotbraun überlau-fen, dicht kurzhaarig, am Grunde etwas verholzt. Stengelblätter wechselständig, unterste 9–15 cm lang, 2–6 cm breit, breit-eiförmig bis breit-lan-zettlich, untere in einen Stiel verschmälert, obere mit verschmälertem oder abgerundetem Grund sitzend, oberseits fast kahl, unterseits kurzhaarig, meist ganzrandig. Juli–September. 50–80 cm.

Vorkommen: Braucht nährsalzreiche, kalkhaltige Lehmböden. Besiedelt lichte Wälder und Gebüsche, seltener Halbtrockenrasen. Fehlt im Tiefland und in Gebieten mit kalkarmem Ge-stein; sonst zerstreut; geht in den Alpen kaum über etwa 1000 m.

Wissenswertes: ♃. Ähnlich: Duftender Alant (*I. graveolens* (L.) DESF.): Hüllblätter drü-sig-klebrig; Elsaß; bürgert sich seit einigen Jah-ren rechtsrheinisch zwischen Ruhrgebiet und Neckarland ein.

Weidenblättriger Alant

Inula salicina L.
Korbblütengewächse *Asteraceae* (*Compositae*)

Beschreibung: Blüten in Körbchen, die einzeln oder zu 2-5 (selten zu mehr) doldig-traubig am Ende des Stengels stehen. Hüllblätter mehrreihig, sich dachziegelig deckend, die äußeren und mittleren länglich-lanzettlich, mit abstehender Spitze, die inneren lineal. Körbchen (mit den Zungenblüten gemessen) 2,5-4 cm im Durchmesser; Blüten goldgelb; Randblüten weiblich, zungenförmig; Zungen 1-1,5 cm lang, um 1 mm breit; zentrale Scheibenblüten röhrenförmig, zwittrig; zwischen den Blüten stehen keine Spreublätter (Scheibenblüten auszupfen bzw. Scheibe des ältesten Körbchens abrubbeln; wichtiges Unterscheidungsmerkmal gegen *Buphthalmum salicifolium*). Achänen gut 1 mm lang; Haarkranz 1reihig, hell-bräunlich, um 7 mm lang. Stengel aufrecht, kahl, nur im Blütenstandsbereich verzweigt, leicht brechend. Stengelblätter wechselständig, fast waagrecht abstehend, kahl, unterste zur Blütezeit meist vertrocknet, übrige mit herzförmigem Grund - halb stengelumfassend - sitzend, mittlere 5-8 cm lang, 0,8-1,5 cm breit, lanzettlich, obere schmäler, sitzend. Juni-August. 20-80 cm.

Vorkommen: Braucht kalkhaltigen, wechseltrockenen, humosen Boden. Besiedelt Halbtrockenrasen und Flachmoore. Fehlt im Tiefland westlich der Elbe, östlich von ihr selten; in den Mittelgebirgen und Alpen über Kalk zerstreut, geht kaum über 1000 m.

Wissenswertes: ♃. Ähnlich: *I. spiraeifolia* L.: Körbchen 2-3 cm im Durchmesser; Blätter mit verschmälertem Grund ansitzend; Alpensüdfuß; selten. - *I. ensifolia* L.: 1 Körbchen, 2,5-5 cm Durchmesser; Blätter 4-9 cm lang, 0,2-1 cm breit; Alpensüdfuß, östliches Österreich; selten.

Rauhhaariger Alant

Inula hirta L.
Korbblütengewächse *Asteraceae* (*Compositae*)

Beschreibung: Blüten in Körbchen, die meist einzeln, selten zu 2-3 am Ende des Stengels stehen. Hülle insgesamt fast halbkugelig; Hüllblätter mehrreihig, nur undeutlich dachziegelig angeordnet, die äußeren krautig, die übrigen mindestens am Grund ledrig, vorne deutlich und fein zugespitzt, zumindest in der oberen Hälfte lang behaart. Körbchen (mit den Zungenblüten gemessen) 3,5-5,5 cm im Durchmesser; Blüten goldgelb; Randblüten weiblich, zungenförmig; Zungen 1-1,8 cm lang, um 1 mm breit; Scheibenblüten zahlreich, röhrenförmig, zwittrig; zwischen den Blüten stehen keine Spreublätter. Achänen um 2 mm lang; Haarkranz 1reihig, gelblich-bräunlich, um 5 mm lang. Wurzelstock kriechend, dünn, verzweigt, mit schuppigen Blattresten besetzt. Stengel aufrecht, meist einfach, seltener im Blütenstandsbereich spärlich verzweigt, abstehend behaart. Stengelblätter wechselständig, die untersten zur Blütezeit oft noch vorhanden; untere Blätter zungenförmig, gegen den Grund verschmälert; mittlere und obere schmal-eiförmig, mittlere 4-6 cm lang, 1-1,5 cm breit, obere kürzer und schmäler, alle sitzend, ganzrandig, derb. Juni-Juli. 15-50 cm.

Vorkommen: Braucht kalkhaltigen, trockenen, mullreichen Lehmboden in warmen, halbschattigen Lagen. Besiedelt lichte Stellen in Trokkenwäldern und -wiesen. Harzvorland vereinzelt; Pfalz, fränkisches und württembergisches Muschelkalkgebiet, Schwäbisch-Fränkischer Jura, Alpenvorland, Bodenseegebiet, Hochrhein, Kaiserstuhl, Alpensüdfuß selten; Niederösterreich und Burgenland zerstreut.

Wissenswertes: ♃. Gilt als kontinental-gemäßigte Art.

Wiesen-Alant

Inula britannica L.
Korbblütengewächse *Asteraceae* (*Compositae*)

Beschreibung: Blüten in Körbchen, die einzeln oder zu 2–7 traubig am Ende des Stengels stehen. Hüllblätter mehrreihig (äußere praktisch 1reihig), zahlreich, etwa 1 mm breit, lineal-lanzettlich, mit zurückgebogener Spitze, die äußeren und mittleren sehr schütter, aber relativ lang behaart. Körbchen (mit den Zungenblüten gemessen) 2,5–3,8 cm im Durchmesser; Blüten goldgelb; Randblüten weiblich, zungenförmig; Zungen um 8 mm lang, um 1 mm breit; zentrale Scheibenblüten röhrenförmig, zwittrig; zwischen den Blüten stehen keine Spreublätter. Achänen gut 1 mm lang; Haarkranz 1reihig, gelblich, um 5 mm lang. Stengel einfach bzw. nur im Blütenstandsbereich spärlich verzweigt, aufrecht, behaart oder praktisch kahl, reichlich beblättert. Stengelblätter wechselständig, unterste gestielt, zur Blütezeit meist vertrocknet, mittlere und obere mit abgerundetem oder herzförmigem Grund sitzend, oft leicht stengelumfassend, schmal-eiförmig bis lanzettlich, mittlere 5–12 cm lang, 1–2,5 cm breit, obere kleiner, seidig behaart bis fast kahl, mit kleinen, aufgesetzten Zähnchen. Juli–September. 20–60 cm.

Vorkommen: Besiedelt wechselfeuchte, sommertrockene Tonböden. In Stromtälern an Ufern, in Gräben und an Wegen. Vom nördlichen Oberrhein, vom Mittellauf von Ems, Weser, Elbe und Oder bis zur Mündung sowie an den entsprechenden Nebenflüssen selten, ebenso in Österreich; in der Schweiz vereinzelt.

Wissenswertes: ♃. Riecht nach Knoblauch. – Ähnlich: Christusauge (*I. oculus-christi* L.): 2–4 Körbchen; Blätter beidseits seidig-filzig; Halbtrockenrasen; Niederösterreich, Burgenland; selten.

Beifußblättriges Traubenkraut

Ambrosia artemisiifolia L.
Korbblütengewächse *Asteraceae* (*Compositae*)

Beschreibung: Blüten in Körbchen. Die Art ist 1häusig, d. h. auf ein und derselben Pflanze kommen rein männliche und rein weibliche Körbchen vor; die männlichen Körbchen sind meist kurz gestielt und stehen zahlreich in dichten, blattlosen, traubigen Gesamtblütenständen am Ende des Stengels und der Äste; die weiblichen Körbchen sitzen – knäuelig gehäuft – in den Achseln von Blättern am Grund der männlichen Blütenstände; in den „männlichen" Körbchen gibt es meist nur wenige Blüten; diese sind röhrig, ohne Haarkranz; an den „weiblichen" Körbchen sind die Hüllblätter dornig spitz; im Körbchen gibt es nur 1 (vereinzelt wenige) stark rückgebildete, fast kronenlose Blüte; Achänen bleiben von der erhärtenden, kurz geschnäbelten Hülle umschlossen. Stengel aufrecht, verzweigt, selten auch einfach, vor allem im oberen Teil abstehend zottig behaart. Stengelblätter im unteren Drittel des Stengels gegenständig, darüber wechselständig, kurz und anliegend behaart, im Umriß 3eckig bis spitzlich-eiförmig, bis nahe zum Mittelnerv fiederteilig, die Abschnitte nochmals gefiedert oder wenigstens tief und grob gezähnt, untere Blätter gestielt, obere sitzend. August–Oktober. 20–90 cm.

Vorkommen: Braucht sandigen Boden. Heimat: Nordamerika, bei uns eingeschleppt und zum Teil beständig verwildert, vor allem auf Verladeanlagen und an Wegen.

Wissenswertes: ⊙; (☠). Außer der genannten Art sind weitere, ähnliche Arten aus der Gattung örtlich verwildert beobachtet worden. Bei allen gilt der Pollenstaub als äußerst wirksames Allergen, das Heufieber und asthmaähnliche Anfälle auslösen kann.

Wiesen-Alant
Inula britannica
Rauhhaariger Alant
Inula hirta
Weidenblättriger Alant
Inula salicina
Beifußblättriges
Traubenkraut
Ambrosia artemisiifolia

Ausdauerndes Traubenkraut

Ambrosia psilostachya DC.
Korbblütengewächse *Asteraceae* (*Compositae*)

Beschreibung: Blüten in Körbchen. Die Art ist 1häusig, d. h. auf ein und derselben Pflanze kommen rein männliche und rein weibliche Körbchen vor; die männlichen Körbchen hängen - kurz gestielt - zahlreich in dichten, blattlosen, traubigen Gesamtblütenständen am Ende des Stengels und der Äste; ihre Hüllblätter sind dicht behaart; sie enthalten 10-15 sehr kleine Blüten, zwischen denen fädliche Spreublätter stehen; weibliche Körbchen einzeln oder zu 2-3 an kurzen Ästchen in den Achseln der obersten Blätter unmittelbar unter den männlichen Gesamtblütenständen; weibliche Körbchen 1blütig, Hülle die Blüte dicht umschließend, so daß nur die Griffeläste hervorragen; Achänen von der Hülle umschlossen, um 3 mm lang, verkehrt-eiförmig, Schnäbelchen kaum 1 mm lang. Wurzeln kriechend, mit holzigen Sprossen. Stengel aufrecht, rundlich, behaart, nur im Blütenstandsbereich verzweigt. Untere Stengelblätter gegenständig (die untersten zur Blütezeit meist schon vertrocknet), darüber wechselständig, die mittleren stielartig verschmälert, die oberen sitzend, beiderseits zart graufilzig; Blätter im Umriß länglich-eiförmig, fiederteilig, mit jederseits 3-5 Abschnitten, diese ganzrandig oder nur mit wenigen Zähnen. August-Oktober. 20-60 cm.

Vorkommen: Braucht sandig-steinigen, trockenen Boden. Heimat: Nordamerika, bei uns eingeschleppt und zum Teil beständig verwildert, vor allem auf stillgelegten Gleisanlagen und an Verladeplätzen.

Wissenswertes: ♃; (☠). Wie alle Arten der Gattung windblütig - eine große Ausnahme unter den Korbblütengewächsen; der Pollen kann „Heuschnupfenallergien" auslösen.

Dreilappiges Traubenkraut

Ambrosia trifida L.
Korbblütengewächse *Asteraceae* (*Compositae*)

Beschreibung: Blüten in Körbchen. Die Art ist 1häusig, d. h. auf ein und derselben Pflanze kommen rein männliche und rein weibliche Körbchen vor; die männlichen Körbchen sind meist kurz gestielt und stehen zahlreich in dichten, blattlosen, traubigen Gesamtblütenständen am Ende des Stengels und der Äste; die weiblichen Körbchen sitzen (oder stehen sehr kurz gestielt) büschelig - und an der Basis von Hochblättern umgeben - in den Achseln der obersten Blattpaare unmittelbar unter den männlichen Gesamtblütenständen; Blüten in den männlichen Körbchen 10-15, unscheinbar; in den weiblichen Körbchen jeweils nur 1 Blüte. Achänen bleiben von den Hüllblättern umschlossen; sie werden um 6 mm lang, sind verkehrt-eiförmig, ihr Schnabel wird gut 1 mm lang und trägt einige, kleine Zähnchen (Lupe!). Stengel aufrecht, sehr schütter und kurz, doch rauh behaart. Stengelblätter gegenständig, die obersten indessen oft geringfügig gegeneinander verschoben, beiderseits kurz borstig behaart, nur am Stiel und auf den Nerven langhaarig; untere Blätter bis 8 cm lang gestielt, obere sehr kurz gestielt; untere und mittlere Blätter handförmig 3-5spaltig, wobei der Mittelabschnitt etwas größer ist als es die übrigen sind; alle Abschnitte in eine Spitze ausgezogen, ganzrandig oder schwach gesägt; oberste Blätter oft ungeteilt, lanzettlich. September-Oktober. 0,5-1,5 m.

Vorkommen: Braucht feuchten, sandig-steinigen Boden. Heimat: Nordamerika; örtlich beständig eingebürgert an Ufern und auf Ödland.

Wissenswertes: ⊙; (☠). Massenvorkommen von *Ambrosia*-Arten bewirken unübliche (herbstliche) Pollenallergien.

Telekie
Telekia speciosa

Ausdauerndes Traubenkraut
Ambrosia psilostachya

Dreilappiges Traubenkraut
Ambrosia trifida

Rispenkraut
Iva xanthiifolia

Rispenkraut

Iva xanthiifolia NUTT.
Korbblütengewächse *Asteraceae* (*Compositae*)

Beschreibung: Blüten in Körbchen, die zahlreich in end- oder achselständigen Ähren und Doppelähren sitzen; Hülle 2reihig: die 5 äußeren Blätter bilden die eigentliche Hülle; die 5 inneren umschließen die 5 weiblichen Blüten, die es in jedem Körbchen randständig gibt; im zentralen Bereich der Körbchen stehen 8–20 männliche, röhrenförmige, unscheinbare Blüten; zwischen den Blüten befinden sich dünnpfriemliche Spreublätter (Lupe!). Achänen um 3 mm lang; ein Haarkranz fehlt! Stengel aufrecht, unten kahl, im Blütenstandsbereich zottig, wenngleich ziemlich lückig und schütter behaart. Unterste und mittlere Blätter meist gegenständig, obere fast gegenständig oder nur undeutlich wechselständig, alle lang gestielt, schmal-eiförmig bis fast herzförmig, zuweilen 3–5lappig, am Grunde in den Blattstiel verschmälert, selbst an Blättern mit gestutztem oder herzförmigem Grund in der Mitte in den Blattstiel vorgezogen, mehr oder weniger deutlich 3nervig, grob und unregelmäßig gesägt, unterseits kurzhaarig, oberseits fast kahl oder kahl, graugrün, unterste Blätter 2–20 cm breit, bis 30 cm lang, mittlere und obere kleiner. August–Oktober. 0,5–2 m.

Vorkommen: Braucht nährsalzreichen, sandig-steinigen Boden in sommerwarmen Lagen. Heimat: Nordamerika; bei uns gelegentlich – wenig beständig – verwildert, vor allem an Verladeplätzen und in Hafenanlagen.

Wissenswertes: ⊙. Die Art ist wahrscheinlich erst im 20. Jahrhundert in Mitteleuropa eingeschleppt worden. Da jedes ihrer Individuen zahlreiche Samen produziert, scheint sie sich in Gegenden mit kontinentalem Klima festsetzen und ausbreiten zu können.

Telekie

Telekia speciosa (SCHREB.) BAUMG.
Korbblütengewächse *Asteraceae* (*Compositae*)

Beschreibung: Blüten in Körbchen, die oft einzeln, nicht selten aber zu 2–7 (vereinzelt auch mehr) am Ende des Stengels (bzw. seiner wenigen Äste) stehen. Hüllblätter in nur wenigen Reihen, alle fast gleich lang; äußere und mittlere um 5 mm breit, im Vorderteil blattartig grün und abstehend oder leicht zurückgebogen; innere um 3 mm breit, mit früh bräunlichem Anhängsel. Körbchen (mit den Randblüten gemessen) 6–7 cm im Durchmesser; Blüten dunkel goldgelb; Randblüten weiblich, 1reihig, zahlreich, zungenförmig; Zungen 2–2,5 cm lang, um 1 mm breit; zentrale Scheibenblüten röhrenförmig, zwittrig, sehr zahlreich; Körbchenboden flach, schwach grubig, mit pfriemlichen, weißen Spreublättern, die gut 5 mm lang werden. Achänen um 6 mm lang; kein Haarkranz vorhanden, nur ein niedriger (1–2 mm hoher), häutiger, gezackter Saum (Lupe!). Stengel einfach oder nur im Blütenstandsbereich spärlich verzweigt, schütter abstehend behaart. Stengelblätter wechselständig, breit-eiförmig, zum Teil mit aufgesetzter Spitze und wenigen, aufgesetzten Zähnen; untere Blätter in einen kurzen, geflügelten Stiel verschmälert, bis 15 cm lang, obere mit herzförmigem Grund sitzend, alle Blätter steif und ledrig wirkend. Juni–August. 15–50 cm.

Vorkommen: Braucht kalkhaltigen, trokken-steinigen, lockeren Boden. Besiedelt Felsen und steinige Matten, vorzugsweise zwischen etwa 500–1800 m. Alpensüdfuß, selten; sonst gelegentlich aus Gärten verwildert, aber kaum irgendwo beständig.

Wissenswertes: ♃. Heimisch wohl nur in den östlichen Südalpen. Hauptareal zwischen Kaukasus, Karpaten und Balkan.

Siegesbeckie

Sigesbeckia cordifolia H. B. K.
Korbblütengewächse *Asteraceae* (*Compositae*)

Beschreibung: Blüten in Körbchen, die zu 5–100 (selten bis über 1000) am Ende des Stengels bzw. seiner Äste stehen. Hüllblätter 2reihig, die (meist) 5 äußeren waagrecht abstehend, 1–1,5 cm lang, lineal, krautig, oberseits dicht mit Drüsenhaaren (klebrig!) besetzt; innere Hüllblätter nach innen geschlagen und die Achänen der äußeren Blüten teilweise umfassend, krautig, drüsenhaarig (klebrig!). Körbchen (ohne äußere Hüllblätter gemessen) 5–8 mm im Durchmesser; Blüten gelb; Randblüten zungenförmig, nur wenige vorhanden, weiblich; Zunge um 2 mm lang, fast ebenso breit, 3zähnig; Scheibenblüten röhrenförmig, zwittrig; Achänen oben verbreitert, gebogen, schwarz, um 3 mm lang; Haarkranz fehlt. Stengel aufrecht, reichlich verzweigt, oft rot überlaufen, mäßig zottig behaart, oben auch drüsenhaarig und klebrig. Stengelblätter gegenständig, die unteren und mittleren etwa 3eckig, mit gestutztem bis herzförmigem Grund und breit geflügeltem Blattstiel; Spreite fein gezähnt, mit 3 Längsnerven, kurz behaart; Öhrchen gegenüberstehender Blätter zuweilen miteinander verwachsen. August–September. 0,5–1,2 m.

Vorkommen: Braucht stickstoffsalzreichen, lehmig-tonigen Boden. Heimat: Südchile; bei uns eingeschleppt und örtlich – vor allem zwischen Hamburg und Cuxhaven sowie im übrigen Tiefland (besonders in Holstein und Mecklenburg) – beständig verwildert und praktisch eingebürgert. Besiedelt in klimamilden Lagen mit hoher Luftfeuchtigkeit als Unkraut Gärten sowie ortsnahes Ödland und Ufergebüsche.

Wissenswertes: ⊙. Die Art wurde um 1920 erstmals verwildert beobachtet; sie hat sich seitdem ausgebreitet.

Becherpflanze

Silphium perfoliatum L.
Korbblütengewächse *Asteraceae* (*Compositae*)

Beschreibung: Blüten in Körbchen, die einzeln oder – in der Regel – zu mehreren und dann doldig-traubig am Ende des Stengels und der Äste stehen. Hüllblätter wenigreihig, krautig, breit-eiförmig, abgerundet, an der Spitze abgebogen oder zurückgeschlagen. Körbchen (mit Zungenblüten gemessen) 5–8 cm im Durchmesser; Randblüten weiblich, zungenförmig, 2–3 cm lang, in 2–3 Reihen, gelb; zentrale Scheibenblüten zwittrig (aber im weiblichen Geschlecht steril; von der Funktion her sind die Scheibenblüten infolgedessen als männlich anzusehen); Körbchenboden ziemlich flach, mit Spreublättern; Achänen unterschiedlich lang, stets stark zusammengepreßt und im oberen Teil mit eingebuchteten Flügeln; Haarkranz fehlt. Stengel aufrecht, nur im oberen Drittel verzweigt, 4kantig, kahl oder fast kahl. Stengelblätter gegenständig, 3eckig bis länglich-eiförmig, die unteren in einen geflügelten Stiel ziemlich plötzlich verschmälert und bis zu 30 cm lang; an der Ansatzstelle der Stiele sind die Flügel der gegenüberstehenden Blätter miteinander becherartig (Name!) verwachsen; obere Blätter kürzer und schmäler, breit geflügelt, praktisch sitzend und an der Basis paarweise becherförmig verwachsen; alle Blätter unterseits blaugrün, entfernt grob gezähnt oder nahezu ganzrandig. Juli–Oktober. 1–2 m.

Vorkommen: Braucht stickstoffsalzreichen, schlammig-lehmigen Boden. Zierpflanze aus Nordamerika, die vereinzelt und unbeständig an Ufern verwildert ist.

Wissenswertes: ♃. Wie bei manchen Kardengewächsen bilden sich in den Blattachselbechern Regenpfützen. Sie verlegen stengelauf kriechenden Fraßinsekten den Weg.

Studentenblume
Tagetes × patula L.
Korbblütengewächse *Asteraceae* (*Compositae*)

Beschreibung: Blüten in Körbchen, die meist einzeln am Ende des Stengels stehen; gelegentlich verzweigt sich der Stengel oberwärts, und dann stehen wenige Körbchen doldentraubig verebnet am Ende des Stengels. Hülle aus 5–10 kahlen, fast bis zur Spitze verwachsenen Hüllblättern. Körbchen (mit den Zungenblüten gemessen) 3–6 cm im Durchmesser, von wenig angenehmem Geruch; Randblüten 5–10 (bei nicht gefüllten Formen), weiblich, zungenförmig; Zungen breit, gelb oder orange; Scheibenblüten röhrenförmig, zwittrig, fertil; Achänen um 5 mm lang, wenig abgeflacht; anstelle des Haarkranzes 5–10 unscheinbare Schüppchen, von denen 1–2 lineal-borstlich verlängert sind. Stengel aufrecht, dicht beblättert. Stengelblätter höchstens im oberen Stengeldrittel undeutlich wechselständig, sonst gegenständig, tief fiederteilig, drüsig punktiert (im durchscheinenden Licht betrachten!); Blätter riechen zerrieben unangenehm. August–Oktober. 20–80 cm.

Vorkommen: Braucht stickstoffsalzreichen, nicht zu verfestigten, lehmigen oder tonigen Boden. Zierpflanze aus Mexiko, die örtlich – meist unbeständig – auf orts- oder gartennahem Ödland verwildert ist.

Wissenswertes: ☉; ☠. Enthält ätherisches Öl und schwefelhaltige Polyine; derartige Polyine können – mit Pflanzensaft auf die Haut gebracht – im Licht eine Photodermatitis hervorrufen. – *T. patula* ist ein allotetraploider Bastard zwischen *T. erecta* L. und *T. tenuifolia* CAVAN.. Von ihm – wie auch von *T. erecta* – sind rund 50 verschiedene Gartensorten bekannt, die sich vor allem in der „Körbchenfüllung" und der Blütenfarbe voneinander unterscheiden.

Ramtillkraut
Guizotia abyssinica (L. fil.) CASS.
Korbblütengewächse *Asteraceae* (*Compositae*)

Beschreibung: Blüten in Körbchen, jeweils an den Enden der – meist zahlreichen – Äste, in die der Stengel sich im oberen Drittel gabelig verzweigt. Hüllblätter in 2 Reihen; 5 äußere Hüllblätter, 1–2 cm lang, 5–7 mm breit, krautig, mit etwas abstehender Spitze; innere Hüllblätter häutig, breit-spatelig, den Spreublättern gleichend; Spreublätter auf dem Körbchenboden überragen die noch geschlossenen Blütenknospen. Körbchen (mit den Zungenblüten gemessen) 3–4 cm im Durchmesser; Randblüten 7–13, meist 8, weiblich, zungenförmig, gelb; Zunge grob 3zähnig, 1,1–1,5 cm lang; Scheibenblüten zahlreich, röhrenförmig, zwittrig; am Grunde aller Blüten befindet sich außen ein dichter Haarring (nicht mit dem Haarkranz einer Achäne verwechseln! Dieser fehlt in dieser Gattung!), wobei die unteren Haare die Spitze der Achäne bedekken; Achänen um 4 mm lang; Haarkranz fehlt. Stengel aufrecht, anliegend borstig behaart. Stengelblätter nur im oberen Drittel des Stengels mehr oder weniger wechselständig, sonst gegenständig, schmal-eiförmig bis lanzettlich, mit herzförmigem Grund halb stengelumfassend, scharf gesägt. September–Oktober. 0,5–2 m.

Vorkommen: Braucht stickstoffsalzreichen Boden in sommerwarmer Lage. Tropische Art, deren Achänen oft in Vogelfuttermischungen enthalten sind. Deswegen entwickeln sich gelegentlich Exemplare der Pflanze in der Nähe von Vogelhäuschen, in denen die Nüßchen im Winter verfüttert worden waren. Die Pflanze kommt aber bei uns nicht immer zur Blüte.

Wissenswertes: ☉. *Guizotia abyssinica* ist in den Tropen eine örtlich durchaus bedeutende Ölpflanze (z. B. in Ostafrika und Indien).

Studentenblume
Tagetes × patula
Becherpflanze
Silphium perfoliatum
Siegesbeckie
Sigesbeckia cordifolia
Ramtillkraut
Guizotia abyssinica

Flohkraut *Pulicaria*
Spitzklette *Xanthium*

Kleines Flohkraut

Pulicaria vulgaris GAERTN.
Korbblütengewächse *Asteraceae* (*Compositae*)

Beschreibung: Blüten in Körbchen, die sehr locker in einem etwas sparrigen, rispigen Gesamtblütenstand angeordnet sind, wobei seitlich sitzende Körbchen in der Regel die endständigen leicht überragen. Hüllblätter mehrreihig, die äußeren etwas kürzer als die mittleren und inneren, 4–6 mm lang, etwas weniger als 1 mm breit, die inneren mit feiner, purpurroter Spitze, die übrigen zottig und drüsig behaart. Körbchen (ohne Zungenblüten gemessen) um 1 cm im Durchmesser; Blüten schmutzig hellgelb; Randblüten weiblich, zungenförmig; Zunge um 1 mm (!) lang, aufrecht, die Hülle kaum überragend; zentrale Scheibenblüten röhrenförmig, zwittrig, oberwärts reich drüsig; Körbchenboden flach, deutlich grubig. Achänen knapp 2 mm lang; Haarkranz aus nur 5–10, gut 1 mm langen weißen Borstenhärchen, die von einem kaum 0,3 mm hohen, zerschlitzten Krönchen umgeben werden (Lupe!). Stengel unten zuweilen bogig, sonst aufrecht, fast vom Grund an reich verzweigt, rundlich, oft rot überlaufen, schütter wollig behaart oder dünnfilzig, aber auch nahezu kahl. Stengelblätter wechselständig, zerrieben von kräftig aromatischem Geruch, breit-lanzettlich, ganzrandig oder sehr fein gezähnt, die unteren Blätter stielartig verschmälert, die oberen mit abgerundetem Grund sitzend. Juli–August. 10–30 cm.

Vorkommen: Braucht kalkarmen, stickstoffsalzreichen, feuchtnassen Lehm- oder Tonboden. Besiedelt Ufer, Gänseweiden und Gräben. Am Mittel- und Unterlauf der größeren Flüsse und Ströme; sehr selten.

Wissenswertes: ⊙. Früher gegen Flöhe angewandt. Enthält das Polyen Cosmen, das den ätherischen Ölen nahesteht.

Großes Flohkraut

Pulicaria dysenterica (L.) BERNH.
Korbblütengewächse *Asteraceae* (*Compositae*)

Beschreibung: Blüten in Körbchen, die zu 5–20 (selten mehr) in einer lockeren, einfachen oder zusammengesetzten Doldentraube am Ende des Stengels stehen. Hüllblätter mehrreihig, alle etwa gleich lang (um 5 mm), kaum 0,5 mm breit, schmal-lineal, die äußeren und mittleren mit zurückgebogener Spitze, ziemlich dicht und wollig abstehend behaart. Körbchen (mit Zungenblüten gemesssen) 1,5–3 cm im Durchmesser; Blüten goldgelb; Randblüten weiblich, zungenförmig; Zunge um 8 mm lang, um 1 mm breit; zentrale Scheibenblüten röhrenförmig, zwittrig; Körbchenboden flach, deutlich grubig. Achänen gut 1 mm lang; Haarkranz aus 15–20 weißen Borstenhärchen, die 3–4 mm lang werden und von einem kaum 0,5 mm hohen, zerschlitzten Krönchen umgeben werden (Lupe!). Wurzelstock kriechend, kurze Ausläufer treibend; Stengel aufrecht, nur im Blütenstandsbereich verzweigt und hier wollig-filzig behaart, reich beblättert. Stengelblätter wechselständig, zerrieben leicht nach Zitrone riechend, schmal-eiförmig bis breit-lanzettlich, ganzrandig oder undeutlich gezähnt, oft wellig, die unteren mit verschmälertem Grund sitzend, die oberen pfeilförmig-herzförmig stengelumfassend. Juli–August. 30–70 cm.

Vorkommen: Braucht feuchtnassen, stickstoffsalzreichen Lehm- oder Tonboden. Besiedelt Sumpfwiesen, Röhricht und nasse Wegränder. Fehlt in Sandgebieten ebenso wie in den Gegenden mit etwas rauherem Klima. Sonst selten, aber oft in mäßig individuenreichen Beständen. Steigt kaum irgendwo über etwa 800 m.

Wissenswertes: ♃. Enthält ätherische Öle. Früher Heilpflanze (Dysenterie = Ruhr); Heilwirkung nicht nachweisbar.

Großes Flohkraut
Pulicaria dysenterica
Gewöhnliche Spitzklette
Xanthium strumarium
Kleines Flohkraut
Pulicaria vulgaris
Ufer-Spitzklette
Xanthium albinum

Gewöhnliche Spitzklette

Xanthium strumarium L.
Korbblütengewächse *Asteraceae* (*Compositae*)

Beschreibung: Blüten in Körbchen. Die Art ist 1häusig, d. h. auf ein und derselben Pflanze kommen rein männliche und rein weibliche Körbchen vor; männliche Körbchen kugelig, gut 5 mm im Durchmesser, mit etlichen unscheinbaren, grünlichen Blüten; sie sitzen zu mehreren an der Spitze des Stengels und der Äste; weibliche Körbchen stets nur mit 2 Blüten, die tief in den Körbchenboden eingesenkt und zudem von eng anliegenden, schnabelartigen Hüllblättern umschlossen sind (nur die Griffel sichtbar); Hüllblätter als hakige Dornen ausgebildet; Körbchen mit reifen Früchtchen graugrün, oft rötlich überlaufen, in 2 kurze, meist gerade Schnäbel auslaufend, 1,2–1,5 cm lang (mit den Schnäbeln gemessen). Hülldornen mäßig dicht, an der Spitze eingekrümmt; Basis der Hülldornen wie die Oberfläche der reifen Fruchtkörbchen fein und etwas kraus behaart. Stengel aufrecht, meist mit kurzen Zweigen, kurz behaart, stachellos. Stengelblätter wechselständig, im Umriß herzförmig bis 3eckig, plötzlich in den Stiel zusammengezogen, ungleich tief gelappt-geteilt, Abschnitte nochmals gezähnt, oberseits schütter, unterseits dicht und anliegend kurzhaarig. August–Oktober. 0,2–1,2 m.

Vorkommen: Braucht stickstoffsalzreichen, lockeren, feuchten Lehmboden in warmen Lagen. Besiedelt Ödland, seltener Brachen, Wege und Ufer; sehr selten am Mittel- und Unterlauf von Rhein, Main, Weser und Oder, auch sonst vereinzelt und meist überall unbeständig; im südöstlichen Österreich selten.

Wissenswertes: ⊙; (☠). Die Pflanze gilt – zumindest für Weidevieh – als giftig; Giftstoff ist Carboxyatractylosid.

Ufer-Spitzklette

Xanthium albinum (Widder) H. Scholz
Korbblütengewächse *Asteraceae* (*Compositae*)

Beschreibung: Blüten in Körbchen. Die Art ist 1häusig, d. h. auf ein und derselben Pflanze kommen rein männliche und rein weibliche Körbchen vor; männliche Körbchen kugelig, gut 5 mm im Durchmesser, mit unscheinbaren, grünlichen Blüten, zu mehreren an der Spitze des Stengels und der Äste; weibliche Körbchen stets mit nur 2 Blüten, die tief in den Körbchenboden eingesenkt und von schnabelartigen Hüllblättern umschlossen sind (nur Griffel sichtbar); Hüllblätter als zum Teil nur schwach hakige Dornen ausgebildet; reife Fruchtkörbchen gelb bis dunkelbraun, oft rötlich überlaufen, die größten (mit Schnäbeln) 1,5–2 cm lang. Stengel aufrecht, meist reich verzweigt, rauhhaarig, nach unten hin verkahlend, oft rot oder braun gefleckt. Stengelblätter wechselständig (unterste fast gegenständig), im Umriß rhombisch-herzförmig (unterste fast lanzettlich), mäßig 3lappig bis ungeteilt, grob und unregelmäßig gesägt-gezähnt, oberseits dunkel gelbgrün, unterseits etwas heller, beidseitig sehr kurz behaart. August–Oktober. 10–80 cm.

Vorkommen: Braucht stickstoffsalzreichen, feuchten Lehm- oder Tonboden. Besiedelt Ufer und Ödland; am Mittel- und Unterlauf von Rhein, Weser, Elbe und Oder und – zum Teil – an deren Nebenflüssen; sonst nur vereinzelt; fehlt in der Schweiz und in Österreich.

Wissenswertes: ⊙; (☠). Giftigkeit: s. Gewöhnliche Spitzklette, links. – Ähnlich: *X. saccharatum* Wallr.: Fruchtdornen häkelnadelartig, so lang wie die Früchte, unten dicht drüsenhaarig; Ufer, unbeständig; Österreich. – *X. orientale* L.: Fruchtkörbchen reichdrüsig; Stengel ungefleckt; vereinzelt und unbeständig im Elsaß.

Spitzklette *Xanthium*
Sonnenhut *Rudbeckia*
Topinambur *Helianthus*

Dornige Spitzklette

Xanthium spinosum L.
Korbblütengewächse *Asteraceae* (*Compositae*)

Beschreibung: Blüten in Körbchen. Die Art ist 1häusig, d. h. auf ein und derselben Pflanze kommen rein männliche und rein weibliche Körbchen vor; männliche Körbchen kugelig, knapp 5 mm im Durchmesser, mit unscheinbaren, gelblichen Blüten, zu mehreren an der Spitze des Stengels und der Äste; weibliche Körbchen stets mit nur 2 Blüten, die tief in den Körbchenboden eingesenkt und von schnabelartigen Hüllblättern umschlossen sind (nur Griffel sichtbar); Hüllblätter als Dornen ausgebildet, die an der Spitze hakig gekrümmt sind; reife Fruchtkörbchen bräunlich, gut 1 cm lang. Stengel aufrecht, verzweigt, gelblich, meist kurz behaart, mäßig dicht beblättert. Stengelblätter wechselständig; unter jedem Blattstiel befindet sich ein 3teiliger, gelblicher Dorn, wobei die auf einem gemeinsamen Fußstück sitzenden Einzeldornen 1-2,5 cm lang werden können; im oberen Stengelabschnitt stehen zum Teil anstelle der Dornen weibliche Körbchen; Blätter im Umriß rhombisch, meist 3lappig oder - wenn nicht gelappt - grob gezähnt, oberseits dunkelgrün, unterseits grauweiß-filzig. August-Oktober. 15-80 cm.

Vorkommen: Braucht eher trockenen, sandig-steinigen, lockeren, stickstoffsalzreichen Untergrund. Besiedelt Verladeplätze und Ödland, seltener Wege. Heimat: Südamerika; bei uns (z. B. mit Wolle) eingeschleppt und meist nur unbeständig an Binnenwasserstraßen verwildert (z. B. Unterelbe, Rhein, Neckar).

Wissenswertes: ☉; (☠). Die Art wurde um 1670 aus Portugal beschrieben; um 1700 war sie in mehreren Botanischen Gärten in Kultur, aus denen sie im 18. Jahrhundert an klimagünstigen Orten erstmals verwildert sein dürfte.

Rauher Sonnenhut

Rudbeckia hirta L.
Korbblütengewächse *Asteraceae* (*Compositae*)

Beschreibung: Blüten in Körbchen, die einzeln am Ende des Stengels oder am Ende der spärlich vorhandenen Äste stehen. Hüllblätter 2-3reihig, fast gleich lang, abstehend oder zurückgebogen, 1-1,5 cm lang, 2-3 mm breit, schmal-lineal, krautig, abstehend rauhhaarig. Körbchen (mit den Zungenblüten gemessen) 6-10 cm im Durchmesser; Randblüten geschlechtslos, zungenförmig, zu 10-20; Zungen 2-4 cm lang, gelb bis orangegelb, am Grund oft dunkelpurpurn; zentrale Scheibenblüten röhrenförmig, zwittrig, dunkelpurpurn bis braunschwarz; Körbchenboden stark gewölbt bis halbkugelig, mit spitzen, schwarz berandeten Spreublättern, die die Achänen fast einhüllen. Achänen 2-3 mm lang, ohne Haarkranz. Stengel aufrecht, rauhhaarig, oben spärlich verzweigt, locker beblättert. Stengelblätter wechselständig, ungeteilt, schmal-eiförmig bis lanzettlich, ganzrandig oder fein gezähnt, die unteren in einen schwach geflügelten Stiel verschmälert, die oberen mit verschmälertem Grund sitzend, alle rauhhaarig. Juli-August. 25-70 cm.

Vorkommen: Braucht stickstoffsalzreichen, lockeren Lehmboden. Heimat: Nordamerika; als Zierpflanze in Gärten gezogen und aus ihnen gelegentlich auf gartennahem Ödland und an Wegen verwildert, örtlich ziemlich beständig, vor allem im Tiefland und in Flußtälern.

Wissenswertes: ☉; (☠). Manche Arten der Gattung enthalten in geringen Mengen Alkaloide; Alkaloidnachweise bei *R. hirta* sind uns nicht bekannt geworden. - Die Gattung wurde von LINNÉ zu Ehren des schwedischen Arztes und Botanikers O. RUDBECK (1630-1702) benannt.

Schlitzblättriger Sonnenhut

Rudbeckia laciniata L.
Korbblütengewächse *Asteraceae* (*Compositae*)

Beschreibung: Blüten in Körbchen, die einzeln am Ende des Stengels oder am Ende der meist zu mehreren vorhandenen Äste stehen. Hüllblätter 2–3reihig, länglich-eiförmig, krautig, leicht abstehend oder zurückgebogen. Körbchen (mit den Zungenblüten gemessen) 7–12 cm im Durchmesser; Randblüten geschlechtslos, zu 6–10, zungenförmig, gelb; zentrale Scheibenblüten röhrenförmig, zwittrig, dunkelbraun bis fast schwarz; Körbchenboden erst halbkugelig, gegen Ende der Blütezeit verlängert-kegelförmig, mit zahlreichen stumpflichen, hell berandeten Spreublättern, die sehr kurz behaart sind. Achänen um 5 mm lang; ein eigentlicher Haarkranz fehlt; an seiner Stelle ist ein undeutlich 4zähniges, kaum 0,5 mm langes Krönchen ausgebildet (Lupe!). Stengel aufrecht, in der oberen Hälfte mäßig verzweigt, kahl, oft bläulich bereift. Stengelblätter wechselständig, die untersten einfach bis doppelt fiederschnittig, mit lanzettlichen Abschnitten und deutlichen Stielen, die mittleren und oberen sitzend, tief 3spaltig (Mittelabschnitt oft nochmals tief geteilt), Abschnitte der mittleren Blätter breit-lanzettlich und grob gezähnt-gelappt, bei den oberen Blättern lanzettlich, feiner gezähnt. Juli–Oktober. 1–3 m.

Vorkommen: Braucht stickstoffsalzreichen, feuchten, kiesigen oder sandigen Lehmboden. Heimat: Nordamerika. Zierpflanze; selten in Unkrautgesellschaften an Ufern oder auf gartennahem Ödland verwildert.

Wissenswertes: ♃; (☠). Enthält in geringen Mengen Alkaloide. – Ähnlich: *R. fulgida* Ait.: Randblüten gold- bis orangegelb, Röhrenblüten braunrot; unterirdische Ausläufer; Blätter lanzettlich; Zierpflanze; sehr selten verwildert.

Topinambur

Helianthus tuberosus L.
Korbblütengewächse *Asteraceae* (*Compositae*)

Beschreibung: Blüten in Körbchen, die einzeln am Ende des Stengels oder am Ende der spärlich vorhandenen Äste stehen. Hüllblätter mehrreihig, fast gleich lang, krautig, außen sehr dunkel-, innen trübgrün, mit der Vorderhälfte sparrig abstehend, am Rand deutlich bewimpert. Körbchen (mit den Zungenblüten gemessen) 5–8 cm im Durchmesser; Randblüten geschlechtslos, zungenförmig, zu 12–20; Scheibenblüten röhrenförmig, zwittrig, schmutziggelb bis goldgelb; Körbchenboden fast flach; Spreublätter länglich, gekielt, häutig, oben schwärzlich, fast so lang wie die Röhrenblüten; Achänen um 6 mm lang; kein Haarkranz vorhanden, allenfalls 2 hinfällige, kleine Borsten. Stengel aufrecht, nur im Blütenstandsbereich verzweigt, mindestens in der oberen Hälfte deutlich – wenn auch nur sehr kurz – rauhhaarig. Stengelblätter im unteren und mittleren Teil des Stengels gegenständig oder – zu meist 3 – quirlständig, oberste wechselständig, alle breit-lanzettlich, die größten 10–25 cm lang, 7–15 cm breit, die obersten viel kleiner, am Rand grob gezähnt, unterseits mäßig dicht und kurz weichhaarig. Bildet lange, unterirdische Ausläufer, die in länglichen oder kartoffelähnlichen, 1–4 cm langen und meist wesentlich dünneren Knollen endigen. August–November. 1–3 m.

Vorkommen: Gemüse-, Futter- und Zierpflanze; vor allem früher angebaut; verwildert und eingebürgert; braucht stickstoffsalzreiche, feuchtnasse Böden. Besiedelt Ufer, Waldränder und Ödland. Vor allem in Flußtälern; fehlt in Gegenden mit rauhem Klima.

Wissenswertes: ♃. Die Knollen gelten neuerdings in der Feinschmeckerküche wieder als wohlschmeckende Beilage.

Dornige Spitzklette
Xanthium spinosum
Schlitzblättriger
Sonnenhut
Rudbeckia laciniata
Rauher Sonnenhut
Rudbeckia hirta
Topinambur
Helianthus tuberosus

Sonnenblume *Helianthus*
Zweizahn *Bidens*

Gewöhnliche Sonnenblume

Helianthus annuus L.
Korbblütengewächse *Asteraceae* (*Compositae*)

Beschreibung: Blüten in Körbchen, die meist einzeln am Ende des Stengels stehen; sehr selten ist der Stengel oberwärts sehr spärlich verzweigt; die Ästchen tragen dann ebenfalls Körbchen. Hüllblätter mehrreihig, dachziegelig, krautig, 1-2,5 cm breit. Körbchen (mit den Zungenblüten gemessen) 15-35 cm im Durchmesser; Randblüten geschlechtslos, zungenförmig, zu 20-70, 6-10 cm lang und bis zu 2,5 cm breit; Scheibenblüten röhrenförmig, zwittrig, olivbraun bis rotbraun, sehr zahlreich, Spreublätter gefaltet, die Achänen halb umfassend; Achänen („Sonnenblumenkerne") 0,7-1,5 cm lang; kein Haarkranz vorhanden; allenfalls 2 hinfällige Börstchen. Stengel aufrecht, 2-7 cm dick (selten noch etwas dicker), aufrecht, allenfalls in der oberen Hälfte sehr spärlich verzweigt, rauhhaarig. Unterste Stengelblätter gegenständig, die übrigen wechselständig, herzförmig, gestielt, bis 40 cm lang und bis 35 cm breit, wenig tief gezähnt, rauhhaarig. August-Oktober. 1-3,5 m.

Vorkommen: Braucht stickstoffsalzreichen, nicht zu trockenen Boden. Zier- und Nutzpflanze; Heimat: Wärmere Gegenden von Nordamerika. Neuerdings werden vor allem Sorten, die der var. *macrocarpus* (DC.) COCKERELL nahestehen, feldmäßig als Speiseöllieferanten angebaut. Aus solchem Anbau, öfter indessen aus verstreutem Vogelfutter, ist die Art örtlich verwildert, aber kaum eingebürgert.

Wissenswertes: ⊙. Sonnenblumenöl wird wegen seines hohen Gehalts an ungesättigten Fettsäuren (vor allem Linolsäure) als Speiseöl geschätzt. Außerdem wird es zur Margarineherstellung verwendet. Allerdings muß es von bitter schmeckenden Stoffen befreit werden.

Vielblütige Sonnenblume

Helianthus × *multiflorus* L.
Korbblütengewächse *Asteraceae* (*Compositae*)

Beschreibung: Blüten in Körbchen, die oft einzeln, nicht selten aber zu mehreren (2-5, selten mehr) am Ende des Stengels bzw. der Äste stehen. Hüllblätter mehrreihig, fast gleich lang, krautig, außen dunkelgrün, innen trübgrün, 2-4 mm breit, abstehend oder zurückgebogen, am Rand deutlich bewimpert, zugespitzt. Körbchen (mit den Zungenblüten gemessen) 5-8,5 cm im Durchmesser; Randblüten geschlechtslos, zungenförmig, zu 20-40 (hierauf bezieht sich das Artepithet „vielblütig"); Zungen 2-3,5 cm lang, 4-9 mm breit; Scheibenblüten röhrenförmig, zwittrig, schmutziggelb bis goldgelb; Körbchenboden fast flach; Spreublätter länglich, gekielt, häutig, oben dunkel, fast so lang wie die Röhrenblüten; Achänen um 7 mm lang; kein eigentlicher Haarkranz vorhanden, höchstens 2 hinfällige, kleine Börstchen. Stengel aufrecht, in der unteren Hälfte praktisch kahl, in der oberen Hälfte nur sehr schütter mit Borstenhaaren bestanden. Stengelblätter im unteren Teil des Stengels mehr oder weniger gegenständig, seltener zu 3 quirlständig, oberste Blätter wechselständig, die größten 7-12 cm lang, 5-8 cm breit, sehr breit lanzettlich bis eiförmig, unterseits mit 3 vorspringenden Nerven. August-September. 1-2,5 m.

Vorkommen: Zierpflanze, deren mutmaßliche Elternarten in Nordamerika beheimatet sind. Von ihr werden vornehmlich Sorten mit gefüllten Körbchen gezogen. Sie sind auf gartennahem Ödland, gelegentlich auch an Ufern – meist unbeständig – örtlich verwildert.

Wissenswertes: ⊙-♃. Bei der Vielblütigen Sonnenblume handelt es sich um einen triploiden Bastard, wahrscheinlich zwischen *H. annuus* L. und *H. decapetalus* L.

Gewöhnliche Sonnenblume
Helianthus annuus
Schwarzfrüchtiger Zweizahn
Bidens frondosa
Vielblütige Sonnenblume
Helianthus × multiflorus
Dreiteiliger Zweizahn
Bidens tripartita

Dreiteiliger Zweizahn

Bidens tripartita L.
Korbblütengewächse *Asteraceae* (*Compositae*)

Beschreibung: Blüten in Körbchen, die zu 5–15 (selten zu weniger oder mehr) am Ende des Stengels und seiner Äste stehen. Hüllblätter 2reihig; die 5–8 der äußeren Reihe sind krautig, bis über 3 cm lang, schmal-lanzettlich bis schmal verkehrt-eiförmig, abstehend, meistens ganzrandig, einzelne grob gezähnt, kurz bewimpert; innere Hüllblätter häutig, breit-eiförmig, gelblich, bis 8 mm lang und bis 3 mm breit; Körbchenboden ziemlich flach, mit häutigen, braunstreifigen, linealen Spreublättern. Körbchen zur Blütezeit um 1 cm, zur Fruchtzeit um 2 cm im Durchmesser; zungenförmige Randblüten fehlen in der Regel (sehr selten sind einzelne oder sehr wenige vorhanden); Scheibenblüten röhrenförmig, zwittrig, bräunlich-gelb; Achänen um 6 mm lang (ohne Grannen gemessen), beidseits mit einer 2–3 mm langen, borstig-rauhen Granne, oft mit einer kürzeren Mittelgranne; kein Haarkranz. Stengel verzweigt, braunrot, kahl oder sehr schütter behaart. Untere und mittlere Stengelblätter gegenständig, oberste wechselständig, meist fiederschnittig mit 3–5 Abschnitten, selten ungeteilt; Abschnitte lanzettlich-asymmetrisch, grob gezähnt, dunkelgrün, oberseits kahl, unterseits höchstens sehr schütter kurz behaart. August–Oktober. 0,2–1,2 m.

Vorkommen: Braucht stickstoffsalzreichen, sandig-schlammigen Boden. Besiedelt Ufer von Teichen und Tümpeln, geht auch in Gräben. Fehlt in den Kalk- und Sandgebieten kleineren Gebieten, sonst zerstreut, steigt aber kaum über etwa 1000 m.

Wissenswertes: ☉. Ähnlich: *B. bipinnata* L.: Köpfe um 5 mm im Durchmesser, Achänen 1–1,8 cm lang; Alpensüdfuß.

Schwarzfrüchtiger Zweizahn

Bidens frondosa L.
Korbblütengewächse *Asteraceae* (*Compositae*)

Beschreibung: Blüten in Körbchen, die zu 5–25 (selten zu mehr oder weniger) am Ende des Stengels und seiner Äste stehen. Hüllblätter 2reihig, die 5–8 der äußeren Reihe werden 0,5–2 cm lang (selten deutlich länger!), 1–3 mm breit; sie sind krautig, ganzrandig, bewimpert; innere Hüllblätter eiförmig, gelblich, häutig, schwarzbraun längsstreifig, um 8 mm lang und ca. 4 mm breit; Körbchenboden flach, mit häutigen, linealen, braun längsgestreiften Spreublättern. Körbchen 1–2 cm im Durchmesser, breiter als hoch, aufrecht; zungenförmige Randblüten fehlen in der Regel (sehr selten sind einzelne oder sehr wenige mit nur 2–3 mm langer Zunge vorhanden); Scheibenblüten röhrenförmig, zwittrig, bräunlich-gelb; Achänen um 8 mm lang (ohne Grannen gemessen), beidseits mit 1 rund 3 mm langen, borstig-rauhen Granne; kein Haarkranz. Stengel verzweigt, braunrot, meist kahl. Stengelblätter gegenständig, höchstens die obersten undeutlich wechselständig, mit langem, ungeflügeltem Stiel, unpaarig gefiedert, mit 3–5 Abschnitten; Abschnitte lanzettlich, gezähnt, lang zugespitzt; Zähne in eine feine Spitze ausgezogen. August–September. 0,3–1,2 m.

Vorkommen: Braucht stickstoffsalzreiche, sandig-kiesige oder schlammige Böden. Besiedelt das Röhricht stehender oder langsam fließender Gewässer. Heimat: Nordamerika; in Mitteleuropa seit etwa 1900 eingeschleppt und vor allem in den wärmeren Flußtälern und im Tiefland eingebürgert.

Wissenswertes: ☉. Der Schwarzfrüchtige Zweizahn scheint konkurrenzfähiger als der Dreiteilige Zweizahn zu sein. Mancherorts hat er diesen verdrängt.

Zweizahn *Bidens*
Franzosenkraut *Galinsoga*

Verwachsenblättriger Zweizahn

Bidens connata MÜHLENB. ex WILLD.
Korbblütengewächse *Asteraceae* (*Compositae*)

Beschreibung: Blüten in Körbchen, die zu 5–25 (selten zu weniger oder mehr) am Ende des Stengels und seiner Äste stehen. Hüllblätter 2reihig, die 3–6 der äußeren Reihe sind krautig, 3–6 cm lang, 3–8 mm breit, lineal-lanzettlich, meist ganzrandig oder jederseits mit nur 1–2 undeutlichen Zähnchen; innere Hüllblätter breit-eiförmig, gelblich, häutig, dunkelbraun längsstreifig, 1–1,4 cm lang, 4–6 mm breit; Körbchenboden mit häutigen, braunstreifigen, lanzettlichen Spreublättern. Körbchen zur Blütezeit 0,8–1 cm, zur Fruchtzeit um 1,5 cm im Durchmesser; zungenförmige Randblüten fehlen in der Regel (sehr selten sind einzelne oder sehr wenige vorhanden); Scheibenblüten röhrenförmig, zwittrig, bräunlich-gelb; Achänen um 7 mm lang, meist deutlich 3–4kantig, keinesfalls abgeflacht, mit 4 Grannen; kein Haarkranz. Stengel aufrecht, kahl, meist purpurn überlaufen, schon in der unteren Hälfte verzweigt. Stengelblätter gegenständig, ungeteilt, sehr selten die untersten fiederteilig, alle in einen geflügelten Stiel verschmälert, in eine lange Spitze auslaufend, am Rand jederseits mit 3–6 groben Zähnen. August–Oktober. 0,2–1 m.

Vorkommen: Braucht stickstoffsalzreichen, schlammig-tonigen Boden. Besiedelt Ufer, vorwiegend im Tiefland und in den niedrigeren Mittelgebirgen mit luftfeuchtem Lokalklima. Selten, in Österreich und der Schweiz nur vereinzelt und unbeständig.

Wissenswertes: ⊙. Heimat: Nordamerika; seit etwa 1865 bei uns verwildert. Die europäischen Exemplare scheinen alle der var. *fallax* (WARNST.) SHERFF anzugehören.

Strahliger Zweizahn

Bidens radiata THULL.
Korbblütengewächse *Asteraceae* (*Compositae*)

Beschreibung: Blüten in Körbchen, die zu 5–15 (selten zu weniger oder mehr) am Ende des Stengels und seiner Äste stehen. Hüllblätter 2reihig, die 10–12 der äußeren Reihe sind krautig, ungleich lang, meist nur bis 2, selten bis zu 5 cm lang, schmal-lanzettlich, abstehend, ganzrandig, einzelne grob gezähnt, kurz bewimpert; innere Hüllblätter häutig, eiförmig, gelblich, 6–8 mm lang, 3–4 mm breit, dunkelbraun längsgestreift; Körbchenboden ziemlich flach, mit linealen, häutigen, braun längsgestreiften Spreublättern. Körbchen zur Blütezeit um 1 cm, zur Fruchtzeit um 2 cm im Durchmesser; zungenförmige Randblüten fehlen; alle Blüten röhrenförmig, zwittrig, bräunlich-gelb, kaum länger als die Hülle; Achänen knapp 5 mm lang (ohne Grannen gemessen) nur 2 Grannen. Stengel verzweigt, gelblich, selten rötlich überlaufen. Stengelblätter gegenständig (oberste zuweilen undeutlich wechselständig), gelblich-grün, fiederschnittig (nur an schwachen Exemplaren ungeteilt), mit 3–5 Abschnitten (Endabschnitt am größten); Abschnitte lanzettlich, kaum asymmetrisch, oberseits kahl, unterseits höchstens sehr schütter kurzhaarig, grob gezähnt; Zähne nach vorwärts gerichtet und oft nach innen gekrümmt, Blattstiel schmal geflügelt. August–Oktober. 0,2–1,5 m.

Vorkommen: Braucht stickstoffsalzreichen, kalkarmen, schlammigen Boden. Besiedelt Ufer von Tümpeln und Fischteichen. Sehr selten im Tiefland, in Flußtälern und in Gegenden mit Teichwirtschaften, oft nur unbeständig.

Wissenswertes: ⊙. Das Hauptverbreitungsgebiet der Art liegt in Osteuropa und reicht bis Mittelasien. Mögliche Standorte sind in Mitteleuropa selten geworden.

Nickender Zweizahn

Bidens cernua L.
Korbblütengewächse *Asteraceae* (*Compositae*)

Beschreibung: Blüten in Körbchen, die zu 3–15 (selten nur 1 Blüte, gelegentlich mehr als 15) am Ende des Stengels und seiner Äste stehen. Hüllblätter 2reihig, die 5–8 der äußeren Reihe sind krautig, bis 2,5 cm lang, schmal-lanzettlich, abstehend, am Rand kurz bewimpert; innere Hüllblätter häutig, breit-lanzettlich, gelblich, mit schwarzen Längsstreifen; Körbchenboden flach, mit häutigen, linealen, braun längsgestreiften Spreublättern. Körbchen erst aufrecht, später nickend, 2,5–4,5 cm im Durchmesser (mit den Zungenblüten gemessen); zungenförmige Randblüten weiblich, in der Regel zu 6–9 vorhanden; Zungen 1–1,5 cm lang, 3–5 mm breit, gelb; zentrale Scheibenblüten röhrenförmig, zwittrig, gelb; Achänen um 5 mm lang, mit meist 4 Grannen, die 2–3 mm lang werden. Stengel zuweilen einfach, oben meist spärlich oder mäßig reichlich verästelt, seltener vom Grund an verzweigt. Stengelblätter gegenständig, vereinzelt zu 3 wirtelig, die obersten oft wechselständig, hellgrün, lanzettlich, mittlere Blätter 7–12 cm lang, 1,5–2,5 cm breit, jederseits mit 5–10 Zähnen, mit verschmälertem Grund halb stengelumfassend sitzend. August–Oktober. 15–90 cm.

Vorkommen: Braucht stickstoffsalzreichen, schlammig-tonigen oder sandig-schlammigen, feucht-nassen Boden. Besiedelt Teich- und Tümpelufer, vor allem im Tiefland und in Gegenden mit Teichwirtschaften; steigt nur selten bis etwa 1000 m. Fehlt in den Gegenden mit rauherem Klima; überall selten.

Wissenswertes: ⊙. Exemplare ohne Randblüten werden immer wieder beobachtet; eine eigene Rasse innerhalb der Art scheinen sie nicht darzustellen.

Kleinblütiges Franzosenkraut

Galinsoga parviflora Cav.
Korbblütengewächse *Asteraceae* (*Compositae*)

Beschreibung: Blüten in Körbchen, die einzeln oder – meist – zu 2–9 traubig-doldig am Ende des Stengels stehen. Hüllblätter 2reihig, die äußeren 2–3 kleiner als die 5 inneren, diese um 3 mm lang, krautig, eiförmig, fast kahl. Körbchen knapp 7 mm im Durchmesser (mit den randständigen, auseinandergedrückten Zungenblüten gemessen); meist 5 zungenförmige, weibliche Randblüten; Zunge weiß, 1–2 mm lang, an der Spitze grob 3zähnig; Scheibenblüten zwittrig, röhrenförmig, gelb; Achänen knapp 2 mm lang, schwarz; an den Achänen der Röhrenblüten kein eigentlicher Haarkranz vorhanden, stattdessen rund 20 weißliche, um 1 mm lange, am Rand gefranste Schüppchen; den Achänen der Zungenblüten fehlen diese Schüppchen; an ihnen stehen vereinzelte kurze Börstchen. Stengel aufrecht, verzweigt, kahl, nur ganz oben anliegend oder nach vorwärts abstehend behaart. Stengelblätter gegenständig, ungeteilt, eiförmig-zugespitzt, undeutlich gezähnt, die unteren und mittleren plötzlich in einen Stiel verschmälert, der 2–3 cm lang werden kann, die oberen sehr kurz gestielt oder praktisch sitzend, frischgrün, scheinbar kahl, bei genauem Hinsehen am Rand und unterseits auf den Nerven schütter anliegend behaart. Juni–Oktober. 20–60 cm.

Vorkommen: Braucht stickstoffsalzreichen, kalkarmen Boden in Gegenden mit hoher Luftfeuchtigkeit und Sommerwärme. Gärten, Hackfruchtäcker, ortsnahes Ödland. Fehlt örtlich in den Kalkgebieten und in den Gegenden mit rauherem Klima; sonst zerstreut.

Wissenswertes: ⊙. Heimat: Peru; um 1800 aus Botanischen Gärten verwildert; im westlichen Europa eingebürgert.

Verwachsenblättriger Zweizahn
Bidens connata
Nickender Zweizahn
Bidens cernua
Strahliger Zweizahn
Bidens radiata
Kleinblütiges Franzosenkraut
Galinsoga parviflora

Franzosenkraut *Galinsoga*
Färberkamille, Hundskamille *Anthemis*

Behaartes Franzosenkraut

Galinsoga ciliata (RAFIN.) BLAKE
Korbblütengewächse *Asteraceae* (*Compositae*)

Beschreibung: Blüten in Körbchen, die meist zu 2–25 traubig-doldig am Ende des Stengels stehen. Hüllblätter 2reihig, die äußeren 2–3 kleiner als die 5 inneren, diese um 4 mm lang, krautig, eiförmig; äußere zumindest unten drüsig behaart, innere oft fast kahl. Körbchen um 8 mm im Durchmesser (mit den randständigen, auseinandergedrückten Zungenblüten gemessen); meist 5 zungenförmige, weibliche Randblüten; Zunge weiß, 2–3,5 mm lang, an der Spitze grob 3zähnig; Scheibenblüten zwittrig, röhrenförmig, gelb; Achänen knapp 2 mm lang, schwarz; an den Achänen der Röhrenblüten kein eigentlicher Haarkranz vorhanden, stattdessen rund 20 weißliche, um 1 mm lange, oben kurz begrannte, am Rande gefranste Schüppchen; den Achänen der Zungenblüten fehlen diese Schüppchen; an ihnen stehen - vor allem auf der Innenseite - kurze Börstchen. Stengel aufrecht, verzweigt, ziemlich lang abstehend und zum Teil drüsig behaart. Stengelblätter gegenständig, ungeteilt, eiförmig-zugespitzt, die unteren und mittleren plötzlich in einen Stiel verschmälert, der 2–3 cm lang werden kann, die oberen sehr kurz gestielt oder praktisch sitzend, dunkelgrün, oberseits oft nur schütter, unterseits meist deutlich dichter und ziemlich lang abstehend behaart, grob gezähnt. Juni–Oktober. 10–60 cm.

Vorkommen: Braucht stickstoffsalzreichen, kalkarmen Boden in herbstfrostarmen Lagen. Besiedelt Wege, Gärten und Ödland. Fehlt im Tiefland und in Gegenden mit rauhem Klima gebietsweise; sonst zerstreut.

Wissenswertes: ☉. Heimat: Süd- und Mittelamerika; seit etwa 1850 in Europa eingeschleppt und verwildert.

Färberkamille

Anthemis tinctoria L.
Korbblütengewächse *Asteraceae* (*Compositae*)

Beschreibung: Blüten in Körbchen, die einzeln am Ende des Stengels und seiner wenigen Äste stehen. Hüllblätter mehrreihig, zumindest in der unteren Hälfte angedrückt wollig-filzig behaart, im oberen Teil mit grünem Mittelnerv. Körbchen (mit den Randblüten gemessen) 2,5–4 cm im Durchmesser; das Innere des Körbchens mit den Scheibenblüten mißt mindestens halb so viel im Durchmesser wie das gesamte Körbchen; Körbchenboden halbkugelig, mit lanzettlichen, spitzen Spreublättern; Randblüten zungenförmig, weiblich; Zunge 0,5–1 cm lang, meist goldgelb, seltener hell- oder weißlich-gelb; Scheibenblüten zwittrig, röhrenförmig, goldgelb; Achänen um 2 mm lang, 4kantig; kein Haarkranz. Stengel aufrecht, mäßig dicht und - vom Körbchen weiter entfernt - filzig behaart. Stengelblätter wechselständig, fiederteilig, jederseits mit 4–6 Abschnitten, die regelmäßig kammförmig fiederspaltig sind; Zähnchen spitz; Blätter oberseits schütter behaart, unterseits ziemlich dicht graufilzig. Juli–September. 20–60 cm.

Vorkommen: Braucht steinig-trockenen, basischen oder nur mäßig sauren Boden. Besiedelt Trockenrasen, Dämme und Wege. Über Kalk oder Vulkangestein selten, oft in kleineren Beständen; sonst sehr selten. Geht kaum irgendwo über etwa 1200 m.

Wissenswertes: ♃. Die Blüten enthalten einen gelben Farbstoff, der früher zum Färben von Wolle verwendet worden ist; die Pflanze führt etwas ätherisches Öl. - *A. tinctoria* L. wird mit *A. triumfettii* (L.) DC. (Zungenblüten weiß; Blattunterseite nur locker-filzig behaart; Alpensüdfuß; selten) zur Sammelart *A. tinctoria* agg. zusammengefaßt.

Färberkamille
Anthemis tinctoria
Behaartes Franzosenkraut
Galinsoga ciliata
Österreichische Hundskamille
Anthemis austriaca
Stinkende Hundskamille
Anthemis cotula

Stinkende Hundskamille

Anthemis cotula L.
Korbblütengewächse *Asteraceae* (*Compositae*)

Beschreibung: Blüten in Körbchen, die einzeln am Ende des meist vom Grund an reichlich verzweigten Stengels und seiner Äste stehen. Hüllblätter in 2–4 Reihen, lang behaart, mit grünem Mittelstreif und hellerem Hautrand, die äußeren schmal-, die inneren breit-lanzettlich. Körbchen 1,5–3 cm im Durchmesser (mit den ausgebreiteten zungenförmigen Randblüten gemessen); Körbchenboden zur Blütezeit nahezu halbkugelig, zur Fruchtzeit verlängert-kegelförmig; Spreublätter befinden sich ausschließlich auf der Spitze des Kegels bzw. auf dem Scheitel der Halbkugel; 8–13 Randblüten, diese geschlechtslos, zungenförmig; Zunge weiß, 0,5–1,5 cm lang; Scheibenblüten zwittrig, röhrenförmig, gelb; Achänen knapp 2 mm lang, knotig gerippt (starke Lupe!); kein Haarkranz. Stengel aufrecht, vom Grund an reich verzweigt, kahl oder nur sehr schütter behaart. Stengelblätter wechselständig, 2–3fach fiederteilig, schütter behaart oder fast kahl. Pflanze riecht zerrieben unangenehm. Juli–September. 15–45 cm.

Vorkommen: Braucht stickstoffsalzreichen, nicht zu trockenen Lehm- oder Tonboden. Besiedelt ortsnahes Ödland, Wege, aber auch Getreideäcker und Gärten. Im mittleren und östlichen Tiefland, in Niederösterreich und im Burgenland zerstreut, in den milderen Lehmgebieten selten, sonst nur sehr selten; fehlt in Gebieten mit rauhem Klima.

Wissenswertes: ⊙; (☠). Der widerliche Geruch wird durch ätherisches Öl verursacht. Zerriebene Gewebe der Pflanze oder Preßsaft von ihr kann auf der Haut Rötung, ja Blasenbildung hervorrufen. Eine frühere Verwendung als Heilpflanze wurde aufgegeben.

Österreichische Hundskamille

Anthemis austriaca Jacq.
Korbblütengewächse *Asteraceae* (*Compositae*)

Beschreibung: Blüten in Körbchen, die einzeln am Ende des Stengels oder seiner Äste stehen. Hüllblätter mehrreihig, lanzettlich, mit grünem Mittelstreif und breitem, gelb-bräunlichem Rand, schütter lang behaart. Körbchen (mit den Randblüten gemessen) 2–4 cm im Durchmesser; Körbchenboden flach gewölbt bis halbkugelig (auch zur Fruchtzeit nicht kegelförmig), auf der gesamten Fläche (nicht nur im Zentrum) mit kurzspitzigen Spreublättern bestanden; Randblüten weiblich, zungenförmig; Zunge 1–1,5 cm lang, weiß, waagrecht abstehend; Scheibenblüten zwittrig, röhrenförmig, gelb; Achänen gut 2 mm lang, 4kantig, kein Haarkranz. Stengel aufrecht, meist reich verzweigt, mit schräg aufwärts abgehenden Ästen, schütter und kurz abstehend behaart. Stengelblätter wechselständig, 1–2fach fiederteilig, jederseits mit 4–6 Abschnitten, die regelmäßig kammförmig fiederspaltig sind; zahnartige Abschnittchen spitz; Blätter schütter bis dicht und lang behaart. Juli–September. 10–60 cm.

Vorkommen: Braucht sandig-steinigen, ziemlich trockenen, stickstoffsalzreichen, kalkreichen Boden in sommerwarmen Lagen. Besiedelt Wegränder, Dämme, ortsnahes Ödland und Äkker. Sachsen, Pfalz, Einzugsgebiet des Mains, südöstliche Frankenalb sehr selten; Niederösterreich und Burgenland zerstreut, sonst verschleppt und meist unbeständig.

Wissenswertes: ⊙. Das Hauptverbreitungsgebiet der Art liegt im südlichen Osteuropa und im östlichen Mittelmeergebiet. Von dort werden Früchtchen immer wieder eingeschleppt; Exemplare halten sich besonders entlang von Eisenbahnlinien und in Hafenanlagen.

Acker-Hundskamille

Anthemis arvensis L.
Korbblütengewächse *Asteraceae* (*Compositae*)

Beschreibung: Blüten in Körbchen, die einzeln am Ende des meist reichlich verzweigten Stengels und seiner Äste stehen. Hüllblätter in 2–4 undeutlichen Reihen, lineal-spatelig, mit krautigem, behaartem Mittelstreif und bräunlich-hautigem Rand. Körbchen (mit Randblüten gemessen) 2–4 cm im Durchmesser; Körbchenboden erst halbkugelig, gegen Ende der Blütezeit und zur Fruchtzeit verlängert-kegelförmig, überall mit lanzettlichen Spreublättern bestanden; 8–13 zungenförmige, weibliche Randblüten; Zunge 0,7–1,2 cm lang; Scheibenblüten zwittrig, röhrenförmig, goldgelb; Achänen um 2 mm lang, kreiselförmig, zuweilen undeutlich 4kantig, gerippt (aber nicht knotig-warzig); kein Haarkranz. Stengel aufrecht, vom Grund an verzweigt, schütter anliegend behaart oder fast kahl, unterste Äste bogig aufsteigend. Stengelblätter wechselständig, 2–3fach fiederteilig, nur sehr schütter anliegend behaart oder fast kahl. Juni–September. 10–50 cm.

Vorkommen: Braucht kalkarmen, sandig-lockeren oder etwas steinigen, mäßig stickstoffsalzreichen Lehmboden in sommerwarmen Lagen. Besiedelt Äcker, Wegränder, Brachen, seltener Ödland. In den Gegenden mit kalkarmen Böden zerstreut, doch örtlich häufig, sonst fehlend oder sehr selten; geht in den Alpen örtlich bis zur Ackerbaugrenze.

Wissenswertes: ⊙. In den letzten Jahrzehnten vielerorts zurückgegangen oder verschwunden. - Ähnlich: *A. altissima* L. emend. SPRENG.: Spreublätter mit herzförmigem Grund und langer Spitze; Alpensüdfuß, selten. Gelegentlich wurde diese Art unbeständig in warmen Gegenden nördlich der Alpen beobachtet.

Ruthenische Hundskamille

Anthemis ruthenica MB.
Korbblütengewächse *Asteraceae* (*Compositae*)

Beschreibung: Blüten in Körbchen, die einzeln am Ende des Stengels oder der in der Regel reichlich vorhandenen Äste stehen. Hüllblätter mehrreihig, lang und zottig behaart, die äußeren lanzettlich, mit grünem Mittelstreif und schmalem Hautrand, die inneren lineal-spatelig und mit zerschlitztem Rand (Lupe!). Körbchen (mit den Randblüten gemessen) 2,5–3,5 cm im Durchmesser; Körbchenboden kegelförmig, überall mit Spreublättern bestanden, die ziemlich plötzlich in eine Stachelspitze zusammengezogen sind; Randblüten zungenförmig, weiblich; Zunge um 1 cm lang, weiß, gegen Ende der Blütezeit herabgeschlagen; Scheibenblüten zwittrig, röhrenförmig, gelb; Achänen kaum 2 mm lang, kantig-furchig; Haarkranz fehlt. Stengel aufrecht, angedrückt langhaarig, vom Grund oder erst von der Stengelmitte an reich verzweigt; Äste schräg aufwärts abstehend und zuweilen nochmals verzweigt. Stengelblätter wechselständig, 1–2fach fiederschnittig, mit etwa 1 mm breiten Zähnchen, grauhaarig. Juni–September. 10–40 cm.

Vorkommen: Braucht stickstoffsalzreichen, sandig-steinigen Boden. Besiedelt Ödland, Verladeplätze und Hafenanlagen, Getreideäcker und Gleisanlagen. Am nördlichen Oberrhein und Mittelrhein (etwa zwischen Neckar- und Mainmündung), in Sachsen-Anhalt, Brandenburg und Sachsen selten; vereinzelt im Ries und am oberen Main; im östlichen Tiefland, in Niederösterreich und im Burgenland zerstreut.

Wissenswertes: ⊙. Ähnlich: *A. carpatica* W. & K. ex WILLD.: Ausdauernd; Hüllblätter schwarzbraun gesäumt; Blätter 1–2fach fiederschnittig; Niedere Tauern; selten (Kleinart der südosteuropäischen *A. montana* agg.).

Zwerg-Schafgarbe

Achillea nana L.
Korbblütengewächse *Asteraceae* (*Compositae*)

Beschreibung: Blütenkörbchen klein, zu 5–15 traubig-doldig verebnet am Ende des Stengels. Hüllblätter mehrreihig, um 5 mm lang, wollig behaart, schwarzrandig. Körbchen um 9 mm im Durchmesser (mit den Randblüten gemessen); 6–8 1reihig angeordnete, zungenförmige, weibliche Randblüten; Zunge um 3 mm lang, um 2 mm breit, weiß; Scheibenblüten 8–20, röhrenförmig, zwittrig, weiß; Spreublätter um 5 mm lang, lineal, an der Spitze schwarzbraun (Lupe!); Achänen um 2 mm lang; kein Haarkranz. Außer blühenden auch sterile Blattrosetten. Stengel aufrecht, einfach, kurz weißwollig. Stengelblätter wechselständig, wie die Grundblätter bis nahe zum Mittelnerv fiederteilig, 2–5 cm lang, 0,5–1 cm breit, obere kleiner, jederseits mit 6–12 Zipfeln, diese 1–2 mm breit, jederseits mit 2–4 Zähnen, die in der dichten „Wolle", die die Blätter überzieht, kaum auf den ersten Blick zu sehen sind; untere Blätter kurz gestielt, mittlere und obere sitzend. Juli–August. 5–15 cm.

Vorkommen: Braucht sickerfrischen, schuttig-steinigen, mäßig sauren Untergrund. Besiedelt Schneetälchen, Ruheschutt und Moränen; in den westlichen Zentralalpen – ostwärts bis in die Samnaungruppe, zum Ortler und zur Adamellogruppe – zerstreut; in den Nördlichen Kalkalpen der Schweiz vereinzelt. Fehlt sonst; bevorzugt Höhen zwischen 2000 und 3000 m.

Wissenswertes: ♃. Ähnlich: *A. moschata* WULF.: Körbchen 1–1,3 cm breit; Blätter fiedrig, sehr schütter behaart; kalkarmer Steinschutt; Zentralalpen zerstreut; in Österreich vereinzelt im Westen; wird mit *A. erba-rotta* ALL. (Blätter nur gezähnt, Südwestalpen) zur Sammelart *A. erba-rotta* agg. zusammengefaßt.

Schwarze Schafgarbe

Achillea atrata L.
Korbblütengewächse *Asteraceae* (*Compositae*)

Beschreibung: Blüten in kleinen Körbchen, die zu 3–15 traubig-doldig verebnet am Ende des Stengels stehen. Hüllblätter mehrreihig, um 6,5 mm lang, schmal eiförmig-länglich, mit schwarzbraunem Saum, in der Mitte grün, Mittelnerv gelblich. Körbchen 1–1,5 cm im Durchmesser (mit den Randblüten gemessen); 7–12 1reihig angeordnete, zungenförmige, weibliche Randblüten; Zungen um 5 mm lang, um 3,5 mm breit, weiß; Scheibenblüten 8–20, röhrenförmig, zwittrig, weiß; Spreublätter lineal, um 5 mm lang, an der Spitze schwarzbraun (Lupe!); Achänen um 2 mm lang; kein Haarkranz. Stengel aufrecht, einfach, unten kahl, in der oberen Hälfte mäßig dicht und kurz weichhaarig. Stengelblätter wechselständig, wie die Grundblätter bis zum geflügelten Mittelnerv fiederteilig, jederseits mit 6–12 Zipfeln, die um 1 mm breit werden und deutlich gezähnt sind; Blätter schütter behaart; Grundblätter kurz gestielt; Stengelblätter mit verbreiterter Basis sitzend. Juli–September. 10–25 cm.

Vorkommen: Braucht kalkreichen, steinigen, gut durchsickerten Untergrund. Besiedelt feuchte Stellen in Schutthalden. In den Kalkalpen zerstreut, fehlt in den östlichen Ketten der Nördlichen Kalkalpen; in den Zentral- und Südalpen nur über Kalk. Bevorzugt in Höhen zwischen etwa 1200–2600 m.

Wissenswertes: ♃. *A. atrata* L. wird mit *A. clusiana* TAUSCH (Hüllblätter um 4 mm lang; Zunge der Randblüten kaum 4 mm lang; Blätter 2–3fach fiederschnittig; 10–30 cm; riecht stark aromatisch; nur östliche Ketten der Nördlichen Kalkalpen; zerstreut; bevorzugt in Höhen zwischen etwa 1200–2400 m) zur Sammelart *A. atrata* agg. zusammengefaßt.

Zwerg-Schafgarbe
Achillea nana
Acker-Hundskamille
Anthemis arvensis
Ruthenische Hundskamille
Anthemis ruthenica
Schwarze Schafgarbe
Achillea atrata

Bittere Schafgarbe

Achillea clavenae L.
Korbblütengewächse *Asteraceae* (*Compositae*)

Beschreibung: Blüten in kleinen Körbchen, die zu 5–25 traubig-doldig verebnet am Ende des Stengels stehen. Hüllblätter mehrreihig, 3–5 mm lang, die äußeren spitz, schmal berandet, die inneren stumpf, mit breitem, schwarzbraunem Rand, locker, aber eher zottig behaart. Körbchen 0,8–1,5 cm im Durchmesser (mit den Randblüten gemessen); 5–8 1reihig angeordnete, zungenförmige, weibliche Randblüten; Zungen um 5 mm lang, um 3,5 mm breit, weiß; Scheibenblüten 8–20, röhrenförmig, zwittrig, weiß; Spreublätter lanzettlich, spitz, bräunlich-häutig, an der Spitze schwarzbraun (Lupe!); Achänen gut 2 mm lang; kein Haarkranz. Außer blühenden auch sterile Blattrosetten. Stengel aufrecht, einfach, besonders im oberen Drittel anliegend seidig-filzig behaart. Stengelblätter wechselständig, die untersten - wie die Grundblätter - tief fiederteilig in 2–4 schräg nach vorn gerichtete Zipfel, die grob gezähnt oder ganzrandig sein können; unterste Stengelblätter und Grundblätter ziemlich lang gestielt; mittlere und obere Blätter kleiner, sitzend, fiederteilig in 3–6 Zipfel, die deutlich schmäler und spitzer als die der unteren Blätter sind; alle Blätter beidseits anliegend seidig behaart. Juli–September. 10–25 cm.

Vorkommen: Braucht kalkreichen, steiniglehmigen Boden. Besiedelt Schutthalden, Moränen und lückig-felsige Matten. Ostketten der Nördlichen Kalkalpen, etwa vom Mangfallgebirge ostwärts, Südliche Kalkalpen, zerstreut; in den östlichen Zentralalpen nur über Kalk, selten; fehlt sonst. Bevorzugt in Höhen zwischen etwa 1500–2500 m.

Wissenswertes: ♃. Enthält ätherisches Öl und Bitterstoff.

Großblättrige Schafgarbe

Achillea macrophylla L.
Korbblütengewächse *Asteraceae* (*Compositae*)

Beschreibung: Blüten in kleinen Körbchen, die zu 5–30 in einer nur mäßig dichten Doldenrispe am Ende des Stengels stehen. Hüllblätter mehrreihig, um 4 mm lang, stumpf, mit schmalem, braunem Rand, schütter langhaarig. Körbchen 0,7–1,3 cm im Durchmesser (mit den Randblüten gemessen); 5–8 1reihig angeordnete, zungenförmige, weibliche Randblüten; Zungen um 5 mm lang, um 3,5 mm breit, weiß; Scheibenblüten 8–20, röhrenförmig, zwittrig, weiß; Spreublätter lineal, an der Spitze gezähnelt, bräunlich-häutig (Lupe!); Achänen gut 2 mm lang; kein Haarkranz. Stengel aufrecht, einfach, jung vor allem in der unteren Hälfte kurzhaarig, später verkahlend, dicht beblättert. Stengelblätter wechselständig, unterste 5–7 cm lang und 2–3,5 cm breit, alle bis zum Mittelnerv fiederteilig in jederseits 2–8 Zipfel, die 0,3–2 cm breit sein können und unregelmäßig und grob gezähnt sind; Endzipfel tief, fast fiedrig gezähnt, Zähne scharf geschnitten, nach vorn gerichtet; unterste Blätter zur Blütezeit meist vertrocknet, gestielt, mittlere und obere Blätter sitzend, etwas kleiner als unterste. Juli–September. 0,4–1 m.

Vorkommen: Braucht gut durchsickerten, kalkarmen, nicht zu flachen, steinigen Lehmboden, der durchaus mäßig stickstoffsalzhaltig sein kann. Besiedelt ufernahe Gebüsche und Hochstaudenfluren; westliche Alpen, ostwärts bis ins Allgäu und in die Venezianer Alpen. In Österreich nur vereinzelt in Vorarlberg und Westtirol. Bevorzugt in Höhen zwischen 1200–1800 m, vereinzelt tiefer oder höher.

Wissenswertes: ♃. Über Hautreizungen durch Preßsaft bzw. über Inhaltsstoffe ist uns nichts bekanntgeworden.

Edle Schafgarbe
Achillea nobilis
Wiesen-Schafgarbe
Achillea millefolium
Großblättrige Schafgarbe
Achillea macrophylla
Bittere Schafgarbe
Achillea clavenae

Edle Schafgarbe

Achillea nobilis L.
Korbblütengewächse *Asteraceae* (*Compositae*)

Beschreibung: Blüten in kleinen Körbchen, die zu 20–100 in einer nur mäßig dichten Doldenrispe am Ende des Stengels stehen. Hüllblätter mehrreihig, um 2,5 mm lang, grün, mit gelbem Mittelnerv, schmal braunrandig, behaart. Körbchen um 6 mm im Durchmesser (mit den Randblüten gemessen); 4–6 1reihig angeordnete, zungenförmige, weibliche Randblüten; Zungen um 1,5 mm lang, 2 mm breit, weiß oder cremeweiß; Scheibenblüten 5–15, röhrenförmig, zwittrig, weißlich; Spreublätter lineal, häutig, behaart (Lupe!); Achänen um 1 mm lang; kein Haarkranz. Außer blühenden Rosetten auch einzelne sterile. Stengel aufrecht, nur im Bereich der Doldenrispe verzweigt, kurz behaart. Stengelblätter wechselständig; Rosettenblätter lang gestielt, 3fach fiederteilig; Stengelblätter 3–5 cm lang, 1,5–3 cm breit, 2fach fiederteilig, jederseits mit 4–7 Fiedern, zwischen denen kleine, zahnartige Zipfelchen an der Spindel sitzen; Fiederchen 2. Ordnung gezähnt, spitz. Pflanze riecht zerrieben stark aromatisch. Juni–August. 15–50 cm.

Vorkommen: Braucht kalkhaltigen, lockeren Lehmboden, geht aber auch auf Löß. Besiedelt Trocken- und Halbtrockenrasen, seltener Böschungen oder Felsbänder. Vom Hochrhein bis zur Moselmündung, am mittleren Main und in der südöstlichen Frankenalb sowie im südlichen Schweizer Jura, in Niederösterreich, dem Burgenland und am Alpensüdfuß selten; in den hessischen, thüringischen, brandenburgischen und sächsischen Löß- bzw. Kalkgebieten vereinzelt.

Wissenswertes: ♃; (☠). Enthält ätherisches Öl. Preßsaft kann auf der Haut im Licht Entzündungen hervorrufen.

Wiesen-Schafgarbe

Achillea millefolium L.
Korbblütengewächse *Asteraceae* (*Compositae*)

Beschreibung: Blüten in kleinen Körbchen, die zu 20–100 rispig-doldig verebnet am Ende des Stengels stehen. Hüllblätter mehrreihig, mit häutigem Rand. Körbchen 0,4–1 cm im Durchmesser (mit den Randblüten gemessen); meist 5 1reihig angeordnete, zungenförmige, weibliche Randblüten; Zungen um 2 mm lang, etwa ebenso breit, weiß, rosa oder hell weinrot; Scheibenblüten 2–9 (selten mehr), röhrenförmig, zwittrig, weißlich; Achänen knapp 2 mm lang; kein Haarkranz. Außer blühenden Rosetten meist auch einige sterile. Stengel aufrecht, nur im Bereich des Gesamtblütenstands verzweigt, zumindest im oberen Viertel wollig behaart, in der unteren Hälfte fast kahl. Stengelblätter wechselständig, wie die Grundblätter 2–3fach fiederteilig, mit jederseits mehr als 10 Seitenfiedern, die leicht aufgestellt sind; Zipfelchen der Fiedern kaum 0,5 mm breit; Endzipfel der mittleren Blätter mindestens doppelt so lang wie breit. Blätter riechen aromatisch. Juni–September. 15–60 cm.

Vorkommen: Braucht stickstoffsalzhaltigen Lehmboden, der nicht zu feucht sein sollte. Besiedelt Halbtrockenrasen, trockene Fettwiesen, Dämme, Wegränder. Steigt örtlich bis etwa 2000 m. Sehr häufig.

Wissenswertes: ♃; (☠). Enthält ätherisches Öl, manche Sippen mit Chamazulen (bzw. seinen Vorstufen), auf dem die Heilwirkung der Kamille beruht. Preßsaft ruft bei empfindlichen Menschen auf der Haut Entzündungen hervor. – *A. millefolium* L. wird mit mehreren anderen, nur schwer unterscheidbaren Kleinarten (z. B. *A. collina* J. BECKER ex RCHB., *A. pannonica* SCHEELE und *A. roseo-alba* EHREND.) zur Sammelart *A. millefolium* agg. zusammengefaßt.

Schafgarbe *Achillea*
Kamille *Matricaria, Tripleurospermum*

Sumpf-Schafgarbe

Achillea ptarmica L.
Korbblütengewächse *Asteraceae* (*Compositae*)

Beschreibung: Blüten in Körbchen, die zu 10–30 (selten zu mehr) doldig verebnet in einer zusammengesetzten Rispe am Ende des Stengels stehen. Hüllblätter mehrreihig, schmal-eiförmig, grünlich, mit dunkelbraun-violettem Rand, mäßig dicht behaart. Körbchen 1,2–1,7 cm im Durchmesser (mit den Randblüten gemessen); meist 8–13, undeutlich 1reihig angeordnete, zungenförmige, weibliche Randblüten; Zungen um 6 mm lang, um 5 mm breit, vorne 3zähnig, weiß; Scheibenblüten 15–50 (selten mehr), röhrenförmig, zwittrig, weißlich; Achänen um 2 mm lang; kein Haarkranz. Stengel aufrecht, einfach, nur im Blütenstandsbereich verzweigt, unten kahl, oben schütter, im Blütenstandsbereich mäßig dicht behaart. Stengelblätter wechselständig, schmal-lanzettlich, 3–9 cm lang, 4–8 mm breit, ungeteilt, am Rand dicht mit feinen Zähnen bestanden, die nach vorne gerichtet sind, kahl oder nur sehr schütter behaart. Juli–September. 30–90 cm.

Vorkommen: Braucht – zumindest zeitweise – feucht-nassen, kalkarmen, humusreichen Tonboden, geht auch auf Torfböden. Besiedelt Sumpfwiesen, Gräben, Ufer und Feuchtstellen an Wegen. Zerstreut; fehlt in den höhergelegenen Kalkgebieten, im Alpenvorland und in den Alpen größeren Gebieten oder ganz.

Wissenswertes: ♃; (☠). Enthält – vor allem in der Wurzel – das scharf schmeckende Isobutylamid Dehydromatricariasäure, das auf Insekten tödlich wirkt. – *A. ptarmica* L. wird mit *A. cartilaginea* LEDEB. (7–8 Randblüten, Zunge um 4 mm lang; oberste Stengelblätter deutlich punktiert; Blätter angedrückt behaart; Flußgebiet der Oder und östlich von ihr; selten) zur Sammelart *A. ptarmica* agg. zusammengefaßt.

Echte Kamille

Matricaria chamomilla L.
Korbblütengewächse *Asteraceae* (*Compositae*)

Beschreibung: Blüten in Körbchen, die einzeln am Ende des verzweigten Stengels und seiner – meist ziemlich reichlich vorhandenen – Äste stehen. Hüllblätter zahlreich, undeutlich 1reihig, lineal, grün, sehr schmal braun berandet. Körbchen (mit den ausgebreiteten Randblüten gemessen) 1,5–2,5 cm im Durchmesser; Körbchenboden zu Beginn der Blütezeit flach, dann verlängert halbkugelig-kegelig, hohl, keine Spreublätter; 10–20 Randblüten, zungenförmig, weiblich, anfangs mehr oder weniger waagrecht ausgebreitet, im Verlauf der Blütezeit stark nach unten geschlagen; Zunge 6–9 mm lang, 2–3 mm breit, weiß; Scheibenblüten zwittrig, röhrenförmig, goldgelb; Achänen um 1,5 mm lang; kein Haarkranz. Stengel aufrecht, reichästig, kahl. Stengelblätter wechselständig, 2–3fach fiederteilig, mit schmal-linealen Zipfeln, die kaum 0,5 mm breit sind, kahl. Pflanzenteile (besonders die zerriebenen Blütenkörbchen) riechen ausgesprochen aromatisch. Mai–September. 15–50 cm.

Vorkommen: Braucht stickstoffsalzreichen, eher kalkarmen Lehmboden. Besiedelt Äkker, Brachen, Ödland und Wegränder. Fehlt in kleineren Gebieten im Tiefland (Sandböden) und in den Mittelgebirgen bzw. in den Alpen (Kalkböden), kommt in Sandgebieten selten, sonst zerstreut vor. Geht bis über 1500 m.

Wissenswertes: ☉. Enthält ätherisches Öl u. a. mit Chamazulen. Vielfach genutzte Heilpflanze, die als Aufguß bzw. Wasserdampfauszug entzündungshemmend wirkt. – Die Echte Kamille ist örtlich durch Herbizidanwendung deutlich zurückgedrängt worden, kann sich indessen an Wegrändern meist noch halten. Eine Untergliederung der Art in Unterarten ist nicht eindeutig.

Strahlenlose Kamille

Matricaria discoidea DC.
Korbblütengewächse *Asteraceae* (*Compositae*)

Beschreibung: Blüten in Körbchen, die einzeln am Ende des Stengels und seiner wenigen Äste stehen. Hüllblätter mehrreihig, fast gleich lang, sehr schmal eiförmig bis lineal, mit breitem, grünlich-weißem Hautrand. Körbchen 5-8 mm im Durchmesser; Körbchenboden am Anfang der Blütezeit kegelig, später halbkugelig, hohl, keine Spreublätter; Randblüten fehlen in der Regel; falls sie vorhanden sind, bleiben sie schuppig klein, allenfalls werden ihre Zungen 1-2 mm lang; Scheibenblüten zwittrig, 4zähnig (starke Lupe!), grünlich-gelb; Achänen stark 1 mm lang; kein Haarkranz. Stengel aufrecht, dicklich, dicht beblättert, im oberen Teil sparrig wenigästig, insgesamt gedrungen wirkend, kahl, nur an den Blattansatzstellen etwas weißlich bereift bis kurzfilzig. Stengelblätter wechselständig, 2-3fach fiederteilig, mit schmal-linealen Zipfeln, die 0,5-1 mm breit sind, kahl. Pflanzenteile (besonders die zerriebenen Blütenkörbchen) riechen stark aromatisch. Juni–September. 5-35 cm.

Vorkommen: Braucht stickstoffsalzreichen, ruderal-verdichteten Lehm- oder Tonboden. Besiedelt ortsnahes Ödland, Wegränder und stark begangene, grasige Wege. Sehr häufig, geht aber nur selten über etwa 1000 m; fehlt in kleineren Gebieten, z. B. in rauheren Lagen oder über nährstoffarmem Sand.

Wissenswertes: ⊙. Enthält ätherisches Öl, dem indessen Chamazulen und damit die Heilwirkung der Echten Kamille fehlt. - Die Art war ursprünglich in Nordasien und im westlichen Nordamerika beheimatet. Um 1850 scheint sie in Europa aufgetaucht zu sein; heute ist sie in gemäßigten Klimaten der ganzen Welt eingebürgert und verbreitet.

Geruchlose Kamille

Tripleurospermum inodorum (L.) C.H. SCHULTZ
Korbblütengewächse *Asteraceae* (*Compositae*)

Beschreibung: Blüten in Körbchen, die einzeln am Ende des verzweigten Stengels und seiner Äste stehen. Hüllblätter undeutlich 1reihig, schmal-eiförmig, deutlich hautrandig, kahl. Körbchen (mit den ausgebreiteten Randblüten gemessen) 2,5–4,5 cm im Durchmesser; Körbchenboden zu Beginn der Blütezeit flach, dann deutlich gewölbt, aber kaum halbkugelig, markig (nicht hohl), keine Spreublätter; 15-30 Randblüten, zungenförmig, weiblich, bis zum Ende der Blütezeit mehr oder weniger waagrecht abstehend; Zunge 1-1,8 cm lang, 2-3 mm breit, weiß; Scheibenblüten zwittrig, röhrenförmig, goldgelb; Achänen um 2 mm lang, gerippt, schütter dunkelwarzig (starke Lupe!); kein Haarkranz. Stengel aufgebogen-aufsteigend oder aufrecht, kahl, meist nur wenig in der oberen Hälfte verzweigt. Stengelblätter wechselständig, 2-3fach fiederteilig, mit langen, pfriemlich-linealen Zipfeln, die kaum 0,5 mm breit sind, kahl. Pflanzenteile (auch die zerriebenen Blütenkörbchen) fast ohne jeden aromatischen Geruch. Juni–Oktober. 20–80 cm.

Vorkommen: Braucht stickstoffsalzreichen, lockeren Lehmboden, der nicht ausgesprochen kalkreich sein sollte. Besiedelt Getreideäkker, Wegränder, Ödland und Brachen. Sehr häufig, fehlt allerdings kleineren Gebieten mit sand- oder kalkreichem Boden. Geht nur vereinzelt über etwa 1000 m

Wissenswertes: ⊙. *T. inodorum* (L.) C.H. SCHULTZ wird mit *T. maritimum* (L.) KOCH (Stengel niederliegend-aufsteigend, vom Grund an verzweigt; Blätter etwas fleischig; Nord- und Ostseestrand; sehr selten) zur Sammelart *T. maritimum* agg. zusammengefaßt.

Sumpf-Schafgarbe
Achillea ptarmica
Geruchlose Kamille
Tripleurospermum inodorum
Echte Kamille
Matricaria chamomilla
Strahlenlose Kamille
Matricaria discoidea

Saat-Wucherblume

Chrysanthemum segetum L.
Korbblütengewächse *Asteraceae* (*Compositae*)

Beschreibung: Blüten in Körbchen, die einzeln am Ende des Stengels und seiner - meist wenigen - Äste stehen. Hüllblätter mehrreihig, dachziegelig deckend, ungleich lang, hell gelbgrün, die inneren an der Spitze breit hell hautrandig. Körbchen (mit den Randblüten gemessen) 2–4,5 cm im Durchmesser; Körbchenboden flach gewölbt, keine Spreublätter; Randblüten zungenförmig, weiblich, goldgelb; Zunge 1–2 cm lang, 4–7 mm breit; Scheibenblüten zwittrig, röhrenförmig, goldgelb; Achänen gut 2 mm lang, gerippt, die äußeren seitlich etwas geflügelt, aber nicht gezähnelt (starke Lupe!); kein Haarkranz. Stengel aufrecht, gelegentlich einfach, meist spärlich verzweigt, kahl, bläulich-grün. Stengelblätter wechselständig, im Umriß eiförmig bis verkehrt-eiförmig, unregelmäßig fiederteilig und kaum bis über 2/3 der halben Spreitenbreite eingeschnitten, zuweilen nur grob und tief gezähnt, dunkel bläulich-grün, die unteren Blätter gestielt, die mittleren „normal“ sitzend, die oberen mit verbreitertem Grund teilweise stengelumfassend. Juni–September. 20–60 cm.

Vorkommen: Braucht stickstoffsalzreichen, kalkarmen, sandigen Lehmboden in Gegenden mit luftfeuchtem Klima. Besiedelt Äcker, Brachen und Ödland. Im Tiefland zerstreut, aber auch hier gebietsweise fehlend (z. B. in Gegenden mit Sandboden). In den niederen Mittelgebirgen nördlich des Mains über Lehmböden selten; nach Osten und mit zunehmender Küstenferne seltener, im Süden nur noch vereinzelt.

Wissenswertes: ☉. Die Saat-Wucherblume ist durch Saatgutreinigung und Herbizidanwendung stark zurückgedrängt worden und vielerorts verschwunden.

Margerite

Leucanthemum vulgare Lam. s. str.
Korbblütengewächse *Asteraceae* (*Compositae*)

Beschreibung: Blüten in Körbchen, die einzeln am Ende des Stengels oder seiner wenigen Äste stehen. Hüllblätter dachziegelig sich deckend, grün, hell oder dunkelbraun berandet. Körbchen (mit den Randblüten gemessen) 3–6 cm im Durchmesser (sehr selten sogar noch größer); Körbchenboden flach, keine Spreublätter; Randblüten zungenförmig, weiblich; Zunge 1,2–2,2 cm lang, 3–6 mm breit, weiß; Scheibenblüten zwittrig, röhrenförmig, goldgelb; Achänen knapp 3 mm lang, Haarkranz fehlt (allenfalls bei den Randblüten als krönchenartiger Saum ausgebildet). Stengel aufrecht, einfach oder wenig verzweigt, kahl oder - zumindest unter den Körbchen - kurz rauhhaarig. Blattrosette; Stengelblätter wechselständig; Grundblätter gestielt, aus keiligem Grund schmal verkehrt-eiförmig, grob gezähnt oder fiederig gelappt; Stengelblätter schmal-eiförmig bis lineal, grob gezähnt bis fiederlappig, die obersten zuweilen praktisch ganzrandig, untere mehr oder weniger deutlich gestielt, obere sitzend. Mai–Oktober. 0,2–1 m.

Vorkommen: Braucht stickstoffsalzhaltigen, mäßig trockenen Boden. Besiedelt Fett- und Waldwiesen, geht auch in wenig ausgeprägte bzw. gestörte Halbtrockenrasen. Sehr häufig und oft in individuenreichen Beständen.

Wissenswertes: ♃. *L. vulgare* Lam. s. str. wird u. a. mit *L. gaudinii* DT. (Körbchen höchstens 3,5 cm im Durchmesser; Stengel einfach; Alpen; Schweizer Jura, selten) und mit *L. maximum* (Ramond) DC. s. l. (Körbchen 4–7 cm im Durchmesser, Blattzähne nach vorn gerichtet, spitz; Alpensüdfuß, selten) zur Sammelart *L. vulgare* agg. zusammengefaßt. Diese und weitere Kleinarten sind schwer zu unterscheiden.

Margerite
Leucanthemum vulgare
Saat-Wucherblume
Chrysanthemum segetum
Alpen-Wucherblume
Tanacetum alpinum
Hallers Wucherblume
Leucanthemum atratum

Hallers Wucherblume

Leucanthemum atratum (JACQ.) DC. s. str.
Korbblütengewächse *Asteraceae* (*Compositae*)

Beschreibung: Blüten in Körbchen, die einzeln am Ende des Stengels stehen. Hüllblätter grün, mit schwarzem, gegen die Spitze verbreitertem Rand. Körbchen (mit den Randblüten gemessen) 3–7 cm breit; Körbchenboden flach; keine Spreublätter; Randblüten zungenförmig, weiblich; Zunge 1-2 cm lang, bis 5 mm breit, weiß; Scheinblüten zwittrig, röhrenförmig, goldgelb; Achänen knapp 3 mm lang; kein Haarkranz, aber alle Achänen (auch die der Scheibenblüten) mit einem gezackten, krönchenartigen Saum (starke Lupe!). Stengel aufrecht, bis gut 1/2 seiner Länge beblättert, kahl. Grundblattrosette; Stengelblätter wechselständig, alle etwas fleischig, dunkelgrün; Grundblätter und unterste Stengelblätter gestielt, im Umriß keilig, schmal verkehrt-eiförmig, jederseits mit 3–7 langen, groben Zähnen, zuweilen fast gelappt, die oberen sitzend, lineal-lanzettlich, tief eingeschnitten gesägt (Zähne oft auswärts gebogen). Juli–September. 10–30 cm.

Vorkommen: Braucht kalkreichen, feuchten Boden. Besiedelt Schutthalden, bevorzugt zwischen etwa 1200–2200 m (herabgeschwemmt wesentlich tiefer, selten deutlich höher); nordöstliche Kalkalpen zerstreut; Zentralalpen vereinzelt und nur auf Kalk.

Wissenswertes: ♃. *L. atratum* (JACQ.) DC. s. str. wird mit *L. coronopifolium* VILL. (Blätter fast bis zur Mittelrippe fiederteilig; Südwestalpen), mit *L. halleri* (SUTER) DUCOMM. (Stengel bis zu 4/5 seiner Länge beblättert; östliche Kalk- und Zentralalpen) und mit *L. lithopolitanicum* (E. MAY.) POLATSCHEK (unterste Blätter langstielig; Südostalpen) zur Sammelart *L. atratum* agg. zusammengefaßt.

Alpen-Wucherblume

Tanacetum alpinum (L.) C.H. SCHULTZ
Korbblütengewächse *Asteraceae* (*Compositae*)

Beschreibung: Blüten in Körbchen, die einzeln am Ende des unverzweigten Stengels stehen. Hüllblätter sich dachziegelig deckend, grün, dunkelbraun berandet. Körbchen (mit den Randblüten gemessen) 2–4 cm im Durchmesser; Körbchenboden flach, keine Spreublätter; Randblüten zungenförmig, weiblich; Zunge 1–1,7 cm lang, weiß; Scheibenblüten zwittrig, röhrenförmig, goldgelb; Achänen um 3 mm lang, gerippt (Lupe!); kein Haarkranz. Stengel aufsteigend oder aufrecht, einfach, meist blattlos oder mit nur wenigen Blättern, besonders in der oberen Hälfte dicht, sehr kurz und anliegend behaart. Blätter grundständig oder - wenn vorhanden - am Stengel wechselständig; Grundblätter im Umriß eiförmig bis lanzettlich, kammförmig 1fach fiederteilig oder grob und tief gezähnt, jederseits mit 2–5 Zipfeln oder Zähnen, gestielt, kahl, schütter behaart oder kurzfilzig; Stengelblätter - falls vorhanden - ungeteilt, lineal, seltener im vorderen Drittel verbreitert und dann an der Spitze meist grob 3zähnig. Juli–August. 5–15 cm.

Vorkommen: Braucht kalkarmen, sickerfeuchten, steinig-lockeren Lehmboden in alpinem Klima. Besiedelt Schneetälchen und feuchte Stellen in Schutthalden und lückigen Matten. Bevorzugt Höhen zwischen etwa 1800–2800 m, kommt herabgeschwemmt örtlich auch im Alpenvorland vor. Kalkalpen nur auf entkalkten Böden, selten; Zentralalpen häufig, oft in lockeren Beständen, in den Ostalpen seltener werdend und im Osten größeren Gebieten fehlend.

Wissenswertes: ♃. *T. alpinum* wird in mehrere, schwer abgrenzbare Unterarten und Varietäten unterteilt.

Straußblütige Wucherblume

Tanacetum corymbosum (L.) C.H. SCHULTZ
Korbblütengewächse *Asteraceae* (*Compositae*)

Beschreibung: Blüten in Körbchen, die einzeln am Ende des Stengels und seiner Äste stehen (meist 3–15 Körbchen, die zu einer lockeren Doldentraube vereint sind). Hüllblätter mehrreihig, häutig berandet. Körbchen (mit den Randblüten gemessen) 3–5 cm im Durchmesser; Körbchenboden flach; keine Spreublätter; Randblüten zungenförmig, weiblich; Zunge 1–2 cm lang, bis um 5 mm breit, weiß; Scheibenblüten zwittrig, röhrenförmig, goldgelb; Achänen knapp 3 mm lang; kein Haarkranz, aber alle Achänen mit einem gezackten, krönchenförmigen Saum (starke Lupe!). Stengel aufrecht, kahl oder nur sehr schütter behaart, im Blütenstandsbereich sehr locker verzweigt. Grundblätter; Stengelblätter wechselständig; Blätter im Umriß länglich-eiförmig, mit 3–7 Fiederpaaren; Fiederblättchen eiförmig bis lanzettlich, diese wiederum doppelt fiederspaltig oder wenigstens tief gezähnt, nicht drüsig punktiert, kahl oder nur schütter behaart, selten oben dicht, unten seidig behaart; Grundblätter und unterste Stengelblätter gestielt, mittlere und obere sitzend, die obersten nur mit 2–3 Fiederchen. Juni–August. 0,3–1 m.

Vorkommen: Braucht humosen, kalkhaltigen Lehmboden. Besiedelt lichte Laubwälder, Waldränder und Trockengebüsche. Fehlt im Tiefland sowie in den Mittelgebirgen und in den Alpen mit kalkfreien Böden; sonst zerstreut, in den Kalkalpen selten. Geht nur in den Südlichen Kalkalpen über etwa 1200 m.

Wissenswertes: ♃. *T. corymbosum* (L.) C.H. SCHULTZ wird mit *T. clusii* (FISCH. ex RCHB.) KERN. (Blätter leuchtend grün; Hüllblätter schwarzbraun berandet; Südostalpen) zur Sammelart *T. corymbosum* agg. vereint.

Mutterkraut

Tanacetum parthenium (L.) C.H. SCHULTZ
Korbblütengewächse *Asteraceae* (*Compositae*)

Beschreibung: Blüten in Körbchen, die einzeln am Ende des Stengels und seiner Äste stehen (3–15 Körbchen, die zu einer mäßig lokkeren, zuweilen wenig ausgeprägten Doldenrispe oder -traube vereint sind). Hüllblätter mehrreihig, grün, trocken hautrandig, die äußeren etwas breiter als die inneren, Körbchen (mit den Randblüten gemessen) 1,5–2,5 cm; Körbchenboden flach; keine Spreublätter; Randblüten zungenförmig, weiblich (Kultursorten zuweilen ausschließlich mit Zungenblüten); Zunge 5–9 mm lang, weiß oder weißlich; Scheibenblüten zwittrig, röhrenförmig, gelb (Kultursorten zuweilen ausschließlich mit Röhrenblüten); Achänen gut 1 mm lang, gerippt, punktiert (starke Lupe!); kein Haarkranz. Stengel aufrecht, kahl, nur im Blütenstandsbereich verzweigt. Stengelblätter wechselständig, 1–2fach fiederteilig; 2–5 Paare von Seitenfiedern, die tief eingeschnitten gezähnt oder fiederspaltig, aber nicht bis zur Fiedernachse geteilt sind; Endabschnitt meist größer als Seitenfiedern, oft mit dem obersten Seitenfiedernpaar verschmolzen. Juni–September. 30–60 cm.

Vorkommen: Braucht stickstoffsalzreichen, lehmig-tonigen oder steinig-schuttigen Boden. Zier- und Arzneipflanze, die gelegentlich in Bauerngärten anzutreffen ist und aus ihnen gartennah an Wegen, Mauerritzen und auf ortsnahem Ödland verwildert ist.

Wissenswertes: ♃; (☠). Das Mutterkraut enthält ätherisches Öl mit etwas Kampfer, aber ohne Chamazulen, daneben noch einen Bitterstoff. Die Heilwirkung der Kamille, die auf deren Chamazulengehalt beruht, fehlt ihr infolgedessen. Ihre arzneiliche Verwendung ist deswegen zu Recht heutzutage kaum mehr üblich.

Großblättrige Wucherblume

Tanacetum macrophyllum (W. & K.) C. H. SCHULTZ
Korbblütengewächse *Asteraceae* (*Compositae*)

Beschreibung: Blüten in Körbchen, die zahlreich in einer dichten, etwas gewölbten Doldenrispe am Ende des Stengels stehen. Hüllblätter schmal hautrandig, behaart (Lupe!). Körbchen (mit den Randblüten gemessen) 6–8 mm im Durchmesser; Körbchenboden flach; keine Spreublätter; Randblüten zungenförmig, weiblich; Zunge kaum 2 mm lang, rundlich, weiß; Scheibenblüten zwittrig, röhrenförmig, schmutzigweiß; Achänen kaum 2 mm lang; kein Haarkranz. Stengel aufrecht, nur im Blütenstandsbereich (und hier sehr reich) verzweigt, kurz und kraus behaart. Stengelblätter wechselständig, unterste lang gestielt und insgesamt sehr groß (bis zu 50 cm lang!), mittlere und obere kleiner, mittlere sehr kurz und oft nur undeutlich gestielt, obere sitzend, alle 1-2fach fiederteilig in 7–15 Paare von lanzettlichen Fiedern, die ihrerseits ziemlich grob gezähnt oder fiederspaltig sind (Einschnitte reichen nicht bis zur Fiedernachse); Zähne nach vorn gerichtet; alle Blätter drüsig punktiert und schütter kurzhaarig. Juni–August. 0,4–1,5 m.

Vorkommen: Bevorzugt stickstoffsalzreichen, oft trockenen, lockeren und zuweilen auch steinigen Lehmboden. Zierpflanze, die gelegentlich in Bauerngärten gezogen wird und aus ihnen – nur selten einigermaßen beständig – verwildert ist, so z. B. am Fuß des südlichen Schweizer Jura in Bergwäldern, im Fränkischen Jura, im Kaiserstuhl sowie im Tiefland in ortsnahen Gebüschen und gelegentlich im Buschwerk von Parkanlagen.

Wissenswertes: ♃. Die Heimat der Großblättrigen Wucherblume sind die Gebirge Südosteuropas.

Rainfarn

Tanacetum vulgare L.
Korbblütengewächse *Asteraceae* (*Compositae*)

Beschreibung: Blüten in Körbchen, die zahlreich in einer doldig verebneten, oft zusammengesetzten Rispe am Ende des Stengels stehen. Hüllblätter hellgrün, kahl, zumindest an der Spitze häufig berandet. Körbchen flach scheibenförmig, 0,5–1,1 cm im Durchmesser. Randblüten oft nur zum Teil sichtbar zungenförmig, weiblich; Zunge kaum 0,5 mm lang, kaum 0,3 mm breit, gelb; oftmals fehlen zungenförmige Randblüten gänzlich; Scheibenblüten zwittrig, röhrenförmig, goldgelb; Achänen stark 1 mm lang; kein Haarkranz, stattdessen ein gezackter, kaum 0,1 mm hoher, krönchenartiger Hautrand (starke Lupe!). Stengel aufrecht, meist kahl oder nur sehr schütter behaart, ziemlich dicht beblättert. Stengelblätter wechselständig, unterste 15–25 cm lang, 5–10 cm breit, 1fach (vereinzelt 2fach) fiederteilig, mit jederseits 7–12 Fiedern und einer eher kleineren Endfieder, die alle lineal-lanzettlich und am Rand eingeschnitten-gesägt sind; Blattspindel zwischen den Fiedern mit kleinen Zipfeln, kahl. Juli–September. 0,4–1,5 m.

Vorkommen: Braucht stickstoffsalzreichen, sandigen Lehm- oder Tonboden. Besiedelt Ufer, feuchtes Ödland, Wegränder, lichte Stellen in feuchten Wäldern und Dämme. Häufig, in höheren Mittelgebirgslagen und in den Alpen örtlich indessen selten. Steigt kaum über etwa 1000 m.

Wissenswertes: ♃; (☠). Enthält ätherisches Öl, u. a. mit Thujon und dem Bitterstoff Tanacetin. Thujon ist auch für den aromatischen Geruch mitverantwortlich, der das Kraut auszeichnet. Von einer Verwendung als Heilpflanze ist abzuraten, da Vergiftungen auch bei geringer Dosierung nicht auszuschließen sind.

Mutterkraut
Tanacetum parthenium
Rainfarn
Tanacetum vulgare
Großblättrige Wucherblume
Tanacetum macrophyllum
Straußblütige Wucherblume
Tanacetum corymbosum

Gewöhnlicher Beifuß

Artemisia vulgaris L.
Korbblütengewächse *Asteraceae* (*Compositae*)

Beschreibung: Blüten in kleinen Körbchen, die zu mehreren hundert kurz gestielt – aufrecht oder leicht nickend – in einem zusammengesetzt-rispigen Blütenstand am Ende des Stengels und seiner Äste angeordnet sind. Hüllblätter kurz weißfilzig, oft bräunlich oder rötlich überlaufen. Körbchen 3–4,5 mm lang, 2–3 mm dick; keine zungenförmigen Randblüten vorhanden; alle Blüten röhrenförmig, äußerste weiblich, innere zwittrig, gelblich oder rötlich-braun; Achänen um 1,5 mm lang; kein Haarkranz. Stengel aufgebogen-aufrecht, derb und starr, aber nicht verholzt und im Winter überdauernd, oft rot überlaufen, leicht riefig-kantig, unten kahl, oben schütter kurzhaarig. Grundblätter vorhanden; Stengelblätter wechselständig, oberseits grün und praktisch kahl, unterseits grauweiß-filzig behaart, 1fach fiederteilig; Fiedern lanzettlich bis eiförmig, grob und ziemlich scharf gezähnt oder fast fiederteilig, Zipfel zum Teil nochmals gezähnt, unterste Blätter meist gestielt (Stiel bis zu 10 cm lang), mittlere und obere undeutlich gestielt oder sitzend und dann mit Zipfeln den Stengel leicht umfassend. Riecht aromatisch. Windblütig. Juli–September. 0,3–1,5 m.

Vorkommen: Braucht stickstoffsalzreichen Lehm- oder Tonboden. Besiedelt Ödland, Wege und Ufer. Sehr häufig. Steigt in den Alpen örtlich über 1500 m.

Wissenswertes: ♃; (☠). Enthält ätherisches Öl mit sehr wenig Thujon und einen Bitterstoff. Alte Heil- und Gewürzpflanze. – *A. vulgaris* L. wird mit *A. verlotiorum* LAMOTTE (lange Ausläufer; obere Blätter mit ganzrandigen Fiedern; Flußgebiete südlich des Mains; selten) zur Sammelart *A. vulgaris* agg. vereint.

Pontischer Beifuß

Artemisia pontica L.
Korbblütengewächse *Asteraceae* (*Compositae*)

Beschreibung: Blüten in kleinen Körbchen, die zu mehreren Dutzend kurz gestielt und meist deutlich nickend in einer schmalen, zusammengesetzten Traube am Ende des Stengels angeordnet sind. Hüllblätter graufilzig behaart, trocken hautrandig. Körbchen um 4 mm im Durchmesser, nahezu kugelig; keine zungenförmigen Randblüten vorhanden; alle Blüten röhrenförmig, die randständigen weiblich, die inneren zwittrig, gelb; Achänen um 1,5 mm lang; kein Haarkranz. Stengel aufrecht, in der unteren Hälfte kahl oder früh verkahlend, in der oberen Hälfte graufilzig-flaumig, zuweilen fleckig verkahlend oder schütter kurzhaarig, oft braunrot überlaufen, kaum verholzend. Grundblätter vorhanden; Stengelblätter wechselständig, sitzend; untere Blätter 2–3fach fiederteilig, die mittleren 1fach fiederteilig (Zipfel kaum 1 mm breit), die obersten ebenso oder sogar ungeteilt, die unteren 2–4 cm lang, mit 2 – oft noch geteilten – Zipfeln den Stengel umfassend; alle Blätter beidseits (oberseits oft etwas weniger) kurz graufilzig behaart. August–Oktober. 40–80 cm.

Vorkommen: Braucht neutral oder basisch reagierenden Lehmboden, der etwas stickstoffsalzhaltig sein sollte. Besiedelt Ödland, Verladeplätze und Mauern. In Mitteleuropa nur sehr vereinzelt und meist unbeständig (vielleicht in Niederösterreich und am Alpensüdfuß eingebürgert); Heimat: Südosteuropa.

Wissenswertes: ♃; ▽. Ähnlich: Österreichischer Beifuß (*A. austriaca* JACQ.): Körbchen um 8 mm lang, um 3 mm dick; Blüten gelblich-rötlich; Blätter büschelig gedrängt, oberseits grau-, unterseits weißfilzig; östliches Österreich, selten; vereinzelt eingeschleppt, unbeständig.

Gewöhnlicher Beifuß
Artemisia vulgaris
Schwarze Edelraute
Artemisia genipi
Pontischer Beifuß
Artemisia pontica
Silber-Edelraute
Artemisia mutellina

Schwarze Edelraute

Artemisia genipi WEB.
Korbblütengewächse *Asteraceae* (*Compositae*)

Beschreibung: Blüten in kleinen Körbchen, die zu 5-40 kurz gestielt oder sitzend, anfangs nickend und dicht, später eher aufrecht und etwas lockerer in einer mit Blättern durchsetzten Traube oder Ähre angeordnet sind. Hüllblätter braunschwarz hautrandig, grauwollig behaart. Körbchen um 5 mm im Durchmesser, fast kugelig und nur wenig länger als dick; keine zungenförmigen Randblüten vorhanden; alle Blüten röhrenförmig, die randständigen weiblich, die inneren zwittrig, gelb; Achänen um 1,5 mm lang; kein Haarkranz. Stengel aufsteigend bis aufrecht, unverzweigt, graufilzig behaart, in der unteren Hälfte oft purpurviolett überlaufen. Rosettenblätter handförmig 3teilig, Abschnitte tief grobzähnig bis 3teilig; Stengelblätter wechselständig, kurz und oft undeutlich gestielt oder sitzend, 1-3 cm lang, 3-5teilig mit nochmals geteilten Zipfeln oder 1fach fiederteilig, Blattspindel und Stiel dann meist mehr als 1 mm breit, oberste Blätter auch ungeteilt. Riecht nur schwach aromatisch. Juli-September. 5-15 cm.

Vorkommen: Braucht schuttig-schiefrigen, gut durchsickerten Untergrund in alpiner Lage. Besiedelt Schutthalden, vorwiegend auf kalkhaltigen Schiefern, geht aber auch in feuchte Felsspalten. Bevorzugt in Höhen zwischen etwa 2000-3500 m, vereinzelt noch höher, selten tiefer. Zentralalpen, von den Alpes Maritimes bis zum Hochschwab; selten; vereinzelt in den Nördlichen Kalkalpen.

Wissenswertes: ♃; ▽. Enthält etwas ätherisches Öl. - Ähnlich: *A. nitida* BERTOL.: Körbchen um 7 mm im Durchmesser, auch gegen Ende der Blütezeit nickend, am Stengel einseitswendig angeordnet; Südostalpen; selten.

Silber-Edelraute

Artemisia mutellina VILL.
Korbblütengewächse *Asteraceae* (*Compositae*)

Beschreibung: Blüten in kleinen Körbchen, die zu 3-20 kurz gestielt oder sitzend in einer anfänglich nickenden, zunächst mäßig dichten, später mäßig lockeren, von Blättern durchsetzten Traube oder Ähre angeordnet sind. Hüllblätter dicht seidig behaart, innere mit braunem Hautrand. Körbchen um 4 mm im Durchmesser, kaum länger als dick; keine zungenförmigen Randblüten vorhanden; alle Blüten röhrenförmig, die randständigen weiblich, die inneren zwittrig, gelb; Achänen um 1,5 mm lang; kein Haarkranz. Stengel aufsteigend bis aufrecht, unverzweigt, ziemlich dünn, mäßig dicht seidig behaart, oft bräunlich-violett überlaufen. Rosettenblätter 1-5 cm lang, handförmig 3-5teilig, mit nochmals tief gezähnten oder geteilten Zipfeln; Zipfel 0,5-1 mm breit; Stengelblätter wechselständig, den Rosettenblättern ähnlich, aber kleiner, Blattspindel und Stiel meist schmäler als 1 mm, oberste Blätter oft ungeteilt und sitzend. Pflanze riecht kräftig aromatisch. Juli-September. 10-30 cm.

Vorkommen: Braucht kalkfreien oder doch kalkarmen Untergrund, der steinig-schuttig oder felsig sein kann. Besiedelt windgefegte Grate, Felsspalten und Schutthalden in sonnigen Lagen. Bevorzugt Höhen zwischen 1500-3000 m, vereinzelt noch höher, selten tiefer. Zentral- und Südalpen, ostwärts bis in die Steiermark; Nördliche Kalkalpen nur vereinzelt.

Wissenswertes: ♃; ▽. Enthält ätherisches Öl und Bitterstoff. Örtlich geschätztes, vielseitiges Volksheilmittel. - Ähnlich: *A. glacialis* L.: 3-10 Körbchen stehen kopfig-doldig gehäuft am Ende des Stengels. Nur auf Silikatschutt der Westalpen; selten.

Einjähriger Beifuß

Artemisia annua L.
Korbblütengewächse *Asteraceae* (*Compositae*)

Beschreibung: Blüten in kleinen Körbchen, die zu mehreren hundert kurz gestielt und nickend in einem sparrigen, zusammengesetztrispigen Blütenstand am Ende des Stengels und seiner Äste angeordnet sind. Hüllblätter weißrandig, kahl. Körbchen kaum 3 mm im Durchmesser, kugelig; keine zungenförmigen Randblüten vorhanden; alle Blüten röhrenförmig, äußere weiblich, innere zwittrig, gelb; Achänen um 1,5 mm lang; kein Haarkranz. Stengel aufrecht, kahl. Stengelblätter wechselständig, untere gestielt und bis 20 cm lang, 3fach und ziemlich regelmäßig – fast kammartig – fiederteilig, die Fiedern letzter Ordnung grobzähnig oder eingeschnitten, an der Stielbasis mit geteilten, schmalen Zipfeln, mittlere zum Teil und obere meist sitzend und weniger aufgeteilt, oft nur 1fach fiederteilig; alle Blätter kahl oder nur unten schütter, seltener mäßig dicht behaart. Pflanze riecht aromatisch. Juli–September. 0,5–1,5 m.

Vorkommen: Braucht mäßig stickstoffsalzhaltigen, trockenen, locker-steinigen oder sandigkiesigen Lehmboden. Heimat: Südliches Osteuropa und gemäßigtes Asien; bei uns eingeschleppt und örtlich beständig verwildert (z. B. an der Unterelbe), vor allem in Hafenanlagen, auf Güterbahnhöfen, seltener auf Ödland; am Alpensüdfuß und im östlichen Österreich vermutlich ebenfalls eingebürgert.

Wissenswertes: ☉. Enthält ätherisches Öl mit Artemisiaketon. – Ähnlich: *A. biennis* WILLD.: Körbchen aufrecht; Blätter 1fach fiederteilig; selten eingeschleppt. – *A. tournefortiana* RCHB.: Körbchen aufrecht; Blätter 2fach fiederteilig; selten eingeschleppt; beide Arten sind im gemäßigten Asien beheimatet.

Besen-Beifuß

Artemisia scoparia W. & K.
Korbblütengewächse *Asteraceae* (*Compositae*)

Beschreibung: Blüten in kleinen Körbchen, die zu mehreren hundert kurz gestielt und nickend in einem zusammengesetzt-rispigen Blütenstand angeordnet sind; die untersten Rispenzweige entspringen meist schon in der unteren Hälfte, zuweilen schon im unteren Viertel des Stengels. Hüllblätter kahl, glänzend, grünlich oder rötlich. Körbchen kaum 2 mm im Durchmesser, kugelig; keine zungenförmigen Randblüten vorhanden; alle Blüten röhrenförmig, rötlich; Randblüten weiblich, fruchtbar; innere Blüten zwittrig, aber im weiblichen Geschlecht unfruchtbar, d. h. Achänen werden an ihnen nicht gebildet; Achänen kaum 1 mm lang; kein Haarkranz. Im 1. Vegetationsjahr entwickelt sich nur eine Blattrosette, deren Blätter bis 15 cm lang werden; Rosettenblätter 2fach fiederteilig, Fiedern grob gezähnt oder tief eingeschnitten; im 2. Jahr treibt aus der Blattrosette ein einzelner, braunroter, kahler, aufrechter Stengel; Rosettenblätter vertrocknen im 2. Vegetationsjahr früh; Stengelblätter wechselständig, untere 3fach, mittlere und obere 2fach fiederteilig mit pfriemlichen Zipfeln, die kaum 0,5 mm breit sind; alle Blätter kahl. August–Oktober. 30–60 cm.

Vorkommen: Braucht stickstoffsalzhaltigen, steinig-grusigen Boden oder locker-steinigen Lehmboden in sommerwarmen Lagen. Heimat: Gemäßigtes Asien; bei uns nur eingeschleppt und örtlich meist unbeständig verwildert, vor allem östlich der Elbe und im Einzugsgebiet der österreichischen Donau.

Wissenswertes: ☉. Das Einschleppen geschieht hauptsächlich entlang größerer Flüsse und Ströme. Es scheint neuerdings zum Stillstand gekommen zu sein.

Estragon

Artemisia dracunculus L.
Korbblütengewächse *Asteraceae* (*Compositae*)

Beschreibung: Blüten in kleinen Körbchen, die zu mehreren Dutzend kurz gestielt oder sitzend und nickend in einem sehr lockeren, zusammengesetzt-rispigen, ziemlich schlanken Gesamtblütenstand am Ende des Stengels angeordnet sind. Innere Hüllblätter hell trockenhautrandig. Blütenkörbchen knapp 3 mm im Durchmesser, kugelig; keine zungenförmigen Randblüten vorhanden; alle Blüten röhrenförmig, gelb, die äußeren weiblich, die inneren zwittrig, aber im weiblichen Geschlecht unfruchtbar, d.h. Achänen werden an ihnen nicht gebildet (die als Gewürzpflanzen angebauten Kultursorten blühen bei uns meist nicht); Achänen um 1,5 mm lang; kein Haarkranz. Stengel aufrecht, kahl, dicht beblättert. Stengelblätter wechselständig, ungestielt, allenfalls die untersten an der Spitze tief 3zähnig oder 3spaltig, lineal-lanzettlich, 2–10 cm lang, 2–8 mm breit, spitz, ganzrandig oder schwach gesägt, kahl, mit verschmälertem Grund sitzend. Pflanze riecht schwach aromatisch. August–Oktober. 0,6–1,2 m.

Vorkommen: Braucht stickstoffsalzhaltigen, feuchten, sandig-lehmigen Boden. Gewürzpflanze aus Asien und Nordamerika, die bei uns da und dort feldmäßig angebaut wird und aus diesem Anbau örtlich unbeständig verwildert ist, und zwar in ortsnahem Ödland oder in flußbegleitenden Unkrautgesellschaften.

Wissenswertes: ♃. Enthält ätherisches Öl, u.a. mit Estragol und Ocimen. Estragon wird zur Herstellung von Estragonessig verwendet und überdies als Gewürz Essiggurken und Cornichons beigelegt. Deswegen wird die Pflanze örtlich feldmäßig angebaut, und zwar meist in Sorten, die bei uns nicht blühen.

Eberraute

Artemisia abrotanum L.
Korbblütengewächse *Asteraceae* (*Compositae*)

Beschreibung: Blüten in kleinen Körbchen, die zu mehreren hundert kurz gestielt, nickend und allseitswendig in einer dichten, auffällig reich beblätterten, schlanken Rispe am Ende des Stengels angeordnet sind. Körbchenstiele graufilzig; Hüllblätter hell trockenhäutig, kurzhaarig-graufilzig. Körbchen 3–4 mm im Durchmesser, kugelig; keine zungenförmigen Randblüten vorhanden; alle Blüten röhrenförmig, gelblich, äußere weiblich, innere zwittrig und zum Teil – mindestens im weiblichen Geschlecht – steril, d.h. Achänen werden an ihnen nicht gebildet; Achänen um 1,5 mm lang; kein Haarkranz. Stengel aufrecht, in der unteren Hälfte kahl, oberwärts mehr oder minder dicht kurz und zum Teil graufilzig behaart, mindestens im untersten Fünftel deutlich verholzt. Stengelblätter wechselständig, oberseits meist kahl, unterseits schütter kurzhaarig oder graufilzig-kurzhaarig, untere Blätter 2fach fiederteilig, 3–8 cm lang, ungestielt und an der Ansatzstelle am Stengel mit Zipfeln, diese pfriemlich, 0,2–0,5 mm breit; mittlere Blätter auch 1fach fiederteilig, oberste zum Teil ebenso oder – selten – ungeteilt und sehr schmal lanzettlich bis pfriemlich. Pflanze duftet nach Zitrone. Juli–Oktober. 0,4–1,2 m.

Vorkommen: Braucht steinig-lockeren Lehmboden. Heimat: Östliches Mittelmeergebiet; bei uns nur selten in Bauerngärten als Gewürzpflanze gezogen; vereinzelt und unbeständig verwildert.

Wissenswertes: ♃; (☠). Enthält ätherisches Öl und Bitterstoff sowie ein chemisch nicht näher untersuchtes Alkaloid (Abrotin). Giftwirkung – bei üblicher Verwendung – wurde indessen unseres Wissens nicht nachgewiesen.

Estragon
Artemisia dracunculus
Eberraute
Artemisia abrotanum
Einjähriger Beifuß
Artemisia annua
Besen-Beifuß
Artemisia scoparia

Wermut

Artemisia absinthium L.
Korbblütengewächse *Asteraceae* (*Compositae*)

Beschreibung: Blüten in kleinen Körbchen, die zu mehreren hundert kurz gestielt und nickend in einem zusammengesetzt-rispigen Blütenstand am Ende des Stengels angeordnet sind. Körbchenstiele graufilzig. Innere Hüllblätter braun trockenhautrandig, schütter grauhaarig oder graufilzig. Körbchen 3–4 mm im Durchmesser, kugelig; keine zungenförmigen Randblüten vorhanden; alle Blüten röhrenförmig, gelb, äußere weiblich, innere zwittrig; Achänen um 1,5 mm lang; kein Haarkranz. Stengel aufrecht, im Blütenstandsbereich reich verästelt, graufilzig behaart, im unteren Fünftel deutlich verholzt. Stengelblätter wechselständig, unterste lang gestielt, Blattstiel am Grund verbreitert, aber nicht stengelumfassend, 3fach fiederteilig, 6–15 cm lang, Zipfel 1–3 mm breit, schmal-lanzettlich, spitz; mittlere Blätter kurz gestielt, zum Teil 2fach fiederteilig; obere Blätter zum Teil 1fach fiederteilig oder - seltener - ungeteilt, sitzend. Juli–September. 30–80 cm.

Vorkommen: Braucht stickstoffsalzreichen, steinig-lockeren, meist kalkhaltigen Lehmboden in sommerwarmen, niederschlagsarmen Lagen. Besiedelt Ödland, Wege, Raine und Mauern. In den Kalkgebieten und in den trockeneren Bereichen des Tieflands (vor allem östlich der Weser) zerstreut; sonst fehlend oder selten; in den Alpen vereinzelt bis etwa 2000 m.

Wissenswertes: ♃; (☠). Enthält neben ätherischem Öl viel Thujon und Bitterstoffe; vormals geschätzte, doch sehr problematische Heilpflanze (auch gegen Schadinsekten, Würmer und als Abortivum verwandt); geläuterte Auszüge noch heute in Wermut(wein) und Absinth. Tee aus Wermutblättern schmeckt widerlich bitter.

Felsen-Beifuß

Artemisia rupestris L.
Korbblütengewächse *Asteraceae* (*Compositae*)

Beschreibung: Blüten in kleinen Körbchen, die zu mehreren Dutzend kurz gestielt und nickend in einer schlanken Rispe am Ende des Stengels angeordnet sind. Hüllblätter krautig, grün, gezähnt oder tief eingeschnitten, schmaleiförmig, die inneren mit trockenhäutiger, bräunlicher Spitze und gewimpertem, bräunlichem Rand. Körbchen um 5 mm im Durchmesser, kugelig; keine zungenförmigen Randblüten vorhanden; alle Blüten röhrenförmig, gelb, äußere weiblich, innere zwittrig; Achänen sehr klein, nur um 0,5 mm lang; kein Haarkranz. Blühende Stengel aufsteigend bis aufrecht, am Grund meist nur schwach verholzt, oft braunrot überlaufen, daneben niederliegende, nichtblühende Sprosse. Stengelblätter wechselständig, am Grund rosettig gehäuft, unterste mit einem Stiel, der an seiner Basis lappig-gezähnt ist, ihre Spreite 2fach fiederteilig; mittlere und obere Stengelblätter sitzend, 2fach fiederteilig, obere oft nur 1fach fiederteilig, mit fast kammförmig angeordneten Zipfeln; Zipfel aller Blätter um 0,5 mm breit, stachelig spitz; alle Blätter kahl. August–Oktober. 10–40 cm.

Vorkommen: Braucht kalkreichen, oft kochsalzhaltigen Boden, der indessen nur wenig Stickstoffsalze führen sollte. Besiedelt in seinem Hauptverbreitungsgebiet im südlichen gemäßigten Asien lückige Steppen, Salzrasen und steinige Rasen über Kalkboden; kommt vereinzelt an Salzquellen in Thüringen (z. B. Artern) und in Sachsen-Anhalt vor, scheint hingegen auf salzhaltigen Böden im Burgenland und in Niederösterreich zu fehlen.

Wissenswertes: ♃. Die Art wird auch von Ostseeinseln wie Öland, Gotland, Dagö, Moon und Ösel angegeben.

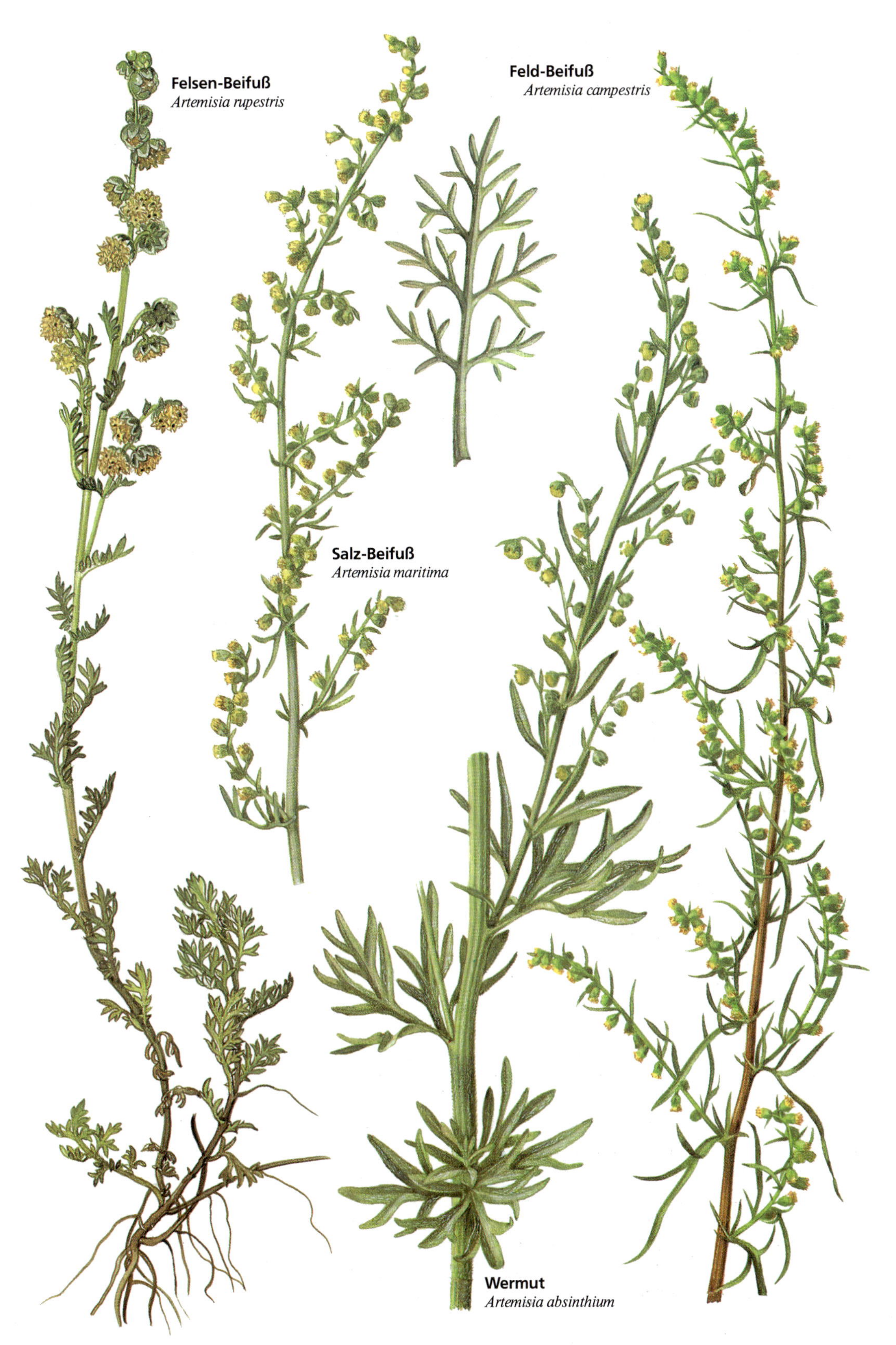
Felsen-Beifuß
Artemisia rupestris
Feld-Beifuß
Artemisia campestris
Salz-Beifuß
Artemisia maritima
Wermut
Artemisia absinthium

Salz-Beifuß

Artemisia maritima (MILL.) WILLD.
Korbblütengewächse *Asteraceae* (*Compositae*)

Beschreibung: Blüten in Körbchen, die zu mehreren bis vielen Dutzend sehr kurz gestielt oder sitzend, aufrecht oder nickend und meist allseitswendig traubig-rispig am Ende des Stengels bzw. seiner Äste angeordnet sind. Körbchenstiele weißfilzig behaart; äußere Hüllblätter krautig, oft filzig behaart, innere breit trockenhautrandig. Körbchen deutlich länger als dick, 2–3,5 mm lang, 1–2,5 mm dick; keine zungenförmigen Randblüten vorhanden; alle Blüten röhrenförmig, gelb, meist alle zwittrig, zuweilen innerste weiblich; innere Blüten in der Regel steril, d. h. Achänen werden an ihnen nicht gebildet; Achänen um 1,5 mm lang; kein Haarkranz. Stengel aufsteigend oder aufrecht, jung weißfilzig, alt oft verkahlend, über dem untersten Drittel aufrecht abstehend verzweigt, unten verholzt. Grundblätter vorhanden; Stengelblätter wechselständig, die unteren – wie die Grundblätter – gestielt; Stiel an seiner Basis geöhrt; Spreite 2–3fach fiederteilig; mittlere und obere Stengelblätter sitzend, 2–1fach fiederteilig, Zipfel etwa 1 mm breit, oberste Blätter oft ungeteilt, lineal-lanzettlich; alle Blätter beidseitig weißfilzig, im Alter verkahlend. August–Oktober. 20–60 cm.

Vorkommen: Braucht sandig-feuchten, kochsalzhaltigen Boden. Besiedelt Salzwiesen am Nord- und Ostseestrand; hier zerstreut; an Salzquellen im Binnenland (Thüringen, Sachsen-Anhalt) vereinzelt.

Wissenswertes: ♃. *A. maritima* (MILL.) WILLD. wird mit mehreren, schwer unterscheidbaren Kleinarten (u. a. *A. vallesiaca* ALL.: Rispe schlank; Körbchen aufrecht; nur auf Kalk oder Dolomit; Südwestalpen; selten) zur Sammelart *A. maritima* agg. zusammengefaßt.

Feld-Beifuß

Artemisia campestris L.
Korbblütengewächse *Asteraceae* (*Compositae*)

Beschreibung: Blüten in Körbchen, die zu einigen hundert kurz gestielt, meist aufrecht und ziemlich einseitswendig in einer reichästigen, recht ausladenden Rispe am Ende des Stengels angeordnet sind. Körbchenstiele kahl; Hüllblätter grün, oft rot überlaufen, kahl. Körbchen um 3 mm im Durchmesser, kugelig; keine zungenförmigen Randblüten vorhanden; alle Blüten röhrenförmig, gelblich oder rötlich, äußere fädlich dünn (Lupe!), weiblich, die inneren zwittrig, die innersten in der Regel – mindestens im weiblichen Geschlecht – steril, d. h. Achänen werden an ihnen nicht gebildet; Achänen um 1,5 mm lang; kein Haarkranz. Stengel aufrecht oder aufsteigend, kahl, oft braunrot, im Blütenstandsbereich reichlich verästelt. Grundblätter vorhanden; Stengelblätter wechselständig, die unteren wie die Grundblätter gestielt (Blattstiel an seiner Basis leicht geöhrt), 2–3fach fiederteilig, mittlere Blätter undeutlich gestielt, doppelt, seltener 1fach gefiedert, obere 1fach gefiedert oder lineal, sitzend; alle Blätter jung schütter seidig behaart, im Alter verkahlend; Zipfel aller Blätter 0,5–1 mm breit. Juli–Oktober. 20–60 cm.

Vorkommen: Braucht kalkhaltigen, sandig-steinigen, trockenen Lehmboden in sommerwarmen Lagen. Besiedelt lückige Halbtrockenrasen, Raine, Dünen und Felsbänder. Im Tiefland und in den Sandgebieten der wärmeren Mittelgebirgslagen, im östlichen Österreich und am Alpensüdfuß zerstreut; fehlt sonst.

Wissenswertes: ♃. *A. campestris* L. wird mit *A. borealis* PALL. (Rispenäste letzter Ordnung mit 2–3 Körbchen; Körbchen 4–5 mm lang; Zentralalpen; selten) zur Sammelart *A. campestris* agg. zusammengefaßt.

Laugenblume *Cotula*
Huflattich *Tussilago*
Alpenlattich *Homogyne*

Laugenblume

Cotula coronopifolia L.
Korbblütengewächse *Asteraceae* (*Compositae*)

Beschreibung: Blüten in Körbchen, die sich einzeln am Ende des Stengels und seiner – meist wenigen – Äste befinden und die vor und nach der Blütezeit meist deutlich überhängen. Hüllblätter in 2 Reihen. Körbchen 6–8 mm breit, etwa halb so lang, halbkugelig. Körbchenboden flach gewölbt, ohne Spreublätter; alle Blüten röhrenförmig, Randblüten weiblich und praktisch bis auf die Kronröhre rückgebildet, innere zwittrig, gelb; Achänen kaum 2 mm lang; kein Haarkranz. Stengel niederliegend bis aufsteigend, seltener aufrecht, kahl. Stengelblätter wechselständig, fast fleischig, schmal-lanzettlich, tief gezähnt oder eingeschnitten-gelappt, vereinzelt auch ungeteilt (besonders die obersten), alle mit stengelumfassendem, oft weißlichem Grund sitzend. Juli–August. 10–25 cm.

Vorkommen: Braucht sandig-schlammigen oder sandig-lehmigen Boden, der überdies stickstoffsalzreich sein sollte und kochsalzhaltig sein kann. Besiedelt feuchtes Ödland, Salzwiesen und Marschen, geht aber auch auf Wege, Brachen und an den Rand von Dunglegen und Misthaufen. Heimat: Südafrika. Nord- und Ostseeküste; heute fast überall selten.

Wissenswertes: ☉. Die Art tauchte in der ersten Hälfte des 18. Jahrhunderts an der ostfriesischen Küste auf – ob aus botanischen Gärten in den Niederlanden ausgebrochen oder eingeschleppt, ist ungeklärt – und bürgerte sich dort rasch ein. Wenige Jahrzehnte später hatte sie auch die Ostseeküste erreicht. Dazuhin trat sie im Binnenland auf, so z. B. zwischen Papenburg und Meppen. Seit dem 2. Weltkrieg ist sie – verdrängt durch die Intensivierung der Landwirtschaft – vielerorts wieder verschwunden.

Huflattich

Tussilago farfara L.
Korbblütengewächse *Asteraceae* (*Compositae*)

Beschreibung: Blüten in Körbchen, die einzeln am Ende des Stengels stehen. Hüllblätter 1reihig, zahlreich, schmal-lineal, grün, oft rötlich überlaufen. Körbchen (mit den Randblüten gemessen) 2–2,5 cm im Durchmesser; Körbchenboden hohl, kaum gewölbt; Randblüten zungenförmig, weiblich, zahlreich (150–300), mehrreihig; Zungen 0,7–1 cm lang, kaum 0,5 mm breit; 30–40 Scheibenblüten, röhrenförmig, zwittrig, aber nur Staubbeutel funktionsfähig; alle Blüten goldgelb; Achänen um 4 mm lang; Haarkranz aus mehreren Reihen rauher, weißer Borsten, die um 1 cm lang werden. Stengel aufrecht, oft leicht überhängend oder verbogen, hohl, weißfilzig behaart, mit zahlreichen, kleinen, schuppenförmigen Blättern, die oft olivgrün bis rötlichbraun überlaufen sind. Die grundständigen Blätter erscheinen erst, nachdem die Pflanze verblüht ist; Grundblätter bis 20 cm lang, gestielt; Spreite im Umriß herzförmig, jung filzig behaart, oberseits schon früh verkahlend, ledrig, am Rand eingebuchtet und dadurch flach 5–12lappig, entfernt gezähnt. Februar–Mai. 5–15 cm.

Vorkommen: Braucht kalkhaltigen, feuchten, humusarmen Untergrund. Besiedelt rohe, lückig bewachsene Flächen an Ufern, auf Ödland, an Wegen, auf Baustellen, sowie durchsikkerten Gesteinsschutt. Sehr häufig und oft in individuenreichen Beständen. Geht in den Alpen vereinzelt bis über etwa 2200 m.

Wissenswertes: ♃; (☠). Enthält Schleim- und Gerbstoffe und in Spuren Pyrrolizidin-Alkaloide, die krebsauslösend wirken. Seit langem Heilpflanze gegen Husten (tussis, lat. = Husten). Vor Daueranwendung selbstgesammelter Blätter als Tee raten wir ab.

Filziger Alpenlattich

Homogyne discolor (JACQ.) CASS.
Korbblütengewächse *Asteraceae* (*Compositae*)

Beschreibung: Blüten in Körbchen, die einzeln am Ende des Stengels stehen. Hüllblätter 1reihig, breit-lanzettlich, kahl oder am Grunde wollig, braunrot überlaufen. Körbchenboden ohne Spreublätter. Körbchen (mit den Randblüten gemessen) 1–1,5 cm im Durchmesser, etwa ebenso lang oder etwas länger; alle Blüten röhrenförmig, hell purpurrosa; randständige weiblich, mit langen Griffeln, innere zwittrig, mit kurzen Kronzipfeln; Achänen um 4 mm lang; Haarkranz aus mehreren Reihen schmutzigweißer Borsten, die um 6 mm lang werden. Stengel aufsteigend bis aufrecht, oft leicht überhängend oder verbogen, unterhalb des Körbchens verdickt, unten flockig wollig-filzig behaart, im oberen Drittel ziemlich dicht und verfilzt wollig-zottig bis kraus behaart, bräunlich getönt. Grundblätter in einer Rosette, gestielt; Stiele filzig-wollig behaart; Spreiten rundlich bis nierenförmig, 1–3 cm im Durchmesser, oberseits kahl, unterseits dicht grau- bis weißfilzig, am Rand rings gekerbt; meist nur 2 schuppenartige Stengelblätter, die den Stengel am Grund umfassen und die keine eigentliche Blattspreite besitzen. Juni–August. 15–25 cm.

Vorkommen: Braucht kalkreichen, durchsickerten, humosen Lehmboden in alpiner Lage. Besiedelt Schneetälchen, aber auch Naßstellen im Zwergstrauch- oder im Grünerlen-Ufergebüsch sowie vermoorte Mulden. Nördliche Kalkalpen, von den Berchtesgadener Alpen ostwärts; Ostketten der Südlichen Kalkalpen; zerstreut; in den östlichen Zentralalpen vereinzelt. Bevorzugt zwischen etwa 1500–2500 m.

Wissenswertes: ♃. Endemit der östlichen Kalkalpen.

Grüner Alpenlattich

Homogyne alpina (L.) CASS.
Korbblütengewächse *Asteraceae* (*Compositae*)

Beschreibung: Blüten in Körbchen, die einzeln am Ende des Stengels stehen. Hüllblätter 1reihig, lineal-lanzettlich, am Grund wollig behaart, weinrot-bräunlich überlaufen. Körbchenboden ohne Spreublätter. Körbchen (mit Randblüten gemessen) 1,5–2,5 cm im Durchmesser, etwa ebenso lang; alle Blüten röhrenförmig, trüb hellviolett bis purpurrosa; randständige weiblich, mit langen Griffeln; innere zwittrig; Achänen knapp 5 mm lang; Haarkranz aus mehreren Reihen schneeweißer Borsten, die um 8 mm lang werden. Stengel aufrecht, dicht wollig behaart oder fast kahl, oft rotbraun überlaufen. Grundblätter in einer Rosette, 2–10 cm lang gestielt, junge Stiele mäßig dicht behaart, im Alter verkahlend; Spreiten rundlich bis nierenförmig, 1–3 cm im Durchmesser, kahl, ledrig, oberseits dunkelgrün, unterseits blasser oder weinrot überlaufen, am Grunde herzförmig eingeschnitten, am Rand ungleichmäßig kerbig gezähnt; meist nur 2 schuppenartige, eiförmig bis lanzettliche Stengelblätter, von denen das untere den Stengel leicht umfaßt. Mai–August. 10–30 cm.

Vorkommen: Braucht etwas feuchte, humose Lehmböden. Besiedelt Zwergstrauchgebüsche, lichte Nadelwälder und Moore in den höheren Mittelgebirgen (Südschwarzwald, Vogesen, Bayerischer Wald, Erzgebirge, Alpenvorland, Schweizer Jura) und in den Alpen; bevorzugt Höhenlagen zwischen 1000–2000 m, geht örtlich beträchtlich höher bzw. kommt – herabgeschwemmt – wesentlich tiefer vor; zerstreut.

Wissenswertes: ♃. Ähnlich: Wald-Alpenlattich (*H. sylvestris* (SCOP.) CASS.): Schaft oft mit mehreren Körbchen; Blätter tief gelappt; östliche Südalpen; selten.

Laugenblume
Cotula coronopifolia
Grüner Alpenlattich
Homogyne alpina
Huflattich
Tussilago farfara
Filziger Alpenlattich
Homogyne discolor

Dünen-Pestwurz

Petasites spurius (RETZ.) RCHB.
Korbblütengewächse *Asteraceae* (*Compositae*)

Beschreibung: Blüten in Körbchen, die zu 10-45 in einem zunächst ziemlich gedrängten, später sich auflockernden, zusammengesetzt-traubigen (bei den „männlichen" Pflanzen angedeutet doldig verebneten) Gesamtblütenstand am Ende des Stengels stehen. Hüllblätter 2-3reihig, schmal-lineal, grünlich, heller berandet, am Grunde wollig-filzig, sonst kahl. Körbchenboden ohne Spreublätter; Körbchen (mit den Randblüten gemessen) 5-9 mm im Durchmesser, walzlich, etwas länger als breit; alle Blüten röhrenförmig, schmutzigweiß bis hellgelb; Blüten dem Anschein nach zwittrig, aber entweder nur Staubgefäße oder nur Griffel und Fruchtknoten funktionstüchtig, Pflanzen also funktionell 2häusig; Körbchen der „weiblichen" Pflanzen 1-2 mm kürzer und schmaler als die der „männlichen"; Achänen um 2 mm lang; Haarkranz weißlich. Stengel dick, kaum kantig, weißflockig-wollig, mit zahlreichen, blaßgrünen, am Rande weißlichen Schuppenblättern, die den Stengel scheidig umfassen; Grundblätter erscheinen erst nach der Blütezeit; sie durchstoßen tütig den Boden und sind später langstielig mit breit 3eckig-herzförmiger Spreite, am Rande unregelmäßig grob gezähnt, oberseits kahl, grün, unterseits schneeweiß-filzig. März–April. Zur Blütezeit 15-25 cm.

Vorkommen: Braucht feuchten Sandboden, der ziemlich stickstoffsalzhaltig sein kann. Besiedelt Ufer an der Unterelbe und am Unter-, seltener am Mittellauf der Flüsse, die in die Ostsee münden, desgleichen die Ostseeküste, vereinzelt Feuchtstellen auf Sand im Binnenland; selten.

Wissenswertes: ♃. Trägt auf Dünen nur wenig zur Festigung bei.

Weiße Pestwurz

Petasites albus (L.) GAERTN.
Korbblütengewächse *Asteraceae* (*Compositae*)

Beschreibung: Blüten in Körbchen, die zu 5–45 in einem eiförmig-halbkugeligen, bei „weiblichen" Exemplaren zuweilen etwas doldig verebneten, traubigen Gesamtblütenstand am Ende des Stengels stehen. Hüllblätter 2–3reihig, lineal-lanzettlich, gelbgrün, schütter drüsig behaart. Körbchenboden ohne Spreublätter; Körbchen (mit den Randblüten gemessen) 0,6–1,3 cm im Durchmesser, walzlich, länger als breit; alle Blüten röhrenförmig, weiß bis cremeweiß; Blüten dem Anschein nach zwittrig, aber entweder nur Staubgefäße oder nur Griffel und Fruchtknoten funktionstüchtig, Pflanzen also funktionell 2häusig; Achänen knapp 3 mm lang; Haarkranz weiß. Stengel aufgebogen bis aufrecht, jung graufilzig, oft frühzeitig verkahlend, im oberen Drittel schütter drüsenhaarig, mit mäßig zahlreichen bleichgrünen, scheidig-flächigen, ziemlich großen Schuppenblättern, die den Stengel leicht umfassen und etwas flockig und sehr kurz filzig behaart sind; Grundblätter erscheinen erst nach der Blütezeit; sie sind langstielig; Spreite bis 40 cm breit, im Umriß rundlich-nierenförmig, breiter als lang, flachbuchtig gezähnt, unterseits bleibend graufilzig, oberseits beim Altern verkahlend. März–April. Zur Blütezeit 10–30 cm.

Vorkommen: Braucht sickerfeuchten, basisch bis neutral reagierenden, mullreichen Lehm- oder Tonboden. Besiedelt Buchen-, Buchenmisch- und Schluchtwälder. Im Tiefland östlich der Elbe selten. In den Mittelgebirgen mit Lehm- und Tonböden, im Alpenvorland und in den Alpen zerstreut, oft in individuenreichen Beständen. Geht etwa bis zur Waldgrenze.

Wissenswertes: ♃. Bestände zeigen oft Sickerwasser an.

Weiße Pestwurz
Petasites albus
Alpen-Pestwurz
Petasites paradoxus
Dünen-Pestwurz
Petasites spurius
Rote Pestwurz
Petasites hybridus

Alpen-Pestwurz

Petasites paradoxus (RETZ.) BAUMG.
Korbblütengewächse *Asteraceae* (*Compositae*)

Beschreibung: Blüten in Körbchen, die zu 5-30 in einem gedrungenen, eiförmig-traubigen Gesamtblütenstand am Ende des Stengels stehen. Hüllblätter lineal-zungenförmig, braunweinrot, drüsig behaart. Körbchen (mit den Randblüten gemessen) 0,5-1 cm im Durchmesser, walzlich etwas länger als breit; alle Blüten röhrenförmig, weißlich-rötlich; Blüten dem Anschein nach zwittrig, aber entweder nur Staubgefäße oder nur Griffel und Fruchtknoten funktionstüchtig, Pflanzen also funktionell 2häusig; Körbchen der „weiblichen" Pflanzen zahlreicher als die der „männlichen" Pflanzen; Achänen knapp 3 mm lang; Haarkranz weiß, Börstchen um 1 cm lang. Stengel dick, dicht weißfilzig, reichlich mit breit-lanzettlichen, mehrere cm langen, weinrot-bräunlich überlaufenen, schwach filzigen Schuppenblättern bestanden, von denen die untersten mit ihrer Basis den Stengel etwas umfassen; Grundblätter erscheinen erst am Ende der Blütezeit; sie sind lang gestielt; ihre Spreite wird bis 20 cm breit und oft etwas länger; sie ist im Umriß eiförmig-rundlich, am Rand seicht 5-9lappig eingebuchtet und unregelmäßig grob gezähnt; oberseits verkahlen sie meist, unterseits bleiben sie stets weißfilzig. März-Mai. Zur Blütezeit 10-30 cm.

Vorkommen: Braucht kalkhaltigen, sickerfeuchten, steinigen Lehmboden. Besiedelt im Alpenvorland verbuschtes Bachgeröll, im südlichen Schweizer Jura und in den Alpen Sickerwasser führende Schutthalden. Zerstreut, oft in individuenreichen Beständen. Bevorzugt Höhen zwischen etwa 800-2000 m.

Wissenswertes: ♃. Die funktionelle Zweihäusigkeit ist nicht immer deutlich ausgeprägt.

Rote Pestwurz

Petasites hybridus (L.) G., M. & SCH.
Korbblütengewächse *Asteraceae* (*Compositae*)

Beschreibung: Blüten in Körbchen, die zu 15 bis über 100 in einem - bei „männlichen" Pflanzen - überwiegend gedrungenen, bei „weiblichen" sich später ziemlich verlängernden, traubigen Gesamtblütenstand stehen. Hüllblätter lineal, rötlich überlaufen. Körbchen (mit den Randblüten gemessen) 0,5-1 cm im Durchmesser („weibliche" kleiner als „männliche"), walzlich, etwas länger als breit; alle Blüten röhrenförmig, weinrötlich-weißlich; Blüten dem Anschein nach zwittrig, aber entweder nur Staubgefäße oder nur Griffel und Fruchtknoten funktionstüchtig, Pflanzen also funktionell 2häusig; Achänen knapp 3 mm lang; Haarkranz schmutzigweiß. Stengel dick, rötlich überlaufen, weißgrau-filzig, im Alter oft flockig oder verkahlend, mit wenigen lanzettlichen, mehrere cm langen, breiten, weinrot überlaufenen Schuppenblättern, deren unterste den Stengel etwas umfassen; Grundblätter erscheinen erst am Ende der Blütezeit, lang gestielt; Spreiten bis über 60 cm im Durchmesser, herz-nierenförmig, seicht eingebuchtet, aufgesetzt und grob gezähnt, im Alter oberseits verkahlend, unterseits meist nur auf den Nerven bleibend filzig. Blüten duften. Februar-Mai. Zur Blütezeit 10-40 cm.

Vorkommen: Braucht feuchtnassen Untergrund. Besiedelt Sandbänke, Ufer, Gräben und Naßstellen in lichten Wäldern. Im Tiefland und auf Sandboden gebietsweise fehlend, sonst häufig und oft in individuenreichen Beständen. Steigt bis über etwa 1000 m.

Wissenswertes: ♃; (☠). Enthält ätherisches Öl, Schleimstoffe und geringe Mengen giftiger Pyrrolizidin-Alkaloide. Früher als - obsoletes - Pestheilmittel gebraucht.

Alpendost *Adenostyles*
Scheingreiskraut *Erechtites*

Grauer Alpendost

Adenostyles alliariae (GOUAN) KERN.
Korbblütengewächse *Asteraceae* (*Compositae*)

Beschreibung: Gesamtblütenstand mit zahlreichen Körbchen, die doldig-rispig und halbkugelig am Ende des Stengels und der Seitenäste stehen; Körbchen klein, meist mit nur 3–5, selten mit bis zu 10 Blüten. Hülle walzlich, um 5 mm lang, aus 5 Hüllblättchen, die nur an der Spitze schütter und kurz behaart sind (starke Lupe!). Körbchen nur mit Röhrenblüten, die 4zipflig, engglockig, blaßrosa oder hell rosaviolett sind; Griffel ragen mit ihren beiden Narbenästen etwas aus den Blüten hervor. Achänen mit einem mehrreihigen, rauhborstigen (starke Lupe!) Haarkranz, der knapp 5 mm lang wird. Stengel aufrecht, nur im Blütenstandsbereich verzweigt, deutlich gerieft, oberwärts reifartig kurzhaarig, in der unteren Hälfte bzw. in den unteren 2/3 der Stengellänge praktisch kahl. Grundständige Blätter lang gestielt; Spreite bis 50 cm im Durchmesser, stumpf-3eckig bis nierenförmig, am Grund herzförmig eingebuchtet, am Rand unregelmäßig grob gezähnt (Zähne spitz zulaufend, länger als breit), unterseits filzig behaart (Filz abwischbar); Stengelblätter wechselständig, oberste mit verbreitertem Grund sitzend oder sehr kurz gestielt und dann am Grund des Blattstiels mit 2 breiten Zipfeln den Stengel umfassend. Juli–August. 0,6–1,5 m.

Vorkommen: Braucht steinigen, durchsikkerten, nährsalz- und mullreichen Lehmboden. Besiedelt Bergwälder und Hochstaudenfluren. Schwarzwald, Vogesen, Alpenvorland, Schweizer Jura zerstreut, Alpen häufig; bevorzugt Höhen zwischen etwa 800–2200 m.

Wissenswertes: ♃. Die Unterscheidung von Varietäten nach der Blütenzahl pro Körbchen hat sich nicht bewährt.

Filziger Alpendost

Adenostyles leucophylla (WILLD.) RCHB.
Korbblütengewächse *Asteraceae* (*Compositae*)

Beschreibung: Gesamtblütenstand mit zahlreichen Körbchen, die doldig-rispig und halbkugelig, seltener undeutlich schirmartig verebnet am Ende des Stengels und der Seitenäste stehen; Körbchen klein, meist mit 12–25 Blüten. Hülle walzlich, aus 6–10 Hüllblättern, kaum 5 mm lang; Hüllblätter schwach filzig behaart, an der Spitze schütter bewimpert (starke Lupe!). Körbchen nur mit Röhrenblüten, die 4zipflig, engglockig, intensiv rosa bis hell fleischrot sind; Griffel ragen mit beiden Narben deutlich aus den Blüten hervor. Achäne mit einem mehrreihigen Haarkranz, der 5–7 mm lang wird. Stengel aufrecht, nur im Blütenstandsbereich verzweigt, wenig gerieft, zumindest oberwärts kurzfilzig behaart (nur teilweise abwischbar). Grundständige Blätter lang gestielt; Spreite bis 20 cm im Durchmesser (selten größer), 3eckig bis nierenförmig, am Grund herzförmig eingebuchtet, am Rand unregelmäßig grob gezähnt; Zähne 3eckig, etwa ebenso breit wie lang, mit kurzem, aufgesetztem Spitzchen; Spreite oberseits kahl oder nur sehr schwach filzig, unterseits dicht filzig behaart (Behaarung nur teilweise abwischbar); Stengelblätter wechselständig, alle gestielt, an der Stielbasis oft mit 2 Zipfeln stengelumfassend. Juli–August. 10–40 cm.

Vorkommen: Braucht steinigen, nicht zu trockenen, kalkarmen Untergrund. Besiedelt Schutthalden und bachnahes Geröll. Zentral- und Südalpen, in Österreich nur im Ötztal. Selten. Geht bis etwa 3000 m.

Wissenswertes: ♃. Vor allem in der Behaarung, seltener in der Blütenzahl pro Körbchen gibt es zuweilen Abweichungen von der in der Beschreibung angegebenen Norm.

Grüner Alpendost

Adenostyles glabra (MILL.) DC.
Korbblütengewächse *Asteraceae* (*Compositae*)

Beschreibung: Gesamtblütenstand mit zahlreichen Körbchen, die schirmartig verebnet, seltener schwach halbkugelig am Ende des Stengels und der Seitenäste stehen; Körbchen klein, meist mit nur 3 Blüten, selten mit mehr, vereinzelt mit nur 1–2 Blüten. Hülle walzlich, um 5 mm lang, aus meist nur 3 Hüllblättchen, die kahl und nur an der Spitze schütter bewimpert sind (starke Lupe!). Körbchen nur mit Röhrenblüten, die 4zipflig, engglockig, rosa bis lila sind; Griffel ragen mit ihren beiden Narbenästen etwas aus den Blüten hervor. Achänen mit einem mehrreihigen Haarkranz, der knapp 5 mm lang wird. Stengel aufrecht, gerieft, nur im Blütenstandsbereich verzweigt, in der unteren Hälfte kahl oder nahezu kahl, in der oberen Hälfte sehr kurzhaarig-flaumig (Haarfilz teilweise abwischbar). Grundständige Blätter lang gestielt; Spreite bis etwa 30 cm im Durchmesser (selten etwas größer), herz- bis nierenförmig, vorn abgerundet oder spitz, grob und ziemlich regelmäßig gezähnt; Zähne breit-3eckig, kaum breiter als lang, mit kurzem, aufgesetztem Spitzchen; Spreite unterseits nur auf den Nerven behaart, nicht filzig, Behaarung nicht abwischbar; Stengelblätter wechselständig, alle gestielt; Stielgrund weder verbreitert noch lappig stengelumfassend. Juli–August. 30–80 cm.

Vorkommen: Braucht steinigen, kalkhaltigen, durchsickerten Untergrund. Besiedelt Schutthalden und feinschotterige Blockhalden in Bergwäldern. Alpenvorland, Schweizer Jura, Kalkalpen zerstreut; Zentralalpen selten; zwischen etwa 800–2200 m.

Wissenswertes: ♃. In Graubünden und Nordtirol gibt es Pflanzen mit unterseits stärker behaarten Blättern.

Scheingreiskraut

Erechtites hieraciifolia (L.) RAFIN. ex DC.
Korbblütengewächse *Asteraceae* (*Compositae*)

Beschreibung: Der Gesamtblütenstand besteht aus mehreren Körbchen, die auf 1–2 cm langen Stielen traubig am Ende des Stengels stehen und zuweilen leicht doldig verebnet sind. Körbchen walzlich, 1–1,5 cm lang (selten etwas länger), am Grund um 6 mm im Durchmesser. Hüllblätter 1reihig, lineal, spitzlich, braunrot, am Rand weißlich. Körbchen nur mit Röhrenblüten, äußere weiblich, innere zwittrig oder funktionell männlich; Krone fädlich, sehr blaßgelb. Körbchenboden ohne Spreublätter. Achänen kaum 3 mm lang; Haarkranz gut 1 cm lang, weiß, seidig glänzend, biegsam. Stengel einfach (nur im Blütenstandsbereich verzweigt), aufrecht, hohl, schütter behaart oder kahl. Keine Grundblätter. Stengelblätter wechselständig, hellgrün, im Umriß lanzettlich, 5–10 cm lang (selten etwas länger), 1–3 cm breit, allmählich in den kurzen, geflügelten Stiel auslaufend, am Rand ungleichmäßig, tief und spitz 1fach oder doppelt gezähnt, unterseits deutlich netznervig, auf der Mittelrippe und zuweilen am Rand sehr kurz gewimpert, selten ganz kahl. Juli–September. 0,3–1,5 m.

Vorkommen: Braucht zumindest mäßig stickstoffsalzhaltigen, besser indessen stickstoffsalzreichen Boden, der frisch oder trocken, kalkhaltig oder kalkfrei, sandig oder lehmig sein kann. Besiedelt gestörte Pflanzenbestände, z. B. Windwurfflächen, Waldränder, Brachen oder Ödland. Heimat: Nord- und Südamerika. In Mitteleuropa zuweilen eingeschleppt und meist nur unbeständig, doch oft in kleineren Beständen; dauerhaft verwildert vor allem in Österreich.

Wissenswertes: ♃. Die Pflanze wurde in Europa erstmals 1876 in Kroatien, 1879 in der Steiermark beobachtet.

Grüner Alpendost
Adenostyles glabra
Filziger Alpendost
Adenostyles leucophylla
Scheingreiskraut
Erechtites hieraciifolia
Grauer Alpendost
Adenostyles alliariae

Wohlverleih, Arnika *Arnica*
Gemswurz *Doronicum*

Berg-Wohlverleih, Arnika

Arnica montana L.
Korbblütengewächse *Asteraceae* (*Compositae*)

Beschreibung: Blüten in Körbchen, einzeln oder locker-traubig zu 2–5 am Ende des Stengels. Hüllblätter 2reihig, alle etwa 1,5 cm lang, schmal-lanzettlich, rauh und zum Teil drüsig behaart. Körbchen (mit den ausgebreiteten Randblüten gemessen) 5–8 cm im Durchmesser; Körbchenboden flach, behaart, aber ohne Spreublätter; Randblüten zungenförmig, weiblich; Zungen 2-3 cm lang, 3-6 mm breit, goldgelb; Scheibenblüten zwittrig, röhrenförmig, goldgelb; Achänen um 6 mm lang; Haarkranz 1reihig; Börstchen rauh, gelblich, um 8 mm lang. Stengel aufrecht, nur im Blütenstandsbereich verzweigt, mäßig dicht oder dicht borstig und zum Teil drüsig behaart, oft braunoliv überlaufen. Grundblätter rosettig, ungestielt, eiförmig bis lanzettlich, ganzrandig oder - selten - unregelmäßig und undeutlich buchtig gezähnt; meist nur 1–3 Paare gegenständiger Stengelblätter, diese viel kleiner als die Rosettenblätter, oberste fast schuppenartig, alle mit etwas verschmälertem Grund sitzend. Mai–August. 20–60 cm.

Vorkommen: Braucht kalk- und stickstoffsalzarmen, humos-torfigen Lehm- oder Tonboden. Besiedelt Heiden, Bergweiden, lichte Wälder und Moore. Im Tiefland, in den Mittelgebirgen mit kalkfreien, lehmigen Böden, im Alpenvorland und in den Alpen auf entkalkten oder kalkfreien Böden zerstreut, oft in lockeren, doch individuenreichen Beständen, fehlt sonst. Geht vereinzelt bis über etwa 2500 m.

Wissenswertes: ♃; (☠); ▽. Alte Heilpflanze; enthält ätherisches Öl, Bitterstoffe und Cumarine. Arnikatinktur kann allergische Hautreizungen auslösen, bei innerer Anwendung sind Vergiftungen bekanntgeworden.

Österreichische Gemswurz

Doronicum austriacum Jacq.
Korbblütengewächse *Asteraceae* (*Compositae*)

Beschreibung: Blüten in Körbchen, die zu 2–20 in einer sehr lockeren, zusammengesetzten und nur wenig verebneten Doldentraube am Ende des Stengels bzw. seiner Äste stehen; ganz selten kommen 1korbige Exemplare vor. Hüllblätter zu 10–20, 2reihig, etwa gleich lang, 1–1,5 cm lang, um 2 mm breit, praktisch kahl oder schütter drüsig behaart. Körbchen (mit den ausgebreiteten Randblüten gemessen) 3–6 cm im Durchmesser; Körbchenboden leicht gewölbt, ohne Spreublätter; Randblüten zungenförmig, weiblich; Zunge 2–2,5 cm lang, 2–3 mm breit, goldgelb; Scheibenblüten zwittrig, röhrenförmig, goldgelb; Achänen um 2 mm lang; äußere Achänen ohne Haarkranz, übrige mit einem weißen, etwa 4 mm langen Haarkranz. Stengel aufsteigend oder aufrecht, unten fast kahl, oben - oft nur schütter - weichhaarig, zum Teil mit einzelnen eingestreuten Drüsenhaaren. Grundständige Blätter zur Blütezeit meist nicht mehr vorhanden; Rosettenblätter vor der Blütezeit gestielt, herzförmig, kerbig gesägt; Stengelbätter wechselständig, untere kleiner als mittlere, ziemlich dicht am Stengel stehend, eiförmig, mit tief herzförmigem Grund, kurz gestielt, mittlere mit verschmälert-herzförmigem Grund halb stengelumfassend sitzend, obere schmal-eiförmig, gezähnt. Juli–August. 0,3–1,5 m.

Vorkommen: Braucht feuchten, stickstoffsalzhaltigen Lehmboden. Besiedelt Hochstaudenfluren, Ufer und lichte Wälder; südlicher Bayerischer Wald, Waldviertel, Alpen östlich einer Linie zwischen Berchtesgadener und Bergamasker Alpen; selten.

Wissenswertes: ♃. Steigt selten über die Laubwaldgrenze.

Herzblättrige
Gemswurz
Doronicum columnae
Berg-Wohlverleih,
Arnika
Arnica montana
Österreichische Gemswurz
Doronicum austriacum
Großblütige Gemswurz
Doronicum grandiflorum

Herzblättrige Gemswurz

Doronicum columnae TEN.
Korbblütengewächse *Asteraceae* (*Compositae*)

Beschreibung: Blüten in Körbchen, die meist einzeln, selten zu 2-5 in einer lockeren Traube am Ende des Stengels stehen. Hüllblätter zu 25–40, 2reihig, etwa gleich (um 1,5 cm) lang und um 1 mm breit, sehr schütter behaart. Körbchen (mit den ausgebreiteten Randblüten gemessen) 3,5–6 cm im Durchmesser; Körbchenboden leicht gewölbt, ohne Spreublätter; 25–40 zungenförmige Randblüten, weiblich; Zunge 1,8-2,5 cm lang, 2-3 mm breit, goldgelb; Scheibenblüten zwittrig, röhrenförmig, goldgelb; Achänen um 2 mm lang; äußere Achänen ohne Haarkranz, übrige mit einem weißlichen, etwa 3 mm langen Haarkranz. Stengel meist aufrecht, unten kahl, im Bereich des Blütenstands sehr schütter drüsig behaart. Grundständige Blätter zur Blütezeit vorhanden, gebüschelt, mit langem, leicht geflügeltem Stiel und herz-nierenförmiger, gezähnter Spreite, 3-7 cm im Durchmesser; Stengelblätter wechselständig, untere breit-eiförmig bis rundlich, mit geöhrtem, kurzem Stiel stengelumfassend, mittlere und obere eiförmig, sitzend, mit tief herzförmigem Grund stengelumfassend, gezähnt; Blätter kahl. Mai–August. 15–60 cm.

Vorkommen: Braucht gut durchsickerten, steinigen, kalkreichen Lehmboden. Besiedelt – auch bewaldete oder verbuschte – Schuttflächen. In den Nördlichen Kalkalpen ostwärts der Berchtesgadener Alpen und in den Südlichen Kalkalpen vom Comersee ostwärts; selten; bevorzugt in Höhen zwischen etwa 1200–2000 m. Gelegentlich Zierpflanze und selten verwildert.

Wissenswertes: ♃. Ähnlich: *D. cataractarum* WIDDER: Meist 2-8 Körbchen; Grundblätter 15-20 cm Durchmesser; nur Schluchtwälder im Bereich der Koralpe, zerstreut.

Großblütige Gemswurz

Doronicum grandiflorum LAM.
Korbblütengewächse *Asteraceae* (*Compositae*)

Beschreibung: Blüten in Körbchen, die meist einzeln, selten zu 2-4 locker-traubig am Ende des Stengels stehen. Hüllblätter zu 20-30, 2reihig, alle um etwa 2 cm lang und um 3,5 mm breit, behaart. Körbchen (mit den ausgebreiteten Randblüten gemessen) 4–8 cm im Durchmesser; Körbchenboden leicht gewölbt, ohne Spreublätter; 25–35 zungenförmige Randblüten, weiblich; Zunge 2-3 cm lang, 3-4 mm breit, goldgelb; Scheibenblüten zwittrig, röhrenförmig, goldgelb; Achänen um 2 mm lang; alle Achänen mit einem weißlichen, etwa 3 mm langen Haarkranz. Stengel meist aufrecht, hohl, im oberen Teil schütter bis mäßig dicht behaart, in der unteren Stengelhälfte praktisch kahl, hier dicht beblättert. Grundständige Blätter zur Blütezeit vorhanden, langstielig, Blattstiel schmal geflügelt; Spreite 4-9 cm lang und etwas weniger breit, breit-eiförmig, grob buchtig gezähnt, an der Basis seicht herzförmig oder gestutzt am Stiel ansitzend, am Rand kurz und ziemlich dicht behaart; Stengelblätter wechselständig, untere den Grundblättern ähnlich, aber mit verbreitertem Stiel leicht stengelumfassend, mittlere und obere sitzend, mit breitem Grund herzförmig stengelumfassend, eiförmig. Juni–August. 10–50 cm.

Vorkommen: Braucht zügig durchsickerten, steinigen, kalkreichen, lang schneebedeckten Untergrund. Besiedelt ruhende Schutthalden, seltener lückige Matten oder Felsspalten. Kalkalpen zerstreut; Zentralalpen nur auf Kalk oder Dolomit, selten. Bevorzugt in Höhen zwischen etwa 1800-3000 m.

Wissenswertes: ♃. Lange Schneebedekkung schützt die Pflanze vor Schäden durch Frühjahrsfröste.

Gletscher-Gemswurz

Doronicum glaciale (WULF.) NYMAN
Korbblütengewächse *Asteraceae* (*Compositae*)

Beschreibung: Blüten in Körbchen, die einzeln am Ende des Stengels stehen. Hüllblätter zu 20–30, 2reihig, alle um 1,5 cm lang und 2–4 mm breit, behaart. Körbchen (mit den ausgebreiteten Randblüten gemessen) 3,5–6 cm; Körbchenboden leicht gewölbt, keine Spreublätter; 20–30 zungenförmige Randblüten, weiblich; Zunge 1,5–2,2 cm lang, 2–4 mm breit, goldgelb; Scheibenblüten zwittrig, röhrenförmig, goldgelb; Achänen um 2 mm lang, alle Achänen mit einem weißlichen, etwa 3 mm langen Haarkranz. Stengel aufrecht, nicht hohl, oberwärts schütter behaart, unten dicht beblättert. Grundständige Blätter zur Blütezeit vorhanden; Stengelblätter wechselständig; Grundblätter und untere Stengelblätter eiförmig, stumpf, abrupt in den Stiel zusammengezogen, derb; mittlere und obere Blätter mit verschmälertem oder seicht herzförmigem Grund leicht stengelumfassend sitzend, schmal-eiförmig, spitz, alle buchtig gezähnt, fast netzartig geadert. Juli–August. 5–25 cm.

Vorkommen: Braucht sickerfeuchten, steinigen, kalkhaltigen, lange schneebedeckten Untergrund. Besiedelt Schutthalden und Moränen. Nördliche Kalkalpen von den Berchtesgadener Alpen bis zum Hochschwab, zerstreut; östliche Zentralalpen, selten. Bevorzugt in Höhen zwischen etwa 1800–2500 m.

Wissenswertes: ♃. *D. glaciale* (WULF.) NYMAN wird mit *D. calcareum* VIERH. (Hüllblätter drüsenhaarig; Niederösterreich, Steiermark, zerstreut), *D. clusii* (ALL.) TAUSCH (Stengel hohl; auf kalkarmen Böden; Zentral- und Südalpen, selten) und *D. stiriacum* (VILL.) DT. (Blätter zottig; Steiermark, Salzburg) zur Sammelart *D. clusii* agg. zusammengefaßt.

Kriechende Gemswurz

Doronicum pardalianches L. emend JACQ.
Korbblütengewächse *Asteraceae* (*Compositae*)

Beschreibung: Blüten in Körbchen, die zu 2–8 locker-traubig am Ende des Stengels stehen. Hüllblätter zu 20–30, 2reihig, 1,5 cm lang, um 1 mm breit, sehr schütter drüsig behaart oder praktisch kahl. Körbchen (mit den ausgebreiteten Randblüten gemessen) 3–6 cm im Durchmesser; Körbchenboden leicht gewölbt, ohne Spreublätter; 20–30 zungenförmige Randblüten, weiblich; Zunge 1,2–2,5 cm lang, 2–3 mm breit, hell goldgelb; Scheibenblüten zwittrig, röhrenförmig, goldgelb; Achänen um 2 mm lang, reif schwarz; äußerste Achänen ohne, übrige mit weißlichem, um 3 mm langem Haarkranz. Stengel aufrecht, kurz und schütter behaart. Grundblätter zur Blütezeit vorhanden; ihr Stiel ziemlich lang, schmal geflügelt; ihre Spreite 7–12 cm lang, 6–11 cm breit, herz-eiförmig, am Grund stumpf eingebuchtet; Stengelblätter wechselständig, unterste – oft undeutlich – kurz gestielt, übrige sitzend, herzförmig den Stengel umfassend, obere Blätter länglich-eiförmig; alle Blätter ganzrandig oder wenig tief gezähnt. Mai–Juli. 0,3–1 m.

Vorkommen: Braucht stickstoffsalz- und mullreichen oder humosen Lehmboden, der indessen kalkarm sein kann. Besiedelt krautreiche Laubwälder, Gebüsche und Parkanlagen. Im Tiefland östlich der Elbe und in wärmeren Lagen der Mittelgebirge mit kalkarmen Böden vereinzelt, am Alpensüdfuß zerstreut. Zuweilen aus alten Gartenkulturen beständig verwildert.

Wissenswertes: ♃; (☠). Der Preßsaft soll auf der Haut zu entzündlichen Reizungen führen können. „*Pardalianches*“ war bei PLINIUS der Beiname einer Pflanze, „an der der Panther (= Parder, Leopard) erstickt“.

Moor-Greiskraut

Senecio congestus (R. Br.) DC.
Korbblütengewächse *Asteraceae* (*Compositae*)

Beschreibung: Blüten in Körbchen, die - doldig verebnet oder fast kopfig gedrungen - in einer dichten Traube am Ende des Stengels stehen. Hüllblätter um 20, grün, behaart. Körbchen (mit den ausgebreiteten Randblüten gemessen) 2-3 cm im Durchmesser; Körbchenboden kaum gewölbt, ohne Spreublätter; um 20 zungenförmige Randblüten, weiblich; Zunge um 1 cm lang, 2-4 mm breit, blaßgelb; Scheibenblüten zwittrig, röhrenförmig, blaßgelb; Achänen knapp 4 mm lang, gerippt (Lupe!); Haarkranz um 1,5 cm lang, weiß. Stengel aufrecht, 1-2 cm dick, hohl, gelblich behaart, klebrig. Pflanze treibt im 1. Jahr meist nur eine Blattrosette und erst ab dem 2. Jahr blühende Stengel; an blühenden Pflanzen fehlen Grundblätter zur Blütezeit in der Regel; Stengelblätter wechselständig, wie die Blätter in noch jungen Rosetten dicklich-fleischig, lanzettlich, 5-15 cm lang, 1-5 cm breit, ganzrandig oder grob gezähnt, die unteren in einen geflügelten Stiel verschmälert (zur Blütezeit oft verdorrt), die übrigen sitzend und herzförmig den Stengel teilweise umfassend; alle Blätter weichhaarig und etwas klebrig. Juni–Juli. 0,2–1 m.

Vorkommen: Braucht schlammig-humosen Lehm- oder Tonboden. Besiedelt Gräben sowie die Ufer stehender und langsam fließender Gewässer, und zwar in Bereichen, die zeitweilig überschwemmt werden. Im Tiefland zerstreut, in Sachsen-Anhalt und Sachsen selten, im Elsaß höchstens noch vereinzelt und möglicherweise heutzutage schon erloschen; fehlt sonst.

Wissenswertes: ☉; (☠). Bei verwandten Arten wurden giftige Pyrrolizidin-Alkaloide gefunden. Diesbezügliche Untersuchungen am Moor-Greiskraut kennen wir nicht.

Spatelblättriges Greiskraut

Senecio helenitis (L.) Schinz & Thell.
Korbblütengewächse *Asteraceae* (*Compositae*)

Beschreibung: Blüten in Körbchen, die - meist zu 3–15 - lang gestielt (1–5 cm) und lockerdoldig am Ende des Stengels stehen. Hüllblätter um 20, grün, gegen die Spitze oft rötlich überlaufen, lückig sehr kurz filzig-flaumig behaart. Körbchen (mit den ausgebreiteten Randblüten gemessen) 2–2,5 cm im Durchmesser; 12–15 zungenförmige Randblüten, weiblich; Zunge 0,7–1 cm lang, 2 mm breit, gelb; Scheibenblüten zwittrig, röhrenförmig, gelb; Achänen um 3 mm lang; Haarkranz gelblich-weiß, um 7 mm lang, Stengel aufrecht, kräftig, aber nicht dick, gerieft, oben oft weinrot überlaufen, locker spinnwebig bis lückig kurzfilzig behaart. Grundständige Blätter zur Blütezeit vorhanden, eiförmig, am Grunde gestutzt, gestielt, Stiel geflügelt, etwa so lang wie die Spreite; Stengelblätter wechselständig, mittlere lanzettlich, am Grunde verschmälert, leicht stengelumfassend sitzend, oberste lineal, sitzend; alle Blätter unterseits dicht, oberseits weniger behaart. Mai–Juli. 20–70 cm.

Vorkommen: Braucht kalkarmen, wechselfeuchten, humosen Tonboden. Besiedelt lichte Wälder, entkalkte Naßstellen in Trockengebüschen - auch über Kalkgestein - und Flachmoore. Fehlt im Tiefland; in den Mittelgebirgen mit (entkalkten) Lehm- und Tonböden und im Alpenvorland selten, zuweilen in eher individuenarmen, lockeren Beständen.

Wissenswertes: ♃; ▽. Über das Vorkommen giftiger Alkaloide - wie bei anderen Arten der Gattung - ist uns nichts bekanntgeworden. Außer der beschriebenen ssp. *helenitis* wird die ssp. *salisburgensis* Cufod. (Zungenblüten fehlen oft, Blätter früh verkahlend; östliches Alpenvorland, Salzburg) unterschieden.

Gletscher-Gemswurz
Doronicum glaciale

Kriechende Gemswurz
Doronicum pardalianches

Moor-Greiskraut
Senecio congestus

Spatelblättriges Greiskraut
Senecio helenitis

Steppen-Greiskraut

Senecio integrifolius (L.) CLAIRV.
Korbblütengewächse *Asteraceae* (*Compositae*)

Beschreibung: Blüten in Körbchen, die zu 3–15 locker-doldig am Stengelende stehen. Hüllblätter um 20, grün, an der Spitze rötlich überlaufen. Körbchen (mit den Randblüten gemessen) 1,7–2,5 cm im Durchmesser; 12–15 zungenförmige Randblüten, weiblich; Zunge 0,7–1 cm lang, 2 mm breit, gelb; Scheibenblüten zwittrig, röhrenförmig, gelb; Achänen um 3 mm lang; Haarkranz weißlich, um 7 mm lang. Stengel aufrecht, kräftig, locker spinnwebig. Grundständige Blätter eiförmig, am Grund nie herzförmig; Stiel schmal geflügelt; Stengelblätter wechselständig, schmal-eiförmig, unterste in den geflügelten Stiel verschmälert, übrige mit seicht herzförmigem Grund sitzend; Blätter beidseits filzig, im Alter oft verkahlend. Mai–Juni. 15–60 cm.

Vorkommen: Braucht kalkhaltigen, humosen Tonboden. Besiedelt wechseltrockene Rasen und Flachmoore; vereinzelt zwischen Steigerwald und Frankenhöhe sowie in Oberösterreich; selten im Einzugsgebiet des Lechs, im Schweizer Jura, in Sachsen-Anhalt, Thüringen, in Niederösterreich und im Burgenland.

Wissenswertes: ♃; (☠). *S. integrifolius* (L.) CLAIRV. wird mit *S. aurantiacus* (HOPPE ex WILLD.) LESS. (Zungenblüten braunorange, Stengel und Blätter fast kahl; östliches Österreich, selten), *S. capitatus* (WAHLENB.) STEUD. (Blüten orangerot, Körbchenstiele kürzer als 2 cm; Kalkalpen der Schweiz und Österreichs, selten) sowie *S. serpentini* (GÀYER) GÀYER (Hüllblätter purpurrot; Burgenland, selten) zur Sammelart *S. integrifolius* agg. vereint. –Ähnlich: *S. ovirensis* agg.: (Mehr als 15 Zungenblüten; Blattstiele länger als Blattspreite; östliche Zentral- und Südalpen, selten).

Alpen-Greiskraut

Senecio alpinus (L.) SCOP.
Korbblütengewächse *Asteraceae* (*Compositae*)

Beschreibung: Blüten in Körbchen, die – meist zu 6–20 – lang gestielt (3–10 cm) und locker doldig-straußig verebnet am Ende des Stengels stehen. Hüllblätter um 20, gelblich-grün, an der Basis – oft undeutlich – filzig behaart. Körbchen (mit den ausgebreiteten Randblüten gemessen) 3–4 cm im Durchmesser; 12–20 zungenförmige Randblüten, weiblich; Zunge 1,2–1,7 cm lang, um 2 mm breit, hell goldgelb; Scheibenblüten zwittrig, röhrenförmig, (im Alter) dunkler goldgelb als die Zungenblüten; Achänen um 3 mm lang; Haarkranz gelblich, um 5 mm lang. Stengel aufrecht, kräftig, riefig-kantig, fast kahl oder oberwärts schütter kurzhaarig, bis oben ziemlich dicht beblättert. Stengelblätter wechselständig, untere breit-eiförmig, am Grund seicht herzförmig oder gestutzt, ziemlich lang gestielt; übrige Blätter schmal-eiförmig, gestielt; Stiele ohne fiederartig lange Anhängsel, aber meist mit zahnartigen, kleinen Zipfeln, am Stengelgrund oft mit kleinen Öhrchen. Juli–September. 0,3–1,2 m.

Vorkommen: Braucht stickstoffsalzreichen, kalkhaltigen, tiefgründigen Lehmboden. Besiedelt Lägerfluren und reichlich beschickte Viehweiden; Nördliche Kalkalpen zerstreut; Südliche Kalkalpen und Alpenvorland selten, gebietsweise fehlend; bevorzugt in Höhen zwischen etwa 500–2000 m.

Wissenswertes: ♃; (☠). Ähnlich: *S. subalpinus* KOCH: Stiel der obersten Blätter mit fiederartigen, lanzettlichen Zipfeln; Blattspreiten der unteren Blätter fast ebenso breit wie lang; auf feuchten, stickstoffsalzreichen Böden; Ufer, Hochstaudenfluren, Waldlichtungen; Ostalpen sowie südlicher Bayerischer Wald; zwischen etwa 500–1500 m; zerstreut.

Alpen-Greiskraut
Senecio alpinus

Steppen-Greiskraut
Senecio integrifolius

Gemswurz-Greiskraut
Senecio doronicum

Sumpf-Greiskraut
Senecio paludosus

Gemswurz-Greiskraut

Senecio doronicum (L.) L.
Korbblütengewächse *Asteraceae* (*Compositae*)

Beschreibung: Blüten in Körbchen, die einzeln oder zu 2-5 (selten zu mehr) und dann traubig am Ende des Stengels stehen; Körbchenstiele 1-5 cm lang, unterste zuweilen auch länger. Hüllblätter in 2 Reihen, die der äußeren Reihe kürzer als die der inneren, oft nur halb so lang; innere Hüllblätter lückig filzig behaart, an der Spitze kurz weißbärtig. Körbchen (mit den ausgebreiteten Randblüten gemessen) 3,5-6 cm im Durchmesser; 12-20 zungenförmige Randblüten, weiblich; Zunge 1,5-2,5 cm lang, 3-5 mm breit, gelb; Scheibenblüten zwittrig, röhrenförmig, gelb; Achänen um 5 mm lang, gerippt (Lupe!), Haarkranz weiß, 0,8-1 cm lang. Stengel aufrecht, sehr locker beblättert, nur im Blütenstandsbereich verzweigt, sehr kurz graufilzig; Grundblätter meist zahlreich, kurz gestielt, eiförmig oder länglich-eiförmig, 10-20 cm lang, 2,5-6 cm breit; Stengelblätter meist lanzettlich, die obersten zuweilen sehr schmal bis lineal; alle Blätter derb und ledrig, am Rand sehr ungleich gezähnt, vor allem unterseits spinnwebig-graufilzig, oberseits stumpf dunkelgrün. Juli-August. 20-50 cm.

Vorkommen: Braucht kalkhaltigen, steinig-lockeren Lehm- oder Tonboden. Kalkalpen zerstreut und örtlich in lockeren, mäßig individuenreichen Beständen, doch auch hier gebietsweise fehlend; Zentralalpen selten und nur auf kalkhaltigem Gestein. Bevorzugt in Höhen zwischen etwa 1500-2500 m (selten tiefer oder - vor allem in den Südalpen - höher).

Wissenswertes: ♃; (☠). Die Art ist sehr vielgestaltig, scheint sich indessen einer innerartlichen Gliederung in eindeutig umgrenzbare Sippen zu entziehen.

Sumpf-Greiskraut

Senecio paludosus L.
Korbblütengewächse *Asteraceae* (*Compositae*)

Beschreibung: Blüten in Körbchen, die - meist zu 5-15 (vereinzelt bis über 30) - mäßig lang gestielt (3-10 cm) und locker doldig-straußig verebnet am Ende des Stengels stehen. Hüllblätter 2reihig, einige äußere, diese etwa halb so lang wie innere, etwa 20 innere, alle kahl (innere zuweilen an der Spitze undeutlich kurzbärtig). Körbchen (mit den ausgebreiteten Randblüten gemessen) 2-4 cm im Durchmesser; 12-15 zungenförmige Randblüten, weiblich; Zunge 1-1,7 cm lang, um 2 mm breit, gelb; Scheibenblüten zwittrig, röhrenförmig, gelb; Achänen knapp 4 mm lang; Haarkranz gelblich, um 7 mm lang. Stengel aufrecht, undeutlich gerieft, unten oft praktisch kahl, im oberen Drittel - oft nur überhaucht oder fleckig - spinnwebig. Stengelblätter wechselständig, die untersten zur Blütezeit abgestorben, die übrigen ziemlich gleichmäßig am Stengel verteilt; Blätter sehr schmal lanzettlich, oberste fast lineal, mittlere und obere kürzer als untere, diese 10-20 cm lang, 1-2,5 cm breit, alle mit verschmälertem Grund sitzend, unterseits graufilzig, oberseits kahl, einfach und spitz - fast borstig - gezähnt; Zähne nach vorne gerichtet. Juni-August. 0,5-2 m.

Vorkommen: Braucht nassen, humosen, stickstoffsalzreichen Tonboden; erträgt zeitweilige Überflutung. Besiedelt Röhricht stehender oder langsam fließender Gewässer, Gräben und Bruchwälder. Am Mittel- und Unterlauf der großen Ströme und im Alpenvorland, selten, aber oft in lockeren Beständen.

Wissenswertes: ♃; (☠). Die formenreiche Art wird von einigen Autoren in mehrere, allerdings schwer unterscheidbare Unterarten gegliedert.

Wasser-Greiskraut

Senecio aquaticus HILL
Korbblütengewächse *Asteraceae* (*Compositae*)

Beschreibung: Blüten in Körbchen, die zu 10–40 (selten zu mehr oder weniger) in einer lokkeren, jeweils armästigen und straußig verebneten, zusammengesetzten Rispe stehen. Hüllblätter 12–15, plötzlich zugespitzt. Körbchen (mit den ausgebreiteten Randblüten gemessen) 2–3 cm im Durchmesser; 12–15 zungenförmige Randblüten, weiblich; Zunge 0,7–1,2 cm lang, 1–2 mm breit, gelb; Scheibenblüten zwittrig, röhrenförmig, gelb; Achänen um 1,5 mm lang; Haarkranz weiß, leicht abfallend, um 3 mm lang. Stengel aufrecht, oft schon ab dem unteren Drittel verästelt, meist kahl oder nur schütter behaart oder fleckig spinnwebig. Stengelblätter wechselständig, wie der Stengel gelblich-grün, die unteren länglich-elliptisch, grob gezähnt oder leierförmig-fiederspaltig, mit länglichem, meist wiederum gelapptem oder buchtig gezähntem Endzipfel, die mittleren gleichartig geteilt, aber mit schmäleren, zum Blattende hin gekrümmten und oft verbogenen Zipfeln; oberste Blätter länglich-lineal, mit zahnartigen, oft verbogenen Zipfelchen. Juni–September. 20–60 cm.

Vorkommen: Braucht nassen, stickstoffsalzhaltigen, kalkarmen Boden. Besiedelt Gräben, gedüngte Sumpfwiesen und das Röhricht eutropher Gewässer. Im Tiefland, in den tieferen Lagen der Mittelgebirge mit kalkarmem Gestein und im Alpenvorland zerstreut, oft in lockeren, individuenreichen Beständen.

Wissenswertes: ♃; ☠. *S. aquaticus* HILL wird mit *S. erraticus* BERTOL. (sparrig verzweigt; Blätter dunkelgrün; Fiedern senkrecht abstehend; nordwestliches Tiefland; Alpensüdfuß, selten) zur Sammelart *S. aquaticus* agg. zusammengefaßt.

Bach-Greiskraut

Senecio rivularis (W. & K.) DC.
Korbblütengewächse *Asteraceae* (*Compositae*)

Beschreibung: Blüten in Körbchen, die – meist zu 5–15 – locker in einer straußig verebneten, seltener leicht halbkugelig gewölbten Traube oder armästigen Rispe am Ende des Stengels stehen. Hüllblätter um 20, lineal, zugespitzt, etwas spinnwebig-wollig und schütter fein drüsenhaarig (Lupe!), grün oder weinrot überlaufen. Körbchen (mit den ausgebreiteten Randblüten gemessen) 2,5–3,5 cm im Durchmesser; etwa 20 zungenförmige Randblüten, weiblich; Zunge 0,8–1,3 cm lang, um 1,5 mm breit, hellgelb, goldgelb oder orangerot; Scheibenblüten zwittrig, röhrenförmig, gleichfarben wie die Zungenblüten, Achänen knapp 4 mm lang; Haarkranz weiß, um 7 mm lang. Stengel aufrecht, nur im Blütenstandsbereich verzweigt, praktisch kahl oder flekkig spinnwebig. Grundständige Blätter lang gestielt, Spreite im Umriß 3eckig bis eiförmig, am Grund herzförmig oder abgestutzt, am Rand wellig-kraus bis grobzähnig; Stengelblätter wechselständig, untere wie die Grundblätter, oft kleiner und schmäler, ihr Stiel meist schmal geflügelt und gegen seine Basis leicht verbreitert, halb stengelumfassend; obere Stengelblätter lanzettlich bis lineal, am Grund abgerundet oder herzförmig, sitzend. Juni–August. 20–60 cm.

Vorkommen: Braucht stickstoffsalzreichen, humosen, nassen Lehm- oder Tonboden. Besiedelt Naßwiesen, Bruchwälder und Ufer. Thüringer Wald, Erzgebirge, Fichtelgebirge, Bayerischer Wald, Ostalpen; zerstreut, gebietsweise fehlend, aber an seinen Standorten meist in mäßig individuenreichen Beständen.

Wissenswertes: ♃; (☠). Formenreiche Art; Behaarung und Spreitengröße hängen von den Standortfaktoren ab.

Schmalblättriges Greiskraut

Senecio inaequidens DC.
Korbblütengewächse *Asteraceae* (*Compositae*)

Beschreibung: Blüten in Körbchen, die zahlreich und ziemlich kurzstielig in zusammengesetzten Trauben oder Rispen am Ende der Zweige stehen. Hüllblätter 2reihig; Außenhüllblätter 10–20, mit auffälligem, weißem, trockenhäutigem, bewimpertem Rand. Körbchen (mit den ausgebreiteten Randblüten gemessen) 1–1,5 cm im Durchmesser; 10–15 randständige Zungenblüten, weiblich; Zunge 5–8 mm lang, um 1 mm breit; Scheibenblüten zwittrig, röhrenförmig, gelb; Achänen um 3 mm lang; Haarkranz weiß, um 5 mm lang. Zwergstrauch; Zweige kahl oder sehr schütter und kurz behaart, mäßig dicht beblättert. Blätter an den Zweigen wechselständig, lineal, 2–7 cm lang, 1–5 mm breit, meist ganzrandig, am Grund mit fein gezähnten Öhrchen. August–Oktober. 20–120 cm.

Vorkommen: Braucht stickstoffsalzreichen, steinig-lockeren, humusarmen Untergrund. Heimat: Südafrika. Von dort vor allem mit Wolle bei uns eingeschleppt und örtlich an Verladeplätzen, vor allem am Rand von Rampen und mit Steingrus befestigten Wegen, seltener auf Bahngelände verwildert und örtlich beständig eingebürgert, so. z. B. verschiedentlich am Niederrhein, an Unter- und Mittelweser, im Neckargebiet und am Südalpenfuß im Etschtal bei Bozen.

Wissenswertes: ♃–♄; (☠). Die vermutlich schon vereinzelt im letzten Jahrhundert eingeschleppte Art scheint sich neuerdings von 3 Zentren aus bei uns zu verbreiten, und zwar ausgehend vom Aachen-Lütticher Industriegebiet, vom Seegut-Umschlagplatz Bremen-Bremerhaven und von Südtirol, Pforte des transalpinen Verkehrs. Ursachen hierfür sind unbekannt.

Fluß-Greiskraut

Senecio fluviatilis WALLR.
Korbblütengewächse *Asteraceae* (*Compositae*)

Beschreibung: Blüten in Körbchen, die zahlreich in einer zusammengesetzten Traube oder in einer armästigen, zusammengesetzten Rispe ziemlich dicht und straußig verebnet am Ende des Stengels stehen. Hüllblätter 2reihig; oft 5 äußere, lineal-lanzettliche Hüllblätter, die 3–4 mm lang werden; innere Hüllblätter 6–8 mm lang, lineal, schütter dünnhaarig. Körbchen (mit den ausgebreiteten Randblüten gemessen) 1,5–3 cm im Durchmesser; 6–9 zungenförmige Randblüten, weiblich; Zunge 0,6–1,2 cm lang, um 1,5 mm breit, hellgelb; Scheibenblüten zwittrig, röhrenförmig, hellgelb; Achänen um 4 mm lang, gerieft; Haarkranz weiß, um 1 cm lang. Stengel aufrecht, meist nur im Blütenstandsbereich verzweigt, im oberen Drittel flaumig oder drüsig behaart, im unteren Drittel kahl. Stengelblätter wechselständig, untere 10–20 cm lang, 2–4 cm breit, schmal-eiförmig bis lanzettlich, kahl, mit verschmälertem, aber nie stielartigem Grund sitzend, am Rand scharf und zuweilen doppelt gesägt; Zähne knorpelig, gegen die Blattspreite eingekrümmt. Besitzt ein kriechendes, stellenweise knotig verdicktes, Ausläufer treibendes Rhizom. August–Oktober. 0,6–2 m.

Vorkommen: Braucht nassen, stickstoffsalzreichen, humosen Sand-, Kies- oder Lehmboden. Besiedelt Ufer von Bächen und Flüssen, vor allem an langsam fließenden Abschnitten, erträgt zeitweilige Überflutung. Rhein, Main, Weser, Elbe, Oder, Donau; selten; meist in mäßig individuenreichen Beständen.

Wissenswertes: ♃; (☠). Obschon das Fluß-Greiskraut Ausläufer bildet, trägt es kaum zur Festigung von Schwemmland und von Sandbänken bei.

Schmalblättriges Greiskraut
Senecio inaequidens
Bach-Greiskraut
Senecio rivularis
Wasser-Greiskraut
Senecio aquaticus
Fluß-Greiskraut
Senecio fluviatilis

Hain-Greiskraut

Senecio nemorensis L.
Korbblütengewächse *Asteraceae* (*Compositae*)

Beschreibung: Blüten in Körbchen, die zahlreich in einer zusammengesetzten, doldig-straußig verebneten Rispe am Ende des Stengels stehen. Hüllblätter 2reihig; nur wenige äußere Hüllblätter; innere Hüllblätter 8-12. Körbchen (mit den ausgebreiteten Randblüten gemessen) 2,5-3,5 cm im Durchmesser; meist 5, zuweilen bis 8 (vereinzelt weniger oder keine) zungenförmige Randblüten, weiblich; Zunge 0,8-1,3 cm lang, 1-2 mm breit, gelb; Scheibenblüten zwittrig, röhrenförmig, gelb, beim Altern verbraunend; Achänen um 4 mm lang; Haarkranz weißlich, um 1 cm lang. Stengel aufrecht, kantig, reich, doch locker beblättert, kahl oder etwas behaart, oft rot überlaufen. Stengelblätter wechselständig, untere 5-20 cm lang, 1-7 cm breit, mittlere und obere nicht viel kürzer und schmäler, oberseits kahl, unterseits oft behaart, spitz, am Rand - zuweilen doppelt - gezähnt; Blätter im obersten Stengeldrittel 3-5mal so lang wie breit, meist mit verschmälertem Grund sitzend und den Stengel teilweise umfassend, nur vereinzelt undeutlich gestielt. Juli-September. 0,5-2 m.

Vorkommen: Braucht sickerfeuchten, stickstoffsalzhaltigen, humosen Lehmboden. Besiedelt Berg- und Schluchtwälder, Läger- und Hochstaudenfluren. Mittelgebirge mit kalkarmen Gesteinen, Zentralalpen, zerstreut, oft in lockeren Beständen.

Wissenswertes: ♃; (☠). *S. nemorensis* L. wird mit *S. fuchsii* C. C. GMEL. (obere Blätter 5-10mal so lang wie breit; auch auf Kalk; Mittelgebirge, Alpen, häufig) und *S. cacaliaster* LAM. (keine Blätter stengelumfassend, mittlere gestielt; Südostalpen, selten) zur Sammelart *S. nemorensis* agg. vereint.

Graues Greiskraut

Senecio incanus L.
Korbblütengewächse *Asteraceae* (*Compositae*)

Beschreibung: Blüten in Körbchen, die zu 2-15 - kopfig dicht gedrängt und meist doldig-straußig verebnet - in einer wenigästigen Rispe am Ende des Stengels stehen. Hülle praktisch 1reihig (zuweilen vereinzelte Außenhüllblätter vorhanden), Hüllblätter 6-10, lineal, an der Spitze schwarzpurpurn, außen filzig behaart. Körbchen (mit den ausgebreiteten Randblüten gemessen) 1-2,5 cm im Durchmesser; 3-6 zungenförmige Randblüten, weiblich; Zunge 4-9 mm lang, um 1 mm breit, dunkel- bis orangegelb; Scheibenblüten zwittrig, röhrenförmig, in der Farbe wie die Zungenblüten; Achänen um 2 mm lang; Haarkranz gelblich, um 4 mm lang. Stengel aufsteigend oder aufrecht, nur im Blütenstandsbereich verzweigt, wenig und locker beblättert, grauweiß-filzig behaart. Grundblätter rosettig, dem Boden nicht anliegend, meist schräg aufrecht; Stengelblätter wechselständig. Blätter grauweiß-filzig, oft verkahlend, fast ganzrandig oder tief fiederteilig, in den Stiel verschmälert, bis 6 cm lang. Juli-September. 5-15 cm.

Vorkommen: Braucht steinig-lockeren, kalkarmen Lehmboden. Besiedelt lückige Rasen und ruhenden Felsschutt. Bevorzugt in Höhen zwischen etwa 1800-3000 m.

Wissenswertes: ♃; (☠). Ssp. *incanus*: Grundblätter bis über die halbe Spreitenbreite fiederteilig, dicht weißfilzig; Zentral- und Südalpen, westlich des St. Gotthard; zerstreut. - Ssp. *carniolicus* (WILLD.) BR.-BL.: Grundblätter fast ganzrandig, tief gezähnt oder seicht fiederteilig, graufilzig, verkahlend; östlich ab etwa 10 ° ö. L.; zerstreut. Übergangsformen zwischen beiden werden oft als ssp. *insubricus* (CHENEV.) BR.-BL. bezeichnet.

Hain-Greiskraut
Senecio nemorensis
Raukenblättriges Greiskraut
Senecio erucifolius
Graues Greiskraut
Senecio incanus
Eberrauten-Greiskraut
Senecio abrotanifolius

Eberrauten-Greiskraut

Senecio abrotanifolius L.
Korbblütengewächse *Asteraceae* (*Compositae*)

Beschreibung: Blüten in Körbchen, die einzeln oder zu 2–5 in einer gedrungenen Traube straußig-doldig verebnet am Ende des Stengels stehen. Hüllblätter um 20, lanzettlich, oft bräunlich überlaufen. Körbchen (mit den ausgebreiteten Randblüten gemessen) 2,5–4 cm im Durchmesser; 12–15 (oft 13) zungenförmige Randblüten, weiblich; Zunge 1–1,7 cm lang, 1,5–2,5 mm breit, orangegelb; Scheibenblüten zwittrig, röhrenförmig, orangegelb; Achänen knapp 4 mm lang; Haarkranz schmutzigweiß, um 8 mm lang. Stengel am Grund verholzt und hier oft niederliegend, dann aufgebogen aufsteigend, undeutlich kantig bis schwach gerieft, kahl oder schütter behaart bis leicht flaumig. Grundblätter zahlreich, meist etwas abstehend; Stengelblätter wechselständig; Grundblätter und untere Stengelblätter 2fach, obere 1fach fiederteilig; Fiederchen lineal, 1–2 mm breit, die untersten meist etwas kürzer als die mittleren; unterste Stengelblätter gestielt, obere sitzend; alle Blätter etwas starr und steif, leicht glänzend, kahl oder nur sehr schütter behaart. Juli–September. 15–40 cm.

Vorkommen: Braucht schwach basisch bis schwach sauer reagierenden, steinig-humosen Boden in sommerwarmen Lagen. Besiedelt Kiefern- und Wacholderbestände und extensiv genutzte Weiden und Matten, geht auch auf ruhenden Felsschutt. Etwa vom mittleren Wallis an ostwärts, selten; gebietsweise fehlend. Bevorzugt in Höhen zwischen etwa 1500–2700 m.

Wissenswertes: ♃; (☠). Innerhalb der Art werden 2 Unterarten unterschieden: Ssp. *abrotanifolius*: Blüten gelb, auf Kalk; sehr selten. – Ssp. *tiroliensis* KERNER: Blüten orangegelb; kalkarme Böden; selten.

Raukenblättriges Greiskraut

Senecio erucifolius L.
Korbblütengewächse *Asteraceae* (*Compositae*)

Beschreibung: Blüten in Körbchen, die zahlreich in einer doldig-straußig verebneten Rispe am Ende des Stengels stehen. 4–6 deutlich abstehende, lineale Außenhüllblätter, die etwa halb so lang wie die inneren Hüllblätter sind; 11–15 innere Hüllblätter. Körbchen (mit den ausgebreiteten Randblüten gemessen) 1,5–2,3 cm im Durchmesser; 11–15 (oft 13) zungenförmige Randblüten, weiblich; Zungen 6–8 mm lang, um 1 mm breit, hell goldgelb; Scheibenblüten zwittrig, röhrenförmig, hell goldgelb; beim Altern verbraunend; Achänen um 2 mm lang, alle behaart; Haarkranz weiß, um 6 mm lang. Wurzelstock kriechend. Stengel aufrecht, oft rötlich-braun oder oliv überlaufen, flockig wollig, schütter behaart oder fast kahl. Stengelblätter wechselständig, bis nahe an den Mittelnerv fiederteilig, mit nach vorn gerichteten, schmal-linealen, gezähnten Fiederchen, Zähnchen spitz; am Blattgrund keine Anhäufung schmaler, öhrchenartiger Blattzipfel. Juli–Oktober. 0,3–1,2 m.

Vorkommen: Braucht tiefgründigen, meist kalkhaltigen Lehm- oder Lößboden, der humus- und stickstoffsalzarm sein kann. Besiedelt Halbtrockenrasen, Wege, Raine und Flachmoore. Auf Sandböden zerstreut, kleinen Gebieten auch fehlend, sonst bis in mittlere Gebirgslagen häufig; geht kaum über 1000 m.

Wissenswertes: ♃; ☠. Viele Exemplare können nicht eindeutig vom Jakobs-Greiskraut unterschieden werden. Die als „trennend" geltenden Merkmale der abstehenden Außenhüllblätter und des kriechenden Rhizoms sind häufig nicht miteinander korreliert; die charakteristischen Öhrchen und die Behaarung der Achänen sind nicht immer zweifelsfrei zu erkennen.

Jakobs-Greiskraut

Senecio jacobaea L.
Korbblütengewächse *Asteraceae* (*Compositae*)

Beschreibung: Blüten in Körbchen, die zahlreich in einer doldig-straußig verebneten Rispe am Ende des Stengels stehen. 2–5 lineale Außenhüllblätter, von denen nur 1–2 deutlich abstehen, alle etwa halb so lang wie die 11–15 inneren Hüllblätter. Körbchen (mit den ausgebreiteten Randblüten gemessen) 1,5–2,3 cm im Durchmesser; 11–15 (oft 13) zungenförmige Randblüten, weiblich (sehr selten können diese fehlen); Zungen 6–8 mm lang, um 1,5 mm breit, goldgelb; Scheibenblüten zwittrig, röhrenförmig, goldgelb, beim Altern verbraunend; Achänen um 2 mm lang, äußere kahl, innere behaart; Haarkranz weiß, um 5 mm lang. Wurzelstock ziemlich steil in den Boden eindringend. Stengel aufrecht, oft rötlich- oder olivbraun überlaufen, zerstreut spinnwebig, schütter behaart oder fast kahl. Stengelblätter wechselständig, bis nahe an den Mittelnerv fiederteilig, mit rechtwinklig abstehenden, schmal-lanzettlichen, gezähnten Fiederchen; Zähnchen spitz; Endfieder größer als Seitenfiedern, unregelmäßig buchtig gezähnt; am Blattgrund der mittleren Blätter vielzipflige Öhrchen. Juli–September. 0,3–1,2 m.

Vorkommen: Braucht tiefgründigen, nicht unbedingt kalkhaltigen, mäßig stickstoffsalzreichen Lehm- oder Tonboden. Besiedelt Raine, Wege, Waldränder, einschürige Wiesen. Fehlt im Tiefland, in den Mittelgebirgen und im Alpenvorland auf Sandböden; sonst zerstreut; geht nur vereinzelt über etwa 1000 m.

Wissenswertes: ⊙–♃; ☠. Enthält Pyrrolizidin-Alkaloide, die Leberschäden hervorrufen und Krebs auslösen können. Nicht alle Exemplare lassen sich eindeutig von *S. erucifolius* unterscheiden (s. dieses – S. 408).

Felsen-Greiskraut

Senecio rupestris W. & K.
Korbblütengewächse *Asteraceae* (*Compositae*)

Beschreibung: Blüten in Körbchen, die zu 5–25 (gelegentlich auch zu mehr) in einer unregelmäßigen, oft nur wenig verebneten Traube oder armästigen Rispe stehen. Hülle 2reihig; Außenhüllblätter wenige, viel kürzer als die rund 20 inneren Hüllblätter; diese grün, schwarz bespitzt, kahl, nach dem Ausfallen der Achänen zurückgeschlagen. Körbchen (mit den ausgebreiteten Randblüten gemessen) 1,5–2,5 cm im Durchmesser; 11–15 (oft 13) zungenförmige Randblüten, weiblich; Zungen 6–9 mm lang, um 1,5 mm breit, leuchtend gelb; Scheibenblüten zwittrig, röhrenförmig, leuchtend gelb; Achänen um 2,5 mm lang; Haarkranz weiß, um 5 mm lang. Stengel aufrecht, spinnwebig-wollig, früh verkahlend, gelbgrün. Stengelblätter wechselständig, bis über die halbe Spreitenbreite fiederteilig; Fiedern nach vorn gerichtet, gezähnt; Blätter lückig spinnwebig. Pflanze riecht zerrieben zumindest leicht unangenehm. Mai–August. 20–60 cm.

Vorkommen: Braucht stickstoffsalzreichen, etwas kalkhaltigen, humusarmen, steinigen Lehm- oder Tonboden. Besiedelt Viehläger, Ödland in Ortsnähe oder lichte Waldstellen, Wegränder und Ruheschutthalden. In den Nördlichen Kalkalpen von den Berchtesgadener Alpen ostwärts; in den Südlichen Kalkalpen westwärts bis ins Tessin, desgleichen in den östlichen Zentralalpen, hier zuweilen auch auf kalkarmem, aber nicht ausgesprochen saurem Boden. Bevorzugt in Höhen zwischen etwa 1000–1500 m, im Bernina-Gebiet bis um 2300 m; selten, aber örtlich in mäßig individuenreichen Beständen.

Wissenswertes: ⊙; (☠). Das Felsen-Greiskraut hat sich in den letzten Jahrzehnten weiter ausgebreitet.

Frühlings-Greiskraut

Senecio vernalis W. & K.
Korbblütengewächse *Asteraceae* (*Compositae*)

Beschreibung: Blüten in Körbchen, die zu 10–35 (selten zu weniger oder mehr) in einer unregelmäßigen, ziemlich kurzästigen, oft nur wenig straußig-doldig verebneten Traube oder armästigen Rispe am Ende des Stengels stehen. Hüllblätter 2reihig, etwa 20 breit-lineale innere, grün, mit schwärzlicher Spitze; 6–12 anliegende Außenhüllblätter, die kaum 1/4 der Länge der inneren Hüllblätter erreichen. Körbchen (mit den ausgebreiteten Randblüten gemessen) 2–2,5 cm im Durchmesser; 11–15 (oft 13) zungenförmige Randblüten, weiblich; Zungen 6–9 mm lang, 2–3 mm breit, hell goldgelb; Scheibenblüten zwittrig, röhrenförmig, hell goldgelb; Achänen um 2,5 mm lang; Haarkranz weiß, um 5 mm lang. Stengel aufrecht, spinnwebig-wollig, früh lückig verkahlend, oft bräunlich überlaufen. Grundblätter zur Blütezeit meist noch vorhanden, gestielt, ungeteilt oder gelappt; Stengelblätter wechselständig, mit schwach geöhrtem Grund leicht stengelumfassend sitzend, buchtig fiederlappig bis fiederteilig, mit breiten, grob kraus gezähnten, oft gegeneinander versetzten Fiedern, ziemlich dicht spinnwebig-wollig bis praktisch kahl. April–September. 10–40 cm.

Vorkommen: Braucht stickstoffsalzreichen, sandig-lockeren Lehmboden. Besiedelt Wegränder, geht aber auch in Hackfruchtkulturen und Kleeäcker. Heimat: Gemäßigtes Asien und östliches Mittelmeergebiet, von dort neuerdings vordringend, im Tiefland bis etwa zur Ems, in den Mittelgebirgen bis nach Ost- und Südfrankreich. Im Osten zerstreut und beständig, sonst selten und meist nur vorübergehend.

Wissenswertes: ☉; ☠. Enthält Pyrrolizidin-Alkaloide.

Gewöhnliches Greiskraut

Senecio vulgaris L.
Korbblütengewächse *Asteraceae* (*Compositae*)

Beschreibung: Blüten in Körbchen, die zahlreich, mäßig kurz gestielt und oft nickend in einer unregelmäßigen, nur selten angedeutet straußig-doldig verebneten Rispe am Ende des Stengels stehen. Hüllblätter 2reihig; äußere zahlreich, nur 1–2 mm lang, anliegend, lang schwarzspitzig; rund 20 innere Hüllblätter, gelblich-grün, mit kurzer, schwarzvioletter Spitze. Körbchen um 5 mm im Durchmesser, etwa doppelt so lang; zungenförmige Randblüten fehlen in der Regel; Röhrenblüten zwittrig, hellgelb; Achänen um 2,5 mm lang; Haarkranz weiß, um 5 mm lang. Stengel aufsteigend oder aufrecht, verästelt, fast kahl oder lückig-flockig weißwollig bis spinnwebig behaart, oft rot-bräunlich überlaufen. Stengelblätter wechselständig, grobzähnig oder bis über die halbe Spreitenbreite fiederteilig mit rechtwinklig abstehenden, zahnartigen Fiedern, sitzend, oberseits auf den Nerven, unterseits – oft lückig – weißwollig bis spinnwebig behaart. Februar–Dezember. 10–40 cm.

Vorkommen: Braucht stickstoffsalzreichen, humosen, lockeren Boden. Besiedelt Hackfruchtkulturen, vor allem in Gärten, Weinbergen, seltener auf Äckern. Sehr häufig; geht etwa bis zur Laubwaldgrenze.

Wissenswertes: ☉; ☠. Enthält Pyrrolizidin-Alkaloide, die zu Leberschädigungen führen und Krebs auslösen können. – Bei diesem häufigen, praktisch das ganze Jahr über blühenden Gartenunkraut sieht man zur Fruchtreife besonders schön die weißseidigen Flughaare der Achänen. Sie erinnern an das Haupthaar von Greisen und waren namengebend für die Gattung. Die Bezeichnung „Kreuzkraut“ ist irreführend und beruht auf einer Verballhornung.

Jakobs-Greiskraut
Senecio jacobaea
Frühlings-Greiskraut
Senecio vernalis
Felsen-Greiskraut
Senecio rupestris
Gewöhnliches Greiskraut
Senecio vulgaris

Klebriges Greiskraut

Senecio viscosus L.
Korbblütengewächse *Asteraceae* (*Compositae*)

Beschreibung: Blüten in Körbchen, die zu wenigen oder vielen - mäßig kurz gestielt - schräg aufrecht oder aufrecht in einer unregelmäßigen, nur selten angedeutet straußig-doldig verebneten Traube oder armästigen Rispe stehen. Körbchenstiele mit schmal-linealen Hochblättern. Hüllblätter 2reihig; äußere zu 3–8, kaum halb so lang wie die inneren, locker anliegend oder abstehend, kurz schwarz bespitzt; rund 20 innere, lineale Hüllblätter, an der Spitze oft rötlich, drüsig behaart. Körbchen (mit den ausgebreiteten Randblüten gemessen) 1–1,3 cm im Durchmesser; 11–15 (oft 13) zungenförmige Randblüten, weiblich, oft nach unten eingerollt; Zunge um 4,5 mm lang, hell goldgelb; Scheibenblüten zwittrig, röhrenförmig, hell goldgelb; Achänen um 3,5 mm lang; Haarkranz weiß, um 7 mm lang. Stengel aufrecht, hin- und hergebogen, ästig, drüsig-klebrig behaart, jung leicht spinnwebig. Stengelblätter wechselständig, bis über 1/4 der Spreitenbreite fiederteilig, dicht drüsig behaart, klebrig, jung lückig spinnwebig. Pflanze riecht unangenehm. Juni–September. 15–60 cm.

Vorkommen: Braucht steinigen oder sandig-grusigen Untergrund, der oft kalkarm ist, dies aber nicht sein muß. Besiedelt Bahngeleise, Wegränder, Fels- oder Bauschutt, geht auch auf Waldschläge. Häufig, fehlt aber im westlichen Tiefland, im Alpenvorland und in den Südostalpen kleineren Gebieten; geht nur selten über etwa 1500 m; kommt an seinen Standorten oft in kleineren, individuenreichen Beständen vor.

Wissenswertes: ⊙; ☠. Die Ausbreitung der Art entlang von Bahnlinien und Straßen ist derzeit wenig augenfällig.

Wald-Greiskraut

Senecio sylvaticus L.
Korbblütengewächse *Asteraceae* (*Compositae*)

Beschreibung: Blüten in Körbchen, die meist zahlreich - mäßig lang gestielt - schräg aufrecht oder aufrecht in einer unregelmäßigen, aber beim Aufblühen oft dichten, später aufgelockerten, straußig-doldig verebneten Rispe am Ende des Stengels stehen. Körbchenstiele ohne Hochblätter, schwach drüsig behaart. Hüllblätter 1- oder 2reihig; äußere Hüllblätter können fehlen oder es sind nur wenige, leicht abstehende, kurze vorhanden; 11–15 innere Hüllblätter, schwach drüsig behaart. Körbchen (mit den ausgebreiteten Randblüten gemessen) 0,6–1 cm im Durchmesser; 11–15 (oft 13) zungenförmige Randblüten, weiblich, eingerollt; Zunge um 1,5 mm lang, hellgelb; Scheibenblüten zwittrig, röhrenförmig, hellgelb; Achänen um 2,5 mm lang; Haarkranz trübweiß, um 5 mm lang. Stengel aufrecht, in der oberen Hälfte verzweigt, jung spinnwebig-flokkig, später verkahlend, nicht drüsig behaart. Stengelblätter wechselständig, bis fast auf den Mittelnerv fiederteilig, die oberen Blätter am Grunde mit spitzen, schmalen Zipfeln, alle jung flockig-spinnwebig behaart, im Alter verkahlend, schütter mit drüsenlosen Haaren bestanden (Lupe!), oberseits trübgrün, unterseits etwas heller. Juli–September. 20–80 cm.

Vorkommen: Braucht etwas stickstoffsalzhaltigen, kalkarmen, feuchten, locker-humosen Lehm- oder Sandboden. Besiedelt lichte Stellen in Wäldern, vor allem Schläge und Windwurfflächen. Fehlt kleineren Gebieten, sonst zerstreut, oft unbeständig, aber auch in individuenreichen, ausgedehnten Beständen. Geht bis etwa zur Laubwaldgrenze.

Wissenswertes: ⊙; ☠. Die Art ist wenig formenreich.

Acker-Ringelblume
Calendula arvensis
Wald-Greiskraut
Senecio sylvaticus
Klebriges Greiskraut
Senecio viscosus
Bienen-Kugeldistel
Echinops sphaerocephalus

Acker-Ringelblume

Calendula arvensis L.
Korbblütengewächse *Asteraceae* (*Compositae*)

Beschreibung: Blüten in Körbchen, die sehr locker in einem - oft vom Grund der Pflanze an - mäßig verästelten, traubigen Gesamtblütenstand jeweils einzeln auf ziemlich langen Stielen sitzen; blühende Körbchen aufrecht, fruchtende leicht nickend. Hüllblätter undeutlich 1reihig, lineal, grün, an der Spitze oft rötlich. Körbchen (mit den Randblüten gemessen) 1,5-2,5 cm im Durchmesser; Randblüten zungenförmig, weiblich, Zunge 6–9 mm lang, gelb, selten orangegelb; Scheibenblüten scheinbar zwittrig, aber nur Pollen funktionsfähig, also funktionell männlich, röhrenförmig, Farbe wie die der Zungenblüten; Achänen verschiedengestaltig; äußere länger als übrige, auf dem Rücken hakig und mit flügelartigen Kanten; innere eingerollt (Ringelfrüchte; Name!), höckerig, hakenlos; kein Haarkranz. Stengel niederliegend bis aufsteigend, vom Grund an verzweigt, lückig spinnwebig, ganz oben etwas drüsig behaart. Stengelblätter wechselständig, lanzettlich, gezähnt, mit verschmälertem Grund sitzend, randlich oft fetzig-spinnwebig und schütter drüsenhaarig. Juni–September. 10–40 cm.

Vorkommen: Braucht lockeren, steinig-sandigen Lehmboden in klimabegünstigten Gegenden. Besiedelt Weinberge, seltener Äcker; sehr selten am Mittel- und Oberrhein, am Main, am unteren Neckar, in Thüringen und Sachsen-Anhalt; selten in der Pfalz, am Genfer See und im Wallis.

Wissenswertes: ☉. Ähnlich: *Calendula officinalis* L: Körbchen 2,5–5 cm im Durchmesser, dunkel orangegelb; Zierpflanze aus dem Mittelmeergebiet, selten ortsnah auf stickstoffsalzreichem Ödland verwildert.

Bienen-Kugeldistel

Echinops sphaerocephalus L.
Korbblütengewächse *Asteraceae* (*Compositae*)

Beschreibung: Pflanze distelartig; Körbchen 1blütig; zahlreiche Körbchen zu einem kugeligen Blütenstand vereint, der 3–6 cm im Durchmesser erreichen kann; mehrere derartige Blütenstände stehen auf ziemlich langen Stielen locker-traubig am Ende des Stengels. Blüten röhrenförmig, zwittrig, etwa 1 cm lang, weißlichblau, bis fast zum Grund 5teilig, Staubbeutel blaugrau; Achänen um 7 mm lang, grau; Haarkranz krönchenartig-schuppig, kaum 1 mm lang. Stengel aufrecht, dicht filzig behaart. Stengelblätter wechselständig, bis über die halbe Spreitenbreite fiederteilig, mit 3eckigen, locker gezähnten, in eine Spitze auslaufenden, stachelig bewimperten Fiedern; untere Blätter gestielt, obere mit herzförmigem Grund sitzend, oberseits grün, aber schütter drüsig behaart, unterseits dicht weißfilzig. Juli-August. 0,5–1,5 m.

Vorkommen: Braucht stickstoffsalzreichen, neutral reagierenden, oft kalkhaltigen, lockeren Lehmboden in sommerwarmen Lagen. Zierpflanze aus dem Mittelmeergebiet, die auf ortsnahem Ödland, an Dämmen und Wegen örtlich beständig verwildert ist, vor allem in den tieferen Lagen der Mittelgebirge; hier selten, aber zuweilen in mäßig individuenreichen, kleineren Beständen; sonst nur vereinzelt, gelegentlich als Bienenweide ausgesät.

Wissenswertes: ♃. Ähnlich: *Echinops ritro* L.: Blüten blaßlila; Hüllblätter im kugeligen Blütenstand violett; Blätter 2fach fiederteilig, unterseits schneeweiß-filzig; Niederösterreich, Burgenland; selten; gelegentlich als Zierpflanze kultiviert. - *E. exaltatus* SCHRAD.: Blüten weißlich, Blätter tief fiederspaltig, unterseits graufilzig; Steiermark.

Golddistel, Silberdistel *Carlina*
Klette *Arctium*

Golddistel

Carlina vulgaris L.
Korbblütengewächse *Asteraceae* (*Compositae*)

Beschreibung: Pflanze distelartig. Blüten in Körbchen, die einzeln am Ende des Stengels und seiner wenigen Äste stehen. Äußere Hüllblätter den Stengelbättern gleichend, dornig gezähnt, mittlere kammförmig dornig, innerste ganzrandig, länger als die übrigen, schmal-lineal, trübweiß bis hell bräunlich-strohgelb, zur Blütezeit ausgebreitet. Körbchen (mit den ausgebreiteten Hüllblättern gemessen) 2,5–4 cm breit; alle Blüten röhrenförmig, zwittrig, gelblich, an der Spitze weinrot; Spreublätter im Körbchen borstlich zerschlitzt, gelblich; Achänen um 3 mm lang; Haarkranz in fedrig behaarte Borsten zerschlitzt, um 8 mm lang, gelblich, hinfällig. Stengel aufrecht, filzig behaart bis fast kahl. Stengelblätter wechselständig, lanzettlich, ungeteilt oder wenig tief fiederteilig, der Rand sparrig-kraus, stachelig gezähnt und stachelborstig bewimpert, die unteren mit verschmälertem, die oberen mit herzförmigem Grund sitzend, unterseits spinnwebig grauflaumig, oberseits verkahlend. Juli–September. 10–50 cm.

Vorkommen: Braucht kalkhaltigen Lehm- oder Tonboden. Besiedelt Magerrasen, Trockengebüsche und -wälder. Im Tiefland östlich der Weser selten, sonst vereinzelt, ebenso in den Mittelgebirgen mit Lehm- oder Tonböden; oft bestandsbildend; geht etwa bis 1700 m.

Wissenswertes: ⊙; ▽. *C. vulgaris* L. wird mit *C. intermedia* SCHUR (Blattrand seichtwellig, unterseits weißfilzig, Alpenvorland, Alpen, selten) und *C. stricta* (ROUY) FRITSCH (Stengel unverzweigt, Körbchen 3–4 cm breit, obere Blätter ziemlich flach, Nerven fast randparallel, weichdornig; Voralpen, Alpen, Mecklenburg; selten) zur Sammelart *C. vulgaris* agg. zusammengefaßt.

Silberdistel

Carlina acaulis L.
Korbblütengewächse *Asteraceae* (*Compositae*)

Beschreibung: Pflanze distelartig. Blüten in Körbchen, die einzeln am Ende des sehr kurzen Stengels stehen. Äußere Hüllblätter den Stengelblättern gleichend, mittlere schwärzlich-violett, beide dornig, innerste 3,5–4 cm lang, am Grunde um 2 mm, im oberen Drittel 3–4 mm breit, auf der Innenseite silbrigweiß, seltener rosa, zur Blütezeit bei trockener Luft ausgebreitet. Körbchen (mit den ausgebreiteten Hüllblättern gemessen) 6–12 cm im Durchmesser; alle Blüten röhrenförmig, zwittrig, weißlich bis rötlichbraun; Spreublätter weißlich, mit keulig verdickten Spitzen; Achänen knapp 5 mm lang; Haarkranz aus fedrig behaarten Borsten, 1–1,5 cm lang, weißlich. Stengel sehr kurz, filzig behaart bis fast kahl, stachellos. Blätter am Grund rosettig gehäuft, am Stengel wechselständig, kahl oder dünnflockig filzig, fast bis zum Mittelnerv fiederteilig, mit jederseits 8–12 buchtig gezähnten, in einen Stachel auslaufenden, tief gezähnt-stacheligen Fiedern. Juli–Oktober. 5–40 cm.

Vorkommen: Braucht trockenen, lehmigen Boden. Besiedelt Halbtrockenrasen, magere Raine und lichte Trockengebüsche und -wälder, geht auch auf extensiv genutzte und daher magere Viehweiden. Fehlt im Tiefland und in den Mittelgebirgen mit Sandböden; sonst zerstreut, örtlich in lockeren, oft individuenreichen Beständen; geht etwa bis 2700 m.

Wissenswertes: ♃; ▽. Enthält Bitterstoffe; alte Heilpflanze. – *C. acaulis* wird in 2 Unterarten unterteilt; ssp. *acaulis* (Stengel kürzer als 5 cm; Blätter wenig tief fiederteilig; im Osten des Gebiets) und ssp. *simplex* NYMAN (Stengel länger als 5 cm, Blätter tief fiederteilig; im Westen des Gebiets).

Filzige Klette

Arctium tomentosum MILL.
Korbblütengewächse *Asteraceae* (*Compositae*)

Beschreibung: Blüten in Körbchen; Körbchen klettenartig, mehrfach zu 2–8 in einem zusammengesetzten, doldig-straußig verebneten, traubigen oder wenigästig-rispigen Gesamtblütenstand am Ende des Stengels angeordnet. Hüllblätter in mehreren Reihen, lanzettlich, in einen Stachel auslaufend, der höchstens bei den inneren gerade, bei den übrigen hakig gekrümmt ist; Hüllblätter mit dicht spinnwebigen Haaren durchzogen und regelrecht verwoben. Körbchen 2–3 cm im Durchmesser; alle Blüten röhrenförmig, zwittrig, weinrot bis tief purpurrot; Achänen um 5 mm lang; Haarkranz aus 1–3 mm langen, brüchigen, gelblichen Börstchen. Stengel aufrecht, flach gefurcht, verzweigt, kurz abstehend behaart bis wollig-flaumig. Blätter grundständig und am Stengel wechselständig, alle gestielt; Blattstiel nicht hohl; Spreite breit-herzförmig bis rundlich, ganzrandig oder undeutlich gezähnelt, an der Spitze abgestumpft, oberseits fast kahl, unterseits graufilzig. Juli–September. 0,5–1,2 m.

Vorkommen: Braucht zumindest mäßig stickstoffsalzreichen, kalkhaltigen, locker-steinigen oder sandigen Lehmboden, geht auch auf wenig verfestigten Tonboden. Besiedelt Ödland, Wegränder, seltener Ufer. Im Tiefland in den Sandgebieten – vor allem westlich der Weser – weitgehend fehlend; in den Mittelgebirgen mit Kalkgestein bzw. Lehmböden und in entsprechenden Bereichen des Alpenvorlandes zerstreut, örtlich in meist individuenarmen Beständen. Geht bis etwa zur Ackerbaugrenze.

Wissenswertes: ⨀. Die Wurzel enthält Bitterstoffe und ätherisches Öl. Sie wurde früher – wie die der anderen Arten der Gattung – zu Heilzwecken gebraucht.

Große Klette

Arctium lappa L.
Korbblütengewächse *Asteraceae* (*Compositae*)

Beschreibung: Blüten in Körbchen; Körbchen klettenartig, zu 5–25 (selten zu mehr) in einem zusammengesetzten doldig-straußig verebneten, wenigästig-rispigen Gesamtblütenstand. Hüllblätter mehrreihig, lanzettlich, in einen Stachel auslaufend, der höchstens bei den innersten gerade, bei den übrigen hakig gekrümmt ist; Hüllblätter grün, an der Spitze hell rötlich, weißlich oder grün, höchstens sehr spärlich spinnwebig, meist kahl. Körbchen 3–4,5 cm im Durchmesser; alle Blüten röhrenförmig, zwittrig, weinrot bis rotviolett; Achänen um 7 mm lang; Haarkranz aus 1–3 mm langen, brüchig-hinfälligen, gelblichen Börstchen. Stengel aufrecht, kräftig, gefurcht, oft rötlich überlaufen, markig, verästelt, wollig-flaumig. Blätter grundständig und am Stengel wechselständig, alle gestielt; Blattstiel markig (nicht hohl); Spreite breitherzförmig, bei den Grundblättern bis 50 cm lang und bis 40 cm breit; Stengelblätter – vor allem die mittleren und oberen – viel kleiner, die oberen mit seicht herzförmigem Grund; alle Blätter oberseits nur sehr schütter flaumig, unterseits dünn graufilzig. Juli–September. 0,6–1,5 m.

Vorkommen: Braucht mindestens mäßig stickstoffsalzhaltigen, nicht zu trockenen Lehmboden. Besiedelt Ödland und Wegränder, seltener Ufer. Im Tiefland westlich der Weser, in den Mittelgebirgen mit Sand- oder Silikatböden und in entsprechenden Gebieten der Alpen gebietsweise fehlend, sonst zerstreut; geht bis etwa zur Ackerbaugrenze.

Wissenswertes: ⨀. Alte Heilpflanze; Inhaltsstoffe: s. Filzige Klette, links. – Bastarde mit anderen Kletten-Arten kommen vor.

Golddistel
Carlina vulgaris
Große Klette
Arctium lappa
Filzige Klette
Arctium tomentosum
Silberdistel
Carlina acaulis

Kleine Klette

Arctium minus BERNH. s. str.
Korbblütengewächse *Asteraceae* (*Compositae*)

Beschreibung: Blüten in Körbchen; Körbchen klettenartig, insgesamt zahlreich in einer zusammengesetzten Traube. Hüllblätter mehrreihig, die innersten mit rötlicher Spitze, in der Regel alle mit hakig gekrümmter Spitze (bei den innersten zuweilen Spitze fast gerade); Hüllblätter zumindest im oberen Bereich des Körbchens in der Regel spärlich spinnwebig behaart, im unteren Teil oftmals praktisch kahl. Körbchen 1,5–2,5 cm im Durchmesser; alle Blüten röhrenförmig, zwittrig, weinrot bis blauviolett; Achänen um 5 mm lang; Haarkranz aus 1–3 mm langen, brüchig hinfälligen, gelblichen Börstchen. Stengel aufrecht, oft purpurn überlaufen, zumindest im Blütenstandsbereich oft mäßig dicht kurzflaumig behaart. Blätter grundständig und am Stengel wechselständig, alle gestielt; Blattstiel rinnig, zumindest bei den grundständigen Blättern hohl; Spreite breit-eiförmig, am Grund oft seicht herzförmig, bei den grundständigen Blättern oft mehr als 25 cm lang und 2/3 so breit, oberseits schütter kurzflaumig, oft scheinbar kahl, unterseits graufilzig. Juli–September. 0,5–1,2 m.

Vorkommen: Braucht stickstoffsalzreichen, aber eher kalkarmen oder kalkfreien, lokker-steinigen Lehmboden. Besiedelt Ödland, Ufer, Zäune, Wegränder. Häufig, nur in Sandgebieten und Gegenden mit rauherem Klima kleinräumig auch fehlend; meidet Hochlagen und geht nur ganz vereinzelt über etwa 1000 m.

Wissenswertes: ⊙. *A. minus* BERNH. wird mit *A. pubens* BAB. (Hüllblätter ziemlich stark spinnwebig; Blätter unterseits weißfilzig; selten) und *A. nemorosum* LEJ. (rechts) zur Sammelart *A. minus* agg. zusammengefaßt. Zahlreiche Bastarde!

Hain-Klette

Arctium nemorosum LEJ.
Korbblütengewächse *Asteraceae* (*Compositae*)

Beschreibung: Blüten in Körbchen; Körbchen klettenartig, jeweils zu 3–8 am Stengel und seinen Ästen in einer unten mit Blättern durchsetzten und sehr lockeren, oben gedrängten Traube. Hüllblätter mehrreihig, Spitze weißlich, gelblich oder hell rötlich, hakig eingekrümmt; zwischen den Hüllblättern mäßig reichlich spinnwebig, selten fast kahl oder dicht spinnwebig. Körbchen um 2,5 cm hoch, 3–4 cm breit; alle Blüten röhrenförmig, zwittrig, weinrot; Achänen um 9 mm lang; Haarkranz aus 1–3 mm langen, hinfälligen, gelblichen Börstchen. Stengel aufrecht, oft purpurn überlaufen, etwas furchig, sparrig verzweigt, Äste waagrecht abstehend, überhängend, die untersten oft bis auf den Boden herabgebogen. Blätter grundständig und am Stengel wechselständig, alle gestielt; Stiel bis 60 cm lang, hohl; Spreite breit-eiförmig, am Grunde seicht herzförmig, bis 50 cm lang und bis 2/3 so breit, oberseits fast kahl, unterseits graufilzig. Juli–September. 1–2,5 m.

Vorkommen: Braucht frischen, humusreichen, stickstoffsalzhaltigen Lehm- oder Tonboden. Besiedelt Waldlichtungen und -wege, seltener waldnahes Ödland. Im Tiefland ab der Elbe ostwärts zerstreut, sonst fehlend oder nur vereinzelt. In den Mittelgebirgen, im Alpenvorland und in den Alpen über Lehmboden zerstreut und oft in individuenarmen, lockeren Beständen. Geht etwa bis zur Ackerbaugrenze.

Wissenswertes: ⊙. *A. nemorosum* LEJ. ist eine Kleinart von *A. minus* agg. Zwischen den Kletten-Arten sind zahlreiche Bastarde und Zwischenformen beschrieben worden; die Zuordnung mancher Exemplare zu einer bestimmten Art ist nicht immer eindeutig möglich.

Hain-Klette
Arctium nemorosum
Zwerg-Alpenscharte
Saussurea pygmaea
Kleine Klette
Arctium minus
Zweifarbige Alpenscharte
Saussurea discolor

Zwerg-Alpenscharte

Saussurea pygmaea (JACQ.) SPRENG.
Korbblütengewächse *Asteraceae* (*Compositae*)

Beschreibung: Blüten in Körbchen, die einzeln am Ende des sehr kurzen, unverzweigten Stengels stehen. Hüllblätter mehrreihig, die äußeren schmal-eiförmig, kürzer als die langspitzigen inneren, alle zottig behaart, die äußeren oft violett überlaufen. Körbchen eiförmig, 2-4 cm lang, 1,5-3 cm breit (sehr selten etwas länger und breiter); alle Blüten röhrenförmig, zwittrig, blauviolett; Achänen um 6 mm lang; Haarkranz 2reihig, die inneren Börstchen deutlich fedrig, um 1 cm lang. Aus der Blattrosette entspringt in der Regel nur ein einziger aufrechter, dicht weißwollig-zottiger, unten dicht, oben etwas lockerer beblätterter Stengel. Alle Blätter sehr schmal lanzettlich oder fast lineal, 3-18 cm lang, 3-5 mm breit, ganzrandig oder entfernt und oft unregelmäßig gezähnelt; Zähne zum Teil recht groß und etwas hakig gekrümmt, Spreiten oberseits dunkelgrün, unterseits graugrün, oberseits - mindestens im Alter - fast kahl, unterseits kurzfilzig. Juli–August. 5-15 cm.

Vorkommen: Braucht kalkhaltigen, steinig-flachgründigen, humusreichen Lehmboden, der Stickstoffsalze höchstens in mäßig hoher Konzentration enthalten sollte. Besiedelt ruhenden Felsschutt, schüttere und felsige alpine Rasen, geht auch in Felsspalten und -bänder. In den Nördlichen Kalkalpen von den Lechtaler Alpen ostwärts; Südliche Kalkalpen westwärts bis in die Venetianischen Alpen; überall selten; in den östlichen Zentralalpen nur vereinzelt; bevorzugt in Höhen zwischen etwa 1800–2500 m.

Wissenswertes: ♃. Die Zwerg-Alpenscharte ist eine Ostalpenpflanze, die allerdings auch noch in den westlichen Karpaten vorkommt.

Zweifarbige Alpenscharte

Saussurea discolor (WILLD.) DC.
Korbblütengewächse *Asteraceae* (*Compositae*)

Beschreibung: Blüten in Körbchen, die zu 2–8 sehr kurz gestielt in einer doldig-straußig verebneten Traube oder sehr armästigen Rispe am Ende des Stengels stehen. Hüllblätter mehrreihig, äußere eiförmig, stumpflich, schütter, doch etwas filzig behaart, innere lanzettlich, doppelt so lang wie die äußeren, vor allem gegen die Spitze seidig behaart. Körbchen eiförmig, 1,5–2 cm lang, knapp 1 cm breit; alle Blüten röhrenförmig, zwittrig, hellviolett bis weinrot, nach Vanille duftend; Achänen um 5 mm lang; Haarkranz 2reihig, äußere Borsten halb so lang wie die inneren, diese um 1 cm lang, fedrig. Stengel aufrecht, dünn wirkend, dicht filzig behaart, beblättert. Blätter grundständig und am Stengel wechselständig, derb; untere Blätter oberseits grün, unterseits dicht weißfilzig behaart, gestielt, Spreite im Umriß schmal-3eckig, 5–10 cm lang, 2,5–5 cm breit, am Grund herzförmig oder - selten - gestutzt, unregelmäßig und ziemlich grob gezähnt; obere Blätter kleiner, lineal-lanzettlich, ganzrandig, spitz, mit verschmälertem Grund sitzend, die Körbchen nicht umhüllend. Juli–September. 5-35 cm.

Vorkommen: Braucht steinig-flachgründige, meist basisch reagierende Böden. Besiedelt Ruheschutt, Felsspalten und -bänder sowie lückige Matten. Kalkalpen selten, im Westen gebietsweise fehlend; Zentralalpen vereinzelt. Zwischen etwa 1500–2800 m.

Wissenswertes: ♃. Der wissenschaftliche Gattungsname wurde zu Ehren von NICOLAS-THÉODORE DE SAUSSURE (1767–1845) vergeben, einem Schweizer Botaniker, der sich - wie sein Vater - um die Erforschung der Alpenflora verdient gemacht hat.

Alpenscharte *Saussurea*
Silberscharte *Jurinea*
Distel *Carduus*

Echte Alpenscharte

Saussurea alpina (L.) DC.
Korbblütengewächse *Asteraceae* (*Compositae*)

Beschreibung: Blüten in Körbchen, die zu 5–15 (zuweilen auch noch zu mehr) ziemlich dicht und straußig verebnet in einer mäßig reichästigen Rispe am Ende des Stengels stehen. Hüllblätter mehrreihig, eiförmig, spitz, die inneren schmäler und länger als die äußeren, dicht behaart und - meist deutlich - schwarzviolett überlaufen. Körbchen eiförmig, 1,5–2 cm lang, 0,7–1 cm breit; alle Blüten röhrenförmig, zwittrig, rotviolett; Achänen um 4 mm lang; Haarkranz 2reihig, die inneren Börstchen deutlich fedrig, um 1 cm lang. Stengel dünnlich (meist dünner als 3 mm), schütter filzig bis fast kahl, oft rötlich überlaufen. Blätter grundständig und am Stengel wechselständig, gestielt; Stiel meist geflügelt; Spreite lanzettlich, 8–18 cm lang, 1,5–3 cm breit, am Grund in den Stiel verschmälert, ganzrandig oder entfernt gezähnt; mittlere Blätter sehr kurz gestielt und kleiner als untere, obere sitzend, alle oberseits kahl oder nur angedeutet spinnwebig, unterseits locker grauwollig-spinnwebig. Juli–September. 5–35 cm.

Vorkommen: Braucht kalkarmen, steinigen, oft rohhumushaltigen oder torfigen Boden. Besiedelt windgefegte Grate, lückige Matten oder Ruheschutt. Kalkalpen selten und - vor allem im Westen der Nördlichen Kalkalpen - gebietsweise fehlend; Zentralalpen zerstreut, aber auch hier kleineren Gebieten fehlend. Bevorzugt in Höhen zwischen etwa 2000–3000 m.

Wissenswertes: ♃. *S. alpina* (L.) DC. wird mit *S. depressa* GREN. (Stengel 2–10 cm hoch, 3–5 mm im Durchmesser; Spreite der unteren Blätter 2–3mal so lang wie breit; vom Wallis an südwestlich; selten) zur Sammelart *S. alpina* agg. zusammengefaßt.

Sand-Silberscharte

Jurinea cyanoides (L.) RCHB.
Korbblütengewächse *Asteraceae* (*Compositae*)

Beschreibung: Blüten in Körbchen, die einzeln am Ende des Stengels stehen; selten ist dieser oben verzweigt; dann befinden sich an den 2 oder 3 - ziemlich langen - Zweigen ebenfalls Körbchen. Hüllblätter mehrreihig, um 1,5 cm lang (oder etwas länger), spitz zulaufend, dunkelrandig, graufilzig, die unteren sparrig abstehend. Körbchen 2–3 cm breit und etwa 2/3 so lang; alle Blüten röhrenförmig, zwittrig, weinrot bis rotviolett; Achänen um 4 mm lang; Haarkranz gelblich-weiß, Börstchen um 1 cm lang; Haarkranz fällt oft als Ganzes ab. Stengel aufrecht, leicht flockig behaart, nur im unteren Drittel beblättert, zumindest aber im oberen Drittel blattlos. Stengelblätter wechselständig, tief fiederspaltig, mit schmal-lanzettlichen Fiedern, die 2–5 mm breit, ganzrandig und am Rand oft umgebogen sind; sehr selten sind alle Blätter ungeteilt, lineal und ganzrandig, die obersten Blätter sind stets ungeteilt und lineal; alle Blätter sind jung spinnwebig-wollig, verkahlen aber oberseits früh und sind dann dunkelgrün; unterseits bleiben sie grauweiß-filzig. Die Pflanze duftet - oftmals schwach - nach Bisam oder angedeutet widerlich. Juli–September. 25–50 cm.

Vorkommen: Braucht etwas kalkhaltigen, locker-humosen Sandboden in sommerwarmer Lage. Besiedelt lückige Sandrasen, lichte Kiefern-Trockenwälder und Binnendünen. Sandgebiete zwischen Neckar- und Mainmündung, Mittellauf des Mains, Brandenburg, Sachsen-Anhalt, Sachsen; sehr selten. Fehlt sonst.

Wissenswertes: ♃; ▽. Ähnlich: *J. mollis* (L.) RCHB.: Nur 1 Körbchen am Stengel; Hüllblätter spinnwebig, die äußeren zurückgebogen; Niederösterreich; selten.

Nickende Distel

Carduus nutans L.
Korbblütengewächse *Asteraceae* (*Compositae*)

Beschreibung: Pflanze distelartig. Blüten in Körbchen, die einzeln am Ende des Stengels oder der wenigen Zweige stehen. Hüllblätter mehrreihig, äußere an der Basis mehr als 2 mm breit, an der Spitze mit einem kräftigen Stachel; innere Hüllblätter oft nur stachelspitz; Hüllblätter an „jungen“ Körbchen dicht spinnwebig-wollig, später verkahlend. Körbchen 3–5 cm breit und fast ebenso hoch; alle Blüten röhrenförmig, zwittrig, leuchtend purpurn. Achänen um 4 mm lang; Haarkranz weiß; Haare nicht fedrig, um 1,7 cm lang. Stengel aufrecht, einfach oder spärlich verzweigt, besonders oben filzig behaart; an Exemplaren, die schon länger aufgeblüht sind, ist der stachellose Teil meist mehr als doppelt so lang wie das Körbchen in der Länge mißt. Stengelblätter wechselständig, bis zum Mittelnerv fiederteilig, mit mehrteiligen Fiedern, deren Abschnitte in einen Stachel auslaufen, am Stengel ansitzend und herablaufend, beiderseits - vor allem in Nervennähe - dicht und meist spinnwebig behaart. Juli–September. 0,5–1,5 m.

Vorkommen: Braucht stickstoffsalz- und kalkhaltigen, lockeren Lehmboden. Besiedelt Ödland, Wegränder und Raine. Fehlt im Westen des Tieflands größeren, im Osten kleineren Gebieten; in den Kalkgebieten der Mittelgebirge und der Alpen sowie im Alpenvorland zerstreut; geht bis etwa 1500 m.

Wissenswertes: ⊙. *C. nutans* L. wird mit *C. thoermeri* WEINM. (Pflanze dicht wollig-spinnwebig; Ostalpen; selten) und weiteren Kleinarten aus dem Mittelmeerraum zur Sammelart *C. nutans* agg. vereint. Innerhalb der Kleinart *C. nutans* L. hat man mehrere, schwer unterscheidbare Unterarten abgegrenzt.

Alpen-Distel

Carduus defloratus L. sensu KARMI
Korbblütengewächse *Asteraceae* (*Compositae*)

Beschreibung: Pflanze distelartig. Blüten in Körbchen, die einzeln am Ende des Stengels oder der wenigen Zweige stehen. Hüllblätter mehrreihig, am Grund um 1 mm breit, an der Spitze stachelspitz, aber nicht kräftig und lang bestachelt, nicht spinnwebig-wollig. Körbchen 1,5–2,5 cm breit und fast ebenso hoch; alle Blüten röhrenförmig, zwittrig, leuchtend purpurn; Achänen um 4 mm lang; Haarkranz weiß; Haare nicht fedrig, 1,5–2 cm lang. Stengel aufrecht, einfach oder spärlich verzweigt, besonders oben mäßig dicht bis filzig behaart, im oberen Drittel unbeblättert oder - falls beblättert - ohne herablaufende Blattränder und ohne Stacheln; an älteren Exemplaren ist der unbeblätterte und stachellose Stengelabschnitt 5–20mal so lang wie das zugehörige Körbchen. Stengelblätter wechselständig, ungeteilt oder fiederteilig, mit kaum verschmälertem Grund dem Stengel ansitzend und herablaufend, stachelig gezähnt, meist beiderseits kahl. Juni–Oktober. 10–90 cm.

Vorkommen: Braucht kalkhaltigen oder höchstens schwach sauren, locker-steinigen, trokkenen Lehmboden. Besiedelt Halbtrockenrasen, trockenere Stellen in Flachmooren, lichte Trokkenwälder und -gebüsche. Kalkmittelgebirge, Alpenvorland und Kalkalpen zerstreut, im Südschwarzwald und in den Zentralalpen vereinzelt. Geht bis über etwa 2500 m.

Wissenswertes: ♃. *C. defloratus* L. sensu KARMI wird mit *C. crassifolius* WILLD. (Blätter beidseits graugrün, ungeteilt, dicklich-fleischig; Südalpen) und *C. medius* GOUAN (Blätter tief fiederlappig, etwas wellig, stechend grobstachelig; Südwestalpen) zur Sammelart *C. defloratus* agg. zusammengefaßt.

Nickende Distel
Carduus nutans
Sand-Silberscharte
Jurinea cyanoides
Echte Alpenscharte
Saussurea alpina
Alpen-Distel
Carduus defloratus

Distel *Carduus*
Kratzdistel *Cirsium*

Weg-Distel

Carduus acanthoides L.
Korbblütengewächse *Asteraceae* (*Compositae*)

Beschreibung: Pflanze distelartig. Blüten in Körbchen, die einzeln oder zu 2–3 traubig-doldig verebnet am Ende des Stengels oder der Zweige stehen. Hüllblätter mehrreihig, kaum 1 mm breit, in einen kurzen, gelblichen Stachel auslaufend, an der Spitze leicht zurückgekrümmt, locker spinnwebig behaart. Körbchen 2–2,5 cm lang, 2,5–3,5 cm breit; alle Blüten röhrenförmig, zwittrig, meist hell purpurrot; Achänen um 3 mm lang; Haarkranz weiß; Haare nicht fedrig, 1–1,3 cm lang. Stengel aufrecht, meist reich verzweigt, bis fast zu den Körbchen schmal kraus-dornig geflügelt, nur unmittelbar unter dem Körbchen wenige mm stachellos. Stengelblätter wechselständig, fiederteilig, mit eiförmigen, dornig gelappten, dornig gezähnten oder gewimperten Lappen, am Stengel herablaufend; Blätter kahl, nie filzig behaart (auch nicht auf der Unterseite oder auf den Nerven), höchstens mit vereinzelten Härchen; längste Stacheln über 5 mm lang. Juni–Oktober. 0,3–1,2 m.

Vorkommen: Braucht stickstoffsalzreichen, locker-sandigen Lehm- oder Tonboden in sommerwarmer Lage. Besiedelt Wege und Ödland. Im Tiefland westlich der Elbe vereinzelt, östlich von ihr selten; in den tiefer gelegenen Teilen der Mittelgebirge im Westen auf Sandlehmböden zerstreut, nach (Süd-)Osten zu deutlich häufiger; geht kaum über etwa 1000 m.

Wissenswertes: ⊙. Ähnlich: *C. tenuiflorus* CURT.: 3–20 Körbchen; fruchtende Körbchen zum Teil abfallend, walzlich; Stengel bis zu den Körbchen geflügelt; Südwestschweiz; vereinzelt. – *C. pycnocephalus* L.: 1–3 Körbchen; Stengel unterhalb der Körbchen lückig oder nicht geflügelt; Genfer See; vereinzelt.

Krause Distel

Carduus crispus L.
Korbblütengewächse *Asteraceae* (*Compositae*)

Beschreibung: Pflanze distelartig. Blüten in Körbchen, die meist zu 3–5 (selten zu weniger oder mehr) kurz gestielt am Ende des Stengels und der Äste stehen, zuweilen auch sitzen. Hüllblätter mehrreihig, fast nadelförmig schmal, in einen dünnen, kaum 1 mm langen Stachel auslaufend, abstehend, die unteren auch leicht zurückgebogen, selten etwas spinnwebig behaart. Körbchen 1,5–2,5 cm lang, etwa 3/4 so dick; alle Blüten röhrenförmig, zwittrig, purpurn; Achänen um 3 mm lang; Haarkranz weiß, Haare nicht fedrig, um 1 cm lang. Stengel aufrecht, mäßig reichlich verzweigt, bis unter die Körbchen schmal kraus-dornig geflügelt oder wenige mm stachellos. Stengelblätter wechselständig, fiederteilig, mit verschmälertem Grund sitzend, oberseits kahl oder nahezu kahl, stumpf dunkelgrün, unterseits weiß- oder graufilzig oder – selten – wenigstens fast bis zum Blattrand filzig behaart (Nerven dann gelegentlich weniger filzig und grünlich). Juli–September. 0,5–2 m.

Vorkommen: Braucht frischen, stickstoffsalzreichen, sandig-lehmigen oder -tonigen Boden. Besiedelt Ufer, Ödland und Wegränder. Im Tiefland gebietsweise fehlend, desgleichen in rauheren Lagen der Mittelgebirge, des Alpenvorlands und der Alpen; sonst zerstreut und oft in mäßig individuenreichen, lockeren Beständen; geht kaum über etwa 1000 m.

Wissenswertes: ♃. Die Beschreibung bezieht sich auf die verbreitete Unterart ssp. *crispus*. Neben ihr wird noch die ssp. *multiflorus* (GAUD.) FRANCO (Blätter hellgrün, auch unterseits nicht filzig; Westschweiz, Alpensüdfuß; selten) unterschieden. Auch andere Sippen wurden schon als Unterarten aufgefaßt.

Weg-Distel
Carduus acanthoides
Krause Distel
Carduus crispus
Berg-Distel
Carduus personata
Acker-Kratzdistel
Cirsium arvense

Berg-Distel

Carduus personata (L.) JACQ.
Korbblütengewächse *Asteraceae* (*Compositae*)

Beschreibung: Pflanze distelartig. Blüten in Körbchen, die - sehr selten - einzeln oder - in der Regel - zu 2-9 knäuelig-kopfig gehäuft und kurz gestielt am Ende des Stengels und seiner Äste stehen oder sitzen. Hüllblätter mehrreihig, kaum 1 mm breit, in einen dünnen, oft rötlichen Stachel auslaufend, der 1-2 mm lang werden kann. Körbchen 1,5-2,5 cm lang, 1,5-3 cm breit; alle Blüten röhrenförmig, zwittrig, purpurn; Achänen um 4 mm lang; Haarkranz zuerst weiß, gealtert rötlich-braun; Haare nicht fedrig, 1-1,5 cm lang. Stengel aufrecht, in der oberen Hälfte ziemlich spärlich verästelt, bis etwa 2-3 cm unterhalb der Körbchen oder bis zu ihrer Basis schmal und wenig lappig geflügelt, mit feinen, fast borstlichen Stacheln. Stengelblätter wechselständig; untere Blätter im Umriß schmaleiförmig, gegen den Blattstiel zunächst fiederlappig, dann bis zur Mittelrippe fiederteilig; Lappen und Fiedern grob gezähnt; übrige Blätter ungeteilt, breit-lanzettlich, mit einer - oft plötzlich zusammengezogenen - langen Spitze, am Rand ziemlich eng gesägt-gezähnt; alle Blätter weich, oberseits grün und höchstens sehr schütter behaart, unterseits locker oder dicht graufilzig behaart. Juli–August. 0,5–1,5 m.

Vorkommen: Braucht stickstoffsalzreiche, feuchte, tonige Böden. Besiedelt Ufer, Ödland, Hochstaudenfluren und Viehläger. Rhön, Thüringen, Sachsen, Südschwarzwald, Baar, südlicher Schwäbischer und Fränkischer Jura, Schweizer Jura, Voralpengebiet, Alpen; zerstreut, gebietsweise fehlend, oft in lockeren Beständen; geht bis etwa zur Waldgrenze.

Wissenswertes: ♃. Die Art ist relativ einheitlich.

Acker-Kratzdistel

Cirsium arvense (L.) SCOP.
Korbblütengewächse *Asteraceae* (*Compositae*)

Beschreibung: Pflanze distelartig. Blüten in Körbchen, die zu 1-5 locker-traubig am Ende des Stengels und der Zweige stehen; der Gesamtblütenstand ist häufig straußig verebnet. Hüllblätter mehrreihig, an der Spitze mit einem sehr kurzen, oft anliegenden, wenig stechenden, violetten bis schwarzroten Stachel, zuweilen leicht spinnwebig, oft lila bis dunkelpurpurn überlaufen. Körbchen 1-1,8 cm lang, 0,5-1 cm dick; alle Blüten röhrenförmig, zwittrig, lila oder bläulich-rosa; Achänen um 4 mm lang; Haarkranz schmutzigweiß bis hell und trüb bräunlichgelb, als Ganzes abfallend; Haare fedrig, 2-3 cm lang. Stengel aufrecht, in der oberen Hälfte verzweigt, schütter und kurz behaart, seltener locker anliegend wollig, nicht mit herablaufenden, stacheligen Blattleisten. Stengelblätter wechselständig, schmal-eiförmig bis lanzettlich, die unteren in einen kurzen, oft undeutlichen Stiel verschmälert, die oberen mit verschmälertem Grund sitzend, alle ungeteilt oder - wenigstens die unteren und mittleren - buchtig gezähnt oder bis über 1/4 der Spreitenbreite tief fiederteilig, mit 3eckig-eiförmigen Zipfeln, die in einen kurzen, stechenden Stachel münden, oft unregelmäßig stachelig bewimpert, oberseits kahl und grün, unterseits kahl oder mehr oder weniger dicht spinnwebig behaart. Juli–Oktober. 0,5–1,5 m.

Vorkommen: Braucht stickstoffsalzreichen Lehmboden. Besiedelt Äcker, Waldlichtungen, Ufer. Sehr häufig. Geht örtlich bis über die Akkerbaugrenze.

Wissenswertes: ♃. Die innerhalb der Art beschriebenen Sippen sind durch Übergangsformen verbunden und lassen sich daher nicht als Unterarten gegeneinander abgrenzen.

Kratzdistel, Kohldistel *Cirsium*

Alpen-Kratzdistel

Cirsium spinosissimum (L.) Scop.
Korbblütengewächse *Asteraceae* (*Compositae*)

Beschreibung: Pflanze distelartig. Blüten in Körbchen, die - selten - einzeln oder - in der Regel - zu 2–10 kopfig gehäuft am Ende des Stengels sitzen oder - sehr kurz gestielt - stehen. Der Gesamtblütenstand wird von zahlreichen, bleichgrün-weißlichen, stechend-steifen, fiederteiligen Blättern umgeben, deren langgezogene, weißliche Spitzen oft aufgebogen sind. Hüllblätter nicht klebrig, die äußeren mit anliegendem, stechendem Stachel. Körbchen (ohne umgebende Blätter gemessen) 2–3,5 cm lang, 1–2 cm breit; alle Blüten röhrenförmig, zwittrig, trüb gelblichweiß bis hell bräunlich-weiß; Achänen um 4 mm lang; Haarkranz schmutzigweiß bis hell bräunlich, als Ganzes abfallend; Haare fedrig, 1,2–1,8 cm lang. Stengel aufgebogen bis aufrecht, in der Regel unverzweigt, unten meist kahl, oben mäßig dicht abstehend kurzhaarig, ohne Stacheln und ohne herablaufende Blattränder; Stengelblätter wechselständig, 10–30 cm lang, steif, buchtig fiederspaltig, jederseits mit 7–10 (selten mit mehr) länglich-3eckigen Abschnitten, die wie ihre Zipfel in einen 0,3–1 cm langen Stachel auslaufen und rings stachelig gezähnt-gewimpert sind; Blätter grün, schütter bis mäßig dicht, unterseits zuweilen locker spinnwebig-wollig behaart. Juli–September. 20–70 cm.

Vorkommen: Braucht stickstoffsalzreichen, frischen, steinigen Lehmboden. Besiedelt Viehläger, Gesteinsschutt, lückige Matten. Alpen, zerstreut; nach Osten seltener werdend und kleineren Gebieten fehlend. Bevorzugt zwischen etwa 1500–3000 m.

Wissenswertes: ♃. Selbst lockere und individuenarme Bestände fallen meist schon von weitem auf.

Kohldistel

Cirsium oleraceum (L.) Scop.
Korbblütengewächse *Asteraceae* (*Compositae*)

Beschreibung: Pflanze auf den ersten Blick nicht distelartig. Blüten in Körbchen, die - selten - einzeln oder zu 2–6 kopfig gehäuft am Ende des Stengels sitzen oder - sehr kurz gestielt - stehen. Der Gesamtblütenstand wird von breiteiförmigen, ungeteilten, zwar grannig-stachelig bezahnten, aber kaum stechenden, bleichgrünen, weichen Blättern umgeben, deren obere Hälfte meist etwas aufgebogen ist. Hüllblätter aufrecht, die äußeren mit kurzer Stachelspitze, die innersten an der Spitze abstehend, an der Basis meist locker spinnwebig behaart. Körbchen (ohne die umgebenden Blätter gemessen) 2–3,5 cm lang, 1–2,5 cm breit; alle Blüten röhrenförmig, weißlich-gelb; Achänen knapp 5 mm lang; Haarkranz schmutzigweiß, als Ganzes abfallend; Haare fedrig, um 1,5 cm lang. Stengel aufrecht, einfach oder spärlich verzweigt, unten kahl, oben schütter behaart, stachellos und ohne herablaufende Blattleisten. Stengelblätter wechselständig, ungeteilt - und dann eiförmig - oder bis über 1/4 der Spreitenbreite fiederteilig und dann mit breiterer Endfieder und lanzettlichen Seitenfiedern, die obersten Blätter ganzrandig, herzförmig den Stengel umfassend, alle weich und kaum stechend, hell gelblich-grün, kahl oder nur sehr schütter behaart. Juni–Oktober. 0,3–1,5 cm.

Vorkommen: Braucht feuchten, stickstoffsalzreichen Tonboden. Besiedelt Sumpfwiesen, Gräben, feuchte Waldstellen und Ufer. Im westlichen Tiefland und im Rheinischen Schiefergebirge gebietsweise fehlend, sonst häufig; geht etwa bis zur Laubwaldgrenze.

Wissenswertes: ♃. Liefert - anders als es der Name vermuten läßt - ein nur schlechtes, im Heu zerbröselndes Futter.

Klebrige Kratzdistel

Cirsium erisithales (JACQ.) SCOP.
Korbblütengewächse *Asteraceae* (*Compositae*)

Beschreibung: Pflanze auf den ersten Blick nicht distelartig. Blüten in Körbchen, die einzeln oder zu 2–3 (sehr selten bis 5) kurz gestielt am Ende des Stengels angeordnet sind; die Körbchen nicken stets deutlich. Weder die Körbchen noch die Körbchenstände sind von Blättern umgeben. Hüllblätter lanzettlich, stachelspitzig, drüsig behaart, klebrig. Körbchen 1,5–2,5 cm lang, 1–1,5 cm breit; alle Blüten röhrenförmig, zwittrig, hellgelb; Achänen knapp 5 mm lang; Haarkranz schmutzigweiß, als Ganzes abfallend; Haare fedrig, 1,5–2 cm lang. Stengel aufrecht, im oberen Drittel fast blattlos, zuweilen - sehr spärlich - verzweigt, mäßig flaumig behaart und klebrig, unten deutlich dichter beblättert, sehr schütter behaart, überall stachellos und ohne herablaufende Blattränder. Stengelblätter wechselständig, bis praktisch zum Mittelnerv fiedrig geteilt, mit zahlreichen, stachelig gezähnten Seitenfiedern und einer Endfieder, die - zumindest an ihrer Basis - meist deutlich schmäler als die Seitenfiedern ist, vor allem die unteren schütter behaart; obere Blätter viel kleiner als untere. Juli–September. 0,3–1,5 m.

Vorkommen: Braucht feuchten, stickstoffsalz- und kalkhaltigen Lehm- oder Tonboden. Ostketten der Nördlichen Kalkalpen selten, gebietsweise fehlend; Südliche Kalkalpen zerstreut; südöstliche Zentralalpen selten, desgleichen südlicher Schweizer Jura und südliche Vogesen. Bevorzugt in Höhen zwischen etwa 500–1500 m (Grenzwerte der Südalpen: 400–2000 m).

Wissenswertes: ♃. Sehr selten treten Exemplare mit rötlich gefärbten Blüten auf; möglicherweise handelt es sich bei ihnen um Bastarde mit anderen Arten.

Krainer Kratzdistel

Cirsium carniolicum SCOP.
Korbblütengewächse *Asteraceae* (*Compositae*)

Beschreibung: Pflanze auf den ersten Blick nicht distelartig. Blüten in Körbchen, die - selten - einzeln oder zu 2–7 kurz gestielt oder kopfig gehäuft sitzend am Ende des Stengels oder seiner spärlichen Äste angeordnet sind; an der Basis der Körbchen befinden sich kleine, lineal-lanzettliche, kammförmig-dornig bewimperte, braunrot filzige Hochblätter. Hüllblätter breiteiförmig, leicht rostrot filzig, allmählich in eine feine Stachelspitze ausgezogen, die äußeren stachelig bewimpert. Körbchen 2,5–3 cm lang, 1,5–2 cm breit; alle Blüten röhrenförmig, zwittrig, zitronengelb; Achänen um 5 mm lang; Haarkranz schmutzigweiß, als Ganzes abfallend; Haare fedrig, 1,5–2 cm lang. Stengel aufrecht, höchstens spärlich verästelt, ziemlich gleichmäßig beblättert, im oberen Drittel braunrot filzig behaart. Stengelblätter wechselständig, die unteren breit-eiförmig, ungeteilt oder fiederspaltig, mit breiten Lappen, die unteren in den Stiel zusammengezogen, die oberen herzförmig-stengelumfassend sitzend, buchtig gezähnt und stachelig bewimpert. Juli–August. 0,3–1,2 m.

Vorkommen: Braucht frischen, etwas stickstoffsalzhaltigen, kalkreichen, humosen Lehmboden. Besiedelt Hochstaudenfluren und Bergwiesen, geht auch ins Zwergstrauchgebüsch. Südostalpen. Bevorzugt in Höhen zwischen etwa 600–1600 m.

Wissenswertes: ♃. Ähnlich: *C. montanum* (W. & K. ex WILLD.) SPRENG.: Keine Hochblätter unter den Körbchen; Körbchen zu 2–5 kopfig gehäuft, aufrecht; Blüten purpurn; Stengel verästelt. Südalpen, vor allem von den Dolomiten an ostwärts, aber andererseits auch in den südlichen Französischen Alpen; selten.

Alpen-Kratzdistel
Cirsium spinosissimum
Klebrige Kratzdistel
Cirsium erisithales
Krainer Kratzdistel
Cirsium carniolicum
Kohldistel
Cirsium oleraceum

Bach-Kratzdistel

Cirsium rivulare (JACQ.) ALL.
Korbblütengewächse *Asteraceae* (*Compositae*)

Beschreibung: Pflanze distelartig. Blüten in Körbchen, die meist zu 2–3 am Ende des Stengels bzw. von dessen Ästen sitzen; sind mehrere Körbchen vorhanden, steht das mittlere aufrecht, die seitlichen meist schräg aufwärts. Hüllblätter lanzettlich, oft braunviolett überlaufen, die mittleren mit weicher, abgebogener Spitze. Körbchen 2–3 cm lang und breit; alle Blüten röhrenförmig, zwittrig, purpurn; Achänen knapp 4 mm; Haarkranz weißlich, als Ganzes abfallend; Haare fedrig, 1,5–2 cm. Stengel aufrecht, nur in der unteren Hälfte beblättert, einfach oder oben mit 1–2 kurzen Ästen, unten rötlich überlaufen, oben kurzwollig. Stengelblätter wechselständig, fast bis zur Mittelrippe fiederteilig, die unteren in den Stiel verschmälert, die mittleren zwar verschmälert, aber mit herzförmigem Grund sitzend, nicht herablaufend, die obersten lanzettlich, mit herzförmigem Grund sitzend; alle Blätter oberseits dunkelgrün, schütter kraushaarig, unterseits hellgrün, dichter kraushaarig, rings weichdornig bis weichstachelig-borstig. Juni–Juli. 0,3–1,2 m.

Vorkommen: Braucht kalkarmen, nassen, stickstoffsalzreichen Tonboden. Besiedelt Ufer, Sumpfwiesen und Gräben. Vereinzelt im Frankenwald; in der Oberlausitz, im südlichen Schwäbisch-Fränkischen Jura, im mittleren und Südschwarzwald, im Alpenvorland, im Schweizer Jura, in den westlichen Zentral- und Nordalpen, im nördlichen und östlichen Österreich zerstreut, gebietsweise fehlend, örtlich in individuenreichen Beständen; in Südösterreich selten; geht bis etwa zur Laubwaldgrenze.

Wissenswertes: ♃. Die Art ist verhältnismäßig einheitlich.

Knollige Kratzdistel

Cirsium tuberosum (L.) ALL.
Korbblütengewächse *Asteraceae* (*Compositae*)

Beschreibung: Pflanze distelartig. Blüten in Körbchen, die einzeln am Ende des Stengels oder seiner – nur selten vorhandenen – spärlichen Äste sitzen. Hüllblätter sehr schmal eiförmig bis lineal, mit aufgesetzter Stachelspitze, die indessen kaum sticht, vor allem unten locker spinnwebig-wollig behaart. Körbchen 2,5–3 cm lang, fast ebenso breit; alle Blüten röhrenförmig, zwittrig, purpurn oder hellrosa; Achänen knapp 4 mm lang; Haarkranz weißlich, als Ganzes abfallend; Haare fedrig, um 1,5 cm lang. Wurzel rettichartig oder knollig verdickt (gutes Kennzeichen!). Stengel aufrecht, einfach, selten mit 1–3 kurzen Ästen, unten nur schütter, oben ziemlich dicht, zuweilen filzig behaart, stachellos, ohne herablaufende Blätter, in der unteren Hälfte „normal" beblättert, oben nur sehr locker mit wenigen, sehr kleinen Blättern bestanden. Stengelblätter wechselständig, untere bis über 1/4 der Spreitenbreite fiederteilig, die untersten geöhrt in den Stengel verschmälert, die mittleren stielartig verschmälert, aber an der Basis erweitert und halb stengelumfassend sitzend, die obersten stengelumfassend sitzend, oft weniger geteilt; Fiedern wiederum etwas geteilt oder sehr grob gezähnt. Juli–August. 0,5–1,5 m.

Vorkommen: Braucht torfig-humosen, kalkhaltigen Tonboden. Besiedelt Flachmoore und anmoorige Gebüsche. Eifel, Ober- und Mittelrhein (bis etwa zur Mainmündung), Mainfranken, Schweizer bis Fränkischer Jura, Schweizer Mittelland, Alpenvorland, Thüringen, Sachsen-Anhalt, Sachsen. Geht bis etwa 1400 m. Selten, aber meist in individuenreichen Beständen.

Wissenswertes: ♃. Die Art ist ziemlich einheitlich.

Bach-Kratzdistel
Cirsium rivulare
Knollige Kratzdistel
Cirsium tuberosum
Englische Kratzdistel
Cirsium dissectum
Verschiedenblättrige Kratzdistel
Cirsium heterophyllum

Englische Kratzdistel

Cirsium dissectum (L.) HILL
Korbblütengewächse *Asteraceae* (*Compositae*)

Beschreibung: Pflanze distelartig. Blüten in Körbchen, die einzeln am Ende des Stengels stehen (vereinzelt kann der Stengel 1-2 Ästchen haben, die dann ebenfalls 1 Körbchen tragen; ebenso können vereinzelt 2 Körbchen am Ende des Stengels sitzen). Hüllblätter mehrreihig, mit sehr kurzer, kaum stechender, feiner Stachelspitze, Körbchen 2,5-3 cm lang, fast ebenso breit; alle Blüten röhrenförmig, zwittrig, purpurn; Achänen knapp 3 mm lang; Haarkranz weißlich, als Ganzes abfallend; Haare fedrig, 1,2-1,5 cm lang. Wurzel weder knollig noch rettichartig verdickt. Stengel aufrecht, in der Regel unverzweigt, in der unteren Hälfte beblättert, in der oberen Hälfte blattlos oder nur mit sehr wenigen, locker stehenden, sehr viel kleineren Blättchen, oberwärts spinnwebig-wollig. Stengelblätter wechselständig, fiederlappig; Lappen breit-3eckig, stachelig gezähnt; untere Blätter in einen geöhrten Stiel verschmälert; mittlere und obere Blätter ungeteilt, mittlere lanzettlich, sitzend, in den stengelumfassenden Grund verschmälert, oberste lineal, halb stengelumfassend sitzend; alle Blätter unterseits grau-spinnwebig, zuweilen oberseits sehr locker spinnwebig. Juni-Juli. 0,3-1 m.

Vorkommen: Braucht kalkarmen, torfighumosen, feuchtnassen Boden. Besiedelt Ränder von Hochmooren, nasse Stellen in Heiden, geht in luftfeuchtem Klima gelegentlich auch auf Äker. Nur im nordwestlichen Tiefland zwischen Weser und Niederrhein; selten, örtlich aber in individuenreichen Beständen.

Wissenswertes: ♃. Die Englische Kratzdistel ist eine typisch atlantische Pflanze, die ein frostarmes, ausgeglichenes Klima und viel Luftfeuchtigkeit braucht.

Verschiedenblättrige Kratzdistel

Cirsium heterophyllum (L.) HILL
Korbblütengewächse *Asteraceae* (*Compositae*)

Beschreibung: Pflanze distelartig. Blüten in Körbchen, die in der Regel einzeln an der Spitze des Stengels sitzen. Hüllblätter schmal-eiförmig, meist ohne oder mit einem weichen, kaum 0,5 mm langen Stachel. Körbchen 2-4 cm lang und breit; alle Blüten röhrenförmig, zwittrig, purpurn; Achänen gut 4 mm lang; Haarkranz weißlich, als Ganzes abfallend; Haare fedrig, um 3 cm lang. Wurzelstock mit kurzen Ausläufern. Stengel aufrecht, einfach oder mit sehr wenigen, kurzen Ästchen, bis in den Blütenstandsbereich beblättert, oben sehr kurz weiß- oder graufilzig, zumindest im oberen Drittel deutlich gefurcht. Grundständige Blätter zur Blütezeit vorhanden; Stengelblätter wechselständig; grundständige Blätter und unterste Stengelblätter 20-30 cm lang, 4-7 cm breit, fast ganzrandig, in einen - zuweilen undeutlichen - Stiel zusammengezogen; mittlere gesägt oder spärlich fiederteilig; mit verbreitertem, herzförmigem Grund sitzend, oberste Blätter lanzettlich, mit herzförmigem Grund sitzend; alle Blätter oberseits kahl, grün, unterseits grauweiß-filzig, gelbstachelig bewimpert. Juni-August. 0,5-1,5 m.

Vorkommen: Braucht nassen, stickstoffsalzhaltigen, kalkarmen Lehmboden. Besiedelt Ufer, Hochstaudenfluren und Naßwiesen. Vogelsberg, Frankenjura (ob noch?), Sachsen, Thüringen vereinzelt; Bayerischer Wald, Alpen und Vorland zerstreut, in den Kalkalpen sehr selten, an ihren Standorten oft in kleinen, mäßig individuenreichen Beständen; geht bis etwa 2000 m.

Wissenswertes: ♃. Ähnlich: *C. waldsteinii* ROUY: 3-7 Körbchen gehäuft am Stengelende, nickend; Ostalpen; selten.

Graue Kratzdistel

Cirsium canum (L.) ALL.
Korbblütengewächse *Asteraceae* (*Compositae*)

Beschreibung: Pflanze distelartig. Blüten in Körbchen, die einzeln (sehr selten zu 2–5) am Ende des Stengels und – falls vorhanden – der wenigen ziemlich langen, unbeblätterten Äste stehen. Hüllblätter mehrreihig, schmal-eiförmig, nur die äußeren mit einer sehr kurzen, feinen, kaum stechenden Stachelspitze. Körbchen 2,5–4 cm lang, um 2 cm breit; alle Blüten röhrenförmig, zwittrig, purpurn; Achänen knapp 4 mm lang; Haarkranz weißlich, als Ganzes abfallend; Haare fedrig, an der Spitze etwas verdickt, um 1,5 cm lang. Stengel aufrecht oder im Blütenstandsbereich meist nur spärlich verzweigt, in der unteren Hälfte beblättert, oben spinnwebig grauhaarig. Stengelblätter wechselständig, schmal-lanzettlich, ungeteilt oder tief buchtig gezähnt bis fiedrig gelappt, am Rande ungleich stachelig-borstig, unterseits durch kurze Behaarung graugrün, im Alter verkahlend, oberseits grasgrün, die untersten in einen Stiel verschmälert, die folgenden sitzend, ihr Rand am Stengel herablaufend, oberste Blätter sehr schmal lanzettlich bis lineal, sitzend, ungleich am Stengel herablaufend. Juli–Oktober. 0,3–1,5 m.

Vorkommen: Braucht stickstoffsalzreichen feuchtnassen Lehm- oder Tonboden. Besiedelt Naßwiesen, Gräben, Ufer und feuchte Stellen in lichten Wäldern, geht auch in Flach- und Zwischenmoore. In Sachsen selten; in Brandenburg, in Oberösterreich und in Steiermark vereinzelt; in Niederösterreich und im Burgenland zerstreut, örtlich in mäßig individuenreichen Beständen.

Wissenswertes: ♃. Die Art erreicht in den angegebenen Gebieten die Westgrenze ihres Verbreitungsgebiets.

Ungarische Kratzdistel

Cirsium pannonicum (L. f.) LK.
Korbblütengewächse *Asteraceae* (*Compositae*)

Beschreibung: Pflanze auf den ersten Blick wenig distelartig. Blüten in Körbchen, die einzeln am Ende des Stengels oder – falls vorhanden – seiner wenigen Äste stehen. Hüllblätter mehrreihig, schmal-eiförmig, unbestachelt, allenfalls die äußersten mit einem sehr kurzen Stachelspitzchen, die innersten purpurn gefärbt, die übrigen oft mit purpurner Spitze. Körbchen um 2,5 cm lang, 1,5–2 cm breit; alle Blüten röhrenförmig, zwittrig, purpurn; Achänen um 3 mm lang; Haarkranz weißlich, als Ganzes abfallend; Haare fedrig, an der Spitze unverdickt, um 1,5 cm lang. Stengel aufrecht oder oben sehr spärlich verzweigt, nur in der unteren Hälfte beblättert, hier durch die herablaufenden Stengelblätter leicht geflügelt, unten sehr schütter, oben dicht filzig behaart. Stengelblätter wechselständig, ungeteilt, schmal-eiförmig bis schmal-lanzettlich, die unteren in einen – oft undeutlichen – Stiel verschmälert und am Stengel herablaufend, die darüber kommenden sitzend, den Stengel herzförmig umfassend, unterseits locker graufilzig, Rand 1–2 mm lang und fein stachelig gezähnt-bewimpert. Juni–Juli. 0,3–1 m.

Vorkommen: Braucht kalkreichen, ziemlich trockenen und eher stickstoffsalzarmen Lehmboden in Lagen mit sommerwarmem Klima. Besiedelt Halbtrockenrasen und trockene Gebüsche, geht aber auch auf trockenere Stellen in Flachmooren. In Niederösterreich und im Burgenland zerstreut, örtlich in individuenreichen Beständen; im übrigen Österreich vereinzelt; am Alpensüdfuß westwärts bis zum Comer See; selten.

Wissenswertes: ♃. Hauptverbreitungsgebiet: Südosteuropa.

Sumpf-Kratzdistel

Cirsium palustre (L.) SCOP.
Korbblütengewächse *Asteraceae* (*Compositae*)

Beschreibung: Pflanze distelartig. Blüten in Körbchen, die jeweils zu 2–8 kopfig-doldig gedrängt am Ende des Stengels und seiner Äste auf sehr kurzen Stielen stehen oder dort praktisch sitzen. Hüllblätter eiförmig, auf dem Rücken und an der Spitze oft purpurviolett überlaufen, die äußeren mit abstehendem, kurzem, kaum stechendem Stachel. Körbchen 1–1,5 cm lang, 0,6–1 cm breit; alle Blüten röhrenförmig, zwittrig, purpurn; Achänen knapp 3 mm lang; Haarkranz bräunlich-weiß, als Ganzes abfallend; Haare fedrig, knapp 1 cm lang. Stengel aufrecht, einfach oder verzweigt, mäßig dicht behaart, bis kurz unter die Körbchen mit herablaufenden, reich bestachelten Blatträndern. Grundblattrosette im 1. Lebensjahr wohl entwickelt; Stengelblätter wechselständig, bis über 1/3 der Blattspreitenbreite tief buchtig fiederteilig, mit 3eckigen, kurzen Abschnitten, die in einen Stachel auslaufen, oberseits grün, unterseits – vor allem in der Jugend – weißfilzig behaart, am Grunde verschmälert, sitzend, Blattränder weit und reich bestachelt am Stengel herablaufend. Juli–Oktober. 0,5–2 m.

Vorkommen: Auf – wenigstens zeitweise – feuchtnassem, stickstoffsalzreichem Tonboden, der oft wenig Kalk enthält. Besiedelt Feuchtstellen in Wäldern, an Wegen, in Hochstaudenfluren und an Ufern. Sehr häufig, zuweilen in individuenreichen, lockeren Beständen; geht bis etwa zur Laubwaldgrenze.

Wissenswertes: ⊙. Ähnlich: *C. brachycephalum* JURATZKA: Stengel oberwärts stellenweise ungeflügelt, dicht filzig behaart; untere Stengelblätter ungeteilt; Niederösterreich und Burgenland; selten.

Stengellose Kratzdistel

Cirsium acaule SCOP.
Korbblütengewächse *Asteraceae* (*Compositae*)

Beschreibung: Pflanze distelartig. Blüten in Körbchen, die in der Regel einzeln an der Spitze des sehr kurzen Stengels stehen oder „stengellos“ inmitten der Blattrosette sitzen; sehr selten werden 2–3 Körbchen ausgebildet. Hüllblätter schmal eiförmig-zungenförmig, oft an der Spitze violett überlaufen oder berandet, die äußeren und mittleren oft mit kurzem, anliegendem, kaum stechendem Stachel. Körbchen 2,5–3,5 cm lang, 1,2–2,2 cm breit; alle Blüten röhrenförmig, zwittrig, purpurn; Haarkranz schmutzig-weißlich, als Ganzes abfallend; Haare fedrig, 2–3 cm lang. Stengel fehlt oder wird nur wenige cm – vereinzelt bis etwa 25 cm – lang; Stengel unverzweigt, ohne Stacheln oder herablaufende Blattleisten, lang und abstehend ziemlich dicht behaart, meist mit 3–5 – ziemlich dicht wechselständig stehenden – Blättern. Grundblattrosette; alle Blätter bis fast zur Mittelrippe tief fiederteilig; Fiedern wiederum 3–4lappig; Lappen in einen langen Stachel auslaufend; Blattrand bestachelt; Blattnerven auf der Blattunterseite und Blattstiele lang borstig abstehend behaart. Juli–September. 3–25 cm.

Vorkommen: Braucht stickstoffsalzarmen, trockenen, kalkhaltigen, steinigen Lehmboden. Besiedelt Halbtrockenrasen, Trockengebüsche und extensiv genutzte Weiden. Im Tiefland östlich der Weser selten; in den Kalkmittelgebirgen und Kalkalpen zerstreut, zuweilen in lockeren, mäßig individuenreichen Beständen; in den Zentralalpen selten und gebietsweise fehlend; geht bis etwa 2200 m.

Wissenswertes: ♃. Innerhalb der Gattung *Cirsium* werden häufig Artbastarde – auch mit *C. acaule* SCOP. – beobachtet.

Sumpf-Kratzdistel
Cirsium palustre
Graue Kratzdistel
Cirsium canum
Ungarische Kratzdistel
Cirsium pannonicum
Stengellose Kratzdistel
Cirsium acaule

Gewöhnliche Kratzdistel

Cirsium vulgare (SAVI) TEN.
Korbblütengewächse *Asteraceae* (*Compositae*)

Beschreibung: Pflanze distelartig. Blüten in Körbchen, die - jeweils einzeln - am Ende des Stengels und seiner Äste in einem lockeren, traubigen oder in einem armästigen, rispigen Gesamtblütenstand angeordnet sind. Hüllblätter mehrreihig, lanzettlich, in eine pfriemliche Spitze ausgezogen, die in einem langen, gelblichen Stachel endet. Körbchen 3-4 cm lang und 2-3,5 cm breit; alle Blüten röhrenförmig, zwittrig, purpurn; Achänen knapp 4 mm lang; Haarkranz bräunlich-weiß, als Ganzes abfallend; Haare fedrig, 2-3 cm lang. Stengel aufrecht, in der Regel in der oberen Hälfte sparrig mäßig reich verästelt; Zweige schräg aufwärts abstehend; Stengel und Ästchen durch herablaufende Blätter leicht kraus und mäßig stachelig geflügelt; dornig steifhaarig, unten kraus und - jung - oben zuweilen spinnwebig behaart. Grundblattrosette im 1. Jahr wohl entwickelt; Stengelblätter wechselständig, bis kurz vor die Mittelrippe fiederteilig, mit schmal lanzettlich-pfriemlichen Fiedern, die teilweise in ebensolche Abschnitte geteilt sind und jeweils in einen gelblichen Stachel auslaufen; Grundblätter unterseits wollig-filzig, oberseits borstig-steifhaarig; Stengelblätter schütter kurzhaarig bis kahl, sitzend, schwach herablaufend. Juli-Oktober. 0,5-1,5 m.

Vorkommen: Braucht stickstoffsalzreichen, eher trockenen Lehmboden. Besiedelt Wegränder, Raine, Ödland, Ufer und Waldschläge. Sehr häufig. Geht bis etwa zur Ackerbaugrenze, ausnahmsweise (Arosa) bis über 1700 m.

Wissenswertes: ⊙. Die Art ist recht formenreich, doch haben sich in ihr keine Sippen abgrenzen lassen, die man als Unterarten auffassen könnte.

Wollköpfige Kratzdistel

Cirsium eriophorum (L.) SCOP.
Korbblütengewächse *Asteraceae* (*Compositae*)

Beschreibung: Pflanze distelartig. Blüten in Körbchen, die - jeweils einzeln - am Ende des Stengels und seiner Äste in einem lockeren, meist traubigen Gesamtblütenstand angeordnet sind. Hüllblätter mehrreihig, an der dunkel weinrot-violetten Spitze deutlich plattig bis umgekehrt spießförmig verbreitert und in eine allmählich sich aufhellende lange Stachelspitze auslaufend; Hülle von außerordentlich dichten, weißen Spinnwebhaaren durchzogen. Körbchen oft von Hochblättern umstanden, 3-5 cm lang, 3-6 cm breit; alle Blüten röhrenförmig, zwittrig, rotviolett; Achänen um 6 mm lang; Haarkranz glänzend weiß, als Ganzes abfallend; Haare fedrig, 2-3 cm lang. Stengel aufrecht, spinnwebig behaart, stachellos, ohne herablaufende Blattränder. Grundblattrosette im 1. Jahr wohl entwickelt; Stengelblätter wechselständig, bis kurz vor die Mittelrippe fiederteilig, mit lanzettlichen Fiedern, die teilweise in lanzettliche Abschnitte geteilt sind und jeweils in einen langen, gelblichen Stachel auslaufen, am Rand nach unten umgerollt, oberseits grün, rauhborstig und ziemlich kurz behaart, unterseits dicht weißfilzig. Juli-September. 0,5-1,5 m.

Vorkommen: Braucht stickstoffsalzreichen, kalkhaltigen Lehmboden in warmer Lage. Besiedelt intensiv genutzte Weiden, Raine und Ödland. Im Tiefland östlich der Weser sehr selten; in den Kalk-Mittelgebirgen, im Alpenvorland und in den Kalkalpen zerstreut, gebietsweise fehlend, oft in mäßig individuenreichen Beständen. Geht bis etwa 2000 m.

Wissenswertes: ⊙. Formenreiche Art. Unterarten können indessen in Mitteleuropa kaum abgegrenzt werden.

Gewöhnliche Eselsdistel
Onopordum acanthium
Wollköpfige Kratzdistel
Cirsium eriophorum
Gewöhnliche Kratzdistel
Cirsium vulgare
Mariendistel
Silybum marianum

Mariendistel

Silybum marianum (L.) GAERTN.
Korbblütengewächse *Asteraceae* (*Compositae*)

Beschreibung: Pflanze distelartig. Blüten in Körbchen, die - jeweils einzeln - am Ende des Stengels und seiner Äste in einem lockeren, traubigen Gesamtblütenstand angeordnet sind. Hüllblätter mehrreihig, mit einem lanzettlichen Anhängsel, das 1-1,5 cm lang und 5-9 mm breit werden kann und in einen oft sanft gebogenen, etwas rinnigen Stachel von 2-5 cm Länge ausläuft. Körbchen meist ohne oder mit nur wenigen Hochblättern an der Basis, 4-5 cm lang, 3-4 cm breit (ohne die abspreizenden, bestachelten Hüllblätter gemessen); alle Blüten röhrenförmig, zwittrig, purpurn; Achänen knapp 7 mm lang; Haarkranz glänzend weiß, als Ganzes abfallend; Haare nicht fedrig, 1,5-2 cm lang. Stengel aufrecht, in der oberen Hälfte sparrig und mäßig reich verästelt; Zweige schräg aufwärts abstehend, leicht wollig-spinnwebig, bräunlich, in der unteren Hälfte reich beblättert. Grundblattrosette im 1. Jahr wohl entwickelt; Stengelblätter wechselständig, die unteren bis über 1/4 der Spreitenbreite fiederteilig, die oberen fast ganzrandig, am Rand stachelig gezähnt, die unteren in einen geflügelten Stiel verschmälert oder sitzend, die oberen mit herzförmigem Grund stengelumfassend, alle entlang der Nerven auffällig hell verfärbt, kahl oder nur auf den Nerven schütter behaart. Juni-September. 0,5-1,5 m.

Vorkommen: Braucht stickstoffsalzreichen Lehmboden in Gegenden mit milden Wintern. Zier- und Heilpflanze; Heimat: Mittelmeergebiet. Vereinzelt und unbeständig auf ortsnahem Ödland verwildert.

Wissenswertes: ⊙. Enthält in den Achänen Silybin, dem eine zellmembranschützende Wirkung zugeschrieben wird.

Gewöhnliche Eselsdistel

Onopordum acanthium L.
Korbblütengewächse *Asteraceae* (*Compositae*)

Beschreibung: Pflanze distelartig. Blüten in Körbchen, die meist einzeln am Ende des Stengels und der Äste in einem traubig-rispigen, undeutlich doldig-straußig verebneten Gesamtblütenstand angeordnet sind. Hüllblätter am Grund 2-4 mm breit, allmählich in einen kräftigen, stechend-starren, gelbroten, bis zu 5 mm langen Stachel auslaufend; äußere Hüllblätter sparrig abstehend. Körbchen 3-4 cm im Durchmesser (ohne Hüllblätter gemessen); alle Blüten röhrenförmig, zwittrig, purpurn; Achänen knapp 5 mm lang; Haarkranz rötlich-weiß, als Ganzes abfallend; Haare nicht fedrig, 0,5-1 cm lang. Stengel aufrecht, in der oberen Hälfte mäßig reichlich kurzästig, breit stachelig geflügelt. Grundblattrosette im 1. Jahr wohl entwickelt; Stengelblätter wechselständig, bis über 1/4 der Spreitenbreite fiederteilig, mit breit-3eckigen Fiederlappen, die stachelig gezähnt sind und in einen kräftigen, stechenden Stachel auslaufen, schütter bis dicht filzig behaart, mit kaum verschmälertem Grund sitzend und als breite, stark bestachelte Leiste am Stengel herablaufend. Juli-September. 0,5-1,5 m.

Vorkommen: Braucht stickstoffsalzreichen, trockenen, locker-steinigen oder sandigen Lehmboden in Lagen mit sommerwarmem Klima. In den diesen Bedingungen entsprechenden Landschaften selten, größeren Gebieten auch da fehlend; geht etwa bis zur Ackerbaugrenze.

Wissenswertes: ⊙. Zier- und Heilpflanze; enthält Flavonglykoside, Bitterstoff und Gerbstoffe; der Blütenboden wird als Gemüse (ähnlich wie Artischocken) gegessen. - Ähnlich: *O. illyricum* L.: Körbchen 4-6 cm; Blätter fiederteilig; Österreich; eingeschleppt.

Echte Färberscharte

Serratula tinctoria (L.)
Korbblütengewächse *Asteraceae* (*Compositae*)

Beschreibung: Blüten in Körbchen, die zahlreich in einer lockeren, doldig-straußig verebneten Rispe angeordnet sind; am Ende des Stengels bzw. seiner Äste stehen die einzelnen Körbchen kurz gestielt oft knäuelig zu mehreren zusammen; zuweilen sitzen sie. Hüllblätter schmal-eiförmig, oft schwarzviolett überlaufen, am Rand sehr kurz weiß bewimpert. Körbchen 1,5–2 cm lang, 5–9 mm breit (mit den Blüten gemessen); alle Blüten röhrenförmig, zwittrig oder weiblich, purpurn; Achänen um 5 mm lang; Haarkranz mehrreihig, nicht als Ganzes abfallend, weißlich-gelb, knapp 1 cm lang. Stengel aufrecht, in der oberen Hälfte verzweigt, bis in den Blütenstandsbereich beblättert. Stengelblätter wechselständig, die unteren eiförmig bis lanzettlich, gestielt, die übrigen kurz gestielt bis sitzend, zuweilen sehr tief gezähnt bis fiederteilig, übrige fein oder ungleichmäßig tief und scharf gezähnt, am Rand und unterseits auf den Nerven mäßig dicht behaart. Juli–September. 0,2–1,2 m.

Vorkommen: Braucht stickstoffsalzarmen, zeitweise feuchten, kalkhaltigen Lehm- oder Tonboden. Besiedelt Flachmoore, Gräben und lichte Laubwälder. Im Tiefland westlich der Ems vereinzelt; in den Mittelgebirgen, im Alpenvorland und in den Kalkalpen selten, an ihren Standorten oft in mäßig individuenreichen Beständen. Geht kaum über etwa 1200 m.

Wissenswertes: ♃. Sehr vielgestaltige Art, deren innerartliche Untergliederung in Unterarten nicht allgemein anerkannt worden ist. – Ähnlich: *S. lycopifolia* (VILL.) KERN.: Körbchen einzeln, 2–3 cm lang; lanzettliche, grob gesägte Grundblätter; Stengelblätter fiederteilig; Niederösterreich; sehr selten.

Echte Perücken-Flockenblume

Centaurea phrygia L.
Korbblütengewächse *Asteraceae* (*Compositae*)

Beschreibung: Blüten in Körbchen, die einzeln an der Spitze des Stengels und seiner Äste stehen. Hüllblätter grün-braunviolett, mit einem eiförmigen, fedrig-kammartig um 5 mm lang gefransten, schwarzbraunen Anhängsel. Körbchen 2–2,5 cm lang, 2–3 cm breit (mit den Randblüten gemessen); alle Blüten röhrenförmig, die äußeren leicht verlängert, meist strahlig abgespreizt, tief ungleich 5zipflig, steril, die übrigen zwittrig, hellpurpurn; Achänen um 3 mm lang, Haarkranz um 1 mm lang. Stengel oben spärlich kurzästig verzweigt. Stengelblätter wechselständig, die unteren gestielt, breit-eiförmig, in den Stiel verschmälert, gezähnelt; die mittleren eiförmig, spitz, mit verschmälertem Grund sitzend, gezähnelt; die oberen lanzettlich, spitz, gezähnelt oder ganzrandig, mit abgerundet-herzförmigem Grund – doch nicht stengelumfassend – sitzend. August–September. 15–80 cm.

Vorkommen: Braucht kalkarmen, eher frischen Lehm- oder Tonboden. Besiedelt magere Wiesen. Im Tiefland östlich der Elbe, in den Mittelgebirgen mit kalkarmem Gestein östlich ab etwa 10 ° ö. L., selten.

Wissenswertes: ♃. *C. phrygia* L. wird mit *C. pseudophrygia* C. A. MEY. ex RUPR. (Fransen der äußeren Hüllblätter bis 1 cm lang; oberste Blätter stengelumfassend; selten in höheren Mittelgebirgen mit kalkarmem Gestein und bis in mittlere Lagen der Zentral- und Nordostalpen) und *C. stenolepis* KERN. (Blätter ei-lanzettlich, spinnwebig; Südbayern bis Niederösterreich, selten) zur Sammelart *C. phrygia* agg. vereint. – Ähnlich: *C. nervosa* WILLD.: Blätter länglich, entfernt grobzähnig; Zentralalpen südlich der Alpenrhein-Rhone-Linie, Südalpen; selten.

Schwarze Flockenblume

Centaurea nigra L.
Korbblütengewächse *Asteraceae* (*Compositae*)

Beschreibung: Blüten in Körbchen, die einzeln an der Spitze des Stengels und seiner Äste stehen. Hüllblätter undeutlich streifig, mit einem braunschwarzen Anhängsel, das tief und regelmäßig kammartig gefranst ist; Fransen 1,5–3,5 mm lang. Körbchen 1,5–2 cm lang und knapp ebenso breit (mit den Blüten gemessen); alle Blüten röhrenförmig, die Randblüten nicht vergrößert und strahlig abstehend, zwittrig, purpurn; Achänen um 3 mm lang; Haarkranz um 1 mm lang, schwärzlich. Stengel aufrecht, in der oberen Hälfte mäßig reichlich verzweigt, meist schütter oder mäßig dicht sehr kurz behaart. Stengelblätter wechselständig, lanzettlich, die oberen schmal-lanzettlich, mit verschmälertem Grund sitzend, ganzrandig oder fein gezähnelt, besonders jung auf der Unterseite spinnwebig-wollig, im Alter noch häufig mit flockig verteilten Resten, oberseits schütter kurzhaarig, stumpf graugrün. Juli–September. 20–70 cm.

Vorkommen: Braucht kalkarmen, frischen, sandigen Lehmboden. Besiedelt bodensaure Eichenwälder, Bergwiesen, Heiden und Magerweiden. Nur südlich etwa 52 ° n. Br. und westlich 11 ° ö. L.: Kölner Bucht, selten; Mittelgebirge mit kalkarmen Böden zerstreut; bis 1400 m. Vereinzelt unbeständig verschleppt.

Wissenswertes: ♃. Innerhalb der Art wird neben der beschriebenen ssp. *nigra* unterschieden: Ssp. *nemoralis* (JORD.) GREMLI: Körbchen 1–1,5 cm im Durchmesser; kein Haarkranz; reichästig; Blätter durchweg schmal-lanzettlich; im Südwesten des Gebiets. – Ähnlich: *C. rhaetica* MORITZI: Körbchen kaum so breit wie lang, Pflanze oft weißfilzig; vom Luganer See bis ins Engadin; selten.

Schwärzliche Flockenblume

Centaurea nigrescens WILLD.
Korbblütengewächse *Asteraceae* (*Compositae*)

Beschreibung: Blüten in Körbchen, die einzeln an der Spitze des Stengels und seiner Äste stehen. Hüllblätter grün, eiförmig, mit einem 3eckigen, angedrückten, wenig regelmäßig gefransten, schwärzlichen Anhängsel; die Anhängsel überdecken die Hüllblätter nicht gänzlich; die Hülle sieht dadurch schwarz-grün gescheckt aus. Körbchen 1,5–2 cm lang, 1–1,6 cm breit (mit den Blüten gemessen); alle Blüten röhrenförmig, die äußeren zuweilen strahlig abgespreizt, steril, die übrigen zwittrig, purpurn; Achänen um 3 mm lang; Haarkranz fehlt meist. Stengel aufrecht, oben spärlich verzweigt, selten einfach. Stengelblätter wechselständig, die unteren schmal-eiförmig, gestielt, ungeteilt oder leierförmig fiederteilig, die mittleren und oberen eiförmig bis schmal-lanzettlich, mit verschmälertem oder abgerundetem Grund sitzend, ganzrandig oder fiederschnittig, alle kahl oder nur sehr schütter behaart. Juli. 20–50 cm.

Vorkommen: Braucht frischen, kalkarmen, stickstoffsalzhaltigen, sandigen Lehmboden in wintermilden Lagen. Besiedelt Halbtrockenrasen, Fettwiesen, Raine. Vom Harz und von Thüringen bis ins östliche Lothringer Stufenland sehr selten; Alpensüdfuß, südliche Zentralalpen selten; geht bis etwa 1500 m.

Wissenswertes: ♃. Neben der beschriebenen ssp. *nigrescens* werden unterschieden: Ssp. *transalpina* (SCHLEICH. ex DC.) NYMAN: Anhängsel überdecken die Hüllblätter; Körbchen bis 2,5 cm lang, 2 cm breit; südliche Zentralalpen; selten; – ssp. *vochinensis* (BERNH. ex RCHB.) NYMAN: Körbchen 1,5 cm im Durchmesser, untere Blätter rundlich-eiförmig, mittlere stengelumfassend; Südostalpen; selten.

Schwarze Flockenblume
Centaurea nigra
Schwärzliche Flockenblume
Centaurea nigrescens
Echte Färberscharte
Serratula tinctoria
Echte Perücken-Flockenblume
Centaurea phrygia

Wiesen-Flockenblume

Centaurea jacea L.
Korbblütengewächse *Asteraceae* (*Compositae*)

Beschreibung: Blüten in Körbchen, die meist einzeln an der Spitze des Stengels und seiner Äste stehen. Hüllblätter mit einem 2–4 mm langen, bräunlichen, vor allem an der Spitze weißlich berandeten Anhängsel; die Anhängsel überdecken den Hauptteil der Hüllblätter; sie sind trockenhäutig und randlich unregelmäßig kammförmig bewimpert. Körbchen 1,5–2,5 cm lang, 2,5–4 cm breit (mit den strahlig ausgebreiteten Randblüten gemessen); alle Blüten röhrenförmig, die äußeren strahlig abgespreizt und tief 2lippig-5zipflig, steril, die übrigen zwittrig, blaß bläulich-rosa bis purpurn; Achänen um 3 mm lang; Haarkranz fehlt. Stengel einfach oder ziemlich ästig, kahl oder etwas flockig graufilzig, unterhalb der Körbchen ein wenig verdickt. Stengelblätter wechselständig, untere schmal-eiförmig bis lanzettlich, ganzrandig oder gezähnt, obere lanzettlich, kaum 7mal länger als breit. Juni–Oktober. 10–70 cm.

Vorkommen: Braucht mäßig stickstoffsalzhaltigen Lehmboden. Besiedelt Wiesen, Weiden, Flachmoore. Vom Tiefland bis etwa zur Laubwaldgrenze. Sehr häufig.

Wissenswertes: ♃. Neben der beschriebenen ssp. *jacea* werden u. a. folgende ssp. unterschieden: Ssp. *subjacea* (BECK) HYL.: Hüllblätter kammartig; südöstliches Mitteleuropa; zerstreut. – Ssp. *angustifolia* GREMLI: Pflanze spinnwebigfilzig; untere Blätter fiederlappig; Trockenrasen; Süd-Mitteleuropa; selten. – Ssp. *decipiens* (THUILL.) ČELAK.: Pflanze spinnwebig-filzig; untere Blätter ungeteilt; Halbtrockenrasen; Süd-Mitteleuropa; selten. – Ssp. *pratensis* (THUILL.) ČELAK.: Anhängsel dunkelbraun, regelmäßig gefranst; Rhein-Main-Mosel; selten.

Kornblume

Centaurea cyanus L.
Korbblütengewächse *Asteraceae* (*Compositae*)

Beschreibung: Blüten in Körbchen, die einzeln an der Spitze des Stengels und der oft reichlich vorhandenen, langen Äste stehen. Hüllblätter grün, innere am Rand und an der Spitze oft violett überlaufen, schütter borstenhaarig, Anhängsel unscheinbar, am Hüllblattrand herablaufend, kurz und unregelmäßig gefranst. Körbchen um 2 cm lang, 2,5–3,5 cm breit (mit den ausgebreiteten Randblüten gemessen); alle Blüten röhrenförmig, die äußeren strahlig abgespreizt, schief glockig-trichterig, „kornblumenblau“, steril, die inneren rötlich- bis blauviolett, zwittrig; Achänen um 3 mm lang; Haarkranz kaum 3 mm lang. Stengel aufrecht, meist reichlich verzweigt, kantig, kurz anliegend-kraus bis flockig behaart, seltener nahezu kahl. Stengelblätter wechselständig, die unteren gestielt, fiederteilig, zur Blütezeit in der Regel vertrocknet, die oberen sitzend, ungeteilt, schmal-lineal bis pfriemlich, graugrün, unterseits graufilzig bis flockig-spinnwebig. Juni–September. 20–90 cm.

Vorkommen: Braucht eher kalkarmen, stickstoffsalzreichen Lehmboden in sommerwarmer Lage. Besiedelt Getreidefelder und ackernahes Ödland. Vom Tiefland bis in die Bergstufe der Alpen; geht nur vereinzelt über etwa 1400 m; selten, in Sandgebieten oft (noch) häufig und in individuenreichen Beständen.

Wissenswertes: ☉. Die Kornblume – Sinnbild schöner Ackerunkräuter – ist heute durch Herbizidanwendung vielerorts verschwunden oder äußerst selten geworden. Örtlich vermag sie in Rapsfeldern, in denen chemische Unkrautbekämpfung schlechter möglich ist als in Getreidefeldern, wieder Fuß zu fassen; zuweilen tritt sie hier in individuenreichen Beständen auf.

Berg-Flockenblume
Centaurea montana
Wiesen-Flockenblume
Centaurea jacea
Kornblume
Centaurea cyanus
Bunte Flockenblume
Centaurea triumfettii

Berg-Flockenblume

Centaurea montana L.
Korbblütengewächse *Asteraceae* (*Compositae*)

Beschreibung: Blüten in Körbchen, die einzeln an der Spitze des Stengels und seiner Äste stehen. Hüllblätter grün, mit einem kurz-3eckigen, gefransten, schwarzen Anhängsel, das als schwarzer, kammförmig-kurzgefranster Rand bis fast zum Grund des Hüllblatts herabläuft. Körbchen 2-3 cm lang, 3,5-5 cm breit (mit den Randblüten gemessen); alle Blüten röhrenförmig, die äußeren strahlig abgespreizt und tief in 5 Zipfel geteilt, steril, tief „kornblumenblau", seltener hellblau; die inneren rotviolett, zwittrig; Achänen um 5 mm lang; Haarkranz um 1 mm lang. Stengel aufrecht, meist einfach, rauh, dicht und kurz behaart bis flockig-lückig spinnwebig, dicht beblättert. Stengelblätter wechselständig, schmal-eiförmig, ungeteilt, die unteren vereinzelt buchtig gelappt, am Rand oft wellig geschweift oder verbogen, oberseits sehr kurz, aber dicht behaart bis fast kahl, unterseits jung filzig, später verkahlend, untere Blätter kurz gestielt, mittlere und obere sitzend und breitflügelig am Stengel herablaufend. Mai–Juli, oft nochmals September–Oktober. 10–60 cm.

Vorkommen: Braucht humosen, mäßig stickstoffsalzreichen, etwas kalkhaltigen, lockersteinigen Lehmboden in sommerkühlen Lagen. Besiedelt Schluchtwälder und Bergwiesen. Im Tiefland nur vereinzelt; in den Mittelgebirgen mit kalkhaltigen Lehmböden, in den Nördlichen Kalkalpen und auf Kalk in den Zentralalpen zerstreut. Geht etwa bis zur Laubwaldgrenze. Gelegentlich auch aus Gärten ortsnah verwildert.

Wissenswertes: ♃. Ssp. *montana* ist die vorherrschende Sippe; ssp. *mollis* (W. & K. ex Bess.) Gugl. (Blätter bleiben spinnwebig) kommt in Tschechien vor.

Bunte Flockenblume

Centaurea triumfettii All.
Korbblütengewächse *Asteraceae* (*Compositae*)

Beschreibung: Blüten in Körbchen, die einzeln an der Spitze des Stengels und seiner Äste stehen. Hüllblätter grün, an der Spitze oft purpurn überlaufen, mit einem kurz-3eckigen, gefransten Anhängsel, das als hell- bis dunkelbrauner, zuweilen silbrig schimmernder, kammförmiger, lang gefranster Rand (9–14 Fransen jederseits; Fransen bis über 5 mm lang) bis fast zum Grund des Hüllblatts herabläuft. Körbchen 2-3 cm lang, 3–4,5 cm breit (mit den Randblüten gemessen); alle Blüten röhrenförmig, die äußeren strahlig abgespreizt und tief in 5 Zipfel geteilt, steril, tief „kornblumenblau", die inneren purpurviolett, zwittrig; Achänen gut 4 mm lang; Haarkranz um 1 mm lang. Stengel aufrecht, meist einfach, weißfilzig, nie nur kurzhaarig, dicht beblättert. Stengelblätter wechselständig, sehr schmal eiförmig bis lanzettlich, ungeteilt, die unteren oder alle oft weitbuchtig gezähnt, die unteren gestielt, die mittleren und oberen sitzend und kurz am Stengel herablaufend, alle beidseits oder wenigstens unterseits graufilzig, oft leicht seidig glänzend. Mai–Juli. 10–60 cm.

Vorkommen: Braucht kalkhaltigen, mullreichen Lehmboden in sommerwarmen Lagen. Besiedelt lichte, wärmeliebende Laubwälder, Gebüsche und trockenes, hochwüchsiges, ungenutztes Grasland. Vereinzelt im Bayerischen Wald und im Alpenvorland; im österreichischen Einzugsbereich der Donau selten; in den Südalpen von der Steiermark bis ins Tessin sowie im Wallis zerstreut. Geht kaum über etwa 1500 m.

Wissenswertes: ♃. Innerhalb der Art wurden zahlreiche Sippen als Varietäten oder als Unterarten beschrieben; viele von ihnen kommen in Mitteleuropa nicht vor.

Rispen-Flockenblume

Centaurea maculosa LAM.
Korbblütengewächse *Asteraceae* (*Compositae*)

Beschreibung: Blüten in Körbchen, die einzeln am Ende des Stengels und seiner meist zahlreichen Äste in einem doldig-straußig verebneten, rispigen Gesamtblütenstand stehen. Hüllblätter grün, mit einem kurz-3eckigen, beidseits nur wenig herablaufenden, dunkelbraunen, kammartig fransigen Anhängsel; beidseits 7–12 hellfarbene Fransen. Körbchen 1,5–2 cm lang, 1,5–2 cm breit (mit den Randblüten gemessen); alle Blüten röhrenförmig, die äußeren strahlig abgespreizt und mäßig tief 5zipflig geteilt, meist steril, die übrigen zwittrig, alle - oft blaß - bläulich-rosa; Achänen gut 2 mm lang; Haarkranz um 2 mm lang. Stengel steif aufrecht, rauhkantig, schon ab dem unteren Drittel reichlich und sparrig verzweigt, graugrün, etwas graufilzig. Stengelblätter wechselständig, die untersten zum Teil fiederschnittig, gestielt, die übrigen sitzend, die mittleren fiederspaltig-gelappt, die obersten ungeteilt, lineal-lanzettlich, alle ziemlich graufilzig, zuweilen verkahlend und dann grün. Juli–Oktober. 20–90 cm.

Vorkommen: Braucht kalkhaltigen, steinig- oder sandig-lockeren Lehmboden in warmen Lagen. Besiedelt Trockenrasen. Oberrheinische Tiefebene und andere klimabegünstigte Gegenden Süddeutschlands, Genfer See, Alpenvorland vereinzelt und oft unbeständig; Südalpenfuß und Niederösterreich selten.

Wissenswertes: ⊙–♃. Wird u. a. mit *C. stoebe* L. (Hüllblattanhängsel schwarz, jederseits 6–8 Fransen; selten, in Deutschland nördlich bis Mecklenburg, Holstein, Ruhrgebiet) und *C. vallesiaca* (DC.) JORD. (Anhängsel weißlich, 2–6 Fransen; Wallis, Südalpenfuß) zur Sammelart *C. paniculata* agg. zusammengefaßt.

Skabiosen-Flockenblume

Centaurea scabiosa L.
Korbblütengewächse *Asteraceae* (*Compositae*)

Beschreibung: Blüten in Körbchen, die einzeln und meist ziemlich lang gestielt an der Spitze des Stengels und seiner Äste stehen. Hüllblätter stumpf olivgrün, oft mehlig-flaumig bis leicht silbrig-glänzend, mit einem 2–5 mm langen, schwarzen Anhängsel, das als allmählich schmäler werdender schwarzer Rand weit am Hüllblatt herabläuft, kammartig dicht und lang dunkelbraun gefranst. Körbchen 1,8–3 cm lang, 3–5 cm breit (mit den Randblüten gemessen); alle Blüten röhrenförmig, die äußeren vergrößert, strahlig abgespreizt und tief 5zipflig, steril, die übrigen zwittrig, purpurn bis bläulich-rosa; Achänen um 4 mm lang; Haarkranz violett, um 4 mm lang. Stengel aufrecht, in der oberen Hälfte verzweigt, seltener einfach, etwas kantig, kurzhaarig. Stengelblätter wechselständig, meist fiederteilig (sehr selten ungeteilt), Fiedern länglich-lanzettlich, mit wenigen, groben Zähnen oder ganzrandig, etwas ledrig, stumpf und eher dunkel graugrün, beidseits oder nur unterseits durch sehr kurze Börstchen rauh (starke Lupe!). Juni–Oktober. 0,3–1,2 m.

Vorkommen: Braucht kalkreichen, steinig-lockeren, trockenen Lehmboden. Besiedelt Halbtrockenrasen, trockene Magerwiesen und Raine. Fehlt im Tiefland westlich der Elbe oder ist dort sehr selten; östlich von ihr zerstreut, desgleichen in den Mittelgebirgen, im Alpenvorland und in den Alpen (bis fast zur Waldgrenze); oft in lockeren, mäßig individuenreichen Beständen; fehlt in Silikatgebieten mit rauherem Klima auf größeren Strecken.

Wissenswertes: ♃. Innerhalb der Art werden mehrere, schwer abgrenzbare Sippen als Unterarten unterschieden.

Sparrige Flockenblume

Centaurea diffusa LAM.
Korbblütengewächse *Asteraceae* (*Compositae*)

Beschreibung: Blüten in Körbchen, die einzeln an der Spitze des Stengels und seiner zahlreichen Äste stehen und in einem locker-rispigen Gesamtblütenstand angeordnet sind. Hüllblätter hellgrün, trockenhäutig, mit einem schmal-3eckigen, hellen Anhängsel, das an der Spitze in einer 3–4 mm langen Stachelborste endet und an der Seite als heller Rand herabläuft; jederseits 3–8 steife, gelbliche Fransen. Körbchen um 1 cm lang, 1–1,5 cm breit (mit den Blüten gemessen); alle Blüten röhrenförmig, die äußeren kaum vergrößert und nicht strahlig abgespreizt, steril (selten) oder wie die übrigen zwittrig, weißlich-gelb; Achänen um 2 mm lang; kein Haarkranz. Stengel aufrecht, fast vom Grund an reichlich und sparrig verzweigt, kantig, an den Kanten von kurzen Haarbörstchen rauh. Stengelblätter wechselständig, meist doppelt fiederteilig, mit lanzettlichen, kurz stachelspitzen Fiederchen, die unteren gestielt, die oberen und oft schon die mittleren sitzend, alle drüsig punktiert (Lupe!), am Rand und unterseits von kurzen Haaren rauh. Juni–Juli. 10–60 cm.

Vorkommen: Braucht stickstoffsalzreichen, humusarmen, lockeren, sandig-schotterartigen Untergrund in warmen Lagen. Besiedelt Verladestellen und grusige Wege. Heimat: Südosteuropa, bei uns wohl nur eingeschleppt (vielleicht am Unterlauf des Mains, in Brandenburg und Sachsen ursprünglich) und mancherorts an Neckar, Ober-, Mittel- und Niederrhein beständig eingebürgert; sehr selten.

Wissenswertes: ⊙. Die Art wird immer wieder durch Früchte- und Gemüsetransporte (Essiggurken) aus Südosteuropa eingeschleppt und tritt dann unerwartet auf.

Stern-Flockenblume

Centaurea calcitrapa L.
Korbblütengewächse *Asteraceae* (*Compositae*)

Beschreibung: Blüten in Körbchen, die einzeln am Ende des Stengels, der Zweige oder in den Achseln von Stengel und Zweigen sitzen. Hüllblätter grünlich, häutig berandet, mit Ausnahme der innersten in einen kräftigen, weißlichgelben Stachel auslaufend, an dessen Basis nicht selten mehrere kleine Stachelborsten oder Seitenstacheln sitzen. Körbchen 1–1,5 cm lang, 1–1,8 cm breit (mit den Blüten gemessen), an der Basis von den obersten, dicht stehenden Stengelblättern umgeben; alle Blüten röhrenförmig, die äußeren nicht oder kaum vergrößert und nicht strahlig abgespreizt, zwittrig, hellpurpurn bis tiefrosa; Achänen um 3 mm lang; Haarkranz aus 2 Reihen von Haaren, die um 3 mm lang werden. Stengel aufsteigend bis aufrecht, fast vom Grund an steif-sparrig verzweigt, wie die Äste zickzackartig hin- und hergebogen, hellgrün, locker beblättert, ungeflügelt. Stengelblätter wechselständig, fiederteilig und stachelspitzig gezähnt, die oberen zuweilen ungeteilt und ganzrandig; Grundblätter gestielt, aber zur Blütezeit vertrocknet, Stengelblätter sitzend, nicht herablaufend, drüsig punktiert, sehr schütter behaart, stumpfgrün. Juli–September. 10–80 cm.

Vorkommen: Braucht stickstoffsalzreichen Lehm- oder Tonboden in sommerwarmen Lagen. Besiedelt Verladeplätze, Wege und siedlungsnahes Ödland. Hessisches Bergland, Rhein-Main-Neckar-Gebiet, Alpenvorland, Schweizer Jura und Alpensüdfuß vereinzelt; östlich der Elbe sehr selten; Niederösterreich, Burgenland und Steiermark selten.

Wissenswertes: ⊙. Hauptareal: Mittelmeergebiet; gelegentlich auch mit Kleesaaten eingeschleppt.

Sparrige Flockenblume
Centaurea diffusa
Stern-
Flockenblume
Centaurea
calcitrapa
Rispen-Flockenblume
Centaurea maculosa
Skabiosen-Flockenblume
Centaurea scabiosa

Sonnwend-Flockenblume

Centaurea solstitialis L.
Korbblütengewächse *Asteraceae* (*Compositae*)

Beschreibung: Blüten in Körbchen, die einzeln am Ende des Stengels und der Äste stehen. Hüllblätter grünlich, mit Ausnahme der innersten in einen kräftigen, hellgelben, handförmig 5teiligen Stachel auslaufend, wobei der mittlere Stachel mit 1-2 cm Länge meist deutlich länger ist als es die beiden seitlichen sind. Körbchen 1-1,8 cm lang, 1,4-1,8 cm breit (mit den Blüten gemessen), nicht von Stengelblättern umgeben; alle Blüten röhrenförmig, die äußeren nicht vergrößert, nicht strahlig abgespreizt, zwittrig, hellgelb; Achänen um 3 mm lang; Haarkranz (an den äußeren Achänen oft fehlend) knapp 5 mm lang. Stengel aufsteigend oder aufrecht, fast vom Grund an verzweigt, kantig, geflügelt, nicht rauh. Stengelblätter wechselständig, lineal-lanzettlich, sitzend, am Stengel herablaufend; Grundblätter (zur Blütezeit vertrocknet) fiederteilig-leierförmig; Abschnitte länglich, gezähnt oder ganzrandig. Juni-August. 20-80 cm.

Vorkommen: Braucht stickstoffsalzreichen, sandigen Lehm- oder Tonboden in Lagen mit sommerwarmem Klima. Besiedelt Verladeeinrichtungen, seltener Kleeäcker oder siedlungsnahes Ödland. Vereinzelt im Weinbaugebiet von Rhein, Main, Neckar, im Tiefland und im Alpenvorland; in Mecklenburg-Vorpommern, Brandenburg, Thüringen, in Nieder- und Oberösterreich, in der Steiermark, im Schweizer Jura und Mittelland sowie am Alpensüdfuß selten, oft unbeständig.

Wissenswertes: ⊙. Entfernt ähnlich: Benediktenkraut (*Cnicus benedictus* L.): Distelartig; Blüten gelb; Blätter schrotsägeförmig fiederspaltig, stachelig. Selten als Heilpflanze angebaut; unbeständig verwildert.

Bergscharte

Rhaponticum scariosum LAM.
Korbblütengewächse *Asteraceae* (*Compositae*)

Beschreibung: Blüten in Körbchen, die in der Regel einzeln (sehr selten zu wenigen) am Ende des unverzweigten Stengels sitzen. Hüllblätter grünlich, mit einem braunen, rundlich-eiförmigen Anhängsel, das am Rande unregelmäßig zerschlitzt ist; von diesen Anhängseln der jeweils äußeren Hüllblätter werden die darunter liegenden Basisteile der weiter innen kommenden Hüllblätter verdeckt. Körbchen 3,5-7 cm lang, 5-10 cm breit (mit den Blüten gemessen); alle Blüten röhrenförmig, die äußeren nicht vergrößert und nicht strahlig abgespreizt, zwittrig, tiefrosa bis purpurn; Achänen um 8 mm lang; Haarkranz um 1,5 cm lang, rötlich. Stengel aufrecht, einfach, meist 5 mm im Durchmesser oder dicker, gegen das Körbchen nochmals deutlich verdickt, leicht riefig, wollig-flockig, früh verkahlend. Grundblätter kurz gestielt, schmal-eiförmig bis lanzettlich, mit herzförmigem Grund, 20-60 cm lang, 8-15 cm breit; Stengelblätter wechselständig, kurz gestielt, kaum kleiner als die Grundblätter, obere sehr viel kleiner, eiförmig bis lanzettlich, sitzend; alle Blätter ungleich scharf gezähnt, oberseits grün und kahl, unterseits graufilzig. Juli-September. 0,3-1,5 m.

Vorkommen: Braucht feuchten, stickstoffsalz- und kalkhaltigen, schuttig-schiefrigen Boden. Besiedelt Hochstaudenfluren, alpine Ufergebüsche und feuchte, extensiv genutzte Bergwiesen. Fehlt in Deutschland; Vorarlberg, Tirol, Wallis, Schweizer Nordalpen sehr selten; Südalpen und südliche Schweizer Zentralalpen selten. Bevorzugt in Höhen von etwa 1500-2200 m; Höchstgrenze: Engadin 2500 m.

Wissenswertes: ♃. Gelegentlich als Zierpflanze in Gärten; riecht aber unangenehm.

Bergscharte
Rhaponticum scariosum
Rainkohl
Lapsana
communis
Sonnwend-Flockenblume
Centaurea solstitialis
Wegwarte
Cichorium intybus

Wegwarte

Cichorium intybus L.
Korbblütengewächse *Asteraceae* (*Compositae*)

Beschreibung: Blüten in Körbchen, die zahlreich und jeweils einzeln oder zu wenigen an den Enden von Stengel und Ästen sowie in den Astwinkeln sitzen oder kurz gestielt stehen. Pflanze führt Milchsaft. Innere Hüllblätter aufrecht, schmal lanzettlich-zungenförmig, äußere eiförmig-lanzettlich, zurückgebogen-abstehend. Körbchen 3-4 cm im Durchmesser (mit den Blüten gemessen), alle Blüten zungenförmig, zwittrig, fruchtbar; Zungen strahlig abgespreizt, hellblau, Staubgefäße und Griffel aufrecht abstehend; Achänen um 3 mm lang; Haarkranz fehlt praktisch. Stengel aufrecht, sparrig verzweigt, schütter rauhaarig, seltener kahl. Grundblätter in einer Rosette, fiederteilig, mit größerer, gezähnter Endfieder und schmal-3eckigen Seitenfiedern, kurz gestielt, unterseits auf den Nerven schütter rauhhaarig; Stengelblätter wechselständig, sitzend, die unteren im Blattschnitt den Grundblättern ähnlich, die übrigen eiförmig bis lanzettlich, ziemlich klein, am Rand meist wimperig behaart. Juli–September. 0,2–1,5 m.

Vorkommen: Braucht stickstoffsalzreichen, nicht zu trockenen Lehmboden. Besiedelt Wegränder, Weiden und Ödland. Im Tiefland westlich der Elbe größeren Gebieten fehlend, sonst selten, nach Osten häufiger werdend; im übrigen Gebiet häufig, aber im Bergland kaum bis zur Ackerbaugrenze vordringend.

Wissenswertes: ♃. Neben der Wildform (ssp. *intybus*) wird die ssp. *sativum* (DC.) JANCH. unterschieden; ihre Wurzel ist dicker, die Grundblätter sind nur schwach gezähnt. Sie wird zur Zichoriengewinnung angebaut. Eine andere Zuchtform liefert Chicorée-Salat. - Endivie (*Cichorium endivia* L.) ist nahe verwandt.

Rainkohl

Lapsana communis L.
Korbblütengewächse *Asteraceae* (*Compositae*)

Beschreibung: Blüten in Körbchen, die zahlreich, jeweils einzeln und ziemlich lang gestielt an den Enden von Stengel und Ästen stehen; sie sind in einem locker-rispigen, zuweilen angedeutet straußig verebneten Gesamtblütenstand angeordnet. Pflanze führt Milchsaft. Hüllblätter lineal-zungenförmig, spitzlich, mit kielartig-wulstigem Mittelnerv, blau- bis graugrün. Körbchen 1-1,5 cm im Durchmesser (mit den ausgebreiteten Blüten gemessen), alle Blüten zungenförmig, zwittrig, hellgelb; 8–18 Blüten je Körbchen; Achänen knapp 4 mm lang; Haarkranz fehlt. Stengel kahl, nach dem untersten Drittel - oft reichlich - sparrig verzweigt, in der unteren Hälfte, zuweilen bis in den Blütenstandsbereich, schütter steifhaarig. Stengelblätter wechselständig, die unteren lang, die mittleren kurz gestielt, Spreite leierförmig, mit 2 - oft sehr kleinen - seitlichen, leicht buchtig gezähnten Läppchen und einem sehr großen, weitbuchtig und grob gezähnten Endlappen; obere Blätter eiförmig bis lanzettlich, sehr kurz gestielt, stumpf buchtig gezähnt oder ganzrandig, kahl oder schütter behaart. Mai–September. 0,2–1,2 m.

Vorkommen: Braucht stickstoffsalzreichen, lückig bewachsenen Lehmboden an Orten mit hoher Luftfeuchtigkeit und ohne direkte, starke Besonnung. Besiedelt ortsnahes Ödland, Gärten, Äcker, Gebüsche und Waldränder. Sehr häufig, aber meist nur in individuenarmen, lockeren Beständen. Geht kaum bis zur Höhengrenze des Getreideanbaus.

Wissenswertes: ⊙. Ob der Rainkohl in Mitteleuropa ursprünglich beheimatet war oder aber durch den Getreideanbau eingeschleppt worden ist, ist unentschieden.

Einköpfiges Ferkelkraut

Hypochoeris uniflora VILL.
Korbblütengewächse *Asteraceae* (*Compositae*)

Beschreibung: Blüten in Körbchen, die einzeln dem unverzweigten, unter dem Körbchen deutlich verdickten Stengel ansitzen. Pflanze führt Milchsaft. Hüllblätter lanzettlich, unregelmäßig gefranst, dunkel olivgrün, dicht schmutzigweiß kraushaarig. Körbchenboden mit lineal-pfriemlichen Spreublättern. Körbchen 3,5–6 cm im Durchmesser (mit den ausgebreiteten Blüten gemessen); alle Blüten zungenförmig, zwittrig, hell goldgelb; Achänen um 1,5 cm lang (mit Schnabel 3–4 mm länger); Haarkranz gelblich-weiß, 1reihig; Haare fedrig. Stengel aufrecht, unter dem Körbchen allmählich verdickt und zuletzt meist dicker als 5 mm, blattlos oder mit 1–5 Stengelblättern, dicht rauhhaarig. Grundblattrosette zur Blütezeit vorhanden; Grundblätter nie gefleckt, ungestielt, lanzettlich bis schmal-eiförmig, unregelmäßig und entfernt buchtig gezähnt, mäßig dicht - unterseits dichter - kurz und rauh behaart; Stengelblätter wechselständig, das unterste zuweilen den Grundblättern in Größe und Form noch vergleichbar, aber rasch kleiner werdend, oft die mittleren nur noch um 1 cm lang, schmal-eiförmig bis lineal. Juli–September. 15–50 cm.

Vorkommen: Braucht kalkfreien, torfighumosen, stickstoffsalzarmen Lehmboden. Besiedelt alpine Wiesen und Weiden und steiniglückige, anmoorige Matten. Sudeten selten; Alpen zerstreut, oft in individuenreichen, aber sehr lockeren Beständen. Bevorzugt in Höhen zwischen etwa 1500–2500 m.

Wissenswertes: ♃. Eine südalpine Sippe (ssp. *facchiniana* AMBROSI) zeichnet sich durch kleinere Körbchen und randlich kahle Hüllblätter aus; sie ist selten.

Geflecktes Ferkelkraut

Hypochoeris maculata L.
Korbblütengewächse *Asteraceae* (*Compositae*)

Beschreibung: Blüten in Körbchen; diese stehen einzeln am Ende des Stengels und seiner 1–3 Zweige; weder Stengel noch Zweige unter den Körbchen verdickt. Pflanze führt Milchsaft. Hüllblätter lanzettlich, an der Spitze abstehend, schwärzlich-grün, kurz und steif behaart. Körbchenboden mit lineal-pfriemlichen Spreublättern. Körbchen 3–4,5 cm im Durchmesser (mit den ausgebreiteten Blüten gemessen), alle Blüten zungenförmig, zwittrig, satt zitronengelb; Achänen 1–1,7 cm lang (mit Schnabel); Haarkranz gelblich-weiß, 0,5–1 cm lang, 1reihig; Haare fedrig. Stengel aufrecht, unter dem Körbchen nicht verdickt, höchstens 3 mm dick, blattlos oder mit 1–4 Blättern, kurz und steif behaart. Grundblattrosette zur Blütezeit vorhanden; Grundblätter dem Boden anliegend, oft braun gefleckt, ungestielt, breit-eiförmig bis lanzettlich, unregelmäßig buchtig gezähnt, fast kahl oder beiderseits rauhhaarig; Stengelblätter wechselständig, deutlich kleiner als die Grundblätter, oft fast ganzrandig. Mai–August. 20–70 cm.

Vorkommen: Braucht stickstoffsalzarmen, kalkhaltigen oder etwas entkalkten, wechseltrokkenen, humosen, locker-sandigen Lehm- oder Tonboden. Besiedelt Halbtrockenrasen, extensiv genutzte Weiden, Wald- und Gebüschsäume sowie lichte, trockene Wälder. Fehlt im Tiefland westlich der Elbe oder ist dort sehr selten, östlich von ihr selten; Mittelgebirge mit Lehmböden und Alpenvorland selten, in den Kalkalpen nur vereinzelt und kaum über etwa 1500 m, Niederösterreich zerstreut.

Wissenswertes: ♃. Die Art hat ihr Hauptverbreitungsgebiet im südöstlichen Europa bis nach Südsibirien.

Gewöhnliches Ferkelkraut

Hypochoeris radicata L.
Korbblütengewächse *Asteraceae* (*Compositae*)

Beschreibung: Blüten in Körbchen; diese stehen einzeln am Ende des Stengels und - falls vorhanden - seiner wenigen Äste; Stengel und Äste unter den Körbchen kaum verdickt, nie über 5 mm im Durchmesser. Pflanze führt Milchsaft. Hüllblätter lanzettlich, trübgrün, auf der Rückenmitte oft mit einem Streifen kurzborstiger Haare. Körbchenboden mit lineal-pfriemlichen Spreublättern. Körbchen 2,5–4 cm im Durchmesser (mit den ausgebreiteten Blüten gemessen); alle Blüten zungenförmig, zwittrig, gelb; Achänen um 1,5 cm lang (mit Schnabel gemessen), die randständigen oft nur 1/3 so lang; Haarkranz gelblich-weiß, 2reihig; äußere Haare nicht fedrig, innere meist nur in der unteren Hälfte fedrig, um 1 cm lang. Stengel aufrecht oder etwas schief, einfach oder wenig verzweigt, blaugrün, kahl oder unten schütter steifhaarig. Grundblattrosette zur Blütezeit vorhanden; Grundblätter im Umriß eiförmig bis lanzettlich, tief buchtig gezähnt bis stumpf fiederteilig, dem Boden anliegend, nie gefleckt, fast kahl oder beidseitig mäßig dicht rauhhaarig; am Stengel nur wenige, kurz pfriemlich-lanzettliche Schuppenblätter. Juni–Oktober. 20–60 cm.

Vorkommen: Braucht stickstoffsalz- und kalkarmen, sandigen Lehm- oder Tonboden in Lagen mit hoher Luftfeuchtigkeit. Besiedelt Wiesen, Rasen, Heiden. Häufig, aber in rauhen Lagen kleineren Gebieten fehlend; geht nur vereinzelt über etwa 1500 m.

Wissenswertes: ♃. Der deutsche Name bezieht sich auf eine frühere Verwendung der Blätter als Ferkelfutter. Welchen Vorteil ihre Verfütterung gebracht haben soll, ist unbekannt; vermutlich gibt es ihn nicht.

Kahles Ferkelkraut

Hypochoeris glabra L.
Korbblütengewächse *Asteraceae* (*Compositae*)

Beschreibung: Blüten in Körbchen; diese stehen einzeln am Ende des Stengels und - falls vorhanden - seiner wenigen Äste; Stengel und Äste unter den Körbchen kaum verdickt, nie über 5 mm im Durchmesser. Pflanze führt Milchsaft. Hüllblätter lanzettlich, dunkelgrün, am Rand hellhäutig, ohne Haarstreif auf dem Rücken. Körbchenboden mit lineal-pfriemlichen Spreublättern. Körbchen 1,8–3 cm im Durchmesser (mit den ausgebreiteten Blüten gemessen); alle Blüten zungenförmig, zwittrig, gelb; Achänen unterschiedlich; randständige schnabellos, um 4 mm lang; innere lang geschnäbelt, um 7 mm lang; Haarkranz gelblich-weiß, 2reihig; äußere Haare nicht fedrig, innere meist nur in der unteren Hälfte fedrig, um 1 cm lang. Stengel niederliegend, aufsteigend oder aufrecht, grün, meist verästelt, kahl. Grundblätter zur Blütezeit vorhanden, dem Boden anliegend, nie gefleckt, buchtig gezähnt bis fiederteilig, in einen kurzen, geflügelten Stiel verschmälert, kahl (ausnahmsweise schütter behaart); Zähne und Fiedern 3ekkig; Stengelblätter fehlen oder - wenn vorhanden - wenige, wechselständige, kleine, pfriemliche Schuppenblätter, vorwiegend in der oberen Stengelhälfte. Juni–Oktober. 10–40 cm.

Vorkommen: Braucht humusarmen, gleichwohl stickstoffsalzhaltigen, kalkarmen, nicht zu feuchten Sandboden. Besiedelt Sandrasen, Brachen, Wegränder. Im Tiefland zerstreut, doch vor allem westlich der Elbe gebietsweise fehlend; in den Sandgebieten der Mittelgebirge und am Alpensüdfuß selten.

Wissenswertes: ⊙. Wo das Kahle Ferkelkraut in größerer Individuenzahl vorkommt, kann es als Sandzeiger gelten.

Kahles Ferkelkraut
Hypochoeris glabra
Einköpfiges Ferkelkraut
Hypochoeris uniflora
Geflecktes Ferkelkraut
Hypochoeris maculata
Gewöhnliches Ferkelkraut
Hypochoeris radicata

Hainlattich

Aposeris foetida (L.) LESS.
Korbblütengewächse *Asteraceae* (*Compositae*)

Beschreibung: Blüten in Körbchen, die einzeln dem unverzweigten, unter dem Körbchen nicht verdickten und durchweg ziemlich dünnen Stengel ansitzen. Pflanze führt Milchsaft, der - auf die Haut gebracht - ziemlich stinkt, wie dies - abgeschwächt - auch die intakte Pflanze tut. Hüllblätter 2reihig, die äußeren kaum 2 mm lang; keine Spreublätter auf dem Körbchenboden. Körbchen 3-4,5 cm im Durchmesser (mit den ausgebreiteten Blüten gemessen); alle Blüten zungenförmig, zwittrig, goldgelb; Achänen um 5 mm lang; kein Haarkranz. Stengel unverzweigt, blattlos, kahl, im oberen Viertel mit wenig auffallendem, schütterem, mehlig-feinkörnigem Überzug. Alle Blätter in einer grundständigen Rosette, im Umriß lanzettlich, bis auf den Mittelnerv schrotsägeförmig fiederteilig, mit leicht nach rückwärts gerichteten, breit-3eckigen Fiederabschnitten, die vorne in der Regel ganzrandig sind, am Hinterrand hingegen oft wenige, grobe, meist stumpfe und breite Zähne aufweisen. Juni–August. 5–25 cm.

Vorkommen: Braucht kalk- und mullhaltigen, locker-frischen Lehm- oder Tonboden. Besiedelt Gehölze von der Bergwald- bis zur Krummholzstufe in den Alpen und Voralpen. Nördliche Kalkalpen westlich des Toten Gebirges zerstreut und örtlich in individuenreichen, mäßig lockeren Beständen, ebenso in den Südlichen Kalkalpen; sonst nur vereinzelt oder fehlend. Bevorzugt zwischen etwa 800–2000 m.

Wissenswertes: ♃. Die Zusammensetzung des Milchsaftes scheint unbekannt zu sein; wir haben keine Angaben über Inhaltsstoffe gefunden. Der Genuß der Blätter verbietet sich schon wegen des widerlichen Geruchs.

Lämmersalat

Arnoseris minima (L.) SCHWEIGG. & KOERTE
Korbblütengewächse *Asteraceae* (*Compositae*)

Beschreibung: Blüten in Körbchen, die einzeln am Ende des Stengels und seiner - meist nur sehr wenigen - Äste in einem locker-rispigen, angedeutet doldig-straußig verebneten Gesamtblütenstand stehen. Pflanze führt Milchsaft. Hüllblätter 1reihig, mit breitem, weißem Mittelnerv. Körbchenboden ohne Spreublätter. Körbchen 1-1,5 cm im Durchmesser (mit den ausgebreiteten Blüten gemessen); alle Blüten zungenförmig, zwittrig, blaßgelb bis hell goldgelb; Achänen knapp 2 mm lang; Haarkranz fehlt. Stengel aufrecht, spärlich verzweigt, wie die Äste unter den endständigen Körbchen keulig verdickt, blattlos, kahl. Alle Blätter in einer grundständigen Rosette, im Umriß verkehrt-eiförmig bis zungenförmig-keilig verschmälert, allmählich in den kurzen, mehr oder weniger deutlich geflügelten Stiel verlaufend, entfernt und grob stumpfzähnig, oberseits kahl, am Rand bewimpert, unterseits oft kraus und schütter behaart. Juni–September. 5–25 cm.

Vorkommen: Braucht sandigen oder kleinsteinigen, lockeren Lehmboden, geht auch auf reinen Sand. Besiedelt Getreideäcker, Brachen und Binnendünen in Gegenden mit milden Wintern und luftfeuchtem Klima. Im Tiefland zerstreut, aber auch hier kleineren Gebieten fehlend; in den Mittelgebirgen mit Sandböden sehr selten; in Ober- und Niederösterreich selten; am westlichen Alpensüdfuß vereinzelt, selten im Französischen Jura.

Wissenswertes: ⨀. Der Lämmersalat nimmt im Tiefland von West nach Ost zu. Obschon vor allem ältere Rosetten schon bei leichten Frösten zugrunde gehen, ist Lämmersalat im Hinterland der Ostsee eher häufig.

Grauer Löwenzahn
Leontodon incanus
Berg-Löwenzahn
Leontodon montanus
Hainlattich
Aposeris foetida
Lämmersalat
Arnoseris minima

Grauer Löwenzahn

Leontodon incanus (L.) SCHRANK
Korbblütengewächse *Asteraceae* (*Compositae*)

Beschreibung: Blüten in Körbchen, die einzeln am Ende des unverzweigten Stengels stehen. Pflanze führt Milchsaft. Hüllblätter behaart, die inneren mit sehr kurzen (0,5 mm langen) sternförmig verzweigten Haaren (starke Lupe!), die zwischen langen, unverzweigten Haaren stehen; die inneren Hüllblätter sind auch auf der Innenseite - vor allem spitzennah - dicht behaart. Körbchenboden ohne Spreublätter. Körbchen vor dem Aufblühen nickend, 2,5–3,5 cm im Durchmesser (mit den ausgebreiteten Blüten gemessen); alle Blüten zungenförmig, zwittrig, gelb; Achänen 5–8 mm lang; Haarkranz gelblichweiß, äußere Börstchen meist kürzer als die inneren, nicht fedrig, innere fedrig. Stengel aufrecht, unter den Körbchen verdickt, meist mit 1–2 kleinen Schuppenblättchen, mit kurzen Sternhaaren (um 0,2 mm oder kürzer; starke Lupe!) und dadurch grau. Normal ausgebildete Blätter in einer grundständigen Rosette, schmaleiförmig bis lanzettlich, ganzrandig oder entfernt gezähnt, beiderseits dicht mit kurzen Sternhaaren besetzt, fast filzig-grau. Mai–Juni. 15–45 cm.

Vorkommen: Braucht kalkreichen, steinigflachgründigen, trockenen Lehmboden. Besiedelt Trockenrasen, lichte Trockenwälder, Trokkengebüsche und Felsbänder. Östlicher Fränkischer Jura, südlicher Schwäbischer Jura, Alpenvorland, Kalkalpen östlich der Linie zwischen Vierwaldstätter und Comer See; selten, gebietsweise fehlend. Geht bis etwa 2000 m.

Wissenswertes: ♃. Ähnlich: *L. tenuiflorus* (GAUDIN) RCHB.: Körbchen um 2 cm; Blätter kaum grau; Südalpen; selten. - *L. crispus* VILL.: Blätter grobzähnig bis fiederteilig; Achänen 1–1,5 cm; Südalpen, selten.

Berg-Löwenzahn

Leontodon montanus LAM.
Korbblütengewächse *Asteraceae* (*Compositae*)

Beschreibung: Blüten in Körbchen, die einzeln am Stengelende stehen. Pflanze führt Milchsaft. Hüllblätter dicht schwarz und abstehend behaart; Haare unverzweigt, um 2 mm lang. Körbchenboden ohne Spreublätter. Körbchen 3,5–4,5 cm im Durchmesser (mit den ausgebreiteten Blüten gemessen); alle Blüten zungenförmig, zwittrig, goldgelb; Achänen 5–8 mm lang; Haarkranz gelblich-weiß, 1–2reihig; falls äußere Börstchen vorhanden sind, sind sie nicht fedrig; innere fedrig und erheblich länger als die äußeren. Stengel bogig aufsteigend bis aufrecht, so lang wie oder nur wenig länger als die Rosettenblätter, meist unbeblättert oder nur mit 1–2 kleinen Schuppenblättchen, mindestens in der oberen Hälfte dicht, abstehend und schwarz behaart. Normal ausgebildete Blätter in einer grundständigen Rosette, lanzettlich, entfernt und klein gezähnt (selten) oder (häufig) grobzähnig, ja sogar bis nahe zum Mittelnerv schrotsägeförmig fiederteilig, wobei die Fiederabschnitte 3ekkig, ihre Spitzen überwiegend leicht rückwärts gerichtet sind. Juli–August. 3–12 cm.

Vorkommen: Braucht kalkhaltigen, steinig-lockeren, feinerdereichen Untergrund. Besiedelt lang schneebedeckte Schutthalden, Moränen und lückige, alpine Rasen. Alpen: In den Kalkalpen zerstreut, fehlt auch hier kleineren Gebieten, sonst selten. Bevorzugt in Höhen zwischen etwa 1800–2700 m.

Wissenswertes: ♃. Ssp. *montanus*: Haare der Hülle anthrazitgrau; Westalpen. - Ssp. *melanotrichus* (VIERH.) WIDD.: Haare der Hülle schwarz; vorherrschende Sippe. - Ähnlich: *L. montaniformis* WIDD.: Blatt-Endfieder kürzer als 1 cm; Südostalpen; selten.

Rauher Löwenzahn

Leontodon hispidus L.
Korbblütengewächse *Asteraceae* (*Compositae*)

Beschreibung: Blüten in Körbchen, die einzeln am Ende des Stengels stehen; vereinzelt können 1–2 Ästchen ausgebildet sein, die dann ebenfalls ein Körbchen tragen. Pflanze führt Milchsaft. Hüllblätter lanzettlich-zungenförmig, an der Spitze oft schwärzlich berandet, innere Hüllblätter auf der Innenseite an der Spitze behaart. Körbchenboden ohne Spreublätter. Körbchen vor dem Aufblühen nickend, 2,5–4 cm im Durchmesser (mit den ausgebreiteten Blüten gemessen); alle Blüten zungenförmig, zwittrig, hell goldgelb; Achänen 5–8 mm lang; Haarkranz 2reihig, gelblich-weiß; äußere Haarborsten kürzer als die inneren, nicht fedrig; innere Haarborsten fedrig. Dem ziemlich waagrecht unterirdisch kriechenden, knotigen, bis oben reich bewurzelten Rhizom sitzen Rosetten an, die meist mehrere bis viele Stengel treiben; Stengel aufrecht, meist länger als die Rosettenblätter, blattlos oder mit 1–3 pfriemlichen Schuppenblättern, unter dem Körbchen leicht verdickt, meist kahl. Rosettenblätter dem Boden anliegend oder abstehend, fast ganzrandig, buchtig gezähnt oder nicht ganz bis zur Mittelrippe schrotsägeförmig fiederteilig, oberseits schütter borstig behaart oder kahl. Juni–Oktober. 10–60 cm.

Vorkommen: Braucht stickstoffsalzreichen, humosen, frischen Lehmboden. Besiedelt Fettwiesen, Flachmoore, seltener Halbtrockenrasen. Im Tiefland westlich der Elbe nur vereinzelt, östlich zerstreut; sonst häufig. Geht vereinzelt bis über 2500 m.

Wissenswertes: ♃. Sehr formenreiche Art; zahlreiche Varietäten und Formen wurden unterschieden und benannt; sie sind jedoch schwer voneinander abzugrenzen.

Schweizer Löwenzahn

Leontodon helveticus MÉRAT emend. WIDD.
Korbblütengewächse *Asteraceae* (*Compositae*)

Beschreibung: Blüten in Körbchen, die einzeln am Ende des Stengels stehen. Pflanze führt Milchsaft. Hüllblätter oft spitzenwärts schwärzlich-grün, schwarz abstehend und weiß kraus behaart; Haare allerdings kürzer als 1 mm (starke Lupe!). Körbchenboden ohne Spreublätter. Körbchen vor dem Aufblühen nicht nickend, 2,5–3,5 cm im Durchmesser (mit den ausgebreiteten Blüten gemessen); alle Blüten zungenförmig, zwittrig, gelb; Achänen 5–8 mm lang; Haarkranz gelblich-weiß, 1- oder 2reihig; äußere Haarbörstchen sehr kurz, oft fehlend; nur innere Borstenhaare (diese sind stets vorhanden) fedrig, um 1 cm lang. Stengel aufrecht, deutlich länger als die Rosettenblätter, unter dem Körbchen kaum verdickt, meist mit mehreren pfriemlichen Schuppenblättern, nur vereinzelt ganz blattlos, völlig kahl oder unter dem Körbchen schütter behaart. Normale Blätter alle in einer grundständigen Rosette; Rosettenblätter vom Boden abstehend, schmal-eiförmig, ganzrandig oder unregelmäßig buchtig gezähnt bis fast fiederlappig, oberseits zuweilen fast kahl, sonst beidseits schütter bis mäßig dicht abstehend behaart. Juli–September. 10–30 cm.

Vorkommen: Braucht kalkarmen, humosen, feuchten Lehmboden. Besiedelt alpine Matten und Weiden, geht auch ins Legföhren- und Alpenrosengebüsch. Westlicher Nordschwarzwald, Südschwarzwald, Vogesen, Alpenvorland, Alpen; zerstreut, örtlich in lockeren, mäßig individuenreichen Beständen. Bevorzugt zwischen etwa 1500–2500 m, örtlich auch höher.

Wissenswertes: ♃. Formenreiche Art; innerartliche Abgrenzungen lassen sich indessen nur schwer ziehen.

Nickender Löwenzahn

Leontodon saxatilis LAM.
Korbblütengewächse *Asteraceae* (*Compositae*)

Beschreibung: Blüten in Körbchen, die einzeln am Ende des Stengels stehen. Pflanze führt Milchsaft. Hüllblätter kahl oder nur sehr kurz behaart. Körbchenboden ohne Spreublätter. Körbchen vor dem Aufblühen nickend, 2,5–3,5 cm im Durchmesser (mit den ausgebreiteten Blüten gemessen); alle Blüten zungenförmig, zwittrig, gelb; Achänen knapp 4 mm lang; Haarkranz 2reihig, gelblich-weiß; in der äußeren Reihe stehen nur wenige, sehr kurze Börstchen; innere um 8 mm, fedrig. Stengel aufrecht, unter dem Körbchen kaum verdickt, blattlos, kahl, allenfalls an der Basis mit sehr schütter stehenden, etwa 1 mm langen Haaren, die an ihrer Spitze in 2–3 Enden aufgespalten sind (starke Lupe!). Blätter grundständig in einer Rosette, im Umriß lanzettlich, tief buchtig gezähnt, bis nahe an die Mittelrippe fiederteilig, kahl oder nur schütter behaart (Haare wie die an der Stengelbasis um 1 mm lang und an ihrer Spitze in 2–3 Enden aufgespalten; starke Lupe!). Juli–August. 5–30 cm.

Vorkommen: Braucht stickstoffsalzreichen, frischen Lehm- oder Tonboden, der ziemlich verdichtet und mäßig kochsalzreich sein kann. Besiedelt Wege, ortsnahes Ödland, Brachen und Ufer. Im Tiefland – vor allem an den Küsten von Nord- und Ostsee – zerstreut, in den Sandgebieten seltener; in den Mittelgebirgen und Südalpen nur in tieferen Lagen, selten. Früher weithin fehlend, dringt aber heute vermehrt in frisch angelegte Parkrasenflächen und neubegrünte Wegsäume ein.

Wissenswertes: ⊙. Der Nickende Löwenzahn braucht anhaltend hohe Luftfeuchtigkeit; deshalb nimmt er – vor allem östlich der Oder – an Häufigkeit rasch ab.

Herbst-Löwenzahn

Leontodon autumnalis L.
Korbblütengewächse *Asteraceae* (*Compositae*)

Beschreibung: Blüten in Körbchen, die einzeln am Stengel und seiner – meist wenigen – Äste stehen. Pflanze führt Milchsaft. Hüllblätter dunkel- bis schwärzlich-grün, kurzhaarig oder fast kahl. Körbchen vor dem Aufblühen aufrecht, 2,5–3,5 cm im Durchmesser (mit den ausgebreiteten Blüten gemessen); alle Blüten zungenförmig, zwittrig, gelb; Achänen um 5 mm lang; Haarkranz gelblich-weiß, 1reihig; Haare fedrig. Stengel bogig aufsteigend oder aufrecht, bedeutend länger als die Rosettenblätter, in der Regel mehrfach – oft gabelig – verzweigt, unter den Körbchen verdickt, blattlos oder an den Verzweigungsstellen mit kleinen, lanzettlich-pfriemlichen Hochblättchen. „Normale" Blätter alle in einer grundständigen Rosette, oft dem Boden anliegend, im Umriß schmal-eiförmig bis lanzettlich, meist fast bis zum Mittelnerv schrotsägeförmig fiederteilig – Fiederabschnitte schmal –, selten nur grob, buchtig und entfernt tief gezähnt, meist kahl. Juni–Oktober. 15–50 cm.

Vorkommen: Braucht stickstoffsalzreichen, eher kalkarmen Lehm- oder Tonboden, der ziemlich verdichtet und mäßig kochsalzreich sein kann. Besiedelt Fettwiesen und grasige Wege in offenem Gelände. Sehr häufig. Geht im Gebirge bis etwa zur Laubwaldgrenze.

Wissenswertes: ♃. Die Art ist sehr vielgestaltig. Obschon Abgrenzungsschwierigkeiten bestehen, werden üblicherweise 2 Unterarten unterschieden: Ssp. *autumnalis*: Hüllblätter locker und kurz weißhaarig; Stengel mehrmals verzweigt; im Tiefland und in den Mittelgebirgen verbreitet. – Ssp. *pratensis* (KOCH) ARC.: Hüllblätter schwärzlich behaart; Stengel einfach oder nur 1mal gegabelt; Alpen; selten.

Nickender Löwenzahn
Leontodon saxatilis
Schweizer Löwenzahn
Leontodon helveticus
Rauher Löwenzahn
Leontodon hispidus
Herbst-Löwenzahn
Leontodon autumnalis

Gewöhnliches Bitterkraut

Picris hieracioides L.
Korbblütengewächse *Asteraceae* (*Compositae*)

Beschreibung: Blüten in Körbchen, die einzeln am Ende des Stengels und der Äste stehen; sie sind in einem lockeren, straußig verebneten Gesamtblütenstand angeordnet. Pflanze führt Milchsaft. Hüllblätter mehrreihig, grün, die äußeren zahlreich, klein (1 mm breit), abstehend, innen an der Spitze behaart. Körbchenboden ohne Spreublätter. Körbchen 3–4,5 cm im Durchmesser (mit den ausgebreiteten Blüten gemessen); alle Blüten zungenförmig, zwittrig, hell goldgelb; Achänen 3–5 mm lang; Haarkranz 1reihig, weiß; Haare fedrig, um 5 mm lang. Stengel aufrecht, sparrig verzweigt, mindestens im unteren Drittel schütter bis mäßig dicht steifhaarig. Grundblätter in einer Rosette, 6–14 cm lang, 1–5 cm breit, schmal-eiförmig, ganzrandig oder seicht buchtig gezähnt, in einen schmal geflügelten Stiel verlaufend; Stengelblätter wechselständig, untere wie die Grundblätter, obere sitzend, den Stengel halb oder mit 2 stumpfen Zipfeln ganz umfassend. Juli–Oktober. 30–90 cm.

Vorkommen: Auf mäßig kalk- und stickstoffsalzhaltigem, humosem, lockerem Tonboden, seltener auf Lehmboden. Besiedelt Halbtrockenrasen, Wegränder, seltener feinerdereichen Gesteinsschutt. Im Tiefland sehr selten; im Alpenvorland selten; in beiden Bereichen größeren Gebieten fehlend; in den Mittelgebirgen häufig, aber doch kleineren Gebieten fehlend; in den Alpen selten; geht bis etwa 2000 m.

Wissenswertes: ⊙–♃. *P. hieracioides* L. wird mit *P. crepoides* Saut. (Hüllblätter schwarzgrün; Pflanze fast kahl, Blätter ganzrandig; südöstliches Mitteleuropa; selten) zur Sammelart *P. hieracioides* agg. vereint. Formenreiche Art, oft in viele Unterarten unterteilt.

Natternkopf-Bitterkraut

Picris echioides L.
Korbblütengewächse *Asteraceae* (*Compositae*)

Beschreibung: Blüten in Körbchen, die einzeln am Ende des Stengels und der Äste stehen; diese sind in einem lockeren – oft undeutlich – straußig verebneten Gesamtblütenstand angeordnet. Pflanze führt Milchsaft. Hüllblätter mehrreihig, nur 3–5 äußere Hüllblätter, die 4–7 mm breit und bis über 1 cm lang werden; alle Hüllblätter – mindestens schütter – steif behaart. Körbchenboden ohne Spreublätter. Körbchen 3–4,5 cm im Durchmesser (mit den ausgebreiteten Blüten gemessen); alle Blüten zungenförmig, zwittrig, gelb, an den Außenseiten der Zungen zuweilen rötlich; Achänen 6–9 mm lang (mit Schnabel gemessen); Haarkranz 1reihig, weiß; Haare fedrig, um 1 cm lang. Stengel aufrecht, schütter bis mäßig dicht mit ungleich langen Haaren bestanden, sparrig verästelt, etwas hin- und hergebogen. Grundblätter eiförmig bis lanzettlich, ganzrandig bis entfernt buchtig gezähnt, mit schmal geflügeltem Stiel, steifhaarig; Stengelblätter wechselständig, die untersten ähnlich den Grundblättern, kaum kleiner, die oberen sitzend und den Stengel mit abgerundeten Zipfeln umfassend. Juli–August. 30–60 cm.

Vorkommen: Braucht – zumindest mäßig – stickstoffsalzreichen, neutral oder höchstens schwach sauer reagierenden Lehm- oder Tonboden in warmer Lage. Besiedelt ortsnahes Ödland, Äcker, Gärten und Ufer. Pflanze aus dem Mittelmeergebiet, immer wieder, aber meist nur unbeständig eingeschleppt, zuweilen jedoch in warmen Gebieten zeitweilig Fuß fassend.

Wissenswertes: ⊙. Die Pflanze wird zuweilen mit Kleesaaten bei uns eingeschleppt und tritt dann – oft unbeständig – auch da auf, wo sie bislang gefehlt hat.

Gewöhnliches Bitterkraut
Picris hieracioides
Natternkopf-
Bitterkraut
Picris echioides
Großer
Bocksbart
Tragopogon dubius
Südlicher Wiesen-Bocksbart
Tragopogon orientalis

Großer Bocksbart

Tragopogon dubius Scop.
Korbblütengewächse *Asteraceae* (*Compositae*)

Beschreibung: Blüten in Körbchen, die einzeln am Ende des Stengels und der Äste stehen. Pflanze führt Milchsaft. Hüllblätter undeutlich 1reihig, zu 10–12, zur Blütezeit bis zu 3 cm lang (später bis 7 cm) und damit deutlich länger als die ausgebreiteten Randblüten. Körbchenboden ohne Spreublätter. Körbchen 3,5–4,5 cm im Durchmesser (mit den ausgebreiteten Randblüten, aber ohne spreizende Hüllblätter gemessen); alle Blüten zungenförmig, zwittrig, hellgelb; Achänen 2–3,5 cm lang (mit Schnabel gemessen); Haarkranz kürzer als die Achäne; Haare fedrig. Stengel aufrecht, ästig, reichlich beblättert, kahl oder in seiner Jugend locker flockig behaart, unterhalb des Körbchens deutlich verdickt, so daß er am Körbchenansatz mindestens 1,5mal dicker ist als etwa 3 cm darunter. Stengelblätter wechselständig, schmal-lanzettlich, ungestielt, lang zugespitzt, ganzrandig, grasgrün bis blaugrün, am Grunde sitzend und wenigstens teilweise stengelumfassend; an der Stengelbasis zuweilen noch Reste der vorjährigen Blätter. Mai–Juni, oft nochmals im August. 20–80 cm.

Vorkommen: Braucht mäßig stickstoffsalzreichen, trockenen, kalkhaltigen oder wenigstens nicht versauerten Lehmboden. Besiedelt Wege, Bahndämme, trockene Fettwiesen oder gestörte Trockenrasen. Im Tiefland östlich der Elbe sowie in den wärmeren Lagen der Mittelgebirge mit Kalkgestein, im Alpenvorland und am Alpensüdfuß selten; im östlichen Österreich zerstreut; in Silikatgebieten vereinzelt auf Bahnschotter.

Wissenswertes: ⊙. Neben der beschriebenen ssp. *major* (Jacq.) Vollm. wird die ssp. *dubius* unterschieden, die zierlicher, doch schwer abzutrennen ist.

Südlicher Wiesen-Bocksbart

Tragopogon orientalis L.
Korbblütengewächse *Asteraceae* (*Compositae*)

Beschreibung: Blüten in Körbchen, die einzeln am Ende des Stengels und der Äste stehen. Pflanze führt Milchsaft. Hüllblätter 1reihig, meist zu 8, zur Blütezeit um 3 cm lang und damit deutlich kürzer als die ausgebreiteten Randblüten. Körbchenboden ohne Spreublätter. Körbchen 4–6,5 cm im Durchmesser (mit den ausgebreiteten Randblüten gemessen); alle Blüten zungenförmig, zwittrig, hell goldgelb; Achänen 1,5–2,5 cm lang (mit Schnabel gemessen); Haarkranz kürzer als die Achäne; Haare federig. Stengel aufrecht, einfach oder mit wenigen Ästen, kahl oder flockig behaart, unterhalb des Körbchens kaum verdickt, am Körbchenansatz höchstens 1,5mal dicker als etwa 3 cm darunter. Stengelblätter wechselständig, schmal-lanzettlich, ungestielt, lang zugespitzt, ganzrandig, blaugrün, sitzend und mit bauchig verbreitertem Grund halb stengelumfassend; an der Stengelbasis zuweilen Reste der vorjährigen Blätter. Mai–Juli (*T. pratensis* bis September). 30–70 cm.

Vorkommen: Braucht humosen, tiefgründigen Lehm- oder Tonboden. Besiedelt Fettwiesen. Fehlt im Tiefland - vor allem westlich der Elbe - größeren Gebieten, sonst häufig und oft in individuenreichen, lockeren Beständen. Geht etwa bis zur Ackerbaugrenze.

Wissenswertes: ⊙–♃. *T. orientalis* L. wird mit *T. pratensis* L. s. str. (Körbchen 3,5–4,5 cm; Hüllblätter so lang wie oder etwas länger als die Blüten; Blüten hellgelb; Wiesen, Wege, zerstreut, gebietsweise fehlend) und *T. minor* Mill. (Körbchen 2,5–3,5 cm; Hüllblätter doppelt so lang wie die Blüten; Blüten hellgelb; Staubbeutel dunkelbraun; trockene Rasen; sehr selten) zur Sammelart *T. pratensis* agg. vereint.

Purpur-Schwarzwurzel

Scorzonera purpurea L.
Korbblütengewächse *Asteraceae* (*Compositae*)

Beschreibung: Blüten in Körbchen, die einzeln am Ende des Stengels und - falls vorhanden - seiner wenigen Äste stehen. Pflanze führt Milchsaft. Hüllblätter mehrreihig, unverwachsen, zu 12–15, die äußeren eiförmig, braun berandet, die inneren lineal-lanzettlich, weißlich berandet. Körbchenboden ohne Spreublätter. Körbchen 3,5–4,5 cm im Durchmesser (mit den ausgebreiteten Blüten gemessen); alle Blüten zungenförmig, zwittrig, hellila, nach Vanille duftend; Achänen um 1,2 cm lang (mit dem - kurzen - Schnabel gemessen); Haarkranz um 1 cm lang; Haare fedrig, schmutzigweiß. Wurzelstock walzlich, ziemlich dick (aber kaum 1 cm im Durchmesser erreichend), am Übergang zum Stengel schopfig-faserig. Stengel aufrecht, einfach oder in der oberen Hälfte spärlich verzweigt, beblättert. Stengelblätter wechselständig, grasartig, 2–3 mm breit, rinnig 3kantig, kahl oder - seltener und meist nur jung - von lichten Spinnwebhaaren überzogen. Mai-Juni. 15–45 cm.

Vorkommen: Braucht sandigen, etwas kalkhaltigen oder wenigstens nicht sauren, mit Mull oder Schwarzerde durchsetzten, locker-sandigen Lehmboden. Besiedelt Trockenrasen und lichte Trockenwälder. Im Tiefland östlich der Elbe, im Sandgebiet zwischen Neckar- und Mainmündung, auf der Frankenhöhe, in Thüringen, Sachsen-Anhalt und im Alpenvorland vereinzelt; im östlichen Österreich selten, aber hier in lockeren, individuenarmen Beständen; fehlt sonst.

Wissenswertes: ♃. Ähnlich: *S. rosea* W. & K.: Blüten rosa; Südostalpen; selten. - *Tragopogon sinuatus* Avé-Lall.: Stengel unter dem Körbchen keulig; Blüten purpurn; Nord- und Ostseeküste, Alpensüdfuß; selten.

Garten-Schwarzwurzel

Scorzonera hispanica L.
Korbblütengewächse *Asteraceae* (*Compositae*)

Beschreibung: Blüten in Körbchen, die einzeln am Ende des Stengels und seiner wenigen Äste stehen. Pflanze führt Milchsaft, der - auf die Haut gebracht - braune Flecken hervorruft. Hüllblätter 2,5–4 cm lang, am Rand oft flokkig, die äußeren höchstens halb so lang wie die inneren. Körbchenboden ohne Spreublätter. Körbchen 4,5–6,5 cm im Durchmesser (mit den ausgebreiteten Blüten gemessen); alle Blüten zungenförmig, zwittrig, zitronengelb; Achänen um 1,5 cm lang (mit dem Schnabel gemessen); Haarkranz schmutzigweiß, 1–1,5 cm lang; Haare fedrig. Wurzelstock walzlich, braunschwarz, bis 30 cm lang und 1–2 cm dick. Stengel aufrecht, dicht beblättert, in der oberen Hälfte spärlich verzweigt, anfangs fein flaumig, später verkahlend. Grundständige Blätter in einer Rosette, schmal-eiförmig bis schmal-lanzettlich, ganzrandig, selten entfernt und undeutlich gezähnt, zuweilen am Rand etwas wellig; Stengelblätter wechselständig, sitzend, den Stengel teilweise umfassend, die unteren in Form und Länge den Grundblättern ähnlich, obere kleiner, oberste lanzettlich-pfriemlich. Juni–August. 0,4–1,2 m.

Vorkommen: Braucht kalkhaltigen, sandig-tonigen Boden in sonnig-warmen Lagen. Besiedelt Halbtrockenrasen. Vereinzelt zwischen Neckar- und Mainmündung, im Einzugsgebiet des oberen Mains und in Thüringen ursprünglich, ebenso am Alpensüdfuß, sonst gelegentlich in klimatisch begünstigten Gebieten angebaut und aus der Kultur verwildert; selten.

Wissenswertes: ♃. Kulturpflanze seit dem 17. Jahrhundert; für Diabetiker wegen des Inulingehalts, für Magenempfindliche wegen des Schleimgehalts geeignet.

Österreichische Schwarzwurzel

Scorzonera austriaca WILLD.
Korbblütengewächse *Asteraceae* (*Compositae*)

Beschreibung: Blüten in Körbchen, die einzeln am Ende des Stengels stehen. Pflanze führt Milchsaft. Hüllblätter mehrreihig, olivgrün, die äußeren höchstens halb so lang wie die inneren. Körbchenboden ohne Spreublätter. Körbchen 3,5–5 cm im Durchmesser (mit den ausgebreiteten Blüten gemessen); alle Blüten zungenförmig, zwittrig, hellgelb; Achänen um 1 cm lang; Haarkranz um 1 cm lang, rein weiß; Haare fedrig. Rhizom kräftig, an der Stengelansatzstelle mit braunem Faserschopf abgestorbener Blätter. Stengel aufrecht, einfach, gerillt, kahl oder spärlich spinnwebig, mit 1–4 Schuppenblättchen. Grundständige Blätter in einer Rosette, die nicht dem Boden anliegt, länglich-lanzettlich, mit deutlich welliger Spreite, die sich kaum in eine Ebene zwingen läßt, blaugrün, kahl oder – jung – flockig-wollig. April–Mai. 5–30 cm.

Vorkommen: Braucht kalkhaltigen, steinig-flachen Lehmboden. Besiedelt Trockenrasen, lichte Trockengebüsche, Trockenwälder, mäßig dicht bewachsenen Felsschutt und Felsbänder. Hegau, Hochrhein, Wallis, Alpensüdfuß vereinzelt; Niederösterreich selten.

Wissenswertes: ♃. Ähnlich: *S. aristata* RAMOND ex DC.: Äußere Hüllblätter mindestens halb so lang wie die inneren; faserloser Stengelgrund; Haarkranz gelblich-weiß; Stengel blattlos; mittlere Südalpen; selten. – Der Name „*Scorzonera*" soll auf das italienische „scorzone" = Giftschlange zurückgehen, weil man das Rhizom mancher Arten (z. B. von *S. hispanica*) früher als Gegenmittel gegen Schlangenbiß verwendet hat. Auch an „scorza nera", ital. = schwarze Rinde, könnte der Name angelehnt sein.

Niedrige Schwarzwurzel

Scorzonera humilis L.
Korbblütengewächse *Asteraceae* (*Compositae*)

Beschreibung: Blüten in Körbchen, die einzeln am Ende des Stengels und der – nur ausnahmsweise vorhandenen – wenigen Äste stehen. Pflanze führt Milchsaft. Hüllblätter mehrreihig, die äußeren höchstens halb so lang wie die inneren (oft nur 1/4 so lang), an der Basis und am Rand fetzig weißwollig. Körbchenboden ohne Spreublätter. Körbchen 2,5–4 cm im Durchmesser (mit den ausgebreiteten Blüten gemessen); alle Blüten zungenförmig, zwittrig, hellgelb; Achänen um 8 mm lang; Haarkranz um 1 cm lang; Haare fedrig, schmutzigweiß. Am Stengelgrund kein Faserschopf, höchstens einzelne schwärzliche Blattschuppen. Stengel aufrecht, blattlos oder mit 1–5 schmal-lanzettlichen bis pfriemlichen Schuppenblättern, meist einfach oder mit höchstens 3 Ästchen, vor allem in der oberen Hälfte fetzig oder geschlossen spinnwebig-weißwollig. Grundständige Blätter in einer Rosette, die nicht am Boden anliegt, lanzettlich, Spreite geht allmählich in einen ziemlich langen Stiel über, ganzrandig, jung wollig, früh verkahlend, grasgrün. Mai–Juli. 10–40 cm.

Vorkommen: Braucht kalkarmen (oft entkalkten), höchstens mäßig sauren, wechselfeuchten Sand-, Lehm- oder Tonboden. Besiedelt Flachmoore, anmoorige Stellen in lichten Wäldern oder Naßstellen in oberflächlich entkalkten Kalkmagerrasen. Im Tiefland westlich der Weser vereinzelt; östlich von ihr zerstreut; in den Mittelgebirgen südlich des Mains selten, nach Osten – vor allem in Österreich – zerstreut, nach Westen seltener und in der Schweiz gebietsweise fehlend. Geht bis etwa 1500 m.

Wissenswertes: ♃. Seit etwa 1900 geht die Art zurück.

Purpur-Schwarzwurzel
Scorzonera purpurea
Österreichische
Schwarzwurzel
Scorzonera austriaca
Garten-Schwarzwurzel
Scorzonera hispanica
Niedrige Schwarzwurzel
Scorzonera humilis

Schwarzwurzel *Scorzonera*
Stielsamenkraut *Podospermum*
Knorpellattich *Chondrilla*

Kleinblütige Schwarzwurzel

Scorzonera parviflora JACQ.
Korbblütengewächse *Asteraceae* (*Compositae*)

Beschreibung: Blüten in Körbchen, die einzeln am Ende des Stengels und der - nur ausnahmsweise vorhandenen - 1-2 Äste stehen. Pflanze führt Milchsaft. Hüllblätter schmal-3eckig bis lanzettlich, mit schmalem Hautrand und schwarzfleckiger, stumpflicher Spitze. Körbchenboden ohne Spreublätter. Körbchen 2,5–3 cm im Durchmesser (mit den ausgebreiteten Blüten gemessen; üblicherweise öffnet sich das Körbchen nur im prallen Sonnenlicht vollständig); alle Blüten zungenförmig, zwittrig, wachsgelb; Achänen um 8 mm lang; Haarkranz um 1,5 cm lang, schmutzigweiß; Haare fedrig. Kein Faserschopf am Stengelgrund. Stengel aufsteigend oder aufrecht, in der Regel unverzweigt und nur ausnahmsweise mit 1-2 kurzen Ästchen, die dann ebenfalls Körbchen tragen, kahl, unbeblättert oder mit 1-3 schuppenartigen, pfriemlichen Blättchen. Grundständige Blätter in einer Rosette, die nicht dem Boden anliegt, 5–25 cm lang, 0,8–1,5 cm breit, flach, lanzettlich bis lineal-lanzettlich, allmählich in eine langgezogene Spitze auslaufend, ganzrandig, über dem scheidig erweiterten Grund stielartig verschmälert. Mai–Juli. 15–45 cm.

Vorkommen: Braucht sandigen, lehmigen oder tonigen Boden, der kochsalz- oder kalisalzhaltig sein muß, der aber Stickstoffsalze nur in geringer Menge enthalten sollte. Besiedelt Strandwiesen, Salzsümpfe, Salinen und ihre Abzugsgräben. Vereinzelt bei Artern (Sachsen-Anhalt); in Niederösterreich selten, aber örtlich in kleineren Beständen.

Wissenswertes: ♃. Hauptverbreitungsgebiet: Salzsteppen und -sümpfe Südosteuropas und Südsibiriens.

Schlitzblättriges Stielsamenkraut

Podospermum laciniatum (L.) DC.
Korbblütengewächse *Asteraceae* (*Compositae*)

Beschreibung: Blüten in Körbchen, die einzeln am Ende des Stengels und der Äste stehen. Pflanze führt Milchsaft. Hüllblätter mehrreihig, zur Blütezeit 1–1,5 cm lang, zur Fruchtzeit um 3 cm lang. Körbchenboden ohne Spreublätter. Körbchen 2–3 cm im Durchmesser (mit den ausgebreiteten Blüten gemessen); alle Blüten zungenförmig, zwittrig, hellgelb; Achänen um 1 cm lang; an der Spitze der Achänen befindet sich ein kegelförmiger, heller gefärbter „Stiel“, der dicker als die eigentliche Achäne ist und 1–2,5 mm lang wird, wodurch diese eher wie der Schnabel einer Achäne aussieht; Haarkranz um 1 cm lang, weißlich-braun; Haare fedrig. Stengel aufrecht, in der oberen Hälfte spärlich verzweigt, kahl oder etwas wollig behaart. Blätter in grundständiger Rosette und am Stengel wechselständig, alle bis auf den Mittelnerv fiederteilig; Fiedern lineal, mehr als 10mal länger als breit, der Endabschnitt länger als die Seitenfiedern; oberste Blätter weniger geteilt oder ganzrandig und lineal-pfriemlich, sitzend, alle kahl oder schütter kurzhaarig. Juni–August. 10–40 cm.

Vorkommen: Braucht stickstoffsalz- und kalkhaltigen, sandig-tonigen, wechselfeuchten Boden in warmen Lagen; erträgt Kochsalz. Besiedelt Raine, Ödland, gestörte Trockenrasen. Vereinzelt im Harzvorland, selten im Einzugsgebiet von Main und Neckar, am Hochrhein, in Thüringen, Sachsen-Anhalt und Sachsen, im östlichen Österreich und im Wallis.

Wissenswertes: ⊙. Ähnlich: *P. canum* C. A. MEY.: Pflanze ausdauernd (mit nichtblühenden Rosetten); Blüten viel länger als die Hülle; Niederösterreich; selten.

Alpen-Knorpellattich
Chondrilla chondrilloides

Schlitzblättriges Stielsamenkraut
Podospermum laciniatum

Kleinblütige Schwarzwurzel
Scorzonera parviflora

Binsen-Knorpellattich
Chondrilla juncea

Binsen-Knorpellattich

Chondrilla juncea L.
Korbblütengewächse *Asteraceae* (*Compositae*)

Beschreibung: Blüten in Körbchen, die zahlreich dem Stengel und seinen Ästen einzeln oder zu 2–3 end- und blattwinkelständig ansitzen. Pflanze führt Milchsaft. Hüllblätter hellgrün, die äußeren schuppenförmig klein, die inneren lineal-lanzettlich, hautrandig, gezähnelt (Lupe!). Körbchenboden ohne Spreublätter. Körbchen 1,5–2 cm in Durchmesser (mit den ausgebreiteten Blüten gemessen; Körbchen nur im vollen Sonnenlicht geöffnet), mit 7–15 Blüten; alle Blüten zungenförmig, zwittrig, gelb, außen oft rötlich oder weißlich gestreift; Achänen um 1 cm lang (mit Schnabel gemessen; Schnabel etwa so lang wie die eigentliche Achäne); Haarkranz um 7 mm lang, schneeweiß; Haare nicht fedrig, etwas rauh (Lupe!). Stengel aufrecht, in der oberen Hälfte mit mehreren, langen, rutenförmigen Ästen, kantig, unten borstig behaart, später verkahlend. Grundständige Blätter zur Blütezeit vertrocknet, buchtig gezähnt; Stengelblätter wechselständig, die untersten den Grundblättern ähnlich, die übrigen schmal-lanzettlich, buchtig und stachelspitz gezähnt oder ganzrandig, graugrün. Juli–September. 0,3–1 m.

Vorkommen: Braucht mäßig stickstoffsalzreichen, kalkhaltigen, humos-sandigen Lehm- oder Tonboden. Besiedelt trockene Rasen, Raine, Brachen und Ödland. Im Tiefland westlich der Elbe vereinzelt, östlich zerstreut; in den Sandgebieten vom Ober- und Niederrhein, am Main und im Einzugsgebiet der Donau von Ingolstadt abwärts selten; im östlichen Österreich zerstreut, in der Südwestschweiz selten.

Wissenswertes: ♃. Kompaßpflanze, die ihre Blätter etwa in Nord-Süd-Richtung einreguliert.

Alpen-Knorpellattich

Chondrilla chondrilloides (ARD.) KARSTEN
Korbblütengewächse *Asteraceae* (*Compositae*)

Beschreibung: Blüten in Körbchen, die zahlreich dem Stengel und seinen Ästen in einem doldig-straußig verebneten Gesamtblütenstand ansitzen. Pflanze führt Milchsaft. Hüllblätter trübgrün, die äußeren schuppenförmig klein, die inneren lineal-lanzettlich, weiß berandet, ganzrandig. Körbchenboden ohne Spreublätter. Körbchen 2–2,5 cm im Durchmesser (mit den ausgebreiteten Blüten gemessen), mit 7–15 Blüten; alle Blüten zungenförmig, zwittrig, gelb, außen oft rötlich überlaufen; Achänen um 6 mm lang (mit Schnabel gemessen; Schnabel etwa so lang wie die eigentliche Achäne); Haarkranz um 7 mm lang, schneeweiß; Haare nicht fedrig, etwas rauh (Lupe!). Stengel aufrecht, mehrfach gabelig verzweigt, glatt, kahl. Grundständige Blätter zur Blütezeit noch vorhanden, grün und funktionstüchtig, ganzrandig oder entfernt buchtig gezähnt mit jederseits verhältnismäßig wenigen Zähnen, 2–7 cm lang, 3–9 mm breit. Stengelblätter wechselständig, kleiner als die Grundblätter, schmal-lanzettlich, oberste nahezu pfriemlich, ganzrandig, durch ihre Kleinheit fast hochblattähnlich. Juli–August. 10–30 cm.

Vorkommen: Braucht kalkreichen, sickerfeuchten Sand- oder Kiesboden, der feinerde- und humusarm sein kann. Besiedelt Sandbänke, Schotterflächen, Ufer. Sehr selten im Alpenvorland; in den Kalkalpen östlich der gedachten Linie vom Züricher See zum Comer See selten, örtlich – vor allem in den südöstlichen Kalkalpen – in mäßig individuenreichen, lockeren Beständen. Geht selten höher als etwa 1500 m.

Wissenswertes: ♃. Die Art hat ihren Verbreitungsschwerpunkt in den Ostketten der Südlichen Kalkalpen.

Kronenlattich

Calycocorsus stipitatus (JACQ.) RAUSCHERT
Korbblütengewächse *Asteraceae* (*Compositae*)

Beschreibung: Blüten in Körbchen, die einzeln am Stengel und - falls vorhanden - seiner 1-5 unverzweigten Äste stehen. Pflanze führt Milchsaft. Hüllblätter 2reihig, die äußeren viel kürzer als die inneren, diese dunkelgrün, schwärzlich rauhhaarig. Körbchenboden ohne Spreublätter. Körbchen 2,5–3 cm im Durchmesser (mit den ausgebreiteten Blüten gemessen), vielblütig (mehr als nur 7–15 Blüten); alle Blüten zungenförmig, zwittrig, goldgelb; Achänen knapp 1 cm lang (mit Schnabel gemessen; Schnabel länger als die eigentliche Achäne); Haarkranz um 7 mm lang, reinweiß; Haare einfach, nicht fedrig. Stengel aufrecht, in der oberen Hälfte oftmals mit 2-5 kurzen Ästen, im unteren Drittel kahl, nach oben zunehmend abstehend und dicht schwarz behaart, meist mit 1–2 kleinen, schmal-lanzettlichen bis pfriemlichen Blättchen, gelegentlich auch blattlos. Grundblätter in einer Rosette, die dem Boden anliegt oder ziemlich von ihm absteht; Grundblätter eiförmig bis lanzettlich, ganzrandig oder buchtig gezähnt, schütter behaart oder kahl. Juni–August. 15–40 cm.

Vorkommen: Braucht feucht-nassen, torfigen oder tonigen Boden. Besiedelt Ufer, Flachmoore und Quellfluren. Bayerischer Wald, Alpenvorland, Ostalpen (westlich bis etwa zum Pilatus und Gotthard, Einzelstandort in den mittleren Berner Alpen) zerstreut; steigt bis gegen 2200 m, vereinzelt auch höher.

Wissenswertes: ♃. Die Art wurde früher als „*Willemetia stipitata* (JACQ.) CASS." beschrieben. So kann sie indessen nicht genannt werden, da *Willemetia* nicht gültig als Gattung beschrieben worden ist. Dennoch wird der ungültige Name da und dort verwendet.

Alpen-Milchlattich

Cicerbita alpina (L.) WALLR.
Korbblütengewächse *Asteraceae* (*Compositae*)

Beschreibung: Blüten in Körbchen, die in einer einfachen oder zusammengesetzten Traube am Ende des Stengels stehen. Pflanze führt Milchsaft. Hüllblätter mehrreihig, borstig-drüsig behaart. Körbchenboden ohne Spreublätter. Körbchen um 2 cm im Durchmesser (mit den ausgebreiteten Blüten gemessen); alle Blüten zungenförmig, zwittrig, blauviolett, an der Basis heller bis weißlich; Achänen knapp 5 mm lang; Haarkranz undeutlich 2reihig, um 7 mm lang; äußere Haare kürzer als die inneren, alle einfach, nicht fedrig. Stengel aufrecht, meist einfach, vor allem in der oberen Hälfte zuweilen violett überlaufen und stets ziemlich dicht und abstehend drüsig behaart. Grundständige Blätter und unterste Stengelblätter 8–25 cm lang, 2–12 cm breit, leier- bis schrotsägeförmig, bis nahe an den Mittelnerv fiederteilig, mit einem großen, im Umriß 3eckigen Endabschnitt und bei den unteren Blättern mit mehreren, senkrecht zum Mittelnerv abstehenden Fiederabschnitten, Abschnitte buchtig gezähnt, kahl oder nur am Rand schütter behaart, oberseits dunkelgrün, unterseits blaugrün, sitzend, den Stengel mit spitzen Zipfeln teilweise umfassend. Juli–September. 0,5–2 m.

Vorkommen: Braucht sickerfeuchten, mäßig stickstoffsalzhaltigen, mullreichen Lehm- oder Tonboden. Besiedelt Bergwälder und Hochstaudenfluren. Rothaargebirge, Harz, Hessisches Bergland, Fichtelgebirge vereinzelt; Bayerischer Wald, Südschwarzwald, Vogesen, Schweizer Jura, Alpen zerstreut, oft in individuenreichen, zum Teil dichten Beständen. Bevorzugt Höhen zwischen etwa 1000–2000 m.

Wissenswertes: ♃. In den Mittelgebirgen Eiszeitrelikt.

Französischer Milchlattich

Cicerbita plumieri (L.) KIRSCHL.
Korbblütengewächse *Asteraceae* (*Compositae*)

Beschreibung: Blüten in Körbchen, die in einem locker-rispigen, oft nur undeutlich doldig-straußig verebneten Gesamtblütenstand stehen. Pflanze führt Milchsaft. Hüllblätter mehrreihig, oft violett überlaufen, kahl. Körbchenboden ohne Spreublätter. Körbchen 2–3 cm im Durchmesser (mit den ausgebreiteten Blüten gemessen); alle Blüten zungenförmig, zwittrig, stahlblau; Achänen um 7 mm lang, breitrandig (Lupe!); Haarkranz undeutlich 2reihig, um 7 mm lang; äußere Haare kürzer als die inneren, alle einfach, nicht fedrig. Stengel aufrecht, im Blütenstandsbereich rispig verzweigt, oft violett überlaufen, kahl. Grundständige Blätter und untere Stengelblätter 5–50 cm lang, 2–15 cm breit, leier- bis schrotsägeförmig, bis fast zum Mittelnerv fiederteilig, mit einem großen, im Umriß 3eckigen Endabschnitt und bei den unteren Blättern mit mehreren, senkrecht zum Mittelnerv abstehenden Fiederabschnitten, Abschnitte buchtig gezähnt, kahl, oberseits dunkelgrün, unterseits blaugrün, sitzend, den Stengel mit abgerundeten Zipfeln teilweise umfassend. Juli–August. 0,5–1,3 m.

Vorkommen: Braucht sickerfeuchten, mäßig stickstoffsalzreichen, meist kalkarmen, humos-steinigen Lehm- oder Tonboden. Besiedelt Hochstaudenfluren, hochstaudenreiche Gebüsche und Wälder sowie ruhenden Felsgrobschutt in schattigen Lagen. Hochvogesen, Westalpen vom Saanental bis ins Wallis und nach Savoyen, früher am Feldberg im Südschwarzwald; vorwiegend zwischen etwa 1000–1800 m.

Wissenswertes: ♃; ▽. Ob das frühere Vorkommen der Art am Feldberg ursprünglich war, ist ungeklärt.

Wiesen-Löwenzahn, Kuhblume

Taraxacum officinale agg.
Korbblütengewächse *Asteraceae* (*Compositae*)

Beschreibung: Blüten in Körbchen, die einzeln am Ende des Schafts stehen. Pflanze führt Milchsaft. Hüllblätter 2reihig, äußere kleiner als innere, spätestens zur Fruchtzeit zurückgeschlagen. Körbchenboden leicht gewölbt, bienenwabenartig, weißlich, ohne Haare und Spreublätter. Körbchen 2,5–5 cm im Durchmesser (mit den ausgebreiteten Blüten gemessen); alle Blüten zungenförmig, zwittrig, goldgelb; Achänen knapp 5 mm lang, mit einem mehr als doppelt so langen, dünnen Schnabel; Haarkranz weiß; Haare nicht fedrig. Stengel schaftartig, hohl, kahl oder schütter flockig. Blätter in einer grundständigen Rosette, im Umriß schmal verkehrt-eiförmig bis lanzettlich, bis nahe zum Mittelnerv schrotsägeförmig fiederteilig, selten buchtig gesägt, kahl oder mit dünnen Haarflocken. März–November. 5–50 cm, vereinzelt noch höher.

Vorkommen: Braucht stickstoffsalzreichen Lehm- oder Tonboden. Besiedelt Rasen und Wegränder. Sehr häufig.

Wissenswertes: ♃; (☠). Enthält Sesquiterpenlacton-Bitterstoffe; bei Kindern, die an den Stengeln gesogen hatten, wurden Vergiftungserscheinungen beobachtet. – Die Gattung *Taraxacum* wird in rund 1 Dutzend Sammelarten und in über hundert Kleinarten gegliedert. Nur Spezialisten können diese einigermaßen zuverlässig bestimmen. Die Vielfalt wird durch sexuelle wie apomiktische Fortpflanzung verursacht; diploide Sippen kommen neben polyploiden vor; manche Sippen zeigen Bastardnatur und sind daher vielgestaltig; auch Umwelteinflüsse verändern das Erscheinungsbild stark. Aus diesen Gründen verzichten wir auf eine Untergliederung.

Wiesen-Löwenzahn
Taraxacum officinale
Alpen-Milchlattich
Cicerbita alpina
Kronenlattich
Calycocorsus stipitatus
Französischer Milchlattich
Cicerbita plumieri

Kohl-Gänsedistel

Sonchus oleraceus L.
Korbblütengewächse *Asteraceae* (*Compositae*)

Beschreibung: Blüten in Körbchen, die in einem mäßig lockeren, endständigen, traubigen und etwas doldig verebneten Gesamtblütenstand stehen. Pflanze führt Milchsaft. Hüllblätter mehrreihig, dachziegelig, nach dem Verblühen nach unten gebogen, vor allem vor dem Aufblühen fetzig weißflockig. Körbchenboden ohne Spreublätter, kahl. Körbchen 1,5–2,5 cm im Durchmesser (mit den ausgebreiteten Blüten gemessen); alle Blüten zungenförmig, zwittrig, gelb bis weißlich-gelb, gelegentlich außen rötlich überlaufen. Achänen knapp 3 mm lang; Haarkranz weiß, mehrreihig, 5–8 mm lang; Haare nicht fedrig. Stengel aufrecht, meist verzweigt, kahl oder im obersten Teil schütter drüsenhaarig; junge Körbchenstiele oft weißflockig. Stengelblätter wechselständig, weich, sitzend und mit breiten, zugespitzten Zipfeln den Stengel umfassend, bis über 1/4 der Spreitenbreite fiederteilig, Endfieder oft deutlich vergrößert, Fiederabschnitte ungleich und spitz, aber nicht stechend stachelig gezähnt, oberseits dunkelgrün bis leicht blaugrün, oft weinrot überlaufen, unterseits gleichfarben, doch heller, beidseits kahl. Juni–Oktober. 30–90 cm.

Vorkommen: Braucht stickstoffsalz- und humusreichen, nicht zu verfestigten Boden in eher milder Lage. Besiedelt Gärten, Äcker, Ödland, Wege, Mauern. Sehr häufig, fehlt im Tiefland und in rauhen Lagen der Mittelgebirge kleineren Gebieten, in den Alpen oberhalb von etwa 1500 m fast durchweg.

Wissenswertes: ⊙. Die Pflanze soll noch im Mittelalter als ein spinatähnliches Gemüse gekocht und gegessen worden sein. Die Blätter sind sowohl rohfaserreich als auch wäßrig.

Rauhe Gänsedistel

Sonchus asper (L.) HILL
Korbblütengewächse *Asteraceae* (*Compositae*)

Beschreibung: Blüten in Körbchen, die in einem mäßig lockeren, endständigen, traubigen und etwas doldig verebneten Gesamtblütenstand stehen. Pflanze führt Milchsaft. Hüllblätter mehrreihig, dachziegelig, nach dem Verblühen nach unten gebogen, vor dem Aufblühen nicht oder nur spärlich weißflockig. Körbchenboden ohne Spreublätter, kahl. Körbchen 1,5–2,5 cm im Durchmesser (mit den ausgebreiteten Blüten gemessen); alle Blüten zungenförmig, zwittrig, hell goldgelb, gelegentlich außen stumpf rötlich überlaufen. Achänen um 3 mm lang; Haarkranz weiß, mehrreihig, 5–8 mm lang; Haare nicht fedrig. Stengel aufrecht, meist verzweigt, kahl oder im obersten Teil schütter drüsenhaarig; junge Körbchenstiele oder oberer Stengel nur selten fetzig weißflockig. Stengelblätter wechselständig, derb, die unteren in einen geflügelten Stiel verschmälert, die übrigen sitzend und den Stengel mit breitem, herzförmigem Grund, d.h. mit abgerundeten Zipfeln umfassend, bis über 1/4 der Spreitenbreite fiederteilig, Endfieder oft deutlich vergrößert, Fiederabschnitte ungleich, spitz und nahezu stechend stachelig (keinesfalls weich) gezähnt, oberseits dunkelgrün, unterseits heller und gelegentlich mit leicht bläulichem Schimmer, beiderseits kahl. Juni–Oktober. 0,3–1,2 m.

Vorkommen: Braucht stickstoffsalz- und humusreichen Lehm- oder Tonboden in nicht zu rauher Lage. Besiedelt Gärten, Ödland, Wege, Mauern. Sehr häufig, fehlt im Tiefland und in den rauhen Lagen der Mittelgebirge kleineren Gebieten, in den Alpen oberhalb von etwa 1500 m fast durchweg.

Wissenswertes: ⊙. Vielgestaltige Art; Formen kaum abtrennbar.

Sumpf-Gänsedistel
Sonchus palustris
Acker-Gänsedistel
Sonchus arvensis
Rauhe Gänsedistel
Sonchus asper
Kohl-Gänsedistel
Sonchus oleraceus

Acker-Gänsedistel

Sonchus arvensis L.
Korbblütengewächse *Asteraceae* (*Compositae*)

Beschreibung: Blüten in Körbchen, die in einem lockeren, traubigen oder wenigästig-rispigen, mäßig doldig-straußig verebneten Gesamtblütenstand stehen. Pflanze führt Milchsaft. Hüllblätter mehrreihig, wie die Körbchenstiele lang gelb und drüsig sowie kurz und weiß behaart. Körbchenboden ohne Spreublätter, kahl. Körbchen 3–4,5 cm im Durchmesser (mit den ausgebreiteten Blüten gemessen); alle Blüten zungenförmig, zwittrig, hell goldgelb; Griffel und Narben ebenfalls hell goldgelb; Achänen um 3 mm lang; Haarkranz weiß, mehrreihig, 1–1,3 cm lang; Haare nicht fedrig. Stengel aufrecht, im Blütenstandsbereich verzweigt, im unteren Drittel kahl, dann sehr schütter gelb drüsenhaarig. Stengelblätter wechselständig, im Umriß lanzettlich, buchtig stachelig gezähnt oder bis über 1/4 der Spreitenbreite fiederteilig, sitzend und mit abgerundet-angedrückten Zipfeln stengelumfassend. Juli–Oktober. 0,5–1,5 m.

Vorkommen: Braucht frischen, stickstoffsalzreichen und wenigstens etwas humosen Lehmboden. Besiedelt Äcker, Wegränder, seltener Ufer. Sehr häufig, fehlt aber in den rauheren Lagen des Tieflands und der Mittelgebirge kleineren Gebieten, in den Alpen oberhalb von etwa 1500 m nahezu vollständig.

Wissenswertes: ♃. Ssp. *arvensis*: Hüllblätter des Körbchens dicht drüsenhaarig; vorherrschende Unterart. Ssp. *uliginosus* (MB.) NYMAN: Hüllblätter nur sehr schütter drüsig behaart, fast kahl; Ufer und Küsten; selten. – *S. arvensis* L. wird mit der im ehemaligen Jugoslawien und Italien vorkommenden *S. maritimus* L. (Hüllblätter kahl oder drüsenlos behaart) zur Sammelart *S. arvensis* agg. vereint.

Sumpf-Gänsedistel

Sonchus palustris L.
Korbblütengewächse *Asteraceae* (*Compositae*)

Beschreibung: Blüten in Körbchen, die in einem lockeren, traubigen oder mäßig reichästig-rispigen, doldig-straußig verebneten Gesamtblütenstand stehen. Pflanze führt Milchsaft. Hüllblätter mehrreihig, wie die Körbchenstiele dicht mit schwarzen, borstlichen Drüsenhaaren besetzt, dazwischen sehr kurze, weiße Haare. Körbchenboden ohne Spreublätter, kahl. Körbchen 2,5–4 cm im Durchmesser (mit den ausgebreiteten Blüten gemessen); alle Blüten zungenförmig, zwittrig, hellgelb; Griffel und Narben ebenfalls hellgelb; Achänen um 4 mm lang; Haarkranz weiß, mehrreihig, um 7 mm lang; Haare nicht fedrig. Stengel aufrecht, im Blütenstandsbereich verzweigt, im unteren Drittel kahl, dann sehr schütter, allmählich etwas dichter schwarz und drüsig behaart. Grundblätter zur Blütezeit noch nicht vertrocknet; Stengelblätter wechselständig, unterste wie die Grundblätter im Umriß lanzettlich, nicht bis zur Mittelrippe fiederteilig, mit wenigen, lanzettlichen Fiedern und einem größeren Endabschnitt, übrige etwas kleiner und weniger geteilt, alle bläulich-grün, am Rand weichstachelig gezähnt und stachelig bewimpert, mit pfeilförmig zugespitzten, abstehenden Öhrchen stengelumfassend. Juli–September. 1–2 m.

Vorkommen: Braucht feucht-nassen, stickstoffsalzreichen, sandigen oder steinig-lockeren Lehm- oder Tonboden. Besiedelt Gräben, Ufer, Sumpfwiesen. Im Tiefland östlich der Elbe zerstreut, in den tieferen Lagen der Mittelgebirge – vor allem im Einzugsgebiet des Mains –, in Niederösterreich und im Wallis vereinzelt, oft in individuenarmen Beständen.

Wissenswertes: ♃. Das Vorkommen im Wallis ist wohl erloschen.

Mauerlattich

Mycelis muralis (L.) DUM.
Korbblütengewächse *Asteraceae* (*Compositae*)

Beschreibung: Blüten in Körbchen, die zahlreich in einer locker-sparrigen Rispe am Ende des Stengels stehen. Pflanze führt Milchsaft. Hüllblätter 2reihig, äußere sehr kurz, schmal-eiförmig, innere länglich-lineal, oft purpurviolett überlaufen. Körbchenboden ohne Spreublätter. Körbchen 1–1,5 cm im Durchmesser (mit den ausgebreiteten Blüten gemessen), mit nur 5 Zungenblüten (sehr selten mit nur 3 oder 4), die auf den ersten Blick Blütenblätter vortäuschen; Blüten zungenförmig, zwittrig, hellgelb; Achänen knapp 4 mm lang (mit dem Schnabel gemessen); Haarkranz 1reihig, weiß (eine weitere Reihe äußerer, kaum 0,1 mm langer Haare ist nur mit einer starken Lupe sichtbar!); Haare einfach, nicht fedrig. Stengel aufrecht, hohl, kahl, im Blütenstandsbereich reichlich und ausgesprochen sparrig verzweigt. Stengelblätter wechselständig, bis zum Mittelnerv unregelmäßig schrotsägeförmig bis leierförmig fiederteilig, mit großer, im Umriß 3eckiger Endfieder und nur wenigen, rückwärts gerichteten Seitenfiedern, Rand der Fiedern unregelmäßig grob buchtig gezähnt, die untersten Blätter lang gestielt, die oberen sitzend und den Stengel herzförmig umfassend, alle unterseits dunkelgrün und oft trüb weinrot überlaufen, kahl. Juli–September. 0,25–1,5 m.

Vorkommen: Braucht etwas stickstoffsalzhaltigen, locker-humosen oder mullreichen, frischen Lehmboden. Besiedelt Nadelmischwälder und Nadelforste, Mauern und schattige Steinschutthalden. Im Tiefland westlich der Elbe gebietsweise fehlend, sonst überall häufig; geht bis etwa zur Laubwaldgrenze.

Wissenswertes: ♃. Blütenbestäuber sind Fliegen und Bienen.

Eichen-Lattich

Lactuca quercina L.
Korbblütengewächse *Asteraceae* (*Compositae*)

Beschreibung: Blüten in Körbchen, die zahlreich in einer sparrigen, straußig-doldig verebneten Rispe am Ende des Stengels stehen. Pflanze führt Milchsaft. Hüllblätter mehrreihig, lineal-lanzettlich, stumpflich, weiß berandet, kahl. Körbchenboden ohne Spreublätter, kahl. Körbchen 1–1,5 cm im Durchmesser (mit den ausgebreiteten Blüten gemessen), mit 7–15 Blüten; alle Blüten zungenförmig, zwittrig, gelb; Achänen knapp 4 mm lang; Haarkranz weiß, mehrreihig; Haare nicht fedrig. Stengel steif aufrecht, hohl, gerillt, grün, aber meist rot überlaufen, kahl, im Blütenstandsbereich reichlich verästelt. Grundständige Blätter in einer Rosette, mit geflügeltem Stiel; Stengelblätter wechselständig, ungeteilt oder schrotsägeförmig, bis fast zur Mittelrippe fiederteilig, Endfieder viel größer als die Seitenfiedern, eiförmig, die untersten gestielt, die übrigen eiförmig bis schmal-lanzettlich, mit pfeilförmigem Grund sitzend, ziemlich weich, oberseits grün, unterseits leicht bläulich, am Rand gezähnt, aber nicht stachelig. Juni–September. 0,5–2 m.

Vorkommen: Braucht trockenen, stickstoffsalzhaltigen, steinig-flachgründigen Lehm- oder Tonboden. Besiedelt lichte Trockenwälder und Trockengebüsche in sommerwarmer Lage, meidet indessen volles Sonnenlicht. Vereinzelt am Main bei Karlstadt, in Thüringen und in Sachsen-Anhalt; in Niederösterreich und am Alpensüdfuß sehr selten.

Wissenswertes: ⊙. Das Hauptverbreitungsgebiet der Art liegt in Südosteuropa. Standorte in Hessen und Thüringen, die noch um die Jahrhundertwende bekannt waren, scheinen neuerdings erloschen zu sein.

Ruten-Lattich

Lactuca viminea (L.) J. & K. PRESL
Korbblütengewächse *Asteraceae* (*Compositae*)

Beschreibung: Blüten in Körbchen, die zahlreich in einem zusammengesetzt-lockerährigen Gesamtblütenstand am Ende des Stengels sitzen. Pflanze führt Milchsaft. Hüllblätter mehrreihig, die äußeren schmal-eiförmig, die inneren lineal, alle bleichgrün und weiß berandet, kahl. Körbchenboden ohne Spreublätter, kahl. Körbchen um 1 cm im Durchmesser (mit den ausgebreiteten Blüten gemessen), mit in der Regel nur 5 Blüten; alle Blüten zungenförmig, zwittrig, hellgelb, außen oft rötlich überlaufen; Achänen um 1 cm lang (mit Schnabel gemessen; Schnabel etwa so lang wie die eigentliche Achäne oder etwas kürzer als diese); Haarkranz weiß, mehrreihig; Haare nicht fedrig. Stengel aufrecht, elfenbeinweiß, im Blütenstandsbereich mit zahlreichen, rutenförmigen, langen Ästen, kahl. Grundblätter in einer Rosette, Stengelblätter wechselständig; Grundblätter und unterste Stengelblätter dunkelgrün, leicht blau getönt, zuweilen violett überlaufen, schrotsägeförmig fiederteilig, mit schmal-lanzettlichen oder linealen Fiedern, in den Stiel verschmälert, die untersten Stengelblätter am Stielansatz mit kleinen Öhrchen und leicht am Stengel herablaufend, die oberen lanzettlich, geöhrt und lang herablaufend, alle kahl. Juli–August. 30–60 cm.

Vorkommen: Braucht trockenen, steinig-lockeren Lehm- oder Tonboden in warmen Lagen. Besiedelt Trockenrasen und -gebüsche, Wegränder, seltener Brachen. Sachsen-Anhalt, Sachsen vereinzelt; Niederösterreich selten; unteres Wallis, Alpensüdfuß sehr selten.

Wissenswertes: ⊙. Die Art hat ihr Hauptverbreitungsgebiet in Südosteuropa und im Mittelmeergebiet.

Weiden-Lattich

Lactuca saligna L.
Korbblütengewächse *Asteraceae* (*Compositae*)

Beschreibung: Blüten in Körbchen, die zahlreich in einem zusammengesetzt-traubigen oder -ährigen, schlanken Gesamtblütenstand am Ende des Stengels sitzen oder – sehr kurz gestielt – stehen. Pflanze führt Milchsaft. Hüllblätter mehrreihig, bleichgrün, schmal weißrandig, kahl. Körbchenboden ohne Spreublätter, kahl. Körbchen 1–1,5 cm im Durchmesser (mit den ausgebreiteten Blüten gemessen), meist mit 6–15 Blüten; alle Blüten zungenförmig, zwittrig, hellgelb, außen oft rötlich überlaufen; Achänen um 8 mm lang (mit dem Schnabel gemessen; Schnabel 1,5–3mal länger als die eigentliche Achäne); Haarkranz weiß, mehrreihig; Haare nicht fedrig. Stengel aufrecht, meist kahl, oft schon vom Grund an verzweigt. Grundblätter in einer Rosette, zur Blütezeit oft schon vertrocknet, Stengelblätter wechselständig; Grundblätter und unterste Stengelblätter buchtig tief gezähnt oder bis nahe zum Mittelnerv fiederteilig, Fiedern lanzettlich; übrige Stengelblätter schmal-lanzettlich, sitzend, den Stengel pfeilförmig umfassend, nicht herablaufend, ganzrandig, Spreite oft in die Senkrechte gedreht. Juli–August. 0,3–1,2 m.

Vorkommen: Braucht stickstoffsalzreichen, trockenen, flachgründig-sandigen bzw. -steinigen Lehm- oder Tonboden; kochsalztolerant. Besiedelt Ödland und Verladeanlagen, seltener Wegränder, Weinberge oder Äcker. Vereinzelt vom Elsaß bis Sachsen und ins südliche Niedersachsen sowie im südlichen Schweizer Jura; am Südalpenfuß und von Niederösterreich bis zum Alpenrand und Oberösterreich selten.

Wissenswertes: ⊙. Bei manchen Sippen ist der Mittelnerv auf der Blattunterseite bestachelt, bei anderen kahl.

Mauerlattich
Mycelis muralis
Weiden-Lattich
Lactuca saligna
Ruten-Lattich
Lactuca viminea
Eichen-Lattich
Lactuca quercina

Gift-Lattich

Lactuca virosa L.
Korbblütengewächse *Asteraceae* (*Compositae*)

Beschreibung: Blüten in Körbchen, die zahlreich in einer pyramiden- bis kegelförmigen, reichästigen Rispe am Ende des Stengels stehen. Pflanze führt Milchsaft. Hüllblätter mehrreihig, die äußeren lang-3eckig, die inneren länglich-lanzettlich, blaugrün, kahl, weiß berandet, mit roter Spitze. Körbchenboden ohne Spreublätter, kahl. Körbchen 0,8–1,5 cm im Durchmesser (mit den ausgebreiteten Blüten gemessen), mit 10–15 Blüten; alle Blüten zungenförmig, zwittrig, hellgelb; Achänen 0,6–1 cm lang (mit dem Schnabel gemessen; Schnabel gut so lang wie die eigentliche Achäne); Haarkranz weiß, mehrreihig; Haare nicht fedrig. Stengel aufrecht, kahl oder unten mit einzelnen Borstenhaaren, im Blütenstandsbereich reichlich verästelt. Grundblätter in einer Rosette, Stengelblätter wechselständig; Grundblätter und unterste Stengelblätter groß, schmaleiförmig, ungeteilt oder schwach buchtig gelappt, in den Stiel verschmälert, bläulich-grün, steif; übrige Blätter sitzend, herz-pfeilförmig stengelumfassend, die unteren stumpflich, die oberen spitz; Spreite der Stengelblätter waagrecht, nicht überwiegend und nicht deutlich in die Senkrechte gestellt; alle Blätter unterseits auf den Mittelnerven stachelig. Pflanze riecht dumpf nach Mohn. Juli–September. 0,6–2 m.

Vorkommen: Braucht stickstoffsalzreichen, steinigen Lehmboden in warmer Lage. Besiedelt Ödland, Wege und Raine. Im Tiefland nur vereinzelt, in klimabegünstigten, niederen Lagen der Mittelgebirge, im Wallis und am Alpensüdfuß selten und oft unbeständig.

Wissenswertes: ⊙; ☠. Enthält die Bitterstoffe Lactucin und Lactupicrin und – neuerdings bezweifelt – ein atropinartiges Alkaloid.

Kompaß-Lattich

Lactuca serriola L.
Korbblütengewächse *Asteraceae* (*Compositae*)

Beschreibung: Blüten in Körbchen, die zahlreich in einer sparrigen Rispe am Ende des Stengels stehen. Pflanze führt Milchsaft. Hüllblätter mehrreihig, die äußeren kurz-3eckig, die inneren lanzettlich, nur undeutlich weißrandig, an der Spitze violett überlaufen, blaugrün, kahl. Körbchenboden ohne Spreublätter, kahl. Körbchen 1–1,5 cm im Durchmesser (mit den ausgebreiteten Blüten gemessen), meist mit 15–25 Blüten (selten mit mehr oder weniger); alle Blüten zungenförmig, zwittrig, hellgelb; Achänen um 7 mm (mit dem Schnabel gemessen; Schnabel etwa so lang wie die eigentliche Achäne); Haarkranz weiß, mehrreihig; Haare nicht fedrig. Stengel steif aufrecht, kahl oder unten mit einzelnen Börstchen, im Blütenstandsbereich reich verästelt. Grundblätter in einer Rosette, zur Blütezeit oft vertrocknet; Stengelblätter wechselständig; Grundblätter und untere Stengelblätter tief buchtig-fiederig schrotsägeförmig gelappt, steif; übrige Stengelblätter gleichartig, kleiner; Hochblätter im Blütenstandsbereich sehr klein, schmal-eiförmig; alle Stengelblätter in eine senkrechte Ebene gedreht, unterseits auf dem Mittelnerv stachelig, am Rand ungleichmäßig stachelspitz gezähnt. Juli–September. 0,3–1,8 m.

Vorkommen: Braucht stickstoffsalzhaltigen Lehm- oder Tonboden in eher warmen Lagen. Besiedelt Ödland, Wege, Äcker. Fehlt im Tiefland, in den rauheren Mittelgebirgslagen und im Alpenvorland größeren Gebieten, in den Alpen oberhalb von etwa 1000 m ganz; sonst zerstreut, oft in lockeren Beständen.

Wissenswertes: ⊙. Entfernt verwandt ist Kopfsalat (*L. sativa* L.), der in vielen Sorten angepflanzt wird.

Gift-Lattich
Lactuca virosa
Kompaß-Lattich
Lactuca serriola
Tataren-Lattich
Lactuca tatarica
Blauer Lattich
Lactuca perennis

Tataren-Lattich

Lactuca tatarica (L.) C. A. MEY.
Korbblütengewächse *Asteraceae* (*Compositae*)

Beschreibung: Blüten in Körbchen, die zahlreich in einer länglichen, gelegentlich auch doldig-straußartig gestauchten und verebneten Rispe am Ende des Stengels stehen. Pflanze führt Milchsaft. Hüllblätter mehrreihig, lineallänglich, weißrandig, meist völlig kahl, seltener an der Spitze etwas behaart, rötlich gefleckt. Körbchenboden ohne Spreublätter, kahl. Körbchen 1,2–1,8 cm im Durchmesser (mit den ausgebreiteten Blüten gemessen), meist mit 16–23 Blüten; alle Blüten zungenförmig, zwittrig, blauviolett; Achänen um 6 mm lang (mit dem Schnabel gemessen, der höchstens halb so lang wie die eigentliche Achäne wird); Haarkranz weiß, mehrreihig, um 5 mm lang; Haare nicht fedrig. Stengel aufrecht, 0,5–2 cm im Durchmesser, nur im Blütenstandsbereich verästelt, kahl oder nur sehr schütter behaart, blaugrün. Grundständige Blätter in einer Rosette, zur Blütezeit in der Regel vertrocknet, in Form und Größe den untersten Stengelblättern ähnlich; Stengelblätter wechselständig; unterste Stengelblätter tief schrotsägeförmig eingeschnitten, mit großen, etwas rückwärts gerichteten, gezähnelten Fiedern und langgestreckter Endfieder; alle Blätter zuweilen - wie stets die obersten - eiförmig-lanzettlich, fast ganzrandig, die obersten sitzend und halb stengelumfassend. Juli–August. 0,3–1 m.

Vorkommen: Braucht stickstoffsalzreichen, kochsalzhaltigen Sandboden. Besiedelt verfestigte Dünen und lückige Sandrasen; Ostseeküste in Mecklenburg-Vorpommern, östliches Schleswig-Holstein, südliches Niedersachsen, vereinzelt.

Wissenswertes: ♃. Osteuropäisch-asiatische Steppenpflanze.

Blauer Lattich

Lactuca perennis L.
Korbblütengewächse *Asteraceae* (*Compositae*)

Beschreibung: Blüten in Körbchen, die mäßig zahlreich in einer lockeren, sparrig ausladenden oder undeutlich doldig-straußig verebneten Rispe am Ende des Stengels stehen. Pflanze führt Milchsaft. Hüllblätter mehrreihig, äußere kurz und breit-3eckig, oft violett überlaufen, innere breit-lineal bis zungenförmig, sehr schmal und undeutlich weißrandig. Körbchenboden ohne Spreublätter, kahl. Körbchen 2–4 cm im Durchmesser (mit den ausgebreiteten Blüten gemessen), meist mit 12–20 Blüten; alle Blüten zungenförmig, zwittrig, fahlblau bis lila; Achänen um 6 mm lang (mit dem Schnabel gemessen; Schnabel etwa ebenso lang wie die eigentliche Achäne); Haarkranz weiß, mehrreihig; Haare nicht fedrig. Stengel aufrecht, rund, kahl, im Blütenstandsbereich sparrig verzweigt. Stengelblätter wechselständig, tief buchtig gezähnt bis fiederteilig, Fiedern lanzettlich, ganzrandig oder gezähnt, untere Blätter kurz gestielt, übrige sitzend, obere herzförmig stengelumfassend, Spreiten nicht selten in die Senkrechte gedreht, bläulich-grün, kahl. Mai–Juli. 20–75 cm.

Vorkommen: Braucht trockenen, steinig-flachgründigen oder sandigen Lehm- oder Lößboden. Besiedelt Trockenrasen, Wege, Mauern, Felsbänder. Thüringen, Sachsen-Anhalt, Sachsen, Kalk-Mittelgebirge von der Eifel bis ins fränkisch-württembergische Muschelkalk- und Keupergebiet, Schwäbisch-Fränkischer Jura, Hegau, Schweizer Jura, südlicher Bayerischer Wald, Tirol, Kärnten selten, aber in lockeren, individuenarmen Beständen; Kalkalpen sehr selten.

Wissenswertes: ♃; (☠). Enthält - möglicherweise schwach giftige - Bitterstoffe; angeblich frühere Salatpflanze.

Stinkender Pippau

Crepis foetida L.
Korbblütengewächse *Asteraceae* (*Compositae*)

Beschreibung: Blüten in Körbchen, die zu mehreren bis vielen in einem locker-traubigen, kaum straußig verebneten Gesamtblütenstand am Ende des Stengels stehen; vor dem Aufblühen nicken die Körbchen. Pflanze führt Milchsaft. Hüllblätter 2reihig, äußere etwa 1/2 so lang wie die inneren. Körbchenboden ohne Spreublätter, dicht behaart. Körbchen 2–3,5 cm im Durchmesser (mit den ausgebreiteten Blüten gemessen); alle Blüten zungenförmig, zwittrig, gelb, die äußeren außen oft weinrot überlaufen; Achänen um 8 mm lang (mit dem Schnabel gemessen, Schnabel der randlichen Achänen sehr lang, die der inneren sehr kurz); Haarkranz mehrreihig, weiß; Haare rauh, nicht fedrig, biegsam. Stengel aufrecht, mäßig dicht weißhaarig, mit wenigen, gelblichen Drüsenhaaren. Grundblätter zur Blütezeit verdorrt; Stengelblätter wechselständig, im Umriß lanzettlich, tief buchtig gezähnt oder mäßig tief fiederteilig, die unteren in einen geflügelten Stiel verschmälert, die übrigen sitzend, mindestens die oberen den Stengel mit spitzen Zipfeln umfassend, schütter behaart mit gelblichen Haaren. Pflanze riecht nach Bittermandeln. Juni–Oktober. 10–50 cm.

Vorkommen: Braucht kalk- und stickstoffsalzreichen, steinigen Lehm- oder Tonboden. Besiedelt Ödland, Wege und Raine in milden Lagen; Kalk-Mittelgebirge von der Eifel bis nach Sachsen und zum Fränkischen Jura, Westschweiz, Alpensüdfuß; selten.

Wissenswertes: ⊙. *C. foetida* L. wird mit *C. rhoeadifolia* (MB.) ČELAK. (ohne Drüsenhaare; äußere Hüllblätter 2/3 so lang wie die inneren; östlicher Alpensüdfuß, selten) zur Sammelart *C. foetida* agg. vereint.

Borsten-Pippau

Crepis setosa HALL. f.
Korbblütengewächse *Asteraceae* (*Compositae*)

Beschreibung: Blüten in Körbchen, die zu mehreren bis vielen in einem mäßig dichten, doldig-straußig verebneten und verdichteten, traubigen oder wenig- und kurzästig-rispigen Gesamtblütenstand am Ende des Stengels stehen. Pflanze führt Milchsaft. Hüllblätter 2reihig, äußere 1/2 so lang wie die inneren, dicht gelblich borstig behaart, Haare 1–2 mm lang. Körbchenboden ohne Spreublätter, kurz behaart. Körbchen 2–3 cm im Durchmesser (mit den ausgebreiteten Blüten gemessen); alle Blüten zungenförmig, zwittrig, gelb, die äußeren außen oft weinrot überlaufen; Achänen knapp 5 mm lang (mit dem – sehr kurzen – Schnabel gemessen); Haarkranz 1reihig, weiß, 3–5 mm lang; Haare rauh, nicht fedrig, biegsam. Stengel aufrecht, verzweigt, mit abstehenden, gelblichen, langen Haaren, im oberen Teil dazu mit weißen, krausen, kurzen Haaren. Grundblätter zur Blütezeit meist vorhanden; Stengelblätter wechselständig, im Umriß eiförmig bis lanzettlich, buchtig gezähnt bis fiederteilig, die grundständigen in den geflügelten Stiel verschmälert, die Stengelblätter sitzend, den Stengel mit 2 spitzen Zipfeln umfassend, alle unterseits auf den Nerven abstehend, lang und gelblich behaart. Juni–September. 20–50 cm.

Vorkommen: Braucht stickstoffsalzreichen, trockenen, neutralen oder nur mäßig sauren Untergrund. Besiedelt Wege, Ödland, Äcker und Mauern. Im Tiefland nur vereinzelt, in den Mittelgebirgen nur in den tieferen Lagen mit mildem Klima, im Wallis und am Alpensüdfuß; selten und oft unbeständig.

Wissenswertes: ⊙. Hauptverbreitungsgebiet ist der Mittelmeerraum, von dort gelegentlich eingeschleppt.

Blasen-Pippau

Crepis vesicaria agg.
Korbblütengewächse *Asteraceae* (*Compositae*)

Beschreibung: Blüten in Körbchen, die zu mehreren bis vielen in einem lockeren, zusammengesetzt-traubigen oder -rispigen, doldigstraußig verebneten Gesamtblütenstand am Ende des Stengels stehen. Pflanze führt gelben Milchsaft. Hüllblätter 2reihig, äußere etwa 1/3 so lang wie die inneren, weiß berandet. Körbchenboden ohne Spreublätter, dicht behaart. Körbchen 1,7–2,5 cm im Durchmesser (mit den ausgebreiteten Blüten gemessen); alle Blüten zungenförmig, zwittrig, gelb, die äußeren außen oft rötlich überlaufen; Achänen um 8 mm lang; Haarkranz undeutlich 1reihig, weißlich-gelblich, um 5 mm lang; Haare rauh, nicht fedrig, biegsam. Stengel aufrecht, mit kurzen weißen und – oben – mit abstehenden gelben Haaren. Grundblätter rosettig, Stengelblätter wechselständig, im Umriß eiförmig-lanzettlich, buchtig gezähnt bis doppelt fiederteilig, die unteren in den geflügelten Stiel verschmälert, die oberen sitzend, halb stengelumfassend, die Körbchenstielansätze nicht blasig umschließend, zumindest auf den Nerven gelblich behaart. Pflanze riecht nach bitteren Mandeln. Mai–Juni. 20–80 cm.

Vorkommen: Braucht kalk- und stickstoffsalzreichen, trockenen Lehmboden in sommerwarmen Lagen. Besiedelt Wiesen, Wege und Ödland. Fehlt im Tiefland; in den Weinbaugebieten und an anderen klimabegünstigten Orten der Kalk-Mittelgebirge selten, aber oft in lockeren, mäßig individuenreichen Beständen.

Wissenswertes: ⊙. Beschrieben wurde die Kleinart *C. taraxacifolia* THUILL. Sie wird mit *C. vesicaria* L. (Körbchenstiele blasig umhüllt; Südeuropa, selten Südalpenfuß) zur Sammelart *C. vesicaria* agg. vereint.

Gold-Pippau

Crepis aurea (L.) CASS.
Korbblütengewächse *Asteraceae* (*Compositae*)

Beschreibung: Blüten in Körbchen, die in der Regel einzeln am Ende des Stengels stehen; sehr selten zweigen vom Stengel in oder etwas oberhalb der Mitte 1 oder 2 Ästchen ab, die dann ebenfalls je 1 Körbchen tragen. Pflanze führt Milchsaft. Hüllblätter 2reihig, die äußeren knapp 1/2 so lang wie die inneren, ziemlich dicht abstehend behaart. Körbchenboden ohne Spreublätter, nur sehr schütter und kurz behaart. Körbchen 2,5–4,5 cm im Durchmesser (mit den ausgebreiteten Blüten gemessen); alle Blüten zungenförmig, zwittrig, orangegelb oder orangerot, seltener feuer- oder braunrot; Achänen um 6 mm lang, praktisch ungeschnäbelt; Haarkranz 2reihig, weiß, knapp 7 mm lang; Haare rauh, nicht fedrig, biegsam. Stengel aufrecht, unten kahl, nach oben zunehmend und schließlich dicht schwarz und borstig behaart, dazwischen einige kurze, weißliche, anliegende Haare, blattlos oder mit höchstens 1–2 kleinen, kaum 1 cm langen, schmal-lanzettlichen Blättchen. Grundständige Blätter in einer Rosette, dem Boden meist nicht anliegend, im Umriß schmal-eiförmig bis lanzettlich, seicht buchtig gezähnt oder – seltener – fast fiederteilig, in den geflügelten Stiel verschmälert, kahl. Juni–September. 5–30 cm.

Vorkommen: Braucht kalkarmen, stickstoffsalzreichen, humosen Lehm- oder Tonboden. Besiedelt alpine Weiden, lückige Matten und Wege. Alpenvorland, Schweizer Jura, Alpen; zerstreut, örtlich in lockeren, individuenreichen Beständen. Bevorzugt in Höhen zwischen etwa 1200–2800 m.

Wissenswertes: ♃. Die Blüten werden von Schmetterlingen, Käfern, Fliegen und Bienen beflogen und bestäubt.

Gold-Pippau
Crepis aurea
Borsten-Pippau
Crepis setosa
Stinkender Pippau
Crepis foetida
Blasen-Pippau
Crepis vesicaria

Triglav-Pippau

Crepis terglouensis (HACQ.) KERN.
Korbblütengewächse *Asteraceae* (*Compositae*)

Beschreibung: Blüten in Körbchen, die einzeln am Ende des Stengels stehen. Pflanze führt Milchsaft. Hüllblätter 2reihig, die äußeren fast so lang wie die inneren, dunkelgrün, schwarzzottig behaart. Körbchenboden ohne Spreublätter, kahl. Körbchen 3,5–5 cm im Durchmesser (mit den ausgebreiteten Blüten gemessen); alle Blüten zungenförmig, zwittrig, hell goldgelb; Achänen um 4 mm lang, praktisch ungeschnäbelt; Haarkranz 2reihig, weiß, um 5 mm lang; Haare rauh, nicht fedrig, biegsam. Stengel aufrecht, einfach, unten kahl, nach oben zunehmend dichter schwarz langhaarig, aber nicht drüsig, eher etwas dicker als dünner werdend (besonders unmittelbar unter dem Blütenkörbchen), beblättert. Grundblätter in einer Rosette, nicht oder nur vereinzelt dem Boden anliegend; Stengelblätter ziemlich dicht stehend, - oft undeutlich - wechselständig; Blätter im Umriß lanzettlich, Grundblätter und unterste Stengelblätter nicht ganz bis zur Mittelrippe fiederteilig, Einschnitte oft deutlich vor ihr endend, mit breiten, 3eckigen Fiedern, in den geflügelten Blattstiel verschmälert; Stengelblätter gleichgestaltig und kaum kleiner als die Grundblätter, meist länger als etwa 1 cm. Juli–August. 2–8 cm.

Vorkommen: Braucht kalkhaltigen oder doch nicht ausgesprochen sauren Steinschuttboden mit reichlicher Feinerdebeimischung. Besiedelt wenig bewachsenen, ruhenden Schutt. Von den Freiburger Alpen ostwärts; selten, aber oft in kleineren Beständen. Bevorzugt Höhen zwischen etwa 2000–3000 m.

Wissenswertes: ♃. Der Artname bezieht sich auf den Triglav, den höchstens Gipfel der Julischen Alpen.

Voralpen-Pippau

Crepis alpestris (JACQ.) TAUSCH
Korbblütengewächse *Asteraceae* (*Compositae*)

Beschreibung: Blüten in Körbchen, die meist einzeln am Ende des Stengels sitzen; selten zweigen 1–5 Äste vom Stengel ab und tragen dann ebenfalls je 1 Körbchen. Pflanze führt Milchsaft. Hüllblätter 2reihig, äußere etwa 1/2 so lang wie die inneren, alle trübgrün, grauflaumig, mit eingestreuten schwarzen Haaren. Körbchenboden ohne Spreublätter, sehr kurz behaart (Lupe!). Körbchen 3–4,5 cm im Durchmesser (mit den ausgebreiteten Blüten gemessen); alle Blüten zungenförmig, zwittrig, hell goldgelb; Achänen um 1 cm lang, nach oben verschmälert; Haarkranz 2–4reihig, weiß, um 7 mm lang; Haare rauh, nicht fedrig, biegsam. Stengel aufrecht, nach oben zunehmend dicht gelblich-weiß kraus behaart, nur im unteren Teil locker beblättert. Grundblätter in einer Rosette, nicht oder nur im freien Stand dem Boden anliegend; Stengelblätter wechselständig; Blätter im Umriß schmal-eiförmig bis lanzettlich, Grundblätter buchtig gezähnt bis fiederteilig, allmählich in den geflügelten Stiel verschmälert, Stengelblätter kleiner, meist ganzrandig, mit verschmälertem Grund halb stengelumfassend sitzend, sowohl mit gelben als auch krausen, kurzen, weißen Haaren schütter bestanden. Mai–August. 10–30 cm.

Vorkommen: Braucht kalkreichen, trockenen, steinigen Lehmboden. Besiedelt lichte Trokkenwälder, lückige Trockenrasen, locker bewachsene Ruheschutthalden. Schwäbisch-Fränkischer Jura, Alpenvorland, Kalkalpen östlich der gedachten Linie zwischen Bern und Aosta zerstreut, örtlich in lockeren Beständen. Bevorzugt Höhen zwischen etwa 700–2000 m.

Wissenswertes: ♃. Die Pflanze kann als Kalkzeiger gelten.

Voralpen-Pippau
Crepis alpestris

Großköpfiger Pippau
Crepis conyzifolia

Berg-Pippau
Crepis pontana

Triglav-Pippau
Crepis terglouensis

Großköpfiger Pippau

Crepis conyzifolia (GOUAN) KERN.
Korbblütengewächse *Asteraceae* (*Compositae*)

Beschreibung: Blüten in Körbchen, die - selten - einzeln oder meist zu 2-9 in einem lokker-traubigen, zumindest teilweise etwas doldigstraußig verebneten Gesamtblütenstand am Ende des Stengels stehen. Pflanze führt Milchsaft. Hüllblätter 2reihig, kurz weißhaarig mit eingestreuten gelben Haaren; einzelne kurze Drüsenhaare; äußere Hüllblätter höchstens halb so lang wie die inneren. Körbchenboden ohne Spreublätter, sehr kurz behaart (Lupe!). Körbchen 2,5-4 cm im Durchmesser (mit den ausgebreiteten Blüten gemessen); alle Blüten zungenförmig, zwittrig, goldgelb; Achänen 0,5-1 cm lang, nach oben verschmälert; Haarkranz 2-4reihig, weiß, 5-9 mm lang; Haare rauh, nicht fedrig, biegsam. Stengel aufrecht, gelb und weiß behaart, entfernt beblättert. Grundblätter zur Blütezeit meist noch vorhanden, rosettig; Stengelblätter wechselständig; untere Blätter im Umriß schmal-eiförmig bis lanzettlich, bis über 1/4 der Spreitenbreite fiederteilig, seltener nur buchtig gezähnt, die grundständigen allmählich in den Stiel verschmälert, die stengelständigen sitzend und den Stengel mit 2 spitzen Zipfeln umfassend, oberseits und unterseits schütter und in der Art wie der Stengel behaart. Juli-September. 20-50 cm.

Vorkommen: Braucht kalkarmen, rohhumus- oder torfhaltigen Lehmboden. Besiedelt Matten, Wegränder und lichte Gehölze. Schweizer Jura, Zentral- und Südalpen, zerstreut; Nordalpen und Alpenvorland, selten. Bevorzugt in Höhen zwischen etwa 1000-2500 m.

Wissenswertes: ♃. Ähnlich: *C. pannonica* (JACQ.) K. KOCH: Hüllblätter flaumig; osteuropäische Art, vereinzelt in Niederösterreich, Tschechien und der Slowakei.

Berg-Pippau

Crepis pontana (L.) DT.
Korbblütengewächse *Asteraceae* (*Compositae*)

Beschreibung: Blüten in Körbchen, die meist einzeln am Ende des Stengels sitzen; vereinzelt gibt es Exemplare mit 1-2 Ästchen und je 1 Körbchen. Pflanze führt Milchsaft. Hüllblätter 2reihig, lang olivgrün sowie kurz, kraus und weiß behaart, einige der äußeren Hüllblätter fast 3/4 so lang wie die inneren. Körbchenboden ohne Spreublätter, höchstens mit vereinzelten Haaren (Lupe!). Körbchen 3,5-5 cm im Durchmesser (mit den ausgebreiteten Blüten gemessen); alle Blüten zungenförmig, zwittrig, hell goldgelb; Achänen um 1 cm lang, zur Spitze hin verschmälert; Haarkranz 3-4reihig, gelblich-weiß, um 9 mm lang; Haare rauh, nicht fedrig, biegsam. Stengel aufrecht, unter dem Körbchen verdickt, unten nur sehr schütter, nach oben zunehmend dichter, kraus und weiß behaart, entfernt und zuweilen nur in der unteren Hälfte beblättert. Grundblätter in einer Rosette, Stengelblätter wechselständig; Grundblätter und untere Stengelblätter im Umriß schmal-eiförmig, ungeteilt, entfernt flachbuchtig gezähnt, die Grundblätter in einen kurzen, geflügelten Stiel verschmälert, die Stengelblätter sitzend und mit abgerundetem Grund den Stengel umfassend; oberste Blätter pfriemlich; Blätter unterseits und am Rand behaart. Juni-August. 25-60 cm.

Vorkommen: Braucht kalkhaltigen, frischen, steinigen Lehm- oder Tonboden. Besiedelt Bergwiesen, seltener Matten. Zentralalpen und Nordalpen zerstreut, südlicher Schweizer Jura und Südalpen vereinzelt. Bevorzugt zwischen etwa 1500-2000 m.

Wissenswertes: ♃. Das ähnliche Einköpfige Ferkelkraut hat fedrige Haare im Haarkranz und ist daran kenntlich.

Felsen-Pippau

Crepis jacquinii TAUSCH
Korbblütengewächse *Asteraceae* (*Compositae*)

Beschreibung: Blüten in Körbchen, die - selten - einzeln am Ende des Stengels, häufiger am Ende des Stengels und von 1-2 seiner Äste, selten auch von 3-5 Ästen locker-traubig stehen. Pflanze führt Milchsaft. Hüllblätter 2reihig, durchscheinend berandet, locker filzig behaart, selten kahl; die längsten äußeren Hüllblätter etwa 2/3 so lang wie die inneren. Körbchenboden ohne Spreublätter, kahl. Körbchen 2-3 cm im Durchmesser (mit den ausgebreiteten Blüten gemessen); alle Blüten zungenförmig, zwittrig, hellgelb; Achänen knapp 5 mm lang, verschmälert; Haarkranz undeutlich 2reihig, gelblich-weiß, 7 mm lang; Haare rauh, nicht fedrig, biegsam. Stengel aufrecht, zuweilen einfach oder - häufiger - spärlich verzweigt, behaart, beblättert. Grundblätter rosettig, Stengelblätter wechselständig; alle Blätter - außer den obersten - im Umriß lanzettlich; äußere Grundblätter gezähnelt, innere und die Stengelblätter in gleitender Abfolge weitbuchtig gezähnt, tief gezähnt, fiederschnittig und fiederteilig mit linealen, senkrecht abstehenden Fiedern. Die oberen Blätter mit abnehmender Fiederzahl, oberste nur noch pfriemlich; alle kahl bis schütter behaart. Juli-August; 12-20 (25) cm.

Vorkommen: Braucht frischen, kalkhaltigen, flachgründigen Lehmboden. Besiedelt Ruheschutt, schuttig steinige Matten, Felsbänder. Nördliche Kalkalpen östlich des Rheins; zerstreut. Meist zwischen etwa 1500-3000 m.

Wissenswertes: ♃. Wird mit *C. kerneri* RECH. f. (Stengel 5-10 cm, unverzweigt, äußere Grundblätter ganzrandig; auf Kalk; Ostalpen ab Graubünden, selten; fehlt im Nordosten) zur Sammelart *C. jacquinii* agg. zusammengefaßt.

Abgebissener Pippau

Crepis praemorsa (L.) TAUSCH
Korbblütengewächse *Asteraceae* (*Compositae*)

Beschreibung: Blüten in Körbchen, die zu 3-20 (sehr selten mehr oder weniger) in einem meist traubigen, zuweilen auch rispigen, schlanken oder etwas ausladenden Gesamtblütenstand stehen. Pflanze führt Milchsaft. Hüllblätter 2reihig, schwärzlich-grün, die äußeren kaum halb so lang wie die inneren, grauflaumig bis zottig, die inneren nur zerstreut borstig. Körbchenboden ohne Spreublätter, kahl. Körbchen 1,5-2,3 cm im Durchmesser (mit den ausgebreiteten Blüten gemessen); alle Blüten zungenförmig, zwittrig, hellgelb; Achänen um 4 mm lang, an der Spitze leicht verschmälert; Haarkranz 2reihig, weiß, um 4 mm lang; Haare rauh, nicht fedrig, biegsam. Stengel aufrecht, kahl oder schütter mit kurzen, weißen Haaren bestanden, blattlos. Grundblätter in einer Rosette, die dem Untergrund mehr oder weniger anliegt, schmal-eiförmig bis lanzettlich, 5-20 cm lang, 1,5-5 cm breit, seicht buchtig gezähnt, allmählich in den kurzen, geflügelten Stiel verschmälert. Mai-Juni. 25-60 cm.

Vorkommen: Braucht kalkreichen, trockenen, humosen Lehm-, Löß- oder Tonboden. Besiedelt lichte Trockengehölze und Flachmoore. Fehlt im Tiefland westlich der Elbe; östlich von ihr sowie in den Kalk-Mittelgebirgen und im Alpenvorland selten, gebietsweise fehlend, in Österreich wohl nur nördlich der Donau; in den Nördlichen Kalkalpen vereinzelt in den Tälern, sonst fehlend.

Wissenswertes: ♃. Ähnlich: *C. froelichiana* DC. ssp. *froelichiana*: Blütenstand doldig verebnet; Blätter 1,5-10 cm lang, 1-3 cm breit; Alpensüdfuß; selten. - Die ssp. *dinarica* (BECK) GUTERM. unterscheidet sich durch rötliche Blüten; Südostalpen; selten.

Sumpf-Pippau

Crepis paludosa (L.) MOENCH
Korbblütengewächse *Asteraceae* (*Compositae*)

Beschreibung: Blüten in Körbchen, die zu 2–20 (gelegentlich zu mehr) in einem lockeren, traubig-rispigen und meist deutlich straußig-doldig verebneten Gesamtblütenstand am Ende des Stengels stehen. Pflanze führt Milchsaft. Hüllblätter 2reihig, schwärzlich-grün, ziemlich dicht kurz und drüsig behaart, die äußeren höchstens 1/2 so lang wie die inneren. Körbchenboden ohne Spreublätter, kahl. Körbchen 2,5–3,5 cm im Durchmesser (mit den ausgebreiteten Blüten gemessen); alle Blüten zungenförmig, zwittrig, hellgelb; Achänen um 5 mm lang, kaum verschmälert; Haarkranz 1reihig, gelblich-weiß, knapp 7 mm lang; Haare rauh, nicht fedrig, unter Fingerdruck auf die Spitze brüchig(!). Am Übergang vom Wurzelstock zum Stengel schopfig gehäuft braune Wurzelfasern. Stengel aufrecht, kahl, ziemlich gleichmäßig beblättert. Grundblätter in einer Rosette, meist dem Boden nicht anliegend; Stengelblätter wechselständig; Grundblätter und unterste Stengelblätter im Umriß schmal-eiförmig bis lanzettlich, buchtig gezähnt, in den geflügelten Stiel verschmälert; übrige Stengelblätter sitzend, den Stengel mit breiten, spitz zulaufenden Zipfeln pfeilförmig umfassend, nach oben kleiner und schmäler werdend, alle kahl. Mai–August. 0,2–1 m.

Vorkommen: Braucht feucht-nassen, mäßig stickstoffsalz- und humusreichen Tonboden. Besiedelt Naßwiesen und quellige Stellen in Auwäldern und Bergwiesen. Fehlt in den Sandgebieten - vor allem des westlichen Tieflands - gebietsweise, sonst zerstreut, oft in lockeren Beständen. Geht bis etwa zur Waldgrenze.

Wissenswertes: ♃. Die Art ist recht einheitlich.

Pyrenäen-Pippau

Crepis pyrenaica (L.) GREUT.
Korbblütengewächse *Asteraceae* (*Compositae*)

Beschreibung: Blüten in Körbchen, die meist zu 2–6 (selten zu mehr) in einem lockeren, traubigen Gesamtblütenstand am Ende des Stengels stehen. Pflanze führt Milchsaft. Hüllblätter 2reihig, mit kurzen, weißen, gelblichen und schwarzen, aber nicht drüsigen Haaren; äußere Hüllblätter fast so lang wie die inneren. Körbchenboden ohne Spreublätter, sehr kurz behaart (Lupe!). Körbchen 3,5–4,5 cm im Durchmesser (mit den ausgebreiteten Blüten gemessen); alle Blüten zungenförmig, zwittrig, hell goldgelb; Achänen um 7 mm lang, oben verschmälert; Haarkranz 2–3reihig, weiß, um 7 mm lang; Haare rauh, nicht fedrig, biegsam. Stengel aufrecht, unten praktisch kahl, oben zumindest schütter sowohl mit langen, gelblichen, abstehenden Haaren als auch mit kurzen, weißen, krausen Haaren bestanden, bis zum Blütenstand ziemlich dicht beblättert. Grundständige Blätter zur Blütezeit verdorrt; Stengelblätter wechselständig, im Umriß lanzettlich, buchtig gezähnt, sitzend, den Stengel mit 2 langspitzigen Zipfeln umfassend, schütter bis mäßig dicht mit gelblichen, kurzen Haaren bestanden. Juni–August. 20–70 cm.

Vorkommen: Braucht stickstoffsalz- und kalkhaltigen, höchstens schwach sauren, frischen, humos-steinigen Lehm- oder Tonboden. Besiedelt Hochstaudenfluren und Bergwiesen; Südschwarzwald vereinzelt (Feldberg); Schweizer Jura, Vogesen, Zentral- und Südalpen, selten; Nördliche Kalkalpen zerstreut. Geht bis etwa zur Waldgrenze.

Wissenswertes: ♃. Der Pyrenäen-Pippau besiedelte ursprünglich nur Hochstaudenfluren, ist aber wegen seiner Düngertoleranz auf Bergwiesen konkurrenzfähig.

Abgebissener
Pippau
Crepis praemorsa
Pyrenäen-Pippau
Crepis pyrenaica
Sumpf-Pippau
Crepis paludosa
Felsen-Pippau
Crepis jacquinii

Weichhaariger Pippau

Crepis mollis (JACQ.) ASCH.
Korbblütengewächse *Asteraceae* (*Compositae*)

Beschreibung: Blüten in Körbchen, die zu 2–20 (gelegentlich zu mehr) in einem lockeren, traubig-rispigen und wenigstens andeutungsweise straußig-doldig verebneten Gesamtblütenstand angeordnet sind. Pflanze führt Milchsaft. Hüllblätter 2reihig, kurz und kraus weißhaarig und zugleich lang und dunkel drüsenhaarig; äußere Hüllblätter kaum halb so lang wie die inneren. Körbchenboden ohne Spreublätter, kahl. Körbchen 2–3 cm im Durchmesser (mit den ausgebreiteten Blüten gemessen); alle Blüten zungenförmig, zwittrig, gelb; Achänen um 4 mm lang, nach oben leicht verschmälert; Haarkranz 2reihig, weiß, knapp 6 mm lang; Haare rauh, nicht fedrig, biegsam. Stengel aufrecht, kahl oder unauffällig kurz- und weißhaarig, im Blütenstandsbereich auch mit schütter eingestreuten dunklen, relativ langen Haaren, entfernt beblättert. Grundständige Blätter in einer Rosette, Stengelblätter wechselständig; Grundblätter 5–25 cm lang, 1,5–5 cm breit, schmal-eiförmig bis lanzettlich, ganzrandig oder entfernt und – oft undeutlich – feinzähnig, in den geflügelten Stiel verschmälert; Stengelblätter nach oben allmählich kleiner und schmäler werdend, sitzend und halb stengelumfassend; oberste Blätter sehr schmal lanzettlich; alle Blätter kahl oder sehr schütter behaart. Juni–August. 30–75 cm.

Vorkommen: Braucht frischen, mäßig stickstoffsalzreichen, humosen, doch höchstens mäßig sauren Lehm- oder Tonboden. Besiedelt vor allem Bergwiesen. Vornehmlich auf kalkhaltigem Boden in den Mittelgebirgen, im Alpenvorland und in den Alpen, selten.

Wissenswertes: ♃. Die Art ist ziemlich vielgestaltig.

Schöner Pippau

Crepis pulchra L.
Korbblütengewächse *Asteraceae* (*Compositae*)

Beschreibung: Blüten in Körbchen, die meist zu 10–40 (selten weniger, bei üppigen Exemplaren gelegentlich wesentlich mehr) in einem rispigen, straußig-doldig verebneten Gesamtblütenstand am Ende des Stengels stehen. Pflanze führt Milchsaft. Hüllblätter 2reihig, kahl, äußere Hüllblätter höchstens 1/3 so lang wie die inneren, schmal weißrandig. Körbchenboden ohne Spreublätter, kahl. Körbchen 1,4–2 cm im Durchmesser (mit den ausgebreiteten Blüten gemessen), alle Blüten zungenförmig, zwittrig, gelb; Achänen um 4 mm lang, nach oben etwas verschmälert; Haarkranz 4–5reihig, weiß, um 5 mm lang; Haare rauh, nicht fedrig, biegsam. Stengel aufrecht, meist vom unteren Drittel an verzweigt, unten kraus und kurz weißhaarig, mit eingestreuten langen, klebrigen, hellen Drüsenhaaren, nach oben rasch verkahlend, beblättert. Grundblätter in einer Rosette, Stengelblätter wechselständig; Grundblätter und untere Stengelblätter schmal-eiförmig bis lanzettlich, tief buchtig gezähnt bis tief fiederlappig, in den geflügelten Stiel verschmälert, die oberen schmallanzettlich, sitzend, mit abgestutztem oder gepfeiltem Grund halb stengelumfassend, Blätter etwas drüsig behaart. Mai–Juli. 30–70 cm.

Vorkommen: Braucht stickstoffsalz- und kalkreichen, eher frischen als trockenen, steinigen Lehmboden, geht auch auf Löß; bevorzugt warme Lagen. Besiedelt Ödland, Gebüsche, Wege, Weinberge, Hackfruchtäcker. Im Weinbaugebiet von Ober- und Mittelrhein, Mosel, Main und Neckar, am Alpensüdfuß, sehr selten.

Wissenswertes: ⊙. Die Art ist wohl mit dem Weinbau aus dem Mittelmeergebiet eingeschleppt worden.

Weichhaariger Pippau
Crepis mollis

Mauer-Pippau
Crepis tectorum

Schöner Pippau
Crepis pulchra

Kleinköpfiger Pippau
Crepis capillaris

Mauer-Pippau

Crepis tectorum L.
Korbblütengewächse *Asteraceae* (*Compositae*)

Beschreibung: Blüten in Körbchen, die meist zahlreich in einer - zumindest andeutungsweise - straußig-doldig verebneten Traube oder - meist - Rispe am Ende des Stengels stehen. Pflanze führt Milchsaft. Hüllblätter 2reihig, ziemlich dicht grauhaarig bis graufilzig, mit wenigen, eingestreuten, dunklen Drüsenhaaren; äußere Hüllblätter etwa 1/3 so lang wie die inneren. Körbchenboden ohne Spreublätter, sehr kurz, doch ziemlich dicht behaart (Lupe!). Körbchen 1,5-2 cm im Durchmesser (mit den ausgebreiteten Blüten gemessen); alle Blüten zungenförmig, zwittrig, hellgelb; Achänen gut 3 mm lang, oben auffallend verschmälert (Lupe!); Haarkranz 1reihig, weiß, um 5 mm lang; Haare rauh, nicht fedrig, biegsam. Stengel aufgebogen bis aufrecht, reichlich und sparrig verästelt. Grundblätter in einer Rosette, die dem Boden anliegt, zur Blütezeit indes meist schon vertrocknet, lineal-lanzettlich, mit geflügeltem Stiel; Stengelblätter wechselständig, lineal-pfriemlich, sitzend, den Stengel mit 2 kleinen, spitzen Zipfeln halb umfassend, am Rand etwas nach unten eingerollt, klein und entfernt spitz gezähnt, kahl oder schütter abstehend kurzhaarig. Juni–Oktober. 5–70 cm.

Vorkommen: Braucht stickstoffsalzreichen, sandig-kiesigen oder steinigen Untergrund. Besiedelt Mauern, Wege, Ödland, seltener Brachen und Äcker; wärmeliebend. In Niederösterreich und im Tiefland östlich der Elbe zerstreut, westlich von ihr und in den Sandgebieten der Mittelgebirge selten, desgleichen im Wallis, im Unterengadin und am Alpensüdfuß.

Wissenswertes: ⊙. Das Hauptareal der Art liegt in Ost- und Südosteuropa sowie im angrenzenden Asien.

Kleinköpfiger Pippau

Crepis capillaris (L.) WALLR.
Korbblütengewächse *Asteraceae* (*Compositae*)

Beschreibung: Blüten in Körbchen, die zahlreich und meist in einem zusammengesetzt-rispigen Gesamtblütenstand am Ende des Stengels und seiner Äste stehen. Pflanze führt Milchsaft. Hüllblätter 2reihig, äußere kaum halb so lang wie die inneren, alle - oft etwas schütter - kurz und kraus weißhaarig. Körbchenboden ohne Spreublätter, kahl. Körbchen 1,5–2,5 cm im Durchmesser (mit den ausgebreiteten Blüten gemessen); alle Blüten zungenförmig, zwittrig, hell goldgelb, die äußeren meist außen rötlich überlaufen; Achänen um 2 mm lang; Haarkranz 2reihig, weiß, um 4 mm lang; Haare rauh, nicht fedrig, biegsam. Stengel aufsteigend oder aufrecht, etwa von der Mitte an locker verzweigt, im Blütenstandsbereich schütter und kurz weißhaarig, mit einzelnen, eingestreuten, gelblichen Haaren, entfernt beblättert; Stengelblätter wechselständig, im Umriß schmal-eiförmig bis lanzettlich, tief buchtig gezähnt oder 1–2fach fiederteilig, die untersten in einen geflügelten Stiel verschmälert, die oberen sitzend und den Stengel mit 2 spitzen Zipfeln pfeilförmig umfassend, gelegentlich unterseits - und meist nur auf den Nerven - schütter oder mäßig dicht behaart, sonst kahl. Juni–August, zuweilen nochmals Oktober. 10–90 cm.

Vorkommen: Braucht kalk- und stickstoffsalzarmen, frischen Untergrund. Besiedelt Ödland, Wege, Rasen in Lagen mit hoher Luftfeuchtigkeit und mildem Klima. Fehlt im Tiefland sowie in den rauheren Lagen der Mittelgebirge, des Alpenvorlands und der Alpen kleineren Gebieten, sonst zerstreut, örtlich in individuenreichen, lockeren Beständen.

Wissenswertes: ⊙. Die Art ist ziemlich vielgestaltig.

Wiesen-Pippau

Crepis biennis L.
Korbblütengewächse *Asteraceae* (*Compositae*)

Beschreibung: Blüten in Körbchen, die zu 3–25 (selten zu mehr) in einem traubig- oder rispig-doldigen Gesamtblütenstand am Ende des Stengels stehen. Pflanze führt Milchsaft. Hüllblätter 2reihig, kurz, weiß und mäßig dicht behaart, äußere Hüllblätter 2/3–4/5 so lang wie die inneren. Körbchenboden ohne Spreublätter, schütter behaart (Lupe!). Körbchen 2,5–4 cm im Durchmesser (mit den ausgebreiteten Blüten gemessen); alle Blüten zungenförmig, zwittrig, hell goldgelb; Achänen um 6 mm lang, oben allmählich verschmälert; Haarkranz 2–3reihig, weiß, um 6 mm lang; Haare rauh, nicht fedrig, biegsam. Stengel aufrecht, kahl oder unten sehr schütter mit gelblichen Haaren besetzt, entfernt beblättert. Grundblätter rosettig, 5–20 cm lang, 1,5–7,5 cm breit; Stengelblätter wechselständig, im Umriß lanzettlich, tief buchtig gezähnt bis fiederteilig, die Grundblätter und die unteren Stengelblätter in den geflügelten Stiel verschmälert, die oberen sitzend und mit dem verschmälerten, abgerundeten Grund – seltener mit 2 Zipfeln – den Stengel halb umfassend, beidseits mit einzelnen gelblichen Haaren bestanden, zuweilen praktisch kahl. Mai–September. 0,3–1 m.

Vorkommen: Braucht stickstoffsalzreichen, frischen, humosen, ziemlich tiefgründigen Lehm- oder Tonboden. Besiedelt Fettwiesen und Wegränder, seltener Ödland. Im Tiefland westlich der Elbe selten und größeren Gebieten auch fehlend, östlich davon zerstreut; sonst bis gegen 1000 m häufig, ab 2000 m fehlend; auf der Alpensüdseite nur vereinzelt.

Wissenswertes: ⊙. Liefert hartes Heu; wird vom Vieh als Futterpflanze wenig geschätzt; Wiesenunkraut.

Nizza-Pippau

Crepis nicaeensis BALB. ex PERS.
Korbblütengewächse *Asteraceae* (*Compositae*)

Beschreibung: Blüten in Körbchen, die zu 3–25 (gelegentlich zu mehr) in einem traubig- oder rispig-doldigen, lockeren Gesamtblütenstand am Ende des Stengels stehen. Pflanze führt Milchsaft. Hüllblätter 2reihig, mit weißen und gelblichen Haaren mäßig dicht bestanden; äußere Hüllblätter kaum 1/2 so lang wie die inneren. Körbchenboden ohne Spreublätter, schütter behaart. Körbchen 1,5–2,5 cm im Durchmesser (mit den ausgebreiteten Blüten gemessen); alle Blüten zungenförmig, zwittrig, hell goldgelb, die äußeren außen nie rötlich (vgl. *C. capillaris*!, S. 492); Achänen um 3 mm lang, oben verschmälert; Haarkranz 2reihig, weiß, knapp 5 mm lang; Haare rauh, nicht fedrig, biegsam. Stengel aufrecht, oben schütter weiß und gelb behaart, locker beblättert. Grundblätter rosettig, 5–18 cm lang, 2–4 cm breit; Stengelblätter wechselständig, im Umriß lanzettlich, buchtig gezähnt bis fiederteilig; Grund- und untere Stengelblätter in den geflügelten Stiel verschmälert, obere sitzend und mit 2 spitzen Zipfeln den Stengel umfassend; alle Blätter kurz und gelblich – zuweilen nur sehr schütter – behaart. Mai–Juni. 30–90 cm.

Vorkommen: Braucht stickstoffsalzreichen, sandig-steinigen, lockeren Lehmboden in sommerwarmen Lagen; kochsalztolerant. Besiedelt Ödland, Wege, Luzerne- und Kleeäcker. Heimat: Mittelmeergebiet, bei uns gelegentlich eingeschleppt und – meist unbeständig – verwildert, nur am Alpensüdfuß eingebürgert.

Wissenswertes: ⊙. Obschon der Nizza-Pippau bei uns kaum beständig verwildern dürfte, sollte man auf ihn achten, da er neuerdings immer wieder mit Kleesaaten eingeschleppt wird.

Hasenlattich

Prenanthes purpurea L.
Korbblütengewächse *Asteraceae* (*Compositae*)

Beschreibung: Blüten in Körbchen, die zahlreich und meist deutlich nickend in einem zusammengesetzt-rispigen, sparrig ausladenden bis mäßig schlanken Gesamtblütenstand am Ende des Stengels stehen. Pflanze führt Milchsaft. Hüllblätter 2reihig, die äußeren höchstens 1/2 so lang wie die inneren, alle kahl, innere oft weinrot überlaufen. Körbchen 1,2–1,5 cm im Durchmesser (mit den ausgebreiteten Blüten gemessen), mit auffallend schlanker, 1–1,5 cm langer und kaum 3 mm dicker Hülle, meist nur 4–5blütig; alle Blüten zungenförmig, zwittrig, weinrot bis rotviolett; Achänen um 5 mm lang; Haarkranz 2reihig, weiß, um 5 mm lang; Haare rauh, nicht fedrig. Rhizom flachkriechend, walzlich, knotig. Stengel aufrecht, im Blütenstandsbereich vornübergebogen, kahl oder schütter kurzhaarig. Keine Grundblätter; Stengelblätter wechselständig, im Umriß schmal-eiförmig, die unteren buchtig gezähnt bis fiederteilig, in den geflügelten Stiel verschmälert; obere Blätter fast ganzrandig, sitzend und herz-pfeilförmig stengelumfassend; Blätter dünn, oberseits grasgrün, unterseits graugrün, kahl. Juli–September. 0,3–2 m.

Vorkommen: Braucht kalkarmen, mull- oder rohhumusreichen, frischen Lehmboden. Besiedelt lichte Stellen in Mischwäldern, seltener in reinen Laub- oder Nadelwäldern. Fehlt nördlich der „Mainlinie“ oder ist dort (z.B. Rhön, Taunus, Vogelsberg) sehr selten, kommt auch im Fränkischen Jura sowie zwischen Donauried und Ennviertel nicht vor; sonst (auch im Thüringer Wald und im Erzgebirge) selten.

Wissenswertes: ♃. „*Prenanthes*“ (prenes, griech. = vorwärts geneigt; anthos, griech. = Blüte) verweist auf das Nicken der Körbchen.

Kleines Habichtskraut

Hieracium pilosella L.
Korbblütengewächse *Asteraceae* (*Compositae*)

Beschreibung: Blüten in Körbchen, die einzeln am Ende des Stengels stehen; ausnahmsweise kann der Stengel oberwärts gegabelt sein; dann tragen die Äste je 1 Körbchen. Pflanze führt Milchsaft. Hüllblätter mehrreihig, um 1 cm lang, 1–2 mm breit, drüsig behaart und mit einfachen bzw. verzweigten Haaren, dadurch oft sehr kurz graufilzig. Körbchenboden ohne Spreublätter, kahl. Körbchen 2–3 cm im Durchmesser (mit den ausgebreiteten Blüten gemessen); alle Blüten zungenförmig, zwittrig, hellgelb, die äußeren Blüten außen meist rot gestreift; Achänen um 2 mm lang; Haarkranz 1reihig, schmutzigweiß, Haare unter Druck auf die Spitze brüchig. Stengel aufrecht, vor allem oben graufilzig, meist blattlos. Grundblätter in einer Rosette, aus der lange, beblätterte Ausläufer treiben; die Blätter an den Ausläufern werden um so kleiner, je näher sie der Ausläuferspitze stehen; Rosettenblätter schmal-eiförmig bis lanzettlich, mit einfachen Haaren, die 3–7 mm lang werden, oberseits grün (ohne Sternhaare), unterseits graufilzig. Mai–Oktober. 5–30 cm.

Vorkommen: Braucht mageren, trockenen, sandig-mergeligen Lehmboden, geht auch auf humusuntermischten Sand. Besiedelt magere, oft lückige Rasen, zuweilen Felsspalten, Trokkenwälder und -gebüsche. Häufig, oft in kleinen, individuenreichen „Nestern“.

Wissenswertes: ♃. Neben Sippen, die sich geschlechtlich fortpflanzen, kommen solche vor, die sich apomiktisch vermehren. Was wir hier als Art behandeln, wurde zum Teil in rund ein Dutzend „Arten“ und rund 600 Unterarten gegliedert, die selbst Spezialisten kaum sicher voneinander unterscheiden können.

Hasenlattich
Prenanthes
purpurea
Kleines
Habichtskraut
Hieracium
pilosella
Nizza-Pippau
Crepis nicaeensis
Wiesen-Pippau
Crepis biennis

Geöhrtes Habichtskraut

Hieracium lactucella WALLR.
Korbblütengewächse *Asteraceae* (*Compositae*)

Beschreibung: Blüten in Körbchen, die einzeln am Ende des Stengels und der meist 2-4 Äste in einer gedrängten, doldig verebneten Traube stehen. Pflanze führt Milchsaft. Hüllblätter mehrreihig, ohne oder mit nur wenigen Sternhaaren (starke Lupe!), kahl oder schütter mit unverzweigten Haaren bestanden, stumpf. Körbchenboden ohne Spreublätter. Körbchen 1,7-2,8 cm im Durchmesser (mit den ausgebreiteten Blüten gemessen); alle Blüten zungenförmig zwittrig, hellgelb, die äußeren Blüten außen nicht rötlich; Achänen um 2 mm lang; Haarkranz 1reihig, schmutzigweiß, Haare unter Druck auf die Spitze brüchig. Stengel aufrecht, meist mit 1 Blatt am Stengel, das oft grundnah steht, zuweilen nur mit Sternhaaren, dadurch graufilzig. Ausläufer vorhanden; Grundblätter in einer Rosette, 2-7 cm lang, 0,5-1,5 cm breit, spatelig oder schmal-eiförmig, vorn stumpf, am Grund allmählich in einen geflügelten Stiel verschmälert, kahl oder sehr schütter mit drüsenlosen, bis 4 mm langen Haaren, vor allem auf der Mittelrippe und am Rand. Mai–August. 10–30 cm.

Vorkommen: Braucht kalkarmen, mäßig sauren, humos-torfigen, feuchten Ton- oder Moorboden. Besiedelt Silikat-Magerrasen, Quellsümpfe, Moore. Im Tiefland sehr selten; in den Silikat-Mittelgebirgen oder auf entkalkten Flächen der Kalk-Mittelgebirge und des Alpenvorlands zerstreut und örtlich in kleinflächigen, individuenreichen Beständen.

Wissenswertes: ♃. Ähnlich: *H. glaciale* REYN.: Ohne Ausläufer; Stengel oben langhaarig; Alpen; selten. – *H. alpicola* SCHLEICH. ex STEUD. & HOCHST.: Ohne Ausläufer; Blattoberseite sternhaarig; Alpen, sehr selten.

Orangerotes Habichtskraut

Hieracium aurantiacum L.
Korbblütengewächse *Asteraceae* (*Compositae*)

Beschreibung: Blüten in Körbchen, die zu 2–12 (selten einzeln oder zu mehr) in einer zunächst gestauchten, später lockeren, doldig-straußigen Rispe am Ende des Stengels stehen. Pflanze führt Milchsaft. Hüllblätter mehrreihig, mit 1-3 mm langen, einfachen, dunklen Haaren und mit Sternhaaren. Körbchenboden ohne Spreublätter. Körbchen 2-3 cm im Durchmesser (mit den ausgebreiteten Blüten gemessen); alle Blüten zungenförmig, zwittrig, orangegelb, orangerot, braunrot; Achänen um 2 mm lang; Haarkranz 1reihig, schmutzigweiß, Haare unter Druck auf die Spitze brüchig. Stengel meist aufrecht, hohl, schütter bis mäßig dicht mit 2-7 mm langen, einfachen, dunklen Haaren bestanden, oben auch drüsenhaarig, mit 1-3 Blättern. Grundblätter in einer armblättrigen Rosette, zur Blütezeit noch vorhanden, blaß blaugrün, vorn stumpflich, an der Basis verschmälert, mäßig dicht beidseitig und am Rand behaart; Ausläufer - wenn auch zuweilen nur einzelne - meist vorhanden, oberirdisch oder unterirdisch. Juni–August. 20–40 cm.

Vorkommen: Braucht kalkarmen, gleichwohl nicht zu sauren, humosen, eher frischen als trockenen Lehm- oder Tonboden. Besiedelt Bergwiesen und extensiv genutzte Weiden. Im Tiefland, im Rheinischen Schiefergebirge, in den Vogesen, im Südschwarzwald, im südlichen Schweizer Jura, im Alpenvorland und in den Alpen selten, aber meist in individuenreichen, lockeren Beständen. Geht bis etwa 2500 m.

Wissenswertes: ♃. *H. aurantiacum* wurde vielfach als Zierpflanze in Gärten eingebracht und ist aus ihnen verwildert. Zahlreiche, oft recht beständige Vorkommen außerhalb der Alpen sind auf diese Weise entstanden.

Orangerotes Habichtskraut
Hieracium aurantiacum

Wiesen-Habichtskraut
Hieracium caespitosum

Trugdoldiges Habichtskraut
Hieracium cymosum

Wiesen-Habichtskraut

Hieracium caespitosum DUM.
Korbblütengewächse *Asteraceae* (*Compositae*)

Beschreibung: Blüten in Körbchen, die zu 10–30 (selten zu weniger oder mehr) in einer zunächst gedrungenen, später lockeren, doldig-straußigen Rispe am Ende des Stengels stehen. Pflanze führt Milchsaft. Hüllblätter mehrreihig, mit 1–3 mm langen, einfachen, dunklen Haaren und mit Sternhaaren. Körbchenboden ohne Spreublätter. Körbchen 1,7–2,5 cm im Durchmesser (mit den ausgebreiteten Blüten gemessen); alle Blüten zungenförmig, zwittrig, dunkelgelb, aber nicht orangefarben oder braun-rötlich; Achänen um 2 mm lang; Haarkranz 1reihig, schmutzigweiß, Haare unter Druck auf die Spitze brüchig. Stengel meist aufrecht, hohl, schütter bis mäßig dicht mit 1–5 mm langen, einfachen, dunklen Haaren bestanden, oben auch drüsenhaarig, mit 1–3 Blättern. Grundblätter in einer armblättrigen Rosette, zur Blütezeit noch vorhanden, 5–20 cm lang, 1–2,5 cm breit, länglich-spatelig, am Grund sehr allmählich verschmälert, ganzrandig oder klein und undeutlich gezähnelt, fast kahl oder mäßig dicht drüsenlos behaart; unterirdische oder oberirdische, beblätterte Ausläufer vorhanden. Mai–September. 20–60 cm.

Vorkommen: Braucht wechselfeuchten, humos-torfigen Lehm- oder Tonboden. Besiedelt Feuchtstellen in Halbtrockenrasen oder Magerrasen, trockene Stellen in Flachmooren und in Sumpfwiesen, geht auch an Wegränder; bevorzugt wärmere Gegenden; sehr selten, nach Südosten häufiger (Eurosibirische Sippe).

Wissenswertes: ♃. Zwischen dieser Art und anderen sind mehrere Bastardsippen bekannt und als „Zwischenarten“ beschrieben worden. Außerdem erhöhen konstante, apomiktische Sippen die Formenvielfalt.

Trugdoldiges Habichtskraut

Hieracium cymosum L.
Korbblütengewächse *Asteraceae* (*Compositae*)

Beschreibung: Blüten in Körbchen, die zu 15–50 (selten zu weniger oder mehr) in einer dichten, doldig-straußig verebneten Rispe am Ende des Stengels stehen. Pflanze führt Milchsaft. Hüllblätter mehrreihig, mit Sternhaaren und vereinzelten hellen, 1–2 mm langen, einfachen Haaren und mit Drüsenhaaren. Körbchenboden ohne Spreublätter. Körbchen 1,8–2,5 cm im Durchmesser (mit den ausgebreiteten Blüten gemessen); alle Blüten zungenförmig, zwittrig, goldgelb; Achänen um 2 mm lang; Haarkranz 1reihig, schmutzigweiß, Haare unter Druck auf die Spitze brüchig. Stengel meist aufrecht, hohl oder markig, mit 1–4 Blättern, schütter hellhaarig und oben schütter drüsenhaarig. Grundblätter in einer Rosette, zur Blütezeit noch vorhanden, 3–15 cm lang, 0,5–2,5 cm breit, schmal-eiförmig bis lanzettlich, am Grund allmählich verschmälert, meist ganzrandig, selten undeutlich gezähnelt, mäßig dicht mit leicht brüchigen Haaren bestanden. Mai–August. 30–80 cm.

Vorkommen: Braucht kalkreichen, mäßig trockenen, humosen, steinig-lockeren Lehmboden, geht auch auf Löß. Besiedelt Halbtrockenrasen, Raine und Trockengebüsche in klimabegünstigten Gegenden. Weinbaugebiete vom nördlichen Oberrhein bis zum Mittelrhein, Mosel, Lahntal, Main, Neckar, Schwäbische Alb, südlicher Bayerischer Wald, Zentral- und Südalpen; selten, örtlich in individuenarmen Beständen.

Wissenswertes: ♃. Die durch Bastarde und konstante apomiktische Sippen vielgestaltige „Art“ hat in jüngerer Zeit zahlreiche Standorte außerhalb und innerhalb des beschriebenen Gebiets verloren, weil einmähdige Wiesen zu Fettwiesen meliorisiert worden sind.

Natternkopf-Habichtskraut

Hieracium echioides LUMN.
Korbblütengewächse *Asteraceae* (*Compositae*)

Beschreibung: Blüten in Körbchen, die zu 10–50 (selten zu weniger oder mehr) in einer dichten, doldig-straußig verebneten Rispe am Ende des Stengels stehen. Pflanze führt Milchsaft. Hüllblätter mehrreihig, von Sternhaaren bedeckt, zwischen denen einzelne einfache Haare eingestreut sind, die 1-3 mm lang werden; Drüsenhaare fehlen. Körbchenboden ohne Spreublätter. Körbchen 1,8-2,5 cm im Durchmesser (mit den ausgebreiteten Blüten gemessen); alle Blüten zungenförmig, zwittrig, goldgelb; Achänen um 2 mm lang; Haarkranz 1reihig, schmutzigweiß, Haare unter Druck auf die Spitze brüchig. Stengel aufrecht, nie hohl, mit 4–20 Stengelblättern, schütter von langen, einfachen Haaren bestanden; Drüsenhaare fehlen. Grundblätter rosettig, zur Blütezeit vertrocknet; nur wechselständige Stengelblätter vorhanden; Rosettenblätter 3–15 cm lang, 0,5-2 cm breit, schmal-eiförmig; Stengelblätter den Grundblättern ähnlich, aber schmäler und spitzer als diese, schmal-eiförmig bis lanzettlich, derb, beidseits mit Sternhaaren überzogen, graugrün, reichlich mit einfachen Haaren bestanden, die 2–4 mm lang werden. Juli–September. 20–80 cm.

Vorkommen: Braucht sandigen, trockenen, etwas kalkhaltigen Boden in klimabegünstigten, sommerwarmen Lagen. Besiedelt lichte Kiefernwälder und Trockenrasen. Im Tiefland östlich der Elbe, in Sachsen und im östlichen Österreich selten; sonst nur vereinzelt und meist unbeständig, oft in Bastardformen.

Wissenswertes: ♃. Nahezu 1 Dutzend Bastardformen sind als Zwischenarten, zahlreiche apomiktische Sippen als Unterarten beschrieben worden.

Florentiner Habichtskraut

Hieracium piloselloides VILL.
Korbblütengewächse *Asteraceae* (*Compositae*)

Beschreibung: Blüten in Körbchen, die zu 10–50 (selten zu weniger oder mehr) in einer dichten, doldig-straußig verebneten Rispe am Ende des Stengels stehen. Pflanze führt Milchsaft. Hüllblätter mehrreihig, nicht von Sternhaaren überzogen (höchstens einzelne Sternhaare vorhanden; Lupe!), also praktisch kahl. Körbchenboden ohne Spreublätter. Körbchen 1,8-2,5 cm im Durchmesser (mit den ausgebreiteten Blüten gemessen); alle Blüten zungenförmig, zwittrig, goldgelb; Achänen um 2 mm lang; Haarkranz 1reihig, schmutzigweiß, Haare unter Druck auf die Spitze brüchig. Stengel aufrecht, nicht hohl, mit 1-5 Stengelblättern, nur mit einzelnen Sternhaaren und einzelnen einfachen, 1-3 mm langen Haaren sowie im oberen Bereich schütter mit Drüsenhaaren bestanden. Keine Ausläufer. Grundblätter in einer Rosette, zur Blütezeit stets vorhanden, 2-12 cm lang, 0,5-1,5 cm breit, sehr schmal eiförmig bis lineal, stumpflich, blaugrün, kahl oder mit wenigen, etwas brüchigen Haaren; Stengelblätter wechselständig, in Färbung und Behaarung wie die Grundblätter, doch schmäler und kürzer als diese. Mai–August. 30-80 cm.

Vorkommen: Braucht kalkreichen, überwiegend trockenen, steinig-kiesigen Lehmboden in warmen Lagen. Im Tiefland nur vereinzelt; in den Mittelgebirgen mit Kalkgestein, im Alpenvorland und in den Kalkalpen zerstreut; geht etwa bis zur Waldgrenze. Oft „Bahnhofpflanze“.

Wissenswertes: ♃. Zwischen dieser „Art“ und anderen Arten der Gattung, die sich allesamt nicht oder nur eingeschränkt in das Konzept einer „biologischen Art“ einfügen lassen, gibt es zahlreiche Bastarde.

Ungarisches Habichtskraut

Hieracium bauhinii SCHULT.
Korbblütengewächse *Asteraceae* (*Compositae*)

Beschreibung: Blüten in Körbchen, die zu 10–50 (selten zu weniger oder mehr) in einer dichten, doldig-straußig verebneten Rispe am Ende des Stengels stehen. Pflanze führt Milchsaft. Hüllblätter mehrreihig, mit zahlreichen, einfachen, drüsenlosen Haaren bestanden, ganz selten überdies mit einzelnen Drüsenhaaren. Körbchenboden ohne Spreublätter. Körbchen 1,8-2,5 cm im Durchmesser (mit den ausgebreiteten Blüten gemessen), alle Blüten zungenförmig, zwittrig, goldgelb; Achänen um 2 mm lang; Haarkranz 1reihig, schmutzigweiß, Haare unter Druck auf die Spitze brüchig. Stengel aufrecht, nicht hohl, mit 1-5 Stengelblättern, einzelnen Sternhaaren und einzelnen einfachen, 1-3 mm langen Haaren, im oberen Bereich schütter drüsenhaarig. Stets Ausläufer vorhanden, die - selten - kurz oder - in der Regel - lang und ziemlich dünn über ziemlich weite Strecken oberirdisch kriechen; diese Ausläufer tragen gelegentlich große, häufiger eher kleine Blätter. Grundblätter in einer Rosette, zur Blütezeit vorhanden, 3–15 cm lang, 0,5–1,5 cm breit, länglich-lineal, bläulich-grün; Stengelblätter wechselständig, kleiner als die Grundblätter. Mai–August. 30–80 cm.

Vorkommen: Braucht kalkreichen, trockenen Lehmboden in sommerwarmen Lagen. Besiedelt Trockenrasen, Raine, Waldränder. Im Tiefland östlich der Elbe, in den Kalk-Mittelgebirgen, im Alpenvorland und in den Kalkalpen selten, nach Osten häufiger werdend. Geht bis etwa zur Laubwaldgrenze.

Wissenswertes: ♃. Innerhalb der „Art" werden rund 100 Sippen unterschieden und als „Art" oder „Unterart" benannt.

Blaugrünes Habichtskraut

Hieracium glaucum ALL.
Korbblütengewächse *Asteraceae* (*Compositae*)

Beschreibung: Blüten in Körbchen, die meist zu 4–8 in einer lockeren, nur wenig straußig (und nicht eigentlich doldig) verebneten, langstieligen Traube oder armästigen Rispe am Ende des Stengels stehen. Pflanze führt Milchsaft. Hüllblätter mehrreihig, um 1 cm lang, unter 2 mm breit, stumpf, mit wenigen Sternhaaren und einfachen, hellen Haaren, meist keine Drüsenhaare. Körbchenboden ohne Spreublätter. Körbchen 2-3 cm im Durchmesser (mit den ausgebreiteten Blüten gemessen), alle Blüten zungenförmig, zwittrig, gelb; Achänen knapp 4 mm lang, Haarkranz 1reihig, schmutzigweiß, Haare unter Druck auf die Spitze brüchig. Stengel aufrecht, im Blütenstandsbereich gabelig verzweigt, bis nahe an die Körbchen völlig kahl, unmittelbar unter den Körbchen oft flockig. Grundblätter in einer Rosette, 5-15 cm lang, 0,5–1,5 cm breit, schmal-lanzettlich bis grasartig, mit einzelnen Zähnchen am Rand, gesägt-gezähnt oder flach buchtig gezähnt, an der Blattbasis bis fast auf den Mittelnerv verschmälert, bläulich-grün; Stengelblätter wechselständig, nach oben rasch kleiner werdend. Juli–September. 20–60 cm.

Vorkommen: Kalkhaltiger, feinerdearmer Steinschutt, Felsspalten. Alpenvorland, Alpen, selten und gebietsweise fehlend. Geht fast bis zur Waldgrenze.

Wissenswertes: ♃. Viele „Zwischen-" und „Unterarten". - Ähnlich: *H. porrifolium* L.: Blätter grasartig, ganzrandig, am Grund nicht verschmälert; Zentral- und Südalpen östlich der Linie Bodensee–Comer See; selten. – *H. bupleuroides* C.C. GMEL.: 2–5 Körbchen, Blätter ganzrandig, nicht verschmälert. Schweizer und Schwäbischer Jura, Kalkalpen; zerstreut.

Blaugrünes Habichtskraut
Hieracium glaucum

Natternkopf-Habichtskraut
Hieracium echioides

Florentiner Habichtskraut
Hieracium piloselloides

Ungarisches Habichtskraut
Hieracium bauhinii

Zottiges Habichtskraut

Hieracium villosum JACQ.
Korbblütengewächse *Asteraceae* (*Compositae*)

Beschreibung: Blüten in Körbchen, die einzeln oder zu 2-4 und dann in einer lockeren Traube am Ende des Stengels stehen. Pflanze führt Milchsaft. Hüllblätter mehrreihig, äußere fast blattähnlich, abstehend, 1-1,8 cm lang, zugespitzt, ohne Drüsenhaare, mit zahlreichen, an ihrer Basis dunklen, an der Spitze helleren, 2-6 mm langen, einfachen Haaren. Körbchenboden ohne Spreublätter. Körbchen 1,2-2,3 cm im Durchmesser (mit den ausgebreiteten Blüten gemessen); alle Blüten zungenförmig, zwittrig, hellgelb; Achänen um 4 mm lang; Haarkranz 1reihig, schmutzigweiß, Haare unter Druck auf die Spitze brüchig. Stengel aufrecht, oft hin- und hergebogen, dicklich, mit 3-8 Stengelblättern, ohne Drüsenhaare, schütter bis dicht mit weißen, einfachen Haaren bestanden. Grundständige Blätter rosettig, zur Blütezeit stets vorhanden, 4-8 cm lang, 1-2 cm breit, lanzettlich bis zungenförmig, am Grund verschmälert, aber ohne deutlich abgesetzten Stiel, ganzrandig oder sehr kleinzähnig, am Rand etwas wellig, mit 2-9 mm langen Haaren schütter-zottig, nie weiß- oder graufilzig; Stengelblätter wechselständig, sitzend, kleiner und relativ breiter als die Grundblätter, auch welliger. Juli-September. 5-30 cm.

Vorkommen: Braucht kalkreichen, frischen, steinig-lehmigen Boden in sonniger Lage. Besiedelt alpine Rasen, lückig-schuttige Matten und Felsbänder. Kalkalpen und Schweizer Jura zerstreut, sonst selten; bevorzugt in Höhen zwischen etwa 1000-2300 m.

Wissenswertes: ♃. Zahlreiche „Zwischen-“ und „Unterarten“. - Ähnlich: *H. morisianum* RCHB. f.: Außenhüllblätter kaum abstehend, 3-6 Stengelblätter; Alpen; selten.

Grauzottiges Habichtskraut

Hieracium glanduliferum HOPPE
Korbblütengewächse *Asteraceae* (*Compositae*)

Beschreibung: Blüten in Körbchen, die meist einzeln, selten zu 2-3 (und dann lockertraubig) am Ende des Stengels stehen. Pflanze führt Milchsaft. Hüllblätter mehrreihig, ohne Drüsenhaare, aber reichlich mit 3-5 cm langen, seidigen, am Grunde dunklen, spitzenwärts hellen Haaren bestanden. Körbchenboden ohne Spreublätter. Körbchen 1,2-2,3 cm im Durchmesser (mit den ausgebreiteten Blüten gemessen); alle Blüten zungenförmig, zwittrig, hellgelb; Achänen knapp 3 mm lang; Haarkranz 1reihig, schmutzigweiß, Haare unter Druck auf die Spitze brüchig. Stengel aufrecht, meist gerade, vor allem unter dem Körbchen - zuweilen aber auch vom Grunde an - dicht mit weißgrauen, einfachen, drüsenlosen Haaren und meist mit mäßig zahlreichen (oft auch zahlreichen), kurzen (um oder unter 0,5 mm langen) Drüsenhaaren bestanden, grün. Grundblätter rosettig, zur Blütezeit stets vorhanden, 2-10 cm lang, 0,5-2 cm breit, länglich-lanzettlich, spitz oder stumpf, am Grund allmählich in einen - oft undeutlichen - geflügelten Stiel verschmälert, meist ganzrandig, oberseits und an den Rändern stets, auf der Unterseite oft mit einfachen, drüsenlosen Haaren bestanden, Rand meist nicht wellig. Juli-August. 5-20 cm.

Vorkommen: Braucht kalkarmen oder -freien, sauren, rohhumushaltigen, steinigen Lehm- oder Tonboden. Besiedelt alpine Rasen, Ruheschutthalden und Moränen. Kalkalpen selten (auf entkalkten Böden), Zentral- und Südalpen zerstreut. Geht bis auf etwa 2700 m.

Wissenswertes: ♃. Mehrere Sippen wurden als „Zwischenarten“ oder „Unterarten“ beschrieben.

Zottiges Habichtskraut
Hieracium villosum
Niedriges Habichtskraut
Hieracium humile
Grauzottiges Habichtskraut
Hieracium glanduliferum
Wald-Habichtskraut
Hieracium sylvaticum

Niedriges Habichtskraut

Hieracium humile Jacq.
Korbblütengewächse *Asteraceae* (*Compositae*)

Beschreibung: Blüten in Körbchen, die meist zu 2-8 (sehr selten einzeln, selten zu mehr) in einer lockeren Traube am Ende des Stengels stehen. Pflanze führt Milchsaft. Hüllblätter mehrreihig, mit einzelnen, einfachen Haaren, die 1-2 mm lang werden, und mit wenigen kurzen Drüsenhaaren. Körbchenboden ohne Spreublätter. Körbchen 1,8-2,5 cm im Durchmesser (mit den ausgebreiteten Blüten gemessen); alle Blüten zungenförmig, zwittrig, gelb; Achänen knapp 4 mm lang; Haarkranz 1reihig, schmutzigweiß, Haare unter Druck auf die Spitze brüchig. Stengel aufrecht, hin- und hergebogen, oft schon unterhalb der Mitte gabelig verzweigt, dicht abstehend behaart (einfache Haare), unter den Körbchen auch mit Sternhaaren und einigen, zuweilen auch zahlreichen Drüsenhaaren, mit 1-6 Stengelblättern. Grundblätter rosettig, Stengelblätter wechselständig; Grundblätter eiförmig bis lanzettlich, 2-10 cm lang, 1-4 cm breit, plötzlich in den Stiel verschmälert, unregelmäßig gezähnt, stielnahe Zähne oft isoliert stehend und bis 1 cm lang, mit einfachen und mit Drüsenhaaren, nicht klebrig, blaugrün, ungefleckt. Juni–August. 5-20 cm.

Vorkommen: Braucht kalkhaltigen, felsigsteinigen Untergrund. Besiedelt Felsspalten, Ruheschutthalden, seltener Geröll. Vereinzelt im Schwarzwald, im Hegau, in den Vogesen; im Schwäbischen und Schweizer Jura, am Nordfuß der Alpen, in den Nördlichen und Südlichen Kalkalpen zerstreut; in den Zentralalpen selten. Geht bis etwa 2500 m.

Wissenswertes: ♃. Mehrere Sippen sind als „Zwischenarten“ und „Unterarten“ beschrieben worden.

Wald-Habichtskraut

Hieracium sylvaticum (L.) L.
Korbblütengewächse *Asteraceae* (*Compositae*)

Beschreibung: Blüten in Körbchen, die meist zu 4–15 (selten zu weniger oder mehr) in einer armästigen, lockeren, doldigen Rispe am Ende des Stengels stehen. Pflanze führt Milchsaft. Hüllblätter mehrreihig, kahl oder nur schütter bis mäßig dicht drüsenhaarig. Körbchenboden ohne Spreublätter. Körbchen 2,2-3,5 cm im Durchmesser (mit den ausgebreiteten Blüten gemessen); alle Blüten zungenförmig, zwittrig, hell goldgelb; Achänen knapp 4 mm lang; Haarkranz 1reihig, schmutzigweiß, Haare unter Druck auf die Spitze brüchig. Stengel aufrecht, bläulichgrün, schon unterhalb des Blütenstandbereichs mit Sternhaaren und dadurch gräulich, selten blattlos, meist mit nur 1, tief am Stengel stehenden Stengelblatt. Grundblätter rosettig, 2–15 cm lang, 1,5–7 cm breit, breit-eiförmig bis breit-lanzettlich, meist lang und spitz zulaufend, am Rand unregelmäßig, gegen den Blattgrund gröber gezähnt und dort oft mit 1-2 großen, stielwärts gerichteten Zähnen, am Grund herzförmig oder abgerundet, grün bis blaugrün, unterseits oft weinrot überlaufen, oberseits oft olivbraun gefleckt; Stengelblätter gestielt oder mit verschmälertem Grund sitzend. Mai–Juni. 20-50 cm.

Vorkommen: Braucht frischen, kalkarmen, stickstoffsalz- und humushaltigen Boden. Besiedelt krautreiche Laub- und Mischwälder, schattige Mauern, Blockhalden und Waldwiesen. Im Tiefland westlich der Elbe selten, östlich zerstreut, sonst häufig, meist in individuenarmen Trupps. Geht bis etwa 2000 m.

Wissenswertes: ♃. Über 300 Sippen wurden als „Unterarten“ beschrieben. - Ähnlich: *H. fuscocinereum* Norrlin: Pflanze dicht behaart; Rügen, Schleswig; selten.

Gewöhnliches Habichtskraut

Hieracium lachenalii C. C. GMEL.
Korbblütengewächse *Asteraceae* (*Compositae*)

Beschreibung: Blüten in Körbchen, die meist zu 4–15 (selten zu weniger oder mehr) in einer armästigen, lockeren, doldigen Rispe am Ende des Stengels stehen. Pflanze führt Milchsaft. Hüllblätter mehrreihig, kahl, schütter bis mäßig dicht drüsenhaarig. Körbchenboden ohne Spreublätter. Körbchen 2,2–3,5 cm im Durchmesser (mit den ausgebreiteten Blüten gemessen); alle Blüten zungenförmig, zwittrig, hell goldgelb; Achänen knapp 4 mm lang; Haarkranz 1reihig, schmutzigweiß, Haare unter Druck auf die Spitze brüchig. Stengel aufrecht, in der oberen Stengelhälfte meist sternhaarig-grau und mit dunklen Drüsenhaaren, mit 3–6 Stengelblättern. Grundblätter zur Blütezeit meist vorhanden, oft nur zu 2–3, 1,5–15 cm lang, 1–4 cm breit, schmaleiförmig bis lanzettlich, stumpflich oder spitz, am Rand grob gezähnt, graugrün oder hellgrün, unterseits oft weinrot überlaufen, oberseits fast nie gefleckt (Flecken wenig gegen das Blatt kontrastierend); Stengelblätter wechselständig, untere gleich den inneren Grundblättern, obere kleiner und lanzettlich, untere gestielt, obere meist sitzend, einige oder alle unterseits zuweilen lükkig-flockig behaart. Juni–August. 20–50 cm.

Vorkommen: Braucht kalkarmen, mäßig stickstoffsalz- und humushaltigen Lehmboden in halbschattigen Lagen. Besiedelt lichte Laub- und Nadelwälder. Zerstreut, aber im Tiefland westlich der Elbe, in rauheren Lagen der Mittelgebirge und auf Sand gebietsweise fehlend. Geht bis etwa zur Laubwaldgrenze.

Wissenswertes: ♃. Wird von einigen Autoren zur Gruppe *H. sylvaticum* gerechnet; andere unterteilen die Art in mehrere „Zwischenarten“ und viele „Unterarten“.

Glattes Habichtskraut

Hieracium laevigatum WILLD.
Korbblütengewächse *Asteraceae* (*Compositae*)

Beschreibung: Blüten in Körbchen, die meist zu 5–25 (selten zu weniger oder mehr) in einer lockeren, zuweilen wenigstens teilweise doldig verebneten Rispe stehen (Körbchen an tief abzweigenden Ästen meist nicht in die „Scheindolde“ einbezogen). Pflanze führt Milchsaft. Hüllblätter mehrreihig. Körbchenboden ohne Spreublätter. Körbchen 2,2–3,5 cm im Durchmesser (mit den ausgebreiteten Blüten gemessen); alle Blüten zungenförmig, zwittrig, goldgelb; Achänen knapp 4 mm lang; Haarkranz 1reihig, schmutzigweiß, Haare unter Druck auf die Spitze brüchig. Stengel aufrecht, sehr schütter bis mäßig dicht einfach behaart. Grundblätter zur Blütezeit meist schon vertrocknet; Stengelblätter wechselständig, meist mehr als 3 vorhanden, schmal-eiförmig bis schmal-lanzettlich, unterste mehr oder weniger deutlich geflügelt gestielt, mittlere sehr kurz gestielt oder sitzend, obere mit keilig verschmälertem oder abgerundetem Grund sitzend, unterste Blätter mit Ausnahme des vorderen Drittels grob und ungleichmäßig gezähnt, unterschiedlich dicht behaart, gelegentlich flockig. Juni–August. 0,3–1 m.

Vorkommen: Braucht kalkfreien, stickstoffsalzarmen, rohhumus- oder torfhaltigen Lehmboden. Besiedelt bodensaure Eichenwälder, Heiden und Magerrasen. Im Tiefland und in den Mittelgebirgen mit kalkarmen oder kalkfreien Gesteinen zerstreut, in Kalkgebieten nur auf entkalkten Flächen, selten. Geht kaum bis zur Laubwaldgrenze.

Wissenswertes: ♃. Innerhalb der „Art“ sind mehr als 200 Sippen unterschieden und auf verschiedenen Rangstufen („Zwischenarten“, „Unterarten“) benannt worden.

Gabeliges Habichtskraut

Hieracium bifidum KIT. ex HORNEM.
Korbblütengewächse *Asteraceae* (*Compositae*)

Beschreibung: Blüten in Körbchen, die meist zu 2–8 (sehr selten einzeln oder mehr als 8) in einer lockeren Traube oder in einer sehr armästigen Rispe am Ende des Stengels stehen. Pflanze führt Milchsaft. Hüllblätter mehrreihig, mit zahlreichen Sternhaaren und dadurch gräulich, dazu mit einzelnen bis wenigen einfachen Haaren. Körbchenboden ohne Spreublätter. Körbchen 2,2–3,5 cm im Durchmesser (mit den ausgebreiteten Blüten gemessen); alle Blüten zungenförmig, zwittrig, goldgelb; Achänen um 3 mm lang; Haarkranz 1reihig, schmutzigweiß, Haare unter Druck auf die Spitze brüchig. Stengel aufrecht, blattlos oder nur mit 1, meist schmal-linealen bis pfriemlichen Stengelblatt, im Blütenstandsbereich gegabelt oder locker-traubig verzweigt, oft etwas violett bis weinrot überlaufen, oberwärts abstehend einfach behaart und sternhaarig grau. Grundblätter in einer Rosette, gestielt, 2–8 cm lang, 1–2,5 cm breit, schmal eiförmig-lanzettlich, ganzrandig oder ungleichmäßig gezähnt, unterseits oft rot, oberseits leicht blaugrün, am Stiel und unterseits auf dem Mittelnerv behaart, sonst praktisch kahl. Juni–August. 10–40 cm.

Vorkommen: Braucht kalkreichen, humus- und feinerdearmen Untergrund. Besiedelt Felsspalten und kalkhaltigen, ruhenden Gesteinsschutt. Harz vereinzelt; Schwäbisch-Fränkischer und Schweizer Jura, Alpenvorland und Zentralalpen selten, gebietsweise fehlend; Kalkalpen zerstreut. Geht bis etwa 2500 m.

Wissenswertes: ♃. Rund 250 Sippen dieser „Art" wurden als „Zwischen-" oder „Unterarten" beschrieben und benannt; davon kommen in Mitteleuropa rund 50 vor.

Blasses Habichtskraut

Hieracium pallidum BIV.
Korbblütengewächse *Asteraceae* (*Compositae*)

Beschreibung: Blüten in Körbchen, die meist zu 2–12 (selten einzeln oder zu mehr als 12) in einer armästigen, lockeren, seltener angedeutet doldigen Rispe am Ende des Stengels stehen. Pflanze führt Milchsaft. Hüllblätter mehrreihig, drüsig behaart (Drüsen sehr klein, starke Lupe!). Körbchenboden ohne Spreublätter. Körbchen 2,2–3,5 cm im Durchmesser (mit den ausgebreiteten Blütenblättern gemessen); alle Blüten zungenförmig, zwittrig, hellgelb, Zähnchen der Zungen deutlich gewimpert; Achänen knapp 3 mm lang; Haarkranz 1reihig, schmutzigweiß, Haare unter Druck auf die Spitze brüchig. Stengel aufrecht, in der unteren Hälfte ziemlich dicht mit einfachen Haaren bestanden, in der oberen Hälfte drüsenhaarig, stets mit 1–3 - wenn auch oft kleinen - Stengelblättern. Grundblätter rosettig, 3–10 cm lang, 1–5 cm breit, eiförmig bis breit-lanzettlich, am Grund plötzlich verschmälert oder herzförmig, am Rand ungleichmäßig und etwas buchtig gezähnt, Zähne 2–5 mm lang, am Rand, am Stiel und unterseits auf den Nerven sehr langhaarig (2-9 mm); Stengelblätter kürzer als Grundblätter, lanzettlich, alle blaugrün und stets ungefleckt. Mai–Juli. 10–40 cm.

Vorkommen: Braucht kalkfreien, humus- und feinerdearmen Untergrund. Besiedelt Felsspalten und Ruheschutthalden in kristallinen oder sauren vulkanischen Gesteinen, seltener in Sandsteinen. Vereinzelt in den Silikat-Mittelgebirgen und den östlichen Zentralalpen; in den westlichen Zentralalpen und westlichen Südalpen selten.

Wissenswertes: ♃. Außerhalb der Gebirge an manchen Burgmauern gepflanzt und dort beständig verwildert.

Blasses
Habichtskraut
Hieracium pallidum
Gabeliges
Habichtskraut
Hieracium bifidum
Glattes
Habichtskraut
Hieracium
laevigatum
Gewöhnliches Habichtskraut
Hieracium lachenalii

Alpen-Habichtskraut

Hieracium alpinum L.
Korbblütengewächse *Asteraceae* (*Compositae*)

Beschreibung: Blüten in Körbchen, die einzeln oder - ausnahmsweise - zu 2–4 und dann - gabelig verzweigt - locker-traubig am Ende des Stengels stehen. Pflanze führt Milchsaft. Hüllblätter mehrreihig, dunkel und drüsig behaart, äußere Hüllblätter viel kürzer und breiter als innere, oft deutlich abstehend. Körbchenboden ohne Spreublätter. Körbchen 2,5–4 cm im Durchmesser (mit den ausgebreiteten Blüten gemessen); alle Blüten zungenförmig, zwittrig, hell goldgelb; Achänen um 3 mm lang; Haarkranz 1reihig, schmutzigweiß, Haare unter Druck auf die Spitze brüchig. Stengel nicht hin- und hergebogen, vom Grund bis unter die Körbchen ziemlich dicht mit dunklen, einfachen Haaren bestanden, zwischen denen kaum 1 mm lange Drüsenhaare eingestreut sind, meist blattlos, selten mit 1–3 Blättchen. Grundblätter rosettig, äußere kleiner als innere, 2–10 cm lang, 0,5–2 cm breit, schmal-eiförmig bis länglich-lanzettlich, zuweilen fast spatelig, am Grund allmählich in einen geflügelten Stiel verschmälert, beidseitig dicht mit einfachen Haaren bestanden, am Rand mit zahlreichen Drüsenhaaren, ganzrandig oder spärlich gezähnt; Stengelblätter - falls vorhanden - wechselständig, sitzend, kleiner als Grundblätter, lanzettlich. Juli–August. 5–25 cm.

Vorkommen: Braucht feuchten, kalkarmen, humushaltigen, steinigen Untergrund. Besiedelt steinig-lückige alpine Rasen und steinige Zwergstrauchbestände. Kalkalpen selten, Zentral- und Südalpen zerstreut. Bevorzugt in Höhen zwischen etwa 1500–3000 m.

Wissenswertes: ♃. Um 50 Sippen wurden auf verschiedenen Rangstufen beschrieben und benannt.

Stengelumfassendes Habichtskraut

Hieracium amplexicaule L.
Korbblütengewächse *Asteraceae* (*Compositae*)

Beschreibung: Blüten in Körbchen, die meist zu 2–12 (selten einzeln oder zu mehr als 12) in einer lockeren und kaum doldigen Traube oder Rispe am Ende des Stengels stehen. Pflanze führt Milchsaft. Hüllblätter mehrreihig, an der Spitze von zahlreichen krausen Haaren bärtig, an der Basis kahl oder nur mit kurzen Drüsen. Körbchenboden ohne Spreublätter, aber mit einer wabigen, wimperig behaarten Struktur. Körbchen 1,5–2,5 cm im Durchmesser (mit den ausgebreiteten Blüten gemessen); alle Blüten zungenförmig, zwittrig, hellgelb; Achänen um 4 mm lang; Haarkranz 1reihig, schmutzigweiß, Haare unter Druck auf die Spitze brüchig. Stengel gerade, oft schon im unteren Drittel gabelig verzweigt, meist nur an der Basis schütter langhaarig, in Körbchennähe von Sternhaaren grau, überdies schütter drüsig behaart, mit 3–6 Blättern. Grundständige Blätter rosettig, zur Blütezeit meist vorhanden, 3–20 cm lang, 1–6 cm breit, schmal-eiförmig bis lanzettlich, am Rand und am Stiel langhaarig, dicht drüsig behaart und klebrig, gelb- oder blaugrün, buchtig gezähnt; Stengelblätter wechselständig, sitzend, herzförmig stengelumfassend. Juni–August. 10–50 cm.

Vorkommen: Braucht etwas feuchten, kalk- und feinerdehaltigen oder sehr kalkarmen, aber nur schwach sauren Untergrund. Besiedelt Fels- und Mauerspalten, Ruheschutthalden und steinig-lückige alpine Rasen. Südschwarzwald vereinzelt, Schweizer Jura und Alpen zerstreut. Meist zwischen etwa 800–1800 m.

Wissenswertes: ♃. Außerhalb der Gebirge an manchen Burgmauern gepflanzt und dort beständig verwildert.

Alpen-Habichtskraut
Hieracium alpinum
Weißliches Habichtskraut
Hieracium intybaceum
Stengelumfassendes Habichtskraut
Hieracium amplexicaule
Hasenlattich-
Habichtskraut
Hieracium prenanthoides

Weißliches Habichtskraut

Hieracium intybaceum ALL.
Korbblütengewächse *Asteraceae* (*Compositae*)

Beschreibung: Blüten in Körbchen, die einzeln oder zu 2–6 in einer lockeren Traube am Ende des Stengels stehen. Pflanze führt Milchsaft. Hüllblätter dicht drüsenhaarig, weder einfache Haare noch Sternhaare. Körbchenboden ohne Spreublätter, mit einer wabigen Struktur, die oft mehr oder weniger dicht und deutlich bewimpert ist. Körbchen 2,5–4 cm im Durchmesser (mit den ausgebreiteten Blüten gemessen); alle Blüten zungenförmig, zwittrig, weißlich-gelb; Achänen um 3 mm lang; Haarkranz 1reihig, schmutzigweiß, Haare unter Druck auf die Spitze brüchig. Stengel einfach oder schon im unteren Drittel gabelig verzweigt, ohne einfache Haare, unter den Körbchen schütter mit Sternhaaren bestanden, reichlich und lang drüsenhaarig und dadurch klebrig. Nur wechselständige Stengelblätter, die an der Stengelbasis in der Regel eng zusammenstehen und eine Scheinrosette bilden; Blätter im Umriß lanzettlich bis zungenförmig-lineal, mit verschmälertem oder abgerundetem Grunde halb stengelumfassend sitzend, buchtig gezähnt bis fiederlappig, mehr oder weniger ausgeprägt wellig, beidseits durch zahlreiche Drüsenhaare klebrig, ohne einfache Haare und ohne Sternhaare. Juli–September. 5–30 cm.

Vorkommen: Braucht kalkarmen, humusreichen, steinigen Untergrund. Besiedelt steinig-lückige alpine Rasen und Matten, Ruheschutt, seltener Geröll, Felsspalten oder steinige Zwergstrauchbestände. Vogesen, Kalkalpen vereinzelt; Zentral- und Südalpen zerstreut. Bevorzugt zwischen etwa 1500–3000 m.

Wissenswertes: ♃. Innerhalb der „Art“ sind nur verhältnismäßig wenige Sippen beschrieben und benannt worden.

Hasenlattich-Habichtskraut

Hieracium prenanthoides VILL.
Korbblütengewächse *Asteraceae* (*Compositae*)

Beschreibung: Blüten in Körbchen, die zahlreich (10–50, selten mehr) in einer zusammengesetzten, an der Spitze oft andeutungsweise doldig verebneten Traube am Ende des Stengels stehen. Pflanze führt Milchsaft. Hüllblätter mehrreihig, nur mit Drüsenhaaren ziemlich dicht bestanden. Körbchenboden ohne Spreublätter. Körbchen 2,2–3,8 cm im Durchmesser (mit den ausgebreiteten Blüten gemessen); alle Blüten zungenförmig, zwittrig, hell goldgelb; Achänen um 4 mm lang; Haarkranz 1reihig, schmutzigweiß, Haare unter Druck auf die Spitze brüchig. Stengel aufrecht, im unteren Teil meist kahl, im oberen Drittel mindestens mit einzelnen Drüsenhaaren, meist aber schütter bis mäßig dicht drüsig behaart; Drüsenhaare ungefähr 0,5 mm lang. Nur wechselständige Stengelblätter, unterste zur Blütezeit oft vertrocknet; eine rosettenartige Häufung von Blättern an der Stengelbasis gibt es also nicht; am Stengel sitzen 10–30 Blätter; Blätter 3–15 cm lang, 1–4 cm breit, schmal-eiförmig, mit breit-herzförmigem Grund stengelumfassend, beidseitig oder nur am Rand schütter bis mäßig dicht behaart. Juli–September. 0,3–1,2 m.

Vorkommen: Braucht frischen, stickstoffsalzreichen Lehmboden. Besiedelt Hochstaudenfluren, Bergwiesen, lichte Bergwälder, Blockhalden und Ruheschutt. Vereinzelt im Südschwarzwald, in den Vogesen, im Schweizer Jura und im Alpenvorland; in den Zentralalpen selten; in den Kalkalpen zerstreut; vorzugsweise zwischen etwa 1200–2200 m.

Wissenswertes: ♃. Zahlreiche Sippen sind als „Zwischen-“ und „Unterarten“ beschrieben und benannt worden.

Doldiges Habichtskraut

Hieracium umbellatum L.
Korbblütengewächse *Asteraceae* (*Compositae*)

Beschreibung: Blüten in Körbchen, die zu 6–30 (selten zu mehr, nur an Kümmerexemplaren zu weniger) in einer meist deutlich doldig verebneten Traube oder Rispe am Ende des Stengels stehen. Pflanze führt Milchsaft. Hüllblätter praktisch kahl, wenigstens einige der äußeren deutlich zurückgebogen und nicht nur abstehend. Körbchenboden ohne Spreublätter. Körbchen 1,8–3 cm im Durchmesser (mit den ausgebreiteten Blütenblättern gemessen); alle Blüten zungenförmig, zwittrig, goldgelb; Achänen knapp 3 mm lang; Haarkranz 1reihig, schmutzigweiß, Haare unter Druck auf die Spitze brüchig. Stengel aufrecht, unter den Blütenkörbchen mit Sternhaaren und dadurch leicht grau, sonst meist kahl oder schütter mit einfachen Haaren bestanden, reichlich und dicht beblättert (mindestens 10 Stengelblätter). Rosettige Grundblätter fehlen, scheinrosettige Häufungen von Blättern an der Stengelbasis sind sehr selten; alle Stengelblätter wechselständig, 2–15 cm lang, 0,5–1,5 cm breit, lanzettlich, die unteren in einen undeutlichen Stiel verschmälert, die mittleren und oberen mit verschmälertem oder leicht herzförmigem Grund sitzend, ganzrandig oder unregelmäßig gezähnt, höchstens unterseits oder am Rand kurz behaart. Juli–Oktober. 0,2–1,2 m.

Vorkommen: Braucht kalkarmen, lockeren Lehmboden. Besiedelt lichte Wälder, Gebüsche, Heiden und Gesteinsschutt in wärmeren Lagen. Mit Ausnahme rauherer Lagen der Mittelgebirge und des Alpenvorlands zerstreut; fehlt meist oberhalb von etwa 1500 m.

Wissenswertes: ♃. Vielgestaltige Art, deren Sippen sich geschlechtlich und apomiktisch fortpflanzen.

Savoyer Habichtskraut

Hieracium sabaudum L.
Korbblütengewächse *Asteraceae* (*Compositae*)

Beschreibung: Blüten in Körbchen, die zu 6–30 (selten zu mehr, nur an Kümmerexemplaren zu weniger) in einer andeutungsweise doldig verebneten Rispe am Ende des Stengels stehen. Pflanze führt Milchsaft. Hüllblätter praktisch kahl, die äußeren nur abstehend, nicht zurückgebogen. Körbchenboden ohne Spreublätter, wabenartig, schütter behaart (starke Lupe!). Körbchen 1,8–3 cm im Durchmesser (mit den ausgebreiteten Blüten gemessen); alle Blüten zungenförmig, zwittrig, goldgelb; Achänen knapp 3 mm lang; Haarkranz 1reihig, schmutzigweiß, Haare unter Druck auf die Spitze brüchig. Stengel aufrecht, von unten bis etwa zur Mitte schütter einfach behaart (Haare bis 3 mm lang, oft abgebrochen), ohne Drüsenhaare. Keine Grundblattrosette; Stengelblätter wechselständig, ausnahmsweise bodennah rosettig gehäuft, 2–18 cm lang, 1–4 cm breit, schmal-eiförmig bis schmal-lanzettlich, unterste stielartig verschmälert, übrige etwas verschmälert oder mit abgerundetem oder herzförmigem Grund sitzend, kaum stengelumfassend, am Rand und unterseits auf dem Mittelnerv mäßig dicht behaart (Haare oft abgebrochen). August–Oktober. 0,2–1 m.

Vorkommen: Braucht mäßig trockenen, kalkarmen, humosen Lehmboden in warmer Lage. Besiedelt lichte Wälder, seltener Steinschutthalden. Fehlt im westlichen Tiefland und in rauheren Lagen der Mittelgebirge und des Alpenvorlands gebietsweise, oberhalb von etwa 1200 m fast durchweg; sonst zerstreut.

Wissenswertes: ♃. Formenreich. – Ähnlich: *H. racemosum* W. & K. ex WILLD.: Körbchen traubig-doldig, unterste Blätter rosettig; Gebüsche; östlich der Elbe, selten.

Zerstreutköpfiges Habichtskraut

Hieracium sparsum FRIV.
Korbblütengewächse *Asteraceae* (*Compositae*)

Beschreibung: Blüten in Körbchen, von denen 2–12 in einem meist locker-traubigen oder -rispigen Gesamtblütenstand am Ende des Stengels stehen. Pflanze führt Milchsaft. Hüllblätter mehrreihig, die äußeren sparrig abstehend, kahl oder nur mit vereinzelten einfachen Haaren. Körbchenboden ohne Spreublätter. Körbchen 1,5–2,5 cm im Durchmesser (mit den ausgebreiteten Blüten gemessen); alle Blüten zungenförmig, zwittrig, blaßgelb; Achänen knapp 4 mm lang, Haarkranz 1reihig, schmutzigweiß, Haare unter Druck auf die Spitze brüchig. Stengel ziemlich schlank, kahl oder allenfalls unten von einzelnen Haaren bestanden, mehr oder weniger ausgeprägt bläulich-grün, beblättert. Grundblätter rosettig, zur Blütezeit verwelkt; Stengelblätter wechselständig, selten nur 1 vorhanden, meist 2–4; Grundblätter lanzettlich bis lineal-lanzettlich, spitz zulaufend, ganzrandig oder gezähnt, am Grund allmählich in einen undeutlichen Stiel zusammengezogen oder nur verschmälert; Stengelblätter den Grundblättern ähnlich, nach oben kleiner und schmäler werdend (den obersten pfriemlichen Hochblättern gleichend), sitzend; Blätter blaugrün, kahl oder mit vereinzelten Haaren. Juli–September. 10–25 cm.

Vorkommen: Braucht kalkarmen, steinigen, mäßig trockenen Lehmboden, geht auch auf Felsschutt. Besiedelt lückige alpine Matten, Felsbänder und -spalten sowie Gesteinsschutthalden. Östliche Zentralalpen, sehr selten (z. B. in den Ötztaler Alpen).

Wissenswertes: ♃. Hauptverbreitung in Zentralasien, in den Ötztaler Alpen an der Nordwestgrenze des Areals.

Grasnelkenblättriges Habichtskraut

Hieracium staticifolium ALL.
Korbblütengewächse *Asteraceae* (*Compositae*)

Beschreibung: Blüten in Körbchen, die einzeln oder zu 2–5 und dann in einer sehr lockeren Traube am Ende des Stengels stehen. Pflanze führt Milchsaft. Spreublätter 2reihig, locker weißflockig, sonst kahl, die äußeren etwa halb so lang wie die inneren. Körbchenboden ohne Spreublätter. Körbchen 1,8–3 cm im Durchmesser (mit den ausgebreiteten Blüten gemessen); alle Blüten zungenförmig, zwittrig, hellgelb; Achänen knapp 4 mm lang; Haarkranz 1reihig, ziemlich rein weiß, Haare unter Druck auf die Spitze biegsam. Rhizom langkriechend, verzweigt. Stengel aufrecht, nur im Blütenstandsbereich spärlich verzweigt und hier lückig weißflockig und schütter kurz- und kraushaarig (Haare einfach), blattlos oder mit 1–2 Stengelblättern. Grundständige Blätter rosettig, 4–10 cm lang, 0,3–1,2 cm breit, schmal-lanzettlich bis schmal-zungenförmig, zum Grunde hin sehr allmählich verschmälert, ganzrandig oder mit einzelnen feinen Zähnen, jung lückig weißflockig, im Alter kahl, blaugrün; Stengelblätter – wenn vorhanden – lanzettlich-pfriemlich. Juli–September. 15–40 cm.

Vorkommen: Braucht kalkreichen, steinigen, feinerde- und humusarmen, wenigstens im Sommer überwiegend trockenen Untergrund. Besiedelt Gesteinsschutthalden, Kiesbänke, sandig-grusige und lückig bewachsene Flächen, seltener Erdanrisse. Im Alpenvorland auf den Kiesbänken der Alpenflüsse zerstreut, sonst selten; Schweizer Jura und Kalkalpen zerstreut; vorzugsweise zwischen etwa 800–2000 m.

Wissenswertes: ♃. Die ziemlich einheitliche Art wird von einigen Autoren in die Gattung *Tolpis* gestellt.

Savoyer
Habichtskraut
Hieracium sabaudum
Doldiges Habichtskraut
Hieracium umbellatum
Zerstreutköpfiges Habichtskraut
Hieracium sparsum
Grasnelkenbättriges Habichtskraut
Hieracium staticifolium

Register